中心城市发展模式和战略研究：以郑州为例

丁成日 著

中国建筑工业出版社

图书在版编目（CIP）数据

中心城市发展模式和战略研究：以郑州为例 / 丁成
日著. —北京：中国建筑工业出版社，2023.9
ISBN 978-7-112-29082-6

Ⅰ. ①中… Ⅱ. ①丁… Ⅲ. ①城市发展战略 – 研究 –
郑州 Ⅳ. ①F299.276.11

中国国家版本馆 CIP 数据核字（2023）第 161725 号

责任编辑：张幼平　费海玲
责任校对：张　颖
校对整理：赵　菲

中心城市发展模式和战略研究： 以郑州为例

丁成日　著

*

中国建筑工业出版社出版、发行（北京海淀三里河路9号）

各地新华书店、建筑书店经销

北京科地亚盟排版公司制版

河北鹏润印刷有限公司印刷

*

开本：787毫米×1092毫米　1/16　印张：24½　插页：7　字数：630千字

2023年9月第一版　　2023年9月第一次印刷

定价：**78.00**元

ISBN 978-7-112-29082-6

（41669）

序　言

经过四十多年的改革开放，我国取得了举世瞩目的成就。中国从一个极端贫穷落后的大国发展成为世界第二大经济体，人均 GDP 从 1978 年的 381 元增长到 2021 年的 80976 元，同期城市化率增长 40 多个百分点，基础设施建设、科技发展、国际贸易等方面领域的成就都是空前的。

党的十五大首次制定的"两个一百年奋斗目标"是国家的中长期发展目标。进入 21 世纪的第三个十年，我们已处于两个"一百年"的历史交汇期，在实现第一个"一百年奋斗目标"的基础上，开启了新的发展历程，迈向全面建设社会主义现代化国家新征程。

展望未来，实现第二个"一百年奋斗目标"任重道远。在建设现代化经济体系方面，国家经济发展目标已从追求高速增长阶段转向追求高质量发展阶段，我们需要转变发展方式、优化经济结构和转换社会经济增长动力。实现现代经济体系的建设目标需要城市化发展的新模式。

为实现第二个"一百年奋斗目标"和伟大的复兴之路，国家制定了一系列的政策和战略，其中之一是国家中心城市战略。相应地，如何建设中心城市成为一个国家级的研究课题。

我们选择国家中心城市之一的郑州作为案例，探讨中心城市发展战略和模式。选择郑州有几个考虑；作为河南省会城市，郑州地处中原，属于相对不发达地区，城镇化和经济发展与发达地区有相当的差距，同时也是人口大省和农业大省；郑州和河南省的发展对国家战略目标的实现有着重要的意义。

本书以郑州为例，侧重于中心城市发展模式和战略选择，围绕如何将中心城市建设成现代化大都市和发展成为河南和中原地区经济发展引擎，探索郑州城市发展的新模式和构建具有前瞻性和战略性的规划决策。

本书以三位一体的"定位、模式和战略"为指导方针，定位、模式和战略高度统一，定位引领模式和战略探索，模式既实现"定位"目标又指导"战略"选择，战略选择以服务定位和模式为准则。在定位、模式和战略上以"务实"的精神追求城市发展理念、模式、路径、战略等方面的"创新"，紧扣新常态和转型时期发展的主旋律，以未来为着眼点，为郑州中心城市建设和发展战略、规划、政策和对策提供决策支持。

具体地，（郑州）"中心城市发展模式和战略创新研究"探索和研究的问题包括：

- （郑州）中心城市发展定位；
- （郑州）中心城市增长新模式；
- （郑州）中心城市战略选择、策略和对策研究；
- （郑州）中心城市与"省-市（郑州）""市（郑州）-市县（省内其他）"之间的关系；
- （郑州）中心城市发展"要素"（人口、经济、公共财政、交通、住房和土地）研究（发展的对策、战略分析）；

●（郑州）中心城市空间发展模式探讨。

（郑州）中心城市发展定位：发展定位研究不仅仅是确定未来发展目标和规模（郑州市2049年规模），更重要的是界定郑州市在河南的地位和作用。推动郑州发展成为超大中心城市意味着省内不均衡（不平衡）问题将会更加凸显。因而，探索如何使郑州中心城市成为全省发展的引擎，并使全省受益，是郑州发展定位研究的一个核心内容。以郑州中心城市为核心，从"省（河南省）-市（郑州市）"关系、"市（郑州市）-市县（河南省其他市县）"之间的新型关系中，探究郑州中心城市的发展新模式，通过郑州中心城市发展和建设给"郑州在河南"和"郑州是河南"注入新的诠释。

（郑州）中心城市增长新模式：探索和研究城市增长新的机制。新机制围绕着经济（产业）与人（城市）之间哪个是未来增长的引擎展开，探索生产要素空间流入和集聚的动力（新）机制，探究在产业"短板"的情况下城市发展的新模式。增长新模式探索以人口增长（特别是流动人口空间流动）分析和人口增长的动力机制研究为基础，探索郑州中心城市增长的新路径。

（郑州）中心城市战略选择、策略和对策研究：以实现定位目标和推动新模式发展为主旨。战略、策略和对策侧重于在现行管理体系下，探索如何更好地为郑州中心城市发展需要的要素空间流动和集聚提供服务和保障。

（郑州）中心城市与省-市、市-市县之间的关系：研究以郑州中心城市为核心的"省市""市县"新型关系的公共财政、公共服务和社会保障的内容和内涵。以郑州为中心、新型的地方政府间关系或模式的探索需要遵循的原则是：郑州中心城市发展一方面体现全省的支持，另一方面需要成为全省发展的引擎，带动全省实现全面和共同富裕的发展目标。

（郑州）中心城市发展"要素"研究：以人口、经济、土地、住房、交通和公共财政等城市六大要素分析郑州发展战略和对策。人口研究侧重于分析和预测2049年郑州中心城市人口规模。我们的分析和预测强调人口增长的动力机制，即未来人口增长的动因。动力机制分解为就业驱动和公共服务（教育、医疗、养老等）驱动等。经济研究通过建立郑州市投入产出模型和省内"郑州-非郑州"两区域投入产出模型，分析模拟郑州中心城市增长和发展战略对郑州和全省的经济影响，研究的思路、技术和方法都是国内首次。公共财政研究侧重于地方财政创新模式的探讨，以实现中心城市发展所需要的可持续的公共财政支持。土地研究侧重于在国家严格的土地管理制度和体制框架下，探索如何为郑州中心城市发展成为超大城市提供可持续和灵活的土地供给。住房研究侧重于城市住房发展战略和政策对策，以便应付城市增长中相当数量的中低收入居民增长带来的住房挑战。城市交通拥堵是超大城市普遍存在的问题，随着郑州发展成为超大城市，城市交通问题必将日益严重，因而，城市交通研究侧重于与郑州中心城市发展战略相对应的郑州交通发展战略和对策的探索，进而推动城市交通的可持续发展。

（郑州）中心城市空间发展模式探讨：城市空间结构和形态与城市竞争力和城市增长挑战有着密切的联系。有序的城市空间结构和形态不仅可提高市场要素（劳动力、资本和土地）效率，进而提升城市劳动生产率，同时还有助于应对城市问题（如城市交通拥堵）。城市空间发展研究在分析郑州空间发展现状的基础上探索推动有效空间结构和形态发展的规划对策和战略选择。

本书从五个维度研究这些问题：

第一个维度是理论维度。近二三十年城市理论的发展加深了我们对超大城市的认识，这是郑州超大中心城市发展建设的理论基础和指南。

第二个维度是国际维度。从国际超大城市发展的经验总结中获取启示和建议。世界上有20个国家（不包括中国）有29个超大城市。这些国家和城市的发展历程、模式、问题等都可用来扩展我们的思路和认识，从而更好地服务于郑州中心城市发展战略和对策研究。

第三个维度是国家和省参照系维度。郑州发展定位、模式、战略和对策以国家和河南省为参照系。在向新常态和转型经济转型的过程中，战略和政策研究既需要探索发展新模式，也需要探索政策、体制、发展战略的创新。发展模式和战略、体制等方面的创新探索首先需要以国家和地区（省）为背景。

第四个维度是"时空"维度。从"纵"和"横"两个尺度解析郑州城市发展战略和对策。"纵"的尺度将郑州的"昨天、今天和明天"统一起来，使得提出的建议、模式、思路和对策能够接"地气"；"横"的尺度是将郑州的发展与国家和全省的发展联系起来，同时又以其他国家中心城市或者省会城市为参照系，而不是孤立地分析郑州城市发展。

第五个维度是创新维度。新思维、新视角、新思路、新方法是第五个维度。理论分析、国际视角、模型分析、定量分析和定性分析等都可佐证我们提出的战略和政策建议。

本书的创新性主要体现在以下五个方面：

第一，对郑州超大城市的定位、增长规模、郑州和河南的关系等方面给予了全新的诠释和系统、全面的论证，从理论和实证角度，分析论述河南省发展需要提升郑州的城市首位度和城市集中度，包括以国际视野论证超大城市发展理念、问题、模式和对中国的启示等。还从区域发展不平衡性论证了郑州超大城市发展的必然性和必要性。

第二，提出了新的发展模式。本书提出了"双轮驱动"模式。改革开放以来中国城市发展城镇化和城市发展战略基本上以产业和经济发展为主线，通过"人跟着就业走"（即产业或者经济带动城镇发展模式）实现城市发展。这是城市发展的"一轮驱动"。在新常态和转型经济下，大城市和超大城市应该推动"就业跟着人走"的模式，通过先有人后有产业和经济的模式实现城市增长，这应该成为郑州城市发展的另外一个"一轮驱动"。"双轮驱动"不仅使郑州城市发展充分体现经济和人口之间完全的交互关系，同时还协调了短期和长期发展战略之间的关系，"人跟着就业走"模式能够使城市增长快速地反映经济活动和产业的变化，因而也是短期发展战略所青睐的。"就业跟着人走"增长模式时效性不明显，产业和经济增长依赖于人口，这种关系有时往往是隐形的，或者是长效性的，故应该是城市长期发展战略需要关注的。本书还强调未来城市化发展模式应该走"外向"模式，即人口增长以外来人口为主。

第三，在发展战略、对策等方面提出了新的概念、思路。郑州发展会导致省内发展不平衡加剧，而推动郑州发展又符合省内发展战略，故本书提出的发展理念是"不平衡中的平衡"，其中平衡强调的是郑州对全省的经济辐射和带动作用，而突出这个带动作用需要我们正确认识发展的不平衡性。应对郑州中心城市发展战略可能带来的区域不平衡问题，本书提出了"财政转移模式"，该模式一方面能够支持郑州中心城市发展战略，另一方面又能够推动郑州对全省发展的带动作用。为推动郑州中心城市发展战略，本书在土地、住房、公共财政、交通和空间发展等方面都提出了具有创新性的建议。比如，在城市住房方面，我们强调未来的重大挑战是如何解决中低收入群体的住房问题，而中低收入人口增长在未来城市人口增长中占据非常重要的位置。应对超大城市交通拥堵问题的良策是推动城市公共交通的发展，未来的公共交通发展需要依靠新技术，并同时与土地利用整合。在城市土地方面，我们建议提供省内土地指标的流动，一方面提高全省土地利用效应，另一方面在严格的土地制度下增加城市土地供给的灵活性，从而更好地服务于城市发展。

第四，从理论高度和国际视野研判郑州中心城市发展战略。本书从理论角度，结合国际发展形势详细论证大城市发展机制、增长机制、空间模式、挑战和政策、战略、措施，对城市病、城市发展容量说、"摊大饼"、大城市是否过大不好管理等理论问题给出了不同的诠释。

第五，城市发展战略研究有系统和稳健的定量分析、模型分析支撑。首次利用非调查方法建立城市层级的投入产出模型和省内以中心城市为核心的两区域投入产出模型，分析和预测郑州中心城市发展战略对郑州和河南发展的影响。

本书共有十二章。第一章论述超大城市增长、模式和空间形态的理论（丁成日）；第二章综述国际超大城市发展及其对中国超大城市的启示（丁成日）；第三章分析中国城镇化与城市体系发展（丁成日）；第四章论证郑州中心城市定位和发展模式（丁成日）；第五章回答郑州超大城市发展涉及的理论问题（丁成日）；第六章分析预测郑州中心城市人口增长（高卫星和陈宁）；第七章分析郑州中心城市发展的经济影响（丁成日和孙向伟）；第八章分析郑州中心城市发展的公共财政问题（陈灿和袁航）；第九章分析郑州中心城市发展的城市住房问题（沈志锋和朱永明）；第十章分析郑州中心城市的土地问题（吴宇哲、任宇航、丁成日、卢文正和刘需珈）；第十一章分析郑州中心城市发展的城市交通问题（高园）；第十二章分析郑州中心城市空间发展（曹坤梓）。

目　　录

第一章 超大城市理论：增长、模式和空间形态

建设和发展郑州超大中心城市需要理论的指导和依据。本章从理论上认识超大城市形成、发展的行为依据和市场机制。需要强调的是，近二三十年的理论发展加深了我们对特大城市、超大城市的认识，使我们对超大城市背后发展的动力和机制有了新的理解，为我们揭示了超大城市发展的（新）规律。还有一些理论上不确定的研究问题，但是由于GIS、大数据和计量经济方法的迅速发展，城市实证研究文献膨胀式增长，为我们认识超大城市增长模式、规律、影响因素等提供了丰富的素材。这些都应该成为我们的依据和支持。

城市首先是由企业和人口的空间集聚推动发展的。前者是城市的生产功能，后者是城市的消费功能。企业和人口的生产和发展需要基础设施与城市公共服务。人的空间集聚又推动了文化娱乐等方面的发展。因而，城市的形成和发展需要从企业的区位选择与人口的区位选择两个方面来认识。超大城市都是从小城镇发展起来的，因而，认识超大城市首先需要认识城市规模与城市效率（劳动生产率）、城市增长之间的关系。超大城市的形成和发展不是孤立的（作为城市国家的新加坡只有一个城市，故属于特例），需要在一个国家的城市体系中认识超大城市。另外，超大城市往往承载着政治、经济、文化、社会等多方面的职能，需要从非经济的角度和空间形态等方面来分析和认识。

1.1 城市经济理论

1.1.1 集聚经济理论

研究城市规模与城市劳动生产率之间的关系是城市经济理论的重要内容。传统的集聚经济理论从规模经济、中间产品共享、知识和技术溢出（Knowledge and Technology Spillovers）角度解释城市规模对城市效率的正面影响。实证研究发现，工业产品的专利申请与城市规模成正比，即城市规模越大，专利数也越多。一般地，人们接受想法的能力或他们的想法受思想来源的距离影响。思想交流在较长距离内相对较难。因此，人们在空间上高度集中的城市中的共事促进了思想交流，而思想交流是建立新思想的基础和生产现有商品的新方式（Jaffe, Trajtenberg, and Henderson, 1993；Feldman and Audretsch, 1999）。

随着研究的深入，集聚经济扩展到劳动力池（Labor Pooling）、劳动力匹配（Labor Matching）、本地市场效应（Home Market Effect）等方面。劳动力池理论将城市规模与城市劳动力市场的厚度联系起来，论证城市规模越大，其劳动力市场就越深厚，越能为从业者提供好的就业保障，为企业提供弹性的劳动力供给，进而弱化企业经营对工资的影响，有利于城市工资的稳定。劳动力池对城市效率的影响在具有专门技能的就业群体中表现得更为明显和突出。

劳动力匹配理论把城市规模与从业者和企业的技能匹配联系起来，论证城市规模越

大，技能高的从业者更有可能与高效率的企业匹配。这种分类性的劳动力匹配是超大城市
不断增长的原因之一。城市规模对劳动力匹配的影响，可在大城市比小城市的就业流动率
更高中得到佐证，这表明工作间的转换成本在更大的市场中较低（Scott，1988）。

　　人口众多的城市将倾向于从事具有规模经济效益、差异悬殊和运输成本较高的商品的
专门化生产。在大的本地市场，分化的产品的生产商可以获得足够的本地需求，进而实
现规模经济效益。小的本地市场（小城市）将倾向于专门从事大宗商品的生产或者运输
成本、规模经济都不显著的产品的生产。一些高端服务业仅在一个国家最大的几个城市存
在，比如金融、法律服务、专门化的交通运输等。

　　实证研究基本上都支持城市规模与城市效率之间的正相关。Sveikauskas（1975）估
计，城市规模每增加一倍，制造业劳动生产率就会提高 6.4%。Moomaw（1983）得出的
结论是：城市规模每扩大一倍，制造业的劳动生产率就会提高 6%。Sedgley and Elmslie
（2004）的研究发现，人口密度与创新结果之间存在显著正相关关系。以 1990 到 1995 年
间产生的创新为例，人口密度平均值每增加一个标准差会导致每万名工人增长近 1.5 个专
利。Ciccone and Hall（1996）发现，一个县内的就业密度翻番会提高 6% 的劳动生产率和
4% 的全要素生产率。Beeson（1987）研究发现以平均人口规模进行全国排名的标准大都
市统计区（SMSA）和衡量其间外溢效应存在的变量，对技术变化率有一个正向作用。这
一发现表明技术变化随着人口密度的增加而增加。Beeson（1987）研究发现：虽然住在
SMSA 的人口比例与技术变化之间存在一种负相关关系，但是 SMSA 人口占州人口的比
例与规模经济之间存在正向关系。作者认为这种不一致性是因为，制造业部门增长率下降
更多的是因为技术变化而不是规模经济。Gabe（2004）的研究没有在县城规模和企业增长
之间发现联系，但是他发现城市规模增长 10% 与企业平均增长 0.207% 是相联系的。Gabe
（2004）还发现县和市域的人口规模都对职工工资有正面的影响。

　　美国的城市化率达到了 83%，城市是创新和就业增长的主要载体。美国 100 个最大的
城市提供了 69% 的就业机会，创造了四分之三的 GDP。图 1-1 显示城市规模与劳动生产
率的关系。城市规模越大，劳动生产率越高；规模大、密度高的城市更有经济效率。推动
经济发展需要促进城市人口增长。

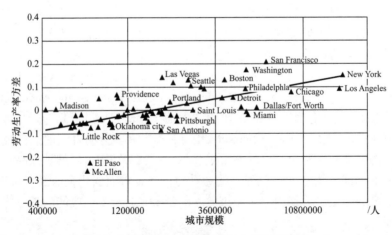

图 1-1　美国城市规模与劳动生产率的关系

Niu, Ding and Knaap（2014）通过对美国马里兰州经济活动的空间分布研究发现，经济活动存在强烈的空间集聚倾向，由此形成的经济中心提供了城市化经济和地方化经济效应及一定的区域优势。

1.1.2 企业选择理论

近二十年来，选择效应理论从需求和消费的角度分析两者之间的关系，使得城市规模与效应之间的关系更加全面，这是因为，集聚效应理论从供给和生产的角度解释城市规模与城市效率之间的关系。根据企业选择效应理论，在大的产品市场中（大城市中），同类企业数量多，企业之间的竞争激烈，因而生产能力低的企业难以生存，并促使它们退出，导致只有生产效率高的企业生存，结果是城市的效应与城市规模成正比（Combes，Duranton，and Gobillon，2012；Melitz and Ottaviano，2008）。通过这种选择机制，资源从生产率较低的企业重新分配到生产率较高的企业，从而提高了效率和福利的总体水平。

Accetturo 等（2013）的研究显示市场规模对选择效应非常重要，证实选择效应表现在区域层级而不是城市层级。他们的结论得到 Syverson（2004）的呼应。Syverson 通过研究美国混合水泥行业，得出从事混合水泥的企业在大城市的全要素劳动生产率要比小城市高。

根据企业选择效应理论，在城市或者区域之间存在市场分割或者城市间交通成本比较显著的情况下，城市规模对城市效率的影响比较显著。Ding and Niu（2019）利用 1998～2007 年间中国制造业的企业级数据，研究了市场规模对企业生产率的选择效应。由于地方（省）贸易保护主义的存在，中国的省份具有鲜明的市场分割的特征，因而是研究企业选择效应的理性对象。使用分位数方法的估计结果显示，29 个行业中 15 个行业有显著选择效果。他们的实证研究结果说明：就业密度中位数以上的省份淘汰的公司数量比就业密度中位数以下的省份的淘汰率高出 2%～8%。

1.1.3 城市消费理论

Dixit and Stiglitz（1977）分析城市多样性的经济影响，发现大城市可以通过提供更多种类的非贸易商品和服务来提高当地居民的生活质量。例如，城市人口规模对饭店和杂货的种类产生了显著的积极影响（Schiff，2015；Handbury and Weinstein，2014）。在大城市中很容易找到需要规模的（某些）类型商品，如专业运动队、博物馆、稀有美食等（Lee，2010；Schiff，2015）。城市规模也可能在不改变价格的情况下提升产品质量。

Waldfogel（1999）和 Waldfoegel 等（2004）认为在更大市场中的消费者享有更多的节目种类和更多的频道，更多的人在大城市听广播和看电视。Glaeser and Gottlieb（2006）使用美国的调查报告数据发现，中心城市（人口超过 50000 人）的居民比其他人更常去音乐会、饭店、博物馆和电影院。Borck（2007）比较了居住在少于 5000 人，介于 5000 人和 100000 人之间以及超过 100000 人的城市中的德国人，发现居住在较大城市中的人们更频繁地去酒吧、饭店、电影院、剧院和博物馆等娱乐休闲场所享受生活。

1.1.4 城市劳动力分化理论（Labor Sorting）

城市劳动力分化理论强调劳动力素质和技能在不同城市之间的差别，并将这种差别与不同城市规模之间的劳动生产率差别联系起来。Glaeser（1999）研究城市规模对高技能员工的影响，得出两个重要的结论：（1）城市规模越大，城市对年轻和高学历从业者的吸引力也越大；（2）城市（比农村）更快的人文资本积累是通过（人与人的）效仿而实现的城市学习的结果，一定时间内人与人之间的接触量随城市规模增长，而学习的速度与人与人之间的接触量成正比，说明超大城市在城市学习方面的优势越发明显。此外，由于规模经济的原因，更好的教育机构往往都是在大城市中建设。高等教育毕业生往往在大城市中集中。

Wang（2016）利用美国的人口普查数据分析初次入职的毕业生就业区位倾向，发现大学毕业生首次入职到人口规模更大、城市密度更高的地区有更多的机会得到更高的工资增幅。数据分析发现，一般能力的从业者在大城市首次从业的工资增长溢价为15.7%，五年后的工资增长溢价为7.2%。个人能力可以在大城市得到工资增长的回报，但是在小城市或农村，个人能力与工资增长没有必然的联系。这样，大学毕业生五年后不同规模城市的工资差别将会是非常显著的。

1.1.5　城市品质理论（Urban Amenity）

特大城市和超大城市发展一个非常有趣的现象是它们中的一些城市房屋价格上涨的速度远远高于工资上涨的速度。这间接地佐证了大城市的城市吸引力。目前没有理论能够解释这个现象，能够解释的理论是大城市品质的吸引力。

国内外的许多城市房价的上涨速度都快于工资的上涨速度。国内在过去的十几年里一线城市（北京、上海等）房价上升的速度比较突出。国外纽约、旧金山、东京、首尔等都市房价也都有过高速增长的时期。房价的快速上涨迫使政府出台了许多政策来限制房价的上升。在国内最为突出的是2010年的限购政策。国外纽约和旧金山等城市采取了房屋租赁市场的价格封顶政策（Rent Control）。房屋租金封顶不仅没有解决这些城市住房可支付性问题，反而恶化了住房供给短缺和黑市交易问题。

根据Glaeser, Kolko and Saiz（2001）的研究，房价上升快于工资上涨的速度是源于这些城市特有的品质吸引了人，特别是受过高等教育的人才。根据经济理论，工资反映的是劳动生产率。城市房价上升快于工资的增长说明城市生活品质上升的速度快于劳动生产率的速度。房价上升快的城市都有高质量的城市品质。

Glaeser, Kolko and Saiz（2001）把城市高品质分为四个方面：① 服务和消费品丰富的多样性。不同于制造业产品，餐馆、戏院和社交伴侣的诱人组合等都是很难运输的，故都是本地商品。1970～1990年，美国和法国拥有较多的餐馆和戏院的城市都增长得较快。② 城市文化、历史和建筑等方面的美学价值。很多城市都有举世瞩目的建筑景观，成为著名的旅游景点（如法国的艾菲尔铁塔）。③ 高品质的公共服务。高质量学校往往与城市增长相关。④ 速度。随着社会的进步，时间成本不断提高，货物的运输变得越来越不重要，而人的空间移动和思想的空间流动变得越来越重要。这使得传统城市发生了根本性的转变。比如，纽约自20世纪80年代以来，靠近商业商务区的地方都发展得比较好，而郊区发展一致是落伍的。这表现在靠近商务区的居民的收入和住房价格都增长得比其他地区快，而郊区居民的收入和房价是持续下降的（Glaeser, Kolko and Saiz，2001）。

后工业化和全球化趋势正在极大地提升文化的重要性。文化活动对于城市经济活力越来越重要。按照工业制造时代来解释城市增长的模型的局限性越来越大。后工业城市中的公民日益提高生活质量的要求，将自己视为城市游客，强调审美问题。这些都将影响后工业城市基础设施的发展（Clark et al.，2002）。

麻省理工学院城市经济实验室的一项研究分析了城市品质对增长的影响。根据消费者的喜好，该项研究提出了一种新的衡量城市设施和城市多样性需求的方法：休闲游客的访问次数。休闲游客被该地区的特殊特征所吸引，例如靠近海洋，风景秀丽，历史，建筑风光以及文化和娱乐机会。研究发现，这些特征与吸引家庭寻找永久居所的城市特征相同。分析结果显示，在所有其他条件相同的情况下，在大都市地区，人口和就业增长约高 2.5 个百分点，而游客人数是后者的两倍。在"美丽的城市"，房价也上涨得更快。

1.1.6　城市多样性的经济影响

区域产业结构在理论上对企业生产率和经济增长潜力具有重要意义。Huggins and Willams（2011）论证都市地区是新思想（想法和思路）和有（商业）价值的知识的主要提供者。Quigley（1998）提出高强度的城市多样性使得大城市成为创新和经济增长的源泉。Jacobs（1970）通过发展一个动态理论论证多样性对城市的创新、企业发展、扩张和经济发展有决定性和长期性的影响。这个源于不同产业构成的城市多样性带来的创新和经济增长效应被称为"Jacobs 溢出"效应。

多样化的产业结构也将会通过交叉影响提高生产力并促进创新，对附加值增长产生积极影响，并对高科技产业的发展和新企业的吸引具有非常重要的意义（Jacobs，1969；Henderson et.al，1995；Duranton and Puga，2001；Batisse，2002；Puga，2010）。相反，区域产业集中可能会对企业生产率和当地经济增长产生负面影响（Rosenthal and Strange，2003）。一个由行业少数几家大型企业主导的区域将会产生与集聚经济有关的更少正外部性，最终降低生产率并阻碍创业与创新（Saxenian，1994）。这意味着，区域产业结构可能有助于解释具有相似产业集聚水平的不同区域之间的经济表现和动态差异（Saxenian，1994；Rantisi，2002）。

从理论上说，一个高度集中的产业结构可能会限制中间投入共享、劳动力市场集聚和知识溢出的程度，从而削弱集聚经济。原因如下：

第一，大企业在为其中间投入寻找非本地供应商方面具有经济优势，从而缩小了独立供应商的本地市场规模（Enright，1995；Porter，1998）。大型制造商可能会提供长期、大批量的供应合同，故而对本地供应商的吸引力比小型制造商更大（Booth，1986）。相比小型制造商，本地供应商更愿意响应大型制造商的投入需求，而大型制造商的存在可能会提升同一区域内小型制造商的投入成本（Lee et. al.，2010）。

第二，在某一区域占主导地位的企业可能会对同一行业内小企业的劳动力共享经济产生负面影响。这是因为工人（尤其是那些具有技能和经验的工人）更容易被提供更优工作报酬和更稳定就业机会的大企业所吸引（Booth，1986；Audretsch，2001）。

第三，由大企业主导的区域经济倾向于减少知识溢出，培育出阻碍创新与市场变化适应的商业文化（Saxenian，1994；Chinitz，1996；Carree 和 Thurik，1999）。大型主导企业倾向于纵向整合，这减少了企业之间的面对面接触（Enright，1995）。如果某个产业被一个区域内的少数几家内向型大企业所主导，则所有其他企业都可能缺乏灵活性，并对创新不敏感（Porter，1998）。集中化的产业结构也将会限制创业精神（Chinitz，1961），进而阻碍新产品和新技术的诞生，因为小企业是创新与产业演变的主要来源（Acs，1992；Audretsch，2001）。

文献中有很多关于城市产业多样性的经济影响的实证研究。Jetpan Wetwitoo（2019）研究城市产业多样性和专门化对经济的影响范围。他基于变异系数的专业化 / 多样性集聚指数提出以本地化集聚来衡量城市的专业化和多样性。利用日本直辖市 17 个工业领域的集聚数据，分析发现专业化和多样性都有利于经济生产率，一座城市既不专业也没有产业多样性在经济竞争中将成为失败者。

Simonen, Svento and Juutinen（2015）研究区域产业结构与经济增长之间的联系，他们侧重于高科技产业，利用 1994～2008 年芬兰的数据研究发现，高科技的多样性对经济增长的影响是积极的，尽管其边际效应是递减的。

Brown and Greenbaum（2017）探索行业多样性与经济弹性之间的关系。他们使用固定效应模型以及美国劳工统计局和人口普查局的数据，研究 1977～2011 年间俄亥俄州各县工业多样性和集中度对失业率稳定度的影响。分析结果表明，经济情况好的时候，集中度较高的县的失业率较低。但在国家或地方就业遇到冲击的时候，具有更多样化产业结构的县的表现会更好。也就是说，行业的多样性对就业及抵抗经济危机和提高地方经济的韧性是有积极意义的。

Li, Ding and Niu（2019）研究区域产业结构 / 产业集中是否及如何影响企业生产率。他们利用中国企业层面的数据，估计在区域结构制约集聚效应下的企业生产率，得出区域产业结构对企业产出少有影响，但对地方化集聚颇有影响，而地方化集聚又反过来影响企业生产率的结论。换言之，在产业部门较少地被本行业少数几家巨头企业主导的城市，地方化集聚效应更强。他们的结论的重要政策含义是，从长期来看，中国偏向大型企业的产业政策可能对当地经济发展有害。

Karlsson 等（2019）文献综述城市多样性对创新、企业发展和经济业绩的影响。特别值得注意的是城市文化的多样性对认识知识创造和 Jacobs 溢出效应的重要性。根据他们的研究，劳动力内的文化异质性扩展了劳动技能的多样性，以及劳动技能所隐含的知识和想法、思路，并成为推动区域经济发展的重要的经济财富。

1.1.7 城市化、城市规模与经济增长

城市化与工业化之间关系的研究非常多。从历史的维度看，今天的经济发展和成就是工业革命和工业化的产物。城市化和工业化的高度相关说明城市化对经济的贡献和关联也是非常重要的。工业革命以来世界发展和变化都是巨大的。知识经济、技术经济、产业创新成为推动经济发展的最主要的动力和源泉。相应地，城市的人文资本（Human Capital）和软实力对增长的作用也越来越大。城市人文资本一般与城市规模成正比，对城市增长速度的影响也是正面的。比如，美国 2000 年拥有学士学位或更高学历的居民比例可解释城市人口增长差异的 13%。在美国大都市中，年轻人受过高等教育的所占比例较高，超过50 万人口的都市中 35 岁以下受过高等教育比例为 17.5%，高于均值（13.2%）。美国 96%的新产品创新发生在都市，而 45% 的创新发生在四个大都市：纽约州、洛杉矶、波士顿和旧金山（Glaeser，1998）。2010 年，中国城市高等教育人口占高等教育总人口的 69.8%，研究还发现，高等教育人口对城市化的间接效应为显著正相关，高等教育与经济水平的相

关系数为 14.59。

城市规模对个人收入有重要的影响。比如，美国人口规模超过 50 万的都市的从业人员比不在大都市的从业人员的收入多 10%，比大都市区以外的收入多 34%（Glaeser, 1998）。根据美国城市研究，城市人口增长一倍，工资收入增长 1.2%～8.6%。美国大城市的收入比非城市地区的收入高出 22%。美国最大城市的收入比其他城市的收入高出 8%。美国高密度都市的收入比低密度都市的收入高出 28%。其他国家有同样的规律。东京的工资比大阪的工资高出近 53%，莫斯科的工资在俄罗斯是非常高的，远高于第二大城市圣彼得堡（丁成日，2015）。

从概念上讲，城市是人口和企业的大量聚集。所有的城市收益最终来自降低货物、人员和思想 / 想法（Ideas）的运输成本。随着交通成本下降，20 世纪货运成本的重要性在下降，人员移动和思想传输的成本显得更加重要。城市生产率的未来取决于替代面对面的互动（电子邮件、互联网等）是否能够使得个人接触的需求变得过时，或者新技术给人与人之间的互动带来新的曙光，使得亲身接触的价值更加容易地体现出来。在这个二选一中，答案显然是后者，即：信息和通信技术不仅不能代替人们面对面交往的需求，更重要的是在信息技术的时代更加凸显人们直接接触的价值。

高就业密度提高了人与人面对面的交往机会。而面对面交往不仅是各种各样合作交流（经济、商业、科学技术、管理、文化等领域）的必要条件，也是思想、文化、科学技术等方面发明创造和推广的必要条件。

1.1.8 城市增长的规模递增效应

有关增长的经济理论围绕着规模经济递减、不变还是递增三种理论框架展开。在规模经济不变框架下，规模有最优点。在没有到达最优规模前，规模增长的（边际）回报或收益是大于（边际）成本的，效益随规模的增长而提高；达到最优规模之后，规模增长的（边际）收益是小于（边际）成本的，故效益随规模的增长而减少，此时，效益是规模递减的。而在规模经济递增的框架下，没有均衡态，也没有最优规模，效益总是随着规模的增长而递增。

城市发展的规律是遵循规模效益不变还是递增，与城市发展战略、规划、决策和对策有着密切的关系。前者意味着追求优化的规模、阻止城市规模过大；而后者意味着战略、规划、决策和对策都应顺应发展，为增长服务。

日本东京发展的案例可以用来间接地支持城市发展遵循规模经济递增的理论框架。日本 2010 年是人口发展的转折年份，自此以后总人口开始下降。2015 年是城市人口的转折年，自此以后城市总人口开始下降。但是，东京都市人口增长的势头一直保持着，自 1950 年开始就没有减少过。比如，2010～2020 年日本人口减少 200 万人，城市总人口减少 64 万多，东京人口增长了 53 万多（图 1-2）。

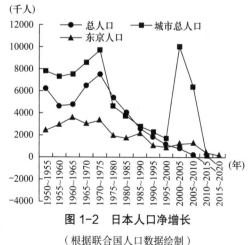

图 1-2 日本人口净增长

（根据联合国人口数据绘制）

Frick and Rodríguez-Pose（2018）利用 1980～2010 年由 113 个国家 / 地区构成的面板数据研究：（1）是否存在城市规模对经济增长的促进作用；（2）文献中强调的其他因素如何影响城市规模与经济增长之间的关系。他们的分析结果表明，城市规模与经济增长存在非线性关系，具体关系取决于国家的规模。超过 2850 万城市人口的国家中，超大城市人口占总城市人口的比重越高越有利于推动经济增长。在很多国家中，在 300 万人口规模内规模与经济增长是显著地正相关。这点合乎现实，因为很多国家都是中小国家，它们没有特大、超大城市。此外，城市规模与经济增长的关系还取决于具体情况。比如，能够受益于集聚效益的产业份额越大、优良的城市基础设施、充足水平的政府效率等都使得国家能够更加感受到城市规模对经济增长的作用和贡献。

David Segal（1976）利用 1967 年的数据对美国 58 个都市进行分析，发现在最大的都市中人口超过 200 万的回报率比其他都市高 8%。1967 年美国都市人口超过 200 万规模的城市非常有限。

Bettencourt 等（2007）研究（1980～2001）美国专利活动与大城市人口规模之间的关系。他们发现两者之间有明显的超线性效应，即在较大的城市中心不成比例地授予新专利，从而显示出相对于人口规模而言发明活动的回报不断增加。其他创意行业的研发机构和就业也遵循大城市人口规模的超线性比例关系。

1.2　城市体系不均衡理论——新经济地理

在过去的几十年中，空间经济学的发展极大地增进了我们对交通发展与区域经济集中度和 / 或空间集聚之间关系的理解。理论模型被标记为"新经济地理"，它根据不完全的竞争、规模经济递增和运输成本等解释经济活动的空间维度上表现或形态，发展了一般均衡模型，来解释为什么、如何以及何时在有限的地理区域集聚经济活动（Behrens and Murata，2007；Behrens and Thisse，2007；Fujita and Thisse，2009）。

2008 年诺贝尔奖得主保罗·克鲁格曼（Krugman，1991a 和 1991b）在简化的模型中（一个具有区域劳动力流动性的两区域、两部门和两要素的经济体），首先证明了企业区位的多均衡性，并论证企业（城市）空间均衡共同受制于规模递增效应、运输成本和市场供给的本地市场效应。更具体地说，运输成本与区域经济集中度之间的关系呈倒 U 形曲线关系（Combes and Lafourcade，2001；Thisse，2009）。也就是说，如果运输成本高，则不鼓励跨地区运输制造产品，那么生产仍分散在其市场附近，企业和城市呈现空间均衡式发展。随着运输发展带来的运输成本下降（运输成本达到阈值水平）以及回报的增加，鼓励劳动力和资本都集中在受益于集聚经济和更大市场规模的核心地区，这导致了经济活动的空间集中和不均衡发展。只有在交通运输成本比较低的情况下，面对日益激烈的竞争以及经济集中带来的负面外部性上升，交通投资推动运输成本进一步下降，这时交通的发展会鼓励企业从核心地区分散到周边地区（Acs and Varga，2002）。

"新经济地理"揭示了交通与经济活动集聚和空间均衡之间的关系。根据"新经济地理"理论描绘出交通发展与经济活动空间分布的"条带形状"（Bell-Shaped）的关系如图 1-3。该图显示，在交通成本高的时候，两地之间的贸易不发展，企业在市场区位发展，空间上是经济活动的均衡分布，并且是稳定的。随着交通的发展，交通成本降低到一定程度的时候，两地之间的贸易变得廉价，企业生产集聚在一地是经济的，空间上呈现出"0-1"状况，企业在两地之间的存在是0-1状况，或者是不存在或者是全部，这种不均衡是稳定的。相反，此时空间的均衡分布是不稳定的。随着交通的发展，空间又重新回到均衡分布的稳定态。

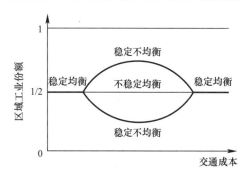

图1-3 交通与经济活动空间格局

（来源：Lafourcade and Thisse，2008）

"新经济地理"模式在交通运输不足的发展中国家中具有巨大的政策影响。置于"核心－外围"框架中，这意味着随着城市核心的集中度/集聚程度的提高，交通运输发展带来的区域不均衡也会随之增加（Krugman，1991a；Mossay，2005）。

新经济地理理论论证了空间不均衡发展的经济机制和原理，论证区域交通对空间不均衡发展的作用。此外，新经济地理阐述由于城市的自增加（Self-Reinforcing）机制和规模经济递增原则，企业一旦在空间上集聚于某一点，就会吸引其他企业（集聚经济效应），人口的增长会推动基础设施和公共服务的发展和建设，这反过来又进一步增加了区位优势，进而吸引更多的企业。如此反复，城市就像雪球一样越滚越大，演变成为"极端"的现象，即超大城市或者非常显著的首位城市的出现和发展。

Ding（2012）利用中国城市区划的特殊性分析交通发展对区域的影响，进而从实证上论证"新地理经济"理论预测。根据"新经济地理"理论，运输成本与区域经济集中度呈倒U型关系。该文使用中国地级市数据考察交通发展与经济集中度的关系，研究交通存量的"点效应"和"网络效应"，测算其相对规模。文章的结论如下：城市道路的发展促进制造业和服务业在城市国内生产总值中所占比重上升；主要区域性道路也有同样的效果。在国内生产总值中，城市道路和主要区域道路都存在"点效应"。城市道路和主要区域道路都存在外溢效应。最后，不同类型的交通基础设施具有不同的经济影响。政策影响是，在快速城市化进程中，随着城市和区域交通发展，城乡经济增长差距可能继续扩大。

1.3 城市体系演变理论

城市体系演变的理论归纳为三种理论：平行增长、收敛增长和发散增长。预测或显示城市体系平行增长的理论包括内生增长理论、随机增长理论和区位基础理论。预测城市体系收敛增长的理论包括贸易出口理论和新古典外生增长理论。预测城市体系发散增长的理论包括累计因果理论和增长极理论，后者于20世纪80年代被淘汰（Casey，2003）。从这三种理论又发展出了城市体系演变的顺序发展模型（Cuberes，2011）。该模型显示了一种钟形的增长模式，也就是大城市比小城市先实现增长。这种钟形增长模式的微基础是规模经济的力量使得大城市在经济发展早期比小城市先增长或增长得更快。与负面的外部因素（堵塞和污染）相比，规模所带来的好处随着发展的继续而减弱，因此，小城市在发展后期开始增长或者增长得更快。这意味着城市化在发展早期偏向于大城市。

Gonza'lez-Val（2010）发现，大城市在经济高速发展期间增长得更快，而小城市在危机时期则发展得更快。Gonza′lez-Val 等人（2014）得出结论，西班牙的城市增长在 20 世纪上半叶呈现为发散模式，而在后半叶则呈现为收敛模式，这种规律在大中型城市中尤为明显。Gue′rin-Pace（1995）、Black and Henderson（2003 年）、Junius（1999）、Davis and Henderson（2003）和 Cuberes（2011）通过研究也发现，长期来看，城市增长先呈现发散模式，然后出现收敛模式。Henderson（2009）得出结论，中国的大城市在城市体系中处于行政高层级，享有更大的决策自主权、更多的财政资源以及更便利的区域交通条件，这些都更有利于大城市的增长。Ding 等（2019）利用非参数法估计中国城市体系的演变，发现中国城市体系 1980～2012 年间也是呈现发散的趋势，特别是在城市规模偏大的一端表现尤为突出。

日本的城市体系变化非常值得思考。2010～2020 年，在日本国家人口和城市总人口都减少的情况下，东京人口增加了，说明东京都市增长是以其他（中小）城市为代价的，是它们的人口减少为东京的人口增长提供了源泉。日本的农村已经没有多余的人口可以向城市输出。也就是说，日本东京 2010～2020 年城市化率增长了一个百分点，但这个百分点不是农村向城市移民的结果，而是城乡出生率的差别导致的。老年化在农村更加严重，使得城乡之间自然死亡的比例也有显著的差别。

1.4　城市增长的空间形态——城市土地利用

1.4.1　人口和就业密度

城市密度是度量城市空间形态的一个重要指标。人们往往把城市密度与城市问题（城市 "病"）联系起来，将问题归咎于城市密度。不错，城市密度确实与城市拥堵等问题密切相关，但同时，城市密度对城市及其发展也是非常重要的。它可以提高生产力和创新能力，提高商品和服务获得的便捷，减少城市交通需求，鼓励建筑和运输更加节能，并允许更广泛地共享稀缺物。城市密度提升了城市品质。

密度是许多城市发生重大改变的原因之一。在生产方面，集聚经济使企业和工人在人口稠密的城市环境中比在其他地方生产率更高。城市密度对通过知识和技术溢出产生的创新的影响是比较难度量的，但是其存在是具体和显著的。在消费方面，较高的密度使得商品和服务更加易于获得和接近，减少城市出行需求。从历史上看，在密集的城市环境中人口更多地暴露于污染和疾病中，这是我们最为关心的事情之一。城市密度带来的其他问题，如拥挤和拥堵，居民和公司的占地面积更大，绿色空间的稀缺，都会负面地影响城市品质和吸引力。

城市密度一个重要的方面是与城市规模高度相关。城市密度一般是指城市人口密度，根据城市面积和人口数量来计算。但是由于城市面积一般是根据城市的（行政）边界来划定的，边界内可能有相对数量的农地和农村，因此，城市密度的测量存在不少问题。Duranton and Puga（2004）发展了感觉密度概念，即根据 10km 距离内平均人口来度量城市密度。图 1-4 显示的感觉密度与城市规模直接的相关系数高达 0.76，显著地高于传统的密度测度与城市规模之间的相关性。

测度密度的生产率效益几十年来一直是城市经济学研究的核心领域，目前学界对它的影响基本上达成共识。Ahlfeldt and Pietrostefani（2019）通过对文献的大数据分析（通过

180 个实证研究，估计 347 个密度的劳动生产率弹性系数），总结出劳动生产率的密度弹性是 0.04。文献上密度对劳动生产率的影响大多数是通过密度不同的空间单元之间的生产率或者工资差别来估计的。无论是劳动生产率还是工资收入，城市密度越高，它们也越高。需要指出的是，城市密度越高的城市越是不成比例地吸引高端人才。

根据 Duranton and Puga（2004）的研究，密度影响城市劳动生产率的机制有三个方面。首先，更大的市场可以更有效地共享本地基础设施、共享各种中间投入的供应商和劳动力池。其次，更大市场还可以使雇主和雇员更好地（技能）匹配，或买方与供应商之间更好地匹配。最后，更大的市场还可以通过促进技能的传播和技能的积累来促进学习，或通过新技术和商业惯例的发展和采用来提高劳动生产率。

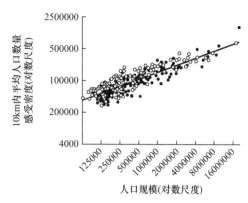

图 1-4　感受的人口密度与城市规模
（来源：Duranton and Puga，2020）

图 1-5　纽约就业密度

除了城市（人口）密度外，城市发展的一个非常重要的概念是就业密度。如同城市人口密度，就业密度度量单位面积上的从业人数。图 1-5 显示纽约曼哈顿就业密度——如此高的密度是纽约曼哈顿之所以被称为世界上唯一一个"造币"城市的原因。高的就业密度也意味着城市交通拥堵，这是纽约曼哈顿作为"造钱"城市所必须付出的代价吧。

CBD 是一个城市非常重要的就业中心。表 1-1 列出国际上 15 个城市的都市人口、CBD 的就业人数和 CBD 的就业密度（有些城市如东京有两个以上的 CBD，这里仅列出最大的 CBD 的数据，而不是所有 CBD 的总和）。表 1-1 显示出如下规律：① 都市人口规模越大，CBD 的就业规模也越大；② 都市人口规模越大，CBD 的就业密度倾向于越大；③ CBD 的面积越大，就业密度越小（主要是因为就业密度计算的是平均密度）；④ 城市的 CBD 就业密度与单中心或多中心密切相关。一般地，单中心城市市中心的就业密度比双中心的城市更高。需要说明的是，城市单中心、双中心或是无中心都是根据就业密度来划定的。

国际城市中央商务区就业密度　　　　　　　　　　　　　　　　　　　　　表 1-1

都市	CBD 面积 / km²	CBD 就业 / 万人	就业统计 / 年份	CBD 就业密度 / （人 /km²）	都市人口 / 万人	人口统计 / 年份
纽约	3.11	73.95	1990	238022	1881.60	2007
香港	1.04	19.35	1990	186876	695.00	2008
巴黎	1.55	14.00	2000	90129	1117.47	1999
多伦多	1.81	14.37	1990	79268	511.31	2006

续表

都市	CBD 面积 / km²	CBD 就业 / 万人	就业统计 / 年份	CBD 就业密度 / （人 /km²）	都市人口 / 万人	人口统计 / 年份
旧金山	3.88	29.10	1990	74945	420.39	2007
华盛顿	4.66	31.67	1990	67967	530.66	2007
首尔	21.23	122.68	1990	57791	2055.00	2003
东京	42.20	243.42	2001	57683	3449.35	2000
西雅图	1.81	9.86	1990	54420	330.93	2007
墨尔本	2.33	12.63	1990	54200	380.61	2007
布鲁塞尔	3.11	14.49	1990	46644	103.12	2007
旧金山	3.62	16.73	1990	46158	1287.56	2007
渥太华	1.81	8.23	1990	45418	113.08	2006
悉尼	4.14	17.56	1990	42398	433.64	2007
伦敦	29.77	126.05	1990	42338	827.83	2001

就业数据：http://www.demographia.com/db-intlcbddens.htm，人口数据：http://en.wikipedia.org/wiki/List_of_metropolitan_areas_by_population。都市 CBD 的数量也是根据上述数据源列出的 CBD 整理的，个别的有偏差，如首尔自 20 世纪 80 年代就有新的 CBD 形成和发展。

高度集中的就业分布具有以下优势：① 提高劳动力市场效率，因为很多工业部门需要面对面的接触联络，如 IT、政府部门、服务和商业部门，而就业高度集中减少了交通成本，并且方便面对面沟通，降低交易成本。② 减少交通系统投资，因为就业中心的存在使得运送同样数量的人员到其工作地点所需要的道路减少了。③ 使用公共交通的可行性增加了，公共交通平均成本降低而导致票价降低至一个能被广泛接受的范围。④ 最大限度地利用交通设施。在一个平坦的就业密度分布中，如果每个人都在居住地附近工作，那么总的交通需求将是最低的。可惜的是，这样严格的假设基本不存在。因此，在假定其他条件相同的基础上，一个平坦的就业空间分布模式可能产生更高的人均机动车里程数。

图 1-6 显示纽约曼哈顿人口密度的昼夜变化。人口密度昼夜不同是影响城市交通流的空间分布和流向的主要因素。城市交通空间分布和流向应该是城市交通组织（规划和管理）的依据。

从该图可得出如下结论：① 就业密度是空间递减的；② 就业分布要比人口分布紧凑得多，即就业分布更加集聚；③ 就业密度的最高值远远大于人口密度的最高值，说明就业密度空间递减的速率要远远大于人口密度空间递减的速率，即前者的斜率远远大于后者；④ 就业密度最高值与人口密度最高值空间上并不一定重合。

随着东京都市人口的增长，东京市中心的就业密度持续提高。东京 CBD 1970～1995 年的发展非常典型并具有相当的代表性。CBD 的人口 1970～1995 年的 25 年间不断下降，而商务和零售活动（白天就业人口的增加）同期不断地增长。而这个变化模式越向城市外围越不明显。如 20 年里，3 区就业上升了 37%，白天人口上升了 29%，而居住人口下降了 40%。8 区（包含内 3 区）有同样的趋势，就业增长了 50%，白天人口增长了 25%，居住人口下降了 29%。23 区里就业增长了 46%，白天人口增长了 8%，居住人口下降了 8%。这说明东京都市区里，越靠近市中心就业越聚集（就业取代住宅），而越远离市中心，住宅越发展（图 1-7）。

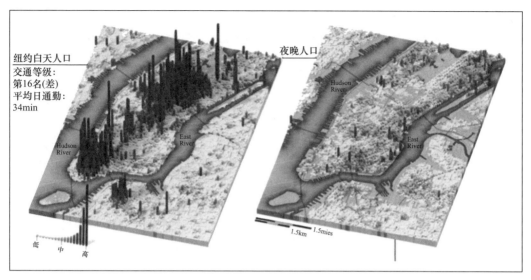

图 1-6 纽约人口密度日夜分布变化

1.4.2 中央商务区——城市活力的象征

中央商务区（Central Business District, CBD），顾名思义指城市经济活动的核心地区，尽管中央商务区的定义和空间地理范围的界定比较模糊，但是一般地，中央商务区具有以下几个特征：① 高楼大厦高度集中（集中程度远远高于城市的其他地区）；② 城市商业和零售最为集中；③ 土地价格最为昂贵，最重要的地方税（如房地产税）税源；④ 城市交通（机动车和步行）最为集中等；⑤ 建筑土地比例非常高。

CBD 的一个显著特征是高楼林立，城市发展的建筑密度和建筑高度都明显高于其他地方。容积率（建筑面积与土地面积之比）是度量城市建筑密度和高度的指标。CBD 以高容积率著称。比如，在首尔市 CBD 的核心区容积率一般在 10 以上，CBD 的其他地区和次中心容积率为 8，而非 CBD 地区住宅容积率一般在 0.5～4 之间。一般城市轨道交通车站附近的容积率要高于其他地区（丁成日、谢欣梅，2010）。

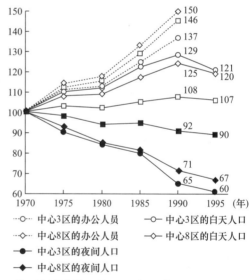

注：(1) 3区包括：Chiyoda, Mindato和Chau
(2) 8区包括：包括上面的三区外，加上Shinjuku, Shibuya, Bunkyo, Taito, 和Toshima
(3)办公人员是所有专业技术领域的工作人员、管理人员，以及办公人员
(4) 1995年的数据包括不确定年龄的乘客

图 1-7 东京市区人口和就业密度变化

高楼林立意味着相对高的容积率。容积率最高的城市是纽约，可高达 22～23。纽约中城中央商务区占地面积为 352673 m^2，用于建筑的土地面积为 300816 m^2，建筑土地比率（用于建筑的土地占总土地面积的比率）为 85%，总建筑面积为 5012017 m^2，平均容积率为 14.21，其中有些地块的土地是 100% 开放（丁成日，2018）。

随着城市的发展和演变，城市商务中心（CBD）的重要性越加凸显出来。比如，美国20世纪60年代以来不少城市经历衰退，但保有活力的CBD所在城市又开始了新一轮的增长。比如，纽约市人口经历了短暂的衰退后从2000年开始持续增长。美国波士顿等城市有同样的模式。保持都市经济的活力需要一个有活力的商务中心（Bingham et. al., 1997）。

不属于中央商务区的土地类型利用

根据Murphy（1972）的研究，不属于CBD的土地利用类型有八类：（1）永久性住宅（包括公寓）；（2）政府和公共设施（公园、公立学校和政府办公）；（3）组织机构（教会、大学）；（4）工业企业（不包括报刊和新闻）；（5）批发；（6）空置建筑；（7）空置土地；（8）铁路及其枢纽站点。

世界上有两个城市为提高国家的竞争力，转变了城市发展的理念：一个是英国伦敦，一个是韩国首尔。

英国伦敦

伦敦是世界上非常早的推行城市增长控制的城市。伦敦绿化带非常著名，很多城市都比照学习（东京、首尔、北京等）。伦敦绿化带发展理念始自1935年，1962年正式被引进和确立，1965年完成法定文本。伦敦绿化带目的是控制伦敦人口增长，将人口扩散到周边的卫星城。

随着欧盟的诞生和发展，英国感受到其国际竞争力在减弱。为提高国家的国际竞争力，特别是伦敦的国际金融中心的地位，英国转变了伦敦发展的理念，不再强调增长控制，转而开始鼓励人口增长。1991年是转折点，之前是人口持续减少，之后是稳步上升。

伦敦发展战略以金融产业发展为龙头，推动伦敦中央商务区的发展，进而提升英国的国际竞争力。中央商务区（CBD）是首都许多核心活动的所在地和业务中心，不仅包括国际金融和业务，还包括世界知名的零售和休闲功能。这是一个拥有全球声誉的商业区，也是一个著名的文化中心，包括剧院、博物馆和电影院。

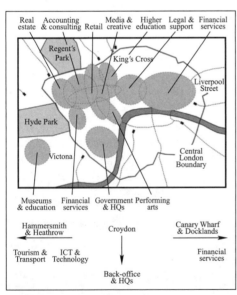

Source: Cabinet Offie, Prime Minister's Strategy Unit, London Profect Report (July 2004)

图1-8　伦敦产业集聚

（来源：GLA Economics，2008）

图1-8显示伦敦产业空间集聚。伦敦中央商务区仅占伦敦土地面积的2%，集中了伦敦三分之一的就业。中央商务区占据英国43%的金融服务产值。中央商务区的保险、会计和商业咨询等行业的就业人数占各自行业全国从业人口数的10%～15%。很多世界百强律师事务所都在伦敦有业务。1998～2006年，英国律师服务费增加了3倍，其中一半以上是在伦敦中央商务区产生的。中央商务区是购物中心，占国际旅客消费的三分之一。中央商务区以高价位、高质量的奢侈品、古董和艺术品、专卖店等高度集中著称。

伦敦是英国创造性行业的高度集中地。CBD是伦敦众多创意企业的所在地，创意活动近年来为伦敦商业服务业的就业增长作出了重要贡献，并越来越成为就业和增长的主要来源。

伦敦中央商务区还集中了世界一流的大学，包括伦敦经济学院、伦敦大学学院、伯贝克学院、伦敦国王学院和该学院附属的东方和非洲研究学院。伦敦帝国学院位于中央商务区边缘的南肯辛顿。这些高等教育机构可满足超过 15 万名全日制和非全日制学生的需求——占伦敦总数的 43%，并雇用约 11500 名全职学术人员。这些机构提供了世界一流的教学和研究设施，拥有来自世界各地和英国的顶尖学者和学生。

创意行业

- 广播电视
- 电脑游戏，软件
- 时尚
- 建筑
- 出版
- 广告
- 艺术/古董
- 音乐和表演艺术
- 视频，电影，摄影

韩国首尔

韩国首尔也经历了从城市增长控制到推动经济发展的转变。自 1971 年开始实施首都绿化带和卫星城发展战略以来，首尔推行了非常严厉的增长控制政策。具体包括工业企业外迁（"工业分布法"，1977）、空间发展规划、人头税、限制首尔高等院校和研究所扩展、成立以首相为首的首都地区发展规划委员会等。但这一切都无法阻止人口增长。

韩国政府和首尔地方政府采取了积极的政策和措施来打造首尔的国际都市地位，核心目的是提升首尔知识经济的竞争力。韩国政府认识到无法通过维持制造业高水平投资来支撑出口从而维持经济的高速增长，因而维持经济高速增长的出路之一是提升韩国和首尔的经济结构。其具体方向是：① 发展知识密集型经济；② 建设有利于创新的环境；③ 吸引外资。

为了推动韩国知识经济的发展，韩国政府采取了积极的政策和措施，比如在 2003 年选择了 10 个"下一代增长引擎"并给予巨大的财政扶持。10 个"下一代增长引擎"指：① 生物医疗制品；② 计算机显示；③ 半导体；④ 电池；⑤ 汽车；⑥ 智能机械人；⑦ 数字电视和广播；⑧ 移动通信；⑨ 智能家庭网络；⑩ 数字产业和软件开发。2004 年韩国政府要求各地方政府（包括首尔）制定各自的产业发展战略（主导产业的选择）。

首尔选择以知识经济（包括商业服务、金融、信息/生物工程/纳米技术、数字工业）和传统产业中知识密集的行业（如服装）作为其主导产业。首尔通过两种途径来推动其主导战略产业的发展：通过前期投资来培育新的高附加值经济部门；将现有工业部门附加值水平提升到更高的层级上。

首尔市建立了首尔动画中心（1999）和首尔高科技创业中心（1999）等专门化的工业支持中心。同时，在城市中心划定一些特区来推动主导产业的发展。这些特区享受较为宽松的政策和良好的基础设施。中心城市（包括 CBD）划定为商业服务区，Yeouido 划定为金融区，Teheran 大道划定为信息通信带，Magok 划定为高科技园和材料生产，Sangam 建成为数字媒体城。数字媒体城突出体现了首尔政府试图通过加速技术扩散和鼓励相关企业的空间集聚，从而促进正在形成的集聚经济。

为进一步提升韩国信息和通信技术的国际地位，数字媒体城于 2002 年正式建立，其目的是促进数字媒体工业和其他相关产业（比如软件、信息服务、信息制造与媒体和娱乐有关的研发中心，以及数字媒体产品营销等）协同促进效应。数字媒体城是将媒体技术、产业发展和文化艺术与城市统筹发展的典范，被誉为首尔通向未来的大门。

数字媒体城占地 569925 m²，距离首尔市中心 7 km，靠近世界杯足球公园，所处的区位是主要的城市轨道交通枢纽。数字媒体城包括三种设施：研发支持中心，公共支持中心，企业、大学和研究机构联合研究中心。2010 年全面运转，创造了 27 万个就业机会。

数字媒体城的土地利用单一性在图 1-9 中可以看出（主要是商务办公和研发）。

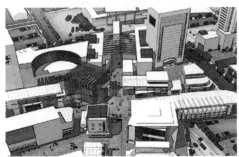

图 1-9　首尔数字媒体城设计蓝图

为推动知识经济和产业升级而选择的 5 个主导产业空间发展的特点是：① 空间上集中发展；② 主要在已经发展和建成且城市密度高的城市核心区；③ 强调与现有相关产业空间布局的联系，因而产业空间发展的空间延续性高（图 1-10）。这 5 个产业在首尔市中心高度集聚。金融和商务服务的就业人数在高度集中的地区（相当于中国城市的街道）可以达到 30000～40000 人。数字产业集中的地方，同时也是其他 5 个产业集群就业高度密集的地方。如此高度集中的就业一方面显示城市的活力，另一方面也导致该处是城市交通最为拥堵的地方。

1.4.3　城市空间结构与城市竞争力

城市空间结构反映在三个大的方面：① 城市土地利用类型；② 城市土地利用强度；③ 城市就业空间分布。土地利用类型包括工业、住宅、商业、办公、开放空间等。土地利用强度主要是通过容积率、土地开发比例和建筑高度来衡量。就业密度分布反映城市结构是单中心、多中心还是无中心。城市中心是根据就业密度来划定的。

城市空间结构由 7 大因子共同来决定：① 市场力量；② 城市规划；③ 土地法规；④ 城市基础设施投资；⑤ 房地产税；⑥ 城市土地发展的融资机制；⑦ 市场经济。城市规划和土地法规约束城市土地开发和使用的类型和强度。城市基础设施的投资可以改变区位

时尚工业印刷和出版 金融

（最高就业数5001~22044）　（最高就业数5001~8822）　（最高就业数20000~40000）

商业服务信息数字产业

（最高就业数10001~30000）　（最高就业数6001~15000）　（最高就业数10001~22000）

图1-10　首尔市主导产业发展布局

（多边形代表就业数来源：OECD，2005）

的交通条件，提高周边土地的价格，促进土地的开发和利用。市场经济成分和土地开发的融资机制直接或间接地影响城市土地开发的资本投入量，因而影响土地的开发强度（丁成日，2004；2008）。

城市竞争力包含四大要素：经济、自然与基础设施、人力资源以及制度。经济因素包括很多，如产业结构、就业结构、收入结构、劳动生产率、生产总量、劳动附加值和投资等。自然与基础设施包括地理区位、基础设施、生活成本、企业成本等。人力资源包括教育水准和劳动技能等。制度因素包括奖励与惩罚机制与公平、监督机制的效率与公平等。经济因素是最重要的因素之一。经济发展了，政府在基础设施方面的投资能力也相应提高，人均教育投入就会上升，平均劳工技能就会提高。经济发展带来收入的增加，由此提高了对住房、交通、环境等的要求。经济发展同时也促进教育和基础设施的投资，改善社会、政治、法律以及行政管理系统等方面的公平性和效率。由此可见，城市经济竞争力是城市竞争力最重要的内容。然而，城市经济竞争力强弱又很大程度上取决于城市（资源）效率。从城市经济学的角度来看，城市效率还可以从城市要素的效率来反映，即：①土地劳动力效率；②土地和资本资源效率；③有效的城市基础设施投资和城市基础设施效率。城市空间结构与城市效率密切相关。

（1）城市空间结构与劳动力市场的效率

纽约曼哈顿高密度的发展模式充分表现了城市劳动集聚效应。这是因为，高就业密度提高了人与人面对面的交往机会。而人与人面对面交往不仅是各种各样合作交流（经济、商业、科学技术、管理、文化等领域）的必要条件，而且是思想、文化、科学技术等方面发明创造和推广的必要条件。知识和技术溢出效应与城市就业密度表现出显著的正相关关系。

不少城市理论指出，大且整合的劳动力市场和劳动力市场的规模递增性是大城市存在和发展的内在动力。城市商务中心高就业密度最大限度地推动了劳动力整合。

（2）城市空间结构与土地资源和资本资源的效率

土地资源和资本资源的效率是土地和资本投入组合根据土地价格在空间上的变化来确定的。在城市发展方面，土地资源和资本资源效率体现在土地价格高的区位，城市土地发展强度和密度都要高，即容积率、建筑密度（建筑土地开发比例）、建筑高度等指标都要高。基于一般均衡理论的单中心城市模型，可推导出土地价格随距离市中心的距离增加而递减，进而推导出房屋价格、土地开发强度（容积率）、人口密度都随距离的增加而递减。随土地价格空间递减，土地开发比例也随距离的增加而递减。这与国外城市郊区房子的院子都比城里大的现象高度一致。

城市空间结构的无效率有两种典型的形式：① 在土地价格相对便宜的区位上的高强度（密度）的土地开发（利用）；② 在土地价格相对昂贵的区位上低附加值的土地利用类型和强度。前者浪费了资本资源，后者浪费了土地资源。

（3）城市空间结构与城市基础设施和公共财政效率

空间上不协调的城市发展形式降低了城市基础设施的利用效率。城市青蛙式向外跳跃发展一方面增加城市居民的交通成本，另一方面增加地方政府的城市基础设施建设负担。城市基础设施（特别是城市交通）与城市土地利用整合能够最大限度地利用城市基础设施，减少公共财政负担，进而间接地提高公共财政效率。

1.5　城市集中度

与超大城市的发展密切相关的城市发展现象和概念是城市集中度、首位度和首位城市。

城市集中度（Urban Concentration）指的是一个国家的城市资源（人口）在一、二个城市中的集中程度。比如，2018 年，城市集中度最高的是韩国，高达 61.60%。超过 30% 的国家有埃及（47.36%）、秘鲁（41.01%）、阿根廷（36.46%）、刚果（35.34%）、日本（32.18%）和孟加拉国（32.16%）。实证研究发现，城市集中度推动经济增长。Henderson（2003）利用 70 个国家 1960～1995 年的数据（每五年间隔），通过计量经济模型分析发现：① 城市化对经济发展影响不显著；② 城市集中度与经济发展（劳动生产率）相关性非常显著；③ 城市集中度不足的经济代价是巨大的。他的结论在发展中国家表现得更加突出。具体地，他根据回归分析的结果总结出城市集中度最优水平是 0.28～0.40，即一个国家最大城市占该国城市总人口的比重是 28%～40%。这个城市集中度一定程度上意味着首位城市的存在和发展。Bertinelli and Strobl（2007）用的数据与 Henderson（2003）类似，也是 70 个国家，时间跨度为

城市集中度或首位城市的重要性

● 在发展中国家，城市集中度或者首位城市对经济发展（特别是劳动生产率的提高）可能比城市化更重要。

● 城市化更多的是反映农村-城市或者农业-工业的转移，以实现制造业和服务业的规模经济的外部性。

● 城市集中度不足或者首位城市缺失的经济代价可能是巨大的。

● 城市最优集中度在 0.28～0.40。

1960～1990 年，分析结果发现：① 城市集中度对经济的影响比 Henderson（2003）更加显著；② 城市集中度对人均 GDP 的增长是非线性的，在集中度比较小的时候，人均 GPD 和 GDP 都是以递增的速度增长。

城市集中度既受经济机制的影响，又受非经济因素的影响。经济方面，城市集中度一般受工业化的影响。农业生产受地理的影响，难以在小的地理范围内集中，而工业生产可以大规模地在空间上集聚。人口集中可降低运输成本，提高对 GDP 的有效需求。如果需求对于工业的增长很重要（因为制造业的固定成本），那么城市集中度的提高可能会相应与产业扩张有关。如果工业化提高了对基础设施的需求，且基础设施成本能够被在同一个城市的企业共享，工业化将进一步推动企业在城市的集聚。制造业有助于推动知识和技术的溢出效应。大城市还允许公司专门化生产珍稀产品，因为它们为这些产品提供了更大的专业产品市场（Ades and Glaeser，1995）。

城市人口集聚与经济集聚有着密切的关系。根据 25 个 OECD 国家 78 个城市的资料，包括人口和 GDP，来研究城市人口与经济的关系。在这 78 个城市中，美国 23 个，德国 6 个，英国、日本、意大利和墨西哥各有 4 个，加拿大、法国、西班牙、土耳其和韩国各有 3 个。

这些城市中，城市 GDP 占国家 GDP 的比重平均为 14.15%，其中美国波特兰市的经济比重最小，只有全国 GDP 的 0.7%，比重最大的是荷兰任仕达（Randstad）市，占全国 GDP 的 53.1%。城市人口占全国人口的比重略小于经济的比重，平均为 11.69%，其中比重最小的是美国波特兰市，只有 0.7%，而比重最大的是韩国首尔都市，占 48.16%。另外，78 个城市中，经济集聚强度一般都超过城市人口集聚强度，只有 13 个城市人口比重高于经济比重。经济比重与人口比重之比平均为 1.215，最低值为 0.64（意大利那不勒斯），最高值为 1.67（土耳其的伊斯坦布尔）。

二元统计回归分析发现（图 1-11），城市人口比重（占全国总人口的比重）与城市经济比重（占全国 GDP 的比重）两者之间的相关系数高达 0.96。

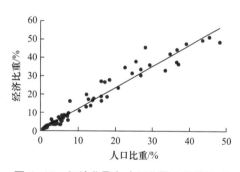

图 1-11 经济集聚与人口集聚之间的关系

1.6 政治——城市化倾向于大城市

城市发展倾向于大城市。一个国家的城市体系包括不同规模的城市。在生产要素（劳动力）空间上自由流动的假设下，城市体系是均衡的，即无论规模大小，每个城市的效用函数值都相同（为 $U1$）（图 1-12）。为便于分析，利用具体的城市规模来说明问题。假设这个城市体系有三个城市，分别是大、中、小规模。在这个均衡的城市体系中，小城市规模为 120 万人口，中等规模城市为 300 万人口，最大的城市为 600 万人口（数字和规模划分都是示意性的）。

在城市体系动态变化中，一个城市的效用函数变化将导致整个城市体系均衡状态的改

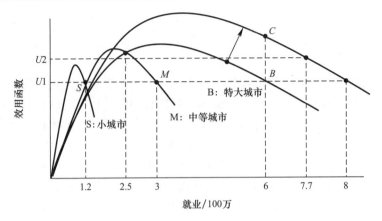

图 1-12　均衡的城市体系、城市规模和动态

变。城市基础设施投资将改变城市效用函数，使其向右、向上伸展。一般地，在这三个城市（小、中、大规模）中，大城市更有可能获得基础设施投资。这是因为，第一，重大和非经常性活动（比如世博和奥运会）一般都发生在特大城市，在中等和小城市发生的可能性几乎是零。这些重大活动伴随着超大的基础设施建设和活动场馆的建设，进而导致城市的效用函数向外扩张。

　　第二，（特）大城市具有重大的政治意义。"太大到不能倒闭或失败"或"大而不倒"（Too Big to Fail）是一个通俗术语，用来描述一些庞大、相互密切关联的金融机构，如果它们倒闭将引发经济连锁反应，整个后果可能是灾难性的，因而当它们面临困难时，政府需要出面扶持和拯救。当（特）大城市出现问题时，政府投资（包括基础建设）和政策倾斜会率先跟进，其他中小城市可能就没有同样的运气。

　　假设（特）大城市人口维持在 600 万不变，其效用函数因基础设施投资而增加到 C 点，高于其他两城市，（特）大城市需要增加到 800 万人口才能恢复到原来的效用函数水平。假设总的城市人口不变，因不同城市之间的效用函数值不同，中小城市的居民将移向特大城市，中小城市衰退。新的城市系统均衡为 $U2$，此时，（特）大城市人口增加到 770 万，中等城市人口减少到 250 万，小城市彻底消亡。显然，（特）大城市发展以中小城市为代价。

　　超大城市或者特大城市的城市基础设施发展受城市政治的影响比较大，特别是在城市集中度高的国家里。因而，同比城市化，城市集中度受政治等非经济因素的影响更加显著。此外，政治经济学、政府政策和国家政治机构都显著地影响城市集中度。文献研究发现许多国家的政治机构和政策可能会鼓励城市集中度的提高（Davis and Henderson，2003）。其理论依据是：当国家倾向于一个城市的时候，缺乏城市之间的公平竞争环境。倾向性城市一般是首都，比如曼谷、墨西哥城、雅加达、首尔、巴黎，或者是国家精英高度集聚的地方（圣保罗）。

　　城市倾向（偏爱）主义者一般会通过不发展区域间的运输和通信设施，来抑制（来自其他地区）潜在的竞争，使得偏爱地区的产业和业主获取垄断性资源和市场，使得生产者和投资者获利。偏爱的地区一般是国家或地区的政治中心（如首都）。

　　经济发展初期的城市集中度高被认为是有助于经济增长的。通过在空间上集中的工业化，经济在"经济基础设施"（指有形基础设施资本，比如运输、电信和管理资源）的基础上发展。这样的空间集中还可以增强信息溢出和知识积累，当经济"信息不足"时，其作用越加凸显。

很多国家超大城市往往也是首都，比如雅加达、东京、首尔等。首都的政治力量将政府资源转移到首都，资源的转移吸引了移民。寻租者到首都来寻租也推动了首都人口的增长。

在有超大城市的国家中，城市化中人口的空间流动倾向是趋于超大城市。也就是说，来自农村的移民优先选择超大城市。正是由于城市化进程中移民倾向于大城市，特别是一个国家中的最大城市，我们才观察到很多国家都出现了首位城市。首位城市不是发展中国家特有的现象，发达国家也有，比如日本、法国、韩国等。相对而言，发展中国家首位城市表现得更加突出，比如，1975年阿根廷、墨西哥和菲律宾的首位度在6~10。

城市化偏向大城市在实证研究中也得到了验证和支持。Ades and Glaeser（1994）、Bairoch（1988）等研究发现，在其他不变的情况下，没有经济发展的城市化、缺乏政治稳定性、封闭性经济等原因都可能使城市化更倾向于大城市。也就是说，城市化发展中人口更倾向于向大城市集聚。政治中心（首都）往往发展成为特大城市（Moomaw and Shatter，1996）。

Evans（1972）和Stigler（1951）等研究发现，工业化过程中，经济发展带动的城市化倾向于大城市。这个结论得到Moomaw（1996）研究的支持，他通过面板数据（74个国家，3个时期，即20世纪60年代、70年代、80年代）分析发现，大城市的人口集聚呼应了经济力量，即经济发展带动的城市化倾向于大城市，同时国际贸易和外资都有利于大城市的发展。Moomaw and Shatter（1993）的研究发现，大城市的人口集聚有助于经济发展。

美国是私人飞机拥有量最多和私人机场数量最多的国家。私人小型飞机是全世界的63%，美国私人机场是整个欧洲的两倍。显然，美国最富有的富人大多是私人飞机拥有者和私人飞机（场）最频繁的使用者（包括租赁），这使得美国的亿万富翁有最大的居住地选择的自由。然而，2019年纽约市集中了美国亿万富翁中的近六分之一（113人），是洛杉矶亿万富翁数目的2.5倍（44人）。美国亿万富翁相对高度集聚在纽约说明超大城市拥有独特的、许多无法度量但是可以感觉的城市品质，特别是特殊和高端的服务和高端的社交群体。

诸如交通拥堵、环境恶化、城市住房拥挤等城市问题（国内往往用"城市病"来替代）与规模成正比，因而在特大城市、超大城市这些问题往往更加凸显。特大城市、超大城市因其城市规模和密度带来的负面影响（比如交通拥堵成本等）是显然的，相对而言是比较容易度量的，也是城市居民都能直接感受到的。但是特大城市、超大城市的规模与密度对生产、消费、生活品质的积极影响和作用往往不是城市绝大多数居民能认知的。

1.7 超大城市持续增长的"半围城理论"

一个没有被证明的、但是很有可能是事实的观点是：想进入特大城市、超大城市的人们和企业对城市问题的成本效益评价可能不同于城市现有的居民和企业。想进入的人们和企业对效益的（正）评价往往高于对城市问题的（负）评价，故移民到特大城市、超大城市总的收益是正面和积极的。城市已有的居民和企业对城市问题评价是非常负面的，可能是偏激的。有意思的是，大城市内的居民和企业往往不会因为城市问题主动地选择离开。想进入大城市的人和企业多于想离开的人和企业，结果必然导致大城市不断增长。

超大城市持续增长的"半围城理论"

- 钱钟书的围城理论是：围城内的想出去，围城外的想进来。
- 超大城市持续增长的"半围城理论"是：城外的想进来，城里的不想出去。

1.8　超大城市的规模是否"过大"

超大城市的"城市病"（特别是城市交通拥堵、环境恶化、城市基础设施不足、住房紧张等）往往比小的城市更为严重。这促使人们倡导特大城市、超大城市增长控制。

理论上，最优城市规模是一个没有答案的问题，或者说，只有理论"解"，没有实际"解"。这是因为，理论上的最优城市规模是建立在边际成本等于边际效益的基础上的。边际成本指的是新增加一个城市居民所带来的城市成本，城市成本包括交通（拥挤）、环境（恶化）、城市基础设施（压力）、住房（紧张）、资源（压力）等方面的负面影响。边际效益指的是新增加一个城市居民所带来的城市效益，这个效益主要通过城市的集聚效应来体现。

城市增长的边际成本和边际效益是很难计算出来的，因而，应让市场来决定城市规模，也就是说让企业和个人来决定是否进入城市发展，他们会根据经济规律来作出最佳决定。同时，市场经济越发达，政府就越不能直接控制城市规模，只能通过制定政策影响价格（如住房价格、交通成本、环境价格等），间接地影响城市规模。

尽管大城市有很多通常所指的"城市病"，如交通拥挤、环境恶化、城市基础设施不足、住房紧张等，但大城市存在与发展的根本原因之一是大且整合的劳动力市场以及劳动力市场所表现出来的规模递增规律。大且整合的劳动力市场不仅有利于企业同时也有利于就业者。对企业而言，大且整合的劳动力市场可以降低劳动力成本。这是因为当一个企业靠近大城市（大劳动力市场）时，它在规模扩张时能很容易和相对廉价地雇佣到所需劳力（包括有特殊技能的劳力）。对就业者而言，大城市意味着众多同样的行业或企业的集聚，从而增加了就业机会。每个企业都有其自身的经济周期，这个周期也许会和整个国家的经济周期一致，也许不一致。一致与否是由企业的发展规律来决定的，一个企业的经济波谷很可能对应的是另一个企业的经济波峰，这样大城市的就业机会就会保持相对稳定，也就利于就业者相对容易地找到新的就业机会。

本章执笔人：丁成日

参考文献

丁成日. 城市经济学：实证研究与方法. 北京：社会科学文献出版社，2020.

丁成日. 城市空间规划理论与方法. 北京：中国建筑工业出版社，2018.

丁成日. 世界巨（特）大城市发展：规律、挑战、增长控制政策及其评价. 北京：中国建筑工业出版社，2015.

丁成日，谢欣梅. 城市中央商务区（CBD）发展的国际比较. 城市发展研究，2010（10）：72-82.

丁成日. 城市经济与城市政策. 北京：商务印书馆，2008.

丁成日. 空间结构与城市竞争力. 地理学报，2004，59（增刊）：85-92.

Acs Z J. Small business economics: A global perspective. Challenge, 1992, 35(6): 38-44.

Acs Z., Varga A. Geography, endogenous growth, and innovation. International regional science review, 2002, 25(1): 132-148.

Accetturo A, Giacinto VD, Micucci G, Pagnini M. Geography, productivity and trade: Does selection explain why some locations are more productive than others? 2013.

Ades A F, E L Glaeser. Trade and circuses: explaining urban giants. The quarterly journal of economics, 1995, 110(1): 195-227.

Audretsch D B. Research issues relating to structure, competition, and performance of small technology-based firms. Small business economics, 2001, 16(1): 37-51.

Batisse C. Dynamic externalities and local growth: A panel data analysis applied to Chinese provinces. China economic review, 2002, 13(2): 231-251.

Behrens K, Murata Y. General equilibrium models of competition: a new approach. Journal of economic theory, 2007(136): 776-787.

Behrens K, Thisse J-F. Regional economics: a new economic geography perspective. Regional science and urban economics, 2007(37): 457-465.

Bertinelli L, Strobl E. Urbanization, urban concentration and economic development. Urban studies, 2007, 44(13): 2499-2510.

Luis M A, Bettencourt, Jose Lobo, Deborah Strumsky. Invention in the city: increasing returns to patenting as a scaling function of metropolitan size. Research policy, 2007, 36(1): 107-120.

Bingham R, etc. Beyond edge cities. New York: Garland Publishing Inc., 1997.

Booth D E. Long waves and uneven regional growth. Southern economic journal, 1986, 53 (2): 448-460.

Borck R. Consumption and social life in cities: evidence from Germany. Urban studies, 2007, 44(11): 2105-2121.

Carree M A, Thurik A R. Industrial structure and economic growth . Cambridge, UK: Cambridge University Press, 1999: 86-110.

Casey D. Regional development theory: conceptual foundations, classic works, and recent developments. Journal of planning literature, 2003, 18(2): 131-172.

Terry Nichols Clark, Richard Lloyd, Kenneth K Wong, Push Pam Jain. Amenities drive urban growth. Journal of urban affairs, 2002, 24(5): 493-515.

Castells-Quintana D, Royuela V. Agglomeration, inequality and economic growth. Annals of regional science, 2014(52): 343-366.

Ciccone, Antonio, Robert Hall. The productivity and density of economic activity. The American economic review, 1996, 86(1): 54−70.

Combes P−P, Lafourcade M. Transport cost decline and regional inequalities: Evidence from France (Discussion Paper, No. 2894). Centre for economic policy research, UK, 2001.

Combes, G Duranton, L Gobillon. The productivity advantages of large cities distinguishing agglomeration from firm selection. Econometrica, 2012(6): 2543−2594.

Cuberes D. Sequential city growth: Empirical evidence. Journal of urban economics, 2011, 69(2): 229−239.

Davis J C, Henderson J V. Evidence on the political economy of the urbanization process. Journal of urban economics, 2003, 53(1): 98−125.

Ding C, Niu Y. Market size, competition, and firm productivity for manufacturing in China. Regional science and urban economics, 2019(74): 81−98.

Ding C. Transportation development, regional concentration and economic growth. Urban studies, 2012, 50(2): 312−328.

Dixit AK, Stiglitz J E. Monopolistic competition and optimum product diversity. The American economic review, 1977, 67(3): 297−308.

Duranton, Gilles, Diego Puga. Micro−foundations of urban agglomeration economies //J Vernon Henderson, Jacques François Thiss.Handbook of regional and urban economics. Amsterdam: Elsevier, 2004(4): 2063−2117.

Enright M J. Organization and coordination in geographically concentrated industries // Coordination and information: Historical perspectives on the organization of enterprise. University of Chicago Press, 1995: 103−146.

Feldman, Maryann P, Audretsch, David B. Innovation in cities: science−based diversity, specialization and localized competition. European economic review, 999:409−29.

Frick, Susanne A, Rodríguez−Pose. Average city size and economic growth. Cambridge: Journal of regional economy and society, 2016, 9(2): 301−318.

Frick S A,A Rodríguez−Pose. Change in urban concentration and economic growth. World development, 2018(105): 156−170.

Fujita M, Thisse J−F. New economic geography: An appraisal on the occasion of Paul Krugman's 2008 Nobel Prize in economic sciences. Regional science and urban economics,2009(39): 109−119.

Gabe,Todd M. Establishment growth in small cities and towns. International regional science review, 2004, 27(2): 164−186.

Gabriel M Ahlfeldt,Elisabetta Pietrostefani. The economic effects of density: Asnthesis. Journal of urban economics, 2019(11): 93−107.

GLA Economics. London's central business district: Its global importance. Greater London Authority, 2008.

Glaeser E L. Learning in cities. Urban Econ, 1999(46): 254−277.

Glaeser, Edward, David Mare. Cities and skills. Journal of labor economics, 2001(19): 316−342.

Glaeser E L, Kolko J, Saiz A. Consumer city. Journal of economic geography, 2001, 1(1): 27−50.

Glaeser E L, Gottlieb J D. Urban resurgence and the consumer city. Urban studies, 2006, 43(8): 1275−1299.

González−Val, R. The evolution of U.S. city size distribution from a long−term perspective (1900−

2000). Journal of regional science, 2010, 50(5): 952-972.

González-ValR., Lanaspa L, Sanz-Gracia F. New evidence on Gibrat's law for cities. Urban studies, 2014, 51(1): 93-115.

Handbury J, Weinstein D E. Goods prices and availability in cities. The review of economic studies, 2014, 82(1): 258-296.

Hansen N. Impacts of small and inter-mediate-sized cities on population distribution: issues and responses. Regional development dialogue,1990(11): 60-76.

Henderson V, Kuncoro A, Turner M. Industrial development in cities. Journal of political economy, 1995, 103(5): 1067-1090.

Henderson J V. Urbanization in China: policy issues and options. China economic research and advisory programme, 2009.

Henderson J V. The urbanization process and economic growth: the so-what question. Journal of economic growth, 2003, 8(1): 47-71.

Huggins R, Williams N. Enterpreneurship and regional competitiveness: The role and progression of policy. Enterpreneurship & regional development , 2011(23): 907-932.

Jaakko Simonen, Rauli Svento, Artti Juutinen. Specialization and diversity as drivers of economic growth: Evidence from High-tech industries. Papers in regional science, 2015, 94 (2): 229-247.

Jacobs J. The economy of cities. New York: Vintage Books, 1970.

Jaffe A B, Trajtenberg M, Henderson R. Geographic localization of knowledge spillovers as evidenced by patent citations. Quarterly journal of economics,1993(108): 577-598.

Karlsson G, Richardsson J, Wincent J. Diversity, innovation and enterprenurship: where are we and where should we go in future studies. Small business econmics, 2019: 1-14.

Krugman P. Geography and trade. Leuven:Leuven University Press, 1991.

Krugman P. Increasing returns and economic geography. Journal of political economy, 1991(99): 483-499.

Miren Lafourcade, Jacques-François Thisse. New economic geography: a guide to transport analysis. Paris: School of Economics(Working Paper), N2008-2.

Lathania Brown, Robert T Greenbaum.The role of industrial diversity in economic resilience: an empirical examination across 35 years. Urban studies, 2017, 54(6): 1347-1366.

Lee S. Ability sorting and consumer city. Journal of urban economics, 2010, 68(1): 20-33.

Lee B S, Jang S, Hong S H. Marshall's scale economies and Jacobs' externality in Korea: the role of age, size and the legal form of organization of establishments. Urban studies, 2010, 47(14): 3131-3156.

Li Z, Ding C, Niu Y. Industrial structure and urban agglomeration: evidence from Chinese cities. Annals of regional science,2019, 63(1): 191-218.

Lucas R. On the mechanics of economic development. Journal of monetary economics, 1988, 22(1): 3-42.

R Moomaw, A M Shatter. Urbanization as a factor in economic growth: an empirical study. Journal of economics, 1993(19): 1-6.

Porter ME. Clusters and the new economics of competition. Harvard business review, 1998, 76(6): 77-90.

Puga D. The magnitude and causes of agglomeration economies. Journal of regional science, 2010,

50(1): 203-219.

Ronald L, Moomaw. Spatial productivity variations in manufacturing: a critical survey of cross-Sectional analyses. International regional science review, 1983, 8(1): 1-22.

Melitz Marc, Giancarlo Ottaviano. Market size, trade, and productivity. Review of economics studies, 2008, 75(1): 295-316.

Moretti E. Workers' education, spillovers, and productivity: evidence from plant-level production functions. American economic review, 2004(94): 656-690.

Mossay P. The core-periphery model: a note on the existence and uniqueness of short-run equilibrium. Journal of urban economics, 2006(59): 389-393.

Murphy R. The central business district. Longman Publisher, 1972.

Niu Y, Ding C, Knaap G. Employment centers and agglomeration economies: foundation of a spatial economic development strategy. Economic development quarterly, 2014(29): 14-22.

Quigley J M. Urban diversity and economic growth. Journal of economic perspectives, 1998(12): 127-138.

Rantisi N M. The competitive foundations of localized learning and innovation: the case of women's garment production in New York City. Economic geography, 2002, 78(4): 441-462.

Rosenthal S S, Strange W C. Geography, Industrial organization and agglomeration. Review of economics and statistics, 2003, 85(2): 377-393.

David Segal. Are there returns to scale in city size? The review of economics and statistics, 1976, 58(3): 339-350.

Saxenian A. Regional advantage: culture and competition in Silicon Valley and Route 128.Cambridge, Mass: Harvard University Press,1994.

Schiff N. Cities and product variety: evidence from restaurants. Journal of economic geography, 2015, 15(6): 1085-1123.

Sedgley Norman, Bruce Elmslie. The geographic concentration of knowledge: scale, agglomeration, and congestion in innovation across U.S. States. International regional science review, 2004, 27(2): 111-137.

Leo Sveikauskas. The productivity of cities. Quarterly journal of economics, 1975, 89(3): 393-413.

Sveiskauskas L, Gowdy J and Funk M. Urban productivity: city size or industry size. Journal of regional science, 1988, 28(2): 185-202.

Syverson C. Market structure and productivity: a concrete example. Journal of political economy, 2004, 112(6): 1181-1222.

Scott, Allen. Metropolis: from the division of labor to urban Form. Berkeley: University of California Press, 1988.

Thisse J-F. How transport costs shape the spatial pattern of economic activity. Joint transport research centre, OECD(Discussion Paper), 2009(13).

Waldfogel J. Preference externalities: an empirical study of who benefits whom in differentiated product markets. National bureau of economic research, 1999: No.w7391.

Waldfogel J, Holmes T J & Noll RG. Who benefits whom in local television markets. Brookings-Wharton Papers on Urban Affairs, 2004:257-305.

Wang, Z. Wage growth, ability sorting, and location choice at labor-force entry: new evidence from U.S. Census data. Journal of urban economics, 2016(96): 112-120.

Jetpan Wetwitoo. Industrial specialization or diversity? How high-speed rail fosters Japan's regional agglomeration economy. Asian Development Bank Institute, 2019.

World Bank. The spatial growth of metropolitan cities in China: Issues and options in urban land use. World Bank Report, 2009.

第二章 超大城市发展：国际发展启示

第二次世界大战以后，世界超大城市增长迅速，特别是在发展中国家。认识有超大城市的国家的城市发展规律、趋势、模式、挑战及其政府战略和对策，有助于郑州中心城市发展定位、发展模式和战略决策的选择。"他山之石，可以攻玉"。他国的经验可以借鉴，他国的教训可以吸取，他国的对策和政策可以参考，他国的路径可以提供启示。我们需要以理论为基础，以批判的思维、独立的精神和客观的视角来审视、借鉴他国的发展经验。

2.1 世界超大城市增长

2.1.1 超大城市增长

第二次世界大战以后世界城市化迅速发展，1950年30%左右的人口生活在城市，2000年这个比例上升到47%~48%，2018年为55.3%。预测到2030年，60%的世界人口将生活在城市。一般地，快速城市化进程主要发生在发展中国家，发达国家已经基本上完成了城市化，城市化率达到80%以上，个别国家超过了90%（比如日本和韩国）。美国也是一个人口大国，人口超过3亿人，2020年城市化率超过82%。发展中国家也有超过90%城市化率的国家，比如阿根廷的城市化率为92.11%。

随着世界城市化快速发展，另外一个显著的现象是超大城市的发展。1950年世界只有一个超大城市（纽约），2020年达到35个，预计超大城市数量将增长到2030年的43个。[①]目前世界已经有21个国家有超大城市，其中中国（它们是：上海、北京、深圳、重庆、广州、成都、天津）和印度数量最多，都是六个。[②]美国、日本、巴西、巴基斯坦各有两个。其他15个国家都只有一个超大城市，包括5个人口大国（1亿人口以上的国家）：印度尼西亚、尼日利亚、孟加拉国、菲律宾和墨西哥。2018年世界最大的超大城市是日本东京都市，人口将近3750万（表2-1）。为便于说明，有超大城市的国家称之为超大城市国家。

超大城市增长速度是惊人的。29个超大城市（不包括中国）2000~2020年平均增长率为52.30%，这些城市2020年的平均规模略高于1740万人，这意味着20世纪初的20年里超大城市平均增长了900多万人，相当于平均每年净增加一个45万人口的城市。增长速度最快的是刚果民主共和国金沙萨，增长了一倍多（133.57%），即从2000年的特大市（615万人）发展到2018年的超大城市（1434万人）。世界上最大的都市东京

[①] 本章数据均来自联合国的数据库"2018世界城市"（The World's Cities in 2018）（https://population.un.org/wup/）。四点说明：第一，该数据库所含数据截至2018年，2020年及其以后年份的数据都是估计的；第二，联合国的数据有些国家不是都市数据，比如韩国首尔和印度尼西亚雅加达等，不是都市数据我们根据可以查到的数据调整它们的都市数据；第三，联合国的数据本身做了很多调整，与2010年公布的数据有很大出入，比如日本的都市数据与丁成日（2015）所用联合国公布的数据不一样；第四，本书利用了预测的2020年人口数据。原因是联合国的历史人口数据是五年间隔，比如不同城市规模的人口数据。尽管2019年开始的新冠疫情对世界的影响是深刻的，但是由于2018年与2020年非常接近，故利用预测的2020年人口数据不影响我们对城市发展趋势和模式的认识。

[②] 根据中国城市建设统计年鉴（常住人口）。

2000～2018 年增长了 8.54%，人口净增长了 300 多万，占同期日本城市人口增长的 20% 左右。包括中国的超大城市平均增长速度更高，将近 60%。

世界（中国除外）超大城市规模及其增长　　　　　　　　　表 2-1

国家	超大城市	超大城市		2000～2020 年	
		2020 年人口 / 千人	2000～2020 年人口增长率 /%	国家人口增长率 /%	国家城市人口增长率 /%
刚果民主共和国	金沙萨	14342.44	133.57	90.13	147.05
埃及	开罗	20900.60	53.39	47.26	47.21
尼日利亚	拉各斯	14368.33	97.35	68.49	151.28
孟加拉国	达卡	21005.86	104.24	29.03	108.81
印度尼西亚	雅加达	35426.72	71.72	28.69	73.54
菲律宾	马尼拉	13923.45	39.82	40.66	44.54
泰国	曼谷	10539.42	64.80	10.25	80.66
土耳其	伊斯坦布尔	15190.34	73.73	32.57	55.84
俄罗斯联邦	莫斯科	12537.95	25.32	−1.78	0.10
法国	巴黎	11017.23	13.15	10.26	17.67
墨西哥	墨西哥城	21782.38	18.02	31.61	42.19
阿根廷	布宜诺斯艾利斯	15153.73	21.19	22.81	26.90
哥伦比亚	波哥大	10978.36	73.45	24.30	36.85
秘鲁	利马	10719.19	46.97	28.54	37.79
韩国	首尔都市	25924.06	21.44	8.70	11.14
巴基斯坦	拉合尔	12642.42	126.71	50.42	69.49
	卡拉奇	16093.79	63.80		
巴西	里约热内卢	13458.08	19.03	22.01	30.84
	圣保罗	22043.03	29.56		
日本	大阪	19165.34	2.71	−0.81	15.75
	东京	37393.13	8.54		
美国	洛杉矶	12446.60	5.49	17.54	22.90
	纽约-纽瓦克	18803.55	5.56		
印度	钦奈	10971.11	66.40	31.35	65.81
	班加罗尔	12326.53	120.86		
	加尔各答	14850.07	13.38		
	孟买	20411.27	26.41		
	德里	30290.94	93.04		
	海德拉巴	10004.14	77.06		

　　以国家人口和城市人口为参照来分析超大城市人口增长，其增速就显得越加突出。20 个超大城市国家人口 2000～2020 年人口增长不到 30%，城市人口增长仅为 54.32%。20 个国家中，有 8 个国家 10 个超大城市的增长速度快于国家城市人口增长速度，说明这 10 个超大城市在国家城市人口的比重是增长的。如果将分析的尺寸缩小，比如只看 2010～2020 年或者是 2015～2020 年，还有一些国家的超大城市比重是增长的。比如，2000～2020 年超大城市的比重是下降的，但是在 2010～2015 年、2015～2020 年都是上升的。特别值得注意的是，日本 2010～2020 年国家人口是减少的，城市总人口 2015～2020 年是减少的。俄罗斯国家人口在 21 世纪的第一个二十年里也是减少的。

　　通过对比其他规模的城市发展发现，超大城市的增长是城市化进程中一个非常突出的表现。联合国的数据将小城市又划分为 30 万～50 万规模和小于 30 万规模两个类别。前者我们称为小城市，后者称为小城镇。

表 2-2 给出这些不同规模等级的城市中人口、占城市人口总数的比重、数量和平均规模。对表的分析可得出四个结论。

世界不同城市规模的城市增长　　　　　　　　　　　　　　表 2-2

	世界		世界（不包括中国）	
	2000 年	2020 年	2020 年	2020 年
	城市总人口 / 千人			
超大城市	287363	607351	262831	504710
500 万～1000 万特大城市	158588	212928	122736	113604
100 万～500 万大城市	379369	615195	264190	397051
50 万～100 万中等城市	179163	305975	122152	187014
30 万～50 万小城市	133075	187121	89660	133453
小于 30 万小城镇	779250	1065458	594863	783119
	占城市总人口的比重			
超大城市	14.99%	20.29%	18.05%	23.82%
500 万～1000 万特大城市	8.27%	7.11%	8.43%	5.36%
100 万～500 万大城市	19.79%	20.55%	18.14%	18.74%
50 万～100 万中等城市	9.35%	10.22%	8.39%	8.83%
30 万～50 万小城市	6.94%	6.25%	6.16%	6.30%
小于 30 万小城镇	40.65%	35.59%	40.84%	36.96%
	城市数量 / 个			
超大城市	18	35	16	29
500 万～1000 万特大城市	22	32	17	18
100 万～500 万大城市	196	320	139	206
50 万～100 万中等城市	265	443	181	273
30 万～50 万小城市	349	487	235	347
	平均规模 / 千人			
超大城市	15965	17353	16427	17404
500 万～1000 万特大城市	7209	6654	7220	6311
100 万～500 万大城市	1936	1922	1901	1927
50 万～100 万中等城市	676	691	675	685
30 万～50 万小城市	381	384	382	385

第一，超大城市数量是最小的，但是在城市进程中作用是最大的。2020 年，29 个超大城市总人口（不包括中国）超过 206 个大城市总人口的 27%。联合国的人口数据没有小城市数量，小城市的数量是非常多的，29 个超大城市总人口相当于所有小城市总人口的 60%。2020 年 20 个国家中大约每 4.2 个城市人口中就有 1 个人在这 29 个超大城市，而 2000 年大约 5.5 个城市人口中有 1 个人在超大城市。

突出的超大城市

2020 年，29 个超大城市总人口（不包括中国）是 18 个特大城市总人口的 4.4 倍，是 206 个大城市总人口的 1.27 倍，是 273 个中等城市总人口的 2.69 倍，是 347 个小城市总人口的 3.78 倍。

第二，超大城市人口总数增长速度是六个等级规模中最大的。超大城市（不包括中国）2000～2020 年增长了 92% 以上（如果包括中国增长的百分比更大），而其他规模等级城市仅增长30%～50%。

第三，尽管所有城市规模的城市数量都在增长，但是，只有超大城市的平均规模显著地增长，而其他城市规模的平均规模或者下降，或者基本不变，或者略有上升。比如，超大城市平均增长了近 140 万（包括中国）、100 多万（不包括中国）。小城市和大城市平均规模基本不变，中等城市平均规模略有增长（增长了 10 万），大城市平均规模增长了 27 万，而特大城市平均规模是下降了 50 万（不包括中国）。需要特别指出，特大城市平均规模的下降主要是因为有些特大城市增长成为超大城市，而新增长成为特大城市的规模都显著地小于发展成为超大城市的特大城市。2000～2020 年有 14 个特大城市发展成为超大城市（不包括中国）。因而，当一个国家有特大城市的时候，未来发展的战略和对策需要考虑到它（们）是否会发展成为超大城市，并以此制定相应的对策和战略。

第四，只有超大城市占城市总人口的比重在 2000～2020 年显著地增长，而小城镇是显著地下降的，其他城市规模的比重或者上升或者下降，但都是在 1 个百分点之内的变化。小城市（50 万人口规模以下）比重下降说明小城市增长落后于城市化进程和城市总人口增长。

除了超大城市外，其他城市的平均规模在是否包括中国之间没有显著的差别，特别是小于 100 万人口的中小城市，几乎是相同的。其他两个规模（100 万～500 万和 500 万～1000 万）的差别也不是特别显著，特别是同其自身规模相比。

超大城市可能导致特大城市发展的忽视

超大城市增长速度突出，再加上我们通常都是以目前为着眼点分析过去的发展趋势，使得特大城市快速增长的趋势被人忽视。特大城市发展成为超大城市后，该城市就按照超大城市来分析，其快速发展速度也被统计在超大城市级别。这不利于我们对有可能发展成为超大城市的特大城市的战略分析和对策建议。超大城市都是从特大城市发展过来的。

2.1.2 超大城市国家城市发展趋势

图 2-1 显示 21 个超大城市国家 1950～2020 年城市发展的基本趋势。21 个国家城市化率从 1950 年的 30.85% 增长到 2020 年的 65.47%。随着城市化率的提高，超大城市占国家城市总人口的比重也从 1950 年的 1.79% 增长到 2020 年的 27.73%。同时，小城市数量增长很多，但是小城市的地位在不断下降。

图 2-2～图 2-19 显示了 18 个超大城市国家 1950～2020 年间的城市发展趋势。中国、美国和印度由于规模城市的数量太多，故单独分析。这 18 个国家每个国家都有三张图。第一张图显示超大城市人口增长，并以国家城市人口和农村人口增长为参照系。第二张图显示城市化率增长、超大城市和三个不同城市规模的城市人口各自占城市总人口的比重。第三张图显示国家规模城市的增长。

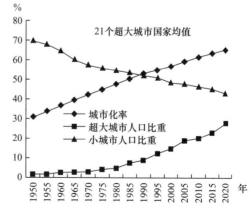

图 2-1　城市化发展与超大城市、小城市地位变化

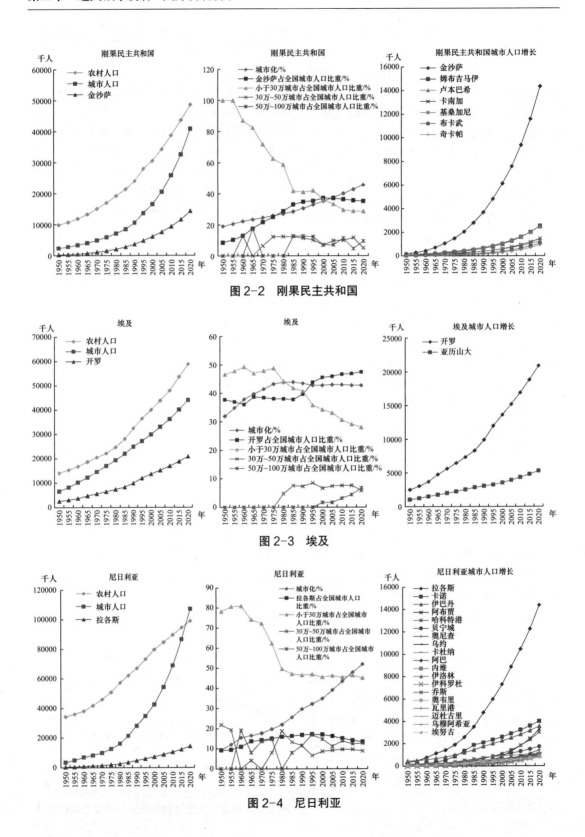

图 2-2 刚果民主共和国

图 2-3 埃及

图 2-4 尼日利亚

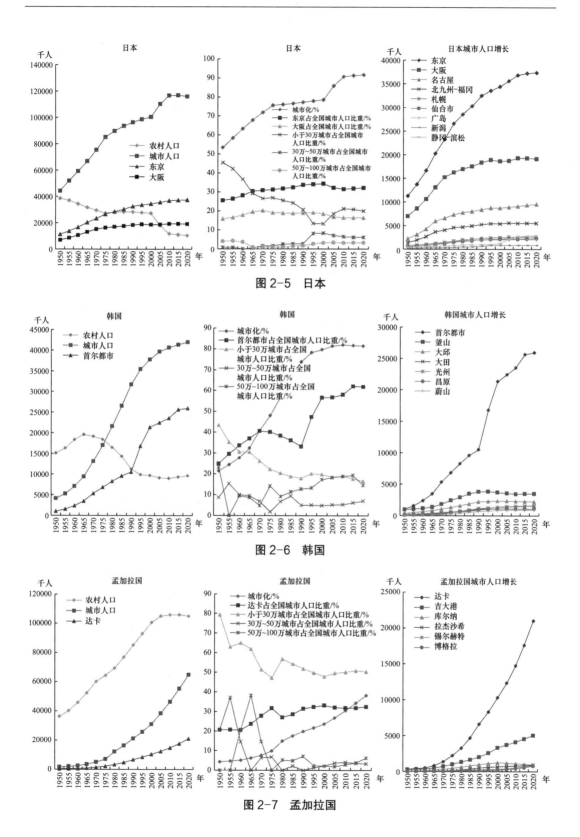

图 2-5 日本

图 2-6 韩国

图 2-7 孟加拉国

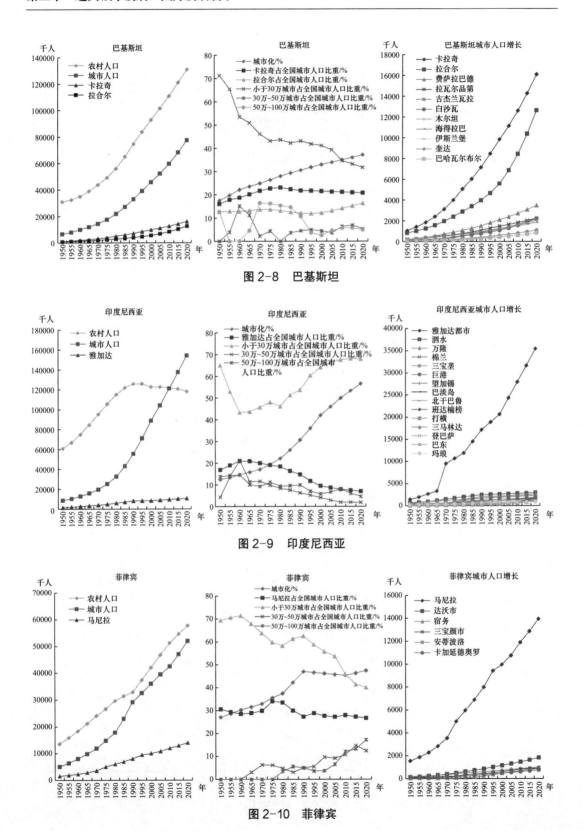

图 2-8　巴基斯坦

图 2-9　印度尼西亚

图 2-10　菲律宾

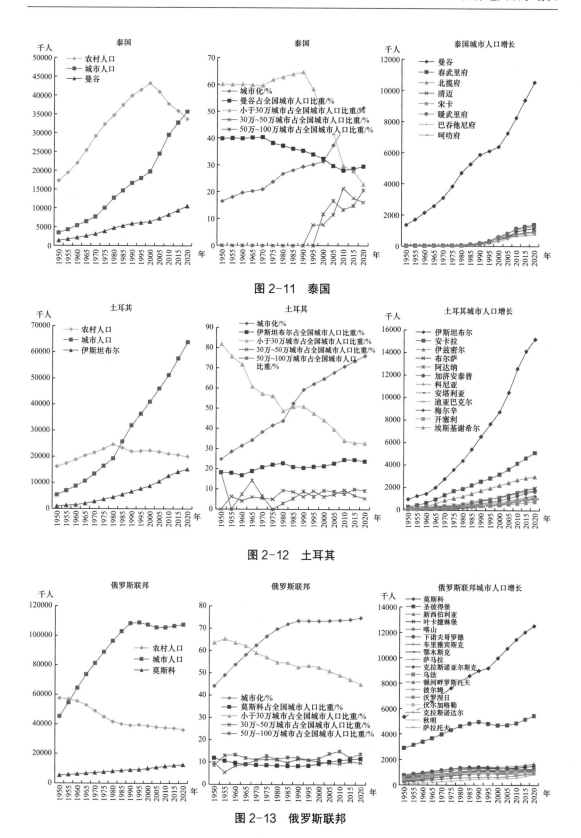

图 2-11 泰国

图 2-12 土耳其

图 2-13 俄罗斯联邦

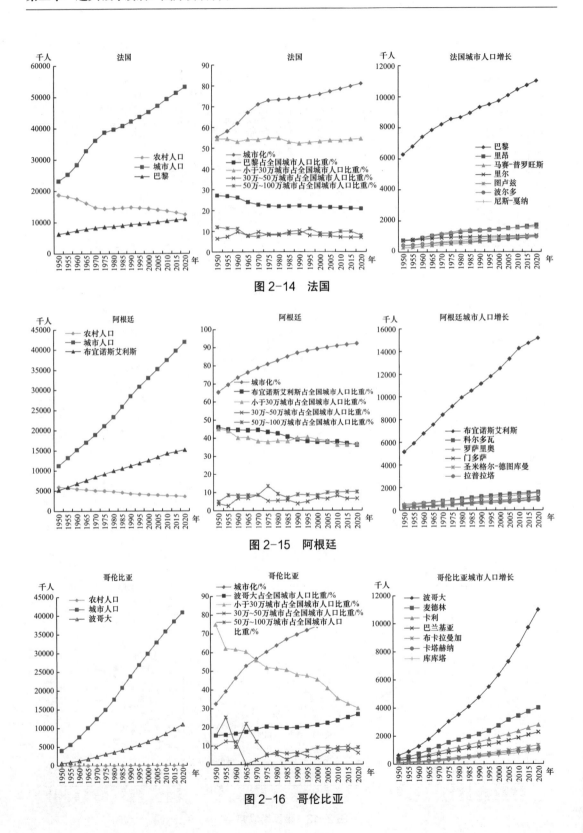

图 2-14　法国

图 2-15　阿根廷

图 2-16　哥伦比亚

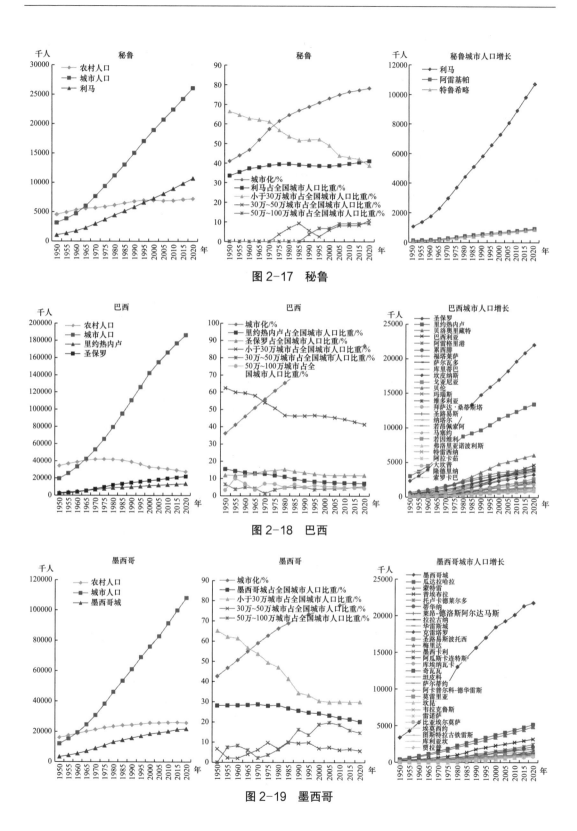

图 2-17　秘鲁

图 2-18　巴西

图 2-19　墨西哥

从这些图中可以得出四个结论：

第一，这 18 个国家都经历过城市化快速发展时期。这 18 个国家的城市化发展可以分为三类：① 持续快速增长并已经达到相当高的城市化水平。1950～2020 年的 70 年里表现出持续高速增长。这些国家有：日本、韩国、土耳其、俄罗斯、法国、阿根廷、哥伦比亚、秘鲁、巴西和墨西哥。这些国家的城市化率已经接近或者甚至超过 80%。其中日本、韩国和俄罗斯的城市化率进入极其缓慢增长的阶段。② 正处在快速城市化阶段：刚果民主共和国、尼日利亚、孟加拉国、巴基斯坦、泰国和印度尼西亚。③ 城市化进程在中等水平（45%）左右就开始了停止和摆动。埃及和菲律宾属于这个类别。城市化进程停滞与这两个国家同期的政治环境的不稳定非常相关，说明政治稳定是发展的前提。埃及和菲律宾在 1950～1980 年间的城市化进程还是比较快的。

第二，在城市化进程中，超大城市之所以产生和发展是因为它们的增长速度是快于城市人口增长的（每个国家的第二张图）。刚果民主共和国、埃及、尼日利亚、日本、韩国、孟加拉国、巴基斯坦、印度尼西亚、菲律宾、土耳其、俄罗斯、哥伦比亚、秘鲁都有过超大城市人口增长速度快于国家总人口增长速度的时期。也就是说，18 个国家中有 13 个国家有过超大城市增长速度非常显著的时期（以国家总人口增长速度为参照系）。其他 5 个超大城市增速没有高于国家城市人口增速的国家中，有 3 个国家在拉丁美洲，剩下的 2 个国家是法国和泰国。

第三，超大城市增长往往是以中小城市增长为代价的。小城市的数量随着城市化进展增长快，但是小城市人口在城市总人口的比重基本上是持续下降的。这点在小于 30 万人口规模的城市中表现得非常显著（与表 2-2 和图 2-1 相吻合）。18 个国家中有 17 个国家小于 30 万人口规模的城市人口比重都是减少的，法国是例外。30 万～50 万和 50 万～100 万规模的城市人口比重在 0～20% 之间波动。

第四，在规模城市中，超大城市的增长最为突出（每个国家的第三张图）。超大城市在发展成为超大城市之前和之后，在相当长的时间里比规模城市增长得快。18 个超大城市国家中，只有巴西和墨西哥在成为超大城市后增速比之前略有减少，但仍然保持高速。其他国家的超大城市在成为超大城市后继续保持之前的高速增长。

特别值得注意的是日本、韩国和俄罗斯这三个国家。在最近的 20～30 年里，都有过只有最大的城市增长，其他城市（包括第二大城市）或者基本不变或者衰减。日本在 1995 年后只有东京这个规模城市比较高速地增长，其他规模城市基本上是缓慢增长甚至是减少的，比如，日本第二大城市大阪也是超大城市，在 1995～2000 年和 2010～2010 年都是人口减少的。

韩国在 1995 年以后也遵循日本类似的模式，只有最大的城市（首尔）持续快速地增长，而其他城市或者增长缓慢或者衰退。韩国的第二大城市釜山也是呈现慢慢衰退的迹象。有意思的是，韩国试图通过首都搬迁来控制首尔人口增长，但从实际的发展来看，首都搬迁政策效果没有达到预期目的。

俄罗斯在 1991 年苏联解体后除了莫斯科以外的规模城市中，绝大多数在 1990～2000 年是减少的。除了莫斯科以外的 17 个规模城市中，10 个是减少，其他 7 个基本不变或者略微增长。俄罗斯第二大城市圣彼得堡在 1990～2000 年是减少的，2000 年开始复苏，2000～2020 年有微弱的增长。

2.2 超大城市集聚

2.2.1 城市集中度、首位度和首位城市

城市集中度度量的是一个国家最大的一或二个城市人口占城市总人口的比重。21个国家中有6个国家有两个以上超大城市。城市集中度有两种不同的计算，一是根据最大城市计算，二是根据超大城市计算。比如日本有2个超大城市，印度有6个超大城市，城市集中度1是最大城市人口占全国城市人口的比重，城市集中度2是所有超大城市人口占全国城市人口比重。

首位度衡量一个国家的最大城市人口规模与第二大城市人口规模的比例。一般地，首位度达到3是衡量一个国家是否有首位度城市的一个标准。如果首位度超过3，则最大的城市称之为首位度城市。有些国家属于双首位国家，即两个大城市。衡量一个国家是否是双首位度城市国家，一般的标准是第一大城市与第三大城市之间的比例大于4或者5，而第一和第二的城市人口比例小于3。有首位度城市的国家称之为首位度城市国家（无论是单首位度城市还是双首位度城市），反之，则是无首位度城市国家。

表2-3显示2020年21个超大城市国家的城市集中度和首位度。从表中可知，21个国家城市集中度分别为25.28%（按最大城市计算）和27.41%（按超大城市计算），18个国家（不包括中国、印度和美国）城市集中度则分别为28.60%（最大城市）和30.82%（超大城市）。按照最大城市人口计算国家城市集中度，城市集中度最高的是韩国，高达61.82%。城市集中度超过35%的国

> **中国是城市集中度最小的国家**
>
> 按最大城市计算，美国和印度城市集中度为6%~7%，是中国城市集中度两倍多。按超大城市计算，美国（2个城市）城市集中度与中国（6个城市）相当。

家有埃及（47.46%）、秘鲁（41.10%）、阿根廷（36.15%）和刚果民主共和国（35.11%）。（除中国、印度和美国）18个国家中城市集中度最小的国家是俄罗斯（11.67%），其次是尼日利亚（13.41%）。如果按照超大城市人口计算，日本两个超大城市占了日本城市总人口的近二分之一。发达国家法国的城市集中度也比较高，为20.76%。15个只有一个超大城市国家的城市集中度均值为30%，4个有两个超大城市国家（日本、美国、巴西和巴基斯坦）的城市集中度均值为14.33%。

2020年城市集中度 表2-3

国家	城市集中度	首位度	国家	城市集中度	首位度
刚果民主共和国	35.11	5.68	泰国	29.52	7.54
埃及	47.46	3.96	土耳其	23.81	2.97
尼日利亚	13.41	3.59	俄罗斯	11.67	7.54
孟加拉国	32.41	4.18	法国	20.76	6.41
印度尼西亚	22.98	12.03	墨西哥	20.16	4.21
菲律宾	26.77	7.63	阿根廷	36.15	9.64

续表

国家	城市集中度	首位度	国家	城市集中度	首位度
哥伦比亚	26.85	2.74	日本	48.72	3.91
秘鲁	41.10	11.61	美国	6.86	1.51
韩国	61.82	7.48		11.41	
巴基斯坦	20.78	1.27	印度	6.27	1.48
	37.11	4.65		20.46	
巴西	11.84	1.64	中国	3.09	1.32
	19.06	3.62		11.73	
日本	32.21	1.95			

注：灰色国家名字表示双首位城市国家；灰色城市集中度是根据超大城市计算的国家城市集中度，浅灰色是最大城市计算的；灰色首位度是第一、三大城市人口规模之比，浅灰色是第一、二大城市人口规模之比。

21 个国家中，除了中国、印度和美国外，其他 18 个国家都有首位城市，其中有 5 个国家有两个首位城市，它们是：埃及、俄罗斯、巴基斯坦、巴西和日本。21 个国家首位度均值分别为 5.07 和 5.41（两个首位城市国家两个不同值计算），不包括中国、印度和美国，则分别为 5.67 和 6.08。首位度最高的是印度尼西亚，为 12.03；其次是秘鲁，为 11.61；再其次是阿根廷，为 9.64。

特别需要说明的是，土耳其首位度为 2.97，非常接近 3，故土耳其是首位城市国家没有问题。哥伦比亚首位度为 2.74，按照 3 这个阈值不是首位城市国家，但是从国家发展趋势判断，波哥大应该在不远的将来会成为首位城市，故本书将哥伦比亚也作为首位城市国家看待。

城市集中度高的国家一般都有首位度城市，是首位城市国家。这点在表 2-3

超大城市经济集中度

超大城市经济集聚度大于城市集中度，两者的差别在于发展中国家更加显著，说明超大城市对国民经济增长的重要性是其他城市不可比拟的。这是其一。其二，超大城市经济集聚度大于城市集中度说明其他城市中有的经济集聚度小于城市集中度，而这些城市往往是中心城市。经济集聚度小于城市集中度的城市的经济地位低，也相应地缺少经济活力和发展的潜力。这是很多小城市面临的普遍问题。

中表现得非常明显。有首位城市的国家城市集中度不一定高，比如，俄罗斯的首位度为 7.54。有意思的是，1985 年俄罗斯的城市集中度更小，为 8.34%，说明苏联解体后莫斯科的重要性提高了。[①]

2.2.2 超大城市的经济集聚

超大城市人口规模与其经济空间集聚强度是密切相关的，而且超大城市的经济集聚强度远远大于人口的集聚程度。表 2-4 显示国家的最大城市（都市或市）占国家人口的比重远小于其经济活动对国家的贡献。21 个超大城市国家最大城市占全国人口的比重均值为 15.35%（不包括中国为 16.03%），占全国 GDP 的比重均值为 36.77%（不包括中国为

---

① 俄罗斯有两个首位城市，但是第二大城市不是超大城市，故没有单独计算第一、二大城市之间的首位度。

38.49%）。如果仅算 18 个超大城市国家（不包括中国、印度和美国），最大城市人口比重均值为 17.37%，GDP 比重均值为 41.89%。很显然，最大城市经济的集聚强度要显著地高于人口的集聚程度。21 个国家无一例外，城市的集聚程度都是高于人口集聚程度。经济集聚程度平均比人口集聚程度高 21～22 个百分点，这个差别是非常大的。

城市经济集聚　　　　　　　　　　表 2-4

国家	人均 GDP/美元	GDP/亿美元	人口/千人	超大城市	都市 GDP/亿美元	都市 GDP 比重/%	都市人口比重/%
刚果民主共和国	580.72	50.40	86790	金沙萨	25	49.60	16.53
埃及	3019.21	303.10	100400	开罗	212	69.94	20.82
尼日利亚	2229.86	448.10	201000	拉各斯	76	16.96	7.15
孟加拉国	1855.74	302.60	163000	达卡	126	41.64	12.89
印度尼西亚	4135.57	1119.00	270600	雅加达都市	253	22.61	11.61
菲律宾	3485.08	376.80	108100	马尼拉	257	68.21	12.88
泰国	7806.74	543.50	69630	曼谷	180	33.12	15.14
土耳其	9126.56	761.40	82000	伊斯坦布尔	287	37.69	18.52
俄罗斯联邦	11585.00	1700.00	144400	莫斯科	325	19.12	8.68
法国	40493.93	2285.80	67060	巴黎	611	26.73	16.43
墨西哥	9946.03	1269.00	127600	墨西哥城	608	47.91	17.07
阿根廷	9192.28	445.40	44940	布宜诺斯艾利斯	416	93.40	33.72
哥伦比亚	6428.68	323.60	50340	波哥大	163	50.37	21.81
秘鲁	6977.70	226.80	32510	利马	123	54.23	32.97
韩国	31846.22	1657.00	51269	首尔市	349	21.06	19.07
巴基斯坦	1284.70	278.20	216600	卡拉奇	127	45.65	7.43
巴西	8717.19	1840.00	211000	圣保罗	411	22.34	10.45
日本	40246.88	4791.00	126476	东京	1602	33.44	29.57
美国	65297.52	21430.00	328200	纽约市	1561	7.28	5.73
印度	2099.60	2713.00	1366000	德里	229	8.44	2.22
中国	10261.68	14340.00	1398000	北京	259	1.81	1.54

注：城市人口和 GDP 都是 2020 年估计的，而国家人口和 GDP 都是 2019 年的。
（数据来源：人均 GDP、国家人口和国家 GDP 来自世界银行网络公开数据；城市人口联合国；城市 GDP 来自 http://www.citymayors.com/statistics/richest-cities-2020.html）

发展中国家最大城市的经济集聚与人口集聚的差别比发达国家明显更大。阿根廷布宜诺斯艾利斯和菲律宾马尼拉在各自国家的 GDP 比重似乎过高，以致令人难以置信，但是埃及开罗的比重近 70% 是可信的，因为埃及除了开罗和亚历山大就没有其他规模城市，沙漠占国土比重比较大。17 个发展中国家中，有 9 个国家最大城市 GDP 比重超过 40%，还有 2 个超过 30%。除了中国、印度和美国外，最大城市 GDP 比重最小的是尼日利亚拉各斯，不到 17%。印度是人口大国，超过 13 亿，德里的人口占国家的比重仅为 2.22%，但创造了 8.44% 的国家财富。

发达国家经济集聚程度和人口集聚程度差别比较小。纽约都市占美国人口的比重为5.73%，对美国经济贡献了7.28%的GDP。韩国没有查到近期首尔都市的数据，查到的仅是首尔市的数据。首尔都市的GDP占国家的比重在21世纪初就超过50%（OECD，2006）。发达国家中两者的差别在法国比较大，两者差10个百分点。东京都市人口占日本总人口的比重不到30%，贡献33.44%的GDP。[①]

最大城市对国家的经济贡献大于其人口的比重，说明一定有其他城市在国家的人口比重大于其在经济活动中的比重，而这些人口比重大于经济比重的城市往往是中小城市。

印度尼西亚是一个人口大国，位列世界第四（排在中国、印度和美国之后）。人口分布是极其不均匀的，全国人口的60%集中在爪哇岛（也是首都雅加达所在的岛屿），而爪哇岛屿的面积仅为印度尼西亚国土面积的7%。与人口比重相对应，爪哇岛屿经济活动创造的GDP占印尼的57.51%（2012）。印尼经济活动高度集中在雅加达市，雅加达的经济密度是非常高的。

2.3 超大城市国家城市体系演变

2.3.1 城市体系结构类似

我们对比城市不同规模及其在城市体系中的地位来分析城市体系结构。城市结构一般划分为：① 金字塔结构，呈现为城市规模与城市比重成反比，即城市规模越小的城市所占的比重越大，规模越大的城市所占的比重越小；② 倒金字塔结构，显示城市规模与城市比重成正比，即城市规模越大，城市人口比重越高；③ 哑铃结构，显示中等规模最小，大城市和小城市比重都比中等规模城市比重高。哑铃结构根据形状又划分为三个亚类：

（1）上大下小型（倒金字塔型，称为Ⅰ型），即大城市比重大于小城市比重；

（2）一般型（称为Ⅱ型），即大和小比例相当；

（3）上小下大型（金字塔型，称为Ⅲ型），即大城市比重小于小城市比重。

根据联合国的数据，城市规模分为五类，分别为：小于50万；50万～100万；100万～500万；500万～1000万和大于1000万。图2-20显示21个国家城市体系结构70年的演变。从图中可以得出如下四个结论：

第一，城市体系结构在国家间存在巨大的差别。金字塔结构仅在1950年的个别国家出现过，比如泰国、土耳其和哥伦比亚。随着超大城市的形成和发展，国家城市体系以哑铃结构为主，即两头规模比例高，中间规模比例低。

第二，城市体系结构与经济发展和城市化水平似乎没有必然的关联。以2020年发展为例，法国和韩国同为发达国家，人口规模也比较接近（2020年法国为6700万，韩国为5100万），但是法国小城市人口比重高达61%，而韩国仅有8%。

第三，中等规模城市的比重（均值）1950～2020年基本维持在7%～10%，尽管中等规模城市数量比超大城市、特大城市和大城市数量之和还多。即使在1950年只有一个超

[①] 数据源没有注明东京、纽约的GDP数据是城市的还是都市的，我们按照都市计算。其他数据源显示东京都市的GDP为2097亿美元，这样东京都市的GDP比重就高达44%。我们认为纽约的GDP是城市的，而不是都市，纽约市占美国人口的比重为2.57%，远小于7.28%的GDP比重。

大城市的时候也是如此，中等规模城市的比重只有 7%。

第四，随着超大城市的形成和发展，城市体系结构演变的趋势呈现出倒金字塔形状。1950 年，大城市比重不到 24%，中等规模城市比重为 6.76%，小城市比重略低于 70%。2020 年大城市比重超过 46%，中等规模城市比重略低于 10%，小城市比重 44%（这里比重都是均值）。

按照传统，城市规模根据 50 万和 100 万来划分大、中、小三个等级，即 50 万～100 万为中等城市，大于 100 万是大城市，小于 50 万是小城市。

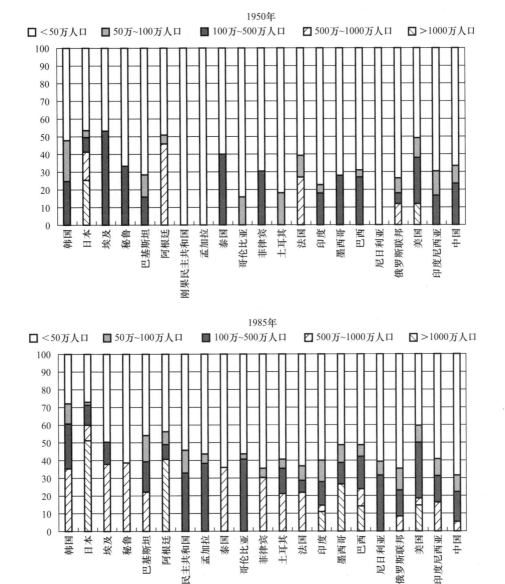

图 2-20　城市体系结构及其演变（一）

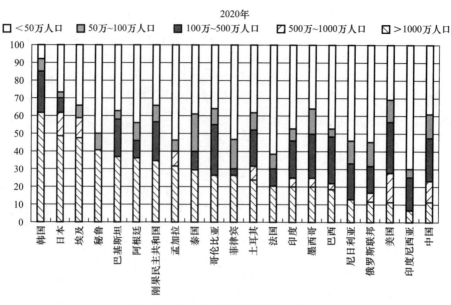

图 2-20　城市体系结构及其演变（二）

简单的数据分析发现，21 个国家的城市体系结构划分为三大类，它们是：金字塔结构、倒金字塔结构和哑铃结构。

表 2-5 显示，哑铃型城市结构是超大城市国家城市结构的主要特征。1950 年有 3 个国家没有 50 万人口规模以上的城市（刚果民主共和国、孟加拉和尼日利亚）。其他 18 个国家中，金字塔城市体系结构国家只有 3 个（泰国、哥伦比亚和土耳其）。II 型哑铃型结构有 3 个（日本、埃及和阿根廷）。其他 12 个国家都是 III 型哑铃型的（金字塔型哑铃结构）。1985 年，21 个国家都是哑铃结构，其中 3 个国家是 I 型（倒金字塔式哑铃结构），3 个国家是 II 型（哑铃结构），其他 15 个国家是 III 型。2020 年首次出现倒金字塔结构（韩国），5 个国家是 II 型哑铃结构，9 个国家是 I 型哑铃结构，剩下的 6 个国家是 III 型哑铃结构。21 个国家中城市体系结构保持不变的只有 7 个国家，占 1/3，其他 2/3 国家城市体系结构在 1950～2020 年的 70 年里都呈现出向偏大（倒金字塔形状）方向发展，甚至出现了完全的倒金字塔形状（韩国）。有的国家从金字塔型发展成为 II 型哑铃型（泰国），或者 I 型哑铃型（哥伦比亚）。

城市体系结构变化　　　　　　　　　　　　　　　　　　　表 2-5

国家	1950 年	1985 年	2020 年
韩国	哑铃型（III）	哑铃型（I）	倒金字塔型
日本	哑铃型（II）	哑铃型（I）	哑铃型（I）
埃及	哑铃型（II）	哑铃型（II）	哑铃型（I）
秘鲁	哑铃型（III）	哑铃型（III）	哑铃型（II）
巴基斯坦	哑铃型（III）	哑铃型（II）	哑铃型（I）
阿根廷	哑铃型（II）	哑铃型（II）	哑铃型（II）
刚果民主共和国		哑铃型（III）	哑铃型（I）
孟加拉		哑铃型（III）	哑铃型（III）

国家	1950 年	1985 年	2020 年
泰国	金字塔型	哑铃型（III）	哑铃型（II）
哥伦比亚	金字塔型	哑铃型（III）	哑铃型（I）
菲律宾	哑铃型（III）	哑铃型（III）	哑铃型（III）
土耳其	金字塔型	哑铃型（III）	哑铃型（I）
法国	哑铃型（III）	哑铃型（III）	哑铃型（III）
印度	哑铃型（III）	哑铃型（III）	哑铃型（II）
墨西哥	哑铃型（III）	哑铃型（III）	哑铃型（I）
巴西	哑铃型（III）	哑铃型（III）	哑铃型（II）
尼日利亚		哑铃型（III）	哑铃型（III）
俄罗斯联邦	哑铃型（III）	哑铃型（III）	哑铃型（III）
美国	哑铃型（III）	哑铃型（I）	哑铃型（I）
印度尼西亚	哑铃型（III）	哑铃型（III）	哑铃型（III）
中国	哑铃型（III）	哑铃型（III）	哑铃型（I）

2.3.2 城市体系发展

我们用四个指标分析超大城市国家的城市体系发展趋势和规律。它们是：①首位度；②城市集中度；③位序–规模法则的齐普夫指数；④熵。我们用这四个指标来测度城市体系发展是收敛、发散还是平行模式。收敛模式说明规模小城市比规模大城市增长速度快，不同规模城市之间的差别缩小。发散模式正好相反。平行模式介于这两者中间，城市增长速度与规模没有关系。

首位度直接反映一个国家或者地区最大城市规模与第二大城市规模之间的差距。其随时间变化直接反映它们两个之间是发散还是收敛的，即城市体系局部发展趋势。如果首位度随时间增长，第一、二大城市之间的差距加大，那么规模城市（大于 75 万人口规模的城市）一般也会随时间呈现发散式演变。

"上大下小"城市结构

超大城市的发展推动"倒金字塔"城市结构的出现和流行。将 I 型哑铃城市结构归为这种"上大下小"型，2020 年 21 个国家中有 10 个属于"上大下小"型结构。随着城市化进程的发展，超大城市数量和规模都将持续增长，预期未来越来越多国家的城市体系结构将变成这种"倒"或者"类倒"金字塔结构。

我们用熵值分析国家内城市体系规模分布的离散程度或者均衡性。城市体系熵值的计算如下：$e = -\sum_{i=1}^{n} p_i \times \ln(p_i)$，其中，$e$ 为熵值，p_i 为城市 i 的概率或比重，其按下式计算：$p_i = \dfrac{P_i}{\sum P_i}$，其中 P_i 为城市 i 的人口规模。熵值的大小可以反映城市体系内城市规模的整体均衡性。熵值为零，说明只有一个城市，其他城市人口规模都为零，说明结构是非常不均衡的。熵值越大，说明城市规模分布越均衡，当所有城市是同样大小的时候熵值最大，为 $\ln(n)$，n 为城市数量。由于熵值受城市数量影响，消除这个影响的一般办法是用城市数量去除均值化。

位序-规模法则揭示城市规模等级与规模之间的关系，其一般的表达式为：

$$\ln R_i = \ln A - \alpha \ln S_i$$

式中，R_i 是城市 i 的规模位序；S_i 是城市 i 的人口规模；A 是常数，表明最大城市的规模；α 为齐普夫指数，（估计）值为 1 时，说明齐普夫定律有效。

齐普夫指数 α 估计值随时间变化（间接地）显示了城市的增长模式。该系数保持常数值则表明平行增长；系数值随着时间增加则表明是收敛式增长模式；系数值减少则表明是发散式增长模式。[1]

需要说明的是，由于齐普夫指数是通过回归分析计算的，故齐普夫指数反映的是均值情况下城市规模与等级的关系，而均值情况下的齐普夫指数反映的城市体系收敛或者发散不一定在城市体系两个端点（大城市一端和小城市一端）都有同样的规律。比如 Ding and Li（2019）用非参数方法估计中国城市体系演变规律发现中国城市体系在大城市端是发散的，而在小城市一端是收敛的。

表 2-6 显示四个指标（城市集中度、首位度、齐普夫指数和熵）1950～1985 年和 1985～2020 年两个阶段（35 年）的变化。城市集中度变化的单位是百分点。

城市体系结构指标变化　　　　　　　　表 2-6

	城市集中度		首位度		齐普夫指数		熵	
	1950～1985 年	1985～2020 年	1950～1985 年	1985～2020 年	1950～1985 年	1985～2020 年	1950～1985 年	1985～2020 年
刚果民主共和国	24.33	2.11	2.68	0.90	0.05	0.04	-0.081	-0.007
埃及	0.05	9.70	0.54	1.02	-0.15	-0.14	-0.056	-0.092
尼日利亚	3.62	-2.92	0.50	1.71	0.21	0.21	0.042	0.018
孟加拉国	7.89	3.83	1.65	1.37	-0.14	-0.03	-0.125	-0.124
印度尼西亚	-0.56	6.70	4.38	5.52	-0.01	0.19	-0.165	-0.012
菲律宾	-0.60	-3.25	0.85	-1.88	0.04	0.08	-0.003	0.080
泰国	-3.74	-6.58	14.03	-28.03	0.12	0.31	0.069	0.408
土耳其	2.74	2.83	-1.00	0.53	0.00	0.08	-0.024	0.013
俄罗斯联邦	-3.48	3.32	-0.61	1.41	0.24	-0.02	0.056	-0.032
法国	-5.21	-1.25	-1.98	0.08	0.08	0.01	0.054	0.014
墨西哥	-1.40	-6.61	-2.90	-1.24	0.61	0.25	0.068	0.104
阿根廷	-5.38	-4.57	0.24	0.09	0.02	0.02	0.031	0.025
哥伦比亚	3.99	7.19	0.42	0.65	0.05	0.04	-0.036	-0.036
秘鲁	5.51	1.95	2.02	1.28	0.16	0.12	0.005	-0.013
韩国	11.17	25.76	1.67	4.73	-0.02	-0.02	-0.032	-0.165
巴基斯坦	6.25	-1.51	0.18	-0.06	0.01	-0.01	-0.011	0.002
巴西	-1.37	-2.30	-0.03	-0.92	0.16	-0.08	0.086	0.060
日本	6.91	-0.20	0.11	0.23	0.01	0.07	-0.003	-0.011

---

[1] 如果方程的右边是等级而不是人口规模，则估计的齐普夫指数随时间增加说明城市体系是发散的。

续表

	城市集中度		首位度		齐普夫指数		熵	
	1950～1985 年	1985～2020 年	1950～1985 年	1985～2020 年	1950～1985 年	1985～2020 年	1950～1985 年	1985～2020 年
美国	-3.29	-1.96	-0.91	-0.04	0.28	0.31	0.068	0.041
印度	-1.57	0.66	-0.42	0.42	0.30	0.07	0.034	0.015
中国	-3.66	0.20	-0.56	0.14	0.42	0.33	0.071	0.027

从表中可以得出三个结论：

第一，城市体系发展，至少局部发散是比较普遍的现象。1985～2020 年至少一半以上的国家城市集中度是上升的，首位度是上升的，说明至少最大的城市与其他城市的差别在扩大。根据齐普夫指数，1985～2020 年，有 5 个国家整体上规模城市之间是发散的。它们是埃及、孟加拉国、俄罗斯、韩国和巴西。1985～2020 年有近一半的国家熵值也是下降的，城市体系的不均衡性（即发散性）在增大。韩国、印尼、孟加拉国、刚果民主共和国、哥伦比亚、俄罗斯和秘鲁四个指标中有三个以上都显示城市体系是发散的。巴西的情况比较特殊，1950 年巴西最大的城市是里约热内卢，从 1965 年圣保罗才开始超过里约热内卢，故四个指标基本上没有反映出巴西城市体系的发散性。如果考察最近 10～20 年的变化，巴西表现出至少局部的发散性，体现在首位度的提高和城市集中度的增加。

第二，城市体系发散式演变与国家的经济发展水平没有必然的联系。发达国家也有城市体系发散式增长的，比如韩国。不过，发展中国家城市体系发散的情况比较普遍。

第三，城市体系发散式演变与国家规模没有必然的联系。

2.3.3 超大城市促使城市体系发散式演变

超大城市的出现和增长意味着城市体系呈现发散的趋势，至少是局部发散或者是阶段性发散。从中国、印度和美国的分析发现，城市规模与城市人口在增量上是成正比的，而超大城市往往是城市人口数量增长最多的。这意味着至少在超大城市与其他城市之间的规模差距在加大，至少超大城市和其他城市呈现发散的趋势。

中小城市由于城市规模比较小，故增长率可以很高，超大城市因为基数大，故增长率很难超过 20% 以上。小城市增长率大于大城市的增长率，城市体系呈现收敛的趋势。但是由于

小城市增长速度快并不意味着城市体系在收敛

小城市由于规模小，故有可能有较高的增长率，中国、印度和美国的分析发现小城市的增长速率为 50%～60%（5 年），这个数量对超大城市是不可能的。但这并不意味着超大城市和小城市的差距在缩小。这是由于规模的差距，两者的差距还有可能持续增大，再加上小城市随着规模变大其增速将下降，超大城市和中小城市的差距可能总是加大的。

规模的差别，即使小城市增长率大于大城市，但短期内两者的绝对差别可能还是加大的。比如，一个 500 万人口城市年增长率为 1%，而一个 50 万人口城市是 3%。假设增长速率保持不变，两个城市的人口差别也只有在第 9～10 年后开始变小。50 万人口的城市随着规模变化，其增长速率将变小，这意味着两个城市之间的差距可能永远都不会缩小。

2.4 印度和美国城市发展

为便于和中国对比，印度和美国城市发展分析限定在 1980~2020 年间的规模城市。规模城市限于 1980 年就是规模城市（城市人口在 75 万人以上）。

随着城市化发展不断有新的规模城市出现。城市数量的增长对很多衡量城市体系演变的指标（比如熵、齐普夫指数等）都有影响。消除城市数量增长的影响，一种方法就是只分析起始年份就是规模城市的城市，这样在研究期间城市数量是不变的。这种方法的优点是能够揭示已经是规模城市的城市发展变化的差别，缺点是新规模城市对城市体系的影响被忽视。

2.4.1 印度

1980 年印度只有 19 个规模城市。我们侧重于分析这些城市在 1980~2020 年间的增长。图 2-21 显示城市增长率（每 5 年）与城市规模之间的关系。数量关系分析显示两者之间是负相关的，但是相关性非常低，同时是不显著的，说明规模城市没有呈现收敛的趋势。在这 40 年里，城市规模与速度有正向相关关系的时期，比如 1985~1990 年和 1995~2000 年，尽管相关性也是非常低和不显著的。从图可知，超大城市 5 年增长率可以达到 12%~13%，对一个 2000 多万的城市而言，这等于每年人口平均增长量 50 万人以上，相当于一个小城市的最高规模。个别期间一个 1250 万的超大城市 5 年增长率近 30%，转化为 5 年净增长量为 350 万人，一年平均增长 70 万人。5 年城市增长速度最高的为 36.47%，是一个 198 万人口的城市，其一年净增长量为 14 万人，无法跟超大城市增长量相比。此外，特大城市 5 年里人口增长速度可以达到接近 30% 的水平，即每年平均增长量在 30 万人。超大城市有些时期增长率在 2%~7%，平均年增长 6 万~20 万人。

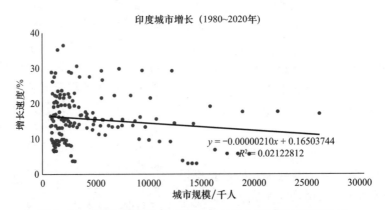

图 2-21 印度规模城市增长率（每 5 年）与城市规模的关系

与城市增长速度不同的是，城市人口净增长量与城市规模之间的关系是非常显著和正面的，两者之间的相关性高达 0.62（图 2-22）。超大城市 5 年人口净增长量最大值 440 多万，即每年净增长近 90 万人。1500 万规模以上的城市 5 年人口净增长量都在 100 万以上。此外，还有四个时段超大城市 5 年人口净增长在 300 万~400 万，即每年人口增长量在 60 万～80 万。相对比，500 万人口以下的城市 5 年增长量基本上都在 100 万以内，平均每年增长量为 20 万人。

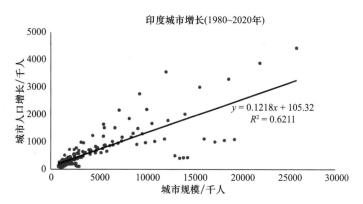

图 2-22　印度规模城市人口增长（每 5 年）与城市规模的关系

图 2-23 显示印度规模城市在 1980～2020 年两个时间点上的城市规模等级关系。从回归系数判断，印度的规模等级关系比较符合齐普夫法则，估计 α 值在 1.0 左右。回归拟合比较好，R^2 都在 0.93 以上。有意思的是，尽管变化很小，估计的齐普夫指数在 1980～2020 年是增加的（齐普夫指数是正值），说明印度规模城市有发散的趋势。

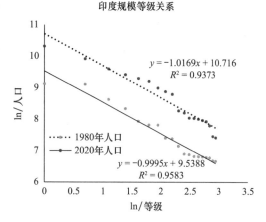

图 2-23　印度 1980～2020 年城市体系发展

从印度规模城市 1980～2020 年的增长可以得出三个结论：

第一，跟小城市相比，超大城市基数巨大，因而其增长率比增长率最大值要小很多，仅为其一半。但是因为基数的原因，超大城市人口增长净值远远大于规模小的规模城市，这有可能使得规模城市呈现发散式的发展（至少在短期）。

第二，估计的齐普夫指数表明，印度规模城市在 1980～2020 年呈发散式增长。

第三，城市人口增长量与城市规模有显著的正相关关系。超大城市人口增长最大值为 90 万人／年。

2.4.2　美国

1980 年有 37 个规模城市，同样，我们分析 1980～2020 年这些城市的增长趋势。图 2-24 显示规模城市在 1980～2020 年间增长率与规模的关系。图中显示两者之间是负相关的，但是统计上不显著，且相关性非常低（R^2 只有 0.016），说明规模城市没有表现出收敛的趋势。美国超大城市的 5 年增长率最高位为 6%～7%，每年人口增长最高值不到 17 万～18 万。美国规模城市增长率最高的为 27% 左右，是一个 200 多万人口的城市，每年城市人口净增长量与超大城市差不多。这与印度不同（印度超大城市人口增长量显著地大于中小城市）。

图 2-25 显示美国规模城市的人口增长与规模的关系。同印度相比，美国人口增长与

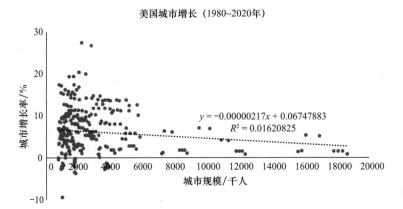

图 2-24　美国规模城市增长率（每 5 年）与城市规模的关系

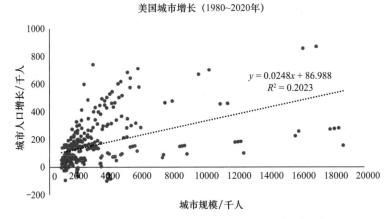

图 2-25　美国规模城市人口增长（每 5 年）与城市规模的关系

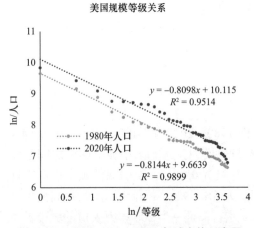

图 2-26　美国 1980～2020 年城市体系发展

规模之间的关系不显著，且相关性也非常低，R^2 仅为 0.20。美国已经进入后城市化时代，规模城市每年人口增长都不是很多（同印度相比）。超大城市的年人口增长比 200 万～500 万规模的城市仅多 2 万～3 万人，差别不大。但是，美国城市 400 万人口规模的城市没有人口减少的，而小于 400 万的规模城市有人口减少的情况。

图 2-26 显示 1980～2020 年美国规模城市主要城市规模等级变化。估计的齐普夫指数为 0.81～0.82，变化非常小。1980～2020 年估计的齐普夫指数略有变小（绝对值）。

2.5 超大城市问题（"城市病"）

人口和经济活动在空间上的高度集聚使城市成为国民经济发展的引擎，同时也带来诸多问题。城市问题既有普遍性，也有特殊性。城市问题和挑战体现在城市交通、资源和环境、城市基础设施、城市贫穷和贫民窟、住房、城市棚户区蔓延、城市非正规经济和城市失业等方面，也反映在城市规划和城市土地利用上。

超大城市由于规模宏大，故任何城市问题都会被其规模放大而引起广泛的关注。这些城市问题或者挑战在超大城市显得越发突出，导致我们往往忽视问题的根源和本质。比如，城市贫民窟的形成和发展实际上反映了政策和规划未能够规划和建设低成本的城市住房，并提供基本的城市交通（铺设的道路）、供电、供水、垃圾收集和排污系统。城市环境反映了政策和规划未能够阻止和预防交通拥堵、空气污染、过度噪声和非标准住房建造，及未能够提供足够的城市绿色空间。

2.5.1 城市交通拥堵

城市交通拥堵是世界大城市的通病。尽管城市政府预算的15%～20%都用于交通，城市基础设施投资的1/3是用于城市交通发展，城市交通拥堵问题依然是超大城市普遍性问题，且似乎不但没有解决、没有缓解的迹象，甚至有更加严重的趋势。

超大城市交通拥堵尤为突出。比如，雅加达的交通拥堵造成每年30亿美元的经济损失。交通拥堵的主要原因是车辆的高速增长（每年9%～11%的增长速度）和道路发展不足。东京交通拥堵的原因之一是东京环状交通路网跟不上交通需求的增长。由于环状交通路网不足，区域交通不得不从城市的一侧穿过高密度的城市建成区到达城市的另一侧。核心区交通流量的60%都是区域交通。1973～1993年，首尔车辆增加了22倍，而同期城市道路只增加了22.1%。城市交通必然拥堵。

莫斯科的城市环状+放射性道路系统是导致其交通拥堵原因之一。在市中心和进入城市的入口处交通拥堵最为严重。环城公路（"Sadovoe Koltso"）没有早晚交通拥堵高峰期，从早上8：00到晚上8：00都是拥堵的。放射性高速与环状高速的交叉口拥堵是常态。城市外围地区的平均行驶速度是30km/h，在市中心不超过15km/h。由于缺乏路旁停车场，许多汽车驾驶员将车辆停在路边，进一步加剧了城市交通拥堵（OECD，2007）。

巴西圣保罗交通拥堵是世界上最严重的。2013年，圣保罗交通拥堵记录屡屡被打破，11月的一天晚上交通拥堵累计长度为192英里（1英里≈1.61km）。日益严重的城市交通拥堵迫使圣保罗政府实施了配给制度，即根据车辆牌照随机地决定每辆车每周停驶一天，试图以此减少交通拥堵。道路配给制度自1997年实施，但是城市交通还是越来越拥堵。

1982～2014年，美国417个城市地区的通勤时间指数从109增长到122，由于交通拥堵导致的额外出行时间由每车每年的18个小时增长到42个小时，总计时间损失从18亿小时增长到69亿小时，导致的汽油额外消耗从5亿加仑增长到31亿加仑（1加仑≈3.785L），整个经济代价从420亿美元增长到1600亿美元（丁成日，2015）。

2.5.2　城市贫穷、棚户区、非正规定居

根据联合国的定义，城市非正规定居是指共同生活在同一个房屋下的一群人，他们缺少以下一个或多个生活必需品：达标的饮用水、卫生设施，足够的生活空间，达标的建筑和建筑耐用性等。非正规定居（点）经常与城市贫民窟、城市棚户区等同，基本特征包括租房拥挤、建筑不达标、缺少卫生和城市基本基础设施和服务、恶劣的儿童生长和发展环境。城市棚户区的形成和发展本身就意味着城市基础设施和公共服务的严重缺失，从而导致大规模的城市卫生、健康、环境、公共安全、城市灾害和教育等方面的问题。

根据联合国的报道，2005 年全球棚户区人口达 9 亿。棚户区人口比重在发展中国家尤为显著，比如，2005 年，城市人口中居住在棚户区的比重在墨西哥为 19.6%，巴西为 36.6%，印度尼西亚为 23.1%，孟加拉国为 84.7%（Varis，2006）。印度德里贫民窟人口占城市人口的 20%～30%（2011），2001～2011 年是绝对数量增加最快的时期，净增加了 130 万。

2.5.3　城市环境

城市环境问题最著名的例子可能是 20 世纪 50 年代伦敦的烟雾事件和洛杉矶的光化学烟雾事件。震惊世界的伦敦烟雾事件发生在 1952 年 12 月 5 日。伦敦 20 世纪 60 年代初期又发生了几次大规模的空气严重污染。洛杉矶 20 世纪 50～60 年代由于汽车发展迅速和汽车尾气排放导致了严重的光化学污染事件。20 世纪 70 年代，由于严重的河水污染，流经美国克利夫兰市的主要河流库亚霍加河上发生大火，燃烧了三天三夜。而印度城市河流污染也是非常严重的。

2.5.4　城市资源短缺

超大城市供水短缺是普遍性问题。印度德里 2001 年每天缺水 21100 万加仑（Jolly，2010）。由于地理和气候的原因，圣保罗经历周期性干旱问题。[①]圣保罗的气候是温暖和多雨的，但是圣保罗的干旱是周期性的，每 12～15 年发生一次。最为严重的是 1925 年干旱，城市用水供给只能满足日常所需要的 45%。2000 年的一场干旱不仅导致水库干枯，还带来国家能源危机、电力价格飙升。2014 年的干旱是创纪录的，导致全城大规模地实行用水配额制度。

墨西哥都市坐落于海拔 2240 m 以上，年降雨量比较少，仅为 700 mm 多。因而，都市供水主要是依靠巨大的调水工程和大规模地下水开采。2010 年，仍然有 5% 以上的人口需要从水车购买饮用水，最贫穷家庭需要为日常用水支付 6%～25% 的收入。水车水价要比相邻地区注册的供水管道的水价高出 5 倍。为解决墨西哥地区供水问题，20 世纪 40 年代和 70 年代建造了两个跨流域调水工程。70 年代后期至 90 年代后期建造的调水工程——察马拉（Cutzamala）——共长 154 km，提水 1000 m，为墨西哥都市提供了 30% 的用水。

1997 年，雅加达供水公司只能为 500 万的居民供水，这意味着其他 1800 万居民不得不从河流和地下水获得所需用水。供水公司一半的供水无法获得收益，迫使水价上涨，并且供水的质量有问题，大部分不能直接饮用，需要首先烧开消毒才能饮用。雅加达都市只

---

① 圣保罗的年度平均高温为 76.8 华氏度、年平均降水量为 57.3 英寸（1 英寸 =2.54cm）。同比华盛顿地区平均温度为 66.7 华氏度、年平均降雨量为 39.7 英寸。

有 35.6% 家庭有城市供水（2003 年），只有 59.9% 人口有城市（污水）排水系统。

超大城市缺水的同时，水资源浪费非常严重，且没有得到全社会的重视。比如，生活用水中，实际消费量仅为提取量的 1/10 左右（2000）；2010 年，仅 21 个超大城市损失或者消费者没有付费的水总量在 2.5 亿～5 亿 m³，相当于 2 亿人用水需求。城市水资源的损失占总损失的 20%～50%，水资源的浪费是相当大的。世界水资源系统中每天损失 4500 万 m³ 的饮用水。

农业是最大的水资源消费者，工业最小，生活居中。从消费量和提取量的比例来看，生活用水是最为浪费的，农业最小，工业居中。生活用水中，实际消费量在 2000 年仅为提取量的 1/10 左右。

世界范围内，超大城市在水资源方面都面临相似的挑战，具体表现为：① 淡水资源污染；② 地下水资源过度开采；③ 超大城市往往通过引进降雨、湖泊、河流和地下水来供给城市用水；④ 不充足和不适当的供水设施维护；⑤ 不充足的技术和水管理设施等。

2.5.5　城市灾害和公共安全

雅加达市的 40% 面积都处在海平面以下（特别是北部地区特别严重），这是城市洪水灾害的根源之一。每年洪水都对雅加达市居民构成威胁。2007 年史上最严重的洪灾淹没 70% 的雅加达市区，造成 57 人死亡，45 万人逃离家园。2008 年城市洪灾淹没高速公路和国际机场，迫使 1000 架飞机航班延误，259 架次航班取消。严重的城市洪灾在 2012 年、2013 年都有发生。而圣保罗大量贫穷的移民或者成为城市的犯罪分子之一，或者成为犯罪的受害者。

2.5.6　国际上应对"城市病"的成功案例

（1）城市环境

城市环境污染与城市规模没有必然的一一对应关系。比如，伦敦大都市人口在"二战"结束前的高峰是 1939 年，为 860 多万。1939～1981 年，人口持续下降，1981 年人口低谷时仅为 680 万（丁成日，2011）。1981～2010 年，伦敦大都市人口逐步增长，2010 年人口接近 900 万。但是，由于英国和伦敦政府采取了一系列的环境措施，在伦敦人口不断增长的情况下，光化学烟雾已经得到治理。最突出的法规是 1956 年通过的《清洁空气法》，这也成为世界上第一部空气污染防治法案。该清洁空气法规定，伦敦城内的火电厂都必须关闭，并将其和重工业迁到郊区；同时大规模改造城市居民的传统炉灶，减少煤炭用量，逐步实现居民采暖使用天然气。大致花了 15 年时间，伦敦把二氧化硫的排放降低了 50%。今天，伦敦的二氧化硫排放量已经比 20 世纪 60 年代时降低了 95%。

美国洛杉矶 1950 年人口略高于 400 万，持续快速地增长到 2010 年的 1300 多万（1970 年为 830 多万，1990 年为 1080 多万）。20 世纪 50～60 年代的空气污染事件迫使政府采取了一系列的措施。1959 年，政府开始监测尾气和认证污染减排设施；1975 年，所有的汽车都需要加装催化转化器；70 年代末期，洛杉矶市车辆在年检中必须确保加装的减排设施正常工作。加州环保局在 20 世纪 70、80 年代开始大力鼓励使用替代能源，从燃料源头治理尾气。石油行业很快在 80 年代研发并提供更清洁的燃油。1990 年，加州空气资源委员会大力鼓励研发低排放、零排放汽车。洛杉矶市要求 1994 年以后出售的汽车全部安装"行驶诊断系统"，随时监测机动车的工作状态，让超标车辆及时脱离排污状态和接受维修。这些措施使洛杉矶在人口、汽车保有量和使用量都不断增长的同时，极大地改善了空气质量。比如，臭氧浓度超过1级警报值（200ppb）的天数从1977年的121天，降至1996年的7天，1999年达到零天。

东京在应对城市挑战方面也有成功的案例。20世纪50年代，随着东京都政府辖域内人口和工业的集聚，环境污染逐渐成为一个严重的问题。重油取代煤成为主要的能量来源，其燃烧产生的二氧化硫造成了空气污染。为应对这一问题，中央政府制定了《空气污染控制法案》，同时实施了多项措施。为解决空气污染问题，东京都政府原创性地使用了管制燃料、消耗减少排放的措施来替代简单的污染扩散方法。据估计，在70年代，东京燃烧重油每年产生约15万t的二氧化硫排放。"东京环境污染居民防护工程"致力于将二氧化硫排放减至每年8万t。

尽管东京都政府显著降低了二氧化硫和一氧化碳的污染，但主要由汽车产生的二氧化氮和悬浮颗粒物浓度仍未能满足环境质量标准。1999年东京都政府发起了"无柴油战略"运动，推行五大措施：① 在东京都辖区内不能驾驶、买卖柴油车辆；② 必须将商业使用的柴油车替换成汽油车；③ 开发废气净化装置并必须在柴油车辆上安装此装置；④ 调整柴油的优惠税率；⑤ 早期开发的车辆必须符合新的长期规定。仅在东京都政府辖区内，根据新的条例，在2003年10月就有20.2万辆柴油车被纳入强制执行。自2005年起，日本石油协会采取决定性步骤，所有汽油和柴油燃料都实现无硫化。

伦敦、洛杉矶和东京的发展和环境治理说明，城市规模不断增长的同时环境也是可以得到极大改善的，规模发展与环境质量提高是可以同时实现的目标。

（2）城市用水

迪拜成功地应对城市供水问题。作为沙漠城市，在快速发展过程中，迪拜所面临的最大挑战就是淡水资源的严重匮乏。阿联酋年人均水资源量不足900 m³，是全球水资源最为匮乏的国家之一。但是出人意料的是，由于炎热潮湿的气候条件及较高的生活水平，阿联酋全国人均用水量竟然超过7 m³/d，仅次于美国和加拿大，位居世界第三位。

新加坡也是一个成功地解决城市用水问题的案例。水资源的匮乏（人均水资源量仅211 m³，排名世界倒数第二），迫使政府一方面提高供水能力（即天然降水、进口水、新生水和淡化海水），另一方面推动全民节水，通过推行阶梯式水价，减少城市用水需求（丁成日，2015）。新加坡人均耗水量最低，2004年每人每天平均耗水量减少至162 L。

（3）城市住房

在1960年之前，日本仍然是一个"农村"国家，超过一半家庭生活在农村地区。在20世纪60年代，战后婴儿潮为追求就业和高等教育从农村和周边的小城镇大量移民到大都市地区，包括东京、大阪和名古屋。他们起初被安置在宿舍，然后转向木制小户型房源，公有或社会的住房，或者小郊区单个家庭的住房（如果他们足够幸运）。此外，公寓住宅在20世纪70年代以来在东京开始流行。

由于在20世纪60年代规划实施和城市详细控制仍然很弱，这些房屋的基础设施水平非常差（图2-27）。城市服务（如供水和最低水平教育）是地方政府的强制性责任，使得东京能够成功地在非棚户区、不低于最低生活环境水平的定居点容纳快速城市化过程中洪水般的移民。如果日本或东京20世纪60年代采取的是更加严格的规划和详细规划控制，那么缺乏基础设施和最低社会服务的非法和非正式定居点将会大规模地发展，进而东京可能经历更加严重的住房问题，也就不可能成为世界最大的都市。郊区的发展和改造提供了宜居的低密度住房。

图 2-27　郊区住宅发展

2.6 "城市病"没有阻挡超大城市快速增长

2.6.1 超大城市"城市病"的辩证认识

需要正确地认识城市交通拥堵问题。城市交通拥堵是城市发展成功的标准之一。比如，纽约曼哈顿地区高的就业密度是城市交通拥堵的根源，同时也是曼哈顿为什么成为"造钱机器"的根本原因（丁成日，2015）。城市核心区就业增长意味着劳动力从低效率的地方转移到高效率的地方，而劳动就业密度的提高增加了城市劳动力市场运作效率，降低了城市劳动力市场搜寻成本和就业变更成本。也就是说，旨在缓解城市核心区交通拥堵的措施往往有助于其劳动生产率的提高，进而增加就业机会，城市交通反而变得更加拥堵。

城市非正规定居点及其贫困人口对城市发展的积极影响和作用没有得到充分的认识和肯定。农村贫困人口移入城市所产生的影响和作用体现在三个方面。第一，非正规定居是经济机会的源泉，是公共和私人企业的劳动力供给源泉。经济学家认为，城市贫民窟的存在和发展是地方经济增长的一个自然组分，同时还是地方经济繁荣的标志（特别是发展中国家和转型国家），因为非正规定居为外围涌现的市场经济提供必需的劳动力池（Labor Pool），而必要的劳动力池不仅帮助他们自己脱贫同时也推动经济发展（Glaeser，2011；Frankenhoff，1967）。

第二，城市非正规定居点为大量来自农村的穷人移民至少提供了临时性住所，并让他们能够靠近城市就业市场。贫民窟聚集大量同样低收入群体有助于形成社会关系网，间接地帮助农村移民平稳地实现从农村生活方式向城市生活方式的转变，并且在就业机会、社会信息、有限资源共享等方面帮助农村移民在城市中安定和安居下来。

第三，贫民窟环境为具有企业家精神的穷人创造了农村不具备的条件，比如有人通过公厕、办学、幼儿园等方式来从事经营活动。从农村移民到城市的往往是有更高的梦想和追求的年轻人，正是梦想和追求使这些年轻人不能接受命运赋予他们的生活方式和水准。经济学家认为梦想和追求不仅是个人发展的动力，同时也是城市增长的推动力。

总之，不能孤立地看待城市贫民窟里的城市穷人，城市化进程需要与农村穷人联系起来。城市非正规定居点及穷人对城市所产生的积极作用不可忽视，特别是帮助他们实现自己的梦想和追求，而不应一味地强调贫民窟的负面问题。最后，在城市中将农村穷人集中可能是一种更加经济的途径，可实现缩小收入城乡差别、公共服务和产品城乡差别的国家发展目标。

2.6.2 "城市病"没有阻挡超大城市持续快速增长

超大城市增长说明，超大城市往往因为其规模使其增长更加突出（对比主要城市）。超大城市由于规模使其问题和挑战也同样是巨大的，但是，超大城市面临的挑战和问题难以成为阻挡其增长的力量。这说明，超大城市发展潜力和吸引力没有得到充分的认识和评价。

因而，需要全面解析和认识超大城市问题：

- 问题具有两重性，即问题本身，还意味着积极的功效或者是发展繁荣的象征（如贫民窟和城市交通拥堵）；
- 有些城市问题与规模不是"一一对应"关系，许多国家污染最严重的城市不是最大城市（如日美等国）；
- 有些问题是政策本身的产物，同时也反映政策规划的失效；
- 快速城市化时期城市贫民窟与农村穷人相关；
- 城市问题由于集中可能容易被解决（环境）；
- 缩小城乡差别更有效的途径可能是通过城市化，特别是向大城市发展。

有效的城市管理和规划是可以应对超大城市面临的问题和挑战的，比如，东京（人口3700万）的生活质量比首尔（人口2500万）要高。因而，城市人口规模越大并不一定意味着生活质量越差。超大城市的生活质量取决于规划和政策的应对是否适当和及时。

同大城市相比，小城市发展问题在城市交通、住房价格、资源环境等方面一般不太突出，但是在其他方面的问题可能同样富有挑战，比如就业机会有限、规模集聚不足（人气不足导致商业和零售等服务产业发展滞后）、基础设施和公共服务不足等。小城市发展潜力不足既是许多发展中国家在城市化发展中出现首位城市的主要原因之一，同时也是小城市比重随城市化发展降低的主要原因。

2.7　国际对超大城市发展认识的转变

2.7.1　城市增长控制的后果和代价

人们往往将城市问题（城市病）同城市规模联系在一起，应对城市问题的简单措施就是控制城市增长。城市增长控制的负面后果和代价越来越多地被人们认识评价后，现在城市增长政策在国际上基本上不再被认可，转而推崇城市增长管理。这是一个巨大的理念上的转变。

（1）美国加利福尼亚州

城市增长控制在美国的很多地区都得到了实施。比如，在加利福尼亚州，尤其是沿海地区，实行了多种形式的增长控制措施。这些控制措施的形式和规模多种多样，但都具有表达或未表达的目的，即限制人口增长和城市扩张，以防止交通流量增加和开放空间减少影响该地区的未来发展。

增长控制的措施包括将开发限制在指定的城市范围内、建筑许可限制、征收开发影响费、基础设施要求以及强制性建设包容性住房。

城市增长控制的成本包括：

- 更高的房价和更高的租金。
- 增长控制旨在通过控制人口增长来缓解交通拥堵和应对环境问题。但

超大城市巨大挑战与持续增长并存

超大城市因为其规模使得面临的挑战和问题也是巨大的，但同时它们的增长规模也是惊人的。这不得不促使我们思考：

超大城市不断增长的背后推动力是什么？企业和人们为什么明知道大城市问题大和多，还选择进入，或者不离开（已经在超大城市里面的）？

这些问题在第一章有比较详细的讨论。不过，一个重要的启示是：超大城市管理、规划和战略都不能以理性的、假设的前提为基础，应以城市发展规律和市场机制为准则。

是结果往往是相反的。在有增长控制的地区，交通拥堵、能源消耗和空气污染经常增加。这是因为当受控地区的公司需要工人但没有住房时，工人的通勤方式没有得到有效改变。通勤者在房价上涨和缺乏供应的情况下被迫远离工作地居住，堵塞了城市的高速公路。

- 雇主的大量流失。几乎所有留在受控地区的企业和政府机构都在努力招募和留住无力住在附近的工人。企业最终从该地区逃离，或者在不受控的地区扩大规模并开放业务，在这些地区获得更多的劳动力（以及更多可用和负担得起的住房）的挑战较小。
- 变更的社区。贫困家庭经常被迫将房屋出租。由于无法购房，许多带孩子的中产阶级家庭搬走。
- 其他相邻区域也受到影响。企业搬到邻近地区，工人搬到邻近地区，那里有更多和更便宜的住房。结果是控制地区的经济规模缩小，导致经济增长降缓，工作机会减少和房价上涨。向居民提供的服务将减少。

这些是增长政策的意外后果。增长控制的预期结果是：更少的人口、更少的住房和更多的开放空间，但付出的代价包括更少的工作、更少的中产阶级、昂贵的住房、更少的服务以及现有高速公路上的更多交通。

20 世纪 90 年代，美国就开始推行和倡导城市理性（精明）增长（Smart Growth）。理性增长是一种精心、科学规划过的发展模式，这种模式保护农地，复兴城市已有社区，保持住房的可支付性，提供多种交通方式的选择，等等，它具有可持续发展、可操作性的特点。

（2）法国巴黎

法国是比较早推行区域平衡发展政策的国家，旨在控制巴黎增长。从 20 世纪 50 年代初期开始，纺织、煤矿和家庭农场等非生产性部门就失去了数百万个工作岗位，将劳动力和资本转移到了蓬勃发展的服务和消费行业。不断扩张的巴黎城市被大量寻找工作的移民以及工厂和办公场所的新需求所淹没，使得城市的住房市场和运输网络一直处于过度紧张状态，在 50 年代达到了政治上无法忍受的突破点。

1955 年开始，法国政府通过资助的方式鼓励将工厂分散到巴黎以外的地区。国家决策者认为重新进行工业的空间分布是双赢的（巴黎和各省）。在经济落后的地区（省份），分散出去的工厂带来新就业机会和投资，进而减少失业，增加收入和消费需求。在城市核心地区，工厂的关闭为新的住房和办公室腾出了空间，从而促进法国首都向以金融和服务业为主导的经济过渡。

然而，国家计划并没有在全国范围内平均分配增长，而是纠正了某些不平等现象，同时接受甚至促进了其他不平等现象，最显著的后果是扩大了法国最大城市及其周边地区之间的差距。工业分权在这些转移中起着矛盾的作用。它给贫困地区带来了收入更高的工作，但也削弱了巴黎地区成千上万的工人和小型制造商。再加上巴黎产业集群、国际商业区、交通网络、核能工业等的发展，"工业下放"实际上加强了巴黎对国民经济的控制。

通过对过去政策的反思，法国学者和官员认识到，仅仅扶贫是不够的。政策必须超越目标导向，应该考虑广泛的社会凝聚目标。社会凝聚目标是减少收入差别、改善基本服务的供给、提供良好就业机会和改善个人进步和提高的社会机动性。社会凝聚包含三个内容：① 社会的包容性；② 社会资本；③ 社会的机动性（社会的各界精英都可以来自最广大的社会阶层）。也就是说，社会凝聚目标侧重于区域间的结构性不平衡。结构性的不平衡体现在基础设施、公共服务（如教育）和社会发展的机会等。今天，经过多轮的订正和调整，法国的区域政策侧重的目标是：① 区域竞争力和吸引力；② 可持续发展的推动；③ 社会和国土的凝聚力（OECD，2010）。

2.7.2　城市发展理念转变——东京

为控制和管理东京的发展，东京大都市分别在 1956 年、1968 年、1976 年、1986 年、1999 年共制定了五个首都地区发展规划（Capital Region Development Plans）。

日本和东京发展理念的转变

- 绿化带的废除标志着日本和东京政府开始认识到市场经济体制下政府限制城市增长所采取的规划、管理和政策措施和手段都不成功，或者说城市增长是不能够控制的，只能够引导；
- 东京 1999 年的发展规划首次正式评价大城市在推动经济发展方面的积极作用，重新认识城市规模的积极作用；
- 大力建设公共交通系统，发展不同等级的城市轨道交通（如重轨和轻轨），大力推动公交导向的城市发展模式，通过公交和土地开发结合解决公交投资融资问题；
- 积极应对城市问题，呼应未来发展需求（环境、交通、城市灾害等）。

第一个首都地区发展规划的主要目标有三个：建立一个以东京为中心的半径为 100 km 的包括东京和其他 7 个省的区域性行政管理体系；在东京周围建立绿化隔离带；协调东京大都市圈周围主要城市的发展。

为了将发展从东京导向周边地区，《工业发展控制法》（Industrial Development Control Law）于 1959 年颁布实施。该法律禁止在东京建成区内再进行任何有可能引致人口增长的土地新开发行为，以期达到抑制东京增长及促进分散发展的目标。

参照英国伦敦的经验，第一个首都地区发展规划在东京周围划定了一条绿化隔离带，以控制东京人口增长。同时该规划将东京大都市圈划分为三个区域：已有建成区、城市郊区（即绿化隔离带）和周边地区（绿化隔离带外的卫星城）。在建成区内，实施严格的增长管理和控制；而在周边卫星城地区，则提供相应的激励措施以引导发展（BCPTMG，2004；Sorenson，2002）。

东京是第一个参照伦敦绿化带而规划绿化带的城市，但也是寿命最短的绿化带。1956年在第一个首都地区发展规划中引进，试图通过绿化带来阻止东京城市人口的增长。由于发展的压力，绿化带政策在第二个首都发展规划中废除（1968），前后仅存在了12年。

东京都市发展规划理念有显著的改变。1986年前发展规划的核心是限制东京发展、追求区域平衡。1986年以后，特别是1999年以后，认识到东京发展的内在规律以及大城市对经济发展的积极作用（不仅仅是城市病），开始实行灵活的规划管理措施，而不是一味地追求限制发展、平衡发展。具体的体现是实施"有选择性的引导和转移"。

东京都市从第二个发展规划（1968）就开始重视发展公共交通系统，并在第四个发展规划中进一步扩展，使得东京发展成为TOD（公共交通导向的城市发展模式）的典范。

东京基本上十年左右就制定一个发展规划（1956～1999），这点与北京的总体规划修编有类似之处（1982年、1992/3年、2004年总规修编）。但是特别值得提出的是，东京每次的发展规划在发展理念上都有创新，或大或小。第四个发展规划和第五个发展规划创新比较大。

东京1999年的发展规划首次正式评价大城市在推动经济发展方面的积极作用，而不是只强调"城市病"和与城市规模相关的城市问题。这种全面、综合、宏观的评价值得我们思考。

2006年东京都市政府通过了东京后十年计划。该计划强调城市吸引力和产业实现东京的城市存在感，创建提升吸引有志群体来奋斗的社会（东京都政府，东京执事总部，2006）。

东京处于城市体系结构的顶端。这种结构带来农村人口减少，大都市地区人居环境改善的迟缓，以及抵御灾难的脆弱性。小城市、乡村和山区区域活力下降，在人口减少和老龄化的背景下面临维持社会服务供给的挑战。此外，经济转型、社会发展趋势（比如人口老龄化）和东亚国家经济发展等原因，迫切需要新的增长战

日本的经验启示

日本的发展经验表明，刚性的规划和政策应该谨慎地使用；城市化和城市发展规划和管理措施应该包含经济刺激和财政转移等内容，以解决发展不平衡的问题。增长极发展战略应该谨慎使用，依据现有的城市基础推动城市发展往往更为有效。

略。国家层面的考量迫使东京都市发展战略作出了转变，城市增长控制不再是主旋律。

东京发展的启示是，政策的目的可能是美好的，如均衡发展，但是往往由于缺乏辩证和综合的考量，仅从主观愿望来制定政策，结果往往是政策目标的恰当性与措施的恰当性本身有问题，两者之间的一致性也有问题，后果是适得其反。

2.7.3 城市发展理念转变——首尔

鉴于首尔在人口增长和经济活动方面的高度集中，除了国家层面的政策外，韩国也专门制定了首都地区的发展政策。自20世纪60年代中期以来，首尔地区已实施了一系列措施。

国家和首尔城市化战略

- 限制首都增长不仅是首尔的发展战略重点，也是国家城市化发展战略重点。具体措施包括国家层面和首尔层面。
- 国家层面的对策和措施：

增长极和区域整合以应对区域不平衡发展问题。建立了首都之外的增长极以平衡首都的发展。

- 首尔层面限制增长的具体措施有：

政府职能部门迁移到其他城市；

限制性控制工业企业的扩张和高等教育机构的扩展；

禁止工厂的建设，将污染工厂和违反常识功能分区规定的企业迁出，限制从外地向首尔市内学校转学；

严格的绿化带政策；

征收市民税；

功能区概念以推行区域化的发展政策（限制和发展）；

相应的法规落实；

总理领衔的首都区域管理委员会。

第一，在 1964 年推出了《限制首尔人口增长的特别办法》。为了控制首尔的增长，工业园区被设立在主要的交通沿线，并在汉江南侧开拓出新的发展空间（商业、办公和住宅）。《特别办法》中还禁止新工业建设和首尔市既有研究和教育机构的扩建。

第二，1971 年建成了环绕城市的封闭绿化隔离带以控制首尔市的蔓延。在绿带之外建立了新的工业城市，如昌原和中洞以满足增长的需求。

第三，1984 年首次制定了《首都区域规划》。1989 年公布了新城镇发展规划。这标志着以往限制或控制首尔地区人口增长政策的失败。新市镇发展是政府解决住房短缺和应对房价快速上涨措施的一部分。

从 20 世纪 90 年代开始，首尔都市区增长管理的总体框架开始改变。五个功能区在 1991 年重新整合成了三个，土地利用和开发变得更加灵活。对不同的土地用途设置不同的发展限制，在此限制内，开发者在土地开发（包括商业、公共机构、写字楼和住宅）的选址上享有一定的自由。此外，采用征收发展影响费的方式管理城市增长，标志着从传统监管模式转变为更灵活的激励模式。

然而尽管采取了很多措施控制首尔增长和鼓励其他地区的发展，在 20 世纪 80 年代和 90 年代，首尔的人口增长率仍然是全国平均水平的两倍。人口分散化的结果也不尽如人意。鼓励搬迁地区和增长管理地区的人口增速是全国平均水平的两倍，集聚经济效应带来的人口增长激励机制超出了规划者的预期。

在 20 世纪末，首都发展战略开始有显著的转变。比如，1999 年首尔市建立了首尔动画中心和首尔高科技创业中心等专门化的工业支持中心。在城市中心划定一些特区来推动主导产业的发展。这些特区享受较为宽松的政策和良好的基础设施。为进一步提升韩国信息和通信技术的国际地位（已经在这个领域处于国际领先地位），首尔数字媒体城于 2002 年正式建立，其目

韩国首尔战略规划转变

首尔不断增长的人口、一系列控制人口增长措施的失效和对首尔国际竞争力的担忧迫使首尔城市发展战略规划发生了根本性的转变，表现在：

- 不一味地强调人口控制和限制人口增长的措施（比如高校和研究结构限制人数扩展，工厂迁出，限制外地学生入学等）；
- 产业发展空间布局不再一味地受地理范围的限制，主导产业可以落户于首尔核心区；
- 认识到空间隔离的高新技术开发区不利于企业、大学和研究机构之间的互动发展。

的是促进在数字媒体工业和其他相关产业（比如软件，信息服务，信息制造，与媒体和娱乐有关的研发中心，以及数字媒体产品营销等）协同促进效应。

从国家层面来看，整个"发展时代"始于20世纪60年代并顺利进入80年代，韩国实施了以出口为导向、集中组织的重工业化政策，促进了所谓的京釜发展走廊（首尔-釜山-蔚山-庆南道轴）。不断涌入的人口和工业造成了严重的区域失衡，并造成了若干社会经济问题。韩国约49%总人口集中在首都地区。除了人口、文化和社会资源，优质工作机会和高质量的服务也集中在首都地区。因此，地区差异已成为地区政策的主要问题。

另一个挑战是在国际比较中韩国的全球竞争力较弱。这值得政策关注。首都地区是世界人口第三大地区，其地区生产总值（GRDP）在经合组织成员国324个地区中排名第九，然而，其人均GRDP排名却很低。这表明提高其全球竞争力成为首都地区发展的主要目标之一。这意味着首都地区的增长成为必然。

2008年以来，首尔地区转变了区域发展政策。新的五年区域发展计划提出以下目标以鼓励经济竞争和自由化：① 大都市和非大都市地区的共同发展；② 权力下放和区域间开放性合作：③ 建立经济区域，基于专业化、分散化和地方性的区域发展自治、跨区域合作、协同发展。

发展战略、规划与市场机制

在市场经济体制下，与市场激励机制相冲突的发展战略和规划都以失效告终，日本和韩国提供了很好的借鉴。尊重城市发展规律和市场机制是制定发展战略与规划的前提、基础。

2.7.4 城市发展理念转变——伦敦

英国的绿化带是非常著名的。日本和韩国都先后学习英国的绿化大政策，北京也长期推行绿化带规划来限制空间增长。大伦敦地区区域规划委员会1935年首次正式提出伦敦绿化带概念，通过建立绿化带来为公共开放空间和休闲娱乐场所提供供给。1938年通过了绿化带法。该绿化带法赋予地方政府权力来为绿化带征用土地，或者发布政府条令将土地定性为绿化带。

1952年城镇发展法案通过新城的发展来应对伦敦人口"过剩"问题。在伦敦绿化带10英里以外，距离伦敦25～30英里的地方建立了8个新城镇（如汉莫汉普斯泰德、斯蒂夫尼奇、哈罗、布拉克内尔、克劳利、卢顿等）。这些新城镇（也是大伦敦地区的卫星城）在20世纪50～60年代发展较快，到了2010年左右，人口规模在5万～10万之间。

1962年都市绿化带概念正式引进和确立。都市绿化带扩展至7～10英里宽，延伸到距离伦敦中心20英里处，其具体的地理界线由所在的郡县来划定，同时每5年需要评定和审核一次，1965年完成。1965年绿化带也称之为伦敦都市绿化带1（图2-28）。

1988年，伦敦都市绿化带作了重大的调整，调整后的绿化带称为都市绿化带2，其地理范围也大大地扩展了，远到距离伦敦市中心40英里，包括1952年城镇法推动的新城镇。小汽车的发展大大提高了人们交通的便利，因而20英里已经不像5英里那样成为人们出行的障碍，5英里的绿化带很容易地被青蛙跳跃式发展跨越。

1988都市绿化带概念扩展并得到实施。显然，最初假定所有未来人口增长都在绿化带以内地区是不现实的，这个假定也受到了挑战。有先见之明的人士指出来："建立一个可以持续稳定不变的绿化带边界是非常必要和重要的，绿化带内不应该包含不必要的非绿

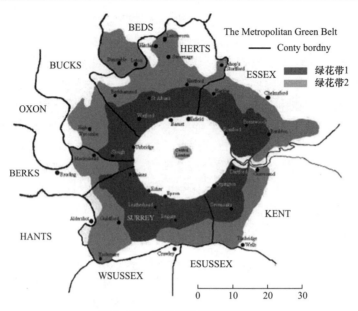

图 2-28　伦敦都市绿化带演变

色空间土地。否则，增长的压力必然会允许绿化带内的发展，侵占绿化带的风险极大。"事实上，这个论断不幸言中，后来发展规划不断地被调整，斯蒂夫尼奇、汉莫汉普斯泰德、卢顿等城镇的绿化带内部分土地被重新规划，来满足城市发展的需要。

尽管伦敦推行了非常刚性的绿化带政策，并以此来作为控制伦敦城市的措施，但是结果是城市发展的压力和动力远大于绿化带保护的法规，伦敦城市发展突破了绿化带法规。伦敦城市空间发展的结果是：① 绿化带空间上非常破碎且呈现不规则的几何形状，没有明显的形态上的规律可循；② 既有空间上相对成片的绿化带，也有零星小块的绿化带散布在郊区；③ 从建成区和绿化带的空间关系上来看，绿化带比较破碎的地方也是经济和工业发展相对较快的地方，正是"经济和工业进、绿化带退"的现象，说明绿化带本身很难发挥限制经济和城市发展的功能；④ "发展进，绿化带退"还可以从卫星城与绿化带的关系体现出来。1952 城镇法通过后新建设的 8 个卫星城最初是在绿化带以外，后来随着绿化带的外推，这些卫星城大都在绿化带以内。

由于发展压力和其他发展目标之间的冲突（特别是可支付住房），绿化带政策上的刚性在实际发展中无法也没有得到很好的贯彻和实施，这可以从绿化带外推、最初连片和环状绿化带被肢解中得到印证。改革伦敦和英国绿化带政策的压力日益高涨，特别是基于可支付住房短缺的缘故。对一些人而言，绿化带看起来很美，但实际上是什么都没有的空地。同短缺的可支付住房相比，后者更为实际和重要。

绿化带更大的问题是：它是基于城镇和乡村一定应该分割的理念产生的，而这是一个过时的理念。事实上是，英国人住在乡村，而不是城市。随着时间的发展，道路、自驾车、电车和火车等的发展都增加了通勤距离，导致住宅向乡村的扩展。再加上收入和经济的增长，对生活质量提高的追求，人口密度下降是总体发展趋势。英国，特别是大伦敦地区，经济结构的变化也在改变城乡关系。19 世纪英国作为世界工厂，工厂的工人不允许长距离的通勤，他们住在坑口或者工厂。同时，由于生产率低，乡村的每寸土地都用于种植。到了 20 世纪后期和 21 世纪，情形完全不一样了。因而，在英国废除绿化带的呼声不断，认为绿化带弊大于利。

英国没有土地的短缺问题。即使土地全部开放用于开发，90% 的英国土地也不会被建设。农业土地生产率在提高，也不存在食物短缺问题。英国绿化保护面积的比例是 OECD 国家的两倍（还有 31% 的英国土地因国家公园、自然景观等原因保护起来）。

Bruegmann（2001）总结伦敦绿化带系统是这样说的："它在阻滞城市向绿化带侵蚀方面比较成功，但是在绿化带以外阻滞城市发展方面就谈不上成功了。实际上绿化带以外的城市发展零星广泛地散布在英国东南地区（也是伦敦东南地区），呈现典型的城市蔓延式发展。"因而绿化带是否成功，从全局、整体、综合的角度而不是局部来判断的话，可能是仁者见仁、智者见智。再考虑到 1939～1981 年大伦敦地区人口是衰退的，如果假设大伦敦地区的增长速度类似于北京过去 20 年或韩国首尔 20 世纪 60 年代以来的发展速度，伦敦绿化带政策及其做法会不会得到像现在一些人认为的那样成功（至少部分人这样认为），还值得探讨。

自伦敦都市绿化带 2 实施以来，伦敦绿化带政策有两个显著的变化。第一，不再是针对一个都市中心，而是针对几个区域发展中心。第二，限制城市发展/扩展的功能和目的在减弱，而保护开放空间成为最主要的目的，这表明回归到绿化带最初始的目的。

2015 年，伦敦市长推出"伦敦 2036：就业和增长的议程"，旨在实现 1000 万人口目标，新增 140 万就业和收入增长 1460 亿欧元。伦敦实现了从限制、控制增长到鼓励增长的 180° 转变。该议程强调伦敦要成为同类城市中（纽约、巴黎、东京）收入增长最快的，创造就业，增长转化为发展，提高城市多样性和韧性以应对危机。

> ## 英国著名的绿化带政策
>
> - 1965 年通过的环带状绿化带 1 已经不复存在，破碎为零散的绿色空间。
> - 伦敦绿化带政策带来严重的住房短缺，极大地推升了房价。
> - "发展进、绿化带退"说明绿化带政策控制伦敦增长失效。
> - 绿化带 2 的控制城市发展的功能减弱，而更多的是保护环境和为城市居民提供开发空间。

2.8 国际超大城市发展对中国的启示

概括世界超大城市的发展，结合中国城市化发展战略，以下几点值得参考、借鉴和反思：

第一，根据世界超大城市的发展分析，城市在成为超大城市的过程中，增长速度可以快于城市总人口的增长速度，也可以大于小城市人口的增长速度。

第二，超大城市占城市总人口的比重有随着城市化发展提高的趋势。

第三，小城市比重趋于下降，中等城市规模比重比较稳定，说明快速城市化进程中城市人口剧增必然导致大城市、特大城市甚至超大

> ## 超大城市不断增长
>
> - 超大城市问题被人广泛理解；
> - 超大城市的优势需要广泛宣传：
>   劳动生产力（率）优势；
>   经济韧性（抗危机能力）优势；
>   新企业诞生、生存和增长优势；
>   工资及其增长优势；
>   发展计划优势。

城市的形成和发展。

第四，超大城市的经济功能非常重要，是国家最重要的经济中心。超大城市经济集聚度高于城市集中度，这一方面说明超大城市经济活动强度很大，另一方面说明有其他城市的经济集聚度小于城市集中度，而这些城市缺少经济活力和发展的潜力。

第五，发达国家从控制超大城市增长转变为支持其增长，这是非常重大的转变。他们在城市规模仅为 300 万～500 万的时候提倡城市增长控制，在成为超大城市后开始推动增长。

第六，城市问题（所谓的城市"病"）都难以阻挡超大城市增长，说明超大城市内在的优势和经济效应是巨大的，而这往往没有被充分地认识和评价。

本章执笔人：丁成日

参考文献

Ades A F, E L Glaeser. Trade and circuses: explaining urban giants. The quarterly journal of economics, 1995, 110 (1): 195-227.

Bae Chang-Hee Christine. Korea's greenbelts: impacts and options for change. Pacific Rim law & policy journal, 1998 7(3): 479-502.

Bengston, David N, Youn Yeo-Chang. Seoul's Greenbelt: An experiment in urban containment// Bengston, David N, tech. ed. Policies for managing urban growth and landscape change: a key to conservation in the 21st century. Gen Tech Rep NC-265. St. Paul, MN: U.S. Department of Agriculture, Forest Service, North Central Research Station, 2005.

Bertinelli L, Strobl E. Urbanization, urban concentration and economic development. Urban studies, 2007, 44(13): 2499-2510.

Bruegmann R. Urban sprawl. International Encyclopedia of the Social & Behavioral Sciences(Online Edition). Elsevier Science, Ltd.: 16087-16082.

Cho, Cheol-Joo. The Korean growth-management programs: issues, problems and possible reforms. Land use policy, 2002(19): 13-27.

Hansen N. Impacts of small and inter-mediate-sized cities on population distribution: issues and responses. Regional development dialogue, 1990(11): 60-76.

Henderson J V. The urbanization process and economic growth: the so-what question. Journal of economic growth, 2003, 8(1): 47-71.

Kim Kyung-Hwan, Jae-young Son. Spatial policies towards the Seoul Capital Region. Draft for presentation at the International Seminar on Metropolitan Growth Management, 2004.

Lucas R. On the mechanics of economic development. Journal of monetary economics, 1988, 22(1): 3-42.

R Moomaw, A M Shatter. Urbanization as a factor in economic growth: anempirical study. Journal of economics, 1993(19): 1-6.

OECD. Competitive cities in the global economy. OECD publishing, 2006.

OECD. Managing urban traffic congestion. European Conference of Ministers of Transport, 2007.

OECD. Regional development policies in OECD Countries. OCED publisher, 2010.

Varis O. Megacities, development and water. International journal of water resources development, 2006(22): 199-225.

第三章　中国城镇化与城市体系发展

　　分析和认识改革开放以来中国城镇化和城市体系发展的规律，是指导和制定郑州国家中心城市建设和发展战略与规划的基础。我们还需要以国家城镇化和城市体系发展为背景和参照系来分析、规划郑州超大城市增长。郑州超大城市的发展既是国家城市体系的重要组分，同时也应该成为河南省城镇体系发展的引擎。

3.1　中国城镇化发展 [①]

中国城镇化速度是惊人的

　　1978～2019 年城镇人口净增长量相当于 2 个美国，3 个巴西，5 个半日本，10 个法国和英国，13 个韩国，26 个澳大利亚，70 多个匈牙利或者 120 个新西兰。

　　改革开放四十多年来，中国的城镇化发展取得了举世瞩目的成就。1978 年中国的人均 GDP 仅为 381 元，外汇储备为 1.67 亿美元，城镇化率仅为 17.62%。2010 年，中国发展成为世界第二大经济体，2020 年人均 GDP 为人民币 7 万多元，城镇化率超过 60%（60.60%），8.3 亿多人口居住在城镇。1978 年城市数量为 193 个，2019 年为 672 个。1978～2019 年城镇居民净增长 6.6 亿人。未来 20～30 年中国的城镇化发展速度仍将保持在高位，预计城镇总人口增长 2 亿～3 亿，但是，过去四十多年的城镇化速度是人类历史上空前绝后的，无论是速度和规模都将难以超越。

　　国际发展表明，城市化率增长不一定意味着从农村向城市的人口转移，相反，城市化率下降也不一定意味着从城市向农村的人口流动。比如，日本城市化率从 2009 年的 89.99% 增长到 2019 年的 91.7%，而同期的总人口是下降的。日本城市化率增长主要是因为城乡出生率的不同。日本老龄化问题，农村比城市更加严重，故有限的人口增长主要来自城市自然增长率，农村已经几乎没有可能向城市输出的人口。美国 2000 年的城市化率为 79.06%，增长到 2019 年的 82.46%。美国的基本情况与日本类似，不同的是：① 美国人口略微增长；② 美国是一个传统的国际移民国家，国际移民绝大多数定居在城市。韩国的城市化率从 2009 年的 81.84%，下降到 2019 年的 81.43%。韩国城市化率下降的主要原因是城市居民不愿生孩子，城市人口增长速度小于农村人口增长速度。还有，同日本一样，韩国的农村也没有可以向城市移民的剩余人口。

　　从国际的尺度衡量，特别是对比美国、日本和韩国的城市化，中国城镇化快速发展时期农村-城镇人口流动规模是空前的。目前没有具体数据，但估计 6.6 亿城镇人口净增长量中大约有 4.5 亿～5 亿人是农村-城镇转移人口贡献的。这 4.5 亿～5 亿人中有一半左右是源于农村人口减少（2.4 亿左右），另外一半是国家人口总数增加带来的。在总数达

---

① 本节中城镇发展和城市发展，或者城镇化和城市化是可以互相替代的。国际上的概念是城市化（Urbanization）和城市发展（Urban Development）。

4 亿的总人口增量中，农村人口增量大于城市人口增量。原因有二：① 中国城镇达到 50% 是近十几年的事情，之前都是农村人口超过城镇人口；② 在城镇地区"一胎"人口政策一般都执行得比较严格，而在农村（特别是边远地区）国家的人口政策及其实施都是相对宽松的，二胎甚至二胎以上家庭并不罕见。因而，农村地区的人口增长是总人口增长的主要部分。[①]

3.2 中国城镇化发展模式

理论上，根据城市、经济（产业、企业）和人（就业）三者之间的互动关系可以将城镇化发展模式或者城镇发展模式归纳为两大类别：一是"产业（经济）带动城镇发展"，二是"城市带动产业（经济）发展"。前者表现是"人口跟着就业（走）"，后者是"就业跟着人（走）"。"产业（经济）带动城市发展"模式比较普遍，也最容易被人理解。这两种模式都是基于微观经济机制，以效率最高原则来支配生产要素的空间流动和组合。

> **中国快速城市化特点**
>
> - 中国没有出现类似于南美国家的大规模城市贫民窟；
> - 户籍制度及依附其上的公共产品与服务产生大量非"固化"的城市人口（流动人口），这些人口长期定居在城镇，但有相当一部分群体可能未被统计在城镇人口中。

中华人民共和国成立以来，城镇发展的主要模式是"产业（经济）带动城镇发展"模式。改革开放前，"厂城"发展模式是产业带动城市发展模式的典型代表。比如，攀枝花、大庆、鞍山、东营、克拉玛依、抚顺等许多城市都是围绕资源开发利用建立国营大厂而发展起来的。改革开放后出现的地方模式，比如"苏南模式""温州模式""东北模式""珠江三角洲模式""云南德宏模式"等都属于这种"产业（经济）带动城市（或城镇）发展模式"。"苏南模式"是一种通过乡村集体经济和乡镇企业的发展，促进乡村工业化和农村城镇化进而推动城市发展的模式。这种模式在当时特定的背景下，就地解决农村剩余劳动力问题，大大积累了地方经济的基础，有效推动了小城镇的发展，当然也带来了布局分散、投资效率低等问题。"温州模式"是通过家庭手工业、个体私营企业以及批发零售商业来推动农村工业化，并且以此带动乡村人口转化为城市人口。"珠江三角洲模式"反映的是外资推动下的工业化带动的城市发展模式。"云南德宏模式"是边贸发展带动的城镇化。

中国城镇化发展模式除了"产业带动城市发展"模式外，还带有鲜明的制度、政策主导的城镇发展模式。比如，改革开放初期的"离土不离乡""进厂不进城"是就地城镇化模式，这种模式就地转移农村剩余劳动力，在改革开放的初期对增加农民收入、以工补农、壮大农村集体经济力量、转移农村富余劳动力起到了积极的作用。后来随着严格的土地管理制度的实施，出现了"成都模式"和"天津模式"。"成都模式"的主要特征是通过对土地确权颁证，建立农村土地产权交易市场，设立建设用地增减指标挂钩机制，推动大城市郊区的发展。"天津模式"是通过乡镇政府主导的"以宅基地换房"的方式，先解决搬迁农民的安置问题，然后通过土地集约增值的收益发展地区产业，解决农村居民的就业问题，将农民的集中居住与城镇化、产业化有机结合。

---

① 1978 年 9.6 亿总人口中农村人口近 8 亿，2020 年全国 14.05 亿总人口中约有 5.5 亿人是农村人口。

3.3　中国城镇化发展特征和制度影响因素

3.3.1　国家层面的中国城镇化发展战略

中国是世界上少数几个有国家层面城镇化发展战略和政策的国家。比如，1980 年 10 月国务院批准的城市发展基本指导方针是"严格控制大城市规模、合理发展中等城市、积极发展小城市"。当时中国的城市规模是四个等级：100 万以上是特大城市；50 万～100 万人口规模的城市都是大城市；20 万～50 万人口是中等城市；20 万以下是小城市。

随着城镇化和工业化的发展，国家城镇化战略和规划有所调整，但是这个基本的基调没有变化。比如，2014 年出台的《国家新型城镇化规划（2014～2020 年）》强调"全面放开建制镇和小城市落户限制，有序开放中等城市落户限制，合理确定大城市落户条件，严格控制特大城市人口规模"。国家新型城镇化发展战略与之前的城镇化发展战略相比有三个重要的调整。第一，城市规模等级从原来的四个等级改变为五类七档。具体是：小城市（50 万人口以下，其中 20 万以下为 II 型；20 万～50 万为 I 型）；中等城市（50 万～100 万）；大城市（100 万～500 万，其中 100 万～300 万为 II 型；300 万～500 万为 I 型）；特大城市（500 万～1000 万）；超大城市（1000 万以上）。

第二，与以往不同，2014 年城市等级划分有一个鲜明的指标，即城区常住人口，之前的人口往往是用市辖区非农户籍人口来划分的。由于大量的城市流动人口的存在，以城市非农户籍人口来划分城市等级已经不适应时代发展的需要。城区的界定也与城市活动一致，而市辖区由于有郊区的存在往往夸大了城市人口规模。

第三，合理确定大城市落户条件说明大城市（100 万～500 万规模）的增长不在国家政策和战略严格控制的范围内。而之前 50 万人口以上的城市都是城市化战略严格控制增长的对象。

简单地从 100 万人口以上规模城市数量和规模的增长幅度来看，20 世纪 80 年代以来严格"控制大城市"战略的效果并不显著。由于国家层面的城市化发展战略和户籍制度对人口流动的限制，国内外文献基本上都是认为中国的城镇化不足、城市集聚度不够高、城镇化落后于工业化等，而大城市（特别是特大城市和超大城市）的出现和发展似乎间接地反驳了城市集聚规模过高的观点。

笔者认为中国城镇化发展战略和政策既有积极的意义，也有负面的影响和后果，特别是展望未来的发展。积极的方面主要表现在快速城镇化发展过程中，中国没有出现如南美、印度等国家庞大的城市贫民窟。城市失业率（即使是超大城市）基本上都相对比较低，一般都保持在 5% 以下，

国家城镇化战略

- 国际上没有控制城市人口增长的成功先例。
- 理论上城市规模与经济增长、效率之间的关系是积极和有限制的。
- 中国老龄化发展和生产力主导的发展模式更加侧重经济效率和竞争力，因而城市发展的自然规律将进一步推动特大城市和超大城市发展的增长。
- 国家城镇化战略在控制大城市增长方面的积极意义是避免产生南美、印度等发展中国家出现的大规模城市贫民窟。
- 潜在的负面影响表现在中小城镇发展战略和政策对市场要素资源的空间配置错位。

远远低于南美国家和印度等国家 10%～20% 的失业率。南美国家大规模的城市贫民窟带来的社会经济负面影响是难以估计的。

根据 2014 年制定的国家新型城镇化发展战略，2020 年中国城镇化达到 60%，2030 年 70%，这意味未来将有 2 亿～3 亿农村人口转移到城市。中国新型城镇化发展战略面临的问题可能将更有挑战性，其原因有三：

第一，鼓励发展的中小城镇中很多地处内陆，是与海外市场遥远的小城市。这些中小城市既缺乏制造业基础，难以为移民提供稳定的就业机会，同时也缺乏为规划的人口增长提供相应的城市基础设施和服务的财政能力。

第二，随着国家老龄化的发展，养老服务和管理的需求增长迅速，与此同时，可就业人口将减少，这一增一减意味着地方政府面临的财政压力不断加大。由于大城市（100 万人口以上）的经济财富的不成比例的集聚，中小城市不得不持续地依赖预算外财政收入，特别是土地财政。

第三，国家新型城镇化发展战略可能会在城市之间误导分配土地资源。人口趋势分析表明（老龄化和可就业人口的减少），国家需要大幅提高工人的生产率才能保持以目前增长率的一半的速率增长。鉴于许多行业的生产率水平相对较低，劳动生产率的提高可以通过（至少部分）专注于价值链的"高端"并结合先进的技术来实现。劳动生产率的提高依赖于教育和技能培训的重大进步、市场竞争的充分、劳动力空间上流动的自由和小企业财政支持的增加。大城市规模以上的城市由于人力资源的集中，在提高劳动生产率方面具有比较优势。因此，劳动生产率的增长潜力可能存在于大城市规模以上的城市，而在中小城市则不存在。因而，国家新型城镇化发展战略可能带来资源空间配置的错位，进而导致大城市规模以上的城市得不到应有的发展，产生深远的经济影响。

3.3.2 户籍制度与中国城镇发展

户籍制度对中国城镇化发展的影响是深刻和深远的，其影响后果可能是长期存在的。户籍制度对中国城镇化发展的影响可以概括为五个方面。第一，户籍制度驱动的城镇化发展模式的出现和发展。户籍制度驱动的城镇化发展模式的典型代表之一是 20 世纪出现的"离土不离乡""进厂不进城"的乡镇企业主导的小城镇发展模式。这种就地城镇化模式在国家新型城镇化发展战略和新的国情背景下被赋予新的含义和注解，演化为随其出现的"就近"和"就地"城镇化模式。根据清华大学李强的定义："就近城镇化指农村人口不是远距离迁徙，而是近距离迁移到家乡附近的市镇，主要界定为以地级市和县级城镇为核心的城镇化；就地城镇化则强调农村的就地改造，农民在世代居住的乡村完成了生产方式、生活方式、权利权益等的城镇化、现代化的转型。"

李强总结出就近城镇化和就地城镇化分别都有三种模式。就近城镇化的三种模式：一是通过发展县域经济实现农业人口就近城镇化；

户口与城市社会公平

户籍制度导致城乡之间在社会福利和公共服务方面产生巨大的差别。

由于发展水平不同，不同规模的城市在社会福利和公共服务方面也存在巨大的差别，而这个差别没有得到应有的重视。

流动人口空间流动的基本方向是乡村到城镇、从中小城镇到大（特大、超大）城市。非农民工的流动人口仍然存在大（特大、超大）城市公共服务均等化问题。这个问题对农民工类流动人口更加突出。

二是强镇崛起带动农业人口就近城镇化；三是以地县市为单位推进全域的城乡统筹、城乡融合、城乡一体化的就近城镇化。就地城镇化的三种模式：一是大城市近郊乡村的城镇化；二是地方精英带动的村庄城镇化；三是外部资源注入的乡村城镇化。第一种最简单，比如北京市提升近郊的乡村，这当中也需要依靠制度创新，采取一种新的城乡统筹的体制；第二种地方精英带动，比如华西村、刘庄、北京韩村河、蔡家洼等；第三种是外部资金注入式的，成功的城镇化需要大量资源的聚集。村庄实现就地城镇化的动力因素，包括产业培育和就业结构的转变、土地的资本化、地方精英的资源整合作用、交通机动化的影响以及农民返乡意愿等。

第二，与户籍制度相关的是中国小城镇发展。从 20 世纪 80 年代乡镇企业主导的小城镇发展战略到最近的"就近城镇化"和"就地城镇化"都有鲜明的小城镇发展内涵。进入 21 世纪的第二个十年，就地城镇化突出大城市郊区的地域性。

第三，城镇常住人口居住地与户籍地的空间分离，这在大、特大和超大城市表现特别突出。城镇常住人口由城镇户籍人口和长期居住（半年以上）但是没有本地户籍人口构成。由于中华人民共和国成立以来实施的户籍制度上依附着各种福利（教育、高考招生、医疗、养老、社保、公共卫生和住房保障等方面）的空间差别，无户籍常住人口的大量涌入使得新增人口市民化问题变得越来越突出。

国内讨论比较多的是城乡户口之间的福利差别，城市不同规模之间的福利差别鲜有讨论。即使是在城市户籍人口中，不同城市规模的城市户籍人口之间在社会福利和公共服务之间的差别也是非常大的。比如北京、上海等一线城市与三四线城市的差别是非常大的。由于流动人口（无户籍常住人口）的流向基本是从乡村到城镇，从小城镇到大中城市，来自中小城镇户籍人口在大（特大、超大）城市定居同样面临公共服务待遇不平等的问题。

第四，城镇双层劳动力市场。一些单位，比如事业单位招工要求本地户口，还有一些单位以解决本地户口为条件吸引人才。有无（本地）城市户口不仅意味着工作待遇和福利的差别，更重要的是在一个城镇产生了双层劳动力市场，带来从业人员之间的社会不公平。在劳动合同法实施之前，有无本地城镇户口意味着巨大的劳动报酬的差别，同工不同酬问题非常普遍和严重。劳动合同法有助于弱化城乡不同户籍报酬上的差别，但是城乡户籍制度在就业和社会保障方面的差别还是存在的。

第五，城镇人口统计数据失准。户籍制度直接或间接引发的城镇人口统计数据失准有正、负两方面的误差。正的误差（城镇人口统计高于实际人口）主要是通过城镇行政的调整（如把郊区划为区和设立新的城镇等）将原来不是城镇户籍的人口划入。负的误差（城镇统计人口低于实际人口）是城镇无户籍的常住人口有未统计的现象。城镇范围是依据地理来界定的，这导致城镇人口或者过高或者过低地被统计。《中国城市统计年鉴》是根据市辖区来统计城镇人口。市辖区的地理范围可能比较大，包括建成区和非建成区。非建成区可能包括城镇发展规划区和非规划区，因而市辖区可能有相当规模的农业经济活动，导致统计人口规模过大。《中国城市建筑统计年鉴》依据城镇建成区来统计城镇人

> **户籍制度对中国城镇化影响**
>
> - 影响城镇发展模式，比如就近城镇化和就地城镇化。
> - 小城镇发展与户籍制度直接相关。
> - 居住地和户籍地空间分离，在大、特大和超大城市特别显著。再加上城乡和不同规模城市之间公共服务的差别，有无城市户籍差别鲜明。

口，由于建成区经济活动强且生活成本高（比如房价高），偏远地区可能有相当的人选择通勤。比如，根据报道，由于高房价和限购，2012～2013 年有大约 40 万人早五晚九地在燕郊和北京之间通勤。这些燕郊的人口白天都是参与北京的城市活动，也应该是北京城市人口（丁成日，2014）。忽视远郊区甚至其他城镇地区的通勤人数往往会低估城镇人口。国际上的超大都市往往跨越不同的行政边界。比如，芝加哥都市地理范围涵盖三个州：伊利诺伊、印第安纳和威斯康辛。

需要强调的是，城市经济学的城市边界是依据劳动力市场来界定的，即在一个城市意味着一个统一的劳动力市场，且劳动力市场与住房市场是统一的，这两个市场的统一指的是住在一个城市就在这个城市就业，在一个城市就业就住在这个城市。也就是说，一个城市是"职业-居住平衡"（即规划术语"职住平衡"）的。

3.3.3 中国独特的土地制度

中国是世界上土地管理制度最严格的国家。由于西方国家土地政策属于地方政策，在特定的地理范围内可能采取的土地政策比中国更加严格（比如首尔市）（丁成日，2015），但从全国尺度来看，中国是世界土地制度最为严格的国家。

中国最严格的土地制度主要表现在三个方面。第一，严格的耕地保护政策。为了保护耕地，国家实施了耕地的"动态平衡"，或者叫"占补平衡"，目标是实现耕地总量（"质"和"量"）不因城镇化和工业化减少。国家还划定基本农田，实施永久性或半永久性保护（规划期内保护）；国家要求基本农田不得低于耕地总量的 80%。第二，国家通过土地利用指标来控制城镇化和工业化。影响大的是约束性指标，规划期内不得突破或必须实现的指标，主要包括耕地保有量、基本农田保护面积、城乡建设用地规模、新增建设占用耕地规模、整理复垦开发补充耕地规模、人均城镇工矿用地。第三，国家实施了垂直的、行政"越级"的城镇土地管理制度。这里垂直的行政"越级"指的是即上级（甚至上上级）对城镇土地利用总体规划的审批和土地利用指标的分配，而不是日常的具体土地管理。国务院审批 100 万人口规模地级市的土地利用总体规划，省政府审批其他地级市和县级市的土地利用总体规划，乡镇的土地利用总体规划由省政府授权的设区的市政府批准。

正是由于土地开发利用的严格控制制度，各地才出现了土地产权、建设用地指标结合的城镇发展模式。这些模式推动了农村开发，但不是工业化发展驱动的城镇化模式，故一旦普遍推广，长期的负面影响将凸显出来。

中国特殊的土地制度同时还形成城乡土地市场的"二元结构"。中国土地出让制度对中国城镇化和工业化的发展发挥了巨大的作用。土地出让制度将国有土地的所有权与使用权分离，在保持土地所有制不变的前提下，将使用权在一定的时期内出租给非国有经济经营者。在 2019 年新的土地管理法之前，土地使用权的市场交易只允许在城镇国有土地上进行，农村集体土地进入城镇土地开发首先需要通过征地转变土地所有权（集体土地变更为国有土地），土地（使用权）市场仅在城镇中发展，农村没有土地开发市场。

> **中国独特的土地制度**
>
> - 在城乡户籍"二元结构"的基础上增加了土地市场的城乡"二元结构"
> - 中国的城镇化与土地制度发生密切关系
> - 土地对城镇化发展发挥了重大作用，比如土地财政（见第十章）
> - 严格土地管理制度与土地过度城市化共存

新的土地管理法放开了农村集体土地建设用地（主要是乡镇企业建设用地）使用权的直接交易。

农村建设用地使用权市场的开放意味着城镇空间发展模式将发生深刻的变化。由于农村建设用地空间上呈现为零散分布，新的土地管理法导致中国特色、土地制度驱动的城镇蔓延式扩展，其经济后果将是巨大的（Ding，2013）。

3.3.4 城市行政等级

中国城市是有行政等级的。第一个等级也是最高的级别——省级城市，它们与省级政府享有同等的立法和行政权。第二个等级是副省级城市。它们由中央政府指定，在制定地方经济发展规划方面比其他城市拥有更大的自由度和自主权。第三个等级是地级市，属于中国的地级行政单位。地级市在经济上充满活力，许多地级市都是区域增长的引擎，确立地级市的标准包括 GDP 和年税收收入最低要求以及是否具备"中心城市"地位等。第四个等级是县级市，也是行政级别最低的城市。

中国城市的行政级别制度对城镇化有两方面的深刻影响。首先，在经济发展方面，高级别的城市比低级别的城市享有更加有利的地位。高级别的城市通常是大城市，这使得它们成为农村移民的目的地。城镇化过程中对大城市的倾斜有一定的证据支持。例如，省的重要地位在 2006～2012 年间得到增强。在此期间，24 个主要省中有 20 个省的最大城市人口与第二大城市人口的比率均出现了上升。重要性减弱或波动的四个省是甘肃、山西、江西和贵州。

> **中国城市行政等级**
>
> - 城市公共产品和服务与城市行政等级相关；
> - 城市规模与城市行政等级关系密切；
> - 城市行政等级与城市资源调度能力相关；
> - 垂直行政管理强化了行政等级高的城市的发展优势。

其次，行政级别较低的县级市在经济增长方面存在劣势。地级市通常会拦截很大一部分面向县或县级市的政府间划拨资源（魏后凯，2014）。使情况更加糟糕的是，地级市政府在抢走县和县级市的资本资源以及预算外收入方面有很强的激励，目的在于提高财政业绩、促进地方经济增长。与此同时，经济中心或增长极产生的渗漏效应微乎其微，因为许多地级市（尤其是位于中西部地区的地级市）的经济并没有强大到足以发挥区域增长引擎的作用。

城市行政级别和公共开支的正相关关系表明了城市政治地位的重要性。与低级别城市相比，高级别的城市在提供城市基础设施（比如废水处理设施、家用燃气和人均空地／公园面积）方面拥有更强的财政支出能力（魏后凯，2014）。就 2006 年人均城市基础设施投资而言，城市等级与公共产品和服务之间的正相关非常显著。大学、研究机构、大医院和金融机构都在大城市（尤其是省会城市）聚集，这些城市通常成为全国交通网络的区域枢纽。

3.3.5 城镇体系的不均衡

中国城镇发展面临的一个长期存在的问题是城镇体系的不均衡。城镇体系不均衡有两层含义。一是城乡之间的不均衡。城乡公共服务不均等等问题将长期存在，不会因为户籍制度的取消、农村土地市场的发展而消失。二是不同规模城镇之间的不均衡。不同规模的城镇之间的不均衡主要表现为公共产品和服务的差别。

表 3-1 显示不同城市行政等级对城市市政投资建设的影响。根据魏后凯（2014）的研究，"2006 年，直辖市、副省级市和一般省会城市人均市政公用设施建设投资分别是县级市的 4.22 倍、2.72 倍和 1.98 倍，一般地级市也是县级市的 1.30 倍，近年来这种城际差距虽略有缩小，但直辖市、副省级市和省会城市仍然是县级市的 2 倍以上"。

中国城市人均市政公用设施建设投资比较   表 3-1

指标	年份	直辖市	副省级市	一般省会城市	一般地级市	县级市	县城	建制镇
人均投资额/元	2002	1895.92	1323.55	978.06	554.84	474.60	—	—
	2006	3438.31	2219.30	1615.53	1062.89	815.57	634.78	354.18
	2012	4594.25	5245.60	4204.57	3156.94	2074.21	2605.70	768.59
相对水平（以县级市为1）	2002	3.99	2.79	2.06	1.17	1.00	—	—
	2006	4.22	2.72	1.98	1.30	1.00	0.78	0.43
	2012	2.22	2.53	2.03	1.52	1.00	1.26	0.37

（来源：魏后凯，2014）

城市行政等级对公共服务和产品的空间影响很大，进而影响城市品质。比如，高等院校、大型医院、著名的文艺团队和科研事业单位大都集中在行政中心，特别是省会城市和副省级以上的城市。省会城市和副省级以上城市享有优质的公共服务，这些都是吸引外商投资、私营企业、各类优秀人才的重要因素。

3.4 中国城镇化发展争议

3.4.1 工业化超前城镇化吗？

国内比较普遍的观点是中国城镇化落后于工业化。持这种观点的人基本上都是从工业化率与城镇化率之间的对比（统计上的数量关系）来看，没有看到有文章是从理论上论证的。工业化和城镇化的对比还是以国际为参照，通过以国家为单位的统计分析来推算的。统计关系反映的是在平均值上两者的统计关系，用统计上的均值关系推测一个国家工业化与城镇化的关系缺少理论上的支持。

理论上，城镇化（国际上通常为城市化）与工业化联系在一起是因为城镇劳动力市场平衡的问题。城镇的工业化产生劳动力需求，而城镇化为城镇提供劳动力供给。故工业化和城镇化匹配意味着城镇劳动力市场供给和需求的平衡。这种平衡在城市化进展中得到实现和维持，说明工业化和城市化是匹配的，即西欧、北美、日韩等国家经历的模式。

城市劳动力市场在城市化进程中不平衡有两种情况。一种情况是城市化过快，如南美很多国家和印度等国家，表现出城市化对城市的劳动力供给大于需求，城市有大量的失业，城市贫民窟大规模发展。另一种是文献上讲的中国，工业化快于城镇化。如果中国的城镇化落后于工业化，这就意味着城镇化发展为城镇提供的劳动力供给小于工业化发展产生的劳动需求，那么劳动力短缺现象将是中国城镇的普遍现象。实际上，中国未来城镇化发展的巨大压力之一是如何为城镇化发展带来的 2 亿～3 亿人口进城提供稳定可靠的就业机会。从这个方面讲，中国是工业化不足，而不是城镇化不足。退一步说，如果中国城镇化不足，那也是统计上数据显示的，而不是实际情况。中国大量的农民流动人口解决了工业化发展产生的劳动力需求。这些人由于就业压力和户籍等制度原因未能"固化"到城镇中，形成特有的中国巨大规模流动人口现象。

改革开放初期中国推行的"离土不离乡、进厂不进城"式的城镇化模式间接地说明中国城市发展还不足以为城市化产生的就业供给提供充足和稳定的就业机会。持续不断的小城镇发展政策和呼声也说明大城市的就业压力比较大。

中国特殊的城市人口统计方式可能存在城市人口统计低估的问题（前已论及），从这个方面讲，也许城镇化发展是落后于工业化的。如果是这样，这就是统计问题，而不是发展问题。

未来城镇化的就业压力

- 农民工和流动人口为工业化发展提供了稳定和廉价的劳动力。
- 巨大的农民流动人口数量弥补了所谓城镇化落后于工业化所隐含的城市劳动力供给不足问题。
- 如何在城镇中"固化"农民工和流动人口，使他们成为城镇居民的一部分是地方政府迫切需要应对的挑战。
- 未来快速城镇化意味着 2 亿～3 亿新增城镇人口，能否和如何为他们提供稳定和可靠的就业机会直接关系到中国现代化发展和伟大振兴目标的实现。

3.4.2　土地城镇化快于人口城镇化吗?

土地城镇化快于人口城镇化，主要指的是城镇建设用地增长速度快于城镇人口增长速度。比如，城镇人口从 2000 年的 45906 万增长到 2015 年的 77116 万，年平均增长率为 3.52%，同期城镇建成区面积从 22439 km² 增长到 52102 km²，年平均增长率为 5.78%（丁成日、高卫星，2018）。

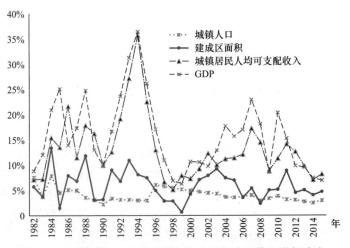

图 3-1　城镇人口、建成区面积和人均可支配收入增长速度

图 3-1 显示中国 1981～2015 年城镇人口和建成区面积增长速度。根据城镇人口和建成区面积的相对增长速度，1981～2015 年的 24 年可以大体分为三个阶段。第一个阶段是

1981～1995 年，该阶段的特点是建成区面积增长速度平均高于城镇人口增长速度 3 个百分点、年度变化大（方差为三个阶段中最大的，是其他两个阶段的 2 倍多）、建成区面积可以达到 10% 以上（1983～1984 年；1987～1988 年；1992～1993 年）（表 3-2）。第二阶段为 1995～2000 年。这个阶段的基本特征是建成区面积增长速度小于城镇人口增长速度，两者的差别均值为 2.36 个百分点，个别年份建成区面积增长非常小（1998～1999 年仅为 0.68%）。第三阶段为 2000～2015 年。这个阶段的特征与第一个阶段类似，建成区面积增长速度快于城市人口增长速度，但是建成区增长速度一般都不超过 10%，增长速度的波动相对平缓。

土地增速与人口增速度差的统计特征　　　　　　　　　　　表 3-2

	1981～1995 年	1995～2000 年	2000～2015 年
最小值	−3.00%	−4.46%	−0.59%
最大值	8.25%	−0.69%	5.71%
均值	2.95%	−2.36%	2.27%
方差	0.0355	0.0151	0.0172

图 3-1 还显示，建成区增长速度变化的幅度和频率都大于城镇人口增长速度的变化。城镇人口增长速率在 1981～1996 年间是波动的，在 1996～2015 年间基本上是稳步减少（各个年份有微小的波动）；而城市建成区面积增长速度的变化在 1981～1993 年间波动幅度和频率都非常大。在 1993～2003 年间前期是持续下降，后期是持续上升。2003 年以后，建成区面积增长速度变化的幅度和频率都比 1981～1993 年小。为探究建成区面积增长的动因，统计相关分析说明，建成区面积增长速度与城镇居民人均可支配收入增长速度相关性不高，与中国 GDP 增长速度相关性也不高，而城镇居民人均可支配收入增长速度与 GDP 的相关系数很高（相关系数为 0.8443）。

结合图 3-1 分析和文献综述，可以得出以下四个结论：第一，用建成区面积的增长来衡量土地城市化不够准确。城镇土地开发成本非常昂贵，土地开发和利用的增长速度不可能太快，超过 10% 是不可能的。比如，2003～2004 年间开发工业园区，一平方公里所需要的资金为 2 亿元，而住宅类型的城市土地开发成本（包括城市基础设施和住宅建设）要远远高于这个数字。建成区面积内有许多是非城市土地。李秀彬和谈明洪（2013）通过遥感数据说明 2000～2009 年间人口 50 万以上城市人口年平均增长率为 5.83%，城市建设用地年平均增长率为 7.01%，差别仅为 1.18 个百分点，小于与建成区面积增长速度之间的差别（1.94 个百分点）。

第二，建成区面积增长速度大的波动与经济要素相关系数不高，说明其增长背后的原因是非经济的。这也许是国内许多专家、学者和官员用土地城市化来说明中国城镇化过程中土地利用问题的原因。

第三，中国土地城市化快于人口城镇化不是问题，问题是过快。这个过快如何界定没有理论上的答案。如果参照国际上城市土地增长速度平均是人口增长速度的两倍多（李秀彬、谈明洪，2013），选用两倍作为标准，并利用建成区面衡量城镇土地，2000～2015 年间只有 2003 年、2004 年和 2011 年三个年份土地城市化过快于人口城镇化；如果按照土地城市化快于人口城镇化 3 个百分点作为标准，也只有 2002～2005 年、2011 年六个年份土地城镇化过快于人口城镇化。如果再考虑到建成区作为度量城市土地的局限性，中国土地城市化问题并不是很严重。特别需要指出的是，中国土地城镇化在一些城镇可能是比较严重的，全国的数据有可能掩盖这个问题。

第四，建成区增长速度高（有限年份）需要具体分析，确定是否有与土地问题无关的成分。比如，1984 年（13.4%）、1988 年（11.81%）、1993 年（10.89%）、2003 年（9.20%）、2011 年（8.85%），这些年份较高的建成区增长速度与行政区划调整有关。行政区划调整的目的包括理顺行政管理关系、推动地方经济发展等。1991～1995 年建成区增长速度保持在高位，这与同期比较频繁地撤地设市有关。

第五，没有证据说明中国城市土地（建成区）或者实际利用的城市土地增长速度不快的时候，中国的土地问题就消失了，或者变得不严重的。这说明土地城市化问题不足以深刻揭示土地问题（无论是质还是量），用土地城市化快于人口城市化来说明中国城镇化出现的问题、城市空间发展问题和土地利用模式的问题不够精确。对问题的论述不够精确影响政策、对策的制定和决策。

土地城镇化快于人口城镇是必然

- 理论上，经济和收入的提高意味着城市居民对住房、基础设施、公共产品和服务等的要求都同步增长。
- 国际上，第二次世界大战以后城市土地增长速度在 OECD 国家都是快于人口城市化的。
- 中国由于特殊的土地制度可能存在土地城镇化过快的现象。中国的问题不是快的问题，而是"过"快的问题。
- 一些城镇可能存在土地城镇化"过"快比较严重的问题。

根据理论和国际经验（丁成日、高卫星，2018），城镇土地增长速度应该高于人口增长速度。理论上，经济和个人收入的增长导致城镇居民人均住房面积的增长，这必然使得人均土地消费增长。随着收入的增加，城市居民对城市公共服务和产品（特别是公共开放空间，如公园等）的要求增加，这也意味着人均土地消费的增长。收入的增长带来居民消费模式的变化，比如小汽车的增长，意味着城镇道路等基础设施也需要增长。国际发展也证明了此点。第二次世界大战以后所有发达国家的城市土地增长速度都快于人口增长速度，即使在人口密度比较高的国家（如日本和韩国）也是如此。

3.4.3 城镇体系结构不合理吗？

中国城镇体系结构不合理的观点国内比较流行。比如，京津冀城镇体系（城镇数量和人口规模）中共有城市 35 个，其中中央直辖市 2 个，地级市 11 个，县级市 22 个。城市规模等级的划分由市区常住人口规模决定，如果按照市区人口在 50 万以下的为小城市，市区人口在 50 万～100 万之间的属于中等城市，市区人口超过 100 万的则为大城市的标准，那么 2011 年京津冀城市群 35 个城市中，100 万以上的大城市共 8 个，50 万～100 万的中等城市 3 个，50 万人口以下的小城市达 24 个，城市数量呈"哑铃"型。从城市人口分布结构来看，2011 年京津冀城市群的各等级规模城市人口比例显示，两个超大城市北京和天津常住人口容纳了整个地区的 60.82%，远大于其他大中小城市容纳的市区人口总和。超大城市人口过于集中，其他等级城市人口规模偏小，人口规模呈"倒金字塔"型

（张雯鑫，2014）。张雯鑫（2014）认为，京津冀不仅人口规模分布差异过大，而且经济实力与经济结构也相差悬殊，反映出京津冀城市群两个超大城市集聚能力强而其他城市特别是中小城市承载能力弱，中小城市吸纳能力弱而承载能力尚有潜力的现状，这种不合理的城镇体系结构，最终会导致区域发展缺乏支撑力。

顾朝林（1992）认为城镇体系是一定地域范围内大、中、小不同规模的城镇集聚点，其形成和发展是历史的动态过程，反映在地域城镇群规模组合上存在一定的等级规模结构特征。城镇体系等级规模结构是城镇体系内层次不同、大小不等的规模城镇在质和量方面的组合形式。研究城镇体系等级规模分布模式对城市规划和区域规划

> **超大城市与倒金字塔城市结构**
>
> - 没有合理的城市体系结构；
> - 金字塔城市结构在超大城市国家中几乎是不存在的；
> - 超大城市的增长使倒金字塔城市体系结构成为城市体系的发展趋势。

的定量化和科学化具有重要意义。国内持类似观点的专家学者不在少数。

丁成日（2015）得出三个结论：第一，超大城市的发展势必影响小规模城市的地位，小规模城市在城市体系中的地位基本上是下降的。第二，中等规模城市（50万～100万）比重平均在 7%～9%，个别国家个别年份比重能够到达近 20%，但是大多数都在 8%～12%。说明中等规模城市可能数量比较多，而总的比重是比较稳定的。这意味着国家快速城市化进程中城市人口剧增难以通过中等规模城市来消化和吸收，大城市、特大城市甚至巨大城市发展是必然的。第三，城市等级结构的划分有很大的随意性，分界点没有理论根据，故没有所谓的合理的城镇体系结构，即"大中小"城市人口比重没有优化分配。此外，21 个超大城市国家的城市体系结构发展趋势是向倒金字塔结构发展的，即随着超大城市的出现和发展，城市体系结构偏向大城市。

3.5 中国城市体系发展：1989～2012 年城市体系演变

3.5.1 研究问题

城市学者对快速城市化进程中的城市系统是否存在模式这一基本问题特别感兴趣。改革开放以来，中国城市化发展非常迅速，学者们都想知道中国的城市体系演变是收敛还是发散式发展。收敛的城市体系结构指城市不同规模之间的差别随时间而缩小，即小城市的增长快于大城市。发散的城市体系变化正好相反，不同城市规模随时间而增大，即大城市的增长快于小城市。

我们研究的问题是：在快速城市化进展中，中国城市体系是否表现出发散的模式？考虑到传统的研究方法忽视城市体系结构变化，可能存在局部与总体不同的情况，我们的研究方法是：齐普夫指数局部变化回归分析；OLS 分析。

利用两组不同的数据来研究中国城市的增长模式。第一组数据是《中国城市统计年鉴（1990～2013 年）》收录的 1989～2012 年间城市市区的户籍人口总数。第二组数据是《中国城市建设统计年鉴（2000～2013 年）》收录的 1999～2012 年间建成城市区域的常住人口数。

3.5.2 线性回归分析

利用对位序-规模 OLS 进行回归，分析城市规模分布和城市系统随时间推移发生的演变，作为非参数分析的有效检验。为了得到"非参数分析"揭示的增长模式，我们对常规的位序-规模关系及其扩展关系进行了估计。

常规的位序-规模模型表达如下：

$$\ln R_{it} = \ln A_t - \alpha_t \ln S_{it} + \varepsilon_{it} \tag{3-1}$$

其中，R_{it} 是城市 i 在 t 年的规模位序；S_{it} 是城市 i 在 t 年的人口；A_t 是 t 年的常数，表明最大城市的规模；ε_{it} 是误差项。α_t 的估计值接近 1 表明齐普夫定律有效。

系数 α_t 估计值长期的变化暗示或间接地显示了城市的增长模式。该系数是常数值则表明平行增长；系数值增加表明是收敛式增长模式；系数值减少则表明是发散式增长模式。我们预计 α_t 在长期内会递减，表明至少在城市规模分布的上尾部分会出现发散式增长。扩展的位序-规模关系表达如下：

$$\ln R_{it} = \ln A_t - \alpha_{1t} \ln S_{it} - \alpha_{2t} D_l \ln S_{it} + \varepsilon_{it} \tag{3-2}$$

3.5.3 实证分析结果

表 3-3 和表 3-4 分别显示了针对整体样本、子样本和两组不同数据的方程的估计值。我们选取了两组子样本，一组包括人口超过 50 万的所有城市，另一组包括人口超过 100 万的所有城市。结果总结如下：首先，除了常住人口整体样本之外，所有情况中的系数（指数）估计值都明显大于 1，对于户籍人口来说介于 1.20~1.32 之间，常住人口介于 1.02~1.15 之间。估计值表明大城市的齐普夫指数较大。例如，该数值对户籍人口而言在 1.43~1.64 之间，对常住人口来说位于 1.23~1.55 之间。利用 1990~2012 年户籍人口数据估算的指数均值对整体样本来说是 1.235，对人口超过 50 万的城市来说是 1.538，对人口超过 100 万的城市来说是 1.739。利用常住人口数据也可以得到类似的结论。2000~2012 年估计指数均值对整体样本来说是 1.056，人口超过 50 万的城市是 1.32，人口超过 100 万的城市是 1.434。

整体样本位序-规模齐普夫（Zipf）指数的 OLS 估计　　　　　表 3-3

年份	户籍人口				常住人口			
	α	标准误差	R^2	N	α	标准误差	R^2	N
1990	1.196	0.03	0.896	188				
1992	1.223	0.029	0.904	191				
1994	1.24	0.029	0.898	204				
1996	1.234	0.027	0.906	216				
1998	1.271	0.025	0.921	227				
2000	1.316	0.022	0.932	260	1.152	0.024	0.898	259
2002	1.251	0.021	0.928	275	1.032	0.023	0.881	272
2004	1.225	0.021	0.923	284	1.024	0.015	0.945	281
2006	1.22	0.021	0.922	284	1.018	0.014	0.949	284

续表

年份	户籍人口				常住人口			
	α	标准误差	R^2	N	α	标准误差	R^2	N
2008	1.212	0.021	0.92	285	1.056	0.013	0.956	285
2010	1.225	0.02	0.928	285	1.056	0.013	0.959	285
2012	1.206	0.02	0.926	287	1.059	0.012	0.962	287

第二，除了 1990～2000 年间的户籍人口整体样本之外，所有情况下该指数的估计值都出现长期递减的趋势。2000～2012 年间，户籍人口的指数估计值从 1.316 稳步递减至 1.206，常住人口从 1.152 降至 1.059。这种长期指数值递减的趋势对大城市而言更加明显。指数值递减意味着大城市增长速度更快。1999～2000 年间，该指数估计值出现稳步递增的现象。一种解释认为，呈现递增的原因是城市数量的增加。中国城市数量从 1990 年的 188 个增至 2012 年的 260 个，增长率高达 38%。

第三，利用常住人口数据估计的齐普夫值总是比利用户籍人口估算的指数值要小。这种差异表明，如果采用户籍人口数据，不同城市（规模）之间的人口差距较小。我们因此得出结论，大城市不成比例地吸引了流动人口，进而导致了这种差异。

最后，发散增长模式的证据在大城市样本中显而易见（表 3-4）。齐普夫指数的长期递减就表明了这一点。例如，对于人口超过 50 万的城市而言，在采用户籍人口数据的情况下，指数值从 1990 年的 1.615 稳步降至 2012 年的 1.432；如果采用常住人口数据，指数值则从 2000 年的 1.553 降至 2012 年的 1.232。利用人口超过 100 万的城市样本所得出的结果高度相似。这证实了中国大城市呈现发散式增长这一结论。正如落入 0.896～0.996 区间的高 R-square 值所表明的那样，该模型非常适用有效。

大城市位序-规模齐普夫（Zipf）指数的 OLS 估计 表 3-4

年份	城市（>50 万）							
	户籍人口				常住人口			
	α	标准误差	R^2	N	α	标准误差	R^2	N
1990	1.615	0.03	0.977	125				
1992	1.62	0.029	0.981	129				
1994	1.636	0.029	0.978	141				
1996	1.598	0.027	0.975	148				
1998	1.57	0.025	0.976	162				
2000	1.574	0.022	0.977	191	1.553	0.019	0.982	173
2002	1.512	0.021	0.983	209	1.425	0.016	0.981	174
2004	1.5	0.021	0.981	217	1.276	0.022	0.988	157
2006	1.484	0.021	0.98	221	1.255	0.018	0.992	152
2008	1.464	0.021	0.979	230	1.253	0.021	0.992	154
2010	1.451	0.02	0.98	234	1.249	0.015	0.996	166
2012	1.432	0.02	0.98	235	1.232	0.016	0.995	172

年份	城市（>100万）							
	户籍人口				常住人口			
	α	标准误差	R^2	N	α	标准误差	R^2	N
1994	1.879	0.023	0.99	72				
1996	1.856	0.025	0.987	78				
1998	1.775	0.029	0.978	84				
2000	1.731	0.033	0.969	90	1.783	0.019	0.991	84
2002	1.688	0.018	0.989	101	1.651	0.016	0.993	88
2004	1.675	0.016	0.99	107	1.377	0.022	0.982	73
2006	1.666	0.014	0.991	117	1.35	0.018	0.988	67
2008	1.66	0.013	0.992	121	1.314	0.021	0.985	62
2010	1.643	0.013	0.992	125	1.29	0.015	0.991	68
2012	1.626	0.011	0.994	127	1.276	0.016	0.989	76

Ding and Li（2019）还利用方程进行了回归分析（丁成日等，2020）。大城市的选取采用了两项标准，即人口超过100万的城市和排名前50位的大城市。正如预期的那样，大城市的虚拟变量显著为正且远不为零，这表明大城市的位序-规模关系与小城市不同。对于人口超过100万的大城市来说，采用户籍人口数据时该虚拟变量的估计系数从1990年的0.0963稳步降至2012年的0.0199，采用常住人口数据时该数值从2000年的0.093降至2012年的0.064。与α_2的估计值不同，尽管采用户籍人口数据时α_1值出现递增趋势，但两组数据中α_1值的变化都未出现系统的规律。对于排名前50位的大城市而言，采用常住人口数据时α_2估计值长期内稳步递减，不过户籍人口数据却表现出无规律的变化。分析结果表明，小城市增长模式不如大城市清晰，后者在长期内呈现发散式增长。

3.5.4　结论

中国深刻的市场经济改革和迅猛的城镇化步伐为我们创造了良好的机会，让我们得以仔细审视城市的增长模式以及城市系统的演变。这里采用了非参数分析方法来揭示快速城镇化过程中中国城市的增长模式，非参数分析中估算的结果首先否定了吉布拉定律，然后又揭示了城市增长和城市规模之间的U形关系。此外，大城市发散式增长这一结论也受到本地齐普夫指数估算以及位序-规模回归的支持。

大城市发散式增长的发现对政策有三个方面的深刻影响。首先，将城市增长与城市规模城镇化反向关联的国家战略有悖于发展的总趋势。因此，该战略在过去数十年中对中国城市增长和城市体系的演化几乎没有产生任何影响，这一点不足为奇。

其次，严格控制巨型城市和超大城市增长的政策使这些城市未能为市场驱动的增长作好充足的准备，进而可能导致它们做出不恰当的政策选择。例如，在大城市控制政策下，2004年，北京对人口增长上限作出规划，即到2020年不超过1800万人。这个上限一直用来确定基础设施和城市服务的供给量。不过，官方数据显示，北京的人口在2012年已达到 2300 万人，而这一数字仍被广泛认为是低估了实际的人口数量。人口增长与基础设施（比如城市交通）供给之间的不匹配部分地解释了北京愈演愈烈的拥堵问题。

最后，即便是在当前国家的城镇化战略下，中国大城市的发散式增长仍然可能会在未来 10~20 年中持续存在。因此，大城市应为容纳大量的人口增长作好准备，努力提供更高效的基础设施和城市服务，以此促进大幅增长。

3.6 省级城市体系结构与经济发展 [①]

3.6.1 研究问题

中国城镇化发展阶段的城市体系发展趋势与国际相一致。具体是：城市化发展有显著的向特大城市和巨大城市倾斜的趋势，同时小城市人口比重趋于下降（丁成日等，2015）。比如，无论是按照市区还是城区人口，2000 年中国没有巨大城市，只有 2 个特大城市。2016 年，按照市区人口，巨大城市有 5 个，特大城市有 9 个；按照城区人口，巨大城市和特大城市各有 4 个。2000 年根据非农人口统计的数据，城市总人口（675 个城镇）为 2.3 亿，其中特大城市占的比重为 7.17%，大城市占的比重为 29.91%，中等规模城市比重为 15.58%，小城市比重为 47.38%。2016 年，按照市区统计，城市总人口为 7.55 亿，而巨大城市所占的比重为 12.33%，特大城市比重为 7.93%，大城市比重为 46.54%，中等规模城市比重为 24.31%，小城镇比重为 6.89%，说明每 10 个城市人口中有两个人居住在特大城市以上规模的城市。按照城区数据，城市总人口为 4.03 亿，其中巨大和特大城市占城市总人口的比重分别为 16.36% 和 6.34%，说明近四分之一的城市人口居住在特大城市规模以上的城市。

系统的实证研究也发现中国城镇化有向特大城市、巨大城市倾斜的趋势。Ding and Li（2019）利用非参数估计方法分析中国 2000~2012 年的城市体系演变，发现中国地级市的发展与城市规模之间呈现非线性的关系。在规模大的一端城市规模与速度的关系是正相关，在规模小的一端是负相关。

鲜有学术论文论述省级层面上经济发展与城市体系发展之间的关系。这里利用城市人口数据分析两者关系的省级差别。在省级层面内，"发散式"还是"收敛式"的城市体系（发展速度或水平）与经济发展（速度或者水平）是否有统计上的关系？如果有，在经济发达或者发展快的地区，城市体系是（趋向）"发散"还是"收敛"？在经济发展相对落后的地区，城市体系是（趋向）"收敛"还是"发散"？

这个研究问题既有理论上的意义，又有深刻的现实意义。第一，认识中国发展需要认清省级政府的特殊性。由于中国国土辽阔，历史上区域交通不发达，国家的发展战略是"内向式"发展模式，各省边界的划定依据是尽量确保每个省都能利用自己的资源实现自给自足（Ding and Niu，2019），结果导致各省的经济结构雷同性高。[②] 地方政府中只有省级政府可以在与国家的法规不冲突的前提下设立自己的法规。这种体制与市场经济结

---

① 本节内容节选自丁成日、张妍、朱永明（2020），有删减。

② 改革开放前中国交通运输需要应对的长期问题是如何解决"北煤南运、南粮北运"。这也是徐州之所以从山东划归入江苏的原因，徐州的煤部分地解决了江苏的能源问题。此外，中国交通网络呈现以几个交通枢纽为核心的放射状特点。东西向路网交通非常有限。

合，催生了地方保护主义，进而使得国内市场严重分割（Ding and Niu，2019；李善同等，2003）。[①]

第二，20 世纪 80 年代的城镇化战略是"严格控制大城市、合理发展中小城市、积极发展小城镇"。这个战略的基点是鼓励和倡导城市体系的收敛式发展。按照这个战略，城市发展速度与城市规模成反比关系。尽管城市规模类别的界定有变化，但是这个战略的基本态势没有变化。从省级差别分析评价这个战略实施的效果是非常必要的。

第三，由于经济发展与城市化发展有高度的相关性，故是否及如何通过推动城市化发展来促进经济增长是一个非常重要的研究课题。一个与之相关的研究课题是：省内推动收敛式发展或者推动小城市发展是否更有利于经济发展？这个命题是否会随时空而变？[②]

这里利用省内地级市的人口数据，根据位序-规模法则，利用齐普夫指数、熵、首位度等方法和指标，分析省级经济发展与城市体系之间的关系。

3.6.2　研究设计、数据和指标

我们的侧重点是以省为单位，分析省内城市体系的发展演变及其与经济发展的关系。以省为单位的缘由是基于中国的特殊国情，除了前面提到的原因外，还有两个方面的考量：

第一，中国的城市是有行政等级的，城市的行政等级与地方政府在公共支出、税收和资本项目方面的能力有密切关系，进而在地方经济发展中起到重要作用（丁成日、谭善勇，2013）。城市的行政级别也关系着地方经济的发展，因为它们在政策改革动议和试点、发展项目选址以及各类经济和社会发展区域划定过程中起着重要作用（Wei，2014）。

第二，国家推行了与城市行政等级有关的"市管县"区域治理模式。行政体制上，地级市负责管理所属县级市的增长和发展，地市级政府通常利用"市管县"，往往以牺牲农村和县级市为代价来促进中心城市的增长（Yang 和 Wu，2015）。

中国省级行政单元中，为了排除人口和经济总量小以及地级市数量少的省份，比如青海、西藏、海南等，我们以地级市数量在 8 个以上为筛选的主要依据，最终选取了 21 个省份（表 3-5）。

中国 21 省（区、市）的地级市数量　　　　　　　　　　表 3-5

区域	省域	城市数量	省域	城市数量
中部地区	吉林	8	湖北，湖南	13
	江西，山西	11	河南	17
	黑龙江	12	安徽（2011 年前/后）	17/16
东部地区	福建	9	辽宁	14
	河北，浙江	11	山东	17
	江苏	13	广东	20

---

① 中国地方保护的一个间接指标是物流的平均距离。2007 年，铁路货物运输距离只有 757 km，高速公路的距离只有 69 km，都远远低于美国（2002 年）的 1059 km（铁路）和 253 km（高速公路）。2014 年，欧盟共同体中，56% 的公路运输量都超过 300 km 运距，只有 7.5% 的公路运输量在 50 km 以内。

② 这个课题的政策延伸很广，相应的课题是在不同的情境下政策要如何机变应对，比如，如果发散模式更有利于省份经济发展，那么如何认识和应对（省）区域内发展不平衡问题？但这些不在本书的研究范围内。

区域	省域	城市数量	省域	城市数量
	云南	8	甘肃	12
西部地区	内蒙古	9	广西	14
	陕西	10	四川	18

这里使用《中国城市建设统计年鉴》中的建成区人口度量城镇体系规模，所用数据区间为 2007～2016 年，原因有二：第一，尽管该年鉴的统计始于 2006 年，但当年数据问题比较多；第二，2007 年以后，这 21 个省份的地级市数量稳定不变（除了安徽 2011～2012 年有变化）。地级市数量不变这点很重要，因为这里所用的指标除首位度以外，熵和齐普夫指数都受到城市数量的影响，城市增减会影响到它们的变化，这样我们难以鉴别这两个指标时间变化的原因是城市数量增减造成的还是城市体系演变带来的。我们用人均 GDP 和年人均 GDP 增长率衡量经济发展，这些数据来源于相应年份的《中国统计年鉴》。

我们用三个不同的指标来测度省内城市体系模式及其变化。它们是：① 首位度；② 位序-规模法则的齐普夫指数；③ 熵。

3.6.3 省级经济和城市体系分析

（1）2007～2016 年发展：社会经济

2007～2016 年的十年间，人口增长还是比较显著的，同时省级差别非常突出。10 年 21 个省的人口平均增长是 267 万，但是广东增长了 1300 多万，而黑龙江人口则减少了 25 万。除了广东外，人口增长幅度较大的省份还有山东（580 万）和浙江（527 万）。人口增长净值超过 400 万的省份还有河北和湖南。山西和江苏人口增幅也高于平均增幅。从增长速度来看，由于山西、福建和内蒙古人口基数较小，故增长率比较高，相反，河南、四川人口基数大，故增长率仅比广西、安徽、吉林和黑龙江高。人口增长净值不到 100 万的省份有辽宁、吉林、安徽、广西、甘肃和内蒙古，其中，吉林仅增长 3 万多人。

表 3-6 显示，2007～2016 年的十年间，GDP 增长的均值是 2.01 万亿元，高于这个均值的省份有江苏、浙江、山东、河南、两湖、广东和四川共 8 个省份。增幅最大的是江苏（5.16 万亿元），最小的是甘肃（0.44 万亿元）。同期，21 个省份的人均 GDP 均值为 3.3 万元，高于这个均值的省份有 9 个，它们是：吉林、江苏、浙江、福建、山东、湖北、广东、陕西和内蒙古。从产业结构看，第二产业比重下降，下降的幅度完全被第三产业比重的增加幅度抵消，因而第一产业的比重下降。

2007～2016 年省级变化 表 3-6

地区	省份	首位城市	城市体系增长类型	首位度	熵	齐普夫指数	城市体系发展趋势	人均GDP增长率	GDP增长率	人口增长率	二产比重增长百分点	三产比重增长百分点	城市化率百分点
东部	辽宁	双	II	0.23	-0.017	-0.033	发散	7.85%	8.11%	1.66%	-14.4	14.9	11.04
	福建	双	I	-1.04	0.014	0.051	收敛	12.49%	13.46%	2.27%	-0.3	2.9	13.29
	广东	双	I	0.25	0.040	0.183	收敛	9.33%	11.21%	1.54%	-7.9	8.7	12.3
	河北	无	I	0.30	-0.006	-0.102	发散	8.97%	9.90%	1.57%	-5.2	7.5	13.07
	江苏	无	I	0.27	0.062	0.203	收敛	12.37%	13.01%	3.47%	-10.9	12.6	5.3

83

续表

地区	省份	首位城市	城市体系增长类型	首位度	熵	齐普夫指数	城市体系发展趋势	人均GDP增长率	GDP增长率	人口增长率	二产比重增长百分点	三产比重增长百分点	城市化率百分点
东部	浙江	无	I	**0.06**	−0.010	−0.057	发散	9.54%	10.80%	0.91%	−9.1	**10.3**	**14.52**
	山东	无	I	**0.09**	**0.008**	**0.089**	收敛	10.58%	11.29%	**2.57%**	−10.8	**13.3**	13.3
中部	山西	双	II	**0.65**	**0.005**	**0.027**	收敛	8.58%	9.57%	1.94%	−21.5	**20.2**	12.18
	吉林	双	II	**0.73**	−0.042	−0.090	发散	**12.03%**	12.10%	0.62%	**0.6**	4.2	8.17
	黑龙江	单	II	−0.01	−0.031	−0.060	发散	9.09%	9.03%	**2.82%**	−23.7	**19.3**	2.81
	江西	单	I	−1.17	−0.003	−0.050	发散	**13.79%**	**14.43%**	1.28%	**−4**	**10.1**	**12.2**
	湖北	单	I	−0.75	−0.001	0.026	发散	**14.70%**	**15.08%**	1.93%	**1.9**	1.8	**14.16**
	安徽	无	II	**0.43**	**0.002**	−0.025	收敛	**14.13%**	**14.24%**	0.27%	**3.7**	2	9.8
	河南	无	I	−0.09	**0.011**	**0.108**	收敛	11.48%	11.65%	**3.74%**	−7.6	**11.7**	**12.27**
	湖南	无	II	**0.79**	−0.017	−0.043	发散	**13.80%**	**14.68%**	2.27%	−0.3	6.6	**13.8**
西部	内蒙古	双	II	−0.11	−0.001	**0.044**	发散	**12.29%**	**12.88%**	1.21%	−4.6	8.1	**12.44**
	四川	单	II	**0.55**	−0.011	**0.053**	发散	**13.41%**	**13.54%**	**3.81%**	−3.4	**10.7**	11.84
	云南	单	II	−0.77	−0.004	**−0.007**	发散	12.77%	**13.47%**	2.52%	−4.8	7.6	**13.61**
	陕西	单	II	**0.73**	−0.007	−0.063	发散	**14.91%**	**15.11%**	0.74%	−5.3	7.4	**13.43**
	甘肃	单	II	−2.02	0.007	**0.030**	收敛	11.54%	11.50%	**6.70%**	−12.4	13	**14.72**
	广西	无	II	**0.28**	−0.011	−0.045	发散	**13.10%**	**13.30%**	2.59%	**4.5**	1.2	6.06
东部均值	无首位城市省			0.18	0.013	0.033		10.36%	11.25%	2.13%	−9.0	10.9	11.5
	有首位城市省			−0.19	0.013	0.067		9.89%	10.93%	1.83%	−7.5	8.8	12.2
	总计			0.02	0.013	0.048		10.16%	11.11%	2.00%	−8.4	10.0	11.8
中部均值	无首位城市省			0.38	−0.002	0.013		13.13%	13.52%	2.09%	−1.4	6.8	12.0
	有首位城市省			−0.11	−0.015	−0.029		11.64%	12.04%	1.72%	−9.3	11.1	9.9
	双首位城市省			0.69	−0.019	−0.031		10.30%	10.84%	1.28%	−10.5	12.2	10.2
	单首位城市省			−0.64	−0.012	−0.028		12.52%	12.85%	2.01%	−8.6	10.4	9.7
	总计			0.07	−0.010	−0.013		12.20%	12.60%	1.86%	−6.4	9.5	10.7
西部均值	无首位城市省			0.28	−0.011	−0.045		13.10%	13.30%	2.59%	4.5	1.2	6.1
	有首位城市省			−0.33	−0.003	0.011		12.98%	13.30%	3.00%	−6.1	9.4	13.2
	双首位城市省			−0.11	−0.001	0.044		12.29%	12.88%	1.21%	−4.6	8.1	12.4
	单首位城市省			−0.38	−0.004	0.003		13.16%	13.41%	3.44%	−6.5	9.7	13.4
	总计			−0.22	−0.004	0.002		13.00%	13.30%	2.93%	−4.3	8.0	12.0
全部	无首位城市省			0.27	0.005	0.016		11.74%	12.36%	2.17%	−4.5	8.2	11.0
	有首位城市省			−0.21	−0.004	0.008		11.75%	12.27%	2.23%	−7.7	9.9	11.7
	双首位城市省			0.12	0.000	0.030		10.43%	11.22%	1.54%	−8.0	9.8	11.6
	单首位城市省			−0.49	−0.007	−0.010		12.89%	13.17%	2.83%	−7.4	10.0	11.8
	总计			−0.03	−0.001	0.011		11.75%	12.30%	2.21%	−6.5	9.2	11.4

注：黑体字表示大于均值。

从人均 GDP 增长速度来看，经济发展趋向均衡。东部人均 GDP 高于中部，更高于西部，但是增长速度正好相反，西部最高，东部最低。第二产业比重和第三产业比重的变化表现出明显的区域特征，东部幅度最大（第二产业比重减少、第三产业比重增加）、中部次之、西部最小。

表 3-7 显示经济增长速度前五年快，而后五年显著地减缓。前五年的人均 GPD 增长速度是后者的 2.67 倍。前五年的第二产业比重平均提升 2 个百分点，第三产业比重是下降的；而后五年第二产业比重显著下降，第三产业比重显著提升。前五年经济发展较快，相应地，城市化进程也快。

经济发展的时间变化 表 3-7

	2007～2011 年						2012～2016 年					
	人均GDP增长率	GDP增长率	人口增长率	第二产业比重增长百分点	第三产业比重增长百分点	城市化率百分点	人均GDP增长率	GDP增长率	人口增长率	第二产业比重增长百分点	第三产业比重增长百分点	城市化率百分点
辽宁	18.52%	8.10%	1.52%	1.6	0.1	6.5	−2.68%	−2.72%	1.66%	−14.5	13.4	3.5
福建	16.29%	7.38%	1.89%	2.4	−0.8	6.1	9.19%	9.97%	2.46%	−2.8	3.6	5.5
广东	11.26%	6.15%	1.00%	−1.6	2.0	4.7	8.27%	9.10%	2.24%	−5.1	5.5	6.1
河北	14.34%	6.67%	0.83%	0.7	0.6	5.4	4.25%	4.81%	2.49%	−5.1	6.2	6.5
江苏	16.40%	7.44%	4.33%	−4.3	5.0	2.6	9.15%	9.38%	2.36%	−5.5	6.5	2.3
浙江	12.18%	6.22%	2.22%	−2.8	3.2	8.7	7.62%	8.05%	−0.49%	−5.1	5.8	4.7
山东	14.22%	6.39%	3.07%	−4.0	4.9	5.9	7.41%	7.99%	2.44%	−5.4	6.7	5.6
山西	16.63%	7.76%	1.92%	−1.0	−0.1	5.7	1.45%	1.88%	2.10%	−17.1	16.8	5.0
吉林	18.69%	8.01%	1.14%	6.3	−3.5	4.8	5.54%	5.48%	−0.50%	−6.0	7.7	1.7
黑龙江	15.44%	6.62%	2.99%	−2.0	1.5	6.7	3.15%	2.96%	2.92%	−15.5	13.5	2.3
江西	19.95%	8.75%	1.30%	2.9	1.6	6.7	8.88%	9.33%	1.42%	−5.9	7.4	4.0
湖北	20.53%	8.75%	1.21%	7.0	−5.2	6.2	9.65%	10.07%	2.08%	−5.4	7.0	6.1
安徽	20.81%	8.46%	0.02%	9.6	−6.5	5.1	8.31%	9.12%	0.59%	−6.2	8.3	3.8
河南	15.67%	6.71%	3.09%	2.1	−0.4	4.2	7.85%	8.14%	4.05%	−8.7	10.9	6.6
湖南	19.83%	8.81%	2.75%	5.0	−1.5	7.5	8.58%	9.24%	1.95%	−5.1	7.4	4.6
内蒙古	22.92%	10.00%	1.27%	4.2	−0.8	4.9	3.10%	3.36%	1.04%	−8.2	8.3	5.9
四川	19.32%	8.02%	2.89%	8.3	−3.1	5.6	7.86%	8.38%	4.40%	−10.9	12.7	4.6
云南	16.27%	7.24%	0.82%	−0.8	2.5	6.2	8.88%	9.44%	4.26%	−4.4	5.6	5.7
陕西	23.03%	9.64%	2.29%	1.2	−0.1	5.2	7.28%	7.64%	−0.98%	−7.0	7.6	5.7
甘肃	17.31%	7.12%	6.85%	0.1	0.7	6.7	5.97%	6.25%	6.59%	−11.1	11.2	5.3
广西	19.18%	7.81%	1.71%	7.7	−4.3	3.4	8.11%	8.88%	3.68%	−2.7	4.2	1.8
均值	17.56%	7.72%	2.15%	2.0	−0.2	5.3	6.56%	6.99%	2.23%	−7.5	8.4	4.6

以均值为参照系作比较发现：① 有三个省人均 GDP 在 2007～2011 年的增长速度高于平均水平，而在 2012～2016 年低于平均水平。这三个省份是辽宁、吉林和内蒙古。② 有六个省人均 GDP 在 2007～2011 年的增长速度低于平均水平，在 2012～2016 年高于

平均水平，它们是福建、广东、江苏、浙江、山东和云南。③有三个省 GDP 的增长速度在 2007～2011 年高于平均水平，而在 2012～2016 年低于平均水平，它们是辽宁、陕西和内蒙古。④有五个省 GDP 在 2007～2011 年的增长速度低于平均水平，而在 2012～2016 年高于平均水平，它们是广东、浙江、山东、河南和云南。

（2）2007～2016 年城市体系

21 个省城市化率增长 11.4 个百分点，最快的是浙江（14.52 个百分点），最慢的是黑龙江（2.81 个百分点）（表 3-6）。

2007～2016 年 21 个省份城市体系发展可以归为两类：（Ⅰ）平衡增长模式，即一个省内的地级市普遍得到增长，比较典型的省份有河北、浙江、江苏、河南等十个省（图 3-2）；（Ⅱ）首位城市增长型，即省内首位城市或者比较大的个别城市增长，其他城市人口或者略微增长（如山西、安徽、四川、广西、陕西和内蒙古），或者下降（如辽宁、吉林、黑龙江、云南），或者基本不变（甘肃）。

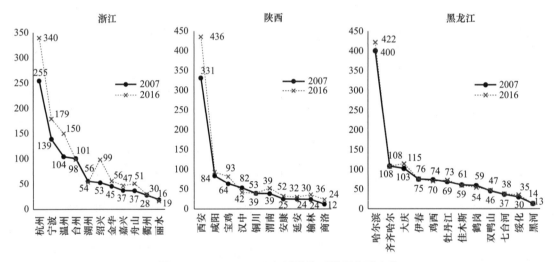

图 3-2 2007～2016 年城镇体系发展典型省份

对城市体系增长Ⅰ型与Ⅱ型的比较发现，前者的首位度是下降的，而后者是上升的，熵值的变化与首位度的变化一致，即前者变大，后者变小。说明Ⅰ型城市体系呈现收敛的趋势，Ⅱ型呈现发散的趋势。

有意思的是，东部地区除了辽宁以外都是Ⅰ型模式，中部地区Ⅰ型和Ⅱ型模式省份各占一半，而西部地区则都是Ⅱ型发展模式。考虑到东中西区域差别，经济发展水平的差别与城市体系发展模式的差别似乎有着必然的联系。

首位城市的有无对城市体系的影响非常显著。有首位城市的省首位度是下降的（平均下降 0.211），但是城市体系却更加不均衡（熵值减少 0.004）；而无首位城市的省尽管首位度增长，但是城市体系却呈现收敛的趋势（熵值增加 0.005）。在有首位城市的省中，单首位城市发展趋势是发散的，而双首位城市省的城市体系呈现收敛的趋势（根据熵值和首位度两个指标来判断）。

根据熵、齐普夫指数、首位度和城市体系增长类型四个指标，我们把城市体系结构发展分为两类。一个是发散型的，熵值变小、齐普夫指数变小、首位度变大、城市体系增长类型为Ⅱ。这类省份有 13 个（表 3-6）：东部 3 个，中部 5 个，西部 5 个。另一类是收敛型的，指标变化与发散型正好相反。这类省份有 8 个：东部占 4 个、中部占 3 个、西部有 1 个。显然，东部省份城市体系更多地表现为均衡发展，中部偏向非均衡，而西部则是以非均衡为主导。

将 2007～2016 年的十年分为两个阶段：2007～2011 年和 2011～2016 年。通过计算熵值、齐普夫指数和首位度，结果显示一半的省份在不同的时期表现不同的发展趋势。前五年是收敛、后五年是发散的省份有 7 个，它们是：辽宁、广东、黑龙江、江西、安徽、内蒙古和广西。前五年是发散、后五年是收敛的省份有 4 个：福建、湖北、四川和云南。

（3）2007～2016 年城市体系结构与经济发展

从表 3-6 可知，有无首位城市与省的经济发展似乎没有直接的关联。这点无论是人均 GDP 还是 GDP 总量的增长率都是如此。但是，有无首位城市对相应省份的产业结构影响很大。有首位城市的省份第二产业比重显著下降、第三产业显著提升，这个特点没有在东部反映出来，但是中、西部表现得非常显著。全部样本中，有首位城市省份第二产业比重平均下降 7.7 个百分点，高于无首位城市的 4.5 个百分点。在东部，这两个数字分别是 −7.5 个百分点（有首位城市省）和 −9.0 个百分点（无首位城市省）。在中部，它们分别是 −9.3 个百分点和 −1.4 个百分点。在西部，则是 −6.1 个百分点和 4.5 个百分点。第三产业比重则是提升的，与东、中、西部第二产业比重下降的规律类似。这可以间接地说明城市体系结构对经济发展的间接影响。此外，有首位城市的省份城市化率提升得比较快，特别是中部。因而，这可以间接地说明城市体系结构可以通过城市化进程影响地区经济发展。

有意思的是，单首位城市与双首位城市对地区经济发展、产业结构和城市化进程的影响在不同的地区也有差异。单首位城市省相比双首位城市省的经济发展速度更快，这点在中部和西部都是如此。在中部，单首位城市的人均 GDP 增长率是 12.5%，高于双首位城市的 10.3%。而在西部，单首位城市的人均 GDP 增长率是 12.9%，高于双首位城市的 10.4%。而第二产业比重的影响类似：在中部，单首位城市省第二产业比重下降 6.5 个百分点，高于双首位城市的 4.6 个百分点；在西部，单首位城市省第二产业比重下降 8 个百分点，高于双首位城市的 7.4 个百分点。第三产业同样类似：在中部，单首位城市省第三产业比重上升 9.7 个百分点，高于双首位城市的 8.1 个百分点；在西部，单首位城市省第三产业比重上升 10 个百分点，高于双首位城市的 9.8 个百分点。城市化率的影响也有同样的反映。在中部，单首位城市省的城市化率提升 13.4 个百分点，高于双首位城市省的 12.4 个百分点；在西部，单首位城市省的城市化率也略高于双首位城市的省。

城市结构变化的一个重要的关注点和问题是城市体系是发散式还是收敛式演变。从表 3-8 可知，城市体系结构发散的省比收敛的省经济发展更快一些。但是收敛的省第二产业比重下降得更快，第三产业比重提升得更快，城市化进程更快。具体地，对比发散型和收敛型省，发散型省的人均 GDP 年增长率均值为 12.02%，高于收敛型省的 11.31%。收敛型省产业结构变化大，第二产业比重平均下降 8.46 个百分点，第三产业比重平均增长 10.55 个百分点。而发散型省第二产业和第三产业比重变化分别是 −5.21 和 8.44 个百分点。

城市体系结构演变与地区发展　表 3-8

地区	省份	人均 GDP 增长率	GDP 增长率	人口 增长率	第二产业比重 增长百分点	第三产业比重 增长百分点	城市化 率百分点
东部均值	发散省	0.0878	0.0960	0.0138	−9.5667	10.9000	12.8767
	收敛省	0.1119	0.1224	0.0246	−7.4750	9.3750	11.0475
	总计	0.1016	0.1111	0.0200	−8.3714	10.0286	11.8314
中部均值	发散省	0.1268	0.1306	0.0178	−5.1000	8.4000	10.2280
	收敛省	0.1139	0.1182	0.0198	−8.4667	11.3000	11.4167
	总计	0.1220	0.1260	0.0186	−6.3625	9.4875	10.6738
西部均值	发散省	0.1330	0.1366	0.0217	−2.7200	7.0000	11.4760
	收敛省	0.1154	0.1150	0.0670	−12.4000	13.0000	14.7200
	总计	0.1300	0.1330	0.0293	−4.3333	8.0000	12.0167
全部	发散省	0.1202	0.1249	0.0184	−5.2154	8.4385	11.3192
	收敛省	0.1131	0.1199	0.0281	−8.4625	10.5500	11.6450
	总计	0.1175	0.1230	0.0221	−6.4524	9.2429	11.4433

　　城市体系演变与地区发展的关系有着明显的地区差别。在东部，收敛的城市结构似乎更有利于经济发展（表 3-8）。收敛的城市结构的人均 GDP 年增长率为 11.19%，高于发散的城市结构的 8.78%，GDP 的年增长率是 12.24%，高于发散的城市结构的 9.60%。与前面结果一致的是，发散的城市结构更利于产业结构的调整和城市化进程。发散的城市结构与第二产业比重下降 9.58 个百分点、第三产业比重提升 10.90 个百分点、城市化率提升 12.88 个百分点相联系。

　　在中部，发散的城市结构与更快的经济发展速度相联系。发散的城市结构和收敛的城市结构对比发现，前者的人均 GDP、GDP 年增长率都高于后者，分别是 12.68% > 11.39%，13.06% > 11.11%。但是后者第二产业比重下降，第三产业比重上升，城市化进程的影响大于前者。比如，收敛城市的第二产业比重下降 8.47 个百分点，高于发散城市的 5.1 个百分点；第三产业比重提升 11.3 个百分点，高于发散城市的 8.4 个百分点；城市化率提升 11.42 个百分点，高于发散城市的 10.23 个百分点。

　　西部的情形和中部类似：对比发散和收敛的城市结构发现，前者的人均 GDP、GDP 年增长率都高于后者，分别是 13.30% > 11.54%，13.66% > 11.50%。但是后者的第二产业比重下降，第三产业比重上升，城市化进程的影响大于前者。比如，收敛城市的第二产业比重下降 12.40 个百分点，高于发散城市的 2.72 个百分点；第三产业比重提升 13 个百分点，高于发散城市的 7 个百分点；城市化率提升 14.72 个百分点，高于发散城市的 11.48 个百分点。

3.6.4　结论

　　数据分析发现，第一，省级城市体系结构和演变与地区发展的关系非常复杂，省级城市体系结构及其发展与地区经济发展似乎没有直接的关系，但是存在间接联系。两者之间的关系在不同的时间和区域可能是不同的。

第二，城市体系结构和演变与地区发展的关系与地区发展水平相关。比如，东部地区经济发展水平相对高，城市体系趋向于均衡，并保持均衡。但是中部和西部地区，城市体系表现为非均衡性，并维持着这种非均衡性。

第三，城市体系发展向大城市倾斜的趋势在一些省份表现突出。这间接地说明市场机制对城市体系发展的左右（Ding and Li, 2019）。

第四，城市体系结构与地区经济发展的复杂关系既有历史的原因，也有巨大的自然地理差别的缘故。因而，为推动地区经济发展和缩小区域差别，不同的地区应该推行不同的城市化战略，均衡发展战略、小城市发展战略在东部的一些省份可能有效，而在中西部大城市，发展首位城市或许更符合省情。此外，中部地区双首位城市优于单首位城市说明城市群发展战略可能在这个地区比较合理，而西部地区单首位城市应该是优先推动的战略选择。

3.7　城镇化和如何城镇化对省域经济增长的影响分析

3.7.1　研究问题

工业革命以来的工业化极大地推动了城市（城镇）化发展。从历史的维度来看，工业化和城镇化表现出非常高的相关性。工业化和城镇化之间的高相关性引发人们思考一个一般性的问题：是否可以通过城镇化来推动经济发展？此外，独立于或者不独立于城镇化进程或者与城镇化叠加在一起，城镇化方式是否影响经济增长？

这两个问题在中国有特别重要的意义。第一，国内普遍的观点认为中国城镇化不足、落后于工业化进程。这个观点在政策和发展战略建议上隐含的自然延伸是，推动和加速城镇化发展自然就可以推动工业化发展和经济增长。第二，国内内需不足是长期困扰经济发展的原因之一。在作为拉动经济增长的两大引擎的国际进出口和投资未来增长空间有限的普遍认识下，通过推动城镇化进程来提升国内需求自然成为国家和区域发展战略之一。

城镇化进程能否或在多大程度上影响经济增长是一个一般性的问题。城镇化度量的是一个地区（国家）内城镇人口占总人口的比重。如果城镇化进程影响经济增长，那么是否意味着一个农民只要进城就会有同样的经济影响，无论是他/她进到大城市（超大、特大和大城市）还是小城镇（小于30万人口的城镇）？如果城镇化进程不影响经济增长（仅从一般的统计分析结果判断），那么是否是如何城镇化才影响经济增长？也就是说，城镇化是否影响经济增长是一个问题，如何城镇化是否影响经济增长是另一个问题。

我们用城市体系演变来测度如何城镇化问题。如果城镇化进程倾向于大城市，即农村-城镇移民主要流向大城市，那么大城市增长相对地快于小城镇，表现为城市体系的发散。反之，小城镇发展更快，城市体系表现为收敛。是发散的城市体系还是收敛的城市体系更有利于经济发展，这个问题在中国有非常重要的现实意义。这是因为国内有两种不同的城镇化观点。一种是所谓的大城市派，主张大城市发展；另一种是小城镇派，认为大城市的诸如交通拥堵、环境污染、住房拥挤、房价高等"城市病"严重，同时大城市有环境、生态、资源等容量和承载力问题，故极力主张推动中小城镇的发展。

现有的城市化和城市集中度对经济的研究都是以国家为单位。这里以省为单位，分析省内城市体系的发展演变及其与经济发展的关系。这主要是因为中国的省级行政单位对于经济发展有特殊性（前已论述）。

3.7.2　指标和数据

我们用三个指标度量如何城镇化对经济增长的影响。第一个指标是省内城市集中度，第二个指标是省内大城市人口比重，即 100 万规模以上城市总人口占城市总人口的比重，第三个指标是省内最大城市人均 GDP。第一个指标测度省最大城市的人口集聚程度。第二个指标测度城镇化进展中大城市的地位。第三个指标测度最大城市的经济水平是否与省的经济水平有显著的统计关系。我们用城市化水平反映城市化进展，用人均 GDP 测度省经济增长。

我们的统计分析不是稳健的因果关系分析，而是侧重于人均 GDP 与城市化率、城市集中度和最大城市人均 GDP 与全省人均 GDP 的比值这三个自变量的统计关系分析，通过因变量（人均 GDP）与城市化和如何城市化指标的统计关系来说明城市化和如何城市化能否推动经济增长。

我们的分析单元是省。我们主要选自东部和中部省份。选择省份的一个重要标准是省需要有一个比较完整的城市体系。有的省份（比如西藏、青海等）地广人稀，经济发展比较落后，但是由于城市化主要集中在省会等一两个地级市，城市集中度比较高。这些省份就被排除在外。有的省份比如甘肃、新疆等，它们比较高的城市集中度更多地受历史、地理等影响，与改革开放后经济发展的关系不大。我们选择的省份共有 18 个，东部地区 12 个省、市中，我们排除了北京、上海、天津三个直辖市和海南省，西部地区我们选择了四川。这样，选择的省份是：辽宁、内蒙古、河北、山东、江苏、浙江、福建、广东、广西、山西、吉林、黑龙江、安徽、江西、河南、湖北、湖南和四川。

我们用一个调整的城市集中度指标。城市集中度是一个省最大城市人口占省城市人口总数的比重。但是山东、广东、福建、浙江、江苏五省的经济主要集中在省内两个最大的城市。比如，2019 年广州和深圳的 GDP 占全省的 46% 以上。因而，这五个省的城市集中度是按省内两个城市计算的。具体是：广东为广州和深圳；福建是福州和厦门；浙江是杭州和宁波；江苏是南京和苏州；山东是济南和青岛。

分析用的数据来自统计年鉴。其中城市集中度指标是按照城市建设统计年鉴计算的。省人均 GDP 数据来自中国统计年鉴；最大城市人均 GDP 来自中国城市统计年鉴。

3.7.3　数据分析

图 3-3 显示省人均 GDP 与城市集中度的关系。两者之间存在正相关关系，尽管相关系数只有 0.15 左右。部分的原因是浙江和江苏人均 GDP 很高，但是城市集中度不算高，而黑龙江城市集中度不低，但人均 GDP 是这 18 个省中最低的。江苏的人均 GDP 是 18 个省中最高的，但是城市集中度也不高。排除这两个省（数据异常值或离群值，Outlier），省经济增长水平与省城市集中度的相关性则提升到 0.28，这是比较高的相关关系。

图 3-4 显示省人均 GDP 与城市化的关系。显然，省的经济增长与城市关系非常显著，两者的相关性接近 0.6，这是非常高的。辽宁和黑龙江两省的城市化率偏高，相对于他们的人均 GDP 而言，经济发展水平没有能够达到城市化水平的预期值，即经济发展水平低

于与城市化水平相对应的（经济发展水平）均值。有意义的是，省经济水平与城市化率之间的关系没有特别突出的离群值或者异常值。

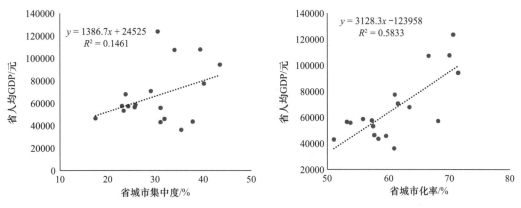

图 3-3　2019 年省经济与城市集中度　　　　图 3-4　2019 年省经济与城市化

图 3-5 显示省人均 GDP 与大城市人口比重。两者之间存在正相关关系，相关性为 0.352。黑龙江、河北的数据明显为异常值或者离群值，它们的人均 GDP 远没有达到与大城市人口比重相对应的水平。湖北的人均 GDP 比较高，但是大城市人口比重相对比较低。

图 3-6 显示省人均 GDP 增长与最大城市人均 GDP 的关系。非常吃惊的是，两者之间的关系非常显著，相关性高达 0.84，且数据没有显著的离群值。

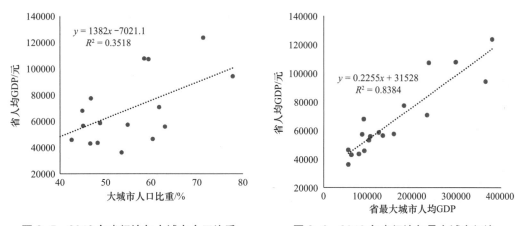

图 3-5　2019 年省经济与大城市人口比重　　图 3-6　2019 年省经济与最大城市经济

从省人均 GDP 与城市集中度、城市化率、最大城市人均 GDP 和最大城市 GDP 占全省的比重之间的相关分析可以得出三个结论：第一，省的经济发展不仅与城市化进程相关，同时也和如何城市化相关。如何城市化主要是以最大城市人口集中度和经济集聚度来衡量。这个结论与国际上超大城市的经济重要性高于人口集聚的现象非常吻合。经济集聚度（最大城市 GDP 占全省的比例）与省经济发展的相关性比城市集中度与省经济发展的相关性更大，部分原因可能是户籍制度对人口空间流动的限制。

第二，最大城市经济发展水平与省经济发展水平的相关性非常高，两者之间的关系没有特别突出的离群值。

第三，也是最重要的，推动最大城市经济增长能够带动全省经济增长，而推动全省的城市化进程不一定能推动全省的经济增长。因为：① 最大城市的经济增长与全省的相关性高，且拟合度好；② 城市化率与省经济发展水平有离群值。此外，18 个省之外的省份城市化率非常高，比如西藏、青海等，而经济发展水平非常低。西部的大部分省份属于这类。

3.7.4 结论和政策建议

城市化不仅与经济增长有关，同时如何城市化也与经济增长有关。如何城市化体现在最大城市的发展。随着经济增长，最大城市的人口集中和经济集聚都有进一步增加的趋势。同城市集中和经济集聚度相比，最大城市的经济增长与省经济增长的相关性非常高，且没有突出的离散值。这似乎是说明最大城市的经济发展比城市化、城市集中度等更能推动全省的经济发展。

以全省最大的一两个市为发展的重点、带动全省发展的战略和政策与理论，和国际发展案例相吻合。除了最大城市规模带来的集聚效应和选择效应外，最大城市的基础设施、研发投入、人才优势都是生产力提升的重要因素。城市规模越大，劳动力多样性、文化多样性和产业多样性相对越高。城市多样性对企业诞生、生存和成长都是非常重要的。最大城市能带动全省经济增长既有微观经济机制的支持，也有实证研究（国际发展案例）的支持。

偏向大城市（特大城市和超大城市）发展不是城市化发展中的特有现象。后城市化国家（比如日本）在国家人口和城市总人口都下降的情况下，最大城市（东京）持续增长。最大城市人口增长不仅仅是农村–城市的迁移，还有其他城市转移过来的。从中小城市向大、特大和超大城市的人口移动可能是（最）大城市户籍人口增长的主要来源。城市与城市间的人口移动研究文献比较少，从国际的发展来判断，这个发展趋势是存在的，且非常值得深入研究。这是因为，这部分人口空间流动的群体比农村移民在技能、教育和社会关系等方面更有优势，他们移民更大的城市或者是为了更好的发展机会，或者是为了享受更好的公共服务和产品（子女教育、医疗健康、养老保健等），或是为了享受更好的文化娱乐社交机会。

中国有些省份的城市集中度和城镇化率都比较高，但是经济发展比较落后。研究的一个启示是，这些省份如果城镇化率不高，城市集中度也不高的话，它们的经济发展可能更加落后。因而，研究结果的一个重要建议是：对一些落后省份而言，特别是中西地区的省份，推动城镇化、城市集中度和最大城市的发展虽然无法使它们赶上或者超过东部地区的发达省份，但是有助于缩小差别，不至于落后得太多。

3.8 中国农村人口转移模式分析

3.8.1 研究问题

自改革开放以来，中国城镇化的发展速度惊人。城镇化率从 1978 年的 17.92% 增长到 2020 年的 60% 以上。1978 年农村人口为 8 亿人，2020 年的农村人口为 5.6 亿人，考虑到

1978~2020 年间的人口增长和城乡出生率的差别，1978~2020 年农村-城镇移民总量应该在 4 亿~5 亿人之间。1980 年中国没有超过 600 万人口规模的城市，2020 年超大城市有 6 个，还有 14 个特大城市。此外，改革开放以来中国社会经济全方位发生了根本性的改变，其中一个非常巨大的变化是流动人口现象。根据肖子华（2018）的研究，中国流动人口从 1982 年的 672 万人增长到 2017 年的 2.44 亿人，这个数字意味着大约 6 个人中有一个是流动人口。

改革开放以来，无论是流动人口还是农村-城市移民都是空前的。这引发一个值得研究的问题：农村-城市移民是否有规律？是否有空间模式？影响农村-城市移民模式的因子有哪些？

我们认为农村-城市移民倾向是推动中国大城市发展的主要动力之一，也就是说，农村-城市移民在流动上有严重的大城市倾向。这里利用 2017 国家计生委的《全国流动人口卫生计生动态监测调查流动人口问卷》（简称 2017 年计生委流动人口数据）提供的数据，分析农村-城市人口流动模式，以论证此一结论。农村-城市人口流动是通过农村户口鉴别的。从城镇化的角度，我们侧重于务工／工作和经商目的的流动人口，从流动地-流出地之间的关系分析中国城镇化进程中的人口空间流动模式、规律和影响因子。

2017 年计生委流动人口数据共有近 17 万个样本数（169865），流出地和流动地覆盖 31 个省。流出地有 3351 个县，流入地有 351 个市。

农业户口流出人数占全部样本数的 82.75%。农业户籍人口流出地绝大多数是农村，占了近 89.25%，从市、县和镇流出的农业人口仅占 10% 多一点。

农业户口流出以务工为主要目的，占全部农业户口流出人数的 60.63%，经商的比例为 24.38%，其他（婚嫁、养老等）仅占 15% 左右。显然，农业户籍人口流出主要的目的是务工和经商。

农村-城市之间的流动人口统计范围包括农村户籍流动人口和流出地为农村和县（包括县）以下行政单位的非农业户口。根据 2017 年的计生委调查数据，2017 年农村-城市流动人口总数为 162295 人，其中务工和经商人数为 136549（占 84.13%），这部分流动人口是我们分析的对象。

3.8.2 中国流动人口概念

中国流动人口规模巨大，但是流动人口的概念并没有明确的、准确的和统一的定义和界定。一般的定义是：流动人口是指离开户籍所在地的异地居住人员，但是不包括在同一个市辖区内人户分离的人口。市辖区内人户分离的人口是指一个直辖市或地级市所辖区内和区与区之间，居住地和户口登记地不在同一乡镇街道的人口。但是，流动人口具体包括的范围是不明确、不准确和不统一的。

根据吴忠观（1997）的研究，流动人口包括寄居人口、暂住人口、旅客登记人口和在途人口。在建筑和运输部门做临时工的外地民工，进城经商、办企业、就学或从事各种第三产业劳动的外地人口，探亲访友人员，来自外地参加各种会议、

> **流动人口概念**
>
> - 移民倾向的流动人口：务工、经商、婚嫁（本地户籍）、养老等；
> - 包括非户籍的户籍人口（上学、参军等）；
> - 短期出差（就医、旅游、探亲等）不应列入流动人口范围。

展览、购货、旅游的人员，都是流动人口。根据张庆武（1988）的研究，流动人口统计范围包括流出地和流入地。从流出地来看，主要指离开本县、市户籍所在地临时外出的人口及长期在外未回归的人口。从流入地说，主要指：① 在旅店、宾馆、饭店、招待所等处登记住宿的客人；② 在居民户、集体户申报登记的暂住人口；③ 进入城镇务工、经商和从事劳动服务的寄住人口。此外，还应包括正在行程中的流动人口。

根据网络上无记名文章，流动人口不包括下列人员：① 婚嫁人员；② 区县内流动；③ 因出差、就医、上学、旅游、探亲、访友等短期不迁移户口等；④ 服军役、上中等以上学校等长期人户分离人口。根据国家计生委的《2017 年全国流动人口卫生计生动态监测调查流动人口问卷》，流动人口的流动目的分为 11 类，它们是：① 务工 / 工作；② 经商；③ 家属随迁（包括照顾自家老人、照顾自家小孩）；④ 婚姻嫁娶；⑤ 拆迁搬家；⑥ 投亲靠友；⑦ 学习培训；⑧ 参军；⑨ 出生；⑩ 异地养老；⑪ 其他。

从研究城镇化进程角度来看，这些流动人口概念的定义或者过宽，或者过窄。比如，因出差、就医、探亲、访友等短期暂住人口不应该纳入流动人口范围，他们的每个个人对本地（流入地）经济的影响是非常微小的。如果对方是本地户籍人口，婚姻嫁娶也不应该纳入流动人口的范围，而应该是事实上的非户籍人口。参军、上学和养老都不应该是流动人口，因为他们在参军和上学期间是"固化"到本地。区县内、市辖区内流动的人员应该纳入流动人口，如果他们有一定的空间距离，还应属于农村-城镇的人口转移。比如北京、上海等城市市辖区比较大，从北京延庆流动到北京市内可能远于河北燕郊到北京的流动距离。

为了服务于城镇化研究的需要，流动人口的分类根据本地移民倾向来分类。务工、经商、婚嫁（与本地户籍人口）、养老等具有明显的移民倾向，而上学和参军不一定具有本地移民倾向。出差、旅游、就医等暂住人口没有本地移民倾向，故不应该是流动人口研究的对象。

从城镇化研究的角度，农村-城市之间的流动人口既需要统计流入地，又需要统计流出地。流入地的政策意义非常明显，流出地的政策意义同样非常重要。这是因为，中国是按照行政单位来统计城镇化率的，而一个省、市或县的城镇化率上升有五种不同的机制。它们是：① 本行政单元内的农村人口移民变成本地城镇人口；② 本行政单元农村人口的自然增长率小于本地城镇人口的自然增长率；③ 本行政单元的农村人口移出本地到其他城市；④ 非本行政单元的农村人口移民变成本地城镇人口；⑤ 非本行政单元的城镇人口移民变成本地城镇人口。第二种情形目前在中国还不明显，未来可能会凸显出来。其他四种微观机制都是可能的，特别是在特大、大和中等规模的城市。

城镇化率指标的局限性

一个指标反映多种不同的城镇化发展机制，该指标的政策含义将大打折扣。在国家层面上，不同的微观机制不影响城镇化率指标却能够准确地反映城镇化发展。因为：（1）大规模的国际移民是不常见的；（2）在特定的时期内有一个主导的微观机制，如快速城镇化时期农村移民是主流，而后城镇化时期城乡人口自然增长率差别可能是主流。但在地方层面上，城镇化指标的局限性就显得特别地突出，特别是当我们不知道城镇化指标变化背后的影响因子和微观机制时，或者当我们不能够区分城市移民的来源地及其社会经济背景时。

中国城乡差别、地域差别非常大，因而流出地对人口空间流动及对本地社会经济的影响是非常重要的。区别 ④ 和 ⑤ 是有政策意义的，因为从其他城镇移民来的人与农村移民来的人会产生不同的问题，有不同的公共产品需要。

不同的微观机制对应着不同的政策、规划、管理等方面的挑战和问题。如果不能够将问题分解，没有针对性，包罗万象（或者眉毛胡子一把抓）式地应对问题和挑战，政策、规划、管理等措施的效果将不会理想。

3.8.3 中国流动人口增长

中国 2030 年城镇化目标是 70%，2020 年超过 60%。预期 2049 年中国城镇化率将到达 80%～85% 以上。假设国家人口以 14 亿人计，2020～2049 年中国城镇化发展将使近 3 亿农村人口离开农村居住在城镇。根据目前的户籍

流动人口规模巨大
● 2019 年全国流动人口规模为 2.4 亿人。
● 2019 年常住流动人口估计为 1.6 亿人。
● 2019 年暂住流动人口规模在 8000 万人左右。

制度，农村转移出来的 3 亿人将有相当一部分是以流动人口的形式在城镇居住和工作。结合中国特殊的土地制度，越来越多的农村人不愿意放弃农村户口。因而流动人口现象将在中国长期存在，并对城市发展产生深刻的影响。

农村-城市之间的流动表现出鲜明的就业主导的特征，即"人口跟着就业走"。就业主导的农村-城市流动人口可分为开发区就业和城市就业两大类。开发区工厂就业指的是全国各类开发区内工厂招聘的员工，城市就业指的是到城市从事各类工作，如经商、商贩、餐饮、家政、保洁、保安、装修、快递等行业，这些就业机会与城市规模相关，即城市规模越大，就业机会越多。开发区就业在中国非常重要，这是因为中国有很多开发区经济发展非常好，提供了很多就业机会。比较典型的是苏州、东莞、义乌等开发区。

表 3-9 列出 2019 年全国常住流动人口城市排名。这是按流动人口流入地排名的。苏州和东莞进入前十名主要是它们的工业园区。佛山、金华进入前十五名也是因为它们的工业园区。义乌在金华，义乌小商品基地世界有名。表中的 56 个城市总计 1.28 亿人常住流动人口，占 2019 年全国流动人口总数的一半。其他城市（56 个城市之外）还有常住流动人口，这些城市数量大约有 300～350 个（地级市加上百强县级市），按照每个城市 10 万左右常住流动人口均值推算，常住人口为 3000 万～3500 万。全国常住流动人口大约为 1.6 亿人，还有 8000 万左右的流动人口是暂住人口。

2019 年常住流动人口城市排名　　　　　　　　　　　　　　表 3-9

2019 年常住流动人口数量 / 万人											
排名	城市	流动人口	排名	城市	流动人口	排名	城市	流动人口	排名	城市	流动人口
1	上海	972.69	8	成都	437.00	15	武汉	287.00	22	长沙	200.00
2	广州	967.33	9	宁波	430.00	16	嘉兴	247.00	23	无锡	190.00
3	深圳	818.11	10	东莞	415.86	17	厦门	221.02	24	常州	170.00
4	北京	794.30	11	佛山	360.09	18	昆明	219.00	25	重庆	167.65
5	苏州	538.00	12	郑州	340.00	19	泉州	204.07	26	惠州	163.00
6	天津	498.23	13	金华	300.00	20	济南	203.00	27	中山	162.45
7	杭州	450.44	14	温州	297.00	21	南京	200.00	28	青岛	161.00

续表

排名	城市	流动人口	排名	城市	流动人口	排名	城市	流动人口	排名	城市	流动人口

<table>
<tr><td colspan="12" align="center">2019 年常住流动人口数量 / 万人</td></tr>
<tr><td>排名</td><td>城市</td><td>流动人口</td><td>排名</td><td>城市</td><td>流动人口</td><td>排名</td><td>城市</td><td>流动人口</td><td>排名</td><td>城市</td><td>流动人口</td></tr>
<tr><td>29</td><td>合肥</td><td>158.00</td><td>36</td><td>大连</td><td>120.00</td><td>43</td><td>石家庄</td><td>89.28</td><td>50</td><td>鄂尔多斯</td><td>50.00</td></tr>
<tr><td>30</td><td>南宁</td><td>130.00</td><td>37</td><td>哈尔滨</td><td>113.39</td><td>44</td><td>南昌</td><td>80.00</td><td>51</td><td>大庆</td><td>50.00</td></tr>
<tr><td>31</td><td>福州</td><td>127.87</td><td>38</td><td>乌鲁木齐</td><td>110.00</td><td>45</td><td>绍兴</td><td>79.00</td><td>52</td><td>柳州</td><td>42.10</td></tr>
<tr><td>32</td><td>西安</td><td>126.00</td><td>39</td><td>榆林</td><td>107.18</td><td>46</td><td>呼和浩特</td><td>63.40</td><td>53</td><td>唐山</td><td>39.00</td></tr>
<tr><td>33</td><td>台州</td><td>124.28</td><td>40</td><td>太原</td><td>100.00</td><td>47</td><td>兰州</td><td>59.00</td><td>54</td><td>咸阳</td><td>36.49</td></tr>
<tr><td>34</td><td>长春</td><td>120.00</td><td>41</td><td>珠海</td><td>100.00</td><td>48</td><td>江门</td><td>59.00</td><td>55</td><td>海口</td><td>31.65</td></tr>
<tr><td>35</td><td>贵阳</td><td>120.00</td><td>42</td><td>沈阳</td><td>90.70</td><td>49</td><td>烟台</td><td>50.60</td><td>56</td><td>三亚</td><td>20.00</td></tr>
</table>

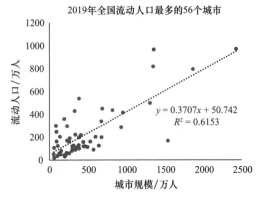

图 3-7　城市规模与城市流动人口

图 3-7 显示 2019 年全国常住流动人口最多的 56 个城市规模与流动人口之间的关系。显然，两者之间有显著的正相关关系，即城市规模越大，常住流动人口规模也越大。两者的相关性比较高，R^2 为 0.62。这个结果与理论和文献实证研究结果一致。

3.8.4　农村-城市流动模式

我们侧重于农村-城市之间的流动人口和移民。表 3-10 显示农村-城市人口流动偏爱省会城市。省会城市包括直辖市。以务工为目的的流动人口中，流动到 31 个省会城市的比重为 47.25%，而 320 个城市（地级市和县级市）流入地占的比重为 52.75%。说明 31 个省会城市接收的农村-城市之间的流动人口相当于 320 个城市接收总量的 90%。以经商为目的的流动人口中，31 个省会城市接收了农业户籍流动人口的 40.69%，等同于 320 个地县城市接收的流动人口的 59.31%。显然，省会城市是农业-城市移民的首选，而务工为目的的流动人口比经商为目的的流动人口更加看重省会城市。

农业人口流入地 （单位：人）　　　　　　　表 3-10

		非省会城市	省会城市	总计
务工	总计	52011	46581	98592
	城市均值	163	1503	
经商	总计	22511	15446	37957
	城市均值	73	498	

从总数来看，在接纳农业户籍流动人口方面，省会城市似乎没有非省会城市重要，因为后者接收的数量大。然而，省会城市只有 31 个，而地县城市数量为 320 个，从总量上比较可能误导我们的认识。从均值上看，一个省会城市接受的流动人口等于 6.7~9.2 个地

县城市接收的数量。

表 3-11 显示农村-城市流动人口倾向于大城市、特大城市和超大城市。从城市均值来看，以务工为目的的流动人口与城市规模存在显著的相关性。小城镇和中等城市平均吸纳的流动人口相当。超大城市吸纳务工的农村-城市流动人口均值是中等规模城市的 27 倍，是大城市的 8.5 倍，是特大城市的 2.5 倍。经商的流动人口也有类似的特征，但有两个不同（与务工相比）。第一，小城镇经商的吸引力弱于中等城市。第二，不同规模之间的城市对经商的吸引力差别没有对务工大。比如，超大城市吸纳经商的流动人口仅是小城市的 10.8 倍，是中等城市的 8.3 倍，是大城市的 4.8 倍和特大城市的 1.3 倍。务工与经商的对比中，超大城市两者的比例为 5，大于务工和经商总数之比。大城市和特大城市的比例与总数之比相当，而小城镇和中等城市的比例小于总数的比例，说明经商在不同城市规模间的分布比务工更平缓，超大城市、特大城市对经商的主导性小于对务工的主导性。

流入地城市规模对流动人口的影响 （单位：人） 表 3-11

		小城镇	中等城市	大城市	特大城市	超大城市	总计
务工	数量	9501	13254	45900	12091	17846	98612
	城市均值	113	110	348	1209	2974	
经商	数量	4658	8712	16355	4548	3603	37957
	城市均值	55	73	124	455	601	

表 3-12 为区域对流动人口的影响。由于超大城市数量有限，故市内跨县的流动人口没有以超大城市作为目的地，以超大城市为目的的流动人口以跨省为主。跨省吸纳的流动人口是本省超大城市吸纳人口的 4～5 倍。特大城市吸纳的人口主要以市的郊区为主（市内跨县），其次是省内跨市，最后是跨省。大城市、中等城市和小城镇吸纳流动人口的模式与特大城市正好相反，主要都是跨省市的，其次是省内跨市，最后是市内跨县。跨省的流动人口中，四分之一是到 6 个超大城市中的一个，这是非常显著的。

区域间流入地对流动人口的影响 （单位：人） 表 3-12

		小城镇	中等城市	大城市	特大城市	超大城市	总计
市内跨县	数量	2698	8913	16289	1681	2	29583
	城市均值	32	74	123	168	0.33	
省内跨市	数量	5444	6780	27503	9328	4679	53734
	城市均值	65	81	327	111	56	
跨省	数量	9734	11081	29721	7761	20681	78978
	城市均值	116	132	354	92	246	

表 3-13 显示区域间的流动模式。统计数据显示东北三省人口流失，但是农业户籍人口只有微弱的流失。同样，对农业人口而言，西部地区流出人数略多于流入人数。中部地区的农业人口流失最为严重，而东部地区是农业人口流入的主要目的地。非农业户籍人口与农业户籍人口的区域间流动有共性，不同的是东北非农业人口流失比较严重，而考虑到

非农人口流动数量仅是农业人口流动数量的四分之一，同时东北城镇化率比较高，黑龙江和吉林两省又是粮食基地，东北非农业人口流失对振兴东北的影响是显著的。无论是农业户口还是非农业户口，中部地区流动人口流出大于流入对中原崛起和中部地区的经济转型和升级是巨大的压力。

区域间的流动人口 （单位：人）　　　　　　表3-13

农业户口 流出	流入					非农业户口 流出	流入				
	东北	西	中	东	总计		东北	西	中	东	总计
东北	7440	370	102	1665	9577	东北	3357	174	83	1506	5120
	2480	31	17	167	3192		1119	15	14	151	1707
西	467	39216	1303	10881	51867	西	205	7657	231	1459	9552
	156	3268	217	1088	4322		68	638	39	146	796
中	600	7207	21312	19779	48898	中	128	881	4017	3048	8074
	200	601	3552	1978	8150		43	73	670	305	1346
东	596	2860	1601	25164	30221	东	204	551	339	5462	6556
	199	238	267	2516	3022		68	46	57	546	656
总计	9103	49653	24318	57489	140563	总计	3894	9263	4670	11475	29302
	3034	4138	4053	5749	4534		1298	772	778	1148	945

流动人口空间移动模式表现出高度的就业主导性。东部经济发展和超大城市、特大城市就业机会和潜力都是最大的，因而也是最吸引流动人口的地方。

3.8.5 城市-城市流动模式

非农业户口流出地为地级市（以上）的城市的样本数量有限，2017年的调查只包含5500人。这5500名务工和经商人员比农业户口流动人员更倾向于超大城市，特别是务工人员。超大城市流动人口均值是小城镇的40倍，是特大城市的4.5倍，是大城市的20倍（表3-14）。

流入地城市规模对流动人口的影响 （单位：人）　　　　表3-14

		小城镇	中等城市	大城市	特大城市	超大城市	总计
务工	数量	344	414	1347	607	1715	4427
	城市均值	7	5	13	61	286	17
经商	数量	148	227	366	162	137	1040
	城市均值	3	3	4	16	23	5

非农流动人口对超大城市、特大城市的倾向既与理论推断一致，也与实证研究一致（Ding and Li，2019）。表3-14显示的流动人口城市规模倾向与图3-7和表3-10揭示的模式一致。

样本中从地级市流出的农业人口有1000人，数量非常少，这部分纳入农村-城市流动分析中。但是为了对比非农人口城市-城市之间的流动，单独提取出来看，所表现的模式与非农人口流动是高度一致的，所不同的是超大城市和特大城市的主导地位低一些。比如，超大城市吸纳流动人口的均值（农业人口，流出地是地级市）是小城镇的20倍。

3.8.6 结论和政策建议

2017年的流动人口调查揭示的规模与理论和实证研究一致。对务工和经商为目的的流动人口，就业机会和发展机会是最重要的考虑因素，而就业机会和发展机会与经济发展水平相关，与城市规模相关。这就决定了东部发达地区（长三角地区、珠三角地区和福建沿海地区）是吸引流动人口的地方，规模越大的城市也是吸引流动人口的地方。

城市发展政策和战略应该遵循城市发展的自然规律，侧重于城市增长管理而不是控制。只有这样才能预见到未来城市发展规模，并能够很好地为可能出现的城市问题和挑战作出规划，提出应对措施，进而提升城市品质，推动城市可持续发展。

本章执笔人：丁成日

参考文献

丁成日. 北京城市人口发展预测（研究报告）[R]. 北京市城市规划设计研究院，2014.

丁成日，张妍，朱永明. 省级城市体系结构与经济发展 [J]. 城市发展研究，2020，27（3）：25-36.

丁成日，高卫星. 中国"土地"城市化和土地问题 [J]. 城市发展研究，2018，25（1）：31-39.

丁成日. 世界巨（特）大城市发展：规律、挑战、增长控制及其评价 [M]. 北京：中国建筑工业出版社，2015：5-8.

丁成日，段霞，牛毅. 世界巨大城市：增长、挑战和再认识 [J]. 国际城市规划,2015（3）:1-13.

丁成日，谭善勇. 中国城镇化发展特点、问题和政策误区 [J]. 城市发展研究，2013（10）：28-34.

李秀彬，谈明洪. 土地城市化快于人口城市化是常态 [J]. 中国科学报，2013（4）：8.

李善同，侯永志，刘云中，等. 中国国内地方保护的调查与分析 [J]. 红旗文稿，2003（23）：29-32.

张雯鑫. 京津冀蓝皮书 [M]. 北京：社会科学文献出版社，2014.

张庆五. 关于人口迁移与流动人口概念问题 [J]. 人口研究，1988（3）：17-18.

舒长根，王飞军，吕建星. 户籍政策与人口城市化 [J]. 城市问题，2008（2）：50-53.

顾朝林. 中国城镇等级规模分布模型及其结构预测 [J]. 经济地理，1992，10（3）：53-56.

魏后凯. 中国城市行政等级及其规模增长 [J]. 城市与环境研究，2014（1）：4-17.

肖子华. 流动人口社会融合蓝皮书：中国城市流动人口社会融合评估报告 No. 1[M]. 北京：社会科学文献出版社，2018.

吴忠观. 人口科学辞典 [M]. 成都: 西南财经大学出版社, 1997.

Barro R J, Sala-i-Martin X. Economic growth. Cambridge. MA: MIT Press, 1999.

Black D, Henderson V. A theory of urban growth. Journal of political economy, 1999, 107(2): 252–284.

Catherine Armington, Zoltan J Acs. The determinants of regional variation in new firm formation, 2001.

Cohen B. Urban growth in developing countries: a review of current trends and a caution regarding existing forecasts. World development, 2004, 32(1): 23–51.

Cuberes D. Sequential city growth: empirical evidence. Journal of urban economics, 2011, 69(2): 229–239.

Ding C. Building height restrictions, land development and economics costs. Land use policy, 2013 (30): 485–495.

Ding C, Li Z. Size and urban growth of Chinese cities during the era of transformation toward a market economy. Environment and planning B: urban analytics and city science, 2019, 46(1), 27–46.

Ding C, Niu Y. City size, market fragmentation and firm productivity for manufacturing in China. Journal of regional science and urban economics, 2019(74): 81–98.

Dixon R, Thirlwall A P. A model of regional growth-rate differences on Kaldorian lines. Oxford Economic Papers, 1975, 27(2): 201–214.

Eaton J, Eckstein Z. Cities and growth: theory and evidence from France and Japan. Regional science and urban economics, 1997, 27(4): 443–474.

Krugman P. Increasing returns and economic geography. Journal of political economy, 1991(99): 483–99.

Krugman P. Confronting the mystery of urban hierarchy. Journal of the Japanese and international economies, 1996, 10(4): 399–418.

North D C. Location theory and regional economic growth. The journal of political economy, 1955, 63(3): 243–258.

Reynolds P D, Miller B, Maki W R. Explaining regional variation in business births and deaths: U.S. 1976–1988. Small business economics, 1995, 7(5): 389–407.

Storey D J. The birth of new firms—does unemployment matter? a review of the evidence, Small Bus. Econ, 1991, 3(3): 167–178.

第四章 郑州发展：定位、模式和战略

《郑州市加快城市国际化全面提升竞争力总体规划》是在国家和河南省已出台《关于支持郑州市建设国家中心城市的指导意见》《郑州市大都市区空间规划（2018～2035）》的前提下，在郑州市已制定《郑州市建设国家中心城市行动纲要》等重大举措的基础上，在河南省进一步谋划推进"空中丝绸之路"综合开放试验区建设、都市圈一体化建设、制定"十四五"规划和黄河流域生态保护和高质量发展战略的重要机遇期，提出的一项以国际化为标准、更好地推进国家战略的实施、更高质量地推进"十四五"规划制定和实施为特色的重大战略发展规划，是郑州市建设国家中心城市战略规划的重要组成部分，也是"十四五"规划的重要支撑规划。

郑州建设国家中心城市的发展定位是：

- 国际综合枢纽；
- 国际物流中心；
- 国家重要的经济增长中心；
- 国家有活力的创新创业中心；
- 国家内陆地区对外开放门户；
- 华夏历史文明传承创新中心。

本章从不同的角度分析和判断郑州国家中心城市建设发展定位，对上述定位从内涵和外延、具体内容、发展形式等方面，在理论、发展模式和政策战略三个方面进行扩展和补充。

第二章有关国际超大城市国家的超大城市发展似乎和河南及郑州没有关系。但是世界上超过亿万人口的国家不多。2020年很多有超大城市的国家人口只有几千万，比如韩国（5120万）、法国（6700万）、泰国（6960万）、土耳其（8200万）、阿根廷（4490万）、哥伦比亚（5030万）、秘鲁（3250万）。虽然河南是一个省，但是作为一个亿万人口的大省（近几年由于人口流失，人口减少至不到一亿），郑州国家中心城市发展可以借鉴国际超大城市国家的超大城市，特别是发展中国家和新近进入发达国家行列国家（如韩国）的发展经验。此外，亚洲国家，特别是东亚、东南亚国家（比如韩国、日本、泰国、印度尼西亚等）的发展值得我们特别关注。

4.1 郑州国家中心城市发展"定位"

4.1.1 首位城市

从理论和国内外的发展判断，郑州城市在河南的地位偏低，具体表现为首位度不够、城市集中度和经济空间集聚度都不高。

根据河南2049空间发展战略规划，到2049年河南省的城镇化率达到80%。以河南

2049 年郑州

- 河南省城镇化率达到 80%；
- 城市人口（市区）为 2000 万～2500 万；
- 城镇化率为 85%～90%；
- 全市总人口为 2500 万～3000 万；
- 郑州首位度为 3～5；
- 城市集中度为 30%～35%；
- 经济空间集聚度为 35%～40%；
- 郑州人均 GDP 是全省的 250%～350%；
- 郑州财政收入占全省的 45% 以上。

9500 万人口基数推测，河南省将有 7600 多万城镇人口。根据国际超大城市国家城市集中度的标准，按照城市集中度 30% 来发展郑州，郑州的城市人口将达到 2300 万人。考虑到未来发展的不确定性，我们预判郑州 2049 年的城市人口应该在 2000 万～2500 万，城镇化率达到 85%～90%，全市总人口为 2500 万～3000 万。第六章的人口增长预测的结果也是类似。

郑州 GDP 占河南省的比重（经济集聚度）应该在 35%～40%，财政收入应该在 35%～45%。郑州与第二大城市人口比例应该在 3～5 之间。郑州人均 GDP 是全省的 2.5～3.5 倍。

河南发展需要郑州作为河南发展的引擎，通过提升郑州的经济发展（人均 GDP）和生产力，来提高河南省的经济增长（见第三章）。

郑州首位城市的定位最大的挑战之一是如何应对省内不平衡发展问题。郑州城市发展的定位意味着省内不平衡性增大。此外，其他市县也会有不同的声音。（绝对的）区域间平衡发展是美好的理想，骨感的现实是区域间永恒的不平衡。

根据政策和现实之间的交叉，我们可以总结出两个不同的发展模式或者轨迹。一种是"平衡中的不均衡"，另一种是"不平衡中的均衡"。"平衡中的不均衡"发展指的是政策追求平衡，但是实际发展是不均衡的。"不平衡中的均衡"指的是市场主导的发展是不平衡的，政策侧重于不平衡发展中区域间均衡的发展。"平衡中的不均衡"发展是政策侧重于区域平衡发展，而"不平衡中的均衡"发展是政策侧重于居民满意度或者效用函数值在区域间的均衡，而不是发展的均衡。这两者有本质的区别。"不平衡中的均衡"不是强调区域间个人收入、经济发展水平等方面的平衡，而是不同区域间发展机会的均等。发展机会的均等不意味着本地发展机会的均等，而是在省内发展机会的均等。

政策和决策者的难题是如何在下面的二选一中作出抉择："平衡中的不均衡"还是"不平衡中的均衡"式发展？

郑州首位城市发展战略的挑战

郑州首位城市的发展可能意味着省内不平衡性增加。

"不平衡中的均衡"的均衡不是发展的均衡，而是居民感受和满意度的均衡。

实施"不平衡中的均衡"需要河南省和郑州市两级政府协调政策和措施。

发展中的不平衡性是永恒的难题。国际案例的启示（第五章）是，我们应该追求发展机会的均等，而不是发展本身的平衡（法国、英国、日本等国家发展理念的转变）。结合中国的国情，实施"不平衡中的均衡"发展规模和模式需要省、市政府制定和实施统一、协调的政策和措施。

4.1.2　引领生产力提升主导的发展模式

郑州发展成为国家重要的经济增长中心需要以生产力的提升为主要途径。同时，在河南省内，郑州市应该率先实现从投入主导的发展模式向生产力提升主导的发展模式的转变。

生产力的提升需要依靠技术创新、产业链高端企业、高端服务业等的发展。生产力的提升意味着人均GDP和人均收入的增长。2049年郑州市的人均GDP与全省人均GDP的比例不应该小于3，理想目标是4~5（见第三章）。而目前（2019年）这个比例仅为2.33。

郑州市侧重于借助基础设施、公共服务、社会财富和人力资源等方面的省内优势，借助城市规模对劳动生产率的积极影响，通过建设富有市场竞争的商业环境，推行有效的公共政策来激励企业研发投入、鼓励成功企业的不断增长和最大限度地实现知识技术的溢出效果。

自由市场竞争的发展对提升生产力是非常重要的。如果企业有强烈的创新动机，那么许多可提高生产力的创新将进入市场。同样，当只有生产力最高的公司生存而生产力最低的公司被迫退出市场时，生产力就会提高。

可以通过多种方式增加竞争，包括通过加强反托拉斯执法和改革专利制度，以使专利不被用来将潜在的竞争者拒之门外，同时又为企业提供足够的动力来投资开发创新。职业许可是另一个可能具有改善竞争空间的领域。避免可能扼杀生产力的政策也很重要。增强员工技能的政策对于提高生产率同样至关重要。我们既需要增加受教育年限，同时也要强调确保教育转化为技能和知识。从长远来看，改善用于研发的资金分配是另一个可能改善生产率增长前景的领域。

最新的研究发现，城市层级的生产率水平受行业或者企业层面的结构性因素影响。结构性因素包括企业间的生产率差异程度、企业特征的分布（例如规模、年龄和创新倾向）、市场在企业之间有效分配劳动力和资本的能力、能够既推动最有效率和创新性的企业发展又推动最好的运营模式扩散的商业环境，以及"创造-破产"过程的顺利实施。"创造-破产"过程指的是新的企业诞生或者引进和经营不利企业的退出。只有这样才能保证资源供给最成功的企业。

研究还表明，公共政策对结构性因素的影响是非常显著的。公共政策影响结构性因素的渠道很多。比如，贸易、法规、创新政策都影响知识在整个经济体中的传播速度。再加上金融监管，公共政策一方面影响新进入企业和成功企业增长的能力，另一方面对城市层级的劳动生产率作出越来越大的贡献。劳动力市场、知识技能和住房政策影响劳动力与就业机会的匹配，而这个匹配与劳动者能力是相对应的。影响不成功企业退出的政策有利于营造良好的企业精神和劳动力与资本在经济体中的有效分配。最后，这些政策影响企业是否鼓励或有动机去冒险和创新（Albrizio and Nicoletti，2016）。

4.1.3 省和中原地区的专业服务行业中心

现代经济的一个标准特征是专业服务行业的兴起和发展。专业服务是在艺术或科学领域有过特别培训的服务行业职业的总称。一些专业服务需要持有专业学位和执照，并且还需要特定技能，例如建筑师、会计师、工程师、医生、律师和教师等。其他专业服务包括为各种规模和各个领域的企业提供专业的业务支持；这可能包括税务咨询服务，为公司提供会计服务、IT服务或管理建议等。一般地，专业服务行业包括：会计、精算师、估价师、建筑师、鉴定师、工程师、理财规划师、地球科学家、投资经理、IT顾问、律师、管理顾问、医师、项目经理、培训和发展师、城市规划师、兽医等。

专业服务行业的一个特点是中高端的专业服务行业一般都只在大的城市存在，个别行业表现出鲜明的"巨星"或者"明星"市场现象，因而在这些行业中的明星级别的专业服务企业可能发展成为具有一定垄断性的企业，特别是在一定的区域内。退一步讲，即便明星专业服务企业不是垄断企业，它们占据的市场份额也会是比较显著的。

郑州发展专业服务行业的迫切性

郑州既需要将省内改革事业单位最大限度地整合到郑州，又需要兼并周边省份市县的事业单位。省内市县（包括郑州市内）的事业单位有可能被省外的单位兼并、重组或者吸引走。郑州发展转到专业服务行业一方面可最大限度地减少事业单位改革对河南省的潜在的负面影响，另一方面可借助事业单位改革的机会推动城市发展。

专业服务行业的改革意味着企业的兼并、重组或者破产，这些将影响城市发展。伴随着专业服务企业的重组和兼并，企业的区位含义也将发生变化。原来在大城市的专业服务企业将会有机会得到扩大，而中小城市的企业可能被兼并。专业服务行业改革对城市发展影响"正"和"反"两方面将同时存在，但是具体的对某个城市的影响只能是其中之一，即或是正的影响或是负的影响。积极的影响发生在大城市，而负面的影响发生在中小城市。专业服务行业改革对城市发展的影响是深远的，且需要时间才能表现出来，并且其影响一旦发生，将是不可逆的，至少在短期内是这样。

4.1.4　省和中原地区创意产业中心

文化和创意产业（包括手工艺品、广告、设计、娱乐、建筑、图书、媒体和软件）已成为促进人类发展的重要力量，它们使人们能够掌控自己的发展并激发可以推动包容性、可持续增长的创新。如果得到良好的培育，创意经济可以成为结构性经济转型、社会经济进步和创新的源泉。因而，创意产业已成为提高竞争力、生产力、就业和可持续经济增长的战略组分之一。创意产业还可以促进社会融合、提升社会文化价值、促进文化发展。更为重要的是，创意产业是信息和知识的源泉。创意产业是动态的，不仅自身在发展，同时还可以推动其他产业的发展。文化和创意产业有非常高的包容性。从土著到精英的所有社会阶层的人们都以生产者和消费者的身份参与这种经济。与其他部门相比，该部门的工作更倾向于青年和妇女。

创意产业

创意产业为创新提供非常重要的文化底蕴，是知识和信息的源泉。作为省的政治经济中心，郑州需要发展创意产业。

郑州城市发展需要积极地推动创意产业的发展。郑州在时尚、出版、广告等产业有一定的基础和发展潜力。广播、电视、视频和艺术等产业也需要鼓励发展。郑州的产业政策应该侧重于：

- 发展工业设计、建筑设计和景观设计，聚集创意设计机构；
- 发展会展广告业，重点发展会展服务业、广告服务业，培育国际认证的专业化会展品牌；
- 发展培训咨询业，重点发展教育培训业和咨询服务业，培育具有全国影响力的艺术院校、知名教育培训机构和咨询服务机构。

4.1.5 省和中原地区的消费中心

2020 年 3 月 13 日，国家发展改革委等 23 个部门联合印发了《关于促进消费扩容提质加快形成强大国内市场的实施意见》，从市场供给、消费升级、消费网络、消费生态、消费能力、消费环境等六方面，提出具体政策举措，促进消费扩容提质。

消费城市的重要性

从投资主导转向需求主导的经济发展模式需要超大城市引领时尚和消费。

经济发展推动中高收入阶层群体的出现和增长。

郑州需要成为区域性消费中心，利用省会的有利条件和比较完善的消费服务体系，进一步加强服务水平，借助航空港发展战略，努力建造具有一定国际影响的消费城市，同时加强对周边地区的辐射带动能力，成为区域性的消费高地或者说是集聚区。

郑州发展成为省和中原地区的消费中心，一方面是服务国家中心城市自身发展的需要，另一方面也是经济转型提升的需要。未来国家经济发展的主导模式将从投资和出口拉动转变为生产力提升和消费增长拉动两种模式。

4.1.6 省和中原地区的科教文和公共服务中心

郑州国家中心城市建设需要多元和多样性的文化土壤。文化多元性需要吸引不同省份的人，特别是非中原地区的外省人。深圳是中国文化最为多元的城市之一，这也是其保持强大的竞争力的原因之一。杭州是比较典型的江浙文化，随着城市的发展，其多元性特征开始显现。文化的包容性首先是文化的多样性。

创新与冒险是相辅相成的。创新不仅是人的理性思维活动的产物，而且同人的欲望、需要、热情、意志和冒险等非理性因素密切相关，其中尤以冒险活动为最。创新离不开冒险，冒险孕育着创新。创新需要冒险。

中原文化的单一性需要突破

作为中原文化的核心，河南肩负历史使命，传承中原文化。但是，推动现代化发展需要现代文明和文化，而现代文明和文化强调文化的多元和多样性、文化的多元和多样性是创新源泉，有利于企业发展（新企业诞生），是企业家文化的优良土壤。

郑州国家中心城市建设和发展以及在经济转型提升方面有所作为需要郑州加大教育和科研建设。作为人口大省，河南没有一所 985 高校，郑州市只有一所 211 和两所 "双一流" 大学，与推动生产力主导的发展模式不相适应。

郑州市一方面需要引进国内外一流的大学独立或者联合办学，另一方面需要最大限度地提升省内有一定基础的高校和研究机构的实力。

郑州市有两所国内排名前 100 的医院。根据艾力彼医院管理研究中心的排名，郑州大学第一附属医院排名第 34 位，河南省人民医院排名第 74 位；而根据 "复旦版中国医院排行榜"，郑州大学第一附属医院 2018 年全国排名 22 位，省人民医院排名第 96 位。优质的医疗资源是吸引高端人才的必要条件之一。随着经济发展和国民收入的提高，人们对健康的要求会越来越高。继续保持和提升郑州医疗健康水平是推动郑州国家中心城市建设的重要环节。

现代化社会的建设需要健康的青少年培养。体育运动对青少年尤为重要。比如，美国有 4500 万孩子参加各种体育赛事和活动，其中有 790 万参加高中体育竞赛。少年（18 岁前）体育行业市场年收入是 190 亿美元，并带动 90 亿美元的相关旅游收入。参加孩子的体育活动是家庭生活的一种方式和组分，很多家庭为了支持孩子参加体育活动和赛事不惜在财政与社交方面作出牺牲（Sanderson and Brown，2020）。对于许多家庭来说，体育运动推动着家庭日程的安排，饮食、旅行计划、假期和其他活动在运动时间表中被优先考虑。

郑州超大城市的发展需要具备组织大型会展、音乐舞蹈、演唱会、体育赛事等活动的能力，并且将这些活动的举办"日常化"。

4.2　郑州发展的挑战

4.2.1　河南发展

面对国家寄予的发展期望，为实现"构建新发展格局、促进中部地区崛起、黄河流域生态保护和高质量发展"三大国家战略，河南面临的挑战是巨大的。

河南的挑战主要表现在四个方面。

第一，经济总量高，效率低，增速慢。2020 年 GDP 排名全国第五（这个位次自2005 年就一直保持着），但是人均水平、增速和效率都落后于全国平均水平（图 4-1、图 4-2）。人均可支配收入排在 31 个省、市、自治区的第 24 位，落后于全国平均水平。拖全国后腿的还有经济增长速度。2019 年增速落后于全国平均，而当年全国有 20 个省市领跑全国 GDP 增速。

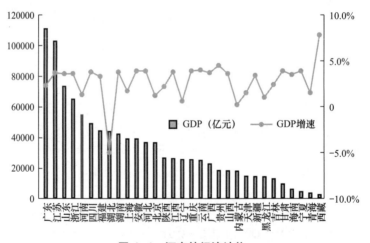

图 4-1　河南的经济地位

根据图 4-2，中国 31 个省份的经济发展可以分为三个层次：（相对）发达省份、中等省份和（相对）落后省份。相对发达省份有 12 个（根据发展水平自高向低排序），包括：北京、上海、江苏、浙江、福建、广东、天津、湖北、重庆、山东、内蒙古和陕西。其中前 7 个省份经济最为发达，后五个省份经济比较发达。处于经济发展中等水平的省份有 9个，它们是：安徽、湖南、辽宁、海南、河南、四川、新疆、宁夏和江西。河南在中等水平上属于中间，排在第五位。经济比较落后的省份有 10 个，它们是：青海、西藏、云南、贵州、河北、山西、吉林、广西、黑龙江和甘肃。经济最不发达的 10 个省份都处在中国的中部（4 个）和西部地区（6 个）。

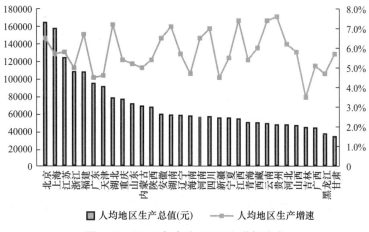

图 4-2　2019 年人均 GDP 和增长速度

河南单位 GDP 产出的一般性公共预算收入为 0.0785 元，仅为国家的 36.62%，全国 31 个省市中倒数第一。河南单位 GDP 产生的税收收入为 0.0537 元，不及国家的三分之一（30.68%），也是全国倒数第一。2006~2016 年税收收入增长速度也仅为国家平均水平的 60%。

河南产业结构以第二产业为主，其 GDP 比重为 47.4%，而第三产业比重为 41.9%（河南省第一产业、第二产业的 GDP 比重都高于全国平均水平，而第三产业比重低于全国平均水平），第三产业的比重在 31 个省市（区）中排在倒数第五位（甚至低于甘肃、宁夏、新疆、贵州、云南等省份）。

河南省的 GDP 2020 年居全国第五位，但是发展的压力是巨大的。一方面，与 GDP 领先的省份（前四位：广东、江苏、山东和浙江）的差别在加大，这四个省 2020 年的增长速度是河南省增速的 1.77~2.85 倍。另一方面，与排在其后的省份差距在不断缩小。按照 2020 年增速的差别，河南 GDP 总量将在 5 年后被四川超过，12 年后被福建超过，13 年后被湖南超过。湖北也有可能在 10~13 年内超过河南。提高河南省经济效率是全省的首要任务之一。

第二，传统产业为主，产业竞争力偏弱。河南省的产业以农业和传统制造业为主，产业结构不优，新产业、新经济、新业态占比不高，外向型产业结构单一，整体产业竞争力明显落后于东部，在中部也不强。

第三，城镇化水平落后于全国，城市体系扁平化严重，首位度不高。2020 年河南城镇化率为 54.2%，落后全国大约 5~6 个百分点。一个有 5000 多万城镇人口的大省，城区（市辖区）人口超过 200 万的只有 2 个（郑州和洛阳）。郑州 2019 年城区人口为 670.41 万人，全市人口为 1035.2 万人。

第四，人口和人才流失严重，人口和人才吸引力不够。2018 年河南省人口净流出 1301 万，是人口净流出最多的省。2018 年后人口净流出有所减弱，原因不是想出去的人口少了，更多的原因是东部人口流入大省劳动力需求减弱造成的。

第五，顶级大学和高端研究机构相对缺失。河南省没有 985 高校，只有两所"双一流"高校。

第六，文化过于单一，改革和创新活力不足，缺乏冒险精神。河南以中原文化著称，文化内涵和元素缺少多样性。多样性文化非常有益于创新和改革。改革意识和创新理念、法治理念滞后，市场化程度不高，营商环境总体处于国内中等水平。

4.2.2　郑州发展

郑州作为河南的省会城市，2020 年 GDP 超过 1.2 万亿元，占全省 GDP 的 22.03%，同比上年增长率为 7.5%，是全省增速的 5.77 倍。地方一般公共财政收入为 1259.2 亿元，占全省的近三分之一。

作为省会城市，郑州城市发展面临同样的挑战。首先，郑州产业水平偏低。传统资源型产业占比比重过高，超过 40%。新技术、创新型产业、高附加值制造业弱，造成一方面在国内外的产业竞争力不强，另一方面郑州主导产业的扩散效应不显著，未能成为河南省经济发展的引擎。

> **郑州经济空间集聚度不高**
>
> - 城市集中度偏低，低于经济强省如江苏、浙江、福建、广东、山东、湖北和陕西等，也低于经济发展水平相当的省份如辽宁、吉林、湖南和四川。
> - 郑州的经济集中度也不高，不仅落后于经济发达的省份如浙江、江苏、广州、陕西等省份，也落后于经济发展水平弱省如宁夏、吉林等。

其次，现代服务业发展不足。郑州第三产业比重 59%，第三产业占 GDP 比重为 51.3%，居 35 个大中城市第 22 位、省会城市第 16 位，与杭州（61.2%）、西安（61.2%）、南京（58.4%）、成都（53.1%）、武汉（52.8%）相比有明显差距。

再次，股份制和中小型私营企业比重偏低、增长过慢。2019 年，国有企业增加值增长 12.8%；集体企业增加值增长 0.6%；股份制企业增加值增长 3.9%；其他类型增加值下降 3.6%。[①]

再其次，生产性服务业和职业性服务业占比低、服务层次不高。

最后，郑州市人口规模和经济规模占全省的比重偏低，是影响全省发展相对缓慢的原因之一。2018 年，郑州市区人口占全省城镇人口的比重仅为 10.52%，仅比全国 27 个省（自治区）的均值一半多一点（均值为 19.03%）。河南省一直是一个没有首位城市的省份之一，2020 年郑州才勉强成为首位城市。

中国有七个省是双首位城市省份。它们是：辽宁（沈阳和大连）、吉林（长春和吉林）、山东（济南和青岛）、浙江（杭州和宁波）、福建（福州和厦门）、广东（广州和深圳）、内蒙古（呼和浩特和包头）。这些省份的城市集中度应该按照两个城市来计算。相应地，广东城市经济集中度达到 47.60%（这两个城市占全省 GDP 的份额）、山东为 30.28%、浙江为 44.3%、江苏为 34.18%。

表 4-1 显示了 2019 年 27 个省（自治区）空间经济集聚情况。显然，经济发达的八个省份城市化率、城市集中度（人口）和 GDP 空间集聚度都大于全国平均，只有个别省份除外。江苏和福建的城市集中度低于全国均值，山东和内蒙古的 GDP 空间集聚度低于

---

① 来源：郑州市统计局，2019 郑州市国民经济和社会发展统计公报。

全国均值。如果排除经济不发达的 23 个省区（表中自新疆以下省份，包括新疆），经济发展水平与城市化、城市集中度和 GDP 空间集聚度是高度相关的。有些省份城市集中度比较高，但是经济发展相对落后，比如吉林、西藏、青海、新疆、宁夏等省份，这些省份城市集中度高，更多的是历史、地理等原因造成的，而不是与经济发展相关。

2019 年 27 个省自治区空间集聚 表 4-1

地区	人均 GDP/元	城市化率/%	城市集中度/%	GDP 空间集聚度/%	最大城市人均生产总值与全省的比例/%
江苏	123607	70.61	19.03	33.39	306.33
浙江	107624	70.00	23.39	43.88	274.68
福建	107139	66.50	20.28	45.62	219.29
广东	94172	71.40	27.93	46.95	385.61
湖北	77387	61.00	25.07	35.40	231.28
山东	70653	61.51	23.28	29.81	326.52
内蒙古	67852	63.37	22.66	31.99	269.66
陕西	66649	59.43	38.33	36.14	138.42
安徽	58496	55.81	8.19	25.35	208.78
湖南	57540	57.22	9.72	29.12	272.47
辽宁	57191	68.11	34.32	54.08	130.61
海南	56507	59.23	32.66	31.49	127.80
河南	56388	53.21	10.49	21.36	233.15
四川	55774	53.79	19.46	36.50	185.37
新疆	54280	51.87	26.39	25.10	277.21
宁夏	54217	59.86	28.13	50.61	175.32
江西	53164	57.42	11.74	22.60	188.88
青海	48981	55.52	42.04	44.77	113.95
西藏	48902	31.54	35.90	36.39	226.15
云南	47944	48.91	19.39	27.89	233.51
贵州	46433	49.02	14.58	24.09	176.59
河北	46348	57.62	11.41	16.55	119.12
山西	45724	59.55	17.04	23.59	197.75
吉林	43475	58.27	39.64	62.43	172.02
广西	42964	51.09	15.69	21.22	143.70
黑龙江	36183	60.90	24.21	38.56	152.49
甘肃	32995	48.49	16.51	32.54	227.97
均值	61429	57.82	22.87	34.35	211.65

　　根据 2017 年人口流动模式的分析，中部地区是流动人口流失严重的，同时河南也是人口流失最严重的省份。这对郑州的发展是一个非常不利的因素。此外，郑州的人口增长以吸纳本省流动人口为主，外省流动人口吸纳规模非常有限。在 11 个国家中心城市中，

吸纳外省流动人口的均值仅为 11，与成都并列第九，仅比长沙略高一点（表 4-2）。在吸纳外省流动人口方面，东部地区的国家中心城市远比中部的城市更加吸引人。沈阳排在第四位，主要是吸纳了黑龙江、吉林和内蒙古的流动人口，而杭州、南京、广州、厦门的流动人口来自的省份更广。这有利于推动这几个城市的文化多样性。

国家中心城市吸纳流动比较 　　　　　　　　　表 4-2

流入地	省内	省外	省外均值	总计
杭州	336	1516	56	1852
南京	611	1227	51	1838
广州	779	1060	46	1839
沈阳	742	856	33	1598
厦门	928	836	31	1764
西安	1052	687	26	1739
武汉	1138	426	19	1564
青岛	1352	419	18	1771
郑州	1581	275	11	1856
成都	1520	261	11	1781
长沙	1722	195	10	1917

4.2.3　郑州发展政策和战略挑战

郑州市除了需要应对经济转型升级和新常态发展的挑战外，还需要应对 2000 万～2500 万人口的定位带来的挑战。2049 年郑州全市人口将达到 2500 万～3000 万，其中 80% 为城市人口。[①]

郑州国家中心城市建设和发展带来的城市人口迅速增长意味着未来 30 年左右时间里就业压力和挑战将是巨大的。提供稳定、充分的就业增长是郑州国家中心城市建设和发展最重要的基本保证。预计未来 30 年郑州城市（市区）就业需要增长 200%～300%。

郑州挑战

超大城市发展意味着郑州建设国家中心城市发展在就业、住房、交通、公共财政、城市治理和管理、城市规划、土地政策和空间发展等方面面临的挑战是巨大的。

住房发展的压力是需要应对不同收入群体的住房要求，保持住房可支付性，进而维持和提升郑州城市的竞争力。特别需要指出的是，城市房价是衡量城市竞争力的一个重要指标。韩国首尔的高房价是使得首尔国际城市竞争力低于日本东京和新加坡的一个重要原因。

城市交通拥堵是超大城市的普遍现象。城市交通是城市有机体的"骨骼"和"血液"，城市可持续发展最为核心的内容和要素是城市交通的可持续发展。城市公共交通的可持续发展与城市土地利用、城市空间结构和形态、城市公共财政等有着非常密切的关系。因而推动城市可持续发展战

---

① 参见：2049 年郑州国际化宜居大都市发展目标。

略既需要交通和城市土地利用的整合，又需要城市规划、公共财政和城市管理体制等方面的改革和协调。

将郑州建设成为现代化的超大城市需要公共财政支持和保障。公共财政不仅需要支持不断增长的城市基础设施和产品的需求，还要为城市品质的提升提供财政支持。城市品质的提升与生态建设、人才优势培育、文化魅力彰显、治理和管理能力提升等密切相关。

郑州国家中心城市发展的挑战

- 如何为 20000 万～2500 万人口提供稳定和充足的就业机会？
- 如何为人口增长提供可支付的住房？
- 如何为城市增长所需要的基础设施和公共服务提供财政支持？
- 如何规划和构建可持续的城市空间发展（形态），以最大限度地发挥市场要素效率（资本和土地），并最大限度地降低城市交易成本？
- 如何推动城市可持续交通的发展从而最大限度地减少城市交易成本？
- 如何有效地推进管理体制改革，使得郑州国家中心城市发展建设在市场要素空间自由流动和有效配置，最充分地吸引个人和企业进入，最大限度地鼓励企业扩展和新企业的诞生？
- 如何在严格的土地制度框架下为中心城市发展和建设提供土地供给的保障？
- 如何（逐步）减少土地财政的公共财政依赖，探索城市基础设施发展新的融资模式和途径？

城市管理和治理的现代化是推动郑州超大城市可持续发展的必要途径。广义的现代化城市管理包含城市营商环境的建设，而广义的城市营商环境建设包含对投资、企业和商业吸引力的支持，包含对中小企业扩展的支持，包含对新企业和新商业诞生的支持，包含吸引人才和人员、培养人才的人文和制度支持。城市管理和治理是提升城市品质的重要内容，也是提升城市竞争力的重要方面。

城市规划是研究城市未来发展、城市合理布局和城市各项工程建设的综合部署的学科，城市规划纲要（城市总体规划）是城市未来发展的战略性纲领性文本，是城市中长期发展的蓝图，是城市管理的重要组成部分，也是城市建设和管理的依据。城市未来发展有非常大的不确定性，包括发展速度、产业方向、城市品质的内涵等在发展进程中都有可能发生变化。在城市发展方面，未来不确定性意味着土地需要、城市土地利用和开发的不确定性。因而，前瞻性和战略性的城市规划需要和市场机制、城市发展的自然规律密切结合，以服务市场和城市自身发展规律为前提，并通过更正市场失效对城市效率的负面影响来最大限度地提升城市发展质量（丁成日，2005）。

在国家推进空间国土规划体系和"一张蓝图"中长期战略发展理念的背景下，郑州城市规划的挑战要协调三方面考量：① 国家刚性的、垂直的规划管理；② 为郑州城市和经济增长提供规划服务；③ 未来发展的不确定性对城市发展、空间布局和城市工程项目安排等的影响。

国家严格的土地制度（特别是耕地永久保护和土地利用指标的垂直分配）需要郑州在土地管理和制度安排上有所创新，从而保障郑州国家中心城市的建设和发展。

4.3　郑州发展的机遇

国家正处在转型时期，正在追求经济发展的"新常态"，而这个新常态需要新的诠释，必然需要新的发展模式来呼应。转型和新常态本身就是机遇。

改革开放带来了广东、浙江、江苏等省份的崛起和发展。对比图4-3和图4-2，可以明显看出改革开放改变了31个省的经济发展格局。改革开放前辽宁和黑龙江的GDP总量都在河南的前面（辽宁第三），现在都在河南的后面（辽宁在中游而黑龙江在倒数后十位）。同时，浙江超过河南，并且超出近万亿元。浙江完成了从落后河南25%到超过河南20%的反转。

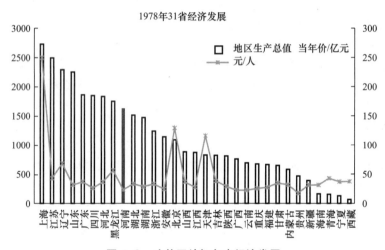

图4-3　改革开放初各省经济发展

郑州：　河南经济转型升级的希望！

经济转型提升的核心内涵之一是生产力的提升。生产力提升所依赖的要素有：人力资本、基础设施和社会财富，这些要素有利于推动高端服务业和高附加值产业的发展。同东部的一些省市相比，郑州和河南没有优势，甚至处于劣势，同中部的个别省市相比（比如湖北和武汉，陕西和西安等）也没有优势。但是郑州在河南有显著的优势。只有通过郑州的"一枝独秀"，河南才有希望在经济转型升级方面有所作为，河南的经济增长才能在新一轮的增长中有所突破和跃升！

郑州发展最大的机遇就是本轮经济转型和新常态发展带来的。中国经济转型升级和新常态发展意味着国家经济增长模式从投资主导模式转向生产力提升主导模式和消费增长模式。

中国经济可以通过以下几种方式来推动经济增长：满足日益增长的中产以上阶层的消费；推动数字经营模式；推动研发密集型产业，提升产业和产品在价值链中的地位；提供能源效率；推进运营转型。

除了经济转型升级对生产力提升的压力外，中国社会发展趋势也对生产力的提升提出了要求。中国的人口政策和延迟退休都反映了（未来）人口老龄化问题的严重性。人口老龄化一方面增加了养老的社会需求，另一方面减少了劳动力人口。这两方面从不同的角度提出了提高生产力的迫切性。根据预测，2030 年以后，65 岁及以上人口占总人口的比重或超过 20%，届时中国将进入重度老龄化社会。随着老龄化的发展，地方政府的养老和退休保障体系负担加重，财政补贴金额不断上升，因而，养老金短缺将成为政府面临的最棘手问题。解决因老龄化带来的公共财政压力的途径之一是生产力的提高。劳动力人口的减少说明过去经济增长的人口红利将（在不远的将来）消失，因而国家需要大幅度地提升劳动生产力才能维持目前一半增速的经济增长。

鉴于许多行业的生产率水平相对较低，可以通过（至少部分）专注于价值链的"高端"并结合先进的技术来实现生产率的提高。这些收益将需要在教育和技能培训上进行重大改进，增加市场竞争，促进更大的劳动力流动自由，并增加对小企业的财政支持。

因而，河南省在经济转型升级方面必须也只能寄希望于郑州。这是因为，第一，郑州在国内并不具备人才优势（同比其他省会城市，比如武汉、西安、南京、杭州、广州等），甚至是有严重的短板。但是郑州在省内的优势还是比较明显的。因而，在提升生产力、推动生产力主导的经济发展模式方面，郑州应该引领河南省，成为全省的模范和标杆。郑州在省内人力资源的优势方面是省内其他市县不可比拟的。

第二，郑州在城市基础设施和公共服务与产品方面的优势也是其他市县不可比拟的。这些是生产力提升所必须的条件。

第三，河南省的社会财富、高端服务和高附加值的产业（如果有的话）都是不成比例地集聚在郑州。因而必须充分发挥郑州的这些优势，只有借助本次经济转型提升河南省的经济发展才有可能实现突破和跃升。

党的十八大以来河南省和郑州市的发展战略已经提升到国家的层面。相应地，国家确立了郑州国家级的国家中心城市地位。郑州航空港经济综合实验区、郑州作为全国五个中欧班列枢纽城市之一等都是推动郑州国家中心城市发展战略的主要部分。

郑州已形成七大主导产业（电子信息工业、新材料产业、生物及医药产业、现代食品制造业、家居和品牌服装制造业、汽车及装备制造业、铝及铝精深加工业）和电子信息、汽车及装备制造两个 5000 亿级产业集群，智能手机产量约占全国七分之一，速冻食品占全国 60% 份额，客车销量约占全球七分之一。

郑州最大的优势之一是地处中原（中国的地理中心），是中国承东启西、连南贯北的综合交通枢纽中心和战略腹地，数十条国家干线铁路及数十条国家高铁干线在这里交会。郑州站是全国最大的客运站之一，素有中国铁路心脏之称。但这个中国铁路心脏反而有可能成为郑州发展的障碍，因为便利的交通可能导致不多的高端人口被东部挖走。

4.4 郑州城市发展"新"模式

4.4.1 "城市带动经济（产业）"模式——"就业跟着人走"

城市发展的另一种模式——"城市带动产业（经济）发展"模式——国内鲜有讨论。这个模式的特征是由于城市人的聚集产生就业机会。"北漂"中的一些人发展成功是这种模式的具体表现形式之一。"北漂"是先有人到城市来，然后有他们的就业、创业和发展。个人的发展和成功为他人提供了就业机会。理论上，"城市带动产业发展"模式有两层含

超大城市是新企业诞生的摇篮

● 企业诞生、生存、成长需要：
　产业的多样化；
　劳动力的多样化；
　文化的多样化；
　企业（家）文化。
● 城市规模越大，多样性程度越高。

义。第一，城市的增长推动新企业诞生；第二，城市推动企业劳动生产率的提高，进而推动经济发展。第二层含义在第一章有详细的论述，这里只侧重说明第一层含义。

Backman and Kohlhase（2020）对瑞典2002～2013年企业的研究发现，地区文化的多样性、城市劳动力的多样性都有助于企业的诞生、生存和成长。Lee（2001）也发现多样性对企业诞生的积极影响。Norton（1992）总结特定经济的多重性和丰富性影响企业发展的三个主要原因是：① 多元化提供各种生产者服务；② 有关新生产技术、产品、客户和供应商信息流的区域网络；③ 大量差异化的劳动力供应。

实证研究发现，新企业的诞生受失业、人口（规模和密度）、产业结构、企业文化和融资等方面的影响。失业与企业诞生的关系合乎常理，即当人们失业的时候更有可能去创业。新企业的形成进而降低失业率，因为新企业不仅包括企业拥有者，同时还有其他雇员。需要指出的是，失业和新企业形成的关系比较复杂。Storey（1991）时间序列的计量经济分析发现失业与企业诞生的关系有显著的正相关关系。Armington and Acs（2001）利用美国1989～1996年的企业数据研究发现，在对资本要求比较小的行业中失业与新企业形成的关系是积极的，而在资本要求比较高的行业中，失业并不能推动新企业的形成。

城市新企业诞生的集聚效应源于需求效应和区域溢出效应。需求效应主要和人口增长相关。新企业的诞生与三类区域溢出效应相关（Krugman，1991）。第一，劳动力池产生空间上的规模递增效益；第二，集聚也有利于非贸易投入要素更多样化和廉价的提供；第三，信息流的规模经济。因此，新公司最有可能在区域溢出最大的地区诞生。这些理论揭示了人口密度和规模都将对新的创业公司产生积极的影响。

影响企业出生率的另一个因素是企业家文化。企业家文化被定义为鼓励企业家行为的社会环境。这种文化包括两个相互关联的方面：第一，人口的创业取向，第二，在地方机构中企业特征表现。地方机构包括社区/地区政治领导，金融机构和教育机构。文献表明，企业家文化空间上有巨大的差别。

城镇化新模式——"城市带动产业（经济）发展"

● 城市推动新企业的诞生和形成。
● 影响企业诞生的因素有失业、人口规模和增长（城市集聚效应）、产业结构、企业文化和融资渠道等。
● 失业使得人们更加主动地追求创业，因而失业推动新企业形成，特别是资本要求低的行业。
● 城市集聚效应提升城市劳动生产率，进而推动产业和经济的发展。
● 新模式适合于特大城市、超大城市。

如果人口增长带来个人对商品和服务需求的增加，就增加了利润空间，反过来为新公司的诞生提供了机会。如果新移民有可能参与企业创业，那么移民引发的城市人口增长的作用和意义就更加重要，因为移民提高了有利于城市创业的企业文化。但是，美国的实证研究发现，移民需要在城市中定居一定时间后才有可能去创业。比如，美国新企业业主有70%都是5年以上的居住历史，50%是15年的居住历史（Reynolds P D, Miller　B, and Maki, 1995）。

企业平滑运作需要必要的社会基础支持，比如交通、通信、教育、卫生保健、警察、消防和公用事业等。这些并不一定都是由政府提供的，但是它们的供给都受到政府的监管，并且从某种意义上讲它们的供给是为了服务企业，因而这些社会基础的容量促进了新企业的诞生。

"城市带动产业（经济）发展"模式更适于特大、超大城市。特大、超大城市的集聚效应既有利于提高城市效应进而推动经济发展，又有利于新企业的诞生和发展。特大、超大城市往往是新型产业和新生企业诞生的发源地，特别是涉及技术创新方面的企业和产业更是如此。因此，新型产业和新生企业在北京等超大城市诞生和发展是必然的，也是充分发挥城市人才优势的必然结果。特大、超大城市的经济结构往往表现出综合特征，这对新企业和新产业是非常重要的。新企业和新产业部门更有可能在综合性经济城市中诞生和发展，成熟性企业或产业更倾向于向专门化城市转移或向外转移并推动专门化城市的出现和发展。这也部分解释了为什么美国1960～2000年间大城市发展是以小城市发展为代价的（美国许多以制造业为主的小城镇因制造业迁往国外或者其他地区而严重衰退）。

中国未来城镇化发展模式应该是"双"模式，即继续保持和推动"产业（经济）带动城镇发展"模式，同时又要培养和培育发展"城市带动产业（经济）发展"模式。这个新发展模式更适于特大、超大城市，因为：① 特大、超大城市人口规模大，产品和服务的需求高，城市集聚经济效应显著，其对经济的影响应该最大化；② 特大、超大城市经济结构相对综合；③ 特大、超大城市基础设施和公共管理服务完善；④ 特大、超大城市人才相对集聚，所形成的劳动力池是新企业形成的重要条件；⑤ 特大、超大城市的信息流和溢出效应优势是中小城镇不具备的；⑥ 特大、超大城市具备各种"×漂"人才成功的条件和机会。这也是中小城市不具备的。

特别需要注意的是，新移民（特别是农村-城市移民）在短期内创业的机会和可能都是非常小的，他们的（潜在）失业问题可能也会带来城市治理等方面的种种问题（治安、健康等）。但是经过一定时间定居和社会融合，他们中的部分人创业可能性是有的，尽管可能是少数，比例比较低，但其社会经济影响可能是不成比例地显著。

4.4.2　郑州"特区或发展转移财政"模式——经济新常态下的新模式

深圳的发展是中国也是世界上可能"增长极"理论最成功的实践。深圳的成功由"天时""地利""人和"三方面共同决定。"天时"是改革开放时机和国家给深圳的特区政策；"地利"是靠近港澳的地理优势；"人和"指的是全国省市汇集到深圳，利用深圳的特区政策从事投资和（国际）商贸发展。深圳成功的案例难以完全复制，但是深圳的发展模式可以借鉴。

发展郑州"特区"模式，使其成为经济发展新常态下的特区样板。不同于改革初期享受特殊财税制度、国际贸易和投资等方面的优惠政策，郑州"特区"模式的特点是以郑州为核心的新型的"省市（郑州）""市（郑州）-市县"政府间协同发展的模式（图4-4）。

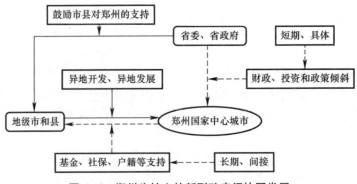

图 4-4 郑州为核心的新型政府间协同发展

郑州"特区"侧重于在资源（人才、产业基础、投资等）有限的河南省内通过空间高度的集聚来提升市场竞争，进而提高郑州的劳动生产力，并通过市县"特区"发展的参与提升市县的生产力。

郑州"特区"模式主要有两个核心内容。

第一个内容是郑州和其他市县的互"借"。

在郑州设立的特区里，河南省的其他市县从郑州借地，将它们的投资项目和土地开发指标都投放到郑州，进而通过借助郑州国家中心城市这个平台和相应的城市规模优势，使投资资金（项目）和土地指标都发挥最大效率。这是市县从郑州的"借"。郑州通过利用其他市县的土地利用和开发指标，实现在国家严格的土地管理制度框架下，满足城市发展所需要的城市土地的充分供给，同时又促进省内土地资源指标的盘活，提高全省土地资源效率。这是郑州从市县的"借"。郑州特区这个"借"的特点通过"异地开发、异地发展"来实现。

"异地发展"是省内其他市县将投资、企业、商业等项目拿到郑州来发展，是"借地"来推动市县各自的发展。市县通过"借地"，借助郑州国家城市中心发展平台，利用郑州的发展机会发展。"异地开发"指市县将土地利用指标用到郑州市，享受郑州高土地价格的优势。

"异地开发"和"异地发展"需要在 GDP、税收、就业等方面对市县作出妥善安排。"异地开发"和"异地发展"的经济和财政安排有多种模式可供选择。比如，一种模式是将 GDP、税收计算在市县，但是市县需要承担管理和城市基础设施、公共服务费用；一种模式是市县以土地利用指标作价入股，还有一种是将土地利用指标异地出售，等等。

土地利用指标包括：耕地保有量、基本农田保护面积、城乡建设用地规模、建设用地总规模、城镇工矿用地规模、新增建设用地规模、新增建设用地占用农用地和耕地规模等。耕地保有量、基本农田保护面积、城乡建设用地规模等指标是控制性指标，各级地方政府必须严格遵守。

市县的异地开发、异地发展是推动河南省生产力提升的有效措施和机制。郑州市的生产力相对比其他市县高，项目、企业、投资等到郑州发展意味着面临更大的竞争和挑战，市县可以通过项目、企业和投资来帮助郑州国家中心城市的功能扩散和辐射。市县的异地开发、异地发展还可以要求郑州市为市县提供就业机会。郑州市从市县的异地开发、异地发展中获取就业增长、居民收入、城市消费等方面的间接收益。

郑州市的土地价格高于其他市县，未来土地价格的增幅也将远大于其他市县。市县的异地开发可以借助郑州高土地价格获取更高的土地收入，同时也可以通过高土地价格带来的资本和土地资源效率间接地推动河南省的可持续发展和竞争力提升。

第二个内容是省、郑州、市县复杂的政府间相互支持网络。

以郑州"特区"为平台，郑州国家中心城市建设和发展不仅需要河南省委、省政府的大力支持，同时也需要省内其他市县的大力支持。省政府对郑州的支持包括财政倾斜、政策倾斜。省政府还应该鼓励其他市县支持郑州的发展。（其他）市县支持和参与郑州国家中心城市建设，并从中获益。市县支持和参与的方式是"异地发展"和"异地开发"。对省在财政、投入、政策等方面的倾斜支持和其他市县的发展支持，郑州市需要有所回馈。郑州市对其他市县的支持可以采取的形式有：① 教育基金；② 社保和扶贫基金；③ 郑州市户籍优先政策；④ 扶贫等。

省政府的支持是短期的、直接的，郑州市对其他市县的回赠是长期的、间接的。郑州市的反馈既是郑州市发展引擎的组分，又是实现"不平衡中均衡"发展模式的具体措施，推动省内区域均衡发展。"不平衡中均衡"的发展是其他市县参与郑州发展，并从中获得收益。

借助郑州"特区"的发展，改革和发展省内政府间新型的财政关系。这个财政体制既包含垂直关系又包含横向关系。前者指省-市县关系，后者指市（郑州）-市关系。

郑州"特区"与改革开放初期沿海地区实施的"特区"既有差别又有相似之处。相似的地方是外地（其他市县）对"特区"发展的贡献和参与。不同的地方主要表现在：① "特区"没有额外的财税、出口、投资等方面的特殊优惠；② 郑州"特区"的"特"表现在"异地发展"和"异地开放"；③ 郑州"特区"经济发展以提升生产力、以创新为主要目的；④ 在国家法规垂直管理体制下追求市场机制和城市发展规模的发展模式，破解国家长期宏观管理中的"悖论"，即"一管就死、一放就乱"；⑤ 以郑州为龙头省内市县协同发展的模式；⑥ 省市（郑州）、市（郑州）-市县新型的政府间财政关系。

改革开放以来，中国的经济和财政分权推动了其非凡的经济增长，但付出了巨大的代价。财政分权带来的不良后果包括地方竞争，往往导致经济过热，国家宏观政策控制效果减弱，促使地方在财税和补贴方面竞相竞争以吸引投资和企业（Shick，2007）。"异地发展"和"异地开发"可以避免地方竞争带来的重复性建设和过度投资。

文献研究论证城市可以以土地供给在东部推动城市经济增长而在中西部地区则不能。这间接地说明严格的土地管理制度下快速城市发展进程中土地供给过度和土地供给不足可能同时存在，而过度"土地城市化"现象在城市土地供给过度的地方将会表现得尤为突出。"异地发展"和"异

郑州发展"特区"的战略价值

- 省内其他市县异地发展；
- 省内其他市县异地开发；
- 没有特殊的财税、贸易和投资政策；
- 经济发展业绩市县归属；
- 市县经济竞争力提升；
- 郑州中心城市扩散和辐射能力提升；
- 破解严格土地管理制度下土地供给过度和供给不足空间共存现象；
- 破解国家宏观管理"一管就死、一放就乱"现象；
- 减缓和阻止地方间竞争和重复建设；
- 推动"不平衡发展中均衡"发展。

地开发"能够促进土地供需平衡。

4.4.3　生产力主导的增长发展模式

生产力主导的增长模式，一个最为关键的要素是产品和技术的研发。在河南省和郑州市整体科研实力相对薄弱和非国有经济企业比较弱小的情况下，单纯依靠企业自身研发力量来推动创新难以承担起经济转型升级的要求。因而，高校和国家科研单位、个人如何参与企业技术与产品的研发，如何鼓励高校和科研单位的研究人员将科研成功转化为生产力是非常值得探讨的问题。

如何将政府提供的各种研发项目（包括资金项目）转化为生产力也是一个非常重要的课题。这个课题在产权与保护意识日益增强的情况下显得尤为突出。这是因为，基础和应用基础领域的高端人才主要集中在高校和事业单位，政府支持的基础和应用基础研究经费也占相当的比例（如果不是绝对多数的话）。没有制度的保证，高校和科研单位的研究将难以转化为生产力。

> **"产学研"结合的模式创新**
>
> - "产学研"结合的发展理念：推动"产学研"发展的一个核心问题是研发成功产权及其共享问题。
> - 国外的模式之一是国家自然科学资金项目结题不是要求发几篇论文，而是要求申请者利用研究成果成立公司，聘用研究人员，将研究成果推向市场。

4.4.4　消费城市模式

消费已经成为中国经济发展的重要引擎，2019 年消费对我国经济增长的贡献率为 57.8%，已连续 6 年成为拉动经济增长的第一动力。

郑州消费城市模式有四层含义，同时也是必须锚定的目标。第一，经济转型提升意味着投资主导的增长模式转变到消费主导的增长模式。作为一个人口大省的省会城市，郑州消费增长必须引领全省，并发展成为全省的消费中心。

第二，城市发展成为 2000 万人口的超大城市本身就意味着一个巨大的消费市场。这里特别需要指出的是，根据中国特殊的户籍制度，在户籍近期还将保留的情况下，郑州城市人口增长将由三部分构成：① 郑州本地农村人口；② 已经在郑州常住的非本地户籍人口；③ 郑州市户籍以外的新移民。

> **城市消费**
>
> 郑州国家中心城市的发展意味着中高收入群体的增长。相应地，城市消费也将发生变化，专业运动队、博物馆、稀有美食、酒吧、音乐会、剧院等方面的需要将大幅度增长。郑州需要积极地参与国内的体育赛事，特别是三大球赛，并以此拉动国内外旅游及其消费。

郑州市户籍以外的新移民有绝大多数是农村-城市移民。有文献研究表明，伴随中国城镇化的农村-城市移民会导致人均消费 30% 的增长（Molnar et al.，2017）。丁成日和孙向伟（2021）利用投入产出模型研究城市化对郑州的经济影响，发现城市人口增长和城市化（农村-城市人口转变）对 GDP、个人收入和税收的影响都是非常显著的，对 GDP 增长影响最大的产业是：农林牧渔产品和服务；通信设备、计算机和其他电子设备；住宿和餐饮；文化、体育和娱乐。

根据郑州人口增长的构成分析，人口增长有相当一部分是以消费郑州市公共产品和服务为目的的。比如，人口增长动力机制中有教育驱动、医疗卫生驱动、养老保健驱动等。因而，郑州国家中心城市发展需要充分利用公共产品和服务优势引发的消费增长。

第三，郑州经济和人口发展将意味着大量的中高收入家庭的出现。满足中高收入家庭群体的消费需求是城市规划和发展的重要内容之一。

第四，作为中原地区一个重要的经济中心，郑州需要为周边地区（包括其他省市）提供中高档次的消费需求。

城市消费主导的增长模式还意味着与消费有关的投资。根据 McKinsey Global Institute（2012）研究报告的预测，2025年，全球440个正在兴起的城市每年的消费将达到100万亿美元，平均每个城市是2200亿美元。这440个城市创造230万亿美元的GDP，每个城市平均贡献的GDP为5200亿美元，每年的固定资产投资在100万亿美元。

特别需要指出的是，中国有242个城市入选，其中236个城市在整体440个城市中位于中间。郑州在中国236个城市中应该排在前15位以内，但是从目前的发展水平来看，郑州与 McKinsey Global Institute（2012）预测的发展目标（平均值）还有距离，比如2025年郑州GDP难以达到5200亿美元的均值。

4.4.5 推动和接纳非正规经济发展和就业增长

经济学家认为，城市棚户区的存在和发展是地方经济增长的一个自然组分，同时还是地方经济繁荣的标志（特别是发展中国家和转型国家）。这是因为非正规定居为外围涌现的市场经济提供必须的劳动力池，而必要的劳动力池不仅帮助他们自己脱贫同时也推动经济发展。

郑州城市增长首要的挑战之一是为城市人口增长提供就业机会。大量外来人口，特别是农民工进城将对正规经济的就业带来巨大的压力。非正规经济就业有市场需求，同时也部分地缓解正规经济就业压力。目前不少地方对非正规经济的认识是比较负面的，因为非正规经济与城市穷人和非正规住房联系起来。非正规住房国内比较典型的是城中村的发展，国外比较普遍的是棚户区。

Glaeser（2011）警告说，没有能够吸引农村穷人是城市衰退的一个指标（特别是发展中国家）。城市是经济增长中国家的经济重心，因而也正是城市为大量贫穷移民提供了希望和就业机会。

被忽视或者说是不愿意承认的事实是：在许多方面，城市与城市穷人形成了一个共生或者共栖的关系（Frankenhoff，1967）。移民城市的穷人为城市提供廉价劳动力，这对许多发展中国家很重要，因为发展中国家往往缺少资本且经济依赖于劳动力密集产业。城市有着对低劳动技能、没有资本的劳动力的大量需求，这与农村形成另外一个鲜明的对比。现代农业需要大块土地和资本的投入（机械、能源、化肥、药剂等）来提高农业劳动生产率和收入，这对农村穷人而言是可望而不可即的。城市穷人通过为城市核心区内的家政、产业、建筑等相关需求提供廉价劳动力，成为城市经济发展的基石之一。缺少这方面的劳动力供给，城市经济将受到伤害。

非正规经济的发展对经济的贡献概括为三个方

非正规住房的作用

- 城市化时期提供可支付性住房；
- 为城市增长提供劳动力红利；
- 为流动人口"固化"提供时间。

119

面。第一，非正规经济发展对正规经济的就业产生压力，从而提高了正规经济的劳动效率（消极怠工现象减少）。第二，非正规经济的发展间接地说明就业压力，而就业压力与创新是成正比的。第三，非正规经济部门可以成为经济增长的引擎和动力，特别是在发展中国家。

近年来，非洲国家经济增长显著，但是相应的正规经济部门的就业增长非常有限。据估计，每年有1.22亿新人涌入城市，在过去十年中，非洲国家/地区仅创造了3700万个就业机会，其中只有28%为带薪的正式工作（Fine et.al., 2012）。实际上，非正规部门仍然是整个非洲就业的主要来源，其中撒哈拉以南非洲地区的非正规部门就业比例为50%，北非为62%（AfD, 2013）。此外，十分之九的非正式工人是妇女和青年（AUC, 2011）。

根据Kraemer-Mbula and Wunsch-Vincent（2016）的研究，非正规经济部门的经济贡献是巨大的。具体地，在大多数中低收入经济体中，超过一半的非农业就业是非正式的，中部非洲达到80%以上；在最近几十年中，许多地区的非正规就业比例有所上升；然后，非正规经济占拉丁美洲的GDP的近三分之一，印度的一半以上，以及撒哈拉以南非洲GDP总量的60%以上。

4.4.6　多种形式的城市化模式

改革开放初期的"离土不离乡""进厂不进城"的城镇化模式充分体现了城镇化发展战略对小城镇的倾斜。这种模式基本上已经成为历史。

目前，中国城镇化模式可以归纳为六种。第一种和第二种模式分别是"就地城镇化"

中国城镇人口增长模式

- 就地城镇化模式
- 就近城镇化模式
- 常住人口模式
- 流动人口模式
- 城区边界扩展模式
- 征地引发户籍变更模式

和"就近城镇化"。这两个模式是在21世纪初以成都和天津的发展为典型。这两种模式体现了依托大城市（特大城市、超大城市）的城镇化模式。

第三种和第四种模式是常住人口模式和流动人口模式。由于户籍制度的约束，中国城镇有大量的常住人口和流动人口。常住人口中有流动人口和非流动人口。非流动常住人口已经"固化"到城镇户籍人口。流动人口中农民工为主，流动人口中有常住的人口和非常住的人口。由于流动人口规模巨大，且很多是不常住的，故中国城镇化数据有低估的可能。

郑州城市人口增长的新模式

- 想来郑州的人都能够来郑州发展，破除大城市增长的"半围墙"隔阂
- 最大限度地鼓励流动人口
- 制度和体制改革促使流动人口的"固化"
- 创造"郑漂"发展机会和舞台
- 郑州城市发展有效吸引河南户籍人口，减缓河南省人口流失的趋势

第五种模式是城区边界扩张引发的城区人口增长模式。城区边界扩展比较典型的是县改区。县改区的过程中，县镇内的非农业人口自动纳入中心城市城区户籍人口，中心城市城区人口相应地增长。

第六种模式是征地引发的农村户籍变更模式。城镇户籍是统计城镇人口最主要的指标。结合严格的土地管理制度，征地引发的农村户籍变更也是中国的一个特点。

这六种城镇人口增长模式中，前两种和后两

种人口增长的规模有限，因而未来郑州城市人口增长主要靠非郑州户籍的常住人口和流动人口。因而，应逐步改革制度和体制，减少流动人口来郑州的制度障碍、破除大城市人口增长的"半围墙"隔阂；培育外来人口"固化"的文化和社会环境；创造"郑漂"的就业机会和发展舞台。

郑州城市人口增长需要最大限度地吸引河南户籍人口，并且优先吸引和接纳河南省籍的人口，发展成为河南省的人口"黑洞"，减缓河南省人口流失。2019 年，河南省人口流失超过 1000 万，是中国人口流失最多的省份。人口流失的得失是两方面的。对经济发展的负面影响是：人口流失既加剧了河南人口老龄化，又减少了就业人数。对经济发展的正面影响是：外出打工收入寄回老家消费，外出打工返乡可以带回不同的文化、经历和技能，这些都有利于河南省的发展。但是总的来讲，人口流失的负面影响是大于正面影响的。

4.4.7 城市（商务）中心高强度模式

郑州国家中心城市发展和建设需要有高强度的城市商务中心。高强度的商务中心不仅有利于最大限度地发挥劳动集聚效应，同时也彰显了城市活力。

中央商务区的高强度发展既反映在城市高层建筑上，又反映在城市土地开发比例（地块中用于建筑开发面积的比例）（图 4-5）上。在纽约（中城）商务区内土地开发比例高达 100%，平均为 82%～88%（丁成日，2018）。

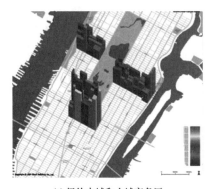  

(a) 纽约中城和上城商务区　　　　　　　　　　　　　　(b) 纽约城市建筑

图 4-5　中央商务区的高密度

郑州国家中心城市发展需要突出就业密度的提高和人口密度的降低。高强度的商务中心意味着高就业密度，而随着城市经济的发展和居民收入的提高，人口密度（根据居住地统计）需要减小，因为需要提高绿地和开发空间的比例。城市绿化和开放空间应该在居民和文化娱乐场所附近建造，而不是在商务中心（丁成日，谢欣梅，2010）。

城市（中心和商务中心）高强度的发展必然导致城市交通拥堵。因而，以商务中心为轨道枢纽，发展"放射性"的城市公共交通（轨道交通和 BRT）网络系统。

第二次世界大战以后，随着人口和经济的发展，日本东京、韩国首尔、英国伦敦等超大城市的市中心（包括商务中心）就业密度显著增长。比如，韩国为推动知识经济和产业升级而选择在首尔市中心规划高密度的城市，商务服务的就业密度在高度集中的地方（相当于中国的城市街道）达到 30000～40000 人。认识到空间上隔离的高新技术开发园区可能不利于企业、大学、研究机构之间的互动发展，故将企业规划在已经是高度集聚的中央商务区和江南商务中心，以便企业能够充分利用那里的大学和研究机构的研发力量。

4.4.8　大学–城市共建模式

现代经济体越来越依赖知识和信息。大学在知识型经济中具有核心作用。当代大学的作用超越了传统的教学和从事基础研究的范围，它与以科学、技术和创新为基础的知识型经济社会需要融为一体。因此，大学与商业部门和 / 或公共部门形成战略伙伴关系，其主要目的是通过知识共享来开发和使用研究成果，进而提高竞争力并保持竞争力。大学是21 世纪知识型经济的力量之源，越来越被视为创新的主要驱动力和"经济增长的主要推动力"。因此，许多政策制定者将研究型大学视为新经济的"知识工厂"。

此外，大学一直是大都市地区的顶级雇主之一，并且是最大的雇主之一。大学支付的教师和员工的薪水是居民消费需求的重要组成部分。

大学和城市共建成功的典型案例之一是伊利诺伊大学芝加哥分校南校区 / 大学城项目。芝加哥南部历史上是移民居住的地方，以落后闻名。通过南校区的建设，现在这个地方是一个耗资数亿美元的综合功能区，包括大学建筑、私人住宅开发和混合租赁商业开发等项目（Perry，Wiewel，and Menendez，2009）。

4.4.9　以 TOD 为主导的城市空间发展模式

TOD（城市公交导向发展）模式倡导紧凑、高密度、步行环境、社区感知和认同。TOD 混合土地利用模式从两方面减少城市机动车出行需求，一方面促使原先小汽车使用者转而改用公交出行方式，另一方面通过将城市交通出行（至少部分地）内部化，减少整个城市的机动车交通需求。TOD 的城市交通内部化是在 TOD 发展区域内通过步行、自行车来满足出行的需求（比如购物、娱乐等）。

TOD 模式既是发展规划理念，又是城市发展设计；既是土地利用规划，又是城市交通规划；既需要政府的投入和引领，又需要开发商和市民的支持；既是土地利用和城市交通整合的微观表现，又是宏观表现。因而，城市 TOD 模式的成功实践需要政府多部门之间的协调和整合，特别是（城市）土地利用规划与交通规划之间的整合；需要城市发展战略、规划、设计和政策之间的协调。

国际经验表明，有两种不同的模式来推动土地利用和城市公共交通整合。一种是城市适应来改变城市空间形态，基本的途径是通过更高的城市发展密度、土地利用混合模式，来支持更有效率的城市公交化：高容量、高质量的城市公交服务，比如地铁和快速公交汽车（BRT）。另一种模式是城市公交适应，其基本途径是改变城市公交系统使其更好地服务于市场驱动的城市空间发展，主要表现形式是低密度的城市发展形式和郊区发展。

图 4-6 显示了以 TOD 主导的城市空间发展模式的典型形态。郑州超大城市发展需要在地铁（重轨）、站点（发展节点）周围发展混合土地利用和相对高密度的土地开发。在放射性的公共交通网络和高强度（高就业密度）的城市商务中心的空间格局下，TOD主导的城市空间发展模式不仅能够最大限度地彰显城市劳动力集聚效应，还能够最大限度地降低城市交易成本（通过鼓励公共交通出行，减少政府城市交通投资和城市居民交

通通勤成本）。

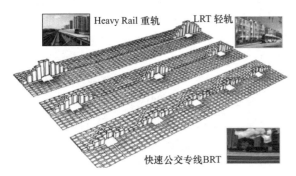

图 4-6 城市交通与土地利用整合：TOD 空间发展模式
（右图为美国波特兰 2040 增长概念）

4.5 郑州中心城市发展战略和对策

4.5.1 开放的人口增长政策

郑州国家中心城市建设和发展意味着在未来的 30 年里人口将迅速增长。2049 年郑州市城市化率将达到 85%。未来人口增长 80%～90% 是外来人口，且外来人口中绝大部分是来自农村和中小城镇。郑州的人口政策既要鼓励人才落户，又要接纳中低端人口进来并"固化"。中低端人口增长是保证郑州发展的重要前提。中低端人口一方面可保证廉价劳动力的充分供给，另一方面也是提升城市品质的一个重要方面，因为越高端的人才，其"人口乘数"越大。

这里"人口乘数"指城市增加一个人所带来的几个人的增加。区域经济学中经济基础理论（Economic Base Theory）将就业分为基础行业就业和非基础行业的就业。前者为城市外的群体提供产品和服务，而后者只为本地提供服务和产品。根据该理论，基础行业就业的 1 人增长将带来多于 1 人的总就业人数的增长。这就是基础经济理论的"就业乘数"。将其扩展，"人口乘数"就是乘数人口增长 1 人所带来的总人口增长。人才越高端，对外服务的比例就越高，"人口乘数"就越大。而低端人口的"人口乘数"可能是 1，也就是说，他们不能带来额外的人口增长。他们的作用是为城市提供服务和产品，这也是城市品质的重要内容。

人口增长政策不仅需要对想来郑州的人口开放，同时也需要有一定的竞争力来吸引更多的人口。根据不同的人口增长驱动机制，开放的人口增长政策设定不同的门槛。就业驱动的人口增长应该不设门槛，或者门槛最低，不同的公共服务（教育、医疗、养老等）根据公共产品（边际或者平均）成本来制定不同等级的门槛或要求。人口

开放的郑州——人口开放

- 就业驱动的人口增长户籍门槛没有或者最低；
- 公共服务和产品驱动的人口在增长设置相应的户籍门槛；
- 鼓励"郑漂"，"郑漂"暗示郑州活力和前途；
- 流动人口"固化"政策；
- 人口增长政策的基本基调是打破超大城市增长的"半围墙"隔阂，想进来的都可以进来，并最大限度地吸引原本不想进来的。

增长动机可以根据年龄来划分。不同年龄段的人口对公共服务和产品的要求也不一样。

郑州国家中心城市发展和建设需要鼓励"郑漂"。"郑漂"特指来自非郑州地区的、非郑州户口（即传统上的郑州人）的、在郑州生活和工作的人们（包括外国人，外地人）。"郑漂"群体中可能有相当一部分开始没有固定的工作，在郑州漂流，如同一些"北漂"艺人开始艰难后来成功。

"郑漂"的存在及一定的规模有两方面的意义。第一，象征着郑州的活力和机会。第二，是实现"就业跟着人口走"发展模式的具体表现之一。个别成功的"郑漂"先例是非常重要的市场信息，将吸引更多的人口成为"郑漂"。鼓励在郑州和河南省内读书的高等院校外省籍毕业生，毕业后在郑州"郑漂"，而不是去一线城市或者回老家，是推动郑州发展重要的措施。

北京的发展模式值得参考。陈剑（2012）论述："北京高校集中，特别是教育部直属的高校，大量集中在北京。近年来随着高校大规模的扩招，不仅在校生成倍增加，更重要的是每年招收外省市大学生，近一半大学生毕业后都滞留在北京。加上他们的配偶、子女和随行父母，基本上是1与3的比例关系。即一个京外学生留京，5~10年之后，一个京外学生就可能带来三人。此外，还有京外大学生流入寻找工作，以及大批在京的备考生和他们的陪伴家属，这些都是纯粹的高端常住人口，他们的消费构成新增的市场需求又吸引更多的流动人口到北京打工就业。"

尽管郑州在很多方面无法跟北京相比，但是作为国家中心城市之一，郑州在省内、中原地区甚至在国内都有一定的竞争力和基础。从某种程度上讲，"郑漂"的规模是郑州国家中心城市发展目标能否顺利实现的表现之一。

外来人口"固化"是推动郑州城市长期可持续发展的重要保证之一。"固化"是举家迁移到郑州，或者在郑州成家立业（单身到郑州的群体）。

4.5.2 包容性的经济

创造一个更公平的经济—— 一种适用于所有郑州人的经济，并且没有人发现自己被排除在机会之外。一些郑州人的才能没有得到充分发挥的经济不仅不公平，而且浪费和低效。越多的郑州人有机会在未来的经济中充分发挥他们的才能，新产业就越能更快地发展和繁荣。一些证据表明，从长期来看，更平等的经济体可能会比不平等程度更高的经济体做得更好——在更长的时期内增长更稳定、更快。还有证据表明它们是更安全、更健康和更快乐的地方。

公平和包容是该经济发展战略的核心——将郑州人的福祉、健康和幸福放在首位，并以此支持可持续的经济增长。为了创造更公平、更具包容性的经济，并确保良好增长，郑州需要实现以下三个方面的目标：

（1）一流的教育体系。我们的教育培养需要促使技能体系充分满足学习者或雇主的需求，特别是保证对经济所需的技术技能增长的支持。我们需要关注所有郑州人的早期教育质量，提供充分的职业信息、建议和指导，保证就业机会的公平和教育基金的充分等。

（2）所有郑州人同等的机会。发展更高薪水的工作机会，更多稳定的工作，是郑州经济繁荣发展的重要内容。我们应该侧重于：① 提升进一步学习和专业发展的利益回报；

② 制定数字包容战略，帮助所有郑州人从数字经济中收益。

（3）低生活成本。高城市生活成本（包括居住、交通和儿童学前费用）是许多中低收入家庭难以在超大城市生存的主要原因之一，这也使得企业比较难招聘到或者留住他们所需要的人才或员工。

4.5.3 设置"特区"——异地开发、异地发展的平台

设置省内"特区"既是对郑州国家中心城市建设和发展省内全方位的支持，又是河南省全面发展的需要；既是国家发展战略（郑州国家航空港经济区、郑州中欧班列）的需要，又是省内协同发展的具体表现；既能够使省内市县参与郑州的建设和发展并从中受益，又能够提高郑州中心城市功能扩散和辐射能力、推进省内经济网络和产业分工的发展；既能集中省内资源和市场要素，最大限度地发挥规模集聚效应，又能够实现和推进"不平衡中的均衡"式发展，助益全省。

郑州发展"特区"是经济转型升级阶段和经济新常态发展的"特区"。这个"特区"不同于改革开放初期的经济特区。改革开放初期的"特区"是以发展速度为首要目的。郑州"特区"是以高质量发展为首要目的。高质量发展需要知识、技术、城市基础设施和公共服务的支持；高质量的发展需要生产力的提升，创新是发展的主旋律。因而，河南省需要借助郑州超大城市，重点发挥其城市规模效应（集聚经济效应、选择效应等），率先并引领其他市县转让生产力主导的发展模式。"特区"的职能和作用意义重大。

"特区"应该设置在航空港经济区和/或中欧班列站点附近。需要尽快制定异地开发和异地发展的制度和政策。

4.5.4 "发展转移财政"政策

为配合郑州"异地开发、异地发展"特区，河南省和郑州市需要联合推出"发展转移财政"政策。"发展转移财政"政策指一个市县可以将其引进的投资项目放到郑州"特区"内，但是市县引进的项目除了空间区位不在市县自己的范围之内外，其他方面都可以与引进放在市县内的项目相同，当然，由于项目落在特区，使用了特区的土地和基础设施，特区截流相应的财政分成也是应该的。"发展转移财政"既可以集聚省内有限的资源在市场竞争最大的地方发展，进而提升全省资源的利用效率，又可以避免省内地方政府的竞争，进而避免重复性建设、缓解产能过剩。

土地是不动产资源。中国严格的土地管理制度和规划部门缺乏城市发展对土地需求的预测（分析和技术），全国的市县政府对城市化和工业化发展的土地供给安排很难保证与市场发展的土地需求相匹配。结果是，城市发展进程中的土地供给与需要常常脱节，突出的表现是土地城市化快于人口城市化现象与土地供给制约城市经济发展现象共存（丁成日，高卫星，2018；Ding and Lichtenberg，2011；Lichtenberg and Ding，2009）。

中国城镇化高速发展同时也带来许多问题，比如城镇化的质量不高、土地资源浪费严重（城市空间粗放式扩张、盲目和重复性建设、需求不足下的大框架建设、土地闲置严重、土地集约利用不高等）、人为造城和运动式的城镇化（造城运动）、土地利用空间布局不合理（各类开发区规模过大、布局分散等）、特大城市日益严重的城市病、城镇化引发的诸多社会矛盾等。这些问题直接或间接地都被认为和"土地"城市化问题联系在一

起（周其仁，2012；林家彬，2013；党国英，2011），也和土地制度联系在一起（Ding and Zhao，2011）。

"发展转移财政"能够使不动产的土地成为空间上可以流动的资源。土地资源的空间流动不是土地本身的流动，而是土地开发指标的流动。这样，"发展转移财政"能够使土地资源在空间流动，与资本资源和人力资源在最有市场效率的地方（城市）组合，实现有限的市场要素开放和利用的最大化。

"发展转移财政"制度的意义和价值

- 有助于抑制地方政府间日益严重的发展竞争，进而有助于缓解投资过度、产能过剩和重复建设。
- 促进市场竞争。更多的项目、投资和企业聚集在郑州必然带来发展的压力，促使企业研发投入，提升企业生产力，提升企业竞争力。
- 利用市场机制空间上调配"不动资产-土地"（空间流动的不是土地资源本身，而是土地开发指标），实现土地开发的"空间流动"（是土地利用指标的空间流动）。在严格的土地管理制度下最大限度地提高土地资源利用效率和实现市场机制下的土地资源空间配置，避免严格土地管理制度下快速城市化发展进程中土地需要和供给的不匹配。

4.5.5　规划、管理的省内平衡和协同

从城市发展的角度，市场三大要素（劳动力、资本和土地）在市场自由竞争下以效率最大化为目的的空间组合可以提高城市竞争力。这意味着城市需要在一个层级上规划和组织劳动、土地和资本的空间聚集。按照现行的国家法规，城市层级的市场要素的空间聚集既受制于城市发展规划纲要和远景策划，又受制于上级政府指标控制。

城市政府需要制定的五年国民经济和社会发展规划或纲要确定发展目标（如经济总量、结构等指标），投资项目是实现纲要目标最主要的手段之一。城市政府需要依据土地管理法和城乡规划发展分别制定土地利用规划和城市规划。城市规划决定城市人口规模、土地规模及其城市空间发展布局。土地利用规划的主要内容之一是确定土地利用指标。土地利用规划和城市规划的垂直性特征明显，具体体现在两个方面：第一，城市层级的城市规划需要与省级城乡规划衔接，土地利用规划需要与省的土地利用规划衔接；第二，城市层级的土地利用规划和城市规划需要省级甚至国务院的审批（图4-7）。[①]

市场经济体系下，就业机会的增加是城市发展的原动力。经济规划通过项目和投资规模深刻地影响经济发展（特别是总量和就业数），进而影响城市人口规模和住房需求。人口、住宅、就业增长又是影响城市基础设施和服务设施的重要因子。为有效服务市场，并以前瞻性、战略性引导（市场）发展，城市发展（空间国土）规划需要以分析和预测土地需求为基础。预测和分析土地需求需要将人口增长、经济增长等城市发展转化成土地消费

---

① 城市层级的土地利用规划和城市规划是否需要国务院的审批，决定于城市规模或者城市行政等级。

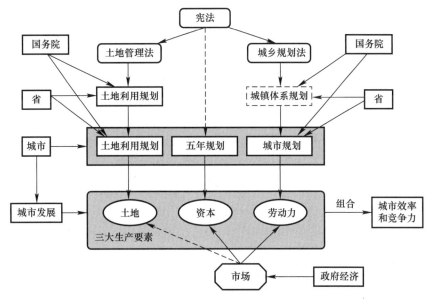

图 4-7 市场要素空间组合

量，而这方面的技术和应用在国内几乎是空白。

国土空间规划、"一张蓝图"发展理念、耕地永久保护等政策和发展理念，这些都将进一步强化土地管理制度。自然资源部主导的国土空间规划针对类型过多、内容重叠冲突、审批流程复杂、周期过长，地方规划朝令夕改等问题，通过建立一个整合的规划体系，描述发展的"一张图"，力求解决上述问题。

从目前的国土空间规划方案来看，经济规划"空间不落地"问题仍然没有解决。城市政府为了发展经济需要调配城市发展所需要的三大要素，实现其在空间上的自由组合，这不可避免地与"自上向下"通过规划对要素流动和配置的干预发生冲突。规划的不断调整既揭示市场发展对资源配置的影响力，也反映政府被动地应对要素配置的冲突。

为推动郑州国家中心城市建设和发展，同时考虑到未来发展的不确定性，省政府需要为郑州发展预留充分的规划"空间"和自由度，特别是在土地管理、土地利用指标等方面。此外，理论和国际发展经验说明，为城市化和工业化充分供地是发展的前提。这些可能与国土空间规划、"一张蓝图"等有冲突。

郑州"特区"政策、市县异地发展和异地开发等都需要省政府在省-市（郑州）、市（郑州）-市县（其他）之间协调国土空间规划、土地指标，为郑州国家中心城市建设提供充分的制度和管理保障。

4.5.6 郑州对市县的支持和反馈

郑州国家中心城市建设需要省和其他市县的支持。省政府的直接支持表现在财政、投资、土地利用指标、"特区"政策等方面，间接支持表现在鼓励市县在郑州"特区"发展。鼓励市县在郑州"特区"发展需要调整地方官员业绩考核指标。市县对郑州的直接支持是异地开发、异地发展，间接支持是政治上的态度。郑州国家中心城市发展意味着省内区域差别扩大。市县支持郑州率先发展，支持省里对郑州发展的倾斜是非常难得的。

因而，郑州市需要制定教育、扶贫、社保、户籍等方面的政策，回馈市县的支持，并以此引领市县发展。郑州市对市县的支持采取多样的形式。比如，可以通过教育基金或补助的形式，为市县贫困家庭子女上大学提供资助。可以设立社保资金，对特别困难家庭提供补助；可以采取户籍优先政策，优先考虑市县户籍变成郑州市户籍人口；市县异地发展、异地开发可以有效招聘市县户籍人口就职等。

教育基金或补助可以通过在郑州的大学发放，并对拿到教育基金和补助的学生就业予以优先推荐或加分录用。这种方式不仅对市县实施反馈和回赠，同时也帮助郑州和河南省留住人才，减缓河南省的人才流失。

郑州市可以利用其优势的公共服务和产品吸引本省户籍人口，为本省户籍人口落户郑州提供较低的门槛。

郑州市还可以通过为郑州市企业（私企）提供税费减免，鼓励它们与市县的企业建立产业链上的关联。

4.5.7 鼓励非正规经济及其就业的发展

近年来人们加深了非正规经济对经济发展（特别是对发展中国的国民经济）的认识，正面的评价也越来越多。在发展中国家和发达国家，现代或正规部门都在根据全球一体化和经济政策转变而转变。某些生产形式正在从大型注册工厂中迁出，并正在重组为更多分散、灵活和专门的单位。非标准合同安排或非正式工作正在取代全职工作。新兴的就业形式的例子包括非全日制、定期就业合同、临时帮助机构或合同公司安排的工作、临时工、合同小时工、外出工作或家庭作业。非正规经济部门的就业继续保持相当的规模，同时合同和就业时间安排也变得越来越复杂。

非正规部门不仅对就业是非常重要的，而且对提供产品和服务也是非常重要的。在许多国家，非正规经济对国内增加值（Gross Value Added）的贡献是非常显著的。非正规经济对非农业领域的国内增加值的贡献在东欧和中亚国家平均为14%，在撒哈拉非洲高达50%（ILO，2012）。非正规经济提供的产品和服务不仅是被城市穷人消费，也被城市的富裕家庭消费。非正规经济的规模表明它能够增加就业、提高生产力、促进经济增长、提高财政收入（Benjamin，2014）。

郑州国家中心城市建设和发展意味着未来郑州市就业压力是巨大的。非正规经济一方面可以补充正规经济部门就业增长的不足，另一方面可以为外来人口提供过渡的就业机会，缓解城市发展就业压力。

非正式经济活动是高度多样化的，没有支持非正规经济发展的一刀切政策。因而，城市管理和治理部门应对非正规经济采取包容的态度，并在注册、税收、小额贷款等方面提供必要的支持。

中国城中村的积极意义

城中村由当地农民建造，创造了一个低成本的租房市场，并为农村流动人口提供住处。城中村也存在着诸多问题，如住房建设过度拥挤、土地用途混乱、基础设施建设严重滞后、社会混乱加剧等。

大多数农村流动人口在城市从事低收入工作，这限制了他们在商品房市场上消费城市住房的能力。

城中村改造显然是一种以牺牲农村流动人口为代价的规划行为。从短期来看，城中村是为农村流动人口提供经济适用房的现实有效解决方案（选自：Song, Zenou and Ding, 2008；另见丁成日等，2020）。

4.5.8　大学研究人员兼职企业和自创企业的机制与政策创新

知识经济和创新经济的一个重要方面是将研发成果产业化，而大学师生是研发的重要力量之一。因而，鼓励大学师生创业和投入企业的商业产品开发的政策和制度是知识经济的重要组成部分。制度和政策建设需要兼顾大学师生投入产品研发生产中的激励机制，同时又要保证大学教师正常的教学和基础研究投入。在中国，技术和知识的创新人员主要集中在事业单位，而政府的研发投入又是主要的资金来源，而私有经济在 GDP、税收和就业等方面占据主要的地位，产学研结合需要体制和政策方面的创新，才有可能最大限度地调动大学师生的积极性。

美国是世界上知识经济比重较高的国家，1994 年高技术产出占制造业的比重世界第一，为 24.2%（OECD，1996）。美国的很多专利是来自公立大学的师生，而他们的研发资金又有很大部分是来自政府。因而，美国的制度和政策值得参考和借鉴。比如，大学教授在自己创建的公司上班的时间有规定，大学教授在自创的公司中不能聘用和使用在读学生（包括大学生、研究生、博士生和博士后）。美国自然科学资金资助项目的成果是要求项目主持人利用资金自创企业作为项目结题的形式等。

4.5.9　多样化的住房供给保障外来人口住房需求

外来人口是郑州城市人口增长的主力军，而农民工又在外来人口中占相当大的比重。因而，切实解决农民工住房并使农民工流动人口固化是快速城市化发展时期的首要问题之一。

出租屋是解决广大农民工进城住房问题的主要途径，出租屋租赁行为的法律保障是非常重要的。有保障的出租房屋有利于农民工和外来人口的"固化"（举家迁移或长期居住的农民工），能够吸引准备固化的农民工和外来人口定居（丁成日、邱爱军、王瑾，2011）。

有一个能够长期租赁的房子一方面有利于就业的稳定（而不会因为短期的失业轻易地流向其他城市，而更会在同一个城市寻找工作），另一方面也有利于生活习惯的改变和消费水平的提高。一个能够长期租赁的举家迁移的农民工比流动的农民工更有可能购置生活耐用品（如家具），并向城市居民的生活水平看齐。

发展中国家快速城市化与非正规经济和非正规住房（棚户区）相联系。Frankenhoff（1967）认为城市棚户区为从贫穷的农村转而适应大的城市市场的个人提供一个必要和临时的基石，并认为城市棚户区是经济增长的一个自然条件，随着城市的发展和经济增长最终为规范的定居发展奠定基石。在从非正规定居到正规定居转变的期间，城市棚户区为城市化进程中的大量移民提供居所，从而成为推动城市经济增长所需的劳动力供给源泉。

城市非正规定居点为大量来自农村的穷人移民至少提供了临时性住所，并且能够靠近城市就业市场。由于大量同样低收入群体的集聚有助于形成社会关系网，使他们顺利地实现从农村生活方式向城市生活方式的转变，并且在就业机会、社会信息、有限资源共享等方面帮助农村移民在城市中安定和安居下来。有不少案例证明有一定数量的人通过在城市非正规定居点过渡并实现了个人的发展和成长。

棚户区环境为具有企业家精神的穷人创造了农村不具备的条件，比如有人通过公厕、办学、幼儿园等方式来从事经营活动。一个很重要的方面但往往被忽视的是"移民活力"。从农村移民到城市的往往是有更高的梦想和追求的年轻人，正是梦想和追求使这些年轻人无法接受命运的安排，而努力追求更好的生活方式和更高的生活水准。他们来到城市棚户区时，会积极建造自己的房子、公共厕所、道路和基础设施。经济学家认为梦想和追求不仅是个人发展的动力，同时也是城市增长的推动力。

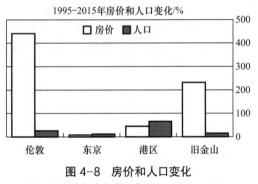

图 4-8　房价和人口变化

注：港区在东京内城（来源：Harre，2017）

战后日本东京的发展值得借鉴。图 4-8 为东京与伦敦和旧金山城市人口增长与房价增长的差别。东京房价的增长速度小于人口增长，而伦敦和旧金山房价增长速度是人口增长的几十倍。

东京整个城市是从棚户区逐步发展起来的。在 20 世纪 50 年代末至 70 年代初，日本建造了超过 1100 万套新住宅，使住房存量增加了惊人的 65%。私人公司和公共部门只提供了其中的一小部分，绝大部分是通过业主自用的单户住宅自我改造更新和由私人团体建造和运营的小型出租单位建造的。这意味着很大程度上房主的参与和传统的建筑实践主导了居民区的重建。战后返城士兵和农村移民导致东京人口迅速增加。到 1955 年，东京居民人口达到 700 万。普通市民发掘了过去的技能和知识，建造了一座未来城市。他们依靠当地的建筑知识、当地的泥瓦匠、工人以及在某些情况下居民自己一屋一屋的重建行动，重建了整个社区（Echanove and Srivastava，2013）。

日本宽松的城市规划法规（土地利用功能分区，Zoning）和城市居民巨大的房屋升级改造的自由，一方面使得日本渐进式地改造棚户区，另一方面也成为东京经济增长的隐形动力（Harre，2017）。东京城市居民自由更新改造房屋不仅促进了城市住房供给的可支付性，还使得城市发展成为高度混合的、与城市轨道交通连接的、多样和多功能的街道社区。

4.5.10　以市场发展为主导的空间发展规划

郑州超大城市发展需要有效率的空间形态和结构。空间形态和结构不仅与城市效率有关（市场三大要素的效率），还与城市交易成本有关；不仅与城市基础设施和公共财政效率有关，还与城市（病）和城市发展战略选项有关。

郑州超大城市的发展需要在空间发展战略和规划理念上有所突破。中国城市规划受苏联的影响非常大，最突出表现是空间上的"分散组团"模式。此外，"厂城结合"模式在中国的很多城镇也被采纳。

"分散组团"和"厂城结合"模式的潜在弊端表现在劳动力集聚效应的弱化上。劳动力池、劳动力匹配、知识溢出等城市规模集聚效应都需要最大限度地促进人与人的"面对面"交往。"分散组团"和"厂城结合"人为地（规划上）割裂了不同组团（劳动力）、不同厂的员工之间的交往，不利于就业在小范围内的高密度集聚（纽约市中心为例）。

就业高度集聚形成的城市中心有利于城市通勤模式的有序发展。城市交通流空间有序既有利于城市公共交通发展，又有利于推动城市交通现代化管理。围绕着就业高密度的城市中心将形成早晚"潮汐"式交通流。这种有序的交通流空间模式有两个突出优点：① 有利于组织城市公共交通，特别是城市与郊区之间的公共交通（轨道交通），有助于推动公共交通导向（TOD）的城市发展模式；② 有利于实施现代化的交通管理，使城市道路资源最大限度地发挥作用。单中心城市另外一个显著特征是越靠近城市中心交通越拥堵，而这也成为主张就业分散布局的主要原因之一。比如，美国克利夫兰市有一条主干路连接市中心与东部城郊，共 8 个车道，没有中央隔离带（有信号控制）。城市交通流空间有序为可变车道的实施提供了条件。早高峰进城方向 6 个车道，出城方向 2 个车道，晚高峰则相反。通过交通管理来解决城市交通拥堵问题可节省交通投资，并使现有交通设施的利用效率达到最大。

郑州超大城市需要高密度就业中心，中心最多两个。就业中心的就业密度不少于 5 万人 $/km^2$。

超大城市的发展需要放射形状的城市交通网络结构，特别是轨道交通的放射性。城市环形高速公路是人为隔离区域交通，使得城市交通不受区域交通的影响。区域交通指的是过境交通。超大城市需要建立交通走廊式发展模式，并在交通走廊上实现"职住"次平衡。交通走廊以轨道交通为主导，站点以 TOD 模式为样本。国际上有很多比较成功的 TOD 发展模型。

城市"摊大饼"式是城市增长的必然模式。在无数个"摊大饼"的模式中有最优的模式，即根据轨道交通为主体的、TOD 模式的放射式的城市"摊大饼"形式。

郑州超大城市空间格局

- 不超过 2 个高密度就业中心；
- 商业中心就业密度不低于 50000 人 / km^2；
- 商业中心为枢纽发展放射状轨道交通；
- 轨道交通商业中心平行换乘站点；
- 形成放射状轨道交通走廊，走廊成为"职住"次平衡；
- 避免"分散组团""厂城结合"空间发展模式；
- 环形高速公路最多两条；
- 避免以环形高速的形式"摊大饼"式发展，而是交通走廊"摊大饼"式发展。

本章执笔人：丁成日

参考文献

丁成日，孙向伟. 利用城市投入产出模型分析和评价城市发展［J］. 城市规划学刊（投稿），2021.

丁成日等. 城市经济学：理论、方法与实证［M］. 北京：社会科学文献出版社，2020.

丁成日. 城市空间规划理论与方法［M］. 北京：中国建筑工业出版社，2018.

丁成日. "经规""土规""城规"规划整合：理论与方法［J］. 规划师，2009（2）:53-58.

丁成日. 市场失效与规划失效［J］. 国外城市规划，2005（4）：1-6.

丁成日. 空间结构与城市竞争力［J］. 地理学报，2004，59（增刊）：85-92.

丁成日，高卫星. 中国"土地"城市化和土地问题［J］. 城市发展研究，2018，25（1）：31-39.

丁成日，邱爱军，王瑾. 中国快速城市化时期农民工住房类型及其评价［J］. 城市发展研究，2011，117（6）：49-54.

丁成日，谢欣梅. 城市中央商务区（CBD）发展的国际比较［J］. 城市发展研究，2010，17（10）：72-82.

陈剑. 北京人口增长：原因与对策［J］. 中国发展观察，2012. http://news.xinhuanet.com/theory/2012-01/21/c_122614634.htm.

党国英. 中国城市化面临十道"坎"［R］. 2011. http://opinion.hexun.com/2011-12-10/136175618_3.html.

周其仁. 集聚、密度和城市化［R］. "中山大学媒体变革论坛"的演讲报告，2012. http://finance.qq.com/a/20121106/003433.htm.

林家彬. 对城镇化问题的几点思考［J］. 中国发展杂志，2013.

AfBD. African economic outlook: structural transformation and natural resources. Tunis: AfDB, 2013.

AUC. Promoting employment for social cohesion and inclusive growth. Addis Ababa: AUC, 2011.

Mikaela Backman, Janet E Kohlhase. Labor force diversity and firm survival. Journal of regional science, 2020(60): 903–928.

Nancy Benjamin. Informal economy and the World Bank(policy research working paper). The World Bank, 2014: 6888.

Ding C, Zhao X. Assessing urban spatial growth patterns in China during rapid urbanization. The Chinese economy, 2011, 44 (1): 46-71.

Ding C, Lichtenberg E. Land and urban economic growth in China. Journal of regional science, 2011, 51(2): 299-317.

Brendon Harre. What is the secret to Tokyo's affordable housing. 2017. https: //medium. com/land-buildings-identity-and-values/what-is-the-secret-to-tokyos-affordable-housing-266283531012.

Erika Kraemer-Mbula, Sacha Wunsch-Vincent. The informal economy in developing nations: hidden engine of innovation. Cambridge University Press, 2016.

Fine D, et al. Africa at work: job creation and inclusive growth. Mckinsey global institute, USA, 2012.

International Labour Office (ILO). International standard classification of occupations, ISCO-08 (Geneva), 2012.

Lee S Y. Entrepreneurship and business development among African Americans, Koreans, and Jews: exploring some structural differences//C-G H R (Ed.). Migration, Transnationalization, and Race in a Changing New York. Philadelphia: Temple University Press, 2001: 258-278.

Lichtenberg E, Ding C. Local officials as land developers: urban land expansion in China. Journal of urban economics, 2009, 66(1): 57-64.

Matias Echanove, Rahul Srivastava. When Tokyo was a Slum, informal city dialogues. The Rockefeller Foundation, 2013.

Margit Molnar, Thomas Chalaux, Qiang Ren. Urbanisation and household consumption in China. OECD Economics Department Working Papers, 2017, No. 1434.

Norton R D. Agglomeration and competitiveness: from Marshall to Chintz. Urban studies, 1992(29): 155-170.

McKinsey Global Institute. Urban world: cities and the rise of the consuming classes. McKinsey and Company, 2012.

OECD. The knowledge-based economy, organisation for economic Co-operation and development.

Paris, 1996.

David C Perry, Wim Wiewel, Carrie Menendez. The university's role in urban development: from enclave to anchor institution. Landlines, 2006: 1-7.

Shick A. Off-budget expenditure: an economic and political framework. OECD Journal on Budgeting, 2007, 7(3): 7-38.

Silvia Albrizio, Giuseppe Nicoletti. Boosting productivity: a framework for analysis and a checklist for policy. Global forum on productivity, OECD, 2016.

Sanderson J, Brown K. COVID-19 and Youth Sports: Psychological, Developmental, and Economic Impacts [J] . International journal of sport communication, 2020(13): 313-323.

Song Y, Zenou Y, Ding C. Let's not throw the baby out with the bath water: the role of urban villages in housing rural migrants in China. Urban studies, 2008, 45(2): 313-330.

第五章　郑州超大城市发展的理论问题

澄清和认识超大城市发展的理论和实践问题有助于制定郑州国家中心城市建设和发展的战略和决策。城市容量、承载力、大城市病等经常成为专家和学者质疑超大城市发展的理由。城市规模过大难以管理也用来支持控制城市增长政策。城市空间发展形态也是城市规划（空间国土规划）重要的内容之一，但是城市规划过多地注重形态，忽视城市功能也是城市空间发展诸多问题的根源之一。本章将就这些问题从理论和国际视角分别讨论。

5.1　大城市"病"重新认识

5.1.1　城市"病"概念不科学

"城市病"是一个在国内被广泛地引用的概念，"城市病"又往往成为控制大城市（包括特大城市、超大城市）增长，积极地推动中小城镇发展的理由。

同大城市相比，小城市发展问题在城市交通、住房价格、资源环境等方面一般不太突出，但是在其他方面的问题可能同样富有挑战，比如就业机会有限、规模集聚不足（人气不足导致商业和零售等服务产业发展滞后）、基础设施和公共服务不足等。小城市发展潜力不足是许多发展中国家在城市化发展中出现高首位度城市的主要原因之一。

英国卫星城发展战略可以说明小城市（卫星城）发展战略的失效。英国 1952 年城镇发展法案通过新城的发展来应对伦敦人口"过剩"问题。在伦敦绿化带 16 km（10 英里）以外，距离伦敦 40～48km（25～30 英里）的地方建立了 8 个新城镇（如汉莫汉普斯泰德、斯蒂夫尼奇、哈洛、布拉克内尔、克劳利、卢顿等）。新城大都经历了 50 年、不同阶段的发展，每个阶段都有不同的、反映时代特点的发展理念，也采用了当时最好的实践技术。新城为人们提供了清新空气、开放空间、良好质量的住房和一些就业机会。从这点来看，小城镇战略有成功的一面。

新城发展也面临诸多问题。第一，密度比较低，远远低于伦敦平均 5000 人 /km² 的密度，更低于爱丁堡的 25000 人 /km² 的密度。由于密度太低，人们过于依赖小汽车，公共交通难以发展。第二，新城的中心缺少吸引力，人们喜欢到城市中心区购物，丧失了零售和商业发展的机会，进而导致新城缺少活力。第三，制造业的衰退和服务业的兴起减少了新城就业机会，因而，随着经济机构的转型，除了本地的服务业之外，新城的发展越来越依赖主城区的经济拉动，结果，

城市"病"概念不科学

- 城市"病"概念容易误导公众，"病"都是负面的影响，没有正面的意义；
- 城市"病"中最普遍的是城市交通拥堵，但是城市交通拥堵是有积极和正面的意义的，象征着城市经济的繁荣和成功；
- 城市"病"与城市规模发生必然的联系，误导公众和决策者支持和制定城市增长控制的政策和措施；
- 科学的提法应该是"城市问题"：问题既可以是中性的，也可以是两面性的。

新城的就业机会取决于伦敦市经济发展，新城镇与主城区的经济联系更加紧密，而不是最初设想的相对独立的卫星城发展模式，这样跨越最初的绿化带的新城无疑意味着通勤距离的增加。考虑到与主城区的经济联系，新城的地理位置可能本身就是问题，无疑新城的位置与伦敦绿化带密不可分。第四，新城可支付住房和缺少住房发展基金是社区质量不能很好地维持、住房质量下降及影响地区的再更新和再发展的障碍。

小城市发展战略挑战
● 小城市问题突出表现在就业不足、经济增长动力不足、缺乏活力、缺乏人气。 ● 新城市因为都是商品房使得本地从业人员难以支付相对高的房价，使得城市或者难以吸引人或者促使居民通勤到附近的大城市就业，迫使地方政府加大交通投资和通勤者承担更大的交通成本（对比在城郊发展）。 ● 日本人口流失的都是小城市。

特大城市因其规模巨大而导致的"城市病"是中小城市不能比拟的。如何解释这些特大城市并没有因其巨大的"城市病"而衰亡，相反还在不断地增长，甚至以牺牲中小城镇为代价？

东京都市 1985 年人口为 3000 万，2000 年增长到 3300 万，2010 年接近 3500 万，2018 年超过 3700 多万；而轮岛市（Wajima）门前町（Monzen）人口从 1950 年的 19000减少到 2004 年的 8000 人，北海道的夕张市（Yubari）从 10 多万人的高峰减少到 2005 年的 13000 人。日本 50% 的 10 万人口以下的小城市都存在人口流失问题（丁成日，2015）。

日本地方政府数量在 1999 年 3 月 31 日为 3231 个，11 年后（2010 年 3 月 31 日）减少到 1727 个，进而又减少到 2014 年 1 月 1 日的 1719 个。地方政府减少数量超过 50% 的有 26 个市。除了北海道，地方政府减少最少的两个地区是东京都市圈和大阪都市圈。

5.1.2 超大城市城市问题的两面性

人口和经济活动在空间上的高度集聚使城市成为国民经济发展的引擎，同时也带来诸多问题。城市问题既有普遍性，也有特殊性。城市问题和挑战体现在城市交通、资源和环境、城市基础设施、城市贫穷和棚户区、住房、城市棚户区蔓延、城市非正规经济和城市失业等方面。挑战也反映在城市规划和城市土地利用方面。超大城市由于规模宏大，故任何城市问题都会被其规模放大而引起广泛的关注。

这些城市问题或者挑战在超大城市显得越发突出，导致我们往往忽视问题的根源和本质本身。比如，城市棚户区的形成和发展实际上反映了政策和规划未能够规划和建设低成本的城市住房，并提供基本的城市道路、供电、供水、垃圾收集和排污系统。城市环境反映了政策和规划未能够阻止和预防交通拥堵、空间污染、过度噪声和非标准住房建造，及未能够提供足够的城市绿色空间。城市管理问题和缺陷、有效城市规划的缺少、腐败、过度的盈利导向的城市土地开发模式和社会结构的破坏等都是导致许多特大、超大城市生活质量低下的原因。

自工业化以来，有不少城市经历了衰退，但是没有一个城市的衰退是因为其规模带来的"城市病"造成的，世界最大的城市纽约和东京，其"城市病"也是最严重的，但是它们还是在发展，而不是一些人想象的那样衰退。对于一个经济城市，其衰退的根本原因在于经济存在的基础已经消失（如资源枯竭后的资源型城市），或者经济重心区域转移带来的企业区位的选择发生变化（如美国钢铁工业从五大湖区向南部转移导致的中部城市的衰退,如匹兹堡等)。

5.1.3 城市交通拥堵

超大城市交通拥堵的原因有四个:

第一,经济发展和人口增长导致车辆增长速度远远高于城市道路增长速度。

第二,城市规划失效。城市规划失效的典型表现是超大城市核心区道路密度过小。雅加达核心区的道路面积占城市面积的比重只有7.3%,远小于纽约的25.7%(丁成日,2015)。雅加达的城市交通拥堵一定会比纽约严重得多。

第三,城市交通政策失误。超大城市应该鼓励公交和城市轨道交通的发展(日本东京是成功的典范)。没有能够在最佳时机发展城市公共交通系统一方面导致城市空间发展模式不利于城市公交发展,另一方面极大地增加了公共交通建设和运营成本。

第四,城市交通管理滞后。道路供给方式是不能解决城市交通问题的,城市交通需求管理是应对城市交通拥堵必不可少的措施,但却长期得不到应有的重视。

图5-1显示,城市交通政策时效性对推动公共交通出行和缓解城市交通是非常重要的。如早期或者公交战略有效时段里开始投资建设公共交通系统,城市公交就有可能在令人满意的轨道上发展,使公交出行比重保持在较高的水平上。如果在早期和公交战略有效时段没有采取和推动强有力的公交发展战略,错过这个时期再来实现公共交通高出行比例的目标几乎是不可能的,显著提高公共交通出行比例也是困难的,即使投入巨大的城市交通投资,也只

> 超大城市交通拥堵与政策失策
>
> 超大城市交通拥堵的原因之一是未能预测人口发展并为之提前安排相应的城市交通政策和作出投资决策。交通拥堵已经发生,改善和缓解城市交通拥堵的代价和成本都是巨大的。交通政策失策是未能在最恰当的时刻作出正确的交通决策。

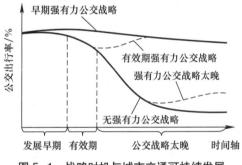

图5-1 战略时机与城市交通可持续发展

能略微提高公交出行比例。从某种意义上讲,城市交通拥堵是源于城市发展决策者未能对未来市场主导的城市发展作出应有的判断并作出适当的选择,或者城市决策者缺少对未来发展的展望,结果是市场主导城市发展。

图5-2显示的是随着经济的发展,城市出行模式的转变规律。在低收入水平下,城市交通以步行和自行车为主,随着收入的增长,城市出行转变为公交出行为主。随着收入的进一步增长,越来越多的人有能力购买小汽车并支付相应的费用,城市出行从公交为主转变为以小汽车为主。国际发展经验显示,城市居民从公交转变到小汽车出行将难以再转变回公交出行。出行模式逆转

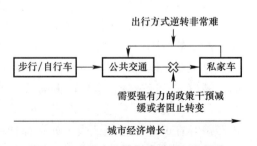

图5-2 交通出行模型转变的一般规律

非常困难(如果不是不可能)。推动出行模式逆转需要政府在投资建设和运营方面提供非常昂贵的财政支持,且往往效果不佳。

随着中国城镇化的发展,中国城市规模大的城市将越来越多,特别是大城市和特大城市。城市人口规模增长也给城市公共交通发展带来机遇。图 5-3 显示城市规模与城市公共交通(实际)出行、潜在出行之间的关系。依赖公交的乘客指的是依靠城市公交的城市居民群体,自由公交乘客指的是有车但是以公交出行为主的城市居民群体。这两个群体皆随城市规模而增加,且两者的差别也与城市规模成正比。

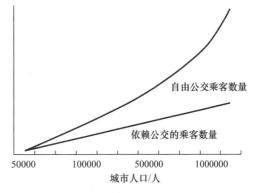

图 5-3 城市规模与潜在的公交出行

推动城市交通可持续发展意味着城市需要采取强有力的措施,制定有效的战略和政策,来最大限度地固化自由公交乘客数量,促使他们成为城市公共交通的乘客。城市需要相应的发展战略目标使自由公交乘客有私家车但是不常用。

中国城市交通可持续发展战略

中国城市发展战略应该是在目前公交出行比例很高的情况下,实施强有力的发展战略,干预、阻止或减缓城市出行从公交到小汽车转变,从而使城市公交出行保持在高位水准上。

5.1.4 城市穷人、棚户区和非正规住房

城市非正规定居点和棚户区发展的原因有四个:

第一,快速城市化带来的大规模农村移民。

第二,正规城市规划的缺失使得非正规定居形式住房得以即兴和偶然地发展起来。城市发展往往忽视低收入移民,并且往往不欢迎这部分群体,故在设计未来发展蓝图时这部分群体的社会和住房需求往往被漠视。

第三,政府出于公共利益目的(建筑安全、建筑消防和防灾等)而制定的建筑标准和城市土地开发法规导致低收入住房供给的短缺。城市土地开发法规和建筑标准都增加了正规住房的成本,使城市穷人(特别是农村移民)难以租赁或购买正规城市房屋。结果是,通过价格机制将低收入居民从正规住房市场"踢出",使他们不得不落脚于城市非正规定居(The United Nations, 2005)。

第四,私人房地产开发商利益最大化诉求使得城市住宅供给集中在中高端住宅市场上,而能够满足快速城市化时期大量人口增长的低收入住房需求的低收入住房供给严重不足。在市场经济体制下,私人房地产开发商利益最大化诉求使得城市住宅供给集中在中高端住宅市场上,而能够满足快速城市化时期大量人口增长的低收入住房需求的低收入住房供给严重不足。

城市棚户区发展

- 大量穷人涌入（难以支付正规住房市场上的房屋价格）。
- 政府为了公共利益而制定的建筑标准（卫生、消防、防灾等）使得正规房屋市场价格高居不下。
- 房地产开发的市场机制使得城市住房供给偏向中高端住宅。

市场机制和政府发展目标的联合，将低价住房供给从市场供给体系中剔除，而如何满足快速城市化进程导致的巨大的低价住房需求恰恰是一个根本性问题。正是因为这些，政府清除城市非正规定居点或棚户区的项目往往以失败而告终，因为清除一个棚户区，使该地繁荣了，但是清理出来的城市穷人被迫搬迁到其他地方，并固定下来形成新的非正规定居点。政府花费巨额的纳税人的钱所做的仅仅是改变了城市棚户区的空间区位，而不是城市穷人数量的减少，进而没有减少城市棚户区数量。

根据联合国人类安居项目（2003），非正规定居是经济机会的源泉，是公共和私人企业的劳动力供给源泉。如果土地制度和住房制度能够配套，非正规定居能够成为城市低收入居民的低成本住房供给，并成为财产拥有者的重要收入来源之一。此外，棚户区还有社会效益，是为新近低收入移民提供低成本公共服务的场所，并成为使他们形成相互支持的社会关系网的平台。

如何避免城市棚户区的形成和发展？

避免快速城市化进程中城市大规模棚户区形成和发展的根本措施应该是（The United Nations，2005）：

"地方政府通过建筑要求标准的规定，允许城市住宅建造充分利用本地建筑材料和方法来渐进地提高建筑质量。建议地方政府应该提升自然资源管理，来保证林木、竹木、水泥和其他自然建筑材料等的可持续供给。"

经济学家认为，城市棚户区的存在和发展是地方经济增长的一个自然组分，同时还是地方经济繁荣的标志（特别是发展中国家和转型国家），因为非正规定居为外围涌现的市场经济提供必需的劳动力池，而必要的劳动力池不仅帮助他们自己脱贫同时也推动经济发展。Glaeser（2011）警告说，没有能够吸引农村穷人是城市衰退的一个指标（特别是发展中国家）。城市是经济增长中国家的经济重心，因而也正是城市为大量贫穷移民提供了希望和就业机会。

非正规住房的意义

- 在城乡差别比较大、快速城市化进程国家里，非正规住房为大量低收入群体提供了可支付性的住房，从而能够为城市劳动力市场提供大量的廉价劳动力供给；
- 非正规住房为大量的农村-城市移民寻求生活改变的机会，给予他们希望和实现梦想的可能；
- 为低收入、低技能群体提供培育企业（家）文化和精神的环境。

非正规住房/棚户区环境为具有企业家精神的穷人创造了农村不具备的条件,比如有人通过公厕、办学、幼儿园等方式来从事经营活动。一个往往被忽视的很重要的方面是"移民活力"。

正确认识超大城市的问题和挑战

- 问题两重性。问题本身意味着积极的功效或是发展繁荣的象征(如交通拥堵)。
- 有些城市问题与规模不是"一一对应"关系。许多国家污染最严重的城市不是最大城市。
- 有些问题是政策的产物,反映的是政策规划的失效。
- 快速城市化时期城市棚户区与农村穷人相关。
- 城市环境问题因为集中可能容易被解决。
- 缩小城乡差别更有效的途径是城市化。

5.2 超大城市是否过大无法治理?

大城市发展是由其内在的规模决定的。尽管大城市因其规模会带来一些问题,但是大城市所表现的经济集聚规模效益同时也为大城市的发展带来了巨大的潜力,可以使大城市具有无可比拟的竞争力优势。充分发挥大城市的规模集聚优势,通过规划和政策减少规模带来的负面影响,应该是规划和政策的核心内容。如果规划得当,可以构建一个规模巨大、有竞争力并且是宜居的城市。规模不是问题,问题是如何发展城市。大城市病容易被重视,而大城市的规模集聚效益往往被忽视。

有效的城市管理和规划是可以应对超大城市面临的问题和挑战的,比如,东京(人口3700多万)的生活质量比首尔(人口2500万)要高。也就是说,城市人口规模大并不一定意味着生活质量差。超大城市的生活质量取决于规划和政策的应对是否适当和及时。

全球影响力城市指数(Global Power City Indix,GPCI)评估城市的吸引力和磁性来对全球性城市排名。磁性或者吸引力是指吸引来自世界的人、资本、企业的综合能力。全球影响力城市指数从6个方面评估城市磁性。它们是:经济、研究和发展、文化互动、宜居性、环境和城市便利性(Accessibility)。

根据全球影响力城市指数2020年的排名,伦敦第一、纽约第二、东京第三、首尔第八、上海第十、北京第十五、莫斯科第三十、雅加达第四十五。世界最大的城市东京排名第三,除了伦敦和纽约外,东京的城市影响力比所有比它小的城市都大,全球影响力城市指数6个方面中有关城市治理的占了3个(宜居性、环境和城市便利性)。

5.3 超大城市是否存在环境容量和承载力问题?

5.3.1 国际上无城市"容量说"

城市资源和环境承载力容量说比较普通。往往在规划城市发展时,资源环境容量屡屡被用来作为控制城市规模的依据。比如,2004年北京总体规划修编时,国内权威研究机构的研究团队承担的专题研究论证了北京市有限水资源可以支持的最大人口规模是 1650 万。笔者承担了一个专题，该专题报告预测北京城市人口规模 2020 年可能达到 3000 万～3500 万，同时指出根据水资源计算的 1650 万人口规模上限所依据的假设不科学（丁成日等，2005）。北京现在的人口已经超过 2000 万。2008 年笔者承担江苏省昆山市城市发展战略研究，当时来自江苏省权威机构的研究团队论证，资源和环境容量约束下，江苏昆山市人口规模上限是 350 万～400 万。难以想象与上海基本没有地理环境差别的昆山的规模上限只有上海规模的六分之一弱。

地球上资源有限是无可争议的，但对如何评估有限资源对城市增长的影响，学术上是有争议的，而争议的核心是如何评价技术进步的作用。退一万步讲，假设大尺度、宏观上资源环境容量说成立，但是资源环境容量说能否普遍应用于城市尺度（极端地理环境除外）是很值得怀疑的，在城市尺度上应用资源环境容量说缺少理论依据，也没有国际案例支持。

混淆城市（"点"）与区域性（"面"）问题和倾向于夸大"点"对"面"的影响和作用。无论城市多大，在宏观尺度上只能是看作一个点。比如，东京城市用地仅占日本的 0.04%，纽约为 0.13%，墨西哥为 0.02%，圣保罗为 0.17%，雅加达为 0.20%。没有研究证据表明这些空间上为"点"的都市发展威胁到全国性的环境、耕地、绿地和开发空间等问题，也没有研究证明一个高强度的特大都市（一个"点"）带来的环境、耕地等方面的综合影响大于多个低强度的小城镇（多个"点"）的综合影响。国际的发展表明，向城市发展充分供地是社会发展的必要前提，在宏观尺度上城市作为一个"点"对环境和资源的影响需要正确评价，影响可能是有限的或者是可以忽略不计的（丁成日，2009）。自 1972 年罗马俱乐部发表其研究报告《增长的极限》以来，至少有相当数量的学者和专家认为发展应该受资源和环境等方面的限制，这应该是中国城市规划实践中强调城市人口规模控制的理论依据。

罗马俱乐部《增长的极限》在理论上受到严格的质疑。《增长的极限》对技术进步的影响和作用没有给予充分的考量。《增长的极限》也许适合将地球作为一个整体考虑的情况，而基本没有适用于城市的基础和依据。原因如下：

第一，空间大尺度上，城市可以看作一个"零"维度的点。"零"维度的点没有容积，因而也没有所谓的资源环境容量问题。

第二，城市是不能够独立存在的，其所依存的必需品，如粮食和能源都是从城市外进口的。没有一个城市是完全自给自足的，可以独立于外界孤立生存和发展。城市资源环境问题应该在大尺度上应对。比如，北京 $PM_{2.5}$ 主要来自区域污染，而不是北京本地污染。因而，治理北京污染源只能解决有限的问题。北京城市交通拥堵和汽车使用带来的污染问题需要解决。如果不解决区域上的点污染源（华北地区重化工工厂产生的污染），北京的环境问题仍然无法解决。国际上有许多城市是在自然和地理环境相当劣势的区位发展起来的，水资源严重短缺。按照本地自然条件计算（这是许多专家学者的思维模式和思路），它们不可能发展到现今规模。典型的案例是美国洛杉矶和凤凰城。通过从科罗拉多河流区域引水，洛杉矶发展成为 1000 万以

"城市资源环境容量说"难成立

- 城市规模决定于资源环境容量的论点在理论上和实证上都难以成立；
- 理论上，城市在大空间尺度上是"零"维，故无容量问题；
- 实证上，世界上有许多城市是在资源环境贫瘠的地方发展起来的，如拉斯维加斯和迪拜；
- 有一个反例就足以证明城市资源环境容量论难以成立。

上的现代都市。在一个半干旱、半沙漠地区发展一个 1000 万人口都市对于城市资源环境容量学派来说是万万不可能的事情，他们也不会去规划这样的发展。美国拉斯维加斯更是不可想象。国际上跨区域调水不是一个新鲜事物。

发展的不同目标应该有不同的空间尺度，经济发展应该侧重于点（城市），而环境、生态、社会发展目标应该侧重于面（区域）。不分空间尺度，将所有发展目标落实到每一个点（城市）、面（区域），政策目标就难以达到预期的效果，投入产出可能极不成比例，结果往往是得不偿失。

5.3.2 超大城市与城市问题没有必然的联系

根据 TOMTOM 对世界 416 个城市交通拥堵的排名，2020 年世界城市交通最拥堵的是俄罗斯的莫斯科，最大城市东京排名第 19 位（表 5-1）。超大城市上海排名第 152 位，而世界上只有 35 个超大城市，说明很多规模比上海小的城市的交通拥堵比上海严重。

城市问题排名　　　　　　　　　　　　　　　表 5-1

国家	最拥堵的城市排名（2020 年）	污染最严重的首都排名（2019 年）	污染最严重城市排名（2019 年）
莫斯科	1	70	2599
新德里	8	1	5
曼谷	10	32	737
利马	15	28	682
东京	19	63	1924
墨西哥	20	40	856
雅加达	31	5	126
巴黎	42	53	1274
圣保罗	59		1210
洛杉矶	85		1598
纽约	102		3821
北京	117	9	201
上海	152		302

根据 IQAir 的城市污染世界排名，2019 年污染最严重的首都城市是新德里，莫斯科排第 70 位，世界城市排名中排在第 2599 位。最大的城市东京污染排名排第 63 位（首都）和第 1924 位（城市）。

5.4　城市"摊大饼"式增长

国内有相当的声音认为城市交通拥堵是因为城市摊大饼式发展的结果，认为已建成的城区负荷过重，继续"摊大饼"将更加恶化城市交通，因而需要将城市功能向外转移。此外，城市规模过大被普遍认为是城市环境（包括人居环境）恶化、住房紧张、交通拥挤等的"罪魁祸首"，是产生这些城市病的原因。这些城市病已经相当严重地影响了正常的城市社会经济生活。因而，有必要控制城市发展规模。而"大饼"式无疑导致城市规模的失控。

5.4.1 "摊大饼"式空间发展模式的经济学基础

第一，一般地靠近建成区或靠近交通干线的区域的土地开发成本相对比较低。这是因为，主要的城市基础设施（如上下水，各种管线等）都是沿着交通干线修建的，已建成的（特别是新建成的）城市区的基础设施基本完善，将基础设施连接起来所需的距离相对比较短，因而所需的投资也就少。另外，土地成片开发，土地开发成本由于规模经济的存在有可能相对较低。当开发规模增大时，城市基础设施的平均成本下降。当开发规模超过一定水平时，平均成本随规模而上升。这一点可以这样理解：假设城外有一点要发展，有一条高速公路将这一点与城市连接起来，而高速公路的投资成本要由这一点的土地开发商来承担。因所需的高速公路的投资不随这一点的开发规模而变，高速公路的成本成为这一点土地开发总成本中的不变成本的一部分。土地开发总成本的可变成本（如材料、人工、设计，等等）都随土地开发规模的增加而增加。在一定规模以下，因不变成本，土地开发的平均成本随开发规模的增加而减少。当规模超过一定时（也就是通常所说的规模经济），平均成本随规模而上升。

实证研究表明（丁成日，2001），已建成的城区对未来的土地开发的区位有影响。具体地讲，靠近建成区的土地在下一个城市发展期间比远离建成区的土地更有可能被开发。同时，正是由于基础设施的规模经济效益，城市成块地开发的可能性远大于城市分散地开发。土地开发成本的空间变化对城市空间发展呈集聚模式（Clustering Patter），起到了积极的作用。土地开发成本空间变化使城市空间发展呈集聚模式（Clustering Patter），或者说，已建成的城区对未来的土地开发的区位有影响。

第二，城市边缘带的交通可达性高，可以以最小的代价将城市居民与城市就业机会连接起来。城市学家通过理论和实证研究发现，城市增长的原动力是空间集聚效应。城市空间集聚效应的主要内容之一是劳动力市场的规模和整合。一个城市的劳动力市场如具一定规模且是统一和整合的，这个城市的劳动力市场一方面有利于企业，另一方面有利于就业者。对企业来讲，有规模和统一的劳动力市场有利于企业很容易地雇用到企业扩张时所需的劳动力，同时又可以在企业萧条时期廉价地解雇雇员。之所以廉价地解雇雇员是因为对雇员而言，他们在大的劳动力市场中（有很多同样的企业）比在只有独一无二的企业的城市更容易再找到同样的工作。世界城市发展经验表明，当大城市有更有效的劳动力市场时，大城市的劳动生产率比小城市高。大且整合的劳动力市场和劳动力市场的规模递增性是大城市存在和发展的内在动力（丁成日，2004）。

空间集聚效益与劳动力市场表现的规模递增性相关（丁成日，2004）。当新增的城市建设与已有的城市劳动力市场连接起来，新增的城市建设的效率才能达到最大。理论上，用最小的交通使每一个就业机会可以让每个城市就业人口接近，用最小的交通使每个城市就业人口都接近城市所有的就业机会，是使城市可持续发展的前提之一。同其他地方相比，城市边缘地带在同已有的劳动力市场联系方面，有着地理上的优势。这也使国际上很多城市的发展经验都表现出城市的"大饼式"发展。

第三，城市就业结构和收入结构要求城市住房的多样化。如果不是"摊大饼"式的发展,那么就要建立一个新城市(通过城市再发展或旧城改造基本上无法满足快速发展地区的需要)。为盈利,新建建筑结构(如住宅)的市场价格都标价很高,低收入的家庭很难支付得起。城市边缘地带有很多老的建筑,这些老的建筑为低收入的家庭和城市移民(有相当一部分是低收入的)提供了住宅,在城市边缘,他们就能以廉价的交通方式接近城市就业机会。

5.4.2 如何最好地"摊大饼"式发展

国际上的经验表明城市比较成功的空间发展是这样"摊大饼"的:① 城市在向外扩展时各个方向的发展速度是不等同的;② 城市沿着主要的交通通道向外扩展;③ 就业和住宅的平衡是以交通通道为轴线实现区域平衡。丹麦哥本哈根 1960 年的城市规划很好地体现了这些原则(Cervero,2004)。

丹麦哥本哈根这种被描绘成(五指头)指状的空间模式有下面几个具体内容:① 强调以公共交通为主导的城市发展模式;② 土地利用模式在交通通道的节点可以是单一的,因而交通流是有规律的;③ 因为实现了交通通道上的就业和住宅的平衡,城市交通设施得到最大的利用,降低了政府在城市基础设施上的投资(Cervero,2004);④ 为城市后来填充式发展提供了可能。就城市填充式发展而言,国际上有两种论点。一种认为,城市跳跃式蔓延破坏环境,增加政府的基础设施投资,提高交通成本,促使城市居民按阶层的空间分离等。另一种观点认为,跳跃式蔓延使城市填充式发展成为可能,使土地的开发强度能够根据后来的高土地地价来决定。近年来,新加坡、美国华盛顿特区、多伦多等城市的规划都强调公共交通为主导的城市发展模式。

图 5-5 显示东京城市轨道交通的发展。放射型轨道交通格网有助于轨道交通的使用,这也是东京私家车不断增长的同时公交出行也同步增长的重要原因。日本轨道发展是与城市土地利用紧密联系的,是推动 TOD 模式(公交导向城市发展模式)的核心,这也使东京成为世界上最成功的且拥有高效服务业、高机动性、高可达性以及宜居的大城市之一。东京向心式的城市交通模式非常突出,比如自神奈川县(Kanayawa)方向、埼玉县(Saitama)分别向东京 CBD 的日均通勤量超过 100 万人次,自千叶县(Chiba)、茨城县(Ibaraki)的日均通勤量也接近 100 万人次(2000 年)。

5.5 城市空间发展

5.5.1 城市空间发展的争论

城市空间快速发展意味着什么?决策者和规划者可以或者应该如何应对和引领城市空间发展?

对城市空间扩张政策和规划的争论由来已久。基本的也是最核心的争论是拒绝、接受还是欢迎城市空间扩张。最极端的观点是不惜一切代价来限制城市空间增长。所有其他的观点包括对城市空间扩张持积极的态度,并为其作准备,从而使得城市能够接纳新移民潮。

历史有两个著名的案例很好地说明城市空间扩张的争论。一个发生在伦敦,一个发生在纽约。

1580 年，担心移民工匠的竞争压力，行会利用其影响力，鼓动英国女王伊丽莎白颁布了一项法令，旨在限制城市内及其附近的城市发展。1592 年得到议会的支持，该法令有三项规定：① 在伦敦所有城门 3 英里内禁止任何房屋建造；② 限制在以前没有房屋的场地建造新的住宅；③ 禁止在一处房屋内有一个以上的家庭（这意味着一处房屋只能居住一个家庭）（Lai, 1988）。

在 1811 年，当时纽约市只有 10 万人拥挤在曼哈顿岛南端，3 名专员——莫里斯、德威特·克林顿和卢瑟福（Rutherford）起草了一项扩展街道网格的计划，为城市人口增加十倍的发展作准备。

自女王宣布第一个限制伦敦发展的法令已经过去了 400 余年，自 3 名纽约专员规划纽约以来也已经过去 200 多年，但是对城市空间扩张的态度和观点仍然存在着巨大的争论。不同学者、不同政策制定者或不同城市的居民对城市空间发展的认识和观点可能是截然相反的。例如，美国皮尤公民新闻中心（The Pew Center for Civic Journalism）在 2000 年调查发现，受访者对城市未来发展应该是①将未来的发展限制在建成区内，鼓励填充式发展，还是②希望地方政府在未开发的地方鼓励发展，这两者之间的选择几乎是各占一半（Angel et. al., 2005）。

城市空间扩张观点的争论目前变得越来越重要，因为城市空间蔓延式发展模式似乎正在全球范围内扩散。

有关城市空间蔓延式发展的文献主要是集中在发达国家，特别是空间蔓延式发展的"因"和"果"的研究方面。发展中国家的城市空蔓延式发展的影响因子、产生的后果和与政策之间的互动效果等可能与发达国家不同。这点特别需要引起注意。在发展中国家，公共和私有资源、优先发展目标、政府治理模式等都可能与发达国家不同，因而，发达国家的研究只能作为参考和借鉴。

城市空间发展有很多形式。新的城市空间发展可能与已经发展的城市密度相同，也可能是更高的或者较低的密度。新的城市空间发展可能是建成区内的更高密度的重建，可能是建成区内空地的开发（内填充式紧凑型发展），也可能是建成区外未开发土地上的开发。建成区外未开发土地的发展可能是空间上延续的（摊大饼式），也可能是青蛙跳跃式的（蔓延式发展）。后者造成新开发的土地与建成区之间显著的隔离带。城市空间可能向湿地、水塘、森林和其他环境敏感的地方发展，而这些地方是需要保护的。新的就业机会集中在几个空间节点上，也可能扩散到整个新的开发地区。城市空间发展可能沿着交通走廊发展，形成放射状空间形态（交通走廊式扩张模式），或者围绕城市中心环形外推式发展。城市空间发展可能是按照有序的规划、发展成为简单的几何形态，也可能是空间上无序和混乱的。城市空间发展可能预留出足够的空间为道路和其他城市基础设施的建设提供土地供给，也可能是发展过于紧凑，使得

城市空间发展

- 有多种形式和形态，形成不同的城市空间结构；
- 城市空间结构通过三大要素市场效率和公共财政、城市基础设施效率影响城市竞争力；
- 多种形式、形态和结构意味着存在最优的；
- 理论和国际发展论证最优的城市空间是内填充式（紧凑型）、TOD 引导的交通走廊式扩张模式。

城市基础设施未来扩展的空间非常有限。新土地开发可能在很大程度上受到法律约束，土地利用类型、强度等方面严格按照法规的要求发展，也可能在很大程度上是非法的，导致非正规土地开发、违规建造，忽视自然灾害对房屋的潜在影响等。

5.5.2 城市空间发展的国际典型模式

根据世界银行对全球 120 个城市扩展的动态研究提供的数据，我们简单地区别出 4 个明显的空间发展类型（许多城市不够典型）。

第一类是城市紧凑性"摊大饼"式的空间连续扩张，如巴西热基耶、苏丹苏丹港和巴西圣保罗等（图 5-4）。这个模式的特点是：城市边缘区优先发展、城市建成区内的空地优先发展、城市密度属于中高范围、城市密度增加或略有下降。比如，1988～2000 年，巴西圣保罗市人口年增长率仅为 1.71%（从 1000 多万增长到 1300 多万），建成区面积的年增长率仅为 1.78%，平均人口密度年增长率为 -0.07%。巴西的人均国内生产总值在 5000～6000 美元。1984～2001 年，苏丹港市人口年增长率为 1.74%，建成区面积年增长率略高，为 2.38%，平均人口密度年增长率为 -0.63%，苏丹人均国内生产总值仅为 1000～2000 美元。

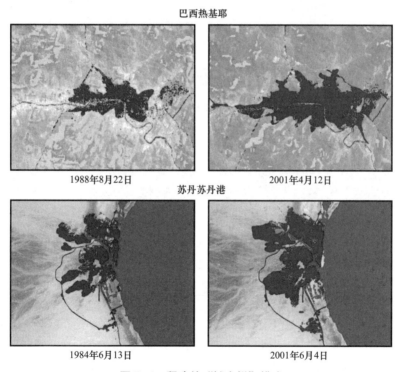

巴西热基耶

1988年8月22日　　　　　　　　　　2001年4月12日

苏丹苏丹港

1984年6月13日　　　　　　　　　　2001年6月4日

图 5-4　紧凑的"摊大饼"模式

［来源：Shlomo Angel, Stephen C Sheppard, Daniel L Civco, 2005（图 5-5～图 5-7 及图 5-9 均与此同一来源）］

属于这类发展模式的城市还有：埃及阿斯旺、埃塞俄比亚亚的斯亚贝巴、也门萨纳、尼日利亚伊巴丹、伊朗德黑兰、墨西哥提华纳、巴西里贝朗·普雷图（Ribeirao Preto）、蒙古乌兰巴托、阿尔及利亚特贝萨（Tebessa）、墨西哥瓜达拉哈拉等。这些城市人口密度在 6000～20000 人 /km²（2000 年左右），人口年增长率在 1.72%～4.08%，建成区面积年增长率在 1.33%～3.51%，人口密度年增长率在 −0.96%～0.66%。

第二类是城市快速扩张模式，如印度斋普尔、菲律宾巴科洛德（图 5-5）。这类发展模式的特点是：城市空间扩展速度很快、远远快于城市人口增长速度（建成区面积扩张速度至少是人口增长速度的两倍）、城市人口密度下降快。比如，1989～2000 年，斋普尔市人口年增长率为 2.53%，建成区面积年增长率为 8.34%，人口密度年增长率为 −5.36%，印度人均国内生产总值在 1500～2300 美元。1992～2000 年，菲律宾巴科洛德市人口年增长率为 1.30%，建成区面积年增长率为 12.25%，人口密度年增长率为 −9.76%，菲律宾人均国内生产总值在 3500 美元左右。1989～1999 年，德国莱比锡市人口负增长，年增长率为 −0.63%，建成区面积却高速扩张，年增长率为 7.85%，人口密度年增长率为 −7.86%，德国人均国内生产总值在 20000～23500 美元。

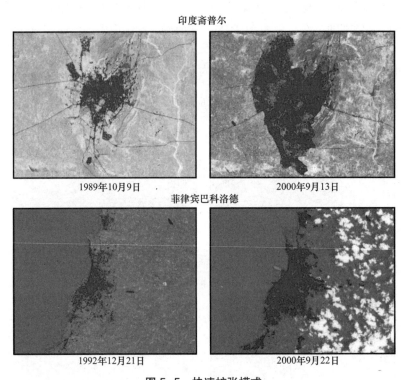

印度斋普尔

1989年10月9日 · 2000年9月13日

菲律宾巴科洛德

1992年12月21日 2000年9月22日

图 5-5 快速扩张模式

属于这类模式的城市还有：日本明石、韩国晋州（Chinju）、以色列特拉维夫-雅法（Tel Aviv-Jaffa）、埃及亚历山大、印度尼西亚万隆、加纳阿克拉、卢旺达基加利、印度一些城市（如加尔各答、海德拉巴、贾尔纳和普纳）、孟加拉国赛德普（Saidpur）、巴西热基耶（Jequie）等。这些城市人口密度都很高，一般在 6000～20000 人/km²、年增长率在 0.11%～2.46%，建成区面积年增长率在 5.09%～11.02%，城市人口密度年增长率在 −3.07%～8.07%。

第三类是城市蔓延式扩张，如美国辛辛那提和俄罗斯莫斯科（图 5-6）。这类城市发展的特点是：城市密度低、城市空间蔓延式扩张。比如，1988～1999 年，辛辛那提市人口年增长率 0.64%，建成区面积增长远远高于人口增长速度，年增长率为 3.36%，人口密度平

均年增长率为 −2.63%，美国的人均国内生产总值在 27000～31000 美元。1991～2002 年，莫斯科市人口密度年增长率为 0.39%，建成区面积增长远远高于人口增长速度，年增长率为 3.40%，人口密度平均年增长率为 −2.91%，俄罗斯人均国内生产总值在 6000～9000 美元。1989～2001 年，米兰市人口负增长，年增长率为 −0.15%，建成区面积年增长率为 1.40%，人口密度年增长率为 −1.53%，意大利人均国内生产总值在 20000～23000 美元。

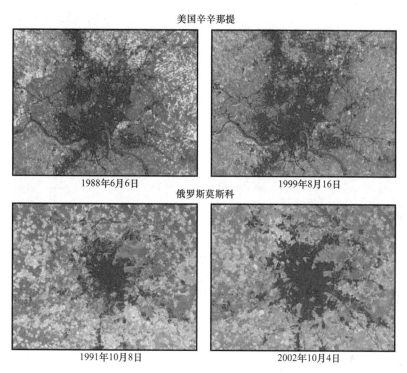

美国辛辛那提

1988年6月6日　　　　　　1999年8月16日

俄罗斯莫斯科

1991年10月8日　　　　　　2002年10月4日

图 5-6　城市蔓延扩张模式

属于这类模式的城市还有：美国的很多城市（如匹兹堡、费城、明尼苏达、斯普林菲尔德、休斯敦等）、意大利米兰、德国莱比锡、加拿大圣凯瑟琳斯（St. Cathrines）和维多利亚、马来西亚怡保（Ipoh）等。这些城市人口密度低，一般在 1500～3000 人 /km²，人口年增长率在 −0.43%～2.18%。

第四类是城市遍地开花式发展，如津巴布韦哈拉雷和孟加拉国拉杰沙希（图 5-7）。这类模式的特点是：城市发展没有中心或者有多个中心、规模有限、城市人口密度不高（4000～5000 人 /km²）。1989～2000 年，津巴布韦哈拉雷市人口年增长率为 0.52%，建成区面积增长远远高于人口增长速度，为 3.46%。人口密度平均年增长率为 −2.85%，津巴布韦人均国内生产总值在 2500 美元左右。1989～2000 年，拉杰沙希人口年增长率 1.84%，建成区面积年增长率为 5.82%，人口密度年增长率为 −3.77%，孟加拉国人均国内生产总值 1000～1500 美元。

这四类城市空间发展模式中，紧凑式摊大饼发展是城市理性增长所倡导的模式之一，该模式能够用最小的城市基础设施满足城市发展的需要，同时又能够使新增城市人口最便利地接近已经发展的城市基础设施、公共服务、就业机会。这种模式符合中国的国情，人口密度高、公共交通为主、高密度发展模式应该是发展趋势。第二类发展模式要求巨大的城市基础设施投资，城市发展将过度依赖小汽车，不利于公共交通的发展。第三类发展模式是典型的城市蔓延式发展，是美国城市理性发展理念所要克服或避免的模式。

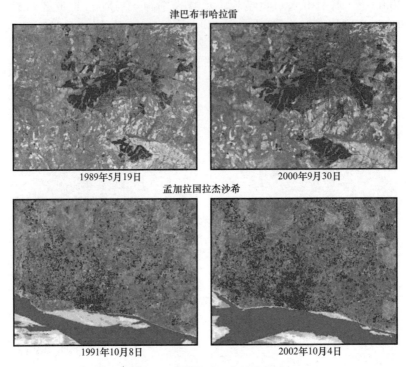

津巴布韦哈拉雷

1989年5月19日　　　　　　　　　　　　2000年9月30日

孟加拉国拉杰沙希

1991年10月8日　　　　　　　　　　　　2002年10月4日

图5-7　城市遍地开花扩张模式

　　第三类与第四类的主要区别在于：尽管城市发展空间上铺得很开，前者的建成区属于一个统一的劳动力市场，特别是美国的辛辛那提市，而后者从空间发展上与前者相似，但是劳动力市场被严重分割，不利于城市集聚效应的发挥。

　　城市蔓延式发展带来的后果，文献研究比较多，主要表现在以下几个方面：

　　第一，交通拥挤。美国人均车公里数从1980年到1995年增加了59%。交通拥挤成为美国大城市通勤者的"家常便饭"。更长的通勤时间和对小汽车的依赖增加又带来了健康问题。对健康的直接影响包括因污染空气带来的呼吸道疾病，而间接影响体现在城市蔓延，小汽车与城市居民的体重过重之间的关系上（Ewing et al，2003）。

　　第二，城市蔓延带来巨大的，并且是可以避免的交通成本。这里的交通成本体现在：① 政府需要投入大量的资金来建设基础设施，如道路。支持同等数量的城市人口，城市蔓延要求地方政府在基础设施上的投入要远远高于城市紧凑式的发展。城市蔓延所需的高政府投入既体现在总量上，也体现在人均上（从供给者的角度）。政府高

城市蔓延式空间发展代价巨大

- 发达国家发展经验表明城市空间蔓延式发展的代价和后果都是巨大的，且难以改变，故影响是长期的。
- 许多发展中国家城市发展表现出类似的模式，尽管背后的机制可能是不同于西方国家。由于基础数据不足等原因，发展中国家有关城市蔓延的代价和后果的文献比较少，甚至是缺失。这不利于提醒决策者、规划人员对城市蔓延式发展的关注和警惕。

投入意味着纳税人的课税负担加重了。②由于低密度和分散式空间分布，城市蔓延提高通勤距离和时间，因而增加城市居民和企业的交通成本（从消费者角度）。③城市蔓延不利于公交系统的发展和使用，城市蔓延增加了对私人小汽车的依赖，相对地减少了对公交汽车的需求。一般地，地铁（或城市轨道交通）和公交汽车能够比较有效地承担市中心与郊区之间的联系，但在联系城市外围郊区之间时就比较不经济和无效。

第三，城市蔓延在空间上转移了地方政府的税基。在美国，地方政府财政税收的75%来源于房地产税。当城市蔓延发生时，中高收入阶层的家庭普遍向郊区迁移，以此来享受城市郊区带来的较低的房价、宽敞的住房、更大的且可以保护私人隐私的庭院。低收入者由于收入的原因限制了他们住宅选择的移动性，而只能选择留在城市中心。中高收入家庭的外迁导致内城的房地产价格下跌，继而减少了内城的房地产税基，减少了内城地方政府的财政税收收入。

第四，离散式、青蛙跳跃式的发展使大量农田和绿地被用作房地产开发，造成土地资源的浪费。根据统计，在1982～1992年间，美国全国平均每小时失去农地45.7英亩，每天损失400万英亩。

第五，由于蔓延会导致产生更多的、更长距离的交通通勤和对小汽车的过分依赖，城市蔓延增加步行与自行车的安全风险。步行和自行车面临的高交通风险进一步促进城市居民对小汽车的依赖和使用。

第六，城市蔓延带来了环境污染。环境污染源有点污染、线污染和面污染。工厂和农业分别是点和面污染源。交通是线污染源，是城市污染的主要症结。

在四类城市空间扩张发展中，第一类模式最受推崇，是最可持续发展的模式。第三类发展模式在美国的城市中非常普遍，实证研究比较多，也受到广泛的批评。第四类模式比第三类模式带来的后果应该更为严重。由于缺乏实证研究证据，无法对发展模式带来的后果和代价给出量级上的评价和评估。

> **城市空间无序发展**
>
> 城市发展战略和规划应该首先避免城市空间无序发展，即遍地开花发展模式。这种模式是最没有效率且容易引发巨大的交通等负面成本的，也是最不利于推动城市可持续发展的模式。

5.5.3 城市间经济联系独立于空间距离

空间上有许多城市距离比较近，但是它们之间的经济联系并不紧密。最突出的典型案例是美国华盛顿特区（华府）与巴尔的摩两个城市。这两个城市的空间距离比较近，市中心之间的直线距离在70～80 km，城市边缘之间的距离在20～30 km。自20世纪90年代以来，华府持续发展，城市的更新改造也是有声有色，很多旧城被翻新，吸引了大量的中产阶层，房价和城市品质显著提升。自9·11后，美国联邦政府加大了国土安全，华府作为美国的政治中心收益巨大，由此也带来了很多商机。2010～2019年都市人口增长规模排名中，华府所在的都市区排在第五位。

作为对比，巴尔的摩市进入21世纪以来也做了很多努力，试图重新振兴城市，但是基本上没有起色，华府的发展没有波及巴尔的摩，带动其一起发展。

芝加哥是美国非常著名的城市，但是距离不远的密尔沃基发展前景并不看好。密尔沃基的排名非常低：在66个最大的城市中排名第57（最低的是巴尔的摩），在515个各种规模的城市中排名第 418（515 个城市中排在第一的是佛罗里达州迈尔斯堡，排在最后的是宾夕法尼亚州伊利）。密尔沃基的惨淡数据包括该市十年内就业增长排名第 456 位，人口增长排名第 437 位，新业务增长排名第 418 位。

巴尔的摩和密尔沃基都靠近美国其他大城市，2020 年在美国最不好的 30 个生活城市排名中，分别排在第四和第五位。前面三位是底特律、圣路易斯和克利夫兰。

5.5.4　单中心与多中心城市空间结构

城市空间结构与交通之间存在错综复杂的联系。根据就业分布可以将城市空间结构分为单中心城市和多中心城市。单中心城市指的是城市只有一个就业中心（高就业密度的城市商务中心），多中心是城市有两个以上高密度的就业中心。

有观点认为城市交通拥堵是因为城市高密度发展的结果，故应该推动低密度和多中心式的城市空间发展模式。在多中心范围内提高就业-住宅平衡，使就业机会离劳动力居住的地方更近，从而减少通行时间和通行里程。新的就业—住房比率转移了中心区的交通压力，使其总量降低并且分散在更广的区域内（Gordon and Richardson，1997）。然而，相反的研究结论同样存在，实证研究认为，就业的分散（多中心）不仅没有通过多中心增加就业与住宅的平衡来减少城市交通需求，反而使城市居民的通勤距离更长（Cervero 和 Wu，1998；McMillen，2003）。

单中心城市在空间上有一个就业高度集中的区域，一般在城市中心（不一定是地理中心或城市行政区域的几何中心），称为中央商务区（CBD）。城市居民大多住在 CBD 之外，每天通勤至 CBD 上班，交通流的模式呈放射状（图 5-8a）。从城市交通的角度考虑，单中心城市最为显著的特征是交通流空间有序，形成明显的"潮汐式"交通。这种有序的交通流空间模式有两个突出优点：① 有利于组织城市公共交通，特别是城市与郊区之间的公共交通（轨道交通），有助于推动公共交通导向（TOD）的城市发展模式。一般而言，与城市和郊区之间的公共交通相比，城市外围地区间的公共交通投资效益和承载率明显较低，从这一角度来看，单中心城市具有显著的优势。② 有利于实施现代化的交通管理，使城市道路资源最大限度地发挥作用。单中心城市另外一个显著特征是越靠近城市中心交通越拥堵，而这也成为主张就业分散布局的主要原因之一。

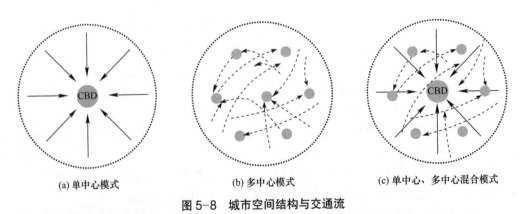

(a) 单中心模式　　　　(b) 多中心模式　　　　(c) 单中心、多中心混合模式

图 5-8　城市空间结构与交通流

城市可持续发展一个重要的方面是城市交通的可持续发展。城市交通可持续发展需要城市公共交通承担相当比例的城市出行。单中心城市空间结构在这方面有着独特的优势，这是因为城市公共交通在服务城市郊区之间的需求是没有优势的，而城市公共交通可以为郊区–市中心的交通需要提供充分和经济的服务。

单中心城市形成的有序交通流为现代化交通管理提供了平台和可能。通过交通管理来解决城市交通拥堵问题可节省交通投资，并使现有交通设施的利用效率达到最大。当然，对超大城市而言，由于城市规模过大，单中心模式将使市中心的交通拥堵问题凸显。经验判断，单中心的城市适合于500万人口规模以下的城市。超大城市可以发展2～3个高强度的就业中心。

多中心城市有两个以上的就业密集区或商业中心。在这种格局中，交通模式有两类：① 多个就业中心的规模都一样，城市居民可在任何一个中心上班，交通流呈随机状（图5-8b）；② 存在一个比其他中心吸引更多上班人群的中心，其提供的就业机会更多，这种模式产生的交通流呈放射线状与随机状混合形态（图5-8c）。

理想主义的城市规划师经常把多中心城市理想化，他们认为在每个就业点自给自足的社区可能更容易发展。根据这一理念，一些自给自足的"城市村落"集聚并发展起来，这些群落散布在城市里且每个群落都有一个中心，附近城市居民就近上班，从而构成一个多中心城市。在这样的大城市中，居民出行距离很短，更理想的状态是居民都可以步行或骑自行车上班。然而，在现实生活中这种理想模式并不存在，仅仅是乌托邦式的幻想。根本原因是，由大量自给自足的"城市村落"组成的大城市，与其赖以生存和发展的基础——劳动力市场表现的规模递增规律相矛盾。也就是说，城市规模越集中越大，城市劳动力市场的效率也应该越高，而"城市村落"的概念意味着劳动力市场的整体性被分割了。

城市多中心结构与城市交通之间的关系有两种截然不同的观点。一派学者认为，集中的就业和分散的人口这种空间布局具有城市交通方面的优势，如降低交通成本、提高公交出行比例、减少小汽车使用等。

另一派观点是，随着收入的增长、交通可达性的提高以及小汽车的普及，城市将向外蔓延，从而增加通勤时间和距离。这对单中心城市是否一定具有交通成本优势提出了质疑。故应通过分散就业和人口郊区化降低总的交通需求，从而在次中心范围内或城市轨道交通沿线更好地实现就业和居住平衡。这种观点以发展多中心城市为特点，支持就业分散和次中心就业集聚，从而降低总的交通需求。

单中心与城市交通

单中心城市空间结构有利于发挥城市集聚效应和公共交通发展，有利于推动现代城市交通管理理念和模式。500万人口规模以下的城市应该是单中心城市结构。

多中心与城市交通

理论和实证研究表明，多中心城市空间结构并不一定能够减少城市交通需要，反而有可能增加交通需要。多中心城市空间结构能否减少城市交通不仅取决于城市规模，还与城市家庭就业结构、收入、文化、个人住房消费动态有关。

超大城市由于规模巨大，适合多中心城市空间结构。

Bertaud（2003）通过国际城市的比较研究，建议 500 万人口以内的都市（经济定义，而非行政定义的 500 万城市人口）以单中心城市形态为最佳，超过 500 万人口的城市以多中心城市形态为最佳。这里的最佳指的是城市经济空间集聚效益与城市交通成本统筹考虑后的综合指标最佳。

发展多中心城市的观点在理论和实证方面都受到了挑战。McMillen 和 Smith（2003）对美国 62 个城市的次中心进行泊松回归分析，显示自变量人口和通勤成本与因变量次中心数目之间呈正相关关系，通勤成本高的城市通常有更多的就业次中心。Cervero 和 Wu（1998）的研究结果表明分散就业中心并不能减少通勤时间，随着就业次中心数量、规模以及就业密度的增加，平均每个就业人员的通勤量（VMT）增加、公交出行比例降低，且独自驾车上班的比例上升。Naess and Sandberg（1996）和 Lahti（1994）的研究表明，集中的商业活动产生最小的交通需求，因为与周边地区工作的人相比，在商业中心工作的就业人员更多地使用公交通勤。理论上，就业的异质性和高比例的双职工家庭使得分散就业并不能减少通勤距离。这一点对双职工家庭比例很高的中国城市来说尤为重要。随着城市经济发展，就业将呈现更大的多样性，因而就业分散化（多中心城市模式发展）对城市交通的全面影响更需要实证分析。

McMillen 和 McDonald（1998）研究就业（次）中心与城市交通的关系。他们首先定义就业次中心是一个空间上连续的，不少于 1 万名雇员，就业密度不小于 10 人 / 英亩的区域。利用多元回归分析，将就业密度作为因变量，将与传统城市中心的距离、与机场的距离、与最近的次中心区距离的倒数、对周围地区经济发展有影响的公路和城市铁路的换乘车站（用 0～1 变量表示）等作为解释变量。他们发现，1970 年就业密度以距离芝加哥市中心每英里 5.6% 的速度递减，到 1980 年以每英里 2.2% 的速度递减，到 1990 年以 2.3% 的速度递减。他们预测在 2020 年每距离市中心远 1 英里（1 英里≈1.6 km），就业密度会降低 1.9%。

家庭结构对城市交通的影响

单职工家庭更有可能围绕着就业次中心形成小区域的职业-居住平衡，这样就业次中心的形成和发展有可能减少城市交通需求。

双职工家庭难以在就业次中心周围实现职业-居住平衡，故次中心的形成和发展反而增加了交通需求，导致平均出行时间和距离的增加。

Cervero 和 Wu（1998）对旧金山的城市交通与就业之间的关系做了详细的研究。他们证明，就业中心分散化不会减少总的通勤时间。他们还发现随着就业中心的数量、规模和密度的增加，人均通勤的车公里数也随着增加。除了就业次中心的增长趋势之外，还发现了就业次中心增长与通勤距离和通勤时间之间的关系。对所有的就业次中心进行综合分析发现，不仅平均的单程通勤距离增长了 12%（由 10.6 英里增加到 11.8 英里），而且平均的单程通勤时间也增长了 5%（20 世纪 80 年代期间由 27.7 分钟增加到 29 分钟）。关于交通方式选择的分析也发现了一些变化。20 世纪 80 年代单独驾车通勤的比例有所增加，合伙驾驶汽车的比例从 17.3% 降到 13.8%，公共交通出行所占份额则从

19.3% 下降到 15.4%。所有 22 个就业中心雇员的人均通勤里程由 7.1 英里增长到 8.7 英里，增长了 23%。

该项研究的重要意义在于，以空间小尺度为单元的，"个体"就业中心数据进行的空间分析所得出的结论，比以前根据就业中心"集合"数据得出的"分散就业将减少通勤距离和通勤时间"的结论更为准确和可信。

综合通勤距离的衡量、交通方式选择上的转移变化，以及汽车载客率水平的研究，研究人员指出，就业的分散不仅不能缩短平均通勤距离，而且其分散程度越高，平均每位雇员的通勤里程数就越长。

对奥斯陆的研究表明，就业多中心对城市交通的影响也是负面的。具体的结论是：① 就业次中心距离奥斯陆中心越远，平均通勤时间越长；② 企业从市中心迁往郊区，结果企业员工的通勤距离增加了；③ 所有调查的公司都从所处区域以外招募雇员；平均来讲，靠近城市中心的公司通勤里程要比位于城市边缘地区公司的通勤里程短；处于最边缘地区公司的通勤主要依靠私人轿车。由于边缘地区通勤距离增长，并且雇员乘私人汽车通勤上班，作者认为他们的研究弱化了 Gordon 和 Richardson 提出的假设：城市内工作地点分散可以缩短通勤里程，减少交通的能源耗用。

比较根据奥斯陆研究得出的结论与根据旧金山研究得出的结论发现，有两个方面的差别值得注意。第一，相对美国来讲，在挪威有更多家庭是双职工；第二，相对于美国城市，挪威城市人口更集中在市中心地区。

由于这两方面的不同，就业定位的选择应考虑其所处城市的特点以及就业中心的功能。如果一个城市在一个较小的城市区域内有着很高的人口密度，比如奥斯陆，那么分散就业可能不是最好的方案。此外，如果就业岗位的专门化程度很高，需要在一个大的区域范围进行招聘，那么将就业集中在市中心可能就是一个最好的方案。相反，如果就业性质是为地方使用或消费，那么从能源利用前景来说，分散就业可能更合适。

5.6 中国城市空间发展问题

5.6.1 城市蔓延发展

图 5-9 显示中国城市空间蔓延式发展。中国速度使得中国城市蔓延式发展更令人担忧。益阳和乐山仅仅是中等规模城市，但是土地城市化远远超过人口发展。益阳 1994～1999 年人口平均年增长率仅为 0.45%，建成区扩张速度高达 14.15%。乐山 1990～2001 年人口平均年增长率仅为 0.90%，建成区扩张速度则是 6.35%。它们的人口密度降低了 50% 左右。广东的情况好一些，1990～2000 年人口年增长速度为 5.53%，仅比建成区扩张 8.10% 的扩张速度略低一些，人口密度也是减少的。城市蔓延导致不必要的土地需求和低效的空间发展。在快速城市化进程中既要保证城市化的土地供给又要避免城市蔓延式发展，这确实是一项艰巨的任务。规划和决策者应该重视城市蔓延式发展带来的问题。

益阳

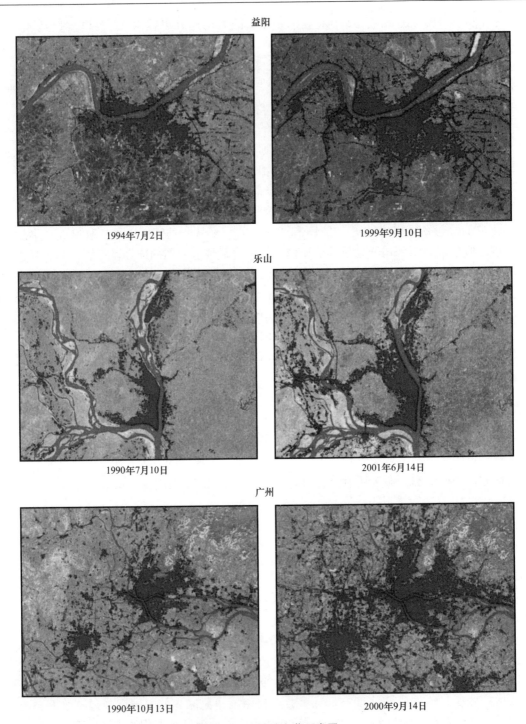

1994年7月2日　　　　　　　　　　　　　1999年9月10日

乐山

1990年7月10日　　　　　　　　　　　　　2001年6月14日

广州

1990年10月13日　　　　　　　　　　　　　2000年9月14日

图 5-9　中国城市蔓延发展

5.6.2　破碎的空间发展

城市土地是有功能的，不同的土地利用类型承担着不同的功能。而不同的功能对城市潜力和竞争力的影响是不一样的，且（集聚）规模对不同功能的经济意义是不一样的。对住宅用地，规模集聚没有什么经济意义，但是对产业和零售业，规模集聚的经济意义是显著的。集聚效应需要经济活动在空间上的规模集聚。

破碎的城市空间发展的定义是：对某类土地利用类型，因为被其他土地利用类型掺杂进来，使其社会经济功能不能充分发挥出来。

城市蔓延式发展是一种典型的破碎的城市空间发展。城市蔓延式发展表现的是农业用地和绿色空间掺杂在城市建设用地中（主要是住宅用地）。除了蔓延式破碎的城市空间发展，中国破碎的城市空间发展还表现在开发区、大学城和城市商务中心等发展，它们也对应体现为宏观层面、中观层面和微观层面三个层级。

宏观层面：典型的案例是一个县级市，面积不到 1000 km^2，设立了 13 个开发区，遍布整个县域。如此分散的就业和产业既不利于产业集聚效应，也不利于人口集中，无法提升城市活力。开发区这样的空间格局在国内是非常普遍的，也是导致土地（过度）城市化、重复建设的根源之一。

中观层面：广州大学城建在一个 18 km^2 的岛上，共十所大学。十所大学教学楼都是沿着岛的周边建设，岛的中心位置是大型体育馆和学生活动中心（广阔的绿地，是大学生约会的好场所），两者之间是学生宿舍。大学城里大学的集中是为了共享教育资源（大学老师、课程、图书资料等），故这些活动应该放在大学城的中心位置。

微观层面：北京朝阳区新建的商务中心（CBD）既有绿地，又有学校、文化设施、城市配套等用地。这些都不属于商务中心用地类型。在价格高昂的商务中心用地上，土地开发密度不高，高楼周围被绿地包围，会影响土地资源、资本资源、劳动力资源效应的发挥（丁成日，2004；丁成日，谢欣梅，2012）。

5.7　超大城市发展与空间管制

5.7.1　空间管制

中国规划空间管制的内容和手段都很丰富。除了土地利用功能分区外，还有严格的耕地保护政策和规划、城市增长边界、主体功能区等。故中国规划空间管制既包括城市规划，也包括土地政策。近几年推行的国土空间规划将进一步强化城市空间发展的空间管制。

分析中国规划空间管制可以概括出五个显著特点：第一，刚性。比如，基本农田区的耕地严格得到保护，不得开发（特殊情况除外，如得到国务院开发许可）。第二，标准化的模式。耕地占补平衡、基本农田占耕地的比重、城市土地开发绿地和交通比重等都是全国统一的模式，跨区域间的变化很小甚至没有，即使中国区域间发展水平、人地关系都有着巨大差别。第三，指标化模式。耕地保护所采用的土地指标、城市人均土地利用指标都是明显的指标化空间管制模式的代表。第四，年度化模式。土地指标（包括建设用地、城市土地开发等）都有年度计划。第五，自上向下管理模式。土地利用指标、规划体系和审批都带有鲜明的垂直管理的特点（Ding et.al.，2017）。

中国城市发展的结果是：①统一和标准化的土地开发模式；②（无论城市规模大小）高密度的城市土地利用模式；③中国特色的城市空间蔓延式扩展；④超规模的土地开发；⑤土地供给过度和短缺严重并存现象普遍。这些问题与空间管制有关（丁成日，程智韬，2018）。

5.7.2 空间管制的政策功能

中国规划空间管制的工具性功能主要指非传统意义上的空间管制功能，如土地利用功能分区中的不相容土地利用类型的空间隔离就不属于工具性功能；为了城市景观的美好和历史文化保护而采取的建筑限高也不属于工具性功能。规划空间管制的工具性功能带有鲜明的宏观政策的色彩，其涉及的地理范围可能超出一个城市自身的边界。

（1）应对发展中出现的问题

改革开放40多年来，经济高速腾飞的同时也带来严重的发展问题，比如产能过剩、库存过剩、房地产潜在的泡沫严重、土地财政风险高、城市发展乱象严重、土地资源浪费严重等（周其仁，2012；党国英，2011）。这些问题的根源不同，有的是管理体制的问题，有的是制度设计的问题，有的是发展阶段问题，有的是改革和政策不到位问题等。由于管理体制、制度设计、改革等都未能及时跟进，结果政府寻求规划空间管理来应对这些问题（比如2007年土地作为宏观调控手段之一、土地指标管理和控制）。空间管制应该针对的是长期性和战略性发展，而不应该用于解决当下发展的问题。当下的发展问题应该由政策来应对，问题解决了政策随即失效。由于城市发展的长期影响，空间管制应对当下问题极可能引发巨大的社会经济成本。

随着城市的增长，城市问题（或者所谓的城市病）在一些大城市显得格外突出，比如大（特大和巨大）城市交通拥堵；随着城市经济的成功，城乡差别在扩大（在1978～2010年，北京城镇居民人均收入增长了78.56倍，而农村居民人均收入增长了57.99倍，显然尽管农村收入也在不断地增长，但是北京城乡收入的差别在扩大）；快速城市化进程中大量低收入农村人口涌入城市，形成新的城市穷人阶层；城市（水）资源和环境问题在一些特大（超大）城市也变得越发严重等。

规划空间管制被当作工具来应对大城市的城市问题和挑战。比如，上海和北京的减量规划用于抑制人口增长、减缓城市增长速度，进而达到疏解城市交通拥堵和城市环境问题。

有些城市问题或者所谓的城市病背后的原因非常复杂，而不仅仅是城市规模问题。以北京为例，城市交通拥堵的原因比较复杂，原因有：① 经济发展和人口增长导致车辆增长速度远远高于城市道路增长速度。② 城市规划和设计问题。道路和街区设计建设没有充分考虑城市交通需要，街区过长、道路中间护栏等都不利于城市交通有序流畅，城市道路密度过低、街区设计没有充分考虑机动车行人各自的需求等。③ 城市交通政策失误。应该鼓励公交和城市轨道交通的发展（日本东京是成功的典范），没有能够在最佳时机发展城市公共交通系统，一方面导致城市空间发展模式不利于城市公交发展，另一方面极大地增加了公共交通建设和运营成本。④ 城市交通管理滞后（丁成日，2015）。

需要正确地认识城市交通拥堵问题：城市交通拥堵可能意味着城市经济发展的成功。城市核心区就业增长意味着劳动力从低效率的地方转移到高效率的地方，而劳动就业密度的提高增加了城市劳动力市场运作效率，降低城市劳动力市场搜寻成本和就业变更成本。也就是说，旨在缓解城市核心区交通拥堵的措施往往有助于城市劳动生产率的提高，导致就业机会的增长，进而使得城市交通变得更加拥堵（丁成日，2015）。比如通过发展城市公共交通（如地铁）减缓城市交通拥堵，降低城市成本，这意味着城市劳动生产率的提高，进而推动城市工资的上涨。由于工资的上涨（相对于其他城市工资不变），城市的竞争力和吸引力都变强，导致城市人口（劳动力）的增长，进而恶化城市交通拥堵。

不是所有的城市问题和挑战都与城市规模有关。洛杉矶发展的案例很能说明这点：洛杉矶在 20 世纪五六十年代由于汽车发展迅速和汽车尾气排放导致了严重的光化学污染事件，而洛杉矶 1950 年人口略高于 400 万。在洛杉矶城市人口不断增长的同时（1970 年为 830 多万，1990 年为 1080 多万，2010 年为 1300 多万），政府采取了一系列的措施应对环境污染。这些措施使得洛杉矶在人口、汽车保有量和使用量都不断增长的同时，空气质量得到极大改善。比如，臭氧浓度超过 1 级警报值（200ppb）的天数从 1977 年的 121 天，降至 1996 年的 7 天，1999 年达到了零天。洛杉矶的例子说明城市环境在城市规模不断增长的同时也是可以得到极大改善的，规模发展与环境质量提高是可以同时实现的发展目标（丁成日，2015）。

（2）应对宏观管理

国家发展目标通过规划空间管制实现的有：① 国家新型城镇发展战略；② 区域平衡发展战略；③ 宏观经济调控；④ 应对经济和财政分权带来的地方政府间恶性竞争；⑤ 示范作用。

过去一二十年里，国家曾经多次通过土地政策和手段来调整宏观经济过热现象。比如 2006 年国家通过行政命令停止土地出让半年，2007 年国家更是直接把土地作为宏观调控手段之一来应对投资过热。

中国改革开放以来取得的巨大经济成就得益于经济和财政分权，但是，由此带来巨大的问题和发展的代价。具体表现为：地方间恶性竞争、宏观经济不稳定（经济过热和泡沫）、宏观调控政策和手段（货币、税收、财政、金融等）效果弱化或者失灵。当下严重的供给侧问题与地方政府间恶性竞争密切相关。

中国过去二三十年经济的高速发展背后的驱动力量之一是巨大的固定资产投资。2004 年 GDP 中的 44% 来自固定资产投资。从日本、韩国、泰国和印度尼西亚等国家发展历程可知，投资带动的增长模式是不可持续的，投资带动的高速增长之后可能就是宏观经济不稳定、严重的增长萎缩和经济泡沫（Garnaut and Huang，2005）。

（3）政策功能

城市发展不可避免地意味着城市向农村扩展和耕地的占用，而保护耕地、实现粮食安全是国家的基本国策之一。为保护耕地，国家制定了一系列政策，取得了一些成绩，但是总的效果远达不到当初政策设计的预期目标。原因很多，可能最主要的是耕地转化为城市建设用地带来的经济驱动力过于强大。国际上的经验说明，当经济驱动力与政策相左时，实际的结果往往是受经济驱动力左右。

粮食安全目标可以通过土地政策和农业政策来实现。从中国的发展来看，解决粮食安全问题更应该从农业政策入手。仅仅通过土地政策（耕地保护——耕地刚性地保护起来），并不一定能保证粮食生产。土地政策也只有通过农业政策，才能真正发挥作用（丁成日，2009）。

缩小城乡差别有助于社会稳定和可持续发展。但是，这个社会发展目标难以通过城乡统筹（规划空间管制）来实现，也不能按照行政单位来实现。政府应该通过收入转移、城乡差异税率和补贴、政府公共服务和基础设施补贴等政策来缩小城乡差别。

（4）应对渐进式改革出现的问题

渐进式改革更受到改革者的青睐，这是因为它针对有限的目标，有助于政府比较容易地推行改革，且可以管控风险和改革的后果。渐进式改革一般不会危及政治系统的问题，不会导致巨大的社会经济震荡。

渐进式改革的突出特点是改革的不彻底，历史遗留的问题多。土地市场仅限于城市，农村土地市场缺失；乡镇企业发展和农村改革遗留下来大量的农村大量建设用地。2011年全国农村建设用地面积为 16666.7 km^2，是全国城市建成区面积的 40%；北京 2015 年农村建设用地面积总量近 1500 km^2，与北京建设用地面积总和相当。农村建设用地规模过大，既是土地资源利用效率不高的原因之一，又对城市房地产市场、住房等带来直接或间接的冲击（比如小产权房）。1993 年、1994 年进行的财税改革没有彻底解决地方政府的事权和财权问题，导致土地财政问题非常严重，2013 年全国土地财政收入为 4.1 万亿，占所有地方政府财政收入的 60%。

由于缺少市场自我更正的机制，加上政府主导的经济发展模式，在经济和财政分权的激励下，供给侧问题非常严重，几乎所有的制造业行业都有不同程度的生产能力过剩问题，特别严重的是钢铁、汽车、铁合金、焦炭、炼铜、水泥、发电、煤炭、纺织等行业。2006 年汽车生产能力和市场消化能力的比率是 1.47∶1。

（5）规划失效的补救

城市规划失效最典型的案例莫过于城市总体规划人口规模往往突破规划目标人口。以北京为例，改革开放以来北京共经历了三次总规修编，从规划目标（控制人口规模）和实际发展规模之间的差别来看，北京总体规划根本没有控制住城市发展（表 5-2）。北京并不是个例。

北京规划人口　　　　　　　　　　　　　　　　　　　　　表 5-2

	1982 年实际人口	935 万
1982 年总规	2000 年规划目标人口	1000 万
	2000 年实际人口	1400 万
	1993 年实际人口	1112 万
1993 年总规	2010 年规划目标人口	1250 万
	2010 年实际人口	近 2000 万
	2004 年实际人口	1500 万
2004 年总规	2020 年规划目标人口	1800 万
	2020 年实际人口	>2300 万

注：统计资料定义有变化，为比较，统一用常住人口。

> "规划（方案）一文不值，而规划（决策过程）是一切"——美国总统艾森豪威尔语

没有完美的规划，规划应该是一个动态的概念，应该有充分的规划灵活性来使规划超前于市场发展趋势和市场竞争力。

5.7.3　空间管制与超大城市发展

空间管制对超大城市发展的影响是巨大和长远的，主要表现为城市空间扩展及其形式。比如，耕地严格保

护政策可能促使城市青蛙跳跃式发展，即城市蔓延式扩展，导致城市发展无序的空间形态和结构，同时极大提高城市通勤距离和成本。严格的规划和国土开发的空间管制，从制度上决定了地方政府不可能通过渐进式的方式为城市化和工业化供给土地模式。这迫使地方政府通过设立各种开发区来实现城市化和工业化所需的土地供给。结果是，大规模的开发区，土地供给短缺和过度并存（不同城市不同的土地供需平衡或者同一个城市不同区位不同的土地供需平衡）。

如何突破垂直的规划空间管制体制（规划审批的垂直性、土地指标的垂直性）与城市依据市场规律发展之间的矛盾，并推动城市空间有序和有效率地发展，是超大城市普遍面临的挑战。城市发展的三大要素（人口、土地、资本）的组合决定了城市发展规模和效率。城市政府为了发展经济，需要实现三大要素在空间上的自由组合，这不可避免地与"自上向下"通过规划对要素流动和配置的干预发生冲突。现行的国土空间规划、耕地保护等政策进一步加强了城市发展的垂直管理，因而超大城市发展的政策和体制突破是未来的挑战之一。

城市发展相关的法规有"刚性、模式化、一刀切、指标式"等特征（丁成日，程智韬，2018）。这样的法规使城市难以应对未来发展的不确定性和不可预见的问题，使得规划的战略性、前瞻性和指导性功能流于"纸上文字"，难以发挥实质上的作用。

耕地保护的刚性规定、土地规划中的"自上向下"指标分配、缺少区域化的土地政策等都是行政干预的产物，这些行政手段一方面没有有效地实现政策目标，另一方面带来巨大的预想不到的负面后果。国际经验说明行政手段在土地管理中的有限性或失效性，因而，越来越多的国家和地区倾向于利用经济手段和激励政策来管理土地，或者将行政手段和经济激励相结合，而不仅仅是依靠行政命令和法规。比如，美国的一些州开始引进土地开发权转让来保护耕地、推动城市理性增长模式、引导与城市基础设施能够有效结合的土地开发等（丁成日，2009）。

规划空间管制与"条块"体制和"条块"思维结合，不仅很难解决问题，而且可能造成极大的行政资源浪费。"条块"体制使中国的行政执行力极为突出，但是这种行政效力又让我们过于依赖"条块"体制和"条块"思维来解决发展问题。然而许多问题是不能通过"条块"体制来解决的：它会造成行政资源的浪费，体现在城市规划上就是规划失效。

条块体制习惯于将问题根据行政体制分解。条块体制便于政策和法规的执行，但是忽视了根本性的问题：① 有些发展问题是难以根据行政地区分解的。比如城乡差别问题不能按照城市行政单元来缩小城市差别，而应该根据农产品价格补贴或者农民收入补贴政策来取得。无论是农产品价格补贴还是农民收入补贴都应该是在国家层面来统筹。② 发展问题的空间尺度不同导致按照行政单元分解解决的政策得不偿失。生态、环境和社会问题涉及的空间尺度可能很广阔，故难以通过城市来解决，而经济发展则应该侧重于城市。也就是说，发展的不同目标应该有不同的空间尺度，经济发展应该侧重于点（城市），而环境、生态、社会发展目标应该侧重于面（省域）。如果不分空间尺度将所有发展目标落实到每一个地方（点：城市；面：区域）的政策实施，就会导致"试图利用一个错误的工具去解决一个正确的问题"，违背了政策拟定的最高准则：政策目标与政策手段或工具相一致。

规划空间管制作为城市规划最基本的工具，在中国被广泛地作为工具性措施来应对中国（城市）发展问题。由于问题与采取的措施不对接，实际效果不尽如人意是必然的。比如，减量规划是一个错误的"工具"选择。减量规划作为政策规划工具或措施，试图用来解决：① 建设用地规模过大问题；② 地方竞争；③ 土地财政。同时减量规划在北京、上海等特大城市可用来控制人口这个发展目标。当一个政策或规划工具被用来实现诸多功能时，实际效果一定会受到质疑。因而，如果问题背后的动力机制不解决，减量规划难以胜任解决地方竞争、土地财政和建设用地规模过大，或者代价过大、严重的伴生问题。

当行政法规（规划手段）与经济激励机制相冲突时，理论和国际经验表明失效的往往是行政法规（规划手段）。如果减量规划与城市发展市场机制相冲突，不是减量规划达不到预想目的，就是所引发的机会成本巨大。

最后，中国城市发展规划有太大的乌托邦成分。试图创建理想模式的城市，结果是城市问题往往更加严重。需要正确认识城市问题，有些问题与城市规模没有必然的联系（如环境污染）；有些问题是城市增长的伴生物（如大城市高工资和高房价），我们需要学会接受和接纳。比如，城市交通拥堵一方面引发高城市交易成本，另一方面又标志着城市经济的成功；农村移民可能带来新的城市穷人和相关问题，他们同时也为城市经济增长带来"人口红利"（丁成日，2015）。因而，需要辩证认识城市问题和城市"病"。城市有"病"，农村也有"病"，大城市有"病"，小城市也有"病"，不同的是"病"的性质。

5.8　超大城市发展与区域平衡问题

城乡差别和区域差别是中国长期存在的问题。城乡差别有两层含义：一是笼统的城镇与农村的差别，一是城镇行政单位内建成区与行政单位内非建成区（农村）的区别。区域区别不仅表现在东、中、西之间的地区差别，还表现在省内的区域差别。

超大城市发展必将进一步推动其行政单位内城乡之间差别的扩大，也会促使省内区域差别的扩大。推动城乡协同发展、区域间协同发展是我们国家的国策。本节讨论的城乡差别和区域差别将围绕着超大城市带来的这两个差别来展开。

中国的城乡差别表现的方面非常广泛，体现在六个方面（张正河，2006）：① 可支付收入；② 教育；③ 医疗；④ 消费；⑤ 就业机会；⑥ 政府公共投入。城乡可支付收入在3：1以上。如果考虑城市居民收入中一些非货币因素，如住房、教育、医疗、社会保障等各种社会福利，城乡居民的收入差距是很高的。城镇与农村之间的差别随着学历表现明显，且更重要的是在九年义务教育阶段，农村学生辍学、流失现象也比较严重。城市劳动人口的登记失业率为5％，农村劳动人口的失业率没有人计算得出，抛开进城务工的劳动力不算，留在农村的4亿劳动力的利用率也只有50％左右（2006）。中国独特的户籍制度割裂了农村户籍享受城市在建成区提供的公共服务和产品，特别是教育、医疗和退休等方面的福利。这方面的隐形"收入"是巨大的。

以初等教育为例说明城乡公共服务差别。城市基础教育的人均财政投入高于农村很多，生均教育经费城市明显高于农村，城市中小学老师的师资水平明显高于农村。城乡教育不平衡发展的一个直接后果是导致城乡劳动力素质（当然素质还包括其他很多指标，但受教育程度无疑是一个最重要的指标）的差异。根据2005年全国人口变动抽样调查数据，仅文盲率一项，乡村就比城市高出10个百分点（温娇秀，2007）。2000年全国人口普查数据表明，在每10万人口各种受教育程度的人口数比较中，城乡差别随学历的提高而快速增加，特别是在大专及以上人口数这一学历层次，城市与农村差距明显。

另外一个重要的城乡差别是医疗。由中国社会科学院发布的2012年《中国药品市场报告》蓝皮书指出，我国地区间的物质和人力医疗资源差距继续扩大。我国城市人口平均拥有的医疗资源是农村人口的2.5倍以上。城乡医护水平的差别可能不是几个指标就能充分反映出来的。一流医学院的顶尖毕业生都会选择留在大城市，中小城市都难以吸引他们，更不用说农村了。

与城乡差别类似的是不同城市规模之间的公共服务的差别，而这个差别文献关注得比较少。985高校全部在特大城市和超大城市，中小城市甚至没有一所211高校。高水平的医院（医护水平）也都是在特大城市、大城市。全国著名的高中也是绝大部分在大城市、特大城市、超大城市。中小城市数量众多，但是知名高中数量完全不成比例。

缩小城乡和区域差别是国家的基本国策，也是一项长期发展的任务和目标。缩小城乡和区域差别需要对农村和落后地区实行长期、稳定和一定规模的财政投入。由于农村和落后地区难以吸引高端和高素质人才，城乡在教育、医疗等方面的差距难以通过加大财政支出来解决。

中国社会的差别有区域、城乡和城市间三大类别。研究区域和城乡差别的比较多，相对比，城市规模之间的公共服务和产品、可支配收入差别也是非常巨大的。超大城市有强大的吸纳农村人口的能力，并可为他们提供基本的公共服务和产品，比如初等教育和基本医疗保证等。因而发展超大城市是实现缩小区域和城乡差别的可行的间接措施和途径。把农村转移出来的人口安置在中小城镇对缩小社会差别的影响有限，因为中小城市与大城市，特别是超大城市的差别也是非常显著的。

> ### 将超大城市发展作为缩小社会差别的战略
>
> 通过超大城市吸纳农村人口并提供基本的社会服务和公共产品，可以间接地实现缩小城乡差别、（省内）区域差别的发展目标。

5.9 疫情是否改变城市化发展规律和模式？

新冠疫情暴发后，居家办公、网络授课、线上销售、网络视频会议等成为"新常态"。值得城市学者研究的问题是：疫情带来的、基于网络的城市生活方式相对长久的持续，是否将根本性地改变城市居民活动方式和习惯？疫情过后城市面对面交往和接触的城市功能是否会弱化？未来的生活是否是以居家场所为主，家庭单元是否成为人类活动的综合体，具有居住、工作、学习、娱乐和消费等多功能？疫情给人们带来的影响是深刻的，疫情过后城市化和城市发展的内在机理和机制是否发生改变，进而促使城市化和城市发展的规律和模式发生变化？

这些问题的回答直接关系着城市化的发展和城市体系的演变，不仅影响城市发展自身的规律，更重要的是影响决策者对未来的判断和战略、决策和政策等的选择。而这些问题的提出本质上与信息技术的发展及其可能对城市的影响有关。20世纪90年代就有人提出信息技术的发展将使城市面对面交往和接触的需要和城市都过时的论点（Glaeser，1998）。美国 9·11 之后又有人发表大城市是恐怖分子攻击的对象，大城市将成为历史的言论。这些观点的提出是有现实基础的：一些城市衰退的现象（中国、美国、日本等国家存在）；城市问题，特别是城市化进程和城市发展伴生的日益严重的城市交通拥堵；一些国家（特别是美国）旧城区日益衰退等；人们对信息和通信技术的过于倚重等。

5.9.1　城市化与公共健康

农村居民由于其人口统计特征、公共卫生系统有限以及医疗保健条件较差，往往更容易感染传染病。研究发现美国农村地区的流感死亡率要比大城市和郊区高得多（Keating and Karklis，2020）。具体的，农村流感 10 万人死亡率最高，为 6.9 人；而城市（特大城市、大城市、中等城市、小城市）的加权平均为 4.5 人，仅为农村流感死亡率三分之二弱，也低于镇的死亡率（6.5 人）。中等城市与小城市的死亡率差别不大，但是都显著地高于特大城市、大城市。此外，有实证研究发现，居民的人均寿命与城市规模成正比，城市居民（无论规模大小）的平均寿命都高于农村（Singh and Siahpush，2014）。

我们因此可以得出一个重要结论是：城市规模越大的城市居民感染疫情的几率越大，但是由于城市规模与城市公共服务和基础设施的正相关，城市居民得到及时救治的概率也高。城市化往往会增加传染病风险，但也会大大减少大多数主要死亡原因（心血管和呼吸系统疾病，癌症和意外伤害），因此可延长人的寿命（Litman，2020）。

5.9.2　面对面交往的不可替代性

城市是人口和企业的密集聚集。所有的城市收益最终来自降低货物、人员和思想 / 想法（Ideas）的运输成本。随着交通成本下降，20 世纪货运成本的重要性在下降，人员移动和思想传输的成本显得越加重要。城市生产率的未来取决于替代面对面的互动（电子邮件、互联网等）是否能够使得个人接触的需求变得过时，或者新技术给人与人之间的互动带来新的曙光，使得亲身接触的价值更加容易地体现出来。在这个二选一中，答案显然是后者，即：信息和通信技术不仅不能代替人们面对面交往的需求，更重要的是在信息技术的时代更加凸显人们直接接触的价值。

知识和技术的发展使得降低货物运输成本的重要性正在下降，而人员空间移动和思想传播的重要性似乎在上升。面对面的联系无可替代，电信加强面对面的联系，空间上比较接近的人之间更有可能使用信息和通信技术，因而信息和通信加强了人与人之间的联系，而不是成为面对面交往的替代品（Glaeser，1998）。

5.9.3　疫情的影响因子

（1）国家应对

影响疫情感染严重性的因子有国家的人口、密度和疫情应对措施等。疫情的死亡率与国家的医疗基础有关。人口多、密度大、应对不当是导致疫情严重的最为相关的因子。

疫情传染及其死亡率与国家人口、经济发展水平和人口密度基本上没有关系。无论是感染人数、死亡人数，还是感染人数占总人口的比重、死亡人数占感染人数的比重与国家总人口、经济发展水平（人均 GDP）和国家人口密度的相关性都非常小。显然，疫情的严重程度主要取决于政府的应对措施。

（2）城市化

城市规模越大、人口密度越高，城市灾害（包括传染病、防恐怖袭击等突发事件）的防治任务越艰巨。同时，此次疫情最先从城市开始暴发，城市中的病例数量大于农村。因此，许多人认为面临疫情的传染风险，城市尤其是大城市和超大城市，人口数量和密度大、流动性强，使城市变得更危险，而乡村具有低密度、低流动性及居住分散等特点，受此次疫情影响相对较小，从而将农村作为"避难所"（Dawid，2020）。这种观点是不全面的。

在其他条件都相同的情况下，病毒感染会随着人口规模和密度的增加而增加，但其他因素对于疫情的防控更重要，拥有良好公共卫生服务能力的城市的感染率和死亡率低于乡村（Ruiqi et al，2018）。疫情的传播也证实了这一观点。以美国为例，虽然疫情在暴发后很长时间才传播到乡村地区，但在两个月内，三分之二的乡村县出现病例，而且有些县的感染率很高。农村应对突发疫情的公共卫生服务能力、社会动员能力、基础设施管护能力、基层组织应用新媒体和新媒介能力等方面明显不足，致使农村对突发公共安全事件的响应较慢。

城市确实有一个风险因素比农村地区大得多，就是病毒输入性风险。城市往往是一个地区的经济、文化和政治中心，其与外界有较大的人员和物资交流，使城市面临巨大的病毒输入性风险，从而使城市更危险。疫情表明，城市拥有更多的病例，但部分乡村地区的死亡率更高（Litman，2020）。城乡死亡率的差别源于乡村弱势群体较多、收入水平较低以及公共卫生资源有限等原因。城乡死亡率的差别同时还说明城市基础设施、公共服务水平等对健康的重要性。城市医疗基础设施、医护人员技能和经验等在城乡之间存在着巨大的差别，这点在中国特别明显。同时由于城市交通和医治便利条件，城市居民能够得到及时的医治。农村和中小城市的医疗设施和医护水平能够应对一般的疾病，疑难病症一般只能在大城市、特大城市和巨大城市得到医治。

（3）城市人口密度

一些文献认为高密度会增加居民对病毒的暴露率，传染风险随密度的增加而增加，但详细的研究并不支持这一观点，密度与传染风险不相关（Dobkin and Diaz，2020）。

哈米德等（Hamidi et al，2020）对美国的研究发现，人口密度较高的县新冠病毒相关的死亡率显著较低，他们认为这可能是由于人口密度较高的县卫生保健条件较好所致。一些研究发现许多城市郊区的感染率高于附近的中心城市。

在城市层面，疫情感染数据也不支持密度与传染风险相关。纽约五个区的感染率都差不多，其中斯塔腾岛最高，而曼哈顿的人口密度最高，是斯塔腾岛的 8.6 倍（Steuteville，2020）。纽约的一项研究表明，社区密度与新冠感染率之间呈负相关关系（Winkelman，2020）。曾悦和张佳（2020）的研究表明，确诊病例停留小区无论在建成时间、居住规模、建筑高度和物业管理上均有较大差异，虽然主要分布在城市建成区，但乡村地区也有零星案例。是否存在确诊病例和小区内是否有居民与疫情重点地区有联系有关，和小区的物理特性并没有相关性。

一些学者认为传染病的传染风险来自拥挤，而不是密度。密度是指每单位土地的住房单位数或居住人口数。拥挤是指一群人聚集在一个空间里。学生集中在教室里，商场、饭店、会议中心、交通枢纽等公共空间集聚了大量人流，都会产生拥挤，从而增加传染的风险。一项关于意大利的研究发现，规模更大、密度更高的城市暴发疫情的时间更长、规模更大，而较小和密度较低的地区暴发的时间更短，但强度更大（Rader et al，2020）。疫情暴发的高峰值会使短时间内大量人群需要医疗救助，从而增加医疗系统的压力。

5.9.4 居家生活模式的负面影响

通过信息技术、网络技术减少城市居民面对面交往的居家模式的优点不言而喻，主要表现在减少城市交通出行：原来花费在交通上的时间可以用来学习、工作、娱乐、休闲等，增加了居民的满意度。但其带来的问题也很明显，主要表现在：迷惑和恐惧、不充分的必要物品和物质的获得、医疗保健需求增加、精神压力、个人空间拥挤和不舒适、运动减少、家庭冲突和矛盾增加、收入减少等，这些问题涉及家庭、婚姻、子女教育、居民心理和精神健康等方面。

（1）疫情与婚姻

居家隔离增加离婚率。家庭关系中都涉及一定程度的冲突和矛盾，特别是在压力大的时候冲突和矛盾越加凸显。以美国为例，从担心本人的健康到担心亲人的健康，再到面临日益严重的财务不确定性，所有经典的婚姻压力都被疫情放大，导致离婚率显著增长。对一些夫妻来说，疫情带来的家庭摩擦从小到谁来洗衣的争执，大到储蓄账户的控制权的争议。对另外一些人而言，封锁还可能暴露更深层的问题，并提供了充足的反思时间，使他们考虑疫情之后分开的选项。

婚姻关系心理咨询人员将财务压力、无聊、对养育子女的意见分歧以及家务活的争议视为最常见的冲突源。由于许多夫妇被困在家里，家庭式教育孩子，并且面临更多的经济不确定性，因此，疫情给已经在挣扎中的人际关系带来更多压力也就不足为奇了。此外，疫情期间，夫妻难以获得婚姻咨询和心理医生的帮助，再加上无法选择喝咖啡与朋友聊天等来减压。如果一个人一直在使用这些渠道来管理精神和心理压力，或许也是避免处理更深层次的问题，那么他可能会突然发现自己不得不直面差异，且不知道怎么应对，结果许多婚姻达到了破裂点。数据显示，新冠疫情导致了美国离婚率显著提高。比如，2020年3～6月想离婚的夫妻比2019年同期增长34%，而新婚夫妇最有可能申请离婚。实际上，在这段时间里，结婚五个月或更短时间的夫妇中有20%寻求离婚，而2019年只有11%（Brownwell，2020）。

（2）隔离与心理和精神问题

疫情带来很多心理和精神问题。精神健康的挑战与疫情大流行有关，与该疾病和疾病引起的发病率和死亡率以及缓解活动有关，包括保持距离和居家隔离政策的影响。与2019年同期相比，美国在2020年4月至6月期间，焦虑症和抑郁症的症状明显增加。通过对疫情前和疫情中的随机调查发现，与疫情大流行之前相比，疫情期间美国的抑郁症状患病率高3倍以上。

疫情大流行有深远的心理影响，大流行的心理后遗症可能会持续数月或数年。研究表明，新冠疫情大流行与普通人群和医疗保健专业人员的困扰、焦虑、传染的恐惧和失眠相关（Sher，2020）。在高疫情流行地区，社会孤立、焦虑、对传染的恐惧、不确定性、长期压力和经济困难可能导致易感人群，包括既往患有精神疾病的人和居住在其中的人的抑郁、焦虑和其他精神疾病的发展或加剧，以及导致包括情绪和物质使用障碍在内的与压力有关的精神疾病与自杀行为。

（3）青少年成长

对于青少年来说，社交距离减缓疫情传播可能尤其困难，并可能会使他们感觉与朋友隔绝。随着毕业、舞会、运动季、大学访问和其他长期计划的活动被取消或推迟，许多人也面临着巨大的失望。

体育运动对青少年尤为重要。

疫情带来的体育活动的终止产生的心理影响更为深远。对于美国绝大多数家庭，体育如果不是最主要的活动，也是一件非常重要的活动。参加孩子的体育活动是家庭生活的一部分。许多家庭习惯于将大量时间花在孩子的体育活动上，随着疫情引入的社会调整，而且由于活动暂停，这些父母和孩子可能会觉得如何填补这个时间空白是一个大挑战。体育活动和赛事中断严重地影响青少年的心理和精神健康发展。

社会自由活动的限制对青少年的直接或间接影响是非常显著的，社会隔离期间调查发现17%的青少年有焦虑和抑郁问题，三分之一的人认为他们参与公共事务的权利受到影响，这些数据都明显高于非疫情期间的均值（International Labour Organization，2020）。

（4）网络授课

自从全面实施网络授课后，大学在校生（包括半工半读生）中65%的人认为学到的东西减少了，51%的人认为他们的毕业将被推迟，9%的人甚至非常担心他们的教育和最终可能不能毕业。一项针对美国大学的学生问卷调查发现，从课堂转变为线上授课对学生的学业影响是非常显著的。82%的学生认为需要付出更多的努力才能完成课程（作业、阅读、课程项目等），71%的学生认为课程变得更富有挑战，56%的学生认为不能集中注意力来完成课程要求。与正常的课堂授课相比，对网络授课或者保持社交距离的课堂授课，学生感觉失去最多的是与导师的沟通、体育和健身资源、学生组织和活动、学术资源、一起看电影和同学间的学术交流，这些方面的比重都在25%~36%。学生和授课教授接触的原因最多的是要求最终期限的延迟，其次是咨询有关压力、焦虑和精神健康等方面问题，然后是通信、网络和信息方面的技术问题，家庭成员感染和病逝等。此外，绝大多数教授认为，网络授课增加了学生对学业的担心，相应地，学生跟老师的线上接触也更加频繁。

网络授课对中小学生的影响更大。年龄越小的学生越不容易集中精力完成线上课程，这也是为什么很多家长支持疫情期间开学的主要理由之一。网络授课一个直接的后果是社会孤立和孤独，它们对儿童和青少年心理健康的影响是非常负面的。洛德斯等人评估了健康儿童和青少年的孤独感与心理健康问题之间的关系，以确定社会隔离是否可以预测未来的心理健康问题。研究发现，社会孤立和孤独感增加了长达9年的抑郁症风险，持续时间而不是孤独感的强度与心理健康症状的关系更大（Loades et al，2020）。

5.9.5 疫情过后中国城市发展

根据前面的分析我们可以得出的结论是，面对面交往对城市存在和发展仍然是非常重要的，信息和通信技术是对城市人与人面对面交往的补充，而不是替代。随着知识经济和技术经济发展，人的移动和思想的传输变得越来越重要，城市化和城市发展（规模的增长）无疑将减少城市人员的空间移动和思想传播的成本，进而推动城市和社会的发展。

疫情期间居家模式的负面影响可以间接地用来佐证信息和通信技术是不可能取代人与人交往的。显然，信息和通信技术为居家模式（将生活、工作、学习、娱乐一体化）提供了技术的支持，但是人是有强烈的"群居"倾向的，需要通过人与人的接触来促进心理、精神等方面的健康发展。独居、隔离带来的心理和生理方面的问题是非常严重的，特别是青少年发展时期。居家模式显然减小了人与人交往的频率，导致抑郁等有心理和精神疾病和问题的人越来越多。线上授课有其优越性，但是普及线上教育带来的问题也是非常明显的，年龄越小的青少年影响越大。

疫情过后中国的城市发展回归到了疫情前，经济发展、政策（特别是人口政策）等仍对区域城市发展有很大的影响，根据现有的文献和理论综述，我们认为未来区域城市发展将越发地表现为发散模式，特别是在城市规模大的城市体系一端。过去的中国城市体系结构和城市发展存在巨大的省际差别，这种差别将继续延续下去，同时要求实施区域差别化的城市化发展战略，以便推动地区经济发展。

本章执笔人：丁成日

参考文献

丁成日. 北京城市人口发展预测（研究报告）. 北京市城市规划设计研究院，2014.

丁成日. 世界巨（特）大城市发展：规律、挑战、增长控制政策及其评价［M］. 北京：中国建筑工业出版社，2015.

丁成日. 城市经济学：实证研究与方法［M］. 北京：社会科学文献出版社，2020.

丁成日，张妍，朱永明. 省级城市体系结构与经济发展［J］. 城市发展研究，2020，27(3)：25-36.

丁成日，谢欣梅. 城市中央商务区（CBD）发展的国际比较［J］. 城市发展研究，2010，17（10）：72-82.

丁成日，程智韬. 中国规划空间管制的评价［J］. 城市发展研究，2018，25（6）：37-45.

张正河. 城乡发展失衡成为经济生活突出矛盾　教育医疗社保等方面差距应高度重视. 人民日报（海外版），2006-11-21. http://www.gov.cn/zwhd/2006-11/21/content_449061.htm.

曾悦，张佳. 基于突发公共卫生事件下小区防疫响应的社区韧性建设规划思考：以成都市小区防疫响应为例［J］. 西部人居环境学刊，2020，35(3)：23-28.

温娇秀. 我国城乡教育不平等与收入差距扩大的动态研究. 当代经济科学，2007，29（9）：40-45.

Bertaud A. The spatial organization of cities: deliberate outcome or unforeseen consequence［R］. Washington DC: World development report, World Bank, 2003.

Borck R. Consumption and social life in cities: evidence from Germany［J］. Urban studies,2007,44(11): 2105-2121.

Brownwell T. Divorce rates and OVID19［EB］. 2020. https://www. natlawreview. com/article/divorce-rates-and-covid-19.

Cervero R, Wu K L. Sub-centering and commuting: evidence from the San Francisco Bay Area, 1980-1990 [J]. Urban studies, 1998, 35(7): 1059、1076.

Cuberes D. Sequential city growth: Empirical evidence [J]. Journal of urban economics,2011,69(2): 229-239.

Dawid I. Density in the Pandemic Era [EB]. https://www.planetizen.com/news/ 2020/03/108778-density-pandemic-era.

Ding C, Li Z. City size and urban growth of Chinese cities during the era of transformation toward market economy [J]. Environment and Planning B,2019,46(1): 27-46.

Ding C, Cao K, Gao W. Land issues and challenges in China's rapid urbanization. Global journal of human-social science, 2019,19(1): 49-61.

Ding C, Lichtenberg E. 2011. Land and urban economic growth in China. Journal of regional science, 2011, 51(2): 299-317.

Dobkin J,Diaz C. Coronavirus statistics: tracking the epidemic in New York, The Gothamist [EB]. 2020. https://bit. ly/34uSeoO.

C A Frankenhoff. Elements of an economic model for slums in a developing economy. Economic development and cultural change, 1967, 16(1): 27-36.

Edward Glaeser. The triumph of the city: How our greatest invention makes us richer, smart, greener, healthier and happier. New York: Penguin Books,2011.

Glaeser E. Are cities dying? [J]. Journal of economic perspectives, 1998, 12(2): 139-160.

Glaeser E L, Gottlieb J D. Urban resurgence and the consumer city [J]. Urban studies,2006,43(8): 1275-1299.

Gordon, Harry, Peter Richardson. Are compact cities a desirable planning goal? [J]. Journal of the American planning association, 1997, 63(1): 95-106.

Hamidi S, Sabouri S, Ewing R. Does density aggravate the COVID-19 Pandemic? [J] . Journal of the american planning association, 2020,86(4): 495-509.

International Labour Organization. Youth and COVID-19: impacts on jobs, education, rights and mental wellbeing [EB]. 2020. https://www.ilo.org/wcmsp5/groups/public/---ed_emp/documents/ publication/wcms_753026.pdf.

Keating D, Karklis Y. Rural areas may be the most vulnerable during the Coronavirus outbreak [N]. Washington Post,2020-3-19. https://wapo.st/346UX7r.

Lahti, Ecology P. Economy, energy and other elements in urban future [R]. Finland: Paper for a Nordic Research Workshop in Espoo, 1994.

Lai, Richard Tseng-Yu. Law in urban design and planning, New York: Von Nostrand, 1988: 27-33.

Litman T. Pandemic-resilient community planning: practical ways to help communities prepare for, respond to, and recover from pandemics and other economic, social and environmental shocks [R]. Victoria transport policy institute, 2020:12-13.

Litman T. Understanding smart growth savings [R]. Victoria transport policy institute, 2019.

Loades M E,Chatburn E, Higson-Sweeney N,et al. Rapid systematic review: the impact of social isolation and loneliness on the mental health of children and adolescents in the context of COVID-19 [J]. Journal of the American academy of child & adolescent psychiatry, 2020, 59(11): 1218-1239.

McMillen, Daniel P. Employment subcenters in Chicago: past, present, and future economic perspectives [R]. Chicago: Federal Reserve Bank of Chicago, 2003.

Naess, Petter, Synnove Lyssand Sandberg. Workplace location, modal split and energy use for commuting trips [J]. Urban studies, 1996, 33(3): 557−580.

Orgilés M, Morales A, Delvecchio E, et al. Immediate psychological effects of the COVID−19 quarantine in youth from Italy and Spain [J]. PsyArXiv, 2020(9).

Rader B, Scarpino S V, Nande A, et al. Crowding and the shape of COVID−19 epidemics [J] . Nature medicine, 2020 (10): 1−6.

Rosner E. US divorce rates skyrocket amid COVID−19 pandemic [EB]. 2020. https://www.foxnews.com/lifestyle/us−divorce−ratesskyrocket−amid−covid−19−pandemic.

Ruiqi L, Peter R, Roehner B M. Effect of population density on epidemics [J]. Physica a statistical mechanics & its applications, 2018, 510: 713−724.

Sanderson J, Brown K. COVID−19 and youth sports: psychological, developmental, and economic impacts [J]. International journal of sport communication, 2020 (13): 313−323.

Sher L. The impact of the COVID−19 pandemic on suicide rates [J]. QJM: An international journal of medicine, 2020 (6): 707−712.

Shlomo Angel, Stephen C Sheppard, Daniel L Civco. The dynamics of global urban expansion. Transport and urban development department of The World Bank. https://www.researchgate.net/publication/260317174.

Singh G K, Siahpush M. Widening rural−urban disparities in life expectancy, U. S., 1969−2009 [J]. American journal of preventive medicine, 2014, 46(2): 19−29.

Steuteville R. Facts don't support the 'density is dangerous' narrative [EB]. 2020. https://www.cnu.org/publicsquare/2020/03/23/plaguedon%e2%80%99t−count−cities−out.

Winkelman S. Mobilizing Against COVID−19 (by Staying Put), Green Resilience [EB]. 2020. https:www.greenresilience. com/covid−climate−transport., 2005.

第六章　郑州人口分析与预测

6.1　郑州市流动人口的结构性特征

自改革开放以来，随着人口自由流动的制度藩篱被打破，我国的城市化进程快速推进，城市化水平逐步提升。1979 年，我国城市常住人口仅有 1.72 亿人，人口城市化率仅为 17.9%。第七次全国人口普查数据显示，到 2020 年，我国城市常住人口达到 9.01 亿人，人口城市化率提升至 63.89%。与此同时，在中国城乡二元结构的制度约束下，2020 年全国的人户分离人口达到 4.92 亿人，这表明大规模的人口流动已经成为当下中国社会经济发展的一个显著特征。

根据国家统计局数据可知，2020 年我国的流动人口数量达到 3.75 亿人，占全国总人口的比重达到 26.62%。[1] 而长期以来，作为农业大省的河南省一直都是我国流动人口输出的主要省份之一。国家卫生健康委全国流动人口动态监测数据平台数据显示，2011~2017 年，河南籍流动人口数量占全国流动人口的比重在 8% 左右，总体规模较大（表 6-1）。但 2014 年以来，河南籍流动人口数量占全国流动人口的比重呈现逐步下降的趋势。随着东部地区中低端制造业等产业向中西部转移以及中部崛起和郑州国家中心城市社会经济的快速发展，河南省跨省流动人口有所减少，省内跨市流动人口比重越来越高，更多的河南籍农业人口倾向流向郑州市寻找就业和发展机会。在此进程中，郑州市周边地市农村人口为郑州市人口增长和经济发展提供了重要的人口基础。

河南省及郑州市流动人口基本情况　　　　　　　　　　　　　　表 6-1

年份	2011	2012	2013	2014	2015	2016	2017
历次全国流动人口抽样总数 / 人	127916	158650	198723	200826	206003	169000	169989
河南籍流动人口占全国比重 /%	8.35	8.15	8.38	7.99	7.93	7.87	7.83
郑州吸纳流动人口中农村人口比重 /%	93.05	93.68	94.4	94.55	94.77	91.15	91.7

注：如无特殊说明，本章流动人口相关数据均来自于国家卫生健康委流动人口数据平台提供的中国流动人口动态监测调查数据。

6.1.1　流动人口的人口学特征

（1）城乡结构

伴随我国城市化的快速推进，大量的农村人口从乡村转移到城市，乡城流动人口成为整个流动人口的主体。表 6-2 显示，2011~2017 年间，乡城流动人口也是郑州市流动人口的主体，农业户籍的流动人口占郑州市流动人口的比重一直高于 90%。值得注意的是，

---

[1]　数据来源：国家统计局第七次全国人口普查数据公报。

自 2011 年以来郑州市流动人口中的农村流动人口比重经历了先上升后下降的变化趋势。2015 年郑州市农村户籍流动人口比重达到最高值（94.75%）之后开始呈现下降趋势。至 2017 年，郑州市农村户籍流动人口占流动人口的比重下降至 91.70%。

郑州市流动人口户口性质（%） 表 6-2

年份	2011	2012	2013	2014	2015	2016	2017
乡-城流动人口	93.05	93.68	94.40	94.55	94.75	91.15	91.70
城-城流动人口	6.92	6.92	5.60	5.45	5.25	8.85	8.30

从城-城流动人口变动趋势来看，2011 年以来，郑州市流动人口中非农业户口的城-城流动人口占比虽然一直低于 10%，但是整体上呈现出不断增长的趋势。2011 年城-城流动人口仅占郑州流动人口的 6.92%，到 2017 年增长至 8.30%。可以判断，随着郑州作为国家中心城市的持续发展，未来城-城流动人口在郑州人口增长中将扮演越来越重要的角色。

城-城流动人口比重提升：郑州人口流入的趋势

2011 年以来，郑州的乡-城流动人口呈现出先增加后减少的趋势，而城-城流动人口则持续增加。随着高等教育的普及，越来越多的来自小城镇和中小城市的高学历人口为寻求就业和发展机会参与到城-城流动的进程中。除此之外，国家层面的相关政策法规也会进一步助推城-城流动人口的迅速增加。

（2）性别结构

表 6-3 显示，2011~2017 年间郑州市流动人口的性别结构较为平衡和稳定。数据显示，除了 2012 年和 2013 年的调查中的女性样本占比超过 50%，其余年份男性流动人口占比一直高于 50%。总体而言，流动人口的男性比例较大，这与全国流动人口状况大致相同。但每一年度的男女性别比例差距均在 5% 以内，差距并不显著。

郑州市流动人口的性别结构（%） 表 6-3

年份	2011	2012	2013	2014	2015	2016	2017
男	51.56	49.79	47.90	52.25	50.65	52.10	51.78
女	48.44	50.21	52.10	47.75	49.35	47.90	48.22
流动人口男性比例	0.52	0.50	0.48	0.52	0.51	0.52	0.52

（3）年龄结构

从郑州市流动人口年龄结构表可知（表 6-4），郑州市流动人口以劳动力年龄人口为主，年龄主要集中在 20~44 岁，多为青壮年劳动力来郑就业。在 2011 年和 2012 年，20~24 岁流动人口是全年龄段中占比最大的；2013~2017 年，25~29 岁年龄段人口则成为郑州市流动人口的主力军，比重最大。这表明，因受郑州经济社会发展拉力作用，大量的外来流动人口流入郑州。

郑州市流动人口年龄结构 表 6-4

比例 /%	年份						
	2011	2012	2013	2014	2015	2016	2017
15~19	4.90	4.61	2.60	3.95	3.04	2.90	1.60

比例 /%	年份						
	2011	2012	2013	2014	2015	2016	2017
20～24	22.14	24.86	20.45	21.15	17.56	10.65	11.51
25～29	10.13	23.94	27.55	32.30	28.44	23.55	22.11
30～34	18.67	16.69	15.95	16.10	16.76	20.85	21.26
35～39	13.93	12.58	11.60	9.95	13.61	16.45	14.66
40～44	13.21	10.83	11.75	8.90	10.46	11.75	11.76
45～49	5.29	5.04	7.15	5.95	6.94	8.75	9.55
50～54	1.20	0.99	2.50	1.25	2.24	3.45	4.95
55～59	0.49	0.40	0.30	0.35	0.59	0.70	1.45
60 及以上	0.03	0.07	0.15	0.10	0.37	0.95	1.15
流动人口平均年龄 / 岁	31.24	30.37	31.62	30.29	31.87	33.80	34.51

郑州市流动人口平均年龄常年处于 35 岁以下，这意味着流动人口年龄结构较为年轻。郑州近年来经济社会的快速发展吸引着外来流动人口来郑就业，同时，众多的青年流动人口为郑州的发展作出了巨大贡献，为郑州带来更大的活力，使得郑州市劳动力红利效应显著。

从整体上看，郑州市流动人口平均年龄呈增长趋势：2011～2014 年平均年龄在 30～32 岁之间浮动，2017 年则增长为 34.51 岁，流动人口平均年龄的增长既与近年来我国人口老龄化的现状有关，也与郑州市医疗卫生状况的改善和生活质量的提高有关。

15～19 岁的青少年流动人口比例从 2011 年的 4.90% 不断下降至 2017 年的 1.60%，这意味着郑州市青少年流动人口正在不断减少，对于这个年龄段的流动人口来说，郑州市可能并不具有太大的吸引力。虽然 60 岁以上的老年流动人口占比极少，但近年来有不断增长的趋势，2011 年仅为 0.03%，2017 年便猛增至 1.15%。

（4）婚姻结构

表 6-5 显示，2011～2017 年间郑州市流动人口处于在婚状态的占大多数，总体上呈先下降后上升趋势，在 2014 年降至最低点（45.3%），于 2017 年升至最高点（72.24%）。处于离婚和丧偶状态的通常只占流动人口的 1% 左右，但随时间的推进和婚姻观念的不断开放，流动人口处于离婚状态的比重有增加的趋势。

郑州市流动人口婚姻结构（%） 表 6-5

年份	2011	2012	2013	2014	2015	2016	2017
未婚	38.12	46.13	44.6	53.8	39.8	29.75	26.21
在婚	61.46	53.31	54.65	45.3	59.75	69.25	72.24
离婚	0.36	0.4	0.6	0.8	0.35	0.6	1.35
丧偶	0.06	0.16	0.15	0.1	0.1	0.4	0.2

郑州市流动人口的婚姻状态以未婚和在婚为主。我们可以很明显地看到这两者的不断变化：2014 年后，已婚人口明显增多，而未婚人口明显减少，这可能与郑州市流动人口平均年龄的增长有关。

（5）教育结构

流动人口受教育程度一定程度上代表了流动人口技能水平。表6-6显示的是2011～2017年间郑州市的流动人口受教育程度，其中以初中及以下为主，占比近半，高中/中专及以下占70%以上，表明郑州市流动人口的技能水平总体上较低，这与郑州市流动人口多为河南籍农业人口有关。河南省作为人口大省、农业大省和高考大省，升学压力大，许多人无法获取继续接受教育的资格，转而来到大城市以寻求更多的就业机会。同时郑州市流动人口的平均受教育年限由2011年的10.24年增至2017年的11.04年，意味着郑州市流动人口的技能水平在逐渐提高。

郑州市流动人口教育结构　　　　　　　表6-6

年份	2011	2012	2013	2014	2015	2016	2017
初中及以下/%	59.55	55.38	53.55	45.20	49.09	40.25	47.17
高中/中专/%	30.10	33.78	31.35	35.70	35.91	33.90	31.92
大学专科/本科/%	10.36	10.80	15.05	19.00	14.94	25.40	20.36
研究生及以上/%	0.00	0.03	0.05	0.10	0.05	0.45	0.55
平均受教育年限/年	10.24	10.93	11.13	11.13	10.84	11.46	11.04

从郑州市流动人口教育结构表中可知，2011年后初中及以下文化程度的低技能人口比例存在下降趋势；高中/中专文化程度人口的比例变化不大，保持在33%左右；大学专科/本科及以上的高技能人口占流动人口的比例从10.36%上升至20.36%，增长幅度大；

郑州流动人口人力资本禀赋持续升级

人力资本可以代表一个城市的创新能力。近年来郑州市流动人口受教育结构不断优化，平均受教育年限不断提升，反映了郑州对高学历人才的吸引力在不断提升，人才成长环境不断优化。

同时研究生及以上文化程度的高技能人才较小，但近年来其占比也在不断变大，这一系列变化说明郑州市吸引高技能人才的能力正在逐步增强，流动人口从"低素质"向"高素质"更替，未来将吸引更多高水平人才来郑就业，为郑州发展作出更大贡献。

6.1.2　流动人口的家庭特征

表6-7呈现了郑州市流动人口的家庭特征。数据显示，2011年后郑州市流动人口的家庭平均规模经历了先缩小后扩大的过程，其中，2014年家庭平均规模最小为1.8人，2017年最大为2.41人，表明郑州市流动人口逐渐以家庭迁移为主，多为夫妻双方来郑就业并带动子女和老人来郑，家庭化迁移趋势明显。

郑州市流动人口家庭基本情况　　　　　表6-7

年份	2011	2012	2013	2014	2015	2016	2017
流动人口家庭平均规模/人	2.14	2.10	2.09	1.80	2.14	2.26	2.41
总抚养比	0.225	0.297	0.272	0.219	0.319	0.349	0.421
少儿抚养比	0.222	0.291	0.270	0.217	0.312	0.337	0.381
老年抚养比	0.004	0.006	0.002	0.002	0.007	0.012	0.041

2011～2017年，郑州市流动人口的总抚养比逐步上升，且增速较快，这表明郑州市

流动人口的劳动供养负担呈现不断提升的趋势，而无劳动能力的人口在流动人口中的占比越来越大。这也从侧面表明青壮年劳动力人口"带老携幼"、家庭化流入郑州，反映出了"个体迁移-核心家庭迁移-扩展家庭迁移"的趋势。郑州流动人口以20~44岁的中青年人口为主，少儿抚养比较高，老年抚养比较低，表明流动人口子女随迁情况多，而父母随迁的情况较少，同时郑州市流动人口带来的青少年劳动后备力量也在不断扩大。

6.1.3 流动人口的就业特征

（1）流动人口产业分布

流入地的产业结构对流动人口就业有较大的影响。流动人口的三次产业就业比例状况是反映流动人口就业结构的显著性指标，因此我们可以用郑州市流动人口在三次产业劳动力的分布比例来反映流动人口就业的结构性特征。

从郑州市流动人口产业分布数据可知（表6-8），在三大产业中：郑州市流动人口从事最多的是服务业，制造业次之，农业的从事人员最少，流动人口职业身份"非农化"特征明显。流动人口从事服务业的比重正在逐年下降，由2011年的91.10%下降至2017年的77.64%，占比不足八成；与2011年相比，2017年郑州市流动人口从事工业的比重明显上升，增长了近14个百分点。流动人口从事农业的比重在2011~2017年的比重极低，约占流动人口产业分布的0.3%。值得注意的是，在2011~2017年期间，尽管流动人口的三次产业就业比例均有变化，但服务业仍然是流动人口产业分布中比重最大的产业，是支撑流动人口就业的主力产业，并且在未来一段时间内仍会保持较高的比重。

郑州市流动人口的产业分布（%）　　　　　　　　表6-8

年份	2011	2012	2013	2014	2015	2016	2017
农业	0.39	0.43	3.90	0.05	0.00	0.35	0.20
工业	8.51	7.74	3.25	16.15	17.08	19.15	22.16
服务业	91.10	91.83	92.85	83.80	82.92	80.50	77.64

将服务业进一步细分类别来看（表6-9），流动人口主要从事批发零售、住宿餐饮等消费性服务业，2017年比重为44.52%，占从事服务业的流动人口近五成，但总体上呈现下降趋势，未来消费性服务业的比重可能会继续下降；基础性服务业比重在2011~2016年都维持在20%左右，而在2017年，基础性服务业比重大幅下降至14.51%，为七年来最低；虽然除2016年外，生产性服务业比重均不足10%，但七年来其呈现出不断上升的趋势，比重从2011年的4.12%上升至2017年的8.75%。可以看出，从事服务业的郑州市流动人口主要从事的是传统型服务业，即消费性服务业，从事基础性服务业和生产性服务业的比重较低，但后两者的就业比重正在不断提高。

郑州市流动人口的服务业类型分布　　　　　　　　表6-9

年份	2011	2012	2013	2014	2015	2016	2017
生产性服务业	4.12	4.45	5.40	7.90	4.80	12.05	8.75
消费性服务业	60.16	56.16	58.00	50.80	52.83	52.90	44.52
基础性服务业	17.92	23.71	19.75	20.60	19.85	20.00	14.51

注：根据CMDS问卷内容，生产性服务业为金融/保险/房地产业、交通运输和仓储通信、科研与技术服务；消费性服务业为批发零售业、住宿和餐饮业；基础性服务业是社会服务、卫生体育和社会福利、教育文化广播电视、党政机关和社会团体。

（2）流动人口就业岗位分布

表 6-10 显示郑州市流动人口的就业岗位主要包括机关事业单位、国有及国有控股企业、集体企业、私营企业、港澳台及外资企业和其他企业。职业分布可以反映流动人口的职业选择，与流动人口的工作待遇以及工作稳定性有紧密联系。从郑州市流动人口职业分布表可知，约有 80% 的流动人口在私营企业就业。但是数据显示，近年来流动人口在私营企业就业的比重呈现下降趋势。2011 年约有 81.82% 的流动人口集中在私营企业就业，到 2017 年该数据下降至 72.89%。数据显示，2011 年到 2017 年间，流动人口在港澳台企业与外资企业就业的比重呈现明显上升趋势。2011 年，流动人口在港澳台资及外资企业就业的比例仅占 0.29%，到了 2017 年，约有 10.41% 的流动人口在外资企业就业。这反映郑州市就业岗位供给结构发生了一定变化，经济开放度逐步提升，外资与港澳台企业在郑州投资的比重逐渐提高。在机关事业单位和国有企业就业的流动人口比重变化不大，分别保持在 1% 和 2% 左右。

郑州市流动人口职业分布（%）　　　　　　　　　表 6-10

年份	2011	2012	2013	2014	2015	2016	2017
机关事业单位	0.81	0.95	1.40	0.25	0.91	1.15	1.05
国有及国有控股企业、集体企业	2.34	2.11	1.70	0.65	1.65	1.20	2.90
私营企业	81.82	77.44	86.10	80.80	73.21	87.90	72.89
港澳台与外资企业	0.29	1.09	1.75	11.20	13.07	13.51	10.41
其他企业	5.65	11.10	4.20	2.60	5.71	2.40	6.05

注：外资企业包括日韩企业、欧美企业以及中外合资企业。

值得注意的是，流动人口在国有及国有控股企业、集体企业就业的比重自 2011 年以来经历了先下降后上升的变化趋势。2014 年流动人口在国有及国有控股企业、集体企业中就业的比重达到最低值（0.65%）之后开始回升。至 2017 年，流动人口在国有及国有控股企业、集体企业中就业的比重增长至 2.90%，略高于 2011 年的 2.34%。

这一系列变化表明，流动人口的职业选择更加广泛，不再局限于私营企业，近年来更多地表现出对港澳台企业与外资企业的青睐。同时，流动人口在国有及国有控股企业、集体企业就业的比例从 2015 年开始有所回升。

（3）流动人口就业身份分布

流动人口就业身份主要体现为调查对象是否为雇主以及雇主是否固定，就业身份可以体现流动人口的工作状态，反映其就业稳定性特征。从总体上看，数据显示郑州市流动人口的就业身份以固定雇主的雇员和自营劳动者为主（表 6-11）。2011～2017 年固定雇主雇员占比稳定在 50% 左右，2017 年有固定雇主的雇员比例为 54.26%，较 2011 年上升了约 9 个百分点，流动人口就业稳定性总体呈上升趋势。自营劳动者占比稳定在 40%，但总体上呈下降趋势，且近年来下降幅度较大，从 2011 年的 47.43% 下降到 2017 年的 34.96%，下降了近 15 个百分点，说明近年来的流动人口中自营劳动者占比越来越小。雇员身份的流动人口比重正在上升，无固定雇主的雇员比重虽然较低，但总体来看呈上升趋势，比重从 2011 年的 1.82% 上升到 2017 年的 3.65%；雇主身份的流动人口比重变化不大，但自 2012

年后比重下降明显，从 2012 年的 12.86% 下降至 2017 年的 5.52%。

郑州市流动人口就业身份（%）   表 6-11

年份	2011	2012	2013	2014	2015	2016	2017
有固定雇主的雇员	45.58	55.17	53.65	65.17	62.51	59.23	54.26
无固定雇主的雇员 （零工、散工和家庭帮工等）	1.82	1.42	3.25	0.26	0.42	0.32	3.65
自营劳动者	47.43	30.55	34.70	27.87	30.30	35.55	34.96
雇主	5.17	12.86	8.40	6.71	6.77	4.90	5.52

有固定雇主的雇员比重在未来仍然可能是流动人口就业身份的主要构成，且其比重有继续上升趋势；其次是自营劳动者，在未来几年比重可能会越来越小；无固定雇主的雇员有继续扩大的趋势。

6.1.4 流动人口的收入与消费特征

（1）流动人口收入与消费

随着我国城市化进程的快速推进，城市化水平逐步提升，流动人口向城市加速聚集，流动人口的收入和消费水平也不断增长。表 6-12 显示，在 2011~2017 年间，郑州市流动人口家庭的平均收入从 2011 年的 3360.96 元上升到 2017 年的 7066.25 元，增长近 2 倍，家庭收入水平呈稳步上升态势；和家庭收入相对应，流动人口家庭平均消费也由 2011 年的 1712.98 元逐步提升到 2017 年的 3838.81 元，增长了约 130%；不仅家庭平均收入和消费在不断增长，流动人口个人平均工资和收入也在稳步上升，2017 年流动人口个人平均工资和收入达到 4141.52 元。这体现了近年来，郑州市流动人口的收入水平和消费水平都在稳步提升。

郑州市流动人口收入与消费水平   表 6-12

年份	2011	2012	2013	2014	2015	2016	2017
流动人口家庭平均收入 / 元	3360.96	4056.49	4404.68	4747.58	5431.54	6924.88	7066.25
流动人口家庭平均消费 / 元	1712.98	1990.16	2175.79	2306.94	2835.14	3648.96	3838.81
个人消费 / 收入	0.55	0.56	0.56	0.54	0.55	0.56	0.58
流动人口个人平均工资和收入 / 元	1781.03	2676.99	3179.05	3518.34	3724.2	4268.4	4141.52

从流动人口消费收入比指标来看，2011~2017 年间，郑州市流动人口的消费收入比总体比较稳定，个人消费基本保持在占个人收入的 55% 左右。2011 年，郑州流动人口个人消费收入比为 0.55，到 2017 年，郑州流动人口个人消费收入比缓慢增长至 0.58。这一方面表明流动人口收入水平和消费水平都在增长，但消费水平增速低于收入水平增速；另一方面表明流动人口消费倾向没有跟随收入水平增长而增长，流动人口因外部保障不足，而倾向在维持基本消费水平的基础之上加大储蓄的比重。

（2）住房特征

住房特征可以反映流动人口的生活水平。从 2011~2017 年郑州市流动人口的住房特征来看，流动人口住房呈现以私有住房为主、公租和廉租房为辅的特征（表 6-13）。首先，流动人口的住房形式以租住私房为主，但是随着时间推移，租住私房的比重正在逐年下降。数据显示：2011 年有 74.16% 的流动人口主要通过租住私房解决居住问题，而到 2017 年，这一比重下降至 60.21%。其次，2017 年的数据显示，约有 13.51% 的流动人口通过单位 / 雇主提供免费住房解决居住问题。再次，流动人口自购自建房的比重呈现动态增长的趋势。至 2017 年，约有 15.67% 的流动人口拥有自购自建房。居住在租住单位 / 雇主房和政府提供的廉租房的流动人口比重在 2017 年有显著上升，2017 年租住单位 / 雇主房的流动人口占比为 13.51%，租住在政府提供的廉租房的流动人口占比为 6.76%，较2011 年分别提高了 11 个百分点和 6 个百分点。居住在借住房以及其他非正规场所的流动人口比重没有明显的变化。此外，居住在就业场所的流动人口越来越少，比重从 2011 年的 5.03% 下降到 2017 年的 0.75%。

郑州市流动人口住房特征（%） 表 6-13

年份	2011	2012	2013	2014	2016	2017
租住单位 / 雇主房	2.21	3.85	3.30	11.86	0.75	13.51
租住私房	74.16	76.52	86.24	67.68	67.93	60.21
政府提供廉租房	0.13	0.10	0.10	3.20	0.10	6.76
借住房	2.05	0.92	0.75	0.65	1.00	1.55
单位 / 雇主提供免费住房	9.90	11.23	3.80	11.16	10.21	/
自购房 / 自建房	6.46	3.95	3.95	3.75	19.31	15.67
就业场所	5.03	3.92	1.85	1.42	0.60	0.75
其他非正规居所	0.06	0.03	/	0.10	0.05	0.05

注：2013 年郑州市流动人口问卷中不涉及其他非正规居所的回答项，2015 年问卷中无住房特征数据，2017 年问卷不涉及单位提供免费住房的回答项。

从郑州市流动人口的自购和自建房比重上升，居住就业场所的比重逐年下降等住房特征变化趋势可以看出，郑州市流动人口的居住质量逐渐提高，居住环境不断得到改善。

6.1.5 流动人口的流动特征

（1）流动类型

对郑州市而言，数据显示流动人口的流动模式主要呈现以省内跨市为主，这进一步表明郑州市集聚人口主要来自河南省内的周边城市，这一趋势在 2015 年后（80.85%）开始下降，2017 年省内跨市流动人口比重约为 77.74%（表 6-14）。同时，郑州市跨省流动比重不稳定，2011~2017 年郑州市跨省流动人口的比重经历了先升高后回落又回升的变化过程。2015~2017 年，跨省流入郑州的流动人口比重逐年上升，2017 年郑州市内跨省流动比重约为 14.96%。此外，郑州市市内跨县流动人口比重不高，但近年来呈现上升趋势，2017 年市内跨县流动人口比重上升至 7.30%。

郑州市流动人口流动类型（%） 表 6-14

年份	2011	2012	2013	2014	2015	2016	2017
跨省流动	14.68	15.18	12.40	15.45	12.45	13.95	14.96
省内跨市	80.00	80.28	82.30	77.50	80.85	79.55	77.74
市内跨县	5.32	4.54	5.30	7.05	6.70	6.50	7.30

（2）流入时间

表6-15呈现了郑州市流动人口的流入时间，数据显示郑州市流动人口在郑州的居留时间逐渐拉长。在郑州居留一年以下时间的流动人口占比逐渐下降，2011年，21.53%的流动人口在郑州的居留时间不足1年，而到2017年仅有约9.10%的流动人口流入郑州的时间不足一年。在郑州居留1~3年的流动人口占比最多，在2011~2017年间呈先上升后下降的趋势。在郑州居留3~5年的流动人口占流动人口的比重基本稳定在20%左右。流动人口中流入郑州在5年及以上的人群占比不断提升，在一定程度上表明长期定居在郑州市的流动人口越来越多，来郑流动人口的定居倾向逐渐提升。

郑州市流动人口流入时间（%） 表6-15

年份	2011	2012	2013	2014	2015	2016	2017
一年以内	21.53	18.37	12.00	17.15	16.50	8.35	9.10
$1 \leqslant n < 3$	40.65	42.54	48.05	48.70	48.00	40.55	39.67
$3 \leqslant n < 5$	17.86	22.72	19.05	15.40	18.40	22.15	19.41
$5 \leqslant n < 10$	13.44	11.76	14.50	14.20	14.55	19.30	20.96
$10 \leqslant n < 20$	5.94	4.45	4.75	4.20	2.35	8.10	9.45
20年及以上	0.58	0.16	1.65	0.35	0.20	1.55	1.40

注：n 为抽样调查中流动人口的来郑时长。

（3）流动原因

表6-16显示郑州市流动人口的迁移原因主要为务工和经商。虽然2011年后，因务工经商而流入郑州市的人口比例不断下降，但其依然是流动人口流动的最主要原因。近年来，因亲缘关系随迁带来的人口流动比例在不断增大，而因投亲靠友、学习培训以及其他原因来郑人群一直占比较小。

郑州市流动人口流动原因（%） 表6-16

年份	2013	2014	2015	2016	2017
务工	95.15	95.05	94.05	59.20	60.63
经商				33.85	32.22
家属随迁	3.95	4.70	5.40	6.35	6.60
投亲靠友	0.20	0.10	0.20	0.25	0.25
学习培训	0.35	0.00	0.25	0.00	0.00
其他	0.35	0.15	0.10	0.35	0.30

注：2011年和2012年无该数据。

结合年龄来看，20岁以下的流动人口来郑以上学和随父母迁移为主，20~60岁之间的流动人口来郑以就业和工作为主，60岁以上的流动人口以随子女迁移为主。

（4）来源地结构

郑州流动人口的外部来源地结构，是指郑州市流动人口流出地的空间分布情况，这里分别呈现省级来源地结构和河南省内地市来源地结构。2018年河南人口发展报告显示，郑州市作为国家中心城市，人口的吸纳力持续增强，外省流入河南的人口中的36.8%流入郑州市，比2017年提高3.1个百分点。但是从郑州市流动人口外部区域结构分布表来看

（表6-17），近年来郑州市流动人口依然主要呈现"大集中，小分散"的特点。约85%的流动人口来源地为河南省，仅有约15%的省外流动人口，而且极其分散地分布于20多个省份。数据显示，流出地户籍占比超过0.5%的主要包括河北、山西、山东、安徽、浙江、江苏、湖北、四川等省份，流出地户籍省份"地位"基本恒定，流动人口户籍地所在省份特征明显。从在郑流动人口规模看，在郑河南籍流动人口所占比例达80%以上，占绝对比重；其次是浙江籍、安徽籍、山东籍流动人口，占比基本在1.5%~3%；近年来随着郑西高铁的开通，陕西籍来郑流动人口有增长趋势。由于郑州目前依然更多是区域性中心城市，所以导致来自周边省份的流动人口占在郑流动人口的比重较低。那么，为吸引周边省份甚至全国性流动人口流入郑州，需要郑州继续练好"内功"，提升城市影响力和就业承载力，从而更有力地吸引省外人口流入。

省域外部区域结构特征（%）　　　　　　　　　　　　　　　　表6-17

年份	流动人口户籍地来源结构（在郑流动人口流出地户籍超过0.5%的省份）
2011	河南85.72%；河北1.03%；山西0.73%；江苏0.57%；浙江2.35%；安徽2.17%；福建1.33%；山东0.63%；湖北1.35%；重庆0.83%；四川0.85%
2012	河南84.26%；河北0.55%；山西0.9%；江苏0.58%；浙江1.58%；安徽2.58%；福建1.95%；山东1.03%；湖北1.03%；湖南0.55%；重庆0.8%；四川1.58%
2013	河南83.88%；河北1.35%；山西0.97%；江苏0.75%；浙江1.62%；安徽2%；福建0.83%；山东1.22%；湖北1.27%；湖南0.6%；重庆0.98%；四川1.2%
2014	河南81.94%；河北1.5%；山西1.05%；江苏0.75%；浙江2.52%；安徽1.92%；福建1.13%；江西0.93%；山东1.1%；湖北1.75%；湖南0.76%；重庆1.2%；四川0.88%；陕西0.8%
2015	河南87.5%；山西0.55%；江苏0.8%；浙江2.15%；安徽1.25%；福建0.8%；江西0.5%；山东1.4%；湖北0.95%；四川0.8%
2016	河南86.05%；河北0.7%；山西0.95%；江苏0.75%；浙江2.15%；安徽1.3%；福建1.45%；山东1.55%；湖北0.95%；湖南0.6%；
2017	河南85.5%；河北0.7%；山西1.15%；江苏1.35%；浙江1.85%；安徽1.7%；福建1.05%；山东1.35%；湖北1.1%；湖南0.55%；重庆0.7%；四川0.7%；陕西0.55%

2017年的全国流动人口动态监测数据又进一步调查了流动人口的户籍地分布，为我们分析河南省内各地市的来源地结构提供了基础数据（表6-18）。2018年河南省人口发展公报数据显示，2018年，18个省辖市中，郑州市常住人口1014万人，首次跨入千万人口城市行列，也超过南阳市成为河南省常住人口最多的城市。2018年在河南省内流动人口中主要以在本县（市、区）内流动为主。在省内流动人口中跨市流动人口占28.6%，市内跨县流动人口占15.2%，其余56.2%的外出人口都是在本县（市、区）各乡镇、街道办事处间流动。而省内跨市流动人口中的59.8%都流入了郑州市，比2017年上升1.1个百分点。这反映了郑州市作为河南省省会、国家中心城市在吸引本省跨市流动人口中具有较强的承载力。

郑州外来人口省内构成　　　　　　　　　　　　　　　　表6-18

城市	样本比重/%	城市	样本比重/%
济源市	0.1	焦作市	1.95
安阳市	3.1	开封市	8.6
鹤壁市	0.85	洛阳市	3.4

城市	样本比重 / %	城市	样本比重 / %
南阳市	6.5	许昌市	6.5
平顶山市	5.15	郑州市	7.3
三门峡市	1.1	周口市	12.91
商丘市	7.45	驻马店市	6.55
新乡市	4.5	漯河市	2.35
信阳市	5.3	濮阳市	1.4

就河南省内地市来源地结构而言呈现出以下几个明显的特点：第一，省内18个地级市均有人口流入郑州市，但各地市之间流入的比重存在明显的差异。第二，郑州市流动人口的省内来源呈现"区域性集中"的特点。豫东南地区是郑州流动人口的重要来源地。豫东南地区的开封、商丘、周口、驻马店、信阳、南阳、许昌等人口大市是郑州流动人口的重要来源地，而豫西的洛阳、济源、三门峡以及豫北的安阳、濮阳、鹤壁等地在郑流动人口占郑州流动人口的比重则较低。

6.1.6 流动人口的社会融入特征

（1）流动人口日常来往人群与日常活动参与

流动人口的社会融入状况是考察流动人口居留状况的重要一环，良好的社会融入和身份认同有助于提升外来流动人口的城市归属感和居留意愿。郑州市流动人口的日常来往人群中同乡占比最大。一般来说，本地人对一个地区的归属感是最高的，与本地人多来往有助于提高流动人口的社会融合程度，增强其对于该地区的居留意愿。然而数据显示（表6-19），郑州市流动人口的主要来往人群集中于同乡群体，仅有17.36%的流动人口日常与本地人来往较多。而就日常参与的活动类型方面而言，日常参与工会活动和志愿者活动的流动人口比例较低，流动人口中参与老乡会和同学会的比重较高。这些特征表明，郑州流动人口的日常交往人群依然主要集中于同乡或者外乡流动人口，较少参与具有本地化属性的工会活动和志愿者活动。

郑州市流动人口日常来往人群与日常参与活动（%） 表 6-19

来往人群	比例	活动类型	是	否
同乡	55.87	工会活动	7.02	92.98
本地人	17.36	志愿者活动	8.26	91.74
其他外地人	23.27	老乡会	21.92	78.08
很少与人来往	3.51	同学会	24.28	75.72

（2）流动人口融入状况主观感知

在郑州市流动人口对于"我很愿意融入本地人当中，成为其中一员"和"我觉得本地人愿意接受我成为其中一员"两个问题的回答中，基本同意占比最大，并且有所上升，表明大部分流动人口是基本认可他们所处的社会关系并愿意融入其中。但在这两个问题的回答中，完全不同意和不同意的比例均有所上涨，完全同意的比例也在下降，反映出部分群体的社会融入状况并不良好，相比于 2011 年，有更大比例的流动人口不能做到良好的社会融合，对所处的社会人际关系有些许不满（表 6-20）。在"我感觉本地人看不起外地人"这一问题的回答中，完全不同意和不同意的占比大于 75%。就整体而言，如果本地人和外地人的区分并没有使两种人群在情感上产生巨大的隔阂，有助于流动人口融入城市生活。但仍有近五分之一的人选择了"基本同意"和"完全同意"，表明在这些人的生活中，"本地人"和"外地人"的区分仍然存在并阻碍着他们的生活和工作。

郑州市流动人口融入状况主观感知（%） 表 6-20

年份		2011	2017
我很愿意融入本地人当中，成为其中一员	完全不同意	1.01	1.35
	不同意	5.29	10.31
	基本同意	51.43	60.48
	完全同意	42.27	27.86
我觉得本地人愿意接受我成为其中一员	完全不同意	0.65	1.25
	不同意	5.71	8.30
	基本同意	60.16	66.28
	完全同意	33.47	24.16
我感觉本地人看不起外地人	完全不同意	32.31	20.31
	不同意	48.90	57.88
	基本同意	15.42	18.61
	完全同意	3.38	3.20

6.2 郑州市流动人口的分布空间状况

6.2.1 流动人口空间集聚总体状况

为深入考察郑州市抽样流动人口的空间分布状况，我们可以利用核密度估计来研究抽样流动人口的分布范围（图 6-1）。从郑州市各县（市）区就业人口核密度估计图可知，郑州市流动人口空间分布不均衡，流动人口主要分布在市辖区的金水区、管城区、中原区

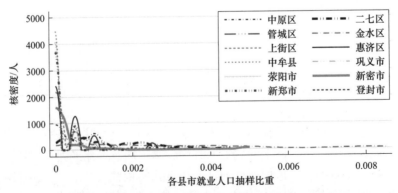

图 6-1 郑州市各县（市）区就业人口核密度估计

和二七区内；周边县市中的中牟县、登封市流动人口空间集聚程度不高，新密市和新郑市包含流动人口抽样数较高。

影响聚集程度和抽样数的主要原因是不同区域的流动人口从事的产业类别不同。联系流动人口在各产业部门就业的情况，因为郑州市的服务业集中在金水区、中原区、二七区和惠济区，所以这四个区主要集聚了从事服务业的流动人口。郑州市的制造业主要集中在荥阳市、巩义市、新密市和新郑市，所以这四个县市主要集聚了从事制造业的来郑流动人口。

6.2.2 郑州市人口流动变动趋势

由上述对郑州市人口集聚和流动人口的数据分析可知，郑州市流动人口从事工业制造业的比重正在逐年上升，数据显示该比重由 2011 年 8.51% 升至 2017 年的 22.16%。同时，郑州市制造业主要集中在荥阳市、巩义市、新密市和新郑市，这些县市人口分别为：荥阳市（67 万人，占 5.63%），巩义市（84.4 万人，占 8.15%），新密市（81.7 万人，占 7.89%）和新郑市（65.3 万人，占 5.43%）。目前周边市县从事第二、三产业人员占该市（县）就业人数比例均处在较低水平，表明周边市县仍可吸纳流动人口就业人员从事第二、三产业，来郑流动人口从事制造业将来也主要集聚在这些周边县市。故可以推测，郑州市人口规模、人口结构将会有以下发展趋势：伴随郑州市工业制造业的逐步发展，流动人口会趋向周边各县市聚集。

此外，新开发的郑东新区和航空港区正处于发展初期，第二、三产业仍需要大量劳动力，且郑东新区因经济发展水平较高，目前已经有 74.1 万人选择在郑东新区常住，而航空港区也因产业集聚吸引了郑州市 6.80% 的人口，故可以推测，在未来，具有较强劳动能力的来郑流动人口可能会选择有巨大发展潜力的郑东新区和航空港区就业，这两个区在未来将会容纳更多流动人口。

6.3 郑州人口增长动力机制

郑州人口增长来源于两种不同的动力机制：一个是城市自身经济发展带来的人口增长，另一个是由于中国城镇体系不均衡而导致的人口增长。

6.3.1 郑州经济发展机制

郑州市作为河南省省会、国家中心城市，是河南省的政治、经济、文化中心，也是河南省经济发展的重心所在。图 6-2 呈现了郑州市 2010～2019 年的 GDP 增长状况，由图可以看出，郑州市的生产总值从 2010 年到 2019 年呈快速增长的态势。数据显示，郑州市GDP 由 2010 年的 4029.3 亿元增加到了 2019 年的 11589.7 亿元，十年间增长了 7560.4 亿元，增长率为 187.64%。人均生产总值也由 2010 年的 49800 元增加到了 2015 年的 77179元，之后跃升到 2019 年的 113139 元。除个别年份外，2010～2019 年的年增长率基本都在 10% 以上，最高的为 2011 年的增长率（22.95%）。

图 6-2 亦呈现了 2010～2019 年间郑州市建筑业完成增加值的情况。由图可知，除个别年份外（2015 年和 2016 年相同，都为 438.3 亿元），2010～2019 年间建筑业的完成增

加值是逐年增加的，完成增加值由 2010 年的 4029.3 亿元增加到 2019 年的 1600.8 亿元，增长迅速。而由于服务业中的房地产业产值没有计算，所以与房地产业发展相关的行业总产值增长情况还不能确定。

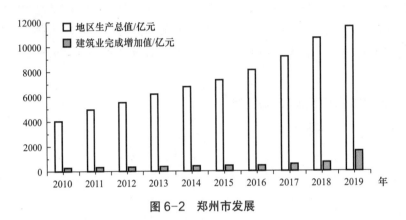

图 6-2 郑州市发展

郑州市生产总值的增加很大一部分原因是由于第三产业生产总值的飞速发展。图 6-3 显示了 2010～2019 年郑州市三次产业生产总值的发展情况，从图中可以发现以下几个特点：第一，第一产业的产值变化波动很小，2010～2016 年呈现微弱的增长趋势，由 2010 年的 122.8 亿元增加到 2016 年的 156.4 亿元，之后又降到 2019 年的 140.9 亿元，2016 年达到最高值；第二，第二产业的生产总值虽然在 2010～2019 年间不断增加，由 2010 年的 2197.4 亿元到 2019 年的 4617 亿元，增加了 2419.6 亿元，但是总变化幅度还是小于第三产业；第三，第三产业的生产总值发展飞速，由 2010 年的 2088.5 亿元到 2019 年的 6831.8 亿元，增加了 4743.3 亿元，增长率为 227.12%，增长了两倍多。

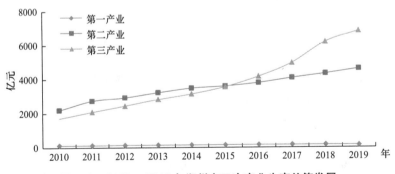

图 6-3 2010～2019 年郑州市三次产业生产总值发展

伴随着近年来郑州市三次产业的不均衡发展，三次产业从业者比例也有明显的差异。图 6-4 展示了 2010 年到 2018 年郑州市三次产业从业者的比例分布。

结合图 6-3 和图 6-4 分析可以得出，第三产业的蓬勃发展推动着第三产业从业者占据最多的比例。第三产业的迅速发展使得就业岗位不断增加，从而带动我国的就业市场发展，促进就业。与此同时第三产业的发展反映了郑州对于教育、医疗、科研等方面的大力投入。改革开放后我国将国家经济发展的重点从第一产业转向第三产业，从郑州市的产业

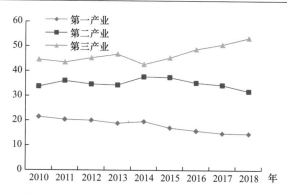

图 6-4 2010～2018 年郑州市三次产业从业者

结构分布也可以看出郑州市的第三产业发展方向。除此之外，郑州市在环境保护、学术研究、城市建设、基本社会保险、医疗和教育等方面的覆盖率也不断完善，政府对于社会建设的财政支出从 2010 年到 2019 年逐年增加。

2010～2019 年郑州市发展得益于政策和规划的大力支持，郑州 2012 年提出了"全国找坐标、中部求超越、河南挑大梁"的指向，并贯彻落实了《中原经济区郑州都市区规划纲要》。2013 年全市上下紧紧抓住中原经济区和郑州航空港经济综合实验区上升为国家战略的重大历史机遇，突出"三大主体"工作，坚持开放创新双驱动。2019 年郑州市全面落实了省委、省政府"让郑州这个龙头高高扬起来"的要求，凝心聚力加快国家中心城市建设，全力打造更高水平的高质量发展区域增长极，为中原城市群发展提供更有力的支撑。这十年的发展政策促进了郑州的经济发展，与此同时也说明了经济发展是促进人口增长的重要机制之一。

6.3.2 中国城镇体系不均衡

郑州人口增长另外一个重要的驱动力是中国不均衡的城镇体系。

中国的城市体系是不均衡的。这种不均衡体现在两个方面：一是城乡之间的不均衡；二是不同规模城市之间的不均衡。

中国城镇体系不均衡根源于：① 以户籍制度为基础的人口流动限制和社会福利、基本教育、医疗保障、劳动保障、社会保障等分配制度的不同；② 不同行政级别的城市有不同的财税职权，进而影响社会福利和资源的配置。根据地理范围（城乡之间和不同城市规模之间）来决定社会福利和公共资源应该是中国的特色。

中国城镇体系不均衡是依靠户籍控制取得的，户籍控制使人口不能够在空间上充分自由地进行流动。结合中国的具体国情，当户籍制度难以约束劳动力空间流动的时候，即生产要素（劳动力和资本）能够自由流动时，劳动力就会从农村或中小城镇流向大城市、特大城市。改革开放后我国的户籍控制变得不再那么严厉，尤其到了 21 世纪后人口能够更加自由地流动，这使得劳动力（人口）由农村和中小城镇逐渐流向了大城市和特大城市。2014 年国家颁布的《关于进一步推进户籍制度改革的意见》中明确提出要加快把城镇服务覆盖至全部常住人口。郑州以其独特的政治、经济、文化、科学、教育、医疗卫生等方面的优势吸引着更多的人才流向郑州。改革开放逐渐增加了劳动力空间流动的自由度，而由此导致的流动人口的大量增加必然导致像郑州这样的大城市人口增长压力增加。改革开放前户籍管理制度对劳动力的空间流动产生了严重的限制，而改革开放后尽管劳动力空间流动的限制基本消失，但是与户籍制度挂钩的各种社会福利和保障制度还是造成了一定的社会不平等。实践证明，改革开放 40 多年的经济发展并没有缩小城乡之间和不同规模城市之间的差距，相反这种差距可能还在不断加大。大城市为了不断缩小与特大城市之间的差异，会进一步加快经济发展，努力向特大城市看齐。而人口是衡量一个城市规模的重要指标，因而随着经济的发展，大城市的吸引力会不断地增加，随之而来的城市人口也会不断增加。也就是说，随着经济的发展，郑州市所吸引的人口也增加了。因而，户籍制度的各种改革都会导致郑州市人口的加速增长。

改革开放 40 多年来的快速发展展示了以下三个发展趋势：① 导致和维持城乡之间和不同规模城市之间不均衡的制度性因素将不断地被消除；② 事业单位的改革和改制会极大地影响其市场方面的发展并对现有的城市体系产生巨大的冲击；③ 劳动分工不断细化，职业服务高度发展。改革开放的中国会逐步消除造成和维持城市体系不均衡的制度因素，这是历史的趋势和必然。郑州市的总体规划和开发投资程度在很大程度上会影响郑州市的发展，并由此导致郑州与其他城市之间的发展不均衡程度产生变化。郑州市城市总体规划（2010～2020 年）提出了市域城镇体系规划和中心城区规划，进一步明确指出了郑州的国家中心城市和国际综合交通枢纽和物流中心性质。《规划》中指出至 2020 年，郑州市域总人口 1245 万人，城镇人口 1025 万人，城镇化水平 82% 左右。中心城区城市人口 610 万人。其中，主城区 470 万人，航空城（郑州航空港经济综合实验区）140 万人。同时，规划明确了中心城区的空间布局结构为"一主一城、两轴多心"。"一主"即郑州市主城区，"一城"即郑州航空城。"两轴"即一纵一横两条中心城区空间拓展的主骨架。"多心"是指以二七广场商业中心、郑东新区 CBD、郑州东站交通枢纽中心、郑州航空港交通枢纽中心为核心，构建区域—城市—片区三个层次的城市中心体系。因为市政府所提出的规划使得更多人会投资中西城区和高新技术开发区，随之而来的是更多的人才会向这些中心城区聚拢；商场中心的增加也使得第三产业的发展需要更多的劳动力，因此会吸引更多小城市和城镇的劳动力人口流入郑州，从而增加第三产业的就业人员并促进郑州人口的增长。

郑州市城镇规划使得郑州与其他城市之间的发展不平衡产生变化，增加郑州的吸引力。由核心区和主城区的发展带动郑州的发展，使得郑州的就业岗位增加，行业得到发展，发展机会变多，因此能够吸引更多人口。

6.3.3 郑州交通

郑州的交通运输网具有两个特点：一是"米字"，二是"一环两纵"。郑州也是我国公路、铁路、航空兼具的综合性交通枢纽城市。

从郑州的交通地位来看，郑州是河南省及中原地区公路网的中心，是全国公路交通的主枢纽之一。郑州的交通相当发达。公路密度为每百平方公里 79.2km，有国道主干线 2 条（京港澳高速公路、连霍高速公路）、国道 4 条、省道 11 条、县道 45 条、乡道 570 条、专用路 34 条。同时也是全国重要的铁路交通枢纽之一。境内有京广、陇海两大铁路干线，其中郑州、郑州东、郑州北分别为客、货编组特等站，在全国铁路运输网中占据极为重要的地位。郑州市新郑机场现已达到国际 4E 级标准，经国务院批准，新郑机场为我国第 21

个国际机场。

从图 6-5 中可看出，郑州市 2010 年到 2012 年的客运量在逐步增加，但 2013 年开始呈现下降的趋势，这一方面可以看出，2013 年开始郑州的交通得到了全方面的改进和

发展，如高铁和地铁的开通与发展使得交通运输效率得到提高；另一方面可看出当地人外出务工有所减少，更多的人选择在本地发展。郑州的货运量在 2012 年到 2013 年有下降但在整体上呈现着上升的趋势，一方面说明郑州市的经济不断发展，对外贸易在不断增加；另一方面也说明交通运输越来越发达，其货物运输效率也不断提高。由此图和郑州市的交通地位可得出，交通功能和地位所带来的经济发展和就业机会的增长是郑州人口增长的重要原因之一。

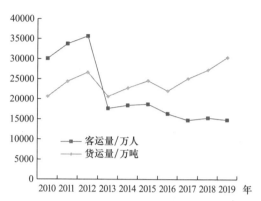

图 6-5　郑州客运量和货运量变化趋势

6.4　人口增长趋势

人口增长趋势分析主要利用郑州市人口数据。图 6-6 显示郑州市 2010～2019 年人口增长趋势。图 6-6 显示的郑州市人口增长具备以下特点：

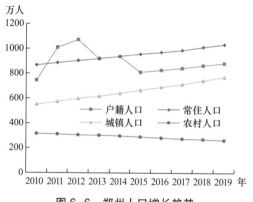

图 6-6　郑州人口增长趋势

第一，郑州市人口总体呈现出增长趋势。在 2010～2019 年的十年间，郑州市常住人口增加了 169.1 万，增长率为 19.5%。在 2010～2019 年间，除个别年份外（2010 年郑州市人口净增长为 114 万），郑州市常住人口年净增长大约为 20 万；在 2019 年，郑州市农村人口为 263.1 万，相比 2010 年的 315.3 万减少了 52.2 万；与之相反，在 2010～2019 年的十年间，郑州市城镇人口由 550.8 万快速增长到 772.1 万，增长了 221.3 万，增长率为 40.2%。郑州市城镇人口的增长率远高于郑州市常住人口的增长率。

第二，郑州市常住人口和郑州市城镇人口的增长趋势基本一致，这点在年净增长数量和年增长率上都能得到体现，如图 6-7。因为城镇人口是常住人口的重要组成部分，常住人口的年净增长数量应该大于城镇人口的年增长数量。但是在有些年份，例如 2011～2019 年间，郑州市城镇人口的年净增长数量大于郑州市常住人口的年净增长数量。这一差异反映了数据的准确性问题。在 2010～2019 年的十年间，郑州市处于城镇化飞速发展时期，城镇化的快速发展会直接导致城乡界限的动态变化以及城乡人口的动态转变。

第三，在 2011 年后，郑州市常住人口年增长率一般小于 2%（除个别年份，2011 年为 2.30%，2018 年为 2.60%，2019 年为 2.10%）（图 6-8）。在 2010～2019 年的十年间，

郑州市常住人口年增长率在 2010 年达到峰值，为 15%。在 2012~2018 年间，郑州市常住人口年增长率一直处于波动状态，并在 2013 年和 2016 年呈现出下降态势。需要注意的是，2019 年的郑州市常住人口年增长率为 2.10%，相较于 2018 年的 2.60% 呈现出一定幅度的下降，这可能是由于常住人口基数不断增大从而导致的年增长率的下降。

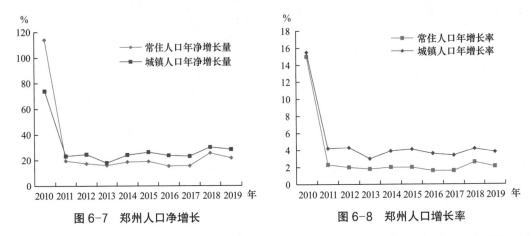

图 6-7　郑州人口净增长　　　　　　　　　　图 6-8　郑州人口增长率

第四，郑州市常住人口数量的变动与郑州市外来人口的数量变动密不可分。在 2010~2019 年的十年间，郑州市常住人口增长了 169.1 万，郑州市城镇人口数量增长了 221.3 万，因为城镇人口数量包含在常住人口数量内，城镇人口数量的变化幅度理应小于常住人口数量的变化，但是数据显示的常住人口增量却远小于城镇人口增量，据此可分析出除城镇人口的数量变动外，郑州市应该存在着相当规模的人口流动。在人口流动的范围中，既包括流入郑州的人口，也包括从郑州流向其他区域的人口，单纯从数据来看，郑州也存在着一定规模的流出人口。

6.5　郑州人口增长组分分解

郑州外来人口增长是常住人口增长的主要原因。2010~2019 年间，郑州常住人口和城镇人口呈持续增长趋势，农村人口则持续下降，而户籍人口可以分为两个阶段：一是 2010~2015 年间呈持续波动状态，二是 2015~2019 年间呈持续增长趋势。

首先，郑州常住人口和郑州城镇人口的增长趋势基本同步，与此同时，农村人口却是不断下降的。以 2018~2019 年为例，郑州常住人口由 2018 年的 1013.6 万人到 2019 年的 1035.2 万人，其间总量增加了 21.6 万人；郑州城镇人口由 2018 年的 743.8 万人到 2019 年的 772.1 万人，增加了 28.3 万人；郑州农村人口由 2018 年的 269.8 万人到 2019 年的 263.1 万人，减少了 6.7 万人；增加的 28.3 万城镇人口由增加的 21.6 万常住人口和减少的 6.7 万农村人口转化而来。

其次，郑州户籍人口的阶段变化。第一阶段为 2010~2015 年间的大幅波动变化：2010~2012 年大幅度增加，由 2010 年的 744.62 万人跃升至 2012 年的 1072.5 万人；2012~2013 年户籍人口下降，跌至 2013 年的 919.1 万人；之后小幅回升到 2014 年的 937.8 万人；接着再次大幅下降至 810.49 万人，整体呈现大幅变化波动。第二阶段是 2015~2019 年的持续增长。由 2015 年的 810.49 万人增加到 2019 年的 881.6 万人，增加了 71.11 万人。

根据分析可知，常住人口数等于城镇人口数加上农村人口数；而城镇人口的增长由两部分组成：一是减少的农村人口转化为城镇人口，二是增加的常住人口转化为城镇人口；2010～2015 年间户籍人口的频繁波动并未显著影响常住人口的增长。几部分结合起来分析可以得知 2010～2019 年间郑州人口增长的主要原因是外来常住人口的增加，我们侧重郑州外来人口增长的动力机制，现分析如下。

6.5.1 就业增长带来的人口增长

表 6-21 显示的是 2015～2018 年郑州分部门的产业从业增长。从表 6-21 可知，农、林、牧、渔业从业人员的减少是可预期的，未来还会持续下降，但是由于总量很小，对郑州从业的影响也是很小的。此外，也可以看出，从业人员减少迅速的行业有采矿业、制造业、居民服务、修理和其他服务业，批发和零售业以及住宿和餐饮业，其中减少尤为严重的是采矿业和制造业。根据从业人员总量看，最大的是制造业，其次是建筑业，再次是公共管理、社会保障和社会组织，最后是教育以及卫生和社会工作。这五个产业从业人员都超过 10 万，其中建筑业的增长率最大，制造业的增长率最小且为负增长。

2015～2018 年郑州分行业从业及其增长率   表 6-21

行业	2018 年从业 / 人	2015～2018 年增长率 /%	2015～2018 年增长 / 万人
农、林、牧、渔业	1609	−1.35	−3.99
采矿业	41217	−31.68	−68.11
制造业	483048	−31.08	−67.26
电力、热力、燃气及水生产和供应业	31547	−5.48	−15.56
建筑业	374764	21.87	80.99
批发和零售业	82547	−13.12	−34.42
交通运输、仓储和邮政业	70949	−7.82	−21.66
住宿和餐饮业	26939	−16.36	−41.50
信息传输、软件和信息技术服务业	52964	70.30	393.88
金融业	81420	62.06	325.62
房地产业	57839	−0.49	−1.46
租赁和商务服务业	48458	12.11	40.92
科学研究和技术服务业	55377	−8.60	−23.65
水利、环境和公共设施管理业	30748	50.66	241.97
居民服务、修理和其他服务业	2932	−22.66	−53.74
教育	150929	−6.57	−18.44
卫生和社会工作	109562	18.79	67.62
文化、体育和娱乐业	23176	−2.11	−6.20
公共管理、社会保障和社会组织	153321	15.38	53.59

数据来源：2019 郑州统计年鉴。

增长速度快且有相当规模的是信息传输、软件和信息技术服务业（52964人），金融业（81420人），水利、环境和公共设施管理业（30748人）。它们的增长率分别为70.30%、62.06%和50.66%。第三产业年平均增长率为65.87%。

第三产业的迅速发展是外来人口增加的主要原因之一。随着第三产业的快速发展，第三产业的就业人员需求迅速增大，就业缺口不断增大，而郑州的常住人口和户籍迁入人口显然无法满足这个需求缺口，于是导致了外来人口的大量流入。就业引发的人口增长机制起着主导的作用。

就业引发的增长主要是第三产业的发展。就业结构的变化展现了这个趋势。郑州市统计局数据显示，2010～2018年间，第一产业就业人员减少了9.5万人，第二产业就业人员增加了40.2万人，第三产业就业人员增加了123万人。显然仅仅产业结构调整是难以满足第三产业人数增加的需求的，再加上郑州日益严重的老龄化，第三产业就业需求必须通过外来人口和户籍人口增长来解决。

6.5.2　发展机会带来的人口增长

郑州市作为河南省的省会城市，具有得天独厚的政治、经济、文化、历史等发展机会。虽然郑州的发展程度比不上北上广深等大城市，但是郑州自身的发展也不可小觑，吸引了无数人口前往郑州发展，许多年轻的高等教育毕业生将郑州作为就业的优秀选择地，也是出于对郑州发展机会和未来的期待。

2018年郑州全市普通本专科院校毕业生人数为26.4万人，增长7.8%；全市研究生毕业人数为7681人，增长0.4%。这其中有许多外地生源毕业生，更会有相当一部分的毕业生源留在郑州工作和生活。5～10年后，这些毕业生又会因为成家等原因带来外来人口的增长。此外，还有许多郑州市外的人口流入郑州寻找工作，他们以及他们的陪伴家属等都会成为郑州的常住人口，带来人口的增加，而这些人的消费又构成了新的市场需求，从而吸引更多的流动人口进入郑州就业。

近年来郑州市教育事业不断发展，高等教育大众化水平增强且发展迅速，教育设施得到改善，教育环境不断优化，为社会发展提供了大量的高水平知识人才。此外，郑州经济社会的发展、服务业水平的专业化都意味着郑州市发展机会远胜许多中小城市，对毕业生有很大的吸引力，带来了人口的大量增长。

6.5.3　公共产品和服务优势引发的人口增长

图6-9显示了郑州市2010～2019年的中小学生数量。从图中可以看出小学在校生数和中学在校生数是连年持续增加的，2010～2019年，小学在校生数由609846人增加到了967943人，共计增加了358097人，而中学在校生数则由438534人增加到了634605人，增加了196071人。在此期间，小学在校生数始终高于中学在校生数，小学在校生数增幅（58.72%）高于中学在校生数增幅（44.71%），两者的差距由2010年的相差171312人到2019年的相差333338人，差距逐渐增大，增长了将近两倍。

6.5.4　商品房发展引发的人口增长

图6-10展示了2010～2019年间郑州市的住宅发展情况，其中住宅面积是包括在商

品房屋面积里面的。从图中可以看出，住宅施工面积在 2010～2019 年间不断增加，主要分为两个阶段：第一个阶段是 2010～2015 年，住宅施工面积由 2010 年的 4582.9 万 m² 增加到 2015 年的 7256.2 万 m²，增加了 2673.3 万 m²，增长幅度较小；第二个阶段是 2015～2019 年，商品房屋施工面积由 2015 年的 7256.2 万 m² 迅速增加到 2019 年的 13298.5 万 m²，增加了 6042.3 万 m²，增长率为 83.27%，增长迅速。同施工面积相比，竣工面积有不同的趋势。住宅竣工面积自 2010 年由 751.9 万 m² 大幅增加到 2011 年的 1304.8 万 m² 后连续下降了两年，至 2013 年跌至 760.6 万 m²；2014 年进行了一个小跳跃，增长到 1122.9 万 m²；之后 2015～2017 年则是小幅的波动变化，最后是 2017～2019 年的不断增加。

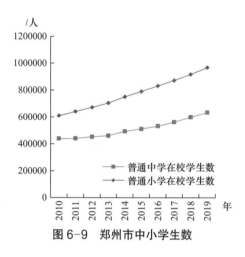

图 6-9　郑州市中小学生数

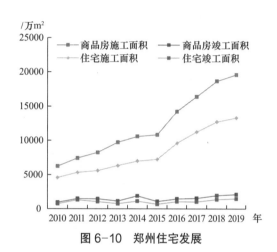

图 6-10　郑州住宅发展

由于房地产的预售制，房地产商可以在住宅没有完全竣工时就开始销售。按照这个规则，如果竣工后全部销售完，实际销售面积应该大于竣工面积，小于施工面积。2010～2019 年住宅累计施工面积为 82997.1 万 m²，累计竣工面积为 10571 万 m²。2019 年的房屋实际销售面积为 3593.3 万 m²，而住宅施工面积为 13298.5 万 m²。由此经过分析计算可以得出在商品房屋基础上的人口规模十分庞大。当然，住宅商品购买者结构复杂，包括郑州人口、郑州常住人口、非常住人口三方面。

问题是我们不知道这三个方面各自所占的比重。从各方面报道来说，没有统计在郑州常住人口之内的外地人购房人数是相当可观的。而住房改革以及依附于户籍制度之上的社会福利制度和分配制度的改革使得外地人在郑州生活的可能性大大增加。现今为止，除了教育和医疗外，户籍制度上其他方面的福利基本上都已经消除了。虽然由于限购政策的实施会导致一定程度的变化，但是不可否认，在限购政策实施之前，由于住宅商品化的发展，郑州人口实现了迅速的增长。

6.5.5　社会关系引发的人口增长

郑州应该有相当数量的外地父母退休后随子女居住在郑州，可以是长期的，也有固定的，这部分人口增长有的统计在外来人口内，有的没有统计，但其数量应该不在少数。主要原因有两方面：一是独生子女在郑州工作。中国计划生育政策实施以来独生子女正好处于青壮年阶段，事业和家庭逐渐稳定，成为就业主体，父母也逐渐到了退休的年龄，而这些父母退休后多数会由于照顾子女和孙辈的生活而随子女定居在郑州。未来十几年，郑州市在这方面的人口增长应该是十分显著的，既难以控制，又难以统计。

第二个原因是郑州市拥有很好的医疗卫生设施。2018 年郑州市国民经济和社会发展统计公报显示郑州市 2018 年年末全市共有卫生机构 4773 个，比上年增长 8%；拥有床位 9.8 万张，增长 7.4%；其中医院、卫生院 349 个，增长 8.4%；拥有床位 9.2 万张，增长 8%。全市共有卫生技术人员 11.5 万人，增长 8%；其中执业医师、执业助理医师 4.2 万人，增长 10.6%；注册护士 5.9 万人，增长 8.6%。疾病预防控制中心、防疫站 15 个，卫生技术人员 986 人；妇幼卫生机构 14 个，卫生技术人员 5092 人。专科疾病防治医院 2 个，卫生监督检验机构 15 个，监督机构卫生技术人员 466 人。乡镇卫生院 103 个，卫生技术人员 5068 人，床位 5688 张，优良的医疗设施吸引了大量的外来就诊患者。如此高的外地就诊患者有两个规划含义：首先，老年人，尤其是退休老人在退休后居住在郑州的倾向是很高的，这主要是因为医疗原因而产生的聚集现象，优良的医疗卫生情况吸引了大量老年人在此定居。其次，外来就诊患者之所以选择来郑州就医，大部分原因是因为患了疑难、慢性病症。而这些病人就诊时间肯定不会短，少则 1 周，多则几月。这些病人就诊往往会带有陪护（一般为 1～2 人）并产生探视人员（探视人员数可以达到两位数字以上）。按照每个病人有 2 个人陪护和探视，平均驻留郑州时间为 2 周计算下来，这些病人会给郑州带来几倍于其病人数的流动性人口，而且还要考虑到季节性变化和特殊情况带来的就诊病人数及其引起的流动人口数的增加，这些都对郑州的城市规划和管理有重大影响。

6.6 郑州市人口结构特征及变化

6.6.1 郑州市人口结构性特征

作为一个正在蓬勃发展的省会城市、国家中心城市，近年来郑州市的人口规模不断扩大。2019 年末郑州市常住人口达到 1035.2 万人，比 2010 年增加 169.1 万人，增长 19.5%；2019 年郑州市户籍人口达 881.6 万人，比 2010 年增加 150.7 万人，增长 20.6%。从以上数据可知，10 年来郑州市人口增长迅速，在这其中，流动人口为郑州市人口增长作出了巨大的贡献，为郑州市提供了较充足的劳动力资源。

2019 年郑州市全市共有 308.5 万户，平均每户的人口规模为 3.4 人。城镇人口 772.1 万人，占全市总人口的比重（城镇化率）74.6%，比 2018 年提高 1.2 个百分点，比 2010 年提高 11 个百分点；乡村人口 263.1 万人，占比 25.4%。男性人口为 528.1 万人，占 51%；女性人口为 507.1 万人，占 49%，总人口性别比由 2018 年的 104.0 上升为 104.1。

2019 年郑州市人口密度为 1390 人 /km²，相较于 2010 年的 1163 人 /km² 增加了 227 人 /km²，增长了 19.5%。2019 年人口自然增长率为 5.5‰，相较于 2010 年的 5.2‰ 虽有所上升，但在期间经历了先上升后回落的过程，人口自然增长率最高为 2018 年的 7.0‰。

2019 年全市常住人口中，0～14 岁人口为 168.1 万人，占比 16.2%；15～64 岁人口为 784.4 万人，占 75.8%；65 岁及以上人口为 82.6 万人，占比 8%，人口年龄结构为纺锤型。与 2018 年相比，2019 年 0～14 岁人口比重上升 0.4 个百分点，15～64 岁人口比重下降 0.8 个百分点，65 岁及以上人口比重上升 0.4 个百分点。

2019 年郑州市常住人口中，汉族人口为 1017.9 万人，占 98.3%；各少数民族人口为 17.3 万人，占 1.7%。同 2018 年相比，汉族人口增加 19.2 万人，所占比重下降 0.2 个百分点；各少数民族人口增加 2.4 万人，比重上升 0.2 个百分点。

6.6.2　郑州市人口结构变化状况

表 6-22 显示了郑州市人口结构的变化。从表 6-22 可知，2010～2015 年和 2015～2019 年郑州市常住人口结构是波动变化的。2010～2015 年，0～14 岁人口比重下降，而 15～64 岁人口比重和 65 岁以上人口比重则持续上升。15～64 岁人口比重的增加说明了青壮年人口的增加，这其中有相当部分是外来人口的流入导致。2010～2019 年，0～14 岁人口比重经历了 15 年的下降后相比于 2010 年增加了 0.2%；15～64 岁人口比重则是在经历了 2015 年的上升后下降幅度较大，2019 年 15～64 岁人口占比 75.8%；而这一时期 65 岁以上人口占比则持续上升，由 2010 年的 7.16% 上升到了 2015 年的 7.40%，之后继续升高到 2019 年的 8%，这个比重的上升说明生活水平的提高和医疗卫生的改善带来了平均寿命的增加以及外来老年人口的流入导致了 65 岁以上人口占比的增加。所以，综合来看，2010～2019 年间，郑州市的人口年龄结构的两极分化加重，年龄结构趋向于老龄化。

郑州市常住人口年龄结构　　　　表 6-22

年度	占总人口比重		
	0～14	15～64	65+
2010	16	76.84	7.16
2015	15.34	77.26	7.4
2019	16.2	75.8	8

6.7　人口和人口增长与空间分布

表 6-23 显示了郑州市人口空间分布状况。2010 年年底，郑州市行政区划有 12 个区级单位，此时人口主要集中在金水区、中原区、二七区等县市区，随着经开区、郑东新区、航空港实验区等城市新区的设立及快速发展，郑州市人口空间分布出现了较大规模的变化。数据显示，2015～2019 年间，郑东新区常住人口增加了 27 万，增长率为 57.3%；航空港实验区常住人口规模增加了 13.8 万，增长率为 23%；经开区和高新区的常住人口也呈现了一定规模的增长；金水区作为郑州市人口规模最大的区县，在此期间人口规模出现负增长，常住人口减少了 12 万。

郑州人口分布　　　　表 6-23

地区	2010 年 常住人口数 / 万人	2015 年 常住人口数 / 万人	2019 年 常住人口数 / 万人
中原区	90.5	75.1	79.5
二七区	71.3	78.1	84.8
管城区	64.9	55	58.5
金水区	158.9	145.3	133.3

续表

地区	2010 年 常住人口数 / 万人	2015 年 常住人口数 / 万人	2019 年 常住人口数 / 万人
上街区	13.2	13.7	16.3
惠济区	27	28.6	31.1
中牟县	72.7	48.1	52.4
巩义市	80.8	82.4	84.4
荥阳市	61.4	61.6	67
新密市	79.7	80.4	81.7
新郑市	75.8	65.7	65.3
登封市	66.9	69.4	72.7
经开区	—	22	28.4
高新区		24.8	31.9
郑东新区	—	47.1	74.1
航空港实验区	—	60	73.8

注：2010 年数据来自《2011 郑州统计年鉴》，2019 年数据来源于《2020 河南统计年鉴》和郑州市统计局。

到 2019 年底，郑州市共下辖 16 个县市区，其中人口最多的县市区依然为金水区，其常住人口数为 133.3 万人，占全市人口 12.88%，也是郑州市唯一一个常住人口超过 100 万的县市区；人口最少的县市区是上街区，只有不到 20 万人口。常住人口超过 50 万的有 12 个，占 16 个县市区的 75%，除了金水区外，常住人口数量从多到少的排序依次为二七区（84.8 万人，占 8.19%）、巩义市（84.4 万人，占 8.15%）、新密市（81.7 万人，占 7.89%）、郑东新区（79.5 万人）、中原区（79.2 万人，占 7.65%）、航空港实验区（73.8 万人）、登封市（72.7 万人）、荥阳市（67 万人）、新郑市（65.3 万人）、管城区（58.5 万人）和中牟县（52.4 万人）。

按行政区来看，2019 年各区县人口相较于 2010 年均有所增加，其中中牟县增幅最大（65.7%），新密市增幅最小（2.51%）。2019 年，金水区人口仍为各区县最多（178.9 万人，占 17.28%），这与金水区的经济高速发展有直接关系，金水区 2019 年 GDP 为 2620.17 亿元，为郑州市各行政区最高，发展势头良好。郑州市辖区的城镇化率水平较高，除管城区（87.60%）和惠济区（76.98%）外均高于 90%；郑东新区因经济发展水平高吸引了郑州市 7.16% 的人口，航空港区因产业集聚吸引了郑州市 6.80% 的人口，这两个新区仍有巨大的发展潜力，在未来将会吸引更多郑州市内外人口。郑州市周边市县的城镇化率均低于 62%，但周边市县占据了郑州市常住人口的 51%，将会是郑州市未来城镇人口的主要来源。

郑州市 2019 年就业人数为 635.01 万人，从事第一产业人员占比 14.4%，从事第二产业人员占比 27%，从事第三产业人员占比 58.6%，可见郑州市人口就业以第三产业为主。各市辖区内从事第二、三产业人员占该区就业人数的比例除惠济区（84.43%）外均高于 90%，其中中原区和二七区该比例高于 99%，农业从业人口极少；周边市县从事第二、三产业人员占该市（县）就业人数比例除新密市（80.84%）外均低于 80%，这表明郑州周边市县有大片未深入开发的区域，这些地区仍有巨大的发展潜力。

同时，在考察郑州人口总体状况的基础上，本研究又进一步分析郑州人口的空间分布变化状况。表6-24详细呈现了郑州市2015～2018年人口空间分布的变化，从中可以发现如下特点：

郑州人口空间分布变化 表6-24

| 地区 | 2015～2016年 | | | | 2017～2018年 | | | |
| | 常住人口 | | 城镇人口 | | 常住人口 | | 城镇人口 | |
	净增量/万人	增长/%	净增量/万人	增长/%	净增量/万人	增长/%	净增量/万人	增长/%
中原区	1	1.3	1.3	1.9	1.4	1.8	1.6	2.3
二七区	1.1	1.4	1.6	2.3	3.6	4.5	3.7	5.1
管城区	0.5	0.9	1.3	2.8	1.3	2.3	1.5	3.1
金水区	-16.7	-11.5	-14.7	-11.1	1.6	1.2	1.8	1.5
上街区	0.1	0.7	0.2	1.6	0.3	2.1	0.3	2.3
惠济区	0.6	2.1	1.1	5.4	0.6	2	0.7	3.1
中牟县	1.2	2.5	2	9.2	0.9	1.8	1.7	6.6
巩义市	0.4	0.5	1.8	4.2	0.5	0.6	1.9	4.1
荥阳市	0.5	0.8	1.6	5.1	2.2	3.5	2.5	7.2
新密市	0.3	0.4	2.6	6.1	0.3	0.4	1.8	3.9
新郑市	-2.1	-3.2	0.8	2.3	0.6	0.9	1.6	4.3
登封市	0.7	1	1.8	5	1	1.4	1.9	4.9
经开区	2.6	11.8	2.6	14.1	1.8	7	1.6	7.3
高新区	2.4	9.7	2.5	12.1	1.9	6.8	1.8	7.5
郑东新区	15.2	32.3	11.2	37.7	3.9	6	3.9	8.9
航空港实验区	7	11.7	6	15.2	3.5	5	3.6	7.4

第一，各区县间常住人口增长规模差别显著。在2015～2018年的四年间，常住人口净增量超过10万的县市区有2个，分别为郑东新区（增加19.1万人）和航空港实验区（增加10.5万人）；9个区县常住人口净增量在1万～5万人之间，它们分别是：中原区（增加2.4万人）、二七区（增加4.7万人）、管城区（增加1.8万人）、惠济区（增加1.2万人）、中牟县（增加2.1万人）、荥阳市（增加2.7万人）、登封市（增加1.7万人）、经开区（增加4.4万人）和高新区（增加4.3万人）；有3个区县常住人口有所增加，但是增量极小，不超过1万，最小的上街区仅为0.4万人。此外，还有2个县市区常住人口出现了负增长，它们是：金水区（减少15.1万人）和新郑市（减少1.5万人）。金水区作为郑州市核心区在郑州市各区县中常住人口数量最大，但人口持续减少的特征最为明显。

第二，各区县间常住人口增长速度也存在显著差别。常住人口增速最快的是郑东新区，4年间人口增长32.3%，其次是经开区（增长11.8%）、航空港实验区（增长11.7%）和高新区（增长9.7%）；二七区虽然常住人口净增量较大，但由于二七区的常住人口基数较大，使得增长率不高。由此可见，近年来郑州市人口分布呈现向城市新区集中的鲜明特征。

第三，区县常住人口增长和城镇人口增长密切相关。常住人口净增量超过10万的县市区（如郑东新区、航空港实验区）城镇人口增量都超过 10 万；常住人口净增量在 1 万～5 万的区县城镇人口净增量为 1 万～5 万；常住人口净增量较小或负增长的区县城镇人口净增量也较小。各区县常住人口净增量和城镇人口净增量几乎保持同步，二者呈现出极大的相关性。

第四，从城镇人口增长率的角度来看，只有金水区为负增长，其他区县皆呈现增长态势；最高的区县为郑东新区，增长了 37.7%；其次为航空港实验区、经开区、高新区，这几个地区都是作为城市新区重点建设，城镇化水平起点低，但近年来城镇人口增长率高，发展速度快。

郑州市 2017～2018 年区县人口的增长趋势基本延续 2015～2016 年的增长趋势。在这个过程中郑州市经开区、高新区、郑东新区、航空港实验区这四个国家级新区城市人口都取得明显增长，人口聚集效应明显。其他大部分县市区的常住人口增速和城镇人口增速都呈现出明显的分化，如部分主城区人口增速趋缓，甚至出现负增长，而部分郊县人口出现一定幅度的增长。近年来，郑州市的人口空间分布及其演变符合城市发展理论和国际趋势。人口增速较快的地区是近中郊区。近中郊区城乡界限处于动态变化过程，城镇化发展速度较快，城镇人口和外来人口的增长速度都较快，常住人口规模增长迅速。

6.8　郑州 2049 年人口预测

6.8.1　研究区和数据

城市发展预测一般是按照行政城市进行的，有两个原因：一是人口数据是按照行政城市统计的。比如郑州 2019 年近 1040 万人口是全郑州市人口，包括远郊区县（新郑市、荥阳市、中牟县、巩义市、登封市和新密市）；二是中国的都市还没有完全形成。

当然，也有研究认为这种按照行政城市来研究、分析和预测某些特大城市可能难以适应都市发展的现实。例如，北京都市形成的一个明显标志是大量的人口住在北京周边省份，每天通勤到北京上班。据报道，2020 年 100 多万人因为北京高房价和限购不得不住在燕郊，每天早五晚九地通勤北京。燕郊的常住城镇人口超过百万，故从经济城市（都市）角度定义，燕郊应该是北京都市的一部分。

都市边界是按照劳动力市场划定，而不是简单地根据行政城市边界划定的。一个都市是一个完整的劳动住宅市场，即住在都市在该都市上班，在该都市上班住在该都市。如果燕郊人口的大部分都在北京上班，燕郊应该划入北京都市内。相反，即使延庆等远郊区县属于北京行政城市，但是如果它们不与北京核心区形成一个统一的劳动市场，它们就不在北京都市范围内。都市范围的划定不完全受区县行政边界限制。

然而，就郑州市而言，郑州大都市区的界定范围是涵盖除郑州外的开封、新乡、焦作、许昌 4 座地级市。目前大都市内的五座城市虽然经济联系愈发紧密，但较少存在跨域上班通勤的问题。劳动力市场依然存在明显的行政边界，在郑州就业的劳动力主要居住在郑州市，在开封、新乡、焦作、许昌就业的劳动力主要居住在当地。故而郑州当前的都市边界依然主要是郑州市的行政边界。因此，本研究中郑州人口发展预测依然按照行政城市进行。

郑州市统计局每年度都会公布行政辖区内的总人口以及城区人口。然而由于人口数据的特殊性，统计局公布的数据往往缺乏户籍人口和各县区市的人口数。有的区县数据缺乏统计公开，常住人口数据基本缺失，只有户籍人口数据。

郑州市当前是总的人口远远超过城区人口。城区人口和郑州全市的区别是排除郑州的6个远郊市县（新郑市、荥阳市、中牟县、巩义市、登封市和新密市），2019年郑州六个远郊县市常住人口为497.3万人，主城区常住人口为537.9万人，城区常住人口约占郑州总人口的51.9%。而2005年郑州主城区人口仅占郑州总人口的42.2%，可见郑州人口增长主要是在主城区，外来人口增长也主要集中在主城区。随着郑州外来人口持续增多，主城区人口比重还将持续增加。

由于没有数据，未统计人口无法预测，故下面的预测都是针对郑州市常住人口。由于未来发展的不确定性，预测值精确性的意义不大，故预测值最后都经过取整处理，以25万为单位取整。比如2535万取整为2525万；2565万取整为2575万。未来预测与其说是一门科学，不如说是一门艺术。预测一定需要假设，不同的假设必然意味着不同的预测结果。为了增加可行度，我们采取不同的预测方法和假设，最后综合各种方法，结合理论、国际发展经验、中国发展和改革方向，来判断和预测郑州市2030年人口规模。

6.8.2 外推法

外推法预测郑州人口的基本假设是郑州未来人口发展趋势是过去发展的延续。本节用时间序列外推法来预测未来人口发展趋势。

无论是哪种方法，首先需要在过去发展的基础上估计模型参数，然后根据不同的模型来预测未来人口。预测结果不仅与预测方法有关，还与选择的时间区段有关。在应用外推方法时，一般情况下，选择和判断的一个重要依据是历史数据拟合程度；同等情况下，拟合度越高，预测的可信度也越高。

（1）线性外推预测

人口预测1：

根据2005～2019年的发展趋势，按照时间序列外推，预测2049年郑州市总人口为1830万（取整为1825万）。

$$常住人口年 = -48985 + 24.8 \times 年 \qquad R^2 = 0.9492$$

人口预测2：

根据2001～2019年的发展趋势，按照时间序列外推，预测2049年郑州市人口为1831万（取整为1825万）。

$$常住人口年 = -42632 + 21.7 \times 年 \qquad R^2 = 0.9538$$

人口预测3：

假设2019～2049年的增长率量等同于1989～2019年的增长率，即：

$$\frac{常住人口_{2049}}{常住人口_{2019}} = \frac{常住人口_{2019}}{常住人口_{1989}}$$

预测2049年郑州市人口为2055.3万（取整为2050万）。

（2）非线性外推预测

人口预测4：

2005～2019 年，根据半对数关系，估计的回归方程为：

$$\log（常住人口年）=-51.17875+0.0288×年 \qquad R^2=0.9351$$

预测 2049 年郑州人口为 2519 万（取整为 2525 万）。

人口预测 5：

2001～2019 年，根据半对数关系，估计的回归方程为：

$$\log（常住人口年）=-45.7332+0.0261×年 \qquad R^2=0.905$$

预测 2049 年郑州人口为 2309 万（取整为 2300 万）。

6.8.3　以河南为参照系预测郑州人口发展

根据中国城市体系发展趋势，可以发现 2000 年以后特大城市发展速度比中小城市都快，这个趋势也符合国际趋势。2017 年河南省政府发布的河南省人口发展规划（2016-2030 年）提出到 2030 年全省总人口将达到 1.15 亿，常住人口城镇化率将达到 66%。以此推测，到 2049 年河南省总人口基本在 1.2 亿左右，常住人口城镇化率将可能达到 80% 左右。未来 30 年河南省预计会有 3000 多万农村人口向城镇转移，那么将有多少人口选择到郑州工作和生活？中国城镇的不均衡体系是中小城镇人口流向大城市的驱动力，因而在快速城镇化时期，有多少其他城镇人口流向郑州？这两个问题都很难回答，因为城镇（区域）间移民估计是极为困难的。城镇间大量移民使比较精确的人口分析法（比如根据出生率和死亡率预测人口的 Cohort 方法）在城镇人口预测上失去其应有的价值。有一个办法可以间接地弥补城市人口预测中移民带来的预测问题，那就是以河南省为参照系，预测郑州人口增长。这种预测方法和思路是假设郑州在河南省城镇体系中的人口地位越来越高。

图 6-11 显示了 2005～2019 年郑州市人口占河南省人口比重的变化趋势。从图可知，郑州市在全省的人口地位 2005～2019 年是持续上升的，其中 2009 年是一个拐点，2009 年以后郑州城市人口地位明显快速提升。

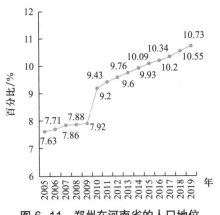

图 6-11　郑州在河南省的人口地位

以河南省发展为参照系的预测方法是：

- 预测 2049 年河南总人口；
- 预测 2049 年郑州人口在河南省城镇体系中的地位；
- 预测郑州人口。

（1）郑州在河南省地位预测

地位预测 1：假设郑州地位未来是在 2005～2019 年郑州人口占河南省总人口比重的基础上逐年递增。可以预见，未来随着粮食生产核心区、中原经济区、郑州航空港经济综合实验区、中国（河南）自由贸易试验区、郑洛新国家自主创新示范区、中国（郑州）跨境电子商务综合试验区和郑州国家中心城市等国家战略的实施和米字形高速铁路等项目的建设，全省人口向以郑州为中心的城市群集聚的趋势将非常明显。因此，假设到 2049 年郑州人口地位占河南省的 20%。

地位预测 2：

根据 2005～2019 年的发展趋势按照时间序列外推，郑州人口地位回归方程为：

$$郑州人口地位_年 = -484.5 + 0.24542 \times 年 \qquad R^2 = 0.93$$

预测 2049 年郑州人口占河南省总人口比重为 18.37%。

（2）城市地位法人口预测

河南省人口发展战略目标是 2030 年总人口为 1.15 亿。根据《河南省人口发展规划（2016～2030 年）》，假设到 2050 年河南人口总量为 1.1 亿人。表 6-25 显示 2049 年郑州人口预测值。根据郑州在河南省城镇体系中的地位，2049 年郑州人口在 2025 万～2200 万。

根据表 6-25，按照城市地位法预测的平均人口规模为 2100 万。这个结果应该比较可靠。

城市地位法预测的郑州 2049 年人口规模　　　　　　　　　　　　表 6-25

	预测 1	预测 2
河南人口 / 万人	11000	11000
郑州人口占全省人口比重 / %	20	18.37
郑州常住人口 / 万人	2200	2020
郑州常住人口（取整）/ 万人	2200	2025

6.8.4 人口增长分解预测

（1）基于就业增长的人口预测

郑州从业人员从 2009 年的 469.3. 万增长到 2019 年的 641.1 万，10 年净增长了 171.8 万，增长率为 36.6%。同时，10 年间，郑州市第一和第二产业生产总值占比是持续下降的，第一产业生产总值占比从 2009 年的 3.1% 降至 2019 年的 1.2%；第二产业下降至 39.8%（2005 年为 52.6%）。同比，第三产业迅速增长，10 年间生产总值占比增长至 59%。由此各大产业所承载的劳动力数量亦发生了重大变化。

城镇化和工业化将使第一产业从业人员总量和比重继续下降。随着经济结构的调整和升级，第二产业下降的趋势也将延续（第二产业中的个别行业将会增长，如生物医药、电子信息、智能制造等高精端制造业），第三产业就业增长的趋势将会延续。更为重要的是，在市场经济体制下，几乎没有有效的控制第三产业就业增长的手段和措施，这点应该引起决策者和城市规划人员的充分重视。

假设 2019～2049 年的年均就业增量等同于 2009～2019 年，即 17.18 万，那么 2049 年就业总量为 1156.5 万；2019～2049 年的年均就业增长率等同于 2009～2019 年，2049 年就业总量为 1248 万，净增长量为 607 万。从 2004～2012 年的发展趋势预测 2020 年就业总量与丁成日（2010a）根据 2000～2007 年就业发展数据预测的 2020 年就业总量基本相似，故郑州就业预测参考《北京市产业发展战略研究》的预测方式。

由于就业增长主要是在第三产业，而第三产业就业与人口的关系为 1∶1.6（张艳华，2014），为保守起见，假设短期内就业与人口的关系在 1∶1.2～1∶1.6 之间，那么就业增长量带动的人口增长量为 200 万～375 万（表 6-26）。

2019~2030 年就业增长带动的人口增量　　　　　　　　　　　表 6-26

	人口增量 1	人口增量 2	人口增量 3	人口增量 4
就业增长 / 万人	515.4	515.4	607	607
就业-人口比	01：01.2	01：01.6	01：01.2	01：01.6
人口增量 / 万人	618	824	728	971
人口增量取整 / 万人	625	825	725	975

特别需要指出，许多经济活动对特大城市是有所偏爱的。比如，日本东京作为最大的都市，人口超过了 3500 万（2010 年），1986 年集中了 86.6% 的国际银行机构、62.5% 的外国公司、57.5% 的信息产业和服务、34.4% 的所有专门化服务产业（Takahashi and Sugiura，1996）。郑州也不例外，作为未来期望建设成为"一带一路"国际开放门户、引领黄河流域发展的国家中心城市、带动区域整体崛起的中原核心引擎，未来市场经济的发展将越发凸显郑州（一些）产业发展的优势，特别是电子信息、生物医药、高端服务业、新型产业等附加值高的行业。而这些行业的发展又将极大地推动服务业的发展。

（2）基于发展机会的人口预测

2019 年河南省高校本专科毕业生达到 59.34 万人，其中大部分为河南籍生源（根据招生情况估计，约占总人数的三分之二左右）。他们中的近四分之一可能将在郑州找工作，即 11 万人。2019 年，全国高校本科毕业生数量达到 758.53 万。他们中的一部分河南籍考生会到郑州寻找就业和发展机会。假设全国（河南省外）河南籍本专科毕业生的 10% 来郑州（河南高考生源占全国的 10%），那么也有 2 万毕业生来郑就业。这样郑州每年本专科毕业生流入将在 13 万左右。

2019 年河南省研究生毕业数量为 1.6 万。虽然也没有研究生生源信息，但是研究生中外地生源的比例应该高于本科生外地生源。鉴于研究生的就业诉求和就业层次较高，假设会有 50% 的研究生毕业留在郑州，那么研究生毕业在郑州发展的人数为 0.8 万左右。根据郑州市出台的"智汇郑州"人才政策生活补贴名单可知，2018 年初到 2020 年 6 月，已经申请并成功发放生活补贴的研究生达到 2.19 万人。鉴于还有符合条件尚未申请以及已经申请尚未成功的人，估计两年半时间内在郑州直接申请落户的研究生即达到 2.5 万人，年均约 1 万余人（含省内研究生 8000 人左右）。根据高等教育发展的趋势，研究生和本科生毕业人数只会增加，不会减少。故 2019~2049 年累计高等教育毕业生留郑人数应该在 420 万左右。

这些留在郑州的人员中，有许多都找到了工作（已经包含在就业增长预测中），但也有一些是自谋职业，有些会有一段时间从事零工，有些可能最终会离开郑州。故这部分的预测应该是就业预测的一部分。自谋职业是国家鼓励的发展方向，特别是高端人才。2020 年《郑州市国民经济和社会发展第十四个五年规划和二〇三五年远景目标纲要（草案）》中提出加强大院名所创新资源引进，面向中科院系统院所、央企科研机构、"双一流"高校等，大力引进高端创新资源，到 2025 年引进 5 万高技能人才。到 2049 年，高端人才赴郑州寻求发展机会累计总量在 30 万左右。

同比本节其他预测，因为发展机会引发的人口增量似乎比较小，但是这个数字需要引起特别的重视。这是因为，高端人才从事的往往都是基础就业（其生产的产品和提供的服务主要供给外地），其影响要比一般的就业增量大很多。根据以往研究，郑州这样的特大城市的经济基础乘数应该不低于10，即1个基础经济就业增加将带来10个总就业人数。如果考虑到就业—人口比（1.2～1.6），一个基础就业人数增加，意味着12～16个人的增长。而高端人才的经济基础乘数将会远远大于平均乘数（10）。也就是说，郑州在吸引高端人才的同时，就业增长和就业引发的人口增长都会加速。因而，在吸引高端人才的同时，需要准备人口增长，并为此作出相应的规划和政策安排。

（3）基于社会关系的人口预测

2017年全市常住人口中60岁及以上老年人口达到127.5万人。老年人口的增长与人口平均寿命的增加有关，同时也与郑州相对优越的医疗卫生条件的吸引力有关。退休在郑州应该是部分河南人追求的目标。还有，80、90后开始成家立业，他们的父母也快到了退休的年龄。到2049年将有相当数量的80后、90后的父母已经退休。河南省户籍定居郑州的子女，特别是独生子女，更有可能将父母接到郑州居住。

没有数据显示究竟有多少随迁父母居住在郑州，但郑州"老漂族"随迁案例越来越多，前面分析表明虽然抽样统计到的60岁以上老年流动人口占比极少，但近年来有不断增长的趋势：2011年郑州市老年流动人口仅占流动人口的0.03%，2017年便猛增至1.15%。假设2019～2049年累计有50万80、90后子女接他们的父母来郑州，那么郑州新增外来人口将是100万。

（4）人口预测汇总

表6-27显示根据不同的动力机制预测的2019～2049年的人口增量（由于限购政策，由于商品房发展带来的人口预测不予考虑）。从表6-27可知，由于就业增长、发展机会和社会关系等原因，郑州市2019～2049年间人口净增长量在1175万～1525万之间。

分解法预测的2019～2049年人口增量（单位：万人）　　　　　　　表6-27

	人口增量1	人口增量2	人口增量3	人口增量4
就业增长带来的	625	825	725	975
发展机会带来的	450			
社会关系带来的	100			
总计（取整）	1175	1375	1275	1525

由此可见就业增长是人口增长的主要动力来源，因就业引发的人口增长占人口增长的比重最大。由于主要是第三产业就业增长，其中相当部分是市场主导的。发展机会引发的人口增长与就业有重叠，这部分估计难以确认。此外，因社会关系带来的人口增量为100万，估计可能偏小，问题也是难以确认。

6.8.5 郑州2049年人口规模预测值

表6-28汇总利用不同数据和不同预测方法预测的2049年郑州人口规模。预测的基数是2019年郑州人口为1035万人。11个不同预测的平均值为2200万人，其中线性外推预测平均值为1900万人，取整为1900万人；非线性外推预测平均值为2412万人，取整为2400万人；城市地位法预测平均值为2110万人，取整为2100万人；要素分解法预测平均值为2362万人，取整为2350万人。

郑州 2049 年常住人口规模预测汇总　　　　表 6-28

预测方案	方法	预测信息	2049 年人口规模 / 万人	
			计算值	预测值（取整）
预测 1	线性外推	时间序列	1830	1825
预测 2			1831	1825
预测 3			2055.3	2050
预测 4	非线性外推	非线性回归	2519	2525
预测 5			2309	2300
预测 6	城市地位法	城市地位为 0.2 和 0.1837	2200	2200
预测 7			2020	2025
预测 8	要素分解法	计算值为增量加基数	2210	2200
预测 9			2410	2400
预测 10			2310	2300
预测 11			2560	2550

　　表 6-28 显示最小的预测值为 1825 万，是根据线性外推法预测的。理论上说，中国城镇体系过去十年的发展趋势是特大城市发展速度快于中小城市，也快于城镇总人口增长速度。因而，根据线性外推法预测的郑州 2049 年人口规模应该是比较保守的。增长要素分解法预测的郑州 2049 年常住人口规模为 2350 万（平均值），但是由于可能还有许多其他增长要素没有考虑分析，故这个预测值也可能相对偏低。

　　综合考量，我们认为选择多种方法预测的平均值 2200 万作为 2049 年郑州常住人口预测规模应该比较合适，即郑州市 2049 年常住人口规模为 2200 万人。

　　分析比较三种预测方法。表 6-29 总结了不同方法的优缺点。城市地位法和增长要素分解法各自有着其他方法不具备的优势，但同时也有其他方法不具备的不足。

不同预测方法比较　　　　表 6-29

	外推法	城市地位法	分解分析
优点	简单直接；自身发展趋势延续假设；适合短期预测	与国家城镇体系发展关联，根据城镇体系地位进行预测，这既反映自身发展趋势，又反映国家发展趋势；能够反映国家宏观发展战略及其取向	基于城镇增长的不同动因进行预测；科学性强；政策规划意义显著
缺点	纯粹数量分析；缺少动力机制；难以反映政策取向	城镇数量增长导致预测偏低（该方法在城镇数量稳定时结果更可靠）；需要选择参照系，可比性可能是问题	数据要求高；难以掌握所有的增长动力机制和动因

　　特别需要指出的是，表 6-28 预测包括统计的郑州市人口。然而，鉴于人口流动的频繁性以及人口统计的复杂性，估计郑州当前尚有一定规模的未统计人口（例如，就统计局公开数据而言，郑州市高新技术开发区常住人口为 30 余万，但网络上有关高新区政府官员的公开讲话中提到该区有近 80 万常住人口）。那么，根据间接数据估计郑州未统计人口 2019 年应该在 100 万～150 万。未统计人口在 2019～2049 年间或许还会显著增长，原因有两个：

　　第一，流动的人口和人口的流动成为当前社会经济人口变动的两个显著特征，依附于户籍制度上的人口控制措施的有效性越来越弱，人口空间流动的自由度越来越大，不需要登记和户口就能在郑州长期居住的可能性也会越来越大，越来越容易，即不需要主动登记也可生存。

第二，由于新就业形态（共享就业、平台就业等）的扩展，非正规就业在整个就业结构中所占比重越来越大。而这类就业人口由于就业的非正规性和流动性，往往难以统计入册，即难以登记。

根据这些分析，郑州 2049 年未统计人口规模可能保持在 200 万～300 万。届时郑州市常住人口在 2049 年约为 2200 万（平均值）。因而，2049 年郑州城市规划和管理需要面对的人口规模将在 2400 万～2500 万。当前我们预测的人口结果是以郑州市全域人口为目标，涵盖郑州的城市人口和农业人口。即使按照 21 世纪中叶郑州 80% 的城镇化率估算，届时市区人口预计会在 1920 万～2000 万。

郑州在全力建设国家中心城市的过程中，因历史和制度形成的郑州与省内其他地区之间巨大的公共产品和服务差别将在相当长的时期内存在。根据国家发展经验和实证研究成果，这种差别在发展时期更倾向于增大而不是减少。即使未来政策走向试图减少区域间差别，但是在可见的未来，郑州与周边地区的差别仍将保持在相当显著的水准上，郑州与其他地区（周边省份的非省会地区）的差别也会保持在一定的水准上。这其中的差别是流动人口流入郑州背后的巨大动力。由此，未来郑州市人口持续增长将是必然的趋势和结果。

（本章执笔人：高卫星　陈宁）

参考文献

丁成日，孙向伟. 利用城市投入产出模型分析和评价城市发展［J］. 城市规划学刊（投稿），2021.

丁成日等. 城市经济学：理论、方法与实证［M］. 北京：社会科学文献出版社，2020.

丁成日. 城市空间规划理论与方法［M］. 北京：中国建筑工业出版社，2018.

丁成日. "经规""土规""城规"规划整合：理论与方法［J］. 规划师，2009（2）：53-58.

丁成日. 市场失效与规划失效［J］. 国外城市规划，2005（4）：1-6.

丁成日. 空间结构与城市竞争力［J］. 地理学报，2004，59（增刊）：85-92.

丁成日，高卫星. 中国"土地"城市化和土地问题［J］. 城市发展研究，2018，25（1）：31-39.

丁成日，邱爱军，王瑾. 中国快速城市化时期农民工住房类型及其评价［J］. 城市发展研究，2011，117（6）：49-54.

丁成日，谢欣梅. 城市中央商务区（CBD）发展的国际比较［J］. 城市发展研究，2010，17（10）：72-82.

陈剑. 北京人口增长：原因与对策［J］. 中国发展观察，2012. http://news.xinhuanet.com/theory/2012-01/21/c_122614634.htm.

党国英. 中国城市化面临十道"坎"［R］. 2011. http://opinion.hexun.com/2011-12-10/136175618_3.html.

周其仁. 集聚、密度和城市化［R］. "中山大学媒体变革论坛"的演讲报告，2012. http://

finance.qq.com/a/20121106/003433.htm.

林家彬. 对城镇化问题的几点思考［J］. 中国发展杂志，2013.

AfBD. African economic outlook: structural transformation and natural resources. Tunis: AfDB, 2013.

AUC. Promoting employment for social cohesion and inclusive growth. Addis Ababa: AUC, 2011.

Mikaela Backman, Janet E Kohlhase. Labor force diversity and firm survival. Journal of regional science, 2020(60): 903−928.

Nancy Benjamin. Informal economy and the World Bank(policy research working paper). The World Bank, 2014: 6888.

Ding C, Zhao X. Assessing urban spatial growth patterns in China during rapid urbanization. The Chinese economy, 2011, 44 (1): 46−71.

Ding C, Lichtenberg E. Land and urban economic growth in China. Journal of regional science, 2011, 51(2): 299−317.

Brendon Harre. What is the secret to Tokyo's affordable housing?. 2017. https://medium. com/land−buildings−identity−and−values/what−is−the−secret−to−tokyos−affordable−housing−266283531012.

Erika Kraemer−Mbula, Sacha Wunsch−Vincent. The informal economy in developing nations: hidden engine of innovation. Cambridge University Press, 2016.

Fine D, et al. Africa at work: job creation and inclusive growth. Mckinsey global institute, USA, 2012.

International Labour Office (ILO). International standard classification of occupations,. ISCO−08 (Geneva), 2012.

Lee S Y. Entrepreneurship and business development among African Americans, Koreans, and Jews: exploring some structural differences//C−G H R (Ed.). Migration, Transnationalization, and Race in a changing New York. Philadelphia: Temple University Press, 2001: 258−278.

Lichtenberg E, Ding C. Local officials as land developers: urban land expansion in China. Journal of urban economics, 2009, 66(1): 57−64.

Matias Echanove, Rahul Srivastava. When Tokyo was a Slum, informal city dialogues, The Rockefeller Foundation, 2013.

Margit Molnar, Thomas Chalaux, Qiang Ren. Urbanisation and household consumption in China. OECD Economics Department Working Papers, 2017, No. 1434.

Norton R D. Agglomeration and competitiveness: from Marshall to Chintz. Urban studies, 1992(29): 155−170.

McKinsey Global Institute. Urban world: cities and the rise of the consuming classes. McKinsey and company, 2012.

OECD. The knowledge−based economy, organisation for economic Co−operation and development. Paris, 1996.

David C Perry, Wim Wiewel, Carrie Menendez. The university's role in urban development: from enclave to anchor institution. Landlines, 2006: 1−7.

Shick A. Off−budget expenditure: an economic and political framework. OECD journal on budgeting, 2007, 7(3): 7−38.

Silvia Albrizio, Giuseppe Nicoletti. Boosting productivity: a framework for analysis and a checklist for policy. Global forum on productivity, OECD, 2016.

Sanderson J, Brown K. COVID−19 and Youth Sports: Psychological, Developmental, and Economic Impacts［J］. International journal of sport communication, 2020(13): 313−323.

Song Y, Zenou Y, Ding C. Let's not throw the baby out with the bath water: the role of urban villages in housing rural migrants in China. Urban studies, 2008, 45(2): 313–330.

第七章　郑州城市发展的经济影响分析

郑州国家中心城市发展建设首要的任务是推动经济增长，提高就业机会和增加城市居民收入。本章利用投入产出模型分析郑州中心城市发展战略对郑州和河南的经济影响。我们利用非调查方法分别建立郑州投入产出模型和河南省"郑州-非郑州"两区域投入产出模型，并利用这两个模型分析郑州和河南省的经济发展。在郑州的经济分析中，我们侧重于利用郑州投入产出模型分析郑州城市增长的经济影响、航空港发展战略的经济影响和郑州市人才引进的经济影响。为了深入分析郑州发展对河南的影响，我们把河南省分为两个区域：郑州和非郑州。在"郑州-非郑州"两区域投入产出模型中，我们侧重于分析郑州城市发展、航空港发展战略对河南的影响和中欧班列（郑州枢纽）对河南的经济影响。因而，郑州发展战略对河南的经济影响不仅需要分析郑州发展战略的经济带动作用，同时也要分析其对河南省内不平衡发展的影响，进而为推动省内均衡发展提出科学性的建议。

7.1　区域（城市）投入产出模型和区域间投入产出模型

7.1.1　区域投入产出表和模型

（1）基本模型

投入产出模型常常作为研究产业之间的相关关系和分析产业发展政策和战略的经济影响的工具。该模型不仅能帮助分析行业间的经济联系，也能通过测算产值乘数来预测地区经济的发展。投入产出模型的基础是投入产出表，其反映了区域内不同产业之间的联系，即每个产业的产出需要有其他所有产业的投入（包括自己产业的投入）才能够实现。每个产业的产出既可以作为投入品进入其他产业中，也可以作为消费品满足产业的最终需求。

表7-1显示投入产出表构造。位于左上角的中间矩阵（分工业行业的内部消费）表明了各个产业之间的投入与产出关系。在中间矩阵中，行表明某产业的产出进入到其他产业的数量，列反映的是某产业使用来自其他产业的投入量。表中，X_{ij}代表行业i生产出来的产品或服务投入行业j的量，反过来也可以理解为j行业使用的投入中有多少来自行业i。最终需求（F_i）有三个组分：消费（C_i），资本形成（K_i），净出口（E_i）。价值增值（Value Added）——GDP——有四个部分：固定资产折旧（V_j）、劳动者报酬或收入（W_j）、生产税净额（T_j）和营业盈余（P_j）。X_i代表i产业的总产出，X_j代表j产业的总投入。n为工业行业个数。

投入产出模型基本关系为

$$(I - A)^{-1} F = BF = X \qquad (7-1)$$

A为技术系数矩阵或直接消耗矩阵。I为单位矩阵，F为最终需求矩阵，$B = (I - A)^{-1}$被称为完全消耗系数矩阵或里昂惕夫逆矩阵。

投入产出表　　　　　　　　　　　　　　　　　　　表7-1

		分工业行业的内部消费					最终需求				总产出
		1	2	...	j	...	n	消费	资本形成	净出口	合计	
分行业生产	1											
	2											
	...											
	i				X_{ij}			C_i	K_i	E_i	F_i	X_i
	...											
	n											
固定资产折旧					V_j							
劳动者报酬					W_j							
生产税净额					T_j							
营业盈余					P_j							
总投入					X_j							

完全消耗系数矩阵在该模型中具有重要的作用，通过该矩阵，可以确定分行业的后向关联与前向关联。后向关联指一个行业与其生产所需材料的供应行业之间的关系。前向联系指一个行业的产出是其他行业生产所需的投入。后向联系和前向联系的计算方式是：后向联系强度通过对完全消耗系数矩阵的列求和得到；前向联系强度通过对该矩阵的行求和得到。

此外，利用完全消耗系数矩阵，可以计算出各个行业的收入乘数和就业乘数，该乘数可以用于分析和评价政策和经济活动变化影响。

一般来说，投入产出模型可以从市场需求方面来分析相对应的政策和影响（例如新开设的军事基地对当地就业、税收和收入的影响）。基于投入产出模型的平衡机理，该模型可以用来计算需求对产出的影响。

（2）区域乘数

投入产出模型研究产业部门、最终需求、总产出之间的数量关系，同时还可以用于研究最终需求、就业和工资的变化对整个经济的影响。投入产出模型分为开放模型（The Open Model）和封闭模型（The Closed Model）。前者将居民消费纳入最终消费；而后者将居民消费纳入中间矩阵，成为一个单独的部门，这意味着居民消费与其他产业部门存在投入产出关系。由于在封闭模型中居民消费和其他产业之间的相互关系被纳入模型中，故封闭模型得到的投入产出乘数大于开放模型得到的乘数。

投入产出乘数可以反映经济活动的变化（比如分行业的最终需求、分行业就业和分行业工资等）对整个经济的影响。比如，假设制造业最终需求产出乘数（通常简称为产出乘数）是2.5，意味着制造业最终需求每增加1元，整个经济的总产出（包括制造业和非制造业）增加2.5元。本研究主要利用两类投入产出乘数来分析和估计人口和产业政策对经济和税收的影响。它们是：

① 最终需求乘数（Final Demand Multiplier）。最终需求乘数表示某一个行业的最终需求变化引起的其他各行业在产出、收入、增加值和税收方面的变化。根据本研究的需要，进一步细分为：

最终需求产出乘数（Final Demand Output Multiplier）：度量一个行业最终需求每变化一个单位引起的其他行业总产出量的变化。各行业加总就是对经济总产出的总影响。

最终需求收入乘数（Final Demand Earnings Multiplier）：度量一个行业最终需求每变化一个单位引起的其他行业的收入的变化。各行业加总就是对经济总收入的总影响。

最终需求税收乘数（Final Demand Tax Multiplier）：度量一个行业最终需求变化一个单位引起的其他行业税收的变化。各行业加总就是对经济税收的总影响。

最终需求 GDP 乘数（Final Demand GDP Multiplier）：度量一个行业最终需求变化一个单位带来的其他行业的 GDP 的变化。各行业加总就是对经济 GDP 的总影响。

② 产出驱动乘数（Output Driven Multiplier）。产出驱动乘数度量的是一个行业总产出的变化对各行业产出的影响。

产出驱动产出乘数（Output Driven Output Multiplier）：度量某行业总产出变化一个单位而引起的各行业总产出的变化。行业加总就是总产出的总影响。

产出驱动收入乘数（Output Driven Income Multiplier）：度量某行业总产出变化一个单位而引起其他行业收入的变化。行业加总就是总收入的总影响。

产出驱动税收乘数（Output Driven Tax Multiplier）：度量某行业总产出变化一个单位而引起行业税收的变化。行业加总就是税收的总影响。

产出驱动 GDP 乘数（Output Driven GDP Multiplier）：度量某行业总产出变化一个单位而引起的行业 GDP 的变化。行业加总就是 GDP 的总影响。

投入产出模型分为开放模型和封闭模型两类。前者将居民消费归属于最终需求，而后者将居民消费作为一个行业部门纳入产业间交易矩阵。开放模型乘数度量的是直接影响和间接影响，而封闭模型度量直接影响、间接影响和诱发影响。故封闭模型计算的乘数不应该小于开放模型计算的乘数。但从计算公式而言，最终需求乘数和产出驱动乘数的计算方法和公式在开放模型和封闭模型之间没有本质的区别。

最终需求产出乘数可以从里昂惕夫逆矩阵或完全消耗系数矩阵直接读出，最终需求产出乘数的数值等于完全消耗系数矩阵对应的元素，其表达式为：

$$b_{ij} \quad (7-2)$$

最终需求产出乘数是计算其他乘数的基础。最终需求收入乘数是根据下式计算的：

$$c_{ij} = b_{ij} \times \frac{W_i}{X_i} \quad (7-3)$$

最终需求税收乘数根据下式计算：

$$t_{ij} = b_{ij} \times \frac{T_i}{X_i} \quad (7-4)$$

最终需求 GDP 乘数根据下式计算：

$$g_{ij} = b_{ij} \times \frac{V_i + W_i + T_i + P_i}{X_i} \quad (7-5)$$

产出驱动产出乘数根据下式计算：

$$O_{ij} = \frac{b_{ij}}{b_{jj}} \quad (7-6)$$

产出驱动的收入乘数、税收乘数和 GDP 乘数的计算方式与产出驱动产出乘数相似，用相应的最终需求乘数除以所在列对应的完全消耗系数矩阵的元素 b_{jj}。

7.1.2 区域间投入产出表和模型

以两区域（"郑州和非郑州"）的区域间模型为例，进口非竞争型区域间投入产出模型的矩阵形式可以表示为：

$$\begin{pmatrix} A_{h}^{zz} & A_{h}^{zo} \\ A_{h}^{oz} & A_{h}^{oo} \end{pmatrix} \begin{pmatrix} \tilde{X}^{z} \\ \tilde{X}^{o} \end{pmatrix} + \begin{pmatrix} Y_{h}^{z} \\ Y_{h}^{o} \end{pmatrix} = \begin{pmatrix} \tilde{X}^{z} \\ \tilde{X}^{o} \end{pmatrix} \qquad (7-7)$$

其中，$A_{h}^{\alpha\beta}$ 是区域 h 投入系数矩阵，表述区域 β 不同产业单位产品中来自区域 α 各产业的中间投入。Y_{h}^{α} 和 X^{α} 分别是区域 α 的最终需求和总产出。z 代表郑州区域，而 o 代表非郑州区域。因此，A_{h}^{zz} 和 A_{h}^{oo} 分别记录了郑州市和非郑州市的区域内投入系数，A_{h}^{zo} 和 A_{h}^{oz} 记录了两区域间的产品投入。下标 h 表示两区域内各自的产品流动。需要注意的是，严格来说，区域的最终需求应该是 $\begin{pmatrix} Y_{h}^{zz} \\ Y_{h}^{oz} \end{pmatrix} + \begin{pmatrix} Y_{h}^{zo} \\ Y_{h}^{oo} \end{pmatrix}$。为了讨论区域间溢出和反馈效应的方便，省略区域间最终需求并定义 $\begin{pmatrix} Y_{h}^{z} \\ Y_{h}^{o} \end{pmatrix} = \begin{pmatrix} Y_{h}^{zz} \\ 0 \end{pmatrix} + \begin{pmatrix} 0 \\ Y_{h}^{oo} \end{pmatrix}$。

进一步，将公式（7-7）改写成公式（7-8）：

$$\begin{pmatrix} \tilde{X}^{z} \\ \tilde{X}^{o} \end{pmatrix} = \left[I - \begin{pmatrix} A_{h}^{zz} & A_{h}^{zo} \\ A_{h}^{oz} & A_{h}^{oo} \end{pmatrix} \right]^{-1} \begin{pmatrix} Y_{h}^{z} \\ Y_{h}^{o} \end{pmatrix} = \begin{pmatrix} L^{zz} & L^{zo} \\ L^{oz} & L^{oo} \end{pmatrix} \begin{pmatrix} Y_{h}^{z} \\ Y_{h}^{o} \end{pmatrix} \qquad (7-8)$$

根据 Round（2001）的方法，将公式（7-8）的里昂惕夫逆矩阵分解，可以得到公式（7-9）：

$$\begin{aligned} \begin{pmatrix} \tilde{X}^{z} \\ \tilde{X}^{o} \end{pmatrix} &= \begin{pmatrix} F^{z} & 0 \\ 0 & F^{o} \end{pmatrix} \begin{pmatrix} I & S^{zo} \\ S^{oz} & I \end{pmatrix} \begin{pmatrix} M^{z} & 0 \\ 0 & M^{o} \end{pmatrix} \begin{pmatrix} Y_{h}^{z} \\ Y_{h}^{o} \end{pmatrix} \\ &= \begin{pmatrix} F^{z} & F^{z}S^{zo} \\ F^{o}S^{oz} & F^{o} \end{pmatrix} \begin{pmatrix} M^{z} & 0 \\ 0 & M^{o} \end{pmatrix} \begin{pmatrix} Y_{h}^{z} \\ Y_{h}^{o} \end{pmatrix} \\ &= \begin{pmatrix} F^{z}M^{z} & F^{z}S^{zo}M^{o} \\ F^{o}S^{oz}M^{z} & F^{o}M^{o} \end{pmatrix} \begin{pmatrix} Y_{h}^{z} \\ Y_{h}^{o} \end{pmatrix} \\ &= \begin{pmatrix} F^{z}M^{z}Y_{h}^{z} + F^{z}S^{zo}M^{o}Y_{h}^{o} \\ F^{o}M^{o}Y_{h}^{o} + F^{o}S^{oz}M^{z}Y_{h}^{z} \end{pmatrix} \end{aligned} \qquad (7-9)$$

其中，$M^{z} = (I - A_{h}^{zz})^{-1}$，$M^{o} = (I - A_{h}^{oo})^{-1}$，$S^{zo} = M^{z}A_{h}^{zo}$，$S^{oz} = M^{o}A_{h}^{oz}$，$F^{z} = (I - S^{zo}S^{oz})^{-1}$，$F^{o} = (I - S^{oz}S^{zo})^{-1}$。$M$ 表示区域内的关联效应，S 和 F 分别表示区域间溢出和反馈效应。定义 $\begin{pmatrix} M^{z} & 0 \\ 0 & M^{o} \end{pmatrix}$ 为区域内关联矩阵，$\begin{pmatrix} F^{z} & F^{z}S^{zo} \\ F^{o}S^{oz} & F^{o} \end{pmatrix}$ 为区域间乘数矩阵。其中，$F^{z}S^{zo}$ 和 $F^{o}S^{oz}$ 是区域间溢出乘数，$F^{z}S^{zo}$ 是由非郑州的最终需求所引发的从郑州到非郑州的溢出效

应所增加的总产出，F^z 和 F^o 是区域间反馈乘数。$\begin{pmatrix} F^z M^z & F^z S^{zo} M^o \\ F^o S^{oz} M^z & F^o M^o \end{pmatrix}$ 是两区域的区域间

模型里昂惕夫逆矩阵的另一种表述，$\begin{pmatrix} F^z M^z Y_h^z + F^z S^{zo} M^o Y_h^o \\ F^o M^o Y_h^o + F^o S^{oz} M^z Y_h^z \end{pmatrix}$ 给出了乘数分解后分别由 Y_h^z

和 Y_h^o 诱发的产出诱发效应。

7.1.3　非调查方法建立城市和两区域间的投入产出模型

利用河南省 2017 年的投入产出表来构建郑州市的投入产出表，基本思路是利用省表的技术投入系数，结合产业区位熵，估算郑州市表的技术投入系数。具体表达式是：

$$a_{ij}^r = a_{ij}^p a_{ij} \tag{7-10}$$

其中，a_{ij}^r 是市表的技术投入系数，a_{ij}^p 是省表的技术投入系数，a_{ij} 是调整系数；i、j 代表行业部门。

一般来说，利用区位熵推算投入产出表的方法主要有两种：一种是利用简单的区位商方法（SLQ），第二种是利用跨部门的区位商方法（CILQ）。[①]

（1）简单区位商（SLQ）

令 x_i^r 和 x^r 分别表示地市 r 中部门 i 的就业以及地市 r 中所有部门的就业人数，令 x_i^p 和 x^p 分别表示省级水平上部门 i 的就业和所有部门的就业人数。则地市 r 部门的简单区位商（SLQ）定义为：

$$SLQ_i^r = \left(\frac{x_i^r / x^r}{x_i^p / x^p} \right) \tag{7-11}$$

计算区位商的数据除了就业外，还可以是收入、GDP、产出指标等。具体利用哪类数据主要是根据数据的获得情况来定。在公式（7-11）中的分子表示在地市 r 的产出中，部门 i 所贡献的比例，分母表示整个省级范围内，省份的总产出中部门 i 贡献的比例。

简单区位商被用来衡量某地区内部门 i 满足该地区其他部门对部门 i 的需求的能力，方式如下。如果部门 i 在该地区的集中化小于全省（$SLQ_i^r < 1$），则认为该部门满足本地区内其他部门对其产出需求的能力差一些，从而该地区的直接消耗系数 a_{ij} 通过减少全省的直接消耗系数而得到，得到的方法是用区位商乘以省级直接消耗系数 a_{ij}^p。如果部门 i 在该地区比在全省更加集中化，则假定部门 i 在省级范围的直接消耗系数 a_{ij}^p 适用于该地区，而部门 i 在该地区的生产的"剩余"将被调出到该省其他地区。因此，地区表的每一行 i 被估计为：

$$a_{ij}^{rr} = \begin{cases} (SLQ_i^r) a_{ij}^p & \text{当} SLQ_i^r < 1 \text{时} \\ a_{ij}^p & \text{当} SLQ_i^r \geqslant 1 \text{时} \end{cases} \tag{7-12}$$

如果某个省的部门在地区中没有（$SLQ_i^r = 0$），则对应的行和列从系数矩阵 A^p 中被删除。

（2）跨部门的区位商（CILQ）

这种方法允许在省级矩阵给定行内进行不同的调整，即允许 A 中每个元素的不同调

[①] 还有一种方法是 FLQ 方法，该方法属于扩展的 CILQ 方法，即考虑跨部门的区位商，又考虑区域的产业规模。具体是：$FLQ_{ij} = CILQ_{ij} \times \lambda$，其中，$\lambda = [\log_2 (1 + E_{\text{市}}/E_{\text{省}})]^\sigma$。本方法比较复杂。

整，而不是每一行的统一调整。我们关心的不仅在于卖出部门 i，而且在于购买部门 j 在地区和在国家的相对重要性。具体的有，

$$CILQ_{ij}^{r} = \left(\frac{x_i^r / x_i^p}{x_j^r / x_j^p} \right) \tag{7-13}$$

于是：

$$a_{ij}^{rr} = \begin{cases} (CILQ_i^r)a_{ij}^p & \text{当} CILQ_i^r < 1 \text{时} \\ a_{ij}^p & \text{当} CILQ_i^r \geqslant 1 \text{时} \end{cases} \tag{7-14}$$

其思想是，如果部门 i 的区域产出相对于省级产出的比大于部门 j 区域产出相对于省级产出的比，则 j 对投入 i 的所有需求可由区域内供给。类似的，如果部门 i 在地区水平上相对于部门 j 在地区水平上要小（$CILQ_{ij}^r < 1$），则假定部门 j 对投入 i 的部分需求需要靠进口满足。注意到 $CILQ_{ij}^r = SLQ_i^r / SLQ_j^r$，并且 $CILQ_{ii}^r = 1$（沿主对角线，$i = j$），因此这种方法对对角线系数没有调整。通常，对角元素用相应的 SLQ_i^r 而不是 $CILQ_{ii}^r$ 来调整。更完整的有：

$$a_{ij}^{rr} = \begin{cases} (CILQ_i^r)a_{ij}^p & \text{当} CILQ_i^r < 1 \text{时} \\ a_{ij}^p & \text{当} CILQ_i^r \geqslant 1 \text{时} \end{cases} \bigg\} \text{对于} i \neq j \tag{7-15}$$

$$a_{ij}^{rr} = \begin{cases} (SLQ_i^r)a_{ij}^p & \text{当} SLQ_i^r < 1 \text{时} \\ a_{ij}^p & \text{当} SLQ_i^r \geqslant 1 \text{时} \end{cases} \bigg\} \text{对于} i = j \tag{7-16}$$

我们用 SLQ 方法构建郑州和非郑州的区域投入产出表，用 SLQ 和 CILQ 方法构建"郑州–非郑州"两区域间的投入产出表。

7.2　数　据

我们利用的数据来自河南省统计局提供的 2017 年河南省投入产出 42 个部门基本流量表。河南投入产出表有 42 个行业，其中制造业（第二产业）26 个、服务业（第三产业）15 个，表 7-2 显示行业分类。河南投入产出表中的最终需求部分包括：城镇居民消费支出和农村居民消费支出、政府消费支出、资本形成、出口、调出外省市、进口和从外省市调入。

河南投入产出表行业分类　　　　　　　　　　　　　　表 7-2

行业	
农林牧渔产品和服务	其他制造产品和废品废料
煤炭采选产品	金属制品、机械和设备修理服务
石油和天然气开采产品	电力、热力的生产和供应
金属矿采选产品	燃气生产和供应
非金属矿和其他矿采选产品	水的生产和供应
食品和烟草	建筑
纺织品	批发和零售
纺织服装鞋帽皮革羽绒及其制品	交通运输、仓储和邮政

行业	
木材加工品和家具	住宿和餐饮
造纸印刷和文教体育用品	信息传输、软件和信息技术服务
石油、炼焦产品和核燃料加工品	金融
化学产品	房地产
非金属矿物制品	租赁和商务服务
金属冶炼和压延加工品	研究和试验发展
金属制品	综合技术服务
通用设备	水利、环境和公共设施管理
专用设备	居民服务、修理和其他服务
交通运输设备	教育
电气机械和器材	卫生和社会工作
通信设备、计算机和其他电子设备	文化、体育和娱乐
仪器仪表	公共管理、社会保障和社会组织

获得郑州市投入产出表，需要河南省和郑州市的就业数据，我们收集了河南省分产业（42个产业）的就业人数和郑州市就业人数。其中，第一和第三产业的就业数据来源于河南省统计年鉴，第二产业就业数据来源于2018年河南省经济普查数据。

7.3 郑州投入产出模型

7.3.1 郑州模型估计

分别利用简单区位商和跨部门区位商测算郑州市42个行业的投入产出计算系数，然后获得郑州市的里昂惕夫逆矩阵（完全消耗系数），进而计算出最终需求（产出、劳动者报酬——收入、生产税净额——税收和GDP）乘数和产出驱动（产出、劳动者报酬——收入、生产税净额——税收和GDP）乘数（表7-3、表7-4）。

郑州市最终需求乘数和产出驱动乘数（SLQ法） 表7-3

SLQ法	最终需求乘数（开放模型）				产出驱动乘数（开放模型）			
	产出乘数	收入乘数	税净额乘数	增加值乘数	产出乘数	收入乘数	税净额乘数	增加值乘数
农林牧渔产品和服务	1.71	0.37	0.00	0.38	1.60	0.35	0.00	0.36
煤炭采选产品	3.16	1.00	0.64	2.38	2.52	0.79	0.51	1.90
石油和天然气开采产品	2.55	0.23	0.52	1.27	2.49	0.23	0.51	1.23
金属矿采选产品	1.54	0.05	0.05	0.16	1.49	0.05	0.05	0.15
非金属矿和其他矿采选产品	1.34	0.15	0.05	0.25	1.32	0.15	0.05	0.24
食品和烟草	2.19	0.09	0.06	0.32	1.69	0.07	0.04	0.25
纺织品	1.23	0.02	0.00	0.04	1.13	0.02	0.00	0.03

续表

SLQ 法	最终需求乘数（开放模型）				产出驱动乘数（开放模型）			
	产出乘数	收入乘数	税净额乘数	增加值乘数	产出乘数	收入乘数	税净额乘数	增加值乘数
纺织服装鞋帽皮革羽绒及其制品	1.19	0.03	0.00	0.09	1.10	0.03	0.00	0.09
木材加工品和家具	1.27	0.03	0.01	0.10	1.12	0.02	0.01	0.08
造纸印刷和文教体育用品	2.69	0.15	0.03	0.50	2.01	0.11	0.02	0.37
石油、炼焦产品和核燃料加工品	1.45	0.02	0.04	0.11	1.42	0.02	0.04	0.11
化学产品	5.20	0.18	0.05	0.77	3.50	0.12	0.03	0.52
非金属矿物制品	2.50	0.27	0.07	1.13	1.93	0.21	0.05	0.87
金属冶炼和压延加工品	6.52	0.40	0.19	1.50	4.71	0.29	0.13	1.09
金属制品	2.66	0.15	0.10	0.44	2.23	0.12	0.08	0.37
通用设备	2.91	0.20	0.03	0.60	2.13	0.14	0.03	0.44
专用设备	1.89	0.25	0.04	0.68	1.60	0.21	0.03	0.57
交通运输设备	3.01	0.37	0.06	1.06	1.94	0.24	0.04	0.69
电气机械和器材	3.11	0.22	0.06	0.79	2.41	0.17	0.04	0.61
通信设备、计算机和其他电子设备	5.12	2.69	0.10	3.83	2.09	1.10	0.04	1.57
仪器仪表	1.47	0.19	0.03	0.55	1.24	0.16	0.02	0.47
其他制造产品和废品废料	1.34	0.07	0.03	0.22	1.29	0.07	0.02	0.21
金属制品、机械和设备修理服务	1.89	0.92	0.06	0.76	1.77	0.87	0.06	0.72
电力、热力的生产和供应	2.76	0.15	0.03	0.32	2.32	0.13	0.02	0.27
燃气生产和供应	1.73	0.20	0.02	0.63	1.47	0.17	0.02	0.53
水的生产和供应	1.20	0.31	0.05	0.62	1.20	0.31	0.05	0.62
建筑	1.33	0.17	0.05	0.30	1.29	0.16	0.05	0.29
批发和零售	3.96	2.02	1.00	4.71	3.79	1.94	0.96	4.51
交通运输、仓储和邮政	2.72	0.65	0.04	1.11	2.34	0.56	0.04	0.96
住宿和餐饮	1.61	0.64	0.03	0.87	1.60	0.64	0.03	0.86
信息传输、软件和信息技术服务	1.35	0.26	0.09	1.13	1.18	0.23	0.08	0.99
金融	4.19	2.01	0.76	5.25	3.75	1.80	0.68	4.70
房地产	2.11	0.62	0.82	2.43	1.99	0.58	0.77	2.29
租赁和商务服务	4.32	7.48	0.80	9.17	3.98	6.88	0.74	8.43
研究和试验发展	1.00	0.42	0.05	1.84	1.00	0.42	0.05	1.83
综合技术服务	1.45	1.32	0.19	2.80	1.33	1.21	0.18	2.56

SLQ 法	最终需求乘数（开放模型）				产出驱动乘数（开放模型）			
	产出乘数	收入乘数	税净额乘数	增加值乘数	产出乘数	收入乘数	税净额乘数	增加值乘数
水利、环境和公共设施管理	1.10	1.68	0.26	3.56	1.07	1.64	0.25	3.47
居民服务、修理和其他服务	1.44	0.23	0.01	0.32	1.40	0.22	0.01	0.31
教育	1.18	0.44	0.00	0.59	1.11	0.41	0.00	0.55
卫生和社会工作	1.03	0.64	0.01	0.78	1.02	0.64	0.01	0.77
文化、体育和娱乐	1.17	1.57	0.17	2.61	1.12	1.50	0.17	2.50
公共管理、社会保障和社会组织	1.08	0.75	0.00	0.82	1.04	0.72	0.00	0.79

郑州市最终需求乘数和产出驱动乘数（CILQ 法）　　表 7-4

CILQ 法	最终需求乘数（开放模型）				产出驱动乘数（开放模型）			
	产出乘数	收入乘数	税净额乘数	增加值乘数	产出乘数	收入乘数	税净额乘数	增加值乘数
农林牧渔产品和服务	2.03	0.45	0.00	0.46	1.89	0.42	0.00	0.43
煤炭采选产品	2.97	0.94	0.60	2.24	2.38	0.75	0.48	1.79
石油和天然气开采产品	2.17	0.20	0.45	1.08	2.12	0.19	0.44	1.05
金属矿采选产品	1.29	0.04	0.04	0.13	1.25	0.04	0.04	0.13
非金属矿和其他矿采选产品	1.30	0.14	0.04	0.24	1.27	0.14	0.04	0.23
食品和烟草	2.10	0.09	0.05	0.31	1.61	0.07	0.04	0.24
纺织品	1.34	0.02	0.00	0.04	1.23	0.02	0.00	0.04
纺织服装鞋帽皮革羽绒及其制品	1.17	0.03	0.00	0.09	1.08	0.03	0.00	0.08
木材加工品和家具	1.27	0.03	0.01	0.10	1.12	0.02	0.01	0.08
造纸印刷和文教体育用品	2.09	0.12	0.02	0.39	1.57	0.09	0.02	0.29
石油、炼焦产品和核燃料加工品	1.45	0.02	0.04	0.11	1.42	0.02	0.04	0.11
化学产品	4.46	0.15	0.04	0.66	3.00	0.10	0.03	0.45
非金属矿物制品	2.23	0.25	0.06	1.01	1.74	0.19	0.05	0.79
金属冶炼和压延加工品	5.32	0.33	0.15	1.22	3.89	0.24	0.11	0.90
金属制品	2.09	0.11	0.08	0.34	1.76	0.10	0.07	0.29
通用设备	2.22	0.15	0.03	0.46	1.65	0.11	0.02	0.34
专用设备	1.75	0.23	0.04	0.63	1.48	0.19	0.03	0.53
交通运输设备	2.75	0.34	0.05	0.97	1.79	0.22	0.03	0.63

CILQ 法	最终需求乘数（开放模型）				产出驱动乘数（开放模型）			
	产出乘数	收入乘数	税净额乘数	增加值乘数	产出乘数	收入乘数	税净额乘数	增加值乘数
电气机械和器材	2.43	0.17	0.04	0.62	1.92	0.14	0.03	0.49
通信设备、计算机和其他电子设备	4.81	2.53	0.09	3.60	2.01	1.06	0.04	1.50
仪器仪表	1.35	0.17	0.02	0.51	1.14	0.14	0.02	0.43
其他制造产品和废品废料	1.21	0.07	0.02	0.19	1.17	0.06	0.02	0.19
金属制品、机械和设备修理服务	1.69	0.83	0.06	0.69	1.60	0.78	0.05	0.65
电力、热力的生产和供应	2.41	0.13	0.02	0.28	2.05	0.11	0.02	0.24
燃气生产和供应	1.64	0.19	0.02	0.60	1.39	0.16	0.02	0.51
水的生产和供应	1.15	0.30	0.05	0.59	1.15	0.30	0.05	0.59
建筑	1.19	0.15	0.05	0.27	1.16	0.15	0.05	0.26
批发和零售	3.35	1.71	0.84	3.98	3.23	1.65	0.81	3.84
交通运输、仓储和邮政	2.11	0.51	0.03	0.86	1.83	0.44	0.03	0.75
住宿和餐饮	1.40	0.56	0.03	0.76	1.39	0.55	0.03	0.75
信息传输、软件和信息技术服务	1.29	0.25	0.08	1.08	1.13	0.22	0.07	0.94
金融	3.68	1.76	0.66	4.60	3.34	1.60	0.60	4.19
房地产	1.88	0.55	0.73	2.17	1.78	0.52	0.69	2.06
租赁和商务服务	3.86	6.67	0.72	8.18	3.60	6.23	0.67	7.63
研究和试验发展	1.00	0.42	0.05	1.84	1.00	0.42	0.05	1.83
综合技术服务	1.40	1.28	0.19	2.70	1.29	1.17	0.17	2.48
水利、环境和公共设施管理	1.09	1.68	0.26	3.55	1.07	1.64	0.25	3.47
居民服务、修理和其他服务	1.27	0.20	0.01	0.28	1.23	0.20	0.01	0.28
教育	1.13	0.42	0.00	0.56	1.07	0.40	0.00	0.53

从最终需求乘数来看，以用 SLQ 法得到的结果为例，如表 7-3 所示。第二产业在产出方面受最终需求的影响相对比较大，第三产业在收入、税收和 GDP 方面受最终需求的影响相对比较大。比如，

产出乘数最大的 10 个行业中，第二产业占了 7 个，第三产业占了 3 个；10 个最小的行业中，第二产业占了 4 个，第三产业占了 5 个。

收入乘数最大的 10 个行业中，3 个属于第二产业，7 个属于服务业；最小的 10 个行业中，9 个属于第二产业。

税收乘数最大的 10 个行业中，第二产业占了 3 个，第三产业占了 7 个；同时，最小的 10 个行业中，第二产业占了 6 个，第三产业占了 3 个。

GDP 乘数最大的 10 个行业中，2 个属于第二产业；10 个最小的行业中，9 个属于第

三产业。

从产出驱动乘数来看，第二产业和第三产业的表现和最终需求乘数基本一致，但也有一些变化。

10 个最大的产出乘数中，7 个是第二产业，3 个是第三产业；10 个最小的产出乘数中，3 个是第二产业，6 个是第三产业。

10 个最大的收入乘数中，3 个是第二产业，7 个是第三产业；10 个最小的收入乘数中，全都是第二产业。

10 个最大的税收乘数中，3 个是第二产业，7 个是第三产业；10 个最小的税收乘数中，5 个是第二产业，4 个是第三产业。

10 个最大的 GDP 乘数中，2 个是第二产业，8 个是第三产业；10 个最小的 GDP 乘数中，全都是第二产业。

第二产业的重要性主要通过最终需求产出乘数和产出驱动产出乘数表现，第二产业对郑州市的产出带动能力还是很重要的。第三产业主要通过最终需求和产出驱动的收入乘数、税收乘数和增加值乘数对郑州经济活动产生主要影响，从就业人口的第三产业比重大于第二产业可以部分说明上述情况的原因。

采用 CILQ 法得到的郑州市最终需求乘数和产出驱动乘数如表 7-4 所示。该方法计算出来的乘数按大小得到的行业排名基本与表 7-3 一致。不同之处在于，最终需求产出乘数和产业驱动产出乘数方面，产出乘数的后 10 名基本都在第三产业中。

为验证郑州市利用非调查方法推算的城市投入产出表结果的可信度，我们将郑州表与河南省的表进行对比。表 7-5 为河南省 42 个行业的最终需求乘数和产出驱动乘数。总体来看，产出乘数上，河南省都表现出第二产业数值比较大，第三产业数值比较小的特征。收入乘数上，河南省作为农业大省，第一产业的收入乘数比较大（是 42 个行业中最大的）。税收乘数上，河南省整体的第二产业的数值较大，第三产业的较小（与郑州相反）。对比发现，郑州表和河南表的差别反映了郑州市和河南省之间的差别，说明估算的郑州市城市投入产出分析具有一定的可靠性和可信度。

河南省最终需求乘数和产出驱动乘数　　　　表 7-5

	最终需求乘数（开放模型）				产出驱动乘数（开放模型）			
	产出乘数	收入乘数	税净额乘数	增加值乘数	产出乘数	收入乘数	税净额乘数	增加值乘数
农林牧渔产品和服务	4.14	2.31	0.01	2.36	3.43	1.91	0.00	1.96
煤炭采选产品	4.93	0.87	0.56	2.08	3.81	0.67	0.43	1.61
石油和天然气开采产品	3.55	0.40	0.91	2.18	3.40	0.38	0.87	2.09
金属矿采选产品	3.27	0.35	0.35	1.15	2.93	0.32	0.32	1.03
非金属矿和其他矿采选产品	1.94	0.43	0.13	0.71	1.86	0.41	0.13	0.68
食品和烟草	3.38	0.19	0.12	0.68	2.26	0.13	0.08	0.45
纺织品	3.40	0.26	0.05	0.53	1.91	0.14	0.03	0.30
纺织服装鞋帽皮革羽绒及其制品	1.59	0.10	0.01	0.30	1.31	0.08	0.01	0.25

续表

	最终需求乘数（开放模型）				产出驱动乘数（开放模型）			
	产出乘数	收入乘数	税净额乘数	增加值乘数	产出乘数	收入乘数	税净额乘数	增加值乘数
木材加工品和家具	2.09	0.13	0.03	0.43	1.43	0.09	0.02	0.29
造纸印刷和文教体育用品	3.32	0.21	0.04	0.68	2.37	0.15	0.03	0.48
石油、炼焦产品和核燃料加工品	3.11	0.15	0.29	0.79	2.86	0.14	0.27	0.73
化学产品	9.56	0.43	0.11	1.84	5.34	0.24	0.06	1.03
非金属矿物制品	2.79	0.15	0.04	0.63	2.14	0.12	0.03	0.48
金属冶炼和压延加工品	7.53	0.29	0.13	1.07	5.22	0.20	0.09	0.74
金属制品	3.09	0.16	0.11	0.48	2.54	0.13	0.09	0.39
通用设备	3.31	0.21	0.04	0.65	2.40	0.15	0.03	0.47
专用设备	2.12	0.14	0.02	0.39	1.78	0.12	0.02	0.32
交通运输设备	3.33	0.18	0.03	0.52	2.14	0.12	0.02	0.34
电气机械和器材	3.75	0.18	0.05	0.63	2.87	0.14	0.03	0.48
通信设备、计算机和其他电子设备	5.46	0.42	0.02	0.60	2.23	0.17	0.01	0.24
仪器仪表	1.52	0.13	0.02	0.38	1.28	0.11	0.02	0.32
其他制造产品和废品废料	2.16	0.33	0.11	0.97	1.95	0.30	0.10	0.88
金属制品、机械和设备修理服务	2.31	0.73	0.05	0.60	2.15	0.68	0.04	0.56
电力、热力的生产和供应	6.61	0.75	0.14	1.57	4.42	0.50	0.09	1.05
燃气生产和供应	1.84	0.13	0.02	0.40	1.55	0.11	0.01	0.34
水的生产和供应	1.26	0.24	0.04	0.48	1.26	0.24	0.04	0.48
建筑	1.43	0.20	0.06	0.35	1.38	0.19	0.06	0.34
批发和零售	5.05	1.48	0.73	3.45	4.81	1.41	0.70	3.28
交通运输、仓储和邮政	3.34	0.82	0.05	1.40	2.85	0.70	0.05	1.19
住宿和餐饮	1.75	0.55	0.03	0.74	1.73	0.54	0.03	0.73
信息传输、软件和信息技术服务	1.40	0.20	0.06	0.83	1.23	0.17	0.06	0.73
金融	5.40	1.00	0.37	2.60	4.77	0.88	0.33	2.30
房地产	2.36	0.31	0.42	1.23	2.22	0.29	0.39	1.15
租赁和商务服务	5.22	2.67	0.29	3.27	4.76	2.43	0.26	2.98
研究和试验发展	1.00	0.11	0.01	0.49	1.00	0.11	0.01	0.49
综合技术服务	1.55	0.37	0.05	0.79	1.42	0.34	0.05	0.72

	最终需求乘数（开放模型）				产出驱动乘数（开放模型）			
	产出乘数	收入乘数	税净额乘数	增加值乘数	产出乘数	收入乘数	税净额乘数	增加值乘数
水利、环境和公共设施管理	1.15	0.32	0.05	0.67	1.12	0.31	0.05	0.65
居民服务、修理和其他服务	1.91	0.51	0.03	0.72	1.82	0.49	0.03	0.68
教育	1.21	0.36	0.00	0.48	1.14	0.34	0.00	0.46
卫生和社会工作	1.04	0.37	0.01	0.44	1.03	0.36	0.01	0.44
文化、体育和娱乐	1.20	0.47	0.05	0.79	1.15	0.45	0.05	0.75
公共管理、社会保障和社会组织	1.10	0.59	0.00	0.64	1.06	0.57	0.00	0.61

7.3.2 模型应用——城市增长的经济分析

从消费者的角度分析郑州市城市（规模）及其增长带来的经济影响，是基于以下逻辑：城市人口的增加意味着城市消费的增加（丁成日等，2016）。城市居民消费分为日常消费和耐用品消费。由于数据的原因，这里的分析仅限于居民日常消费的经济影响评价。

图 7-1 是城市人口（及其增长）对经济影响的逻辑分析框架。根据图 7-1，分析城市人口及其增长对经济影响的关键是居民消费水平与产业之间的对接。首先，我们利用 2015 年西南财经大学的《中国家庭金融调查数据》家庭支出项与投入产出表的产业对接。我们根据支出消费的名目尽可能地与行业对接，使得居民日常消费的经济影响评价比较准确。表 7-6 显示我们的对接结果，具体地，我们将居民日常消费汇总到 17 个行业，其他行业的最终需要不受城市居民的影响。表 7-6 的对接可能有误差，比如批发和零售行业应该与城市人口相关，但是从家庭居民金融调查支出项我们无法判断哪些居民消费部分应该归属于批发和零售行业。我们认为，这个误差不影响我们分析结果的整体可靠性，因为批发和零售需求的缺失可能通过其他行业，比如烟酒行业的需求增加抵消了。

日常消费支出对应的行业分类　　　　　　　　　　　表 7-6

日常消费支出	行业
伙食费（月）	食品和烟草
其中：在外就餐（月）	住宿和餐饮
消费自家农产品（月）	农林牧渔产品和服务
水、电、燃料、物业管理费（月）	水的生产和供应
日常用品支出（月）	化学产品
家政服务支出（月）	居民服务、修理和其他服务
本地交通（月）	交通运输、仓储和邮政
文化娱乐总支出（月）	文化、体育和娱乐
衣物（年）	纺织服装鞋帽皮革羽绒及其制品
住房装修、维修和扩建（年）	建筑

续表

日常消费支出	行业
暖气费（年）	电力、热力生产和供应
家用电器等耐用消费品（年）	电气机械和器材
奢侈品（年）	纺织服装鞋帽皮革羽绒及其制品
教育培训（年）	教育
其中：子女教育（年）	教育
择校费（年）	教育
购买交通工具（年）	交通运输设备
旅游支出（年）	住宿和餐饮
医疗保健（年）	卫生和社会工作

然后，我们整理出河南省城区和农村居民支出调查数据。我们区分城市和农村居民支出消费数据是因为郑州市人口包括城乡人口两大类别。这样我们可以分析测度城市人口规模和人口增长的经济影响。人口规模的经济影响需要首先分别估计城市居民和农村居民对最终需求的影响。家庭支出是以家庭为单位的，由于城乡家庭有不同的家庭规模，我们需要城乡家庭平均人口数来估计城乡人均消费水平。从 2015 年《中国家庭金融调查数据》提取出郑州市城市家庭平均人口数为 3.07，农村为 3.7。这里需要注意的是，当某种消费支出对应多个行业时，我们将其进行平均化处理，也就是说令对应

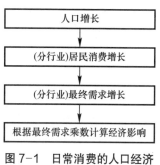

图 7-1 日常消费的人口经济影响

的行业平分该项消费支出；最后将同行业数据进行合并，得到最终的分行业居民消费人口边际效应，如表 7-7 所示。郑州市人口增长对经济分析的影响主要通过这 17 个行业进行分析。

分行业城乡居民日常消费水平　　　　　　　　　　表 7-7

行业名称	人均消费量 / 元	
	城市	农村
农林牧渔产品和服务	9868.49	7385.14
食品和烟草	4219.73	766.39
纺织服装鞋帽皮革羽绒及其制品	1749.79	1014.62
化学产品	886.89	380.43
交通运输设备	837.06	1563.30
电气机械和器材	872.93	494.90
通信设备、计算机和其他电子设备	872.93	494.90
电力、热力的生产和供应	988.50	358.28
燃气生产和供应	336.34	189.97
水的生产和供应	336.34	189.97

续表

行业名称	人均消费量 / 元	
	城市	农村
建筑	8382.74	9598.78
交通运输、仓储和邮政	1836.38	737.80
住宿和餐饮	3808.08	1883.24
居民服务、修理和其他服务	2505.64	483.29
教育	6950.99	2102.47
卫生和社会工作	2633.52	2218.30
文化、体育和娱乐	1139.13	751.79

根据郑州市统计局公布的数据，2019 年郑州市常住人口为 1035.2 万人，其中城市人口 772.1 万人，农村人口 263.1 万人。通过结合表 7-7 城乡居民日常消费的人均水平，我们可以分别计算得出郑州市 2019 年城市和农村人口的最终消费额，进而可以得到郑州市总人口日常消费的经济影响，如表 7-8 所示。城市人口和农村人口居民日常消费总额分别为 3723.49 亿元和 805.44 亿元。城乡居民日常消费对产出的影响分别为 6505.88 亿元和 1365.06 亿元，对收入的经济影响分别为 1514.32 亿元和 317.01 亿元，对税收的影响分别为 110.69 亿元和 26.71 亿元，对增加值的影响为 2271.87 亿元和 478.28 亿元。

郑州市城乡总人口日常消费的经济影响　/亿元　　　表 7-8

	城市					农村				
	居民消费	总产出	总收入	总税净额	总增加值	居民消费	总产出	总收入	总税净额	总增加值
农林牧渔产品和服务	761.95	1300.97	285.32	0.71	292.26	194.30	331.76	72.76	0.18	74.53
食品和烟草	325.81	714.61	30.10	18.29	104.88	20.16	44.23	1.86	1.13	6.49
纺织服装鞋帽皮革羽绒及其制品	135.10	160.40	4.18	0.44	12.58	26.69	31.69	0.83	0.09	2.49
化学产品	68.48	356.35	12.30	3.11	52.86	10.01	52.09	1.80	0.45	7.73
交通运输设备	64.63	194.56	24.18	3.62	68.59	41.13	123.82	15.39	2.30	43.65
电气机械和器材	67.40	209.29	15.03	3.81	53.25	13.02	40.43	2.90	0.74	10.29
通信设备、计算机和其他电子设备	67.40	344.83	181.46	6.77	258.32	13.02	66.62	35.06	1.31	49.90
电力、热力的生产和供应	76.32	210.47	11.66	2.14	24.45	9.43	26.00	1.44	0.26	3.02
燃气生产和供应	25.97	44.96	5.11	0.65	16.35	5.00	8.65	0.98	0.12	3.15
水的生产和供应	25.97	31.23	8.08	1.24	16.16	5.00	6.01	1.56	0.24	3.11
建筑	647.23	857.68	108.79	33.56	194.04	252.54	334.66	42.45	13.09	75.71
交通运输、仓储和邮政	141.79	385.55	92.76	5.98	157.15	19.41	52.78	12.70	0.82	21.52
住宿和餐饮	294.02	474.16	188.81	8.77	256.09	49.55	79.91	31.82	1.48	43.16

	城市					农村				
	居民消费	总产出	总收入	总税净额	总增加值	居民消费	总产出	总收入	总税净额	总增加值
居民服务、修理和其他服务	193.46	278.00	44.39	2.49	62.28	12.72	18.27	2.92	0.16	4.09
教育	536.69	631.01	233.68	1.09	314.95	55.32	65.04	24.08	0.11	32.46
卫生和社会工作	203.33	209.01	130.27	2.68	157.85	58.36	59.99	37.39	0.77	45.31
文化、体育和娱乐	87.95	102.80	138.20	15.32	229.83	19.78	23.12	31.08	3.44	51.69
合计	3723.49	6505.88	1514.32	110.69	2271.87	805.44	1365.06	317.01	26.71	478.28

　　根据郑州市人民政府印发的《郑州市建设国家中心城市行动纲要（2017~2035）》的发展目标，2020~2035 年间人口增长量为 250 万。根据表 7-9 估计的城市居民日常消费人均水平，可以推算出分行业的居民消费增长量，进而推算出 2020~2035 年人口增长的经济影响。

2020~2035 年 250 万人口增量的经济影响　/亿元　　　　表 7-9

	居民消费增长量	产出增长量	收入增长量	税净额增长量	增加值增长量
农林牧渔产品和服务	246.71	421.24	92.38	0.23	94.63
食品和烟草	105.49	231.38	9.75	5.92	33.96
纺织服装鞋帽皮革羽绒及其制品	43.74	51.94	1.35	0.14	4.07
化学产品	22.17	115.38	3.98	1.01	17.12
交通运输设备	20.93	63.00	7.83	1.17	22.21
电气机械和器材	21.82	67.76	4.87	1.23	17.24
通信设备、计算机和其他电子设备	21.82	111.65	58.75	2.19	83.64
电力、热力的生产和供应	24.71	68.15	3.78	0.69	7.92
燃气生产和供应	8.41	14.56	1.66	0.21	5.29
水的生产和供应	8.41	10.11	2.62	0.40	5.23
建筑	209.57	277.71	35.23	10.87	62.83
交通运输、仓储和邮政	45.91	124.84	30.04	1.94	50.89
住宿和餐饮	95.20	153.53	61.13	2.84	82.92
居民服务、修理和其他服务	62.64	90.02	14.37	0.81	20.17
教育	173.77	204.32	75.66	0.35	101.98
卫生和社会工作	65.84	67.68	42.18	0.87	51.11
文化、体育和娱乐	28.48	33.29	44.75	4.96	74.42
合计	1205.64	2106.55	490.33	35.84	735.61

　　假设郑州城市人口未来增长 250 万（10 年左右）。我们利用 SLQ 的乘数来推算 250 万人口增长带来的经济影响。250 万人口增加通过居民消费产生的经济影响在各个行业上的表现是不同的。根据计算，总产出增量为 2106.55 亿元、收入增量为 490.33 亿元、税收增量为 35.84 亿元、GDP 增量为 735.61 亿元。对产出影响最大的五个行业是：农林牧渔产

品和服务；建筑；食品和烟草；教育；住宿和餐饮。对收入影响最大的五个行业是：农林牧渔产品和服务；教育；住宿和餐饮；通信设备、计算机和其他电子设备；文化、体育和娱乐。对税收影响最大的五个行业是：建筑；食品和烟草；文化、体育和娱乐；住宿和餐饮；通信设备、计算机和其他电子设备。对 GDP 影响最大的五个产业是：教育；农林牧渔产品和服务；通信设备、计算机和其他电子设备；住宿和餐饮；文化、体育和娱乐。

需要指出的是，上述估算的人口增加所产生的经济影响只考虑了人口总量，而没有考虑人口结构（年龄、性别）、收入、价格、消费观的改变等因素的影响，考虑这些变量需要充分的数据和模型的支持。此外，我们的估计仅是日常消费，没有包括城市人口规模和增长对住房、汽车等耐用品需求的增长带来的经济影响。这是研究的局限性，但是如果有数据支持，本研究方法可以比较全面地估算城市人口规模和增长（城市化）带来的经济影响。

7.3.3 模型应用——航空港发展战略的经济影响分析

郑州航空港发展战略是郑州市的重大决策战略，其目标是建设成为国际航空物流中心、现代航空都市、内陆地区对外开放的重要门户、中原经济区核心增长极和以航空经济为引领的现代产业基地。根据国家发展改革委印发的《郑州航空港经济综合试验区发展规划（2013-2025）》的发展目标，到 2025 年，航空货运吞吐量达到 300 万吨左右，与航空关联的高端制造业主要业务收入超过 10000 亿元，进出口总额达到 2000 亿美元（约合人民币 13400 亿元）。

郑州航空港发展战略的经济影响从三个方面来评价：① 航空货运吞吐量的发展带动交通运输、仓储和邮政行业的发展所产生的经济影响；② 航空关联的高端制造业发展产生的经济影响；③ 进出口总额扩大产生的经济影响。

（1）航空货邮吞吐量发展产生的经济影响

2018 年郑州市航空货运吞吐量为 51.5 万 t，河南省航空货邮吞吐量为 51.7 万 t，郑州航空货邮吞吐量占到全省的 99.6%。根据发展目标，到 2025 年航空货运吞吐量达到 300 万 t，是 2018 年的 6 倍左右。另一方面，根据 2017 年河南省 42 部门投入产出表，航空运输的总产出是 108 亿元，因此可以推算出，根据发展目标，2025 年郑州的航空运输总产出增量为 537.84 亿元。根据前面计算的产出驱动的产出乘数，得到航空货邮吞吐量发展产生的经济影响，它们是：总产出影响为 1019.6 亿元，收入影响为 290.5 亿元，税收影响为 52.4 亿元，GDP 影响为 542.3 亿元。

（2）航空关联的高端制造业发展产生的经济影响

根据发展规划，航空关联的高端制造业包括航空设备制造及维修、电子信息、生物医药等行业，对应 42 部门投入产出表中的行业分别是交通运输设备、通信设备计算机和其他电子设备、化学工业。10000 亿元的产值按照等比例分配到上述三个行业中，再根据产出驱动的产出乘数，得到航空关联的高端制造业发展产生的经济影响，分别是总产出影响为 17937 亿元，收入影响为 4608.8 亿元，税收影响为 757.8 亿元，GDP 影响为 8749.5 亿元

（3）进出口总额扩大产生的经济影响

2018 年，郑州市进出口总额为 4105 亿元，其中，出口 2577 亿，占到进出口总额的 62.8%。郑州航空港经济综合实验区的外贸进出口总额在全市占比 88.7%，即大约 3641 亿

元。根据郑州航空港的发展目标，2025 年进出口额达到 2000 亿美元，约 13400 亿元人民币。这意味着 2025 年郑州航空港区的进出口总额增量约为 10000 亿元，按照 62.8% 的出口比重，郑州航空港区的出口额增量为 6280 亿元。假设 6280 亿出口额增量来自于通信设备、计算机和其他电子设备行业，根据最终需求乘数计算，进出口总额扩大产生的经济影响为：总产出影响为 25789.8 亿元，收入影响为 11208 亿元，税收影响为 1108.7 亿元，GDP 收入为 17754.5 亿元。

上述三者之和为：总产出影响为 44746.4 亿元，收入影响为 16017.3 亿元，税收影响为 1918.9 亿元，GDP 影响为 27046.3 亿元。

7.3.4 模型应用——郑州人才战略的经济影响分析

2017 年，郑州、武汉、西安等省会城市之间展开了"人才争夺战"。多地提出引进百万青年人才计划，出台了一系列包含住房、户籍、教育、津贴等方面的政策，目的是吸引优质人才。同时，成都、天津、南京、重庆、深圳、广州、上海等城市也加入到人才争夺战中。郑州为较早参与到抢人大战的城市，"智汇郑州"人才新政实施两年多，郑州就为青年人才发放生活补贴 28 批、46.36 万人次，共计 4.65 亿元。

人既是消费者也是生产者。郑州人口增长的主要动力机制是外来人口增长，而外来人口的主体是年轻人，他们填补了就业缺口。外来人口主要从事第三产业。根据郑州市统计局的数据，在 1983~2018 年间，第一产业从业人员减少 34.9 万，第二产业从业人员增加 151.4 万，第三产业人员增加 294.2 万。显然仅仅是产业结构调整难以满足第三产业就业人数增加的需求，再加上老龄化发展，第三产业就业需求必须通过外来人口和户籍人口增长来解决。

人口增加可以通过增加劳动力而对经济发展起到带动作用。图 7-2 显示人口增长影响经济发展的渠道。从生产者角度分析人口增长的作用，有两点需要注意：一是将就业增长按行业进行分解；二是根据分行业就业量的增加得到分行业产出的增加值。前者通过情景模拟得到，后者通过求得分行业的人均就业产出得到。

由于外来人口中年轻人的比重较大，新增人口中就业与人口的比重可能会偏高，未来模拟，假设短期内新增人口就业比例为 1.2~1.6，根据《郑州市建设国家中心城市行动纲要（2017~2035）》的发展目标，2020~2035 年间 250 万人口增长量意味着 160 万～200 万的就业增长。

根据图 7-2，需要将 160 万～200 万就业增量分配到 42 个行业。假设这 160 万～200 万的就业增量按两种不同的方式在 42 个行业中分配：（Ⅰ）按 2018 年分行业比重分配；（Ⅱ）假设第一、第二产业行业就业不增长，只有第三产业行业就业增长，根据 2018 年的行业比重，分配分行业的就业增量。

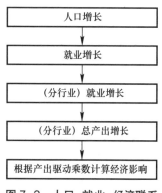

图 7-2　人口-就业-经济联系

两种不同分配模拟和两个就业增量产生了 4 个情景模拟，由于缺少郑州市分行业就业人均总产出，采用河南省分行业就业人均总产出代替，然后根据分行业单位就业产出，计算得到分行业的产出增量。最后应用产出驱动乘数计算就业增量带来的经济影响。

将不同情景下的模拟结果汇总，总产出增量为 9056 亿元，GDP 增量为 6933 亿元，税收增量为 831 亿元，收入增量为 3647 亿元。

7.3.5 小结

分析和评估城市增长、战略、政策的经济影响，既是科学制定政策和规划的前提与依据，也是决策者准备预案应付突发情形的前提和依据。基于河南省投入产出表，利用非调查方法构建郑州市投入产出表，然后根据构建的郑州市投入产出表，计算郑州市的区域乘数（产出、收入、就业、GDP 等方面）。通过对比河南省表，我们发现非调查方法推算的郑州市城市表具有可靠性和可信度。在郑州市城市表的基础上，以郑州市城市人口增长和郑州航空港发展战略为案例，分析预测其对郑州市发展的影响。分析结果显示，上述战略政策对郑州市经济影响都是相当显著的，计算的主要经济指标（分行业的产出、收入、税收和 GDP）的数值都证明了这个结论。

7.4 "郑州－非郑州"两区域间投入产出模型

7.4.1 "郑州－非郑州"模型估计：区域内和区域间联接乘数

利用非调查法构建区域间投入产出模型，其核心是估计区域间商品流量。两种方法都可以用来估算区域间商品流量，一种是区位商法，另一种是引力模型法。这里利用跨部门的区位商来估算郑州和非郑州两区域间（郑州 Z 和非郑州 O）的投入系数。

假定 a_{ij}^{zz} 和 a_{ij}^{oo} 分别表示郑州和非郑州内的区域投入系数，t_i^z 和 t_i^o 分别表示郑州和非郑州的自给系数，即本区域生产的产品对本区域需要的满足比例。各个区域的投入系数可以通过河南省投入产出表的投入系数来估算：

$$a_{ij}^{zz} = t_i^z a_{ij}^p$$
$$a_{ij}^{oo} = t_i^o a_{ij}^p$$

$$(7-17)$$

如果将简单区位商作为各自区域的自给系数，即

$$t_i^r = CILQ_i^r (SLQ_i^r < 1)$$
$$t_i^r = 1(CILQ_i^r \geqslant 1)$$
$$(k = Z, O)$$

$$(7-18)$$

在两区域模型中，如果郑州的生产无法满足郑州的投入需要，则需要从非郑州区域进口，这样，对非郑州地区的产品流入郑州的投入就可以被分离出来。

$$a_{ij}^{oz} = (1 - t_i^z)a_{ij}^p$$
$$a_{ij}^{zo} = (1 - t_i^o)a_{ij}^p$$

$$(7-19)$$

将它们放入区域间投入系数矩阵，我们得到：

$$a_{ij}^{zz} = t_i^z a_{ij}^p; \qquad a_{ij}^{zo} = (1 - t_i^o)a_{ij}^p$$
$$a_{ij}^{oz} = (1 - t_i^z)a_{ij}^p \qquad a_{ij}^{oo} = t_i^o a_{ij}^p$$

（1）区域内联接乘数

区域内联接乘数用于考察最终需求通过产业间的扩大效应对本区域内部总产出的影响效应。表7-10显示我们通过"郑州－非郑州"两区域间投入产出模型估计区域内和区域间联接乘数。如表7-10所示，M^z 的平均值为1.5132，说明郑州市的各产业对区域内部的平均技术每投入1个单位，可以带动其他产业投入1.5132个单位。郑州的经济部门中，通用设备以专用设备，通信设备、计算机和其他电子设备，仪器仪表和建筑等部门的区域内联接乘数比较大。而石油和天然气开采产品，燃气生产和供应，水的生产和供应，水利、环境和公共设施关联，文化、体育和娱乐等部门的区域内联接乘数比较小。

区域内和区域间联接和乘数　　　　　　　　　　　　表 7-10

行业	M^z	F^z-I	F^oS^{oz}	M^o	F^o-I	F^zS^{zo}
农林牧渔产品和服务	1.4393	0.0001	0.0014	1.6011	0.0050	0.0272
煤炭采选产品	1.4091	0.0051	0.1372	1.5721	0.0026	0.0127
石油和天然气开采产品	1.2288	0.0025	0.0577	1.2929	0.0043	0.0202
金属矿采选产品	1.5666	0.0000	0.0013	1.6410	0.0086	0.0533
非金属矿和其他矿采选产品	1.6193	0.0009	0.0216	1.6749	0.0116	0.0562
食品和烟草	1.7524	0.0054	0.2004	2.2428	0.0026	0.0165
纺织品	1.5970	0.0000	0.0000	2.4208	0.0036	0.0300
纺织服装鞋帽皮革羽绒及其制品	1.6825	0.0097	0.3384	2.4373	0.0034	0.0255
木材加工品和家具	1.7303	0.0003	0.0115	2.2568	0.0053	0.0354
造纸印刷和文教体育用品	1.7857	0.0047	0.1596	2.0952	0.0049	0.0232
石油、炼焦产品和核燃料加工品	1.4325	0.0000	0.0001	1.4376	0.0092	0.0589
化学产品	1.7181	0.0027	0.0788	2.0311	0.0039	0.0213
非金属矿物制品	1.6248	0.0088	0.2589	1.9389	0.0010	0.0044
金属冶炼和压延加工品	1.4587	0.0160	0.3802	1.9044	0.0014	0.0069
金属制品	1.8429	0.0035	0.0888	2.0596	0.0093	0.0317
通用设备	1.9205	0.0018	0.0495	2.0302	0.0139	0.0511
专用设备	1.6739	0.0096	0.2857	2.0269	0.0062	0.0221
交通运输设备	1.7718	0.0092	0.2893	2.1033	0.0042	0.0146
电气机械和器材	1.8713	0.0040	0.1280	2.0646	0.0137	0.0485
通信设备、计算机和其他电子设备	1.6849	0.0088	0.3117	1.6201	0.0000	0.0000
仪器仪表	1.8049	0.0039	0.1158	1.8285	0.0401	0.1364
其他制造产品和废品废料	1.5328	0.0015	0.0510	1.6614	0.0083	0.0420
金属制品、机械和设备修理服务	1.6598	0.0040	0.1273	1.8393	0.0130	0.0509

续表

行业	M^z	$F^z\text{-}I$	F^oS^{oz}	M^o	$F^o\text{-}I$	F^zS^{zo}
电力、热力的生产和供应	1.5627	0.0002	0.0038	1.7015	0.0092	0.0557
燃气生产和供应	1.1609	0.0022	0.0654	1.2320	0.0006	0.0034
水的生产和供应	1.1362	0.0015	0.0436	1.1851	0.0008	0.0056
建筑	1.8681	0.0019	0.0556	1.9662	0.0238	0.0952
批发和零售	1.2434	0.0022	0.0577	1.3079	0.0043	0.0203
交通运输、仓储和邮政	1.5280	0.0021	0.0481	1.5910	0.0081	0.0389
住宿和餐饮	1.4532	0.0079	0.3299	1.8558	0.0027	0.0155
信息传输、软件和信息技术服务	1.3188	0.0021	0.0611	1.3194	0.0208	0.0727
金融	1.3177	0.0062	0.1991	1.5407	0.0024	0.0107
房地产	1.3095	0.0051	0.1441	1.4768	0.0036	0.0167
租赁和商务服务	1.1687	0.0077	0.2118	1.3887	0.0014	0.0045
研究和试验发展	1.2620	0.0132	0.3743	1.6235	0.0104	0.0348
综合技术服务	1.2427	0.0105	0.3256	1.5751	0.0004	0.0015
水利、环境和公共设施管理	1.1126	0.0106	0.3666	1.4867	0.0003	0.0011
居民服务、修理和其他服务	1.6128	0.0022	0.0703	1.7161	0.0145	0.0700
教育	1.5185	0.0072	0.2183	1.7780	0.0075	0.0310
卫生和社会工作	1.3652	0.0096	0.3629	1.7801	0.0012	0.0050
文化、体育和娱乐	1.1714	0.0072	0.2591	1.4412	0.0012	0.0041
公共管理、社会保障和社会组织	1.3958	0.0042	0.1149	1.5488	0.0037	0.0177
合计	63.5559	0.2063	6.4067	73.2958	0.2934	1.2937
平均	1.5132	0.0049	0.1525	1.7451	0.0070	0.0308

对于非郑州区域而言，区域内联接乘数 M^o 均值为 1.7392，其中乘数比较大的行业部门有：食品和烟草，纺织品，纺织服装鞋帽皮革羽绒及其制品，木材加工品和家具，造纸印刷和文教体育用品，化学产品，金属制品，通用设备，专用设备，交通运输设备，电器机械和器材等；而燃气生产和供应，水的生产和供应，批发和零售，信息传输、软件和信息技术服务等部门的乘数比较小。

对比郑州和非郑州的区域内联接乘数发现，非郑州的乘数显著地大于郑州。对此我们需要谨慎地解读。这是因为，郑州的区域内联接乘数主要反映郑州本市的产业部门之间的联系，而非郑州的区域内联接乘数不仅反映河南非郑州的（其他）地市自个产业部门之间的联接，同时还反映这些地市之间产业部门之间的联接。非郑州区域内城市之间的经济联系无疑加大了非郑州区域内的经济联接乘数。但从城市之间的对比，郑州在教育资源、劳动生产率、基础设施和公共服务等方面都是其他地市难以匹敌的，因而郑州区域内的经济联接乘数在 18 个地市中应该是最大的。

（2）区域间联接乘数

郑州的溢出效应是 F^zS^{oz}，反映郑州的最终需求对非郑州区域经济活动的影响，其值等于 0.1525，也就是说，郑州市 1 单位的最终需要将带来 0.1525 单位的非郑州地区的总产出。同理，非郑州的溢出效应是 F^zS^{zo}，反映非郑州区域的最终需求对郑州区域经济活动的影响。非郑州的溢出效应为 0.0308，显著地小于郑州的溢出效应，仅为郑州的溢出效应的 20%。郑州的溢出效应明显大于非郑州的溢出效应（4.95 倍）。郑州显著的溢出效应所体现出的一个重要的政策含义是：基于郑州的发展战略带给全省的影响大于基于非郑州（其他地市）的发展战略带来的影响。尽管我们的模型是将所有非郑州的地市集聚在一起，非郑州的溢出效应是这些地市的均值。但是由于郑州在河南地市的领先地位，从郑州的影响大于其他地市影响的均值，我们可以推断郑州的影响大于其他地市的影响。进一步的推断是：从全省发展的角度，河南省发展战略应该以郑州为核心。

郑州的反馈效应为 F^z-I，非郑州的反馈效应为 F^o-I，它们分别为 0.0049 和 0.007。显然，非郑州的反馈效应大于郑州的反馈效应。这个结果是符合预期的。理论上，反馈效应表示一地区经济的变化在对另一地区经济产生影响的同时，另一地区经济的变化反过来对该地区经济产生的影响。从反馈效应的公式来看，以郑州为例，其反馈效应 $F^z=(I-S^{zo}S^{oz})^{-1}$ 中，$S^{zo}S^{oz}$ 代表郑州总产出的变化对非郑州总产出变化的影响以及由此再反过来由非郑州区域对郑州区域总产出产生的影响，但这种影响是直接影响，而既包含直接影响又包含间接影响的全部反馈影响为 $(I-S^{zo}S^{oz})^{-1}$（潘文卿和李子奈，2008）。反馈效应是在溢出效应的基础上形成的，郑州反馈效应较小主要是由于非郑州对郑州的外溢效应较小造成的。

郑州的溢出效应和反馈效应都比较大的行业是：纺织服装鞋帽皮革羽绒及其制品，金属冶炼和压延加工品，研究和试验发展，水利、环境和公共设施管理，而只有溢出效应比较大的行业是卫生和社会工作，只有反馈效应比较大的行业是综合技术服务。非郑州的溢出和反馈效应都比较大的行业是：通信设备、计算机和其他电子设备，建筑，信息传输、软件和信息技术服务，居民服务、修理和其他服务，只有溢出效应比较大的行业是石油、炼焦产品和核燃料价格品，只有反馈效应比较大的行业是通用设备。

有意思的是，表 7-10 给出的乘数可以得出两个重要的政策结论。一是区域发展战略（无论是侧重于郑州还是非郑州地区）一方面都可以带动本地区和本地区外的经济发展，另一方面都会加大区域间（省内）的发展差别，这点可以从区域内联接乘数远远大于区域溢出效应和反馈效应上体现。二是由于郑州区域间溢出效应大于非郑州的溢出效应，郑州的发展战略比非郑州的发展战略更有利于推动区域间的平衡发展。

（3）技术转移模式

技术转移模式反映的是区域间溢出效应和反馈效应与产业相对发达程度之间的关系。通过分析技术转移模式我们可以从供给的角度辨识郑州与非郑州不同产业的区域间溢出效应和反馈效应与产业规模是否具有规律性。从技术转移的模式来看，如图 7-3（a）和（b）所示，横轴是非郑州和郑州的总产出之比的对数，纵轴是相应的溢出和反馈效应。可以看出，来自郑州不同产业的溢出和反馈效应表现为随着产业相对规模（两区域各产业总产出之比）的增加而减小的特征。如图 7-3（c）和（d）所示，横轴是郑州和非郑州的总产出之比的对数，来自非郑州的溢出和反馈效应也表现为随着产业相对规模（两区域各产业总产出之比）的增加而减小的特征。这表明无论是郑州对非郑州还是非郑州对郑州，分行业的溢出效应和反馈效应并没有表现出随着行业的相对发达程度而增强的态势，溢出效应和扩散效应的机制需要进一步理顺。

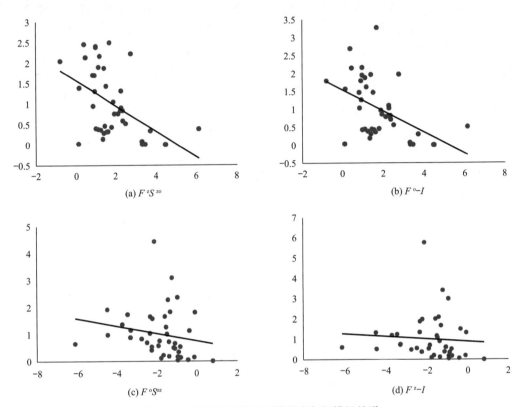

图 7-3　区域间溢出和反馈效应与规模间关联

（4）后向联接分析

后向联接反映当产业最终需求增加 1 个单位时，对所有产业总产出的诱发。分为区域内后向联接和区域间后向联接。

正规化的后联系数列在表 7-11 中，郑州市区域内和区域间的平均值分别为 1.7288 和 0.2712，这意味着从行业平均情况来看，郑州市最终需求每增加 1 个单位，对郑州的产业的平均诱发产出是 1.7288 个单位，而对非郑州区域的产业的平均诱发产出是 0.2712 个单位，这意味着郑州国家中心城市战略每增加一个单位的最终需求，会导致郑州和非郑州区域之间的差距增加 1.7288-0.2712=1.4576 个单位。非郑州区域的区域和区域间的平均值分别为 1.9434 和 0.0566。正规化后的总效应包含区域内和区域间各产业的后联系数，因此各产业后联系数的平均值为 2。尽管两区域的平均区域间的后联系数不大，但郑州的食品和烟草（6）、造纸印刷和文教体育用品（10）、金属制品（15）、通用设备（16）、交通运输设备（18）、电气机械和器材（19）、仪器仪表（21）和建筑（27）这 8 个行业的区域内后联系数大于 2，表明区域间经济联系在区域经济发展中起到了重要作用。

正规化的区域内和区域间后联系数（产出乘数） 表7-11

行业	F^zM^z	$F^oS^{oz}M^z$	Total	F^oM^o	$F^zS^{zo}M^o$	Total
农林牧渔产品和服务	1.6379	0.0632	1.7010	1.7802	0.0462	1.8264
煤炭采选产品	1.6098	0.2305	1.8403	1.7458	0.0301	1.7759
石油和天然气开采产品	1.4007	0.1033	1.5041	1.4376	0.0334	1.4711
金属矿采选产品	1.7834	0.0816	1.8650	1.8296	0.0801	1.9097
非金属矿和其他矿采选产品	1.8449	0.1273	1.9722	1.8706	0.0839	1.9545
食品和烟草	2.0009	0.3325	2.3334	2.4904	0.0503	2.5407
纺织品	1.8166	0.0470	1.8636	2.6895	0.0769	2.7664
纺织服装鞋帽皮革羽绒及其制品	1.9259	0.4715	2.3974	2.7073	0.0709	2.7782
木材加工品和家具	1.9692	0.0819	2.0511	2.5102	0.0801	2.5903
造纸印刷和文教体育用品	2.0393	0.3091	2.3483	2.3298	0.0565	2.3863
石油、炼焦产品和核燃料加工品	1.6305	0.0702	1.7007	1.6030	0.0757	1.6787
化学产品	1.9589	0.1788	2.1377	2.2572	0.0525	2.3097
非金属矿物制品	1.8616	0.4363	2.2979	2.1513	0.0286	2.1799
金属冶炼和压延加工品	1.6808	0.5506	2.2315	2.1144	0.0388	2.1532
金属制品	2.1072	0.3177	2.4249	2.2957	0.0654	2.3611
通用设备	2.1916	0.2421	2.4337	2.2704	0.0923	2.3626
专用设备	1.9193	0.4896	2.4089	2.2574	0.0571	2.3145
交通运输设备	2.0311	0.5311	2.5622	2.3394	0.0479	2.3873
电气机械和器材	2.1389	0.3544	2.4933	2.3073	0.0862	2.3935
通信设备、计算机和其他电子设备	1.9314	0.5778	2.5092	1.7961	0.0143	1.8103
仪器仪表	2.0618	0.3170	2.3788	2.0777	0.1895	2.2671
其他制造产品和废品废料	1.7465	0.1370	1.8835	1.8512	0.0659	1.9171
金属制品、机械和设备修理服务	1.8967	0.3091	2.2057	2.0548	0.0788	2.1336
电力、热力的生产和供应	1.7791	0.0867	1.8657	1.8983	0.0885	1.9868
燃气生产和供应	1.3226	0.0933	1.4159	1.3652	0.0097	1.3749
水的生产和供应	1.2936	0.0655	1.3591	1.3132	0.0109	1.3241
建筑	2.1325	0.2684	2.4009	2.2073	0.1300	2.3373
批发和零售	1.4172	0.1108	1.5280	1.4536	0.0307	1.4842
交通运输、仓储和邮政	1.7418	0.1399	1.8817	1.7734	0.0619	1.8354
住宿和餐饮	1.6630	0.4508	2.1138	2.0604	0.0387	2.0991
信息传输、软件和信息技术服务	1.5033	0.1361	1.6394	1.4859	0.0931	1.5790
金融	1.5067	0.2912	1.7979	1.7105	0.0262	1.7367
房地产	1.4961	0.2272	1.7233	1.6408	0.0316	1.6723

续表

行业	F^zM^z	$F^oS^{oz}M^z$	Total	F^oM^o	$F^zS^{zo}M^o$	Total
租赁和商务服务	1.3381	0.2747	1.6128	1.5410	0.0182	1.5592
研究和试验发展	1.4512	0.4868	1.9380	1.8132	0.0609	1.8742
综合技术服务	1.4263	0.4296	1.8559	1.7475	0.0196	1.7671
水利、环境和公共设施管理	1.2774	0.4418	1.7192	1.6484	0.0158	1.6642
居民服务、修理和其他服务	1.8388	0.1810	2.0198	1.9197	0.1004	2.0201
教育	1.7370	0.3418	2.0788	1.9809	0.0598	2.0407
卫生和社会工作	1.5643	0.4684	2.0327	1.9754	0.0277	2.0030
文化、体育和娱乐	1.3406	0.3320	1.6726	1.5984	0.0164	1.6148
公共管理、社会保障和社会组织	1.5934	0.2064	1.7999	1.7215	0.0369	1.7584
合计	72.6079	11.3921	84	81.6217	2.3783	84
平均	1.7288	0.2712	2	1.9434	0.0566	2

区域内后联系数 F^zM^z 和 F^oM^o 的经济含义是产业最终需求增加一个单位时，对区域内所有产业的带动作用，其中包含了对区域内的直接带动作用 M 和反馈效应引发的总产出 $(F-I)M$，而两者的大小是我们较为关注的，我们希望弄清楚区域内后联系数受到哪种影响更大。同样，区域间后联系数的经济含义是另一地区的产业最终需求增加一个单位时，对本区域内所有产业的带动作用，其中也包含两方面，一是另一地区的区域内的联接乘数 M，二是本区域对另一地区的溢出乘数 FS。即我们希望知道，另一地区最终需求变化对本区域产业的带动作用主要是来源于另一区域内部产业间联接乘数还是本区域对另一区域的溢出效应。

从图 7-4 可以看出，F^zM^z 和 F^oM^o 的曲线分别与 M^z 和 M^o 的形状一致，而 $F^oS^{oz}M^z$ 和 $F^zS^{zo}M^o$ 的曲线分别与 F^oS^{oz} 和 F^zS^{zo} 的形状一致。这意味着区域内后联系数的大小主要由区域内关联矩阵 M^z 和 M^o 决定，而区域间后联系数则受区域间溢出矩阵 F^oS^{oz} 和 F^zS^{zo} 的影响较大。该结果在政策层面的意义在于，拟通过提高本地区总需求从而带动其他区域

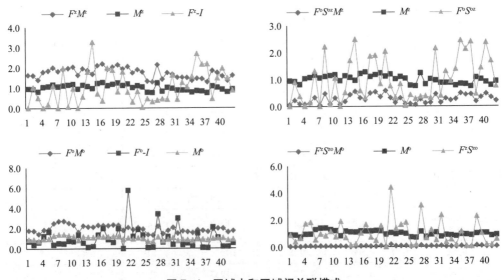

图 7-4　区域内和区域间关联模式

发展的国家中心城市战略，实现中心城市发展的目标较容易，而带动其他区域发展的目标的实现要更多地依靠其他区域产业结构主动向中心城市产业链的融合和调整。

7.4.2 模型应用：郑州中心城市发展的经济影响分析

郑州国家中心城市发展战略将促使郑州发展成为超大城市。也就是说，郑州市在未来 10～20 年内将成为超过 1000 万人口规模的城市。人口的增长必然会导致最终需求的增长。结合国家推动需求驱动的增长模式，分析城市人口增长的区域经济影响将会日益重要。郑州城市人口的增长可以分解为两部分：一部分是本市农村人口转为城市人口（郑州人口不变的情况下城镇化率提高带来的），另一部分是外地人口流动带来的人口增长。

考虑到城乡差别，相应地，郑州城市增长的经济影响也分解为两个部分：一是城市总人口不变的情况下，城乡差别和城镇化导致人口从农村转向城市带来的影响；二是城市人口增长（假设都是来自郑州以外的地区）带来的影响。在实现郑州国家中心城市发展战略的进程中，郑州市的城镇化率将不断地提高且吸引大量的外地人口流入，因而郑州人口增长的经济影响分析分解为两部分，其都有各自的政策和战略意义。

图 7-1 说明城市人口（及其增长）对经济影响的逻辑分析框架（丁成日等，2016）。城市人口的增加意味着城市消费的增加，城市居民消费分为日常消费和耐用品消费。耐用品消费包括汽车、家用电器、家具等。由于数据的原因，我们的分析仅限于居民日常消费的经济影响评价。

我们利用 2015 年西南财经大学的《中国家庭金融调查数据》家庭支出项来估计城市居民日常消费对不同行业最终需要的影响。根据调查的门类，我们将日常消费与 17 个行业的最终需求连接起来。我们还收集、整理和估计了河南省城乡居民的消费水平（表 7-6）。最后，根据郑州市城乡人口分布估计 2019 年城市和农村人口的最终消费额。

（1）城镇化影响

表 7-12 显示郑州市城乡各自的消费对河南省的经济影响。郑州城市人口是农村人口的 3 倍左右，但是城市日常消费总额是 3723.49 亿元，为农村的 4.6 倍。[①] 郑州城市居民日常消费带来的经济影响包括两部分：① 对郑州的影响，包括直接影响和间接影响，直接影响即表现为区域内的诱发影响 $M^z Y_h^z$ 为 5906.30 亿元，反映城市居民消费带来的郑州生产总产出的增值，间接影响表现为郑州的反馈效应（$F^z - I$）$M^z Y_h^z$ 为 27.17 亿元，反映郑州城市居民日常消费所诱发的非郑州区域的产出增加所带来的郑州经济活动的二次影响；② 对非郑州的影响，即郑州区域的溢出效应 $F^o S^{oz} M^z Y_h^z$，为 888.06 亿元，反映郑州城市居民消费对非郑州区域活动的带动作用。

郑州市人口日常消费的经济影响 表 7-12

行业 / 亿元	城市				农村			
	消费额	郑州区域内带动作用	反馈效应	来自非郑州的溢出效应	消费	郑州区域内带动作用	反馈效应	来自非郑州的溢出效应
农林牧渔产品和服务	761.95	905.25	0.35	148.90	194.30	216.84	0.07	21.88

---

① 如果考虑到耐用品消费，城市消费应该为农村消费的十倍以上。随着城镇化比例的提高，城市消费与农村消费的比例将持续增长。

续表

行业/亿元	城市				农村			
	消费额	郑州区域内带动作用	反馈效应	来自非郑州的溢出效应	消费	郑州区域内带动作用	反馈效应	来自非郑州的溢出效应
煤炭采选产品	0.00	35.18	1.94	12.82	0.00	7.28	0.47	3.17
石油和天然气开采产品	0.00	2.06	0.03	2.00	0.00	0.41	0.01	0.44
金属矿采选产品	0.00	4.48	0.06	26.15	0.00	1.42	0.01	8.18
非金属矿和其他矿采选产品	0.00	4.63	0.02	7.87	0.00	1.38	0.00	2.55
食品和烟草	325.81	573.84	0.62	83.34	20.16	58.37	0.10	14.21
纺织品	0.00	22.12	0.01	66.50	0.00	4.23	0.00	13.28
纺织服装鞋帽皮革羽绒及其制品	135.10	151.96	0.02	13.56	26.69	29.75	0.00	2.60
木材加工品和家具	0.00	14.29	0.02	31.41	0.00	2.82	0.00	6.56
造纸印刷和文教体育用品	0.00	67.82	0.35	38.12	0.00	10.41	0.07	7.57
石油、炼焦产品和核燃料加工品	0.00	9.45	0.03	20.34	0.00	2.22	0.01	5.14
化学产品	68.48	308.94	1.58	126.99	10.01	65.06	0.31	31.68
非金属矿物制品	0.00	174.64	0.96	8.99	0.00	63.42	0.22	2.02
金属冶炼和压延加工品	0.00	112.59	1.51	21.93	0.00	36.06	0.36	6.18
金属制品	0.00	67.54	0.58	20.20	0.00	19.04	0.13	5.35
通用设备	0.00	35.07	0.32	16.82	0.00	10.33	0.08	4.98
专用设备	0.00	18.40	0.42	3.42	0.00	5.10	0.09	0.78
交通运输设备	64.63	122.64	0.78	4.78	41.13	62.44	0.18	1.09
电气机械和器材	67.40	136.79	0.88	18.84	13.02	32.57	0.21	4.85
通信设备、计算机和其他电子设备	67.40	143.64	2.70	1.15	13.02	27.78	0.65	0.28
仪器仪表	0.00	8.63	0.06	2.10	0.00	2.10	0.01	0.63
其他制造产品和废品废料	0.00	2.28	0.01	5.65	0.00	0.48	0.00	1.46
金属制品、机械和设备修理服务	0.00	1.28	0.04	0.44	0.00	0.25	0.01	0.11
电力、热力的生产和供应	76.32	118.02	0.20	55.03	9.43	17.36	0.04	12.79
燃气生产和供应	25.97	38.09	0.12	1.22	5.00	6.91	0.03	0.28
水的生产和供应	25.97	31.20	0.03	0.63	5.00	5.85	0.01	0.15
建筑	647.23	668.77	0.05	5.83	252.54	257.91	0.01	1.01
批发和零售	0.00	140.89	2.89	28.29	0.00	30.19	0.61	6.44
交通运输、仓储和邮政	141.79	235.15	0.71	33.22	19.41	36.61	0.15	7.88

续表

行业/亿元	城市				农村			
	消费额	郑州区域内带动作用	反馈效应	来自非郑州的溢出效应	消费	郑州区域内带动作用	反馈效应	来自非郑州的溢出效应
住宿和餐饮	294.02	327.89	0.27	9.94	49.55	55.74	0.06	2.54
信息传输、软件和信息技术服务	0.00	7.99	0.06	1.84	0.00	1.52	0.01	0.44
金融	0.00	123.51	4.27	18.79	0.00	27.03	0.95	4.22
房地产	0.00	57.49	0.96	7.39	0.00	8.49	0.20	1.60
租赁和商务服务	0.00	66.28	2.43	7.48	0.00	13.41	0.55	1.69
研究和试验发展	0.00	0.00	0.00	0.00	0.00	0.00	0.00	0.00
综合技术服务	0.00	67.19	0.98	2.33	0.00	23.93	0.19	0.46
水利、环境和公共设施管理	0.00	5.90	0.54	0.48	0.00	1.37	0.09	0.08
居民服务、修理和其他服务	193.46	222.73	0.08	30.34	12.72	17.36	0.02	5.62
教育	536.69	564.30	0.05	1.58	55.32	58.55	0.01	0.35
卫生和社会工作	203.33	204.34	0.01	0.10	58.36	58.60	0.00	0.02
文化、体育和娱乐	87.95	100.53	0.19	0.54	19.78	22.15	0.04	0.12
公共管理、社会保障和社会组织	0.00	2.53	0.04	0.72	0.00	0.54	0.01	0.15
合计	3723.49	5906.30	27.17	888.06	805.44	1303.29	5.98	190.84

郑州市农村人口消费带来的经济影响包括：① 农村居民日常消费所带动的郑州市总产出为1303.29亿元；② 对非郑州地区的溢出效应为190.84亿元；③ 对郑州地区反馈效应为5.98亿元。

根据郑州城市居民和农村居民的数量，我们可以分别得到一个城市居民和一个农村居民日常消费带来的经济影响。一个城市居民48000多元的日常年消费对郑州产值的影响是76000多元（包括直接影响和反馈影响），对非郑州产值的影响是11500多元，这意味着一个城市居民日常年消费对河南经济活动的总影响是81000多元，而一个农村居民近31000元的年日常消费对郑州总产出的影响接近5万元，对非郑州总产出的影响是7200元，对河南的总影响为57000元。

假设城镇化进程中从农村转移到城市的人口与城市居民有同样的消费水平，郑州市的一个农村人口转变为城市人口则意味着郑州经济产值增长24000元，对非郑州的经济产值的影响为4000元，总的经济影响为28000元。

根据郑州市分行业的增加值率数据，可以测得郑州市城乡居民日常消费带动的增加值的大小。[①] 城市居民日常消费带动郑州市GDP增加2354.5亿元，其中，带动郑州市区

---

① 河南省42产业总产出和增加值数据来自2017年河南省投入产出表，郑州市42产业总产出和增加值数据来自2018年郑州市统计年鉴，其中制造业和采选业数据利用规模以上工业企业数据进行相关行业合并得到；非郑州42产业总产出和增加值数据由河南省相关数据减去郑州市相关数据得到。郑州市城乡居民日常消费带动的增加值的大小由对角化的郑州增加值率矩阵和非郑州增加值率矩阵与区域内诱发影响矩阵、反馈影响矩阵和溢出效应矩阵相乘得到。

域内 GDP 增加 2344.24 亿元，反馈效应为 10.26 亿元，带动非郑州市 GDP 增加 282.85 亿元；农村居民日常消费带动郑州市 GDP 增加 474.46 亿元，其中带动郑州市 GDP 增加 472.24 亿元，反馈效应为 2.22 亿元，带动非郑州市 GDP 增加 58.20 亿元。上述分析结果表明，郑州市人口增长通过日常消费带动郑州的经济增长是非郑州区域的 7.83 倍，郑州城市发展战略在带动非郑州区域经济增长的同时，增加了郑州和非郑州区域之间的经济差距。

从人均角度来看，一个城市居民 48225.48 元的日常年消费对郑州的增加值影响是 30494.86 元，对非郑州增加值的影响是 3663.37 元，即对河南经济活动增加值的总影响是 34158.24 元，而一个农村居民 30613.57 元的年日常消费对郑州的增加值影响是 6145.07 元，对非郑州增加值的影响是 753.79 元，即对河南经济活动增加值的总影响是 6898.86 元。郑州市的一个农村人口转变为城市人口意味着郑州经济 GDP 增长 26831.50 元，对非郑州的经济 GDP 的影响为 5391.27 元。

进一步，根据郑州市分行业的增加值率数据，可以测得郑州市城乡居民日常消费带动的增加值的大小。其中，城市居民日常消费带动郑州市 GDP 增加 2354.5 亿元，其中，带动郑州市区域内 GDP 增加 2344.24 亿元，反馈效应为 10.26 亿元，带动非郑州市 GDP 增加 301.02 亿元；农村居民日常消费带动郑州市 GDP 增加 474.46 亿元，其中带动郑州市 GDP 增加 472.24 亿元，反馈效应为 2.22 亿元，带动非郑州市 GDP 增加 60.32 亿元。上述分析结果表明，郑州市人口增长通过日常消费带动郑州的经济增长是非郑州区域的 7.83 倍，郑州城市发展战略在带动非郑州区域经济增长的同时，增加了郑州和非郑州区域之间的经济差距。

（2）城市人口增长影响

根据郑州市人民政府印发的《郑州市建设国家中心城市行动纲要（2017～2035）》的发展目标，2020～2035 年间人口增长量为 250 万。根据表 7-9 估计的城市居民日常消费人均水平，可以推算出分行业的居民消费增长量，进而推算出 2020～2035 年人口增长的经济影响。假设新增的 250 万人口均来自郑州以外的地区，且都成为城市居民。

表 7-13 为郑州市 2020～2035 年间 250 万人口增长量导致的分行业最终需求变化，以及由最终需求引发的经济影响。根据计算，郑州市 250 万人口增长产生的居民消费对郑州市的增加值的诱发效应为 759.05 亿，对非郑州区域的诱发效应是 97.47 亿元，非郑州地区的反馈效应是 3.32 亿元。受影响最大的五个行业是：农林牧渔产品和服务业、教育行业、食品和烟草行业、住宿和餐饮行业和建筑行业。

2020～2035 年 250 万人口增量的经济影响　　　　　　　表 7-13

增加值	居民消费增长量 / 亿元	带动郑州市内增加值 / 亿元	非郑州的反馈效应	非郑州的溢出效应
农林牧渔产品和服务	246.71	172.32	0.07	28.35
煤炭采选产品	0.00	3.95	0.22	1.44
石油和天然气开采产品	0.00	0.45	0.01	0.44
金属矿采选产品	0.00	0.26	0.00	1.51
非金属矿和其他矿采选产品	0.00	0.34	0.00	0.58
食品和烟草	105.49	72.87	0.08	10.58

续表

增加值	居民消费增长量/亿元	带动郑州市内增加值/亿元	非郑州的反馈效应	非郑州的溢出效应
纺织品	0.00	1.48	0.00	4.46
纺织服装鞋帽皮革羽绒及其制品	43.74	11.63	0.00	1.04
木材加工品和家具	0.00	1.04	0.00	2.29
造纸印刷和文教体育用品	0.00	4.83	0.02	2.71
石油、炼焦产品和核燃料加工品	0.00	0.86	0.00	1.85
化学产品	22.17	20.15	0.10	8.28
非金属矿物制品	0.00	11.37	0.06	0.59
金属冶炼和压延加工品	0.00	5.36	0.07	1.04
金属制品	0.00	4.28	0.04	1.28
通用设备	0.00	2.23	0.02	1.07
专用设备	0.00	1.16	0.03	0.22
交通运输设备	20.93	8.10	0.05	0.32
电气机械和器材	21.82	7.72	0.05	1.06
通信设备、计算机和其他电子设备	21.82	4.86	0.09	0.04
仪器仪表	0.00	0.73	0.01	0.18
其他制造产品和废品废料	0.00	0.15	0.00	0.37
金属制品、机械和设备修理服务	0.00	0.10	0.00	0.03
电力、热力的生产和供应	24.71	7.56	0.01	3.52
燃气生产和供应	8.41	2.79	0.01	0.09
水的生产和供应	8.41	3.95	0.00	0.08
建筑	209.57	49.63	0.00	0.43
批发和零售	0.00	27.92	0.57	5.61
交通运输、仓储和邮政	45.91	31.66	0.10	4.47
住宿和餐饮	95.20	50.04	0.04	1.52
信息传输、软件和信息技术服务	0.00	1.14	0.01	0.26
金融	0.00	27.71	0.96	4.22
房地产	0.00	11.21	0.19	1.44
租赁和商务服务	0.00	6.72	0.25	0.76
研究和试验发展	0.00	0.00	0.00	0.00
综合技术服务	0.00	8.09	0.12	0.28
水利、环境和公共设施管理	0.00	0.81	0.07	0.07

续表

增加值	居民消费增长量/亿元	带动郑州市内增加值/亿元	非郑州的反馈效应	非郑州的溢出效应
居民服务、修理和其他服务	62.64	32.42	0.01	4.42
教育	173.77	113.97	0.01	0.32
卫生和社会工作	65.84	29.87	0.00	0.01
文化、体育和娱乐	28.48	16.76	0.03	0.09
公共管理、社会保障和社会组织	0.00	0.54	0.01	0.15
合计	1205.64	759.05	3.32	97.47

7.4.3　模型应用：航空港发展战略的经济影响分析

郑州航空港发展战略的经济影响从三个方面来评价：① 航空货运吞吐量的发展带动交通运输、仓储和邮政行业的发展所产生的经济影响；② 航空关联的高端制造业发展产生的经济影响；③ 进出口总额扩大产生的经济影响。

（1）航空货邮吞吐量产生的经济影响

2018 年郑州市航空货运吞吐量为 51.5 万 t，河南省航空货邮吞吐量为 51.7 万 t，郑州航空货邮吞吐量占到全省的 99.6%。根据发展目标，到 2025 年航空货运吞吐量达到 300 万 t，是 2018 年的 6 倍左右。另一方面，根据 2017 年河南省 42 部门投入产出表，航空运输的总产出是 108 亿元，因此可以推算出，根据发展目标，2025 年郑州的航空运输总产出增量为 537.84 亿元。结合前面计算的区域间联接乘数，扩展为区域内和区域间的产出驱动乘数，从而得到由于航空货邮吞吐量发展产生的经济影响，它们是：对郑州市的总产出影响为 725.43 亿元，收入影响为 162.36 亿元，税收影响为 18.04 亿元，GDP 影响为 294.97 亿元；对非郑州区域的总产出影响为 59.58 亿元，收入影响为 8.27 亿元，税收影响为 2.65 亿元，GDP 影响为 18.65 亿元。

（2）航空关联的高端制造业产生的经济影响

根据发展规划，航空关联的高端制造业包括航空设备制造及维修、电子信息、生物医药等行业，对应 42 部门投入产出表中的行业分别是交运运输设备、通信设备计算机和其他电子设备、化学工业。10000 亿元的产值按照等比例分配到上述三个行业中，再根据区域内和区域间的产出驱动乘数，得到航空关联的高端制造业的经济影响：对郑州市总产出的影响为 12940.82 亿元，收入影响为 1080.24 亿元，税收影响为 211.27 亿元，GDP 影响为 2702.87 亿元；对非郑州区域的总产出影响为 3291.33 亿元，收入影响为 453.24 亿元，税收影响为 122.56 亿元，对 GDP 的影响为 966.15 亿元。

（3）进出口总额产生的经济影响

郑州市 2018 年进出口总额为 4105 亿元，其中，出口 2577 亿，占到进出口总额的 62.8%。郑州航空港经济综合实验区的外贸进出口总额在全市占比 88.7%，大约 3641 亿元。根据郑州航空港的发展目标，2025 年进出口额达到 2000 亿美元，约 13400 亿元人民币。这意味着 2025 年郑州航空港区的进出口总额增量约为 10000 亿元，按照 62.8% 的出口比重，郑州航空港区的出口额增量为 6280 亿元。表 7-14 为 2017 年郑州市出口企业前 30 强。前 30 强的出口总额达到 2102.8 亿元，占到当年全市出口总额的 90.11%，说明郑州市的出口企业出口集中度很高，其中鸿富锦精密电子郑州有限公司的出口额就达到 1902.5 亿元，占到全市出口总额的 81%，排名第二的郑州宇通客车股份有限公司出口额为 39.3 亿元，占到全市出口总额的 1.69%。进一步，利用该数据，可以得到 6280 亿元出口额在郑州市分行业的分布，见表 7-14 所示。

郑州市出口企业 30 强（2017） 表 7-14

公司名称	万美元	万元	行业
鸿富锦精密电子郑州有限公司	2817825	19025391	通信设备、计算机和其他电子设备
郑州宇通客车股份有限公司	58249	393285.6	交通运输设备
河南明泰铝业有限公司	26038	175803.4	金属冶炼和压延加工品
郑州明泰实业有限公司	24930	168322.4	造纸印刷和文教体育用品
郑州市宝聚丰实业有限公司	20451	138081.1	批发和零售
中平能化国际贸易有限公司	19221	129776.3	化学产品
河南省金昌威电子有限公司	14603	98596.54	批发和零售
河南商博通供应链管理有限公司	12579	84930.89	交通运输、仓储和邮政
河南裕展精密科技有限公司	12567	84849.87	通用设备
华润肉类食品（河南）有限公司	9580	64682.24	批发和零售
河南华讯方舟电子有限公司	8845	59719.67	综合技术服务
中国河南国际合作集团有限公司	7594	51273.17	建筑
河南中孚实业股份公司	7531	50847.81	金属冶炼和压延加工品
河南方正博研实业有限公司	6659	44960.24	批发和零售
郑州喜万年食品有限公司	5654	38174.68	食品和烟草
郑州比克电池有限公司	5120	34569.22	通信设备、计算机和其他电子设备
河南省通用机械进出口有限公司	5109	34494.95	通用设备
中铁工程装备集团有限公司	4732	31949.52	专用设备
郑州拓洋实业有限公司	4322	29181.07	化学产品
郑州名扬窗饰材料有限公司	4168	28141.5	纺织品
河南科泰乐讯通讯设备产业基地有限公司	4129	27878.18	批发和零售
河南浩丰贸易有限公司	4116	27790.41	批发和零售
新密市万力实业发展有限公司	4014	27101.73	非金属矿物制品
河南永阳进出口贸易有限公司	4004	27034.21	金属冶炼和压延加工品
卡特彼勒郑州有限公司	4000	27007.2	专用设备
河南龙库供应链管理有限公司	3766	25427.28	租赁和商务服务
河南省硕威科技有限公司	3738	25238.23	综合技术服务
富鼎精密工业（郑州）有限公司	3689	24907.39	通信设备、计算机和其他电子设备
河南信太通讯科技有限公司	3633	24529.29	综合技术服务
河南万达铝业有限公司	3582	24184.95	金属制品
合计	3114448	21028130.01	

表 7-15 为郑州市出口分行业的推算数据，从该表可以看出，通信设备、计算机和其他电子设备产业的出口比重占到总出口的 90.76%，排名第二的产业是批发和零售业，占到总出口的比重为 1.91%，排名第三的产业是交通运输设备业，占到总出口的比重 1.87%，第四名是金属冶炼和压延加工品产业，占到总出口的 1.21%。

郑州市出口分行业推算数据　/万元　　　　　　　　表 7-15

行业	行业出口	比重
专用设备	17.61	0.28%
交通运输、仓储和邮政	25.36	0.40%
交通运输设备	117.45	1.87%
化学产品	47.47	0.76%
建筑	15.31	0.24%
批发和零售	120.05	1.91%
租赁和商务服务	7.59	0.12%
纺织品	8.40	0.13%
综合技术服务	32.70	0.52%
通信设备、计算机和其他电子设备	5699.65	90.76%
通用设备	35.64	0.57%
造纸印刷和文教体育用品	50.27	0.80%
金属冶炼和压延加工品	75.76	1.21%
金属制品	7.22	0.12%
非金属矿物制品	8.09	0.13%
食品和烟草	11.40	0.18%

根据最终需求乘数计算，得到进出口总额扩大产生的经济影响：从对郑州的影响来看，总产出影响为 10605.55 亿元，收入影响为 930.12 亿元，税收影响为 97.55 亿元，GDP 收入为 1459.62 亿元，从对非郑州区域的带动作用来看，总产出影响为 3067 亿元，收入影响为 373.68 亿元，税收影响为 116.80 亿元，GDP 影响为 866.04 亿元。

上述三者之和为：对郑州来说，总产出影响为 24271.8 亿元，收入影响为 2172.72 亿元，税收影响为 326.86 亿元，GDP 影响为 4459.46 亿元；对非郑州区域来说，总产出影响为 6417.92 亿元，收入影响为 835.19 亿元，税收影响为 242 亿元，GDP 影响为 1850.84 亿元。

7.4.4　小结

我们构建 2017 年河南省内区域间投入产出模型，来分析国家中心城市发展战略对省经济发展的影响，分别比较分析了区域内乘数效应、区域间溢出效应和反馈效应，侧重于研究中心城市发展战略对省经济发展的带动作用和省内区域间经济发展（不）平衡的影响。

我们的研究结论主要包括：第一，从区域内乘数效应来看，郑州市形成了层次分明的产业结构，交通运输设备、通信设备、计算机和其他电子设备、仪器仪表、金属制品、机械和设备修理服务、批发和零售、信息传输、软件和信息技术服务等行业成为推动郑州市经济发展的主要动力。第二，郑州市最终需求带来的区域内乘数平均值 1.5891 大于非郑州市的区域间联接乘数 0.1578，这意味着郑州国家中心城市发展战略在带动郑州市经济发展的同时也会对非郑州区域产生带动作用，而对非郑州的带动作用要远小于郑州市的带动作用，进而导致省内经济差距的扩大。第三，从城市增长来看，郑州市城市居民日常消费带动郑州市的产出为 6058 亿元，带动非郑州区域产出为 1103 亿元，前者是后者的 5.45 倍；郑州市农村居民日常消费带动郑州市产出为 1350 亿元，带动非郑州区域产出为 221 亿元，前者是后者的 6.1 倍。第四，从郑州航空港发展战略对郑州和非郑州的经济影响来看，对郑州来说，总产出影响为 24271.8 亿元，收入影响为 2172.72 亿元，税收影响为 326.86 亿元，GDP 影响为 4459.46 亿元；对非郑州区域来说，总产出影响为 6417.92 亿元，收入影响为 835.19 亿元，税收影响为 242 亿元，GDP 影响为 1850.84 亿元。

上述结论的政策意义在于：国家中心城市战略在带动地方经济发展和实现区域协调发展缩小区域差距的过程中不可或缺，但从目前情况来看，尽管中心城市具有一定的带动作用，但会加大中心城市和非中心城市之间经济发展的不平等。中心城市和非中心城市之间要根据比较优势，优化区域间产业关联度，提高区域间的协同度，达到双赢。在制定国家中心城市发展政策时，将单一城市发展政策和跨区域政策有机结合，提高中心城市对周边区域的带动作用。中心城市周边地区应主动提高与中心城市产业关联度，进而充分利用国家中心城市政策红利，提高自身经济发展，进而带动整个区域的协同发展。

本章执笔人：丁成日　孙向伟

参考文献

丁成日. 北京城市人口发展预测（研究报告）. 北京市城市规划设计研究院，2014.

张敏，范金，周应恒. 省域内多地区投入产出表的编制和更新：江苏案例 [J]. 统计研究，2008（7）：74-81.

Zheng H, et al. Linking city-level input-output table to urban energy footprint: construction framework and application. J. Ind. Ecol. 23, 781-795 (2019).

Zhang Z, Shi M, Chen K Z, et al. Water scarcity will constrain the formation of a world-class megalopolis in North China. Urban sustain, 2021 (1): 13.

潘文卿，李子奈. 三大增长极对中国内陆地区经济的外溢性影响研究 [J]. 经济研究，2008，482（6）：85-94.

叶作义，江千文. 长三角区域一体化的产业关联与空间溢出效应分析 [J]. 南京财经大学学报，2020，224（4）：34-44.

崔建刚，孙宁华. 产业关联、结对扶贫与区域协调发展：对江浙沪及其帮扶地区的投入—产出分析 [J]. 经济问题，2019，475（3）：87-94，103.

全诗凡等. 京津冀区域经济影响的乘数、反馈与溢出效应 [J]. 经济与管理研究，2017，38（7）：74-83.

Sayapova A R. Regional differentiation of coefficients of direct expenditures in input-output symmetric tables. Studies on Russian economic development, 2011, 22(5): 488-493.

Flegg A T, Tohmo T. Regional input-output tables and the FLQ formula: a case study of Finland. Regional studies, 2013, 47(5): 703-721.

Titze M, Brachert M, Kubis A. The identification of regional industrial clusters using qualitative input-output analysis (QIOA). Regional studies, 2011, 45(1): 89-102.

Li N, Shi M J, Wang F. Roles of regional differences and linkages on Chinese regional policy effect in CGE analysis. Systems engineering - theory & practice, 2010, 29(10): 35-44.

Hitomi K, Okuyama Y, Hewings G J, Sonis M. The role of interregional trade in generating change in the regional economies of Japan, 1980-1990. Economic systems research, 2000, 12(4): 515-537.

Horridge M, Wittwer G. Sino TE M, a multi-regional CGE model of China[J]. China economic eview, 2008, 19(4): 628-634.

Sonis M, Hewings G J, Gazel R. The structure of multi-regional trade flows: hierarchy, feedbacks and spatial linkages. The annals of regional science, 1995, 29(4): 409-430.

Sonis M, Hewings G J, Guo J, Hulu E. Interpreting spatial economic structure: feedback loops in the Indonesian interregional economy, 1980, 1985. Regional science and urban economics, 1997, 27(3): 325-342.

Yang L, Lahr M L. Labor productivity differences in china 1987-1997: an interregional decomposition analysis[J]. The review of regional studies, 2008, 38 (3): 319-341.

Feng K, Siu Y L, Guan D, Hubacek K. Analyzing drivers of regional carbon dioxide emissions for China. Journal of industrial ecology, 2012, 16(4): 600-611.

Akita T. Interregional interdependence and regional economic growth in Japan: an input-output analysts. International regional science review, 1993, 16(3): 231-248.

Zhang X, Ning Y. Evaluation of role of home market effects in China's manufacturing industries. Chinese geographical science, 2011, 21(2): 211-221.

第八章 郑州公共财政分析：问题、挑战和建议

财政是国家治理的基础和重要支柱。"分税制"财政体制改革之后，加强地方的财源建设、壮大地方的财政实力成为地方政府部门工作的重中之重，关系到城市经济的稳定增长和各项社会事业的和谐发展。

郑州市作为河南省省会，是全省的行政、经济、文化、金融和科教中心。近年来，随着郑州入选国家中心城市，黄河流域生态保护和高质量发展、中部崛起等国家战略叠加实施，"一带一路"等开放政策的深入推进，中原城市群建设不断加强，郑州市作为内陆开放的重要窗口、国家战略实施的主要承载、都市圈建设的强力引擎，其地位和作用日益凸显。公共财政既是城市发展质量和速度的"显示屏"和"效果图"，又是"助推器"和"保障网"。"十四五"时期是我国迈向社会主义现代化建设新征程的第一个五年，作为中部地区的"脊梁"、河南省的"龙头"，郑州市应立足新发展阶段，贯彻新发展理念，构建新发展格局，因时而动，乘势而起，抓住战略机遇窗口期、转型升级突破期、蓄势提升攻坚期，推动财政改革发展实现新突破，迈向高质量，为郑州国家中心城市建设蓄势赋能。

本章首先从纵向梳理了二十年来郑州市公共财政发展的历史脉络，然后将其与河南省辖的其他16个地级市、8个国家中心城市和5个中部地区省会城市进行横向对比。在各城市公共财政精心比较分析的基础上，鲜明地指出了郑州市公共财政发展目前面临的问题和未来挑战。本章在结合探讨郑州城市发展转型和建设国家中心城市的机遇上，对郑州市公共财政可持续发展和促进开放郑州提出了政策建议。

8.1 郑州市公共财政的纵向历史发展研究

8.1.1 一般公共预算分析

随着城市经济的快速发展，郑州市一般公共预算收入保持持续增长，财政实力不断增强。根据图8-1，1997年郑州市GDP为566亿元，一般公共预算收入为26.4亿元，占GDP比重为4.7%。2016年郑州市GDP为8114亿元，一般公共预算收入首次超过1000亿元，占GDP比重为12.5%。2018年郑州市GDP值首次突破1万亿，一般公共预算收入1152亿元。2020年郑州市GDP为12003亿元，一般公共预算收入为1259亿元，占GDP比重为10.5%。

由于河南省财政体制的历史沿革以及"清费减负"政策的执行，郑州市非税收入规模较小，税收收入占地方一般公共预算收入的比重稳定在70%以上，收入结构较为优质。2010年，郑州市一般公共预算收入中税收收入为313亿元，同比增长32%（图8-2）。自2016年以来，受到减税降费政策的影响，郑州市税收收入增速减缓。受到疫情和减税降费政策的影响，2020年，郑州市税收收入为870亿元，税收增长率为-3%，占一般公共预算收入比重为69%。在税收收入增速下滑的压力下，郑州市始终保持较高的税收收入比，

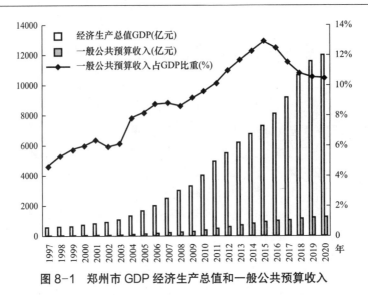

图 8-1　郑州市 GDP 经济生产总值和一般公共预算收入

这表明地方一般公共预算收入主要依赖于各产业税收贡献。对于郑州市来说，地方政府的产业结构决定政府财源结构。从一定程度上说，地方产业结构优化决定财源建设的成败。

图 8-3 显示了郑州市近 10 年以来的主要税收构成。2010～2016 年，营业税是郑州市主体税种，占全市税收收入比重 35%。随着"营改增"的全面推开，自 2017 年以后，增值税（归属地方部分）逐渐占据全市税收的"半壁江山"。2020 年，郑州市增值税为 315 亿元，占税收收入比重为 36%。除了增值税，郑州市企业所得税和契税在 2010～2020 年也得到了快速稳定的增长。

政府非税收入主要包括专项收入、行政事业性收费收入和国有资本经营收入。根据图 8-4，2010～2020 年，郑州市非税收入规模相对较小，非税收入占全市一般公共预算收入的比重一直低于 30%。2014 年以来，政府专项收入经历了大幅度的增长。相反的，

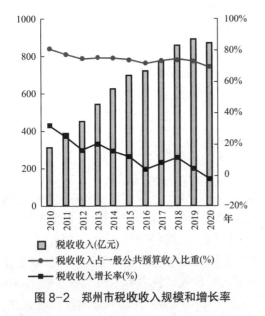

图 8-2　郑州市税收收入规模和增长率

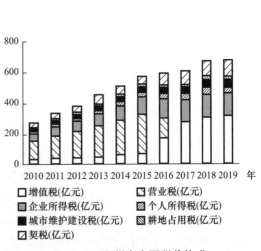

图 8-3　郑州市主要税收构成

国有资本经营收入大幅度减少。2020年，郑州市的专项收入为175亿元，占非税收收入的53%。国有资本经营收入为8.25亿元，占非税收收入的3%。行政事业性收费收入相对增幅较小，其占非税收收入的比重不断下降，从2010年的29%下降到2020年的9%。

随着城市经济快速发展和一般公共预算收入的逐渐增长，郑州市一般公共预算支出持续加大。1997年，郑州市一般公共预算支出是28亿元，占当年GDP总值比重为5%。2015年，郑州市一般公共预算支出超过1000亿元。2019年，一般公共预算支出持续增长到1911亿元。2020年，由于受到疫情的冲击，一般公共预算支出降到1721亿元，占GDP总值比重为14%（图8-5）。

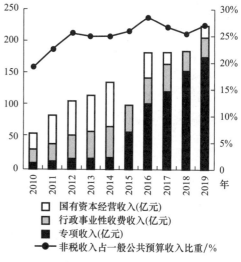

图 8-4 郑州市主要非税收入构成

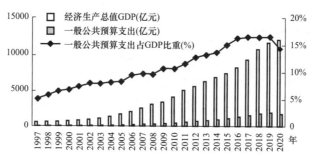

图 8-5 郑州市 GDP 经济生产总值和一般公共预算支出

图8-6显示了郑州市近10年以来的一般公共预算支出主要类别。其中，城乡社区事务是政府一般公共预算支出增长最快的支出类别，从1997年的63亿元持续增长到2020年的655亿元。教科文体支出是排名第二的一般公共预算支出类别，从1997年的86亿元

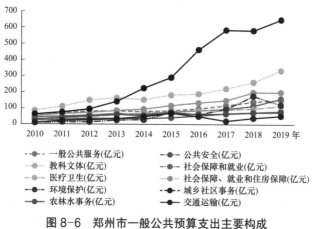

图 8-6 郑州市一般公共预算支出主要构成

持续增长到 2020 年的 336 亿元。排名第三是社会保障、就业和住房保障的支出。其他支出类别包括一般公共服务支出、医疗卫生、环境保护、农林水事务和交通运输支出。

1997 年到 2014 年之间，郑州市一般公共预算自给率维持在 90%～100%。2015 年以来，一般公共预算支出的增速大幅度超出一般公共预算收入的增速，所以郑州市一般公共预算自给率不断下降。2020 年下降到 73%（图 8-7）。尽管近年来持续下降，但是郑州市一般公共预算自给率较高。

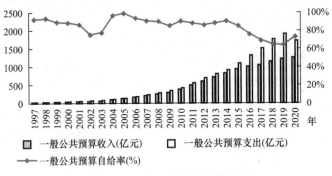

图 8-7 郑州市一般公共预算自给率

8.1.2 政府基金分析

政府基金收入是仅次于一般公共预算收入的第二大财源。2010 年以来，郑州市房地产及土地市场供需两旺，地价持续攀升，政府性基金收入持续高速增长。根据图 8-8，2010 年，郑州市政府性基金收入为 540 亿元，政府性基金支出为 504 亿元，政府性基金自给率是 107%。2020 年，郑州市政府性基金收入为 1059 亿元，政府性基金支出为 1004 亿元，政府性基金自给率是 106%。

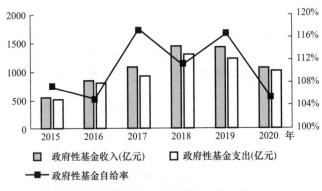

图 8-8 郑州市政府基金收支分析

8.1.3 地方政府债务

2016～2020 年，郑州市政府债务余额持续增长。根据表 8-1，2016 年，郑州市政府一般债务余额是 1421 亿元，专项债务余额 500 亿元，政府债务余额是 1921 亿元。2020 年，郑州市政府一般债务余额是 1266 亿元，专项债务余额 908 亿元，政府债务余额是 2174 亿元。郑州市债务余额、一般债务余额和专项债务余额均低于河南省财政厅规定的郑州市债务限额，且限额与余额之间的空间较大，政府债务风险可控。从债务指标来看，2016 年郑州市地方政府债务偿债率是 189.98%，负债率是 23.68%。2020 年，郑州市地方政府债务偿债率和负债率均下降，分别是 172.61% 和 18.11%。郑州市政府偿债能力较强，债务率和负债率均明显低于财政部规定的警戒线水平，政府债务负担较低。

郑州市地方政府债务存量 表 8-1

年份	政府一般债务余额 / 亿元	政府专项债务余额 / 亿元	政务债务余额 / 亿元	政府一般债务余额限额 / 亿元	政府专项债务余额限额 / 亿元	政务债务余额限额 / 亿元	偿债率 / %	负债率 / %
2016	1421	500	1921	1774	534	2308	189.98%	23.68%
2017	1150	518	1668	1614	626	2240	157.89%	18.15%
2018	1180	604	1784	1650	718	2368	154.85%	16.72%
2019	1231	737	1968	1701	862	2563	160.98%	16.98%
2020	1266	908	2174	1738	1045	2783	172.61%	18.11%

表 8-2 指出了郑州市地方政府债务增量。2016 年，政府债务发行额是 537 亿元（一般债务发行额 382 亿元和政府专项债务发行额 155 亿元），政府债务还本额是 777 亿元（政府一般债务还本额 655 亿元和政府专项债务还本额 122 亿元）。较 2016 年，2020 年政府债务发行额（433 亿元）和还本额（290 亿元）均下降。

郑州市地方政府债务增量（2016～2020） 表 8-2

年份	政府一般债务发行额 / 亿元	政府专项债务发行额 / 亿元	政府债务发行额 / 亿元	政府一般债务还本额 / 亿元	政府专项债务还本额 / 亿元	政府债务还本额 / 亿元
2016	382	155	537	655	122	777
2017	391	255	646	690	212	902
2018	91	110	201	64	21	86
2019	144	160	304	93	28	121
2020	198	235	433	226	64	290

8.2 郑州市公共财政现状的横向对比研究

8.2.1 河南省地级市的公共财政比较研究

（1）一般公共预算比较分析

与经济发展格局相对应，河南省下辖各地级市的公共财政发展实力差异较大。从一般公共预算收入的规模来看（图 8-9），河南省各地级市的一般公共预算收入规模呈现显著分化趋势。省会郑州市一般公共预算收入规模遥遥领先于其他地级市，2020 年完成 1259.4 亿元，占全省一般预算收入的比重为 32.07%。排名第二的是洛阳市，一般公共预算收入为 383.9 亿元，仅为省会郑州的三分之一。南阳市排名第三，其 2020 年一般公共预算收入为 202.1 亿元。其后各地级市的一般公共预算收入规模均不足 200 亿元。鹤壁市的一般公共预算收入排名垫底（71 亿元）。从一般公共预算收入的增速角度来看，尽管受疫情影响严重，但 2020 年河南省各地级市一般公共预算收入均呈现不同幅度增长。安阳市 2020 年一般公共预算收入的增幅排名第一，为 6.6%；增速排名其后的分别为周口市、驻马店

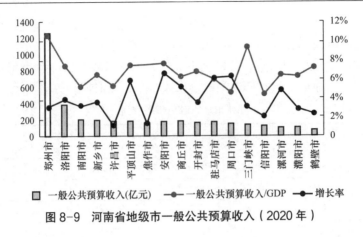

图 8-9　河南省地级市一般公共预算收入（2020 年）

市、平顶山市、商丘市（增速均在 5% 以上）。其他地级市的一般公共预算收入的增速均低于 5%。其中，郑州市 2020 年一般公共预算收入增速为 3%，相对较低。许昌市和焦作市的增速排名最后，均低于 2%。

从一般公共预算收入构成来看（图 8-10），2020 年河南省下辖各地级市税收占比差异有所增大，但总体公共预算收入质量仍较为一般。安阳市 2020 年税收占一般公共预算收入比重最高（71.9%），除安阳市，仅有新乡市、周口市以及漯河市的税收比率超过 70%。其余各市税收比率仍在 62%~69% 区间，其中郑州市 2020 年税收占一般公共预算收入相对靠前，为 69.1%。从一般公共预算自给率的比较来看，郑州市的一般公共预算收支平衡较好，2020 年一般公共预算自给率为 73.2%，持续保持省内排名第一。排名第 2 位的洛阳市仅为 55.8%。许昌市和三门峡市紧随其后，为 50%。其余地级市均在 50% 以下，其中南阳市（27.1%）、驻马店市（27.1%）、濮阳市（29%）、周口市（21.5%）和信阳市（20%）排名末五位，一般公共预算自给率均低于 30%。

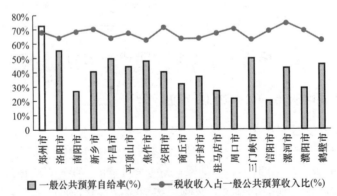

图 8-10　河南省地级市一般公共预算税收收入比重和自给率（2020 年）

（2）政府性基金预算比较分析

从政府性基金预算收入规模看（图 8-11），郑州市作为河南省的省会城市，是河南省政治、经济、文化和金融中心。郑州市具有较为发达的商业基础和成熟的产业结构，人口吸附能力强。2020 年政府性基金预算收入规模达到 1415.4 亿元，较 2017 年增长 31.95%，占到全省政府性基金收入的 35.91%，紧随其后的许昌市政府性基金预算收入达到 243.2 亿元。

分列第3~7位的新乡市、洛阳市、南阳市、驻马店市和周口市政府性基金预算收入分别为231.20亿元、229.2亿元、217.7亿元、216亿元和213.8亿元。其余各市均在200亿元以下，其中排名末位的鹤壁市仅为50亿元。从政府性基金预算收入增长情况看，除了三门峡市，2020年河南省绝大部分下辖地级市政府性基金预算收入较2017年上升。增长最高的地级市是周口市（297%），其次是洛阳市（204%）、新乡市（159%）、许昌市（141%）、漯河市（135%）、信阳市（130%）和安阳市（113%）。其他地级市的增幅均低于100%。

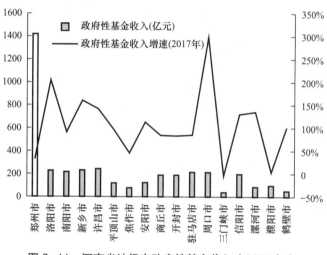

图8-11 河南省地级市政府性基金收入（2020年）

（3）地方政府债务比较分析

从政府债务余额总量来看（图8-12），2019年河南省各地级市政府债务余额总量差距较大。省会郑州市政府债务余额2019年为1967.32亿元，其债务规模位居第一，占全省债务余额29.6%。洛阳市和南阳政府债务余额介于450亿~500亿元之间；许昌市、周口市、新乡市、安阳市、商丘市、信阳市、驻马店市、平顶山市、开封市和濮阳市政府债务余额介于200亿~450亿元之间；其余4个地市政府债务余额低于200亿元，其中漯河市政府债务余额规模最小，为136.39亿元。

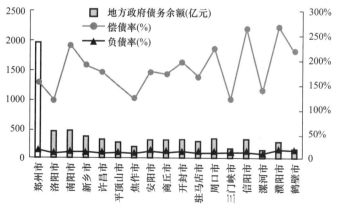

图8-12 河南省地级市地方债务规模和指标（2020年）

从政府债务余额的结构来看，2019年河南省各地级市政府一般和专项债务余额均控制在限额以内。省会郑州市政府一般债务余额2019年为1230.8亿元（一般政府债务限额的72%），其一般债务规模位居第一，占全省一般债务余额34.9%。洛阳市和南阳市政府一般债务余额介于200亿~250亿元之间；许昌市、周口市、新乡市、安阳市、商丘市、信阳市、驻马店市、平顶山市、开封市、濮阳市和焦作市一般政府债务余额介于100亿~200亿元；其余3个地市政府债务余额低于100亿元，其中漯河市一般政府债务余额规模最小，为52.56亿元。郑州市专项债务余额为736.5亿元（专项政府债务限额的85%），位居第一，占全省专项债务余额23.67%。南阳市（251.87）和洛阳市（207.89）政府专项债务余额排名第二和第三。许昌市、周口市、新乡市、安阳市、商丘市、信阳市、驻马店市、平顶山市、开封市、濮阳市专项政府债务余额介于100亿~200亿元；其余4个地市政府债务余额低于100亿元，其中三门峡市专项政府债务余额规模最小，为65.54亿元。

从政府债务偿债率来看，截至2020年末，全省政府偿债率很高地级市为濮阳市（268%）、信阳市（265%）、南阳市（232%）、周口市（224%）、鹤壁市（216%），这些地区的债务偿付压力相对较大。其他各市政府偿债率均低于200.00%。郑州市政府债务偿债率为156%，债务偿付压力相对较低。政府偿债率最低的地级市为三门峡市（120%）。从政府负债率来看，省会城市郑州市政府负债率最高，政府负债率高达16.8%；其次是濮阳市，政府债务率16.4%；其余各地级市政府债务率均低于16.00%。政府负债率最低的地级市为漯河市（8.7%）。

8.2.2　国家中心城市公共财政比较研究

截至2020年底，我国现有9个国家中心城市：北京、天津、上海、广州、郑州、武汉、西安、重庆和成都。它们分别处在华北、华东、华南、华中、西北和西南，同时又分属东部、中部、西部三大经济区。通过对公共财政发展的指标比较分析可以看出，9个国家中心城市的公共财政发展实力差异比较显著。

（1）一般公共预算比较分析

从一般公共预算收入的规模来看（图8-13），2020年上海和北京的一般公共预算收入规模遥遥领先于其他国家中心城市，分别为7165.1亿元和5817.1亿元。天津（2410亿元）和重庆（2134.9亿元）紧随其后。广州、武汉和成都排名第五、第六和第七名。与其他国家中心城市相比，郑州市2020年一般公共预算收入相对较少（1222.5亿元），在9个国家中心城市中排名靠后（第八）。排名最低的是西安市，其2020年一般公共预算收入是702.56亿元。从一般公共预算收入构成来看（图8-13），上海市2020年税收占一般公共预算收入比重最高（87.7%），除上海市，仅有武汉和西安税收比率超过80%。北京市2020年税收占一般公共预算收入比重最低（46.7%）。其余各市税收比率仍在65%~80%区间，其中郑州市2020年税收占一般公共预算收入为73%，相对靠后（排名第七）。从一般公共预算自给率的比较来看，上海市2020年一般公共预算自给率为87.6%，排名国家中心城市第一。排名第二的是北京市（82.7%），成都市紧随其后（73.9%）。其余国家中心城市均在70%以下，其中武汉市（69.9%）、天津市（68.7%）、郑州（64%）、广州（59.2%）、西安（56.3%）和重庆（44%）。总之，郑州市一般公共预算收支平衡能力相对较低。

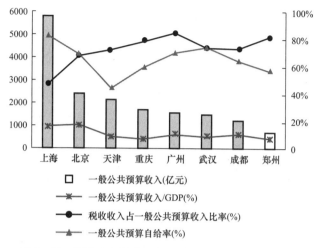

图 8-13 国家中心城市一般公共预算分析（2020 年）

（2）政府性基金预算比较分析

从政府性基金预算收入规模看（图 8-14），上海市位居国家中心城市第一，2020 年政府性基金预算收入规模达到 2418 亿元，紧随其后的重庆市和北京市的政府性基金预算收入分别达到 2248 和 2216 亿元。分列第四～八位的是武汉市（1744 亿元）、广州市（1666 亿元）、成都市（1548 亿元）、天津市（1431 亿元）、郑州市（1415 亿元）。排名末位的西安市为 1352 亿元。从政府性基金预算自给率情况看，郑州市 2020 年政府性基金预算自给率为 116.5%，位居国家中心城市第一。政府性基金预算自给率超过了 100% 的国家中心城市包括西安市（109.4%）和广州市（105%）。其余各市的该比率处于 60%～100% 区间。最低的北京市政府性基金预算自给率为 60.5%。

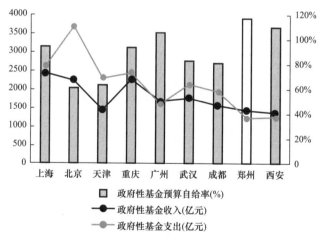

图 8-14 国家中心城市政府性基金收支分析（2020 年）

（3）地方政府债务比较分析

从政府债务余额总量来看（图 8-15），上海市（5722.1 亿元）和重庆市（5603.7 亿元）位居前两位，总量较大。紧随其后的是北京市（4964.1 亿元）和天津市的（4959 亿元）。武汉市 2020 年政府债务余额总量是 3376.7 亿元，排名居中。其余 4 个国家中心城市的政府债务余额均在 2000 亿元之下。郑州市政府债务余额规模最小，为 1967.3 亿元。从政府债务余额的结构来看，所有国家中心城市的政府债务均控制在限额以内。上海市、重庆市和北京市一般债务规模位居前三名，分别为 2787.7 亿元（一般政府债务限额的 67%）、2524.3 亿元（91%）和 2116.9 亿元（78%）。天津市、武汉市、郑州市和成都市的一般债务余额介于 1000 亿～2000 亿元之间。郑州市的一般政府债务余额占一般政府债务限额的 72%。其余两个国家中心城市的一般政府债务余额低于 1000 亿元，其中西安市一般政府债务余额规模最小，为 772.94 亿元。郑州市专项债务余额为 736.5 亿元（专项政府债务限额的 85%），排名最后。天津市（3455.3 亿元）和重庆市（3079.4 亿元）政府专项债务余额排名第一和第二。上海市（2934.4 亿元）和北京市（2847.1 亿元）的政府专项债务余额排名第三和第四。其余 4 个国家中心城市的专项政府债务余额介于 1000 亿～2000 亿元。从政府债务偿债率来看，国家中心城市政府偿债率排名依高低顺序为西安（289%）、重庆（262%）、武汉（216%）、天津（206%、成都（190%）、郑州（161%）、北京（85%）和上海（80%）。郑州市政府债务偿债率排名第七，债务偿付压力相对较低。从政府负债率来看，天津市政府负债率最高，政府负债率高达 35%，其次为武汉（22%）和重庆（20%）。其余的国家中心城市的债务率均低于 20%。郑州市政府负债率为 16%，排名居中。政府负债率最低的是广州市（11%）。

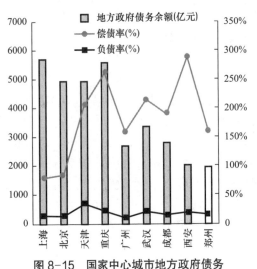

图 8-15　国家中心城市地方政府债务

8.2.3　中部省会城市公共财政发展比较研究

中部六省就是我国中部地区的 6 个省份，分别是山西省、河南省、安徽省、湖北省、湖南省和江西省。6 个省份的省会城市，分别是太原、郑州、合肥、武汉、长沙、南昌。和经济发展的格局相对应，6 个中部省会城市的公共财政发展差异显著。

（1）一般公共预算比较分析

从一般公共预算收入的规模来看（图 8-16），2020 年武汉市一般公共预算收入 1564.1 亿元，排名中部省会城市第一，遥遥领先排名第二的郑州市（1222.5 亿元）。其他 4 个中部省会城市的一般公共预算收入均低于 1000 亿元，分别为长沙市（950 亿元）、合肥市（746 亿元）、南昌市（477 亿元）和太原市（386.6 亿元）。从一般公共预算收入构成来看，武汉市 2020 年税收占一般公共预算收入比重最高（84.6%）。除武汉市，其他 5 个中部省会城市的税收比率均在 70%～80%。其中郑州市 2020 年税收占一般公共预算收入为 73%，相对靠后（排名第五）。从一般公共预算自给率的比较来看，武汉市 2020 年一般公共预算自给率为 69.9%，排名第一。排名第二的是长沙市（68.4%），紧随其后的是合肥市（66.4%）、郑州市（64%）、太原市（63.3%）和南昌市（57.2%）。

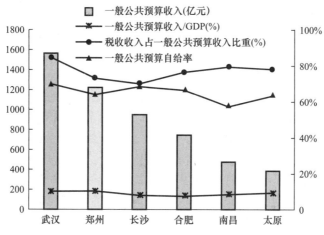

图 8-16 中部省会城市一般公共预算分析（2020 年）

（2）政府性基金预算比较分析

从政府性基金预算收入规模看（图 8-17），武汉市位居中部省会城市第一，2020 年政府性基金预算收入规模达到 1744 亿元，紧随其后，郑州市的政府性基金预算收入达到 1415 亿元。其他 4 个中部省会城市的政府性基金预算收入均低于 1000 亿元。南昌市排在最低（429.9 亿元）。以政府性基金预算收入与一般公共预算收入规模相比，太原市 2020 年政府性基金预算收入对一般公共预算收入的比率是 144%，排名居首。郑州市排名第二（116%）。剩下城市排名如下：武汉市（112%）、南昌市（90%）、长沙市（86%）、合肥市（80%）。从政府性基金预算自给率情况看，合肥市 2020 年政府性基金预算自给率为 127%，在中部省会城市排第一；郑州市 2020 年政府性基金预算自给率为 117%，在中部省会城市排第二。其余中部省会城市均低于 100%。最低的武汉市政府性基金预算自给率为 82%。

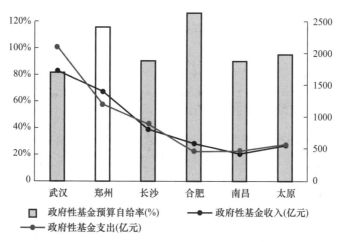

图 8-17 中部省会城市政府性基金收支分析（2020 年）

（3）地方政府债务比较分析

从政府债务余额总量来看（图 8-18），武汉市 2020 年政府债务余额总量是 3376.7 亿元，排名中部省会城市第一。其债务余额规模大于排名第二的郑州市（1967.3 亿元）和第三的长沙市（1823.3 亿元）。其余 3 个中部省会城市的政府债务余额均在 1000 亿元之下。太原政府债务余额规模最小，为 548 亿元。从政府债务余额的结构来看，所有中部省会城市的政府债务均控制在限额以内。武汉市、郑州市和长沙市一般债务规模位居前三名，分别为 1444.8 亿元（一般政府债务限额的 95%）、1230.8 亿元（一般政府债务限额 72%）和610.2 亿元（一般政府债务限额的 98%）。其余 3 个中部省会城市的一般政府债务余额低于 400 亿元，其中太原一般政府债务余额规模最小，为 205.7 亿元。郑州市专项债务余额为 736.5 亿元（专项政府债务限额的 85%），排名中间。武汉市（1931.83 亿元）和长沙市（1213.1 亿元）政府专项债务余额排名第一和第二。剩下 3 个中部省会城市的专项政府债务余额介于 300 亿～500 亿元。其中太原专项政府债务余额规模最小，为 342.3 亿元。从政府债务偿债率来看，中部省会城市政府偿债率排名依高低顺序为武汉市（216%）、长沙市（192%）、南昌市（177%）、郑州市（161%）、太原市（142%）和合肥市（117%）。郑州市政府债务偿债率排名相对靠后，债务偿付压力相对较低。从政府负债率来看，武汉市政府负债率最高，政府负债率高达 22%，其次郑州市（16%）、长沙市和南昌市（15%）。政府负债率最低是合肥市（9%）。

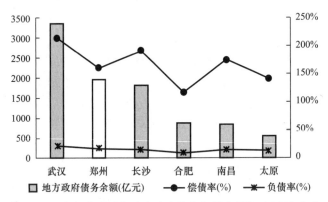

图 8-18　中部省会城市地方政府债务规模和指标（2020 年）

8.3　郑州公共财政目前面临的挑战和机遇

8.3.1　郑州公共财政发展面临的挑战

"十三五"时期是郑州市公共财政发展的分水岭，郑州市财政实力显著增强。2020 年全市一般公共预算收入是 1259.4 亿元，是 2010 年 386.8 亿元的 3.3 倍。2020 年全市一般公共预算支出是 1720.5 亿元，是 2010 年 426.7 亿元的 4.0 倍。郑州市一般公共预算收入跃居全国省会城市第六位，中部省会城市第二位。尽管郑州市公共财政近年来取得了令人瞩目的成绩，在未来建设和发展郑州国家中心城市的进程中公共财政面临着巨大的挑战。这些挑战主要表现在四个方面。

第一，郑州市一般公共预算收入持续稳定增长压力很大。随着经济增速放缓和大规模减税降费政策的实施，加上疫情影响叠加，郑州市一般公共预算收入发展受到进一步制约。此外，与其他国家中心城市相比，郑州市产业结构相对不合理，高端制造业和现代服务业比重不高，再加上"营改增"改革扩围、煤炭资源税从价计征等多重因素叠加影响，郑州市一般公共预算收入实现持续稳定的增长压力大。

第二，在一般公共预算收入增速下滑的同时，政府性基金收入，尤其是国有土地使用权收入受房地产市场不确定性的影响较大，土地财政隐含的地方公共财政风险越来越大。郑州市 2020 年国有土地出让金规模达到 1257.3 亿元，其规模遥遥领先于河南省其他地级市，占全省国有土地出让收入的 36.9%。郑州市土地出让金占政府基金收入的比重为89%，占一般公共预算基金收入的比重是 66%。郑州市过度依赖土地财政会导致财政收入不可持续和不稳定，加大潜在的财政风险；同时容易造成房价居高不下，透支居民未来的消费能力，加大贫富分化等问题。

第三，郑州市发展超大城市面临的经济社会发展任务不断加重，对财政支出保障提出了更多的要求。一方面，从经济领域看，为促进经济"稳增长、调结构"，支持科技创新、文化创新，推动重点产业发展，提高郑州市经济发展质量，需要财政资金和政策的强劲支撑。另一方面，郑州市除了需要应对经济转型升级和新常态发展的挑战外，还需要应对郑州国家中心城市建设和发展带来的城市人口、交通、资源、环境、城乡一体化发展、公共服务、民生事项等突出问题。这些都需要巨大的公共财政投入。根据郑州国家中心城市的发展和建设规划，2049 年郑州全市人口将达到 2500 万～3000 万，其中 80% 为城市人口。未来郑州超大城市的发展将进一步加大对供水、供气、电力、通信、公共交通、棚户区改造等与民生密切相关的基础设施建设需求，郑州市城市基础设施建设资金需求巨大。

第四，郑州财政支出平衡难度加大和财政收支矛盾比较突出。在财政资金需求不断增加的同时，财政支出结构日益固化，城市基本建设、基本经费、法定支出和公用事业补贴等刚性支出占公共财政预算支出的比重超过 80%，优化财政支出结构和统筹安排财政资金的难度明显加大。

第五，地方债已经成为郑州市最主要的举债方式，地方政府偿债压力不断增大。从规模上来看，郑州市地方政府偿债余额不断上升，尤其是专项债券。2020 年郑州市地方政府债务余额是 2174 亿元，比 2019 年的 1968 亿元增长 10%。郑州市 2020 年偿债率和负债率分别是 172.61% 和 18.11%，比 2019 年偿债率（160.98%）和负债率（16.98%）均有增加。

8.3.2 郑州未来公共财政发展的机遇

挑战和机遇共存。郑州未来公共财政的发展在面临巨大挑战的同时，也拥有绝好的发展机遇。

第一，在推动郑州的城市发展中，国家政策导向和支持无疑是城市发展最有力的一个因素。"一带一路"、《促进中部地区崛起"十三五"规划》、《中原城市群发展规划》、《关于支持郑州建设国家中心城市的指导意见》、抢抓黄河流域生态保护和高质量发展、中国（河南）自由贸易试验区、郑州航空港经济综合实验区、郑洛新国家自主创新示范区等一系列国家战略，形成了国家层面支持郑州建设国家中心城市的政策体系，为郑州提供了建设国家中心城市的历史发展机遇。一个强大的城市群，是中心城市存在和发展的重要前提之一。没有城市群作为依托，中心城市的实际作用并不突出。2018 年 11 月 18 日，中共中央、国务院发布的《中共中央　国务院关于建立更加有效的区域协调发展新机制的意见》明确指出，以郑州为中心，引领中原城市群发展。

第二，河南省委、省政府对郑州城市发展高度重视，出台新政大力支持郑州国家中心城市建设。《河南省建设中原城市群实施方案》《建立更加有效的区域协调发展新机制实施方案》《关于支持郑州建设国家中心城市的若干意见》《关于促进郑洛新国家自主创新示范区高质量发展的若干政策措施》等一系列河南省发展战略，形成了省级层面支持郑州建设国家中心城市的政策体系，为推进郑州国家中心城市的建设和发展提供了有利政策环境。

第三，在河南省，郑州的城市经济正在经历转型升级，其经济增长模式从投资主导模式转向生产力主导模式和消费增长模式。郑州市重点支持高新科技产业和现代服务业的发展，促进产业结构的优化调整。2018 年郑州 GDP 总量突破万亿大关，在全国 298 个地级以上城市中排名 16 位。同时，现代产业体系构建进一步加快，航空港实验区电子信息先进制造业集群向高端拓展，高技术产业增加值快速增长，七大主导产业稳步发展，已形成电子信息、汽车及装备制造两个 5000 亿级产业集群。产业结构决定财源结构。郑州市产业结构调整有助于提升第二和第三产业的经济效益，对郑州市财税收入的稳定增长具有助推作用。

第四，交通是推进城镇化和城市群发展壮大的有力支撑。郑州建设国家中心城市最大的优势和底气在于郑州区位交通优势——"米"字形高铁、全国铁路的"心脏"、国际化的郑州机场、四通八达的高速公路网、联通世界的中欧班列，形成了连通境内外、辐射东中西的现代综合交通枢纽体系。《郑州都市圈交通一体化发展规划（2020—2035 年）》提出突出郑州航空枢纽和铁路枢纽"双核驱动"，大力发展枢纽经济，建成"轨道上的都市圈"，建成"黄河流域生态保护和高质量发展交通先行区"，打造"国际性交通门户枢纽"。

8.4　促进郑州中心城市发展的公共财政战略和对策

8.4.1　采取积极的财政政策，促进经济方式转变和产业结构优化

国际国内发展实践表明，经济增长是长期动态的过程，也是产业结构不断优化调整的过程。20 世纪 70 年代以来，以美国为首的西方发达国家的服务产业比重逐渐上升，进入"后工业时代"，发达国家的老工业基地在经历了重工业化时期的繁荣后纷纷走向衰落，大量的传统制造业工厂倒闭，许多工厂的厂房和旧工业设备被遗弃和限制。这些老工业基地都被统称为"铁锈地带"。为了推进产业结构的优化升级，美国实行了"再工业化"战略，依托创新驱动转变工业发展模式。近年来，随着美国先进制造业的不断发展壮大，美国传统制造业的"铁锈带"转变为"高科技带"。以创新驱动为核心的"再工业化"战略，成功为美国经济持续增长和繁荣注入了新的动力和活力。

与上海、北京和广州等国家中心城市相

什么是高端产业？

● 所谓高端产业是指具有高附加值、高技术含量、高效益、低消耗、低污染等产业特征。高端科技人才聚集、知识含量高，对产业链具有主导作用和带动作用的产业。

● 学术界普遍认为高端产业具有相对性和先进性。本质上，高端产业的高附加值和高技术知识含量来源于创新。因此，创新是推动产业结构迈向中高端水平的最重要因素（曹立，2015）。

比，郑州产业结构分布不合理，传统资源能耗型产业占比比重过高。郑州市产业结构分布是"二三一"，第三产业比重过小（40%）。随着科学技术的进步、传统的工业地位逐渐下降，新技术、创新型产业、高附加值制造业等高科技和新型工业具有强大市场发展生命力。郑州市传统工业强大而新型工业落后，不利于郑州市产业竞争力提升和未来经济的可持续发展。因此，郑州市应当实施更为积极的财政政策、促进产业结构调整和经济发展方式转变。产业结构决定财源建设。从公共财源建设方面来讲，制造业和服务产业的产品附加值越高，对地方财力贡献越大。

第四次工业革命

- 进入 21 世纪以来，以物联网、大数据、人工智能、机器人等技术为驱动力的第四次工业革命正以前所未有的态势席卷全球。第四次工业革命是继蒸汽技术革命、电力技术革命和信息技术革命后的又一次巨大的影响社会生产方式的变革。
- 第四次工业革命为中国的产业转型升级、社会经济发展带来机遇，同时也对劳动就业、重塑人力资源结构带来了挑战。
- 郑州市应抓住第四次工业革命的发展机遇，以关键技术的创新与应用为突破口，加快相关领域的转型升级，适应第四次工业革命的要求，推动经济迈向更高质量的发展。

　　财政政策是宏观经济学理论一个重要分支。财政政策指的是政府使用支出与税收等手段来影响经济的公共政策。财政政策包括积极的财政政策和消极的财政政策。积极的财政政策是通过扩大政府公共支出和投资（政府基础设施建设）和减税降费等手段来调整经济结构，引导、推动、扶持产业升级，形成新的经济增长点，促进投资，增加就业，扩大内需（Keynes，1936）。

　　一方面，建议郑州市进一步加大财政专项扶持资金的投入力度，深入落实税费减免政策，鼓励传统产业改造提升，注重鼓励运用互联网、物联网、大数据、云计算、人工智能等新一代信息技术改造传统产业，推广先进适用、绿色工艺技术，促进传统产业安全、绿色、集聚、高效发展和数字化、网络化、智能化升级，提高传统产业的规模效应和整体优势。另一方面，郑州市应该创新产业支持的财政资金投入机制，充分运用财政资本和社会资本的杠杆，强化对郑州市产业发展基金的投入和政策引导，注重培育壮大新兴产业，重点支持高新科技产业和现代服务业，鼓励发展新技术、新产品、新业态。

8.4.2　优化财政支出结构，加大公共服务和民生支出

　　主流经济理论认为，经济增长与财政支出之间主要遵循瓦格纳法则（Wagner's Law）：财政支出随经济增长而增长；政府活动的重要性提高，工业化过程中公共支出不断扩大。自凯恩斯（Keynes，1936）的《通论》的发表之后，主流学术界开始逐渐接受政府的财政支出对于经济增长具有积极的促进作用这一理论（凯恩斯政府干预理论）。这两种理论对于指导现实中国地方政府公共财政支出活动有着重要的意义。

　　郑州国家中心城市建设和发展带来的城市人口迅速增长需要强大的城市公共服务的供给。随着郑州城市功能定位的调整、大规模减税降费政策的实施，郑州市财政收入发展受

到进一步制约。面对建设国家中心城市的大量资金需求，在当前财政收入增速下滑和财政整体收支平衡压力较大的时期，一方面，财政管理的一个基本原则，就是要"量入为出"。郑州市要优化财政支出结构、节约各项开支，大力压缩"三公"经费等一般性支出。另一方面，郑州市要集中财力着力保障民生，加大对公共服务和民生支出的建设力度，加大对教育、社保、医疗卫生、大气污染防治、环境综合治理等民生事项的投入。在郑州市财力配置上，按照"收入下划、财力下沉、事权下放、保留基数、增量激励、科学考察"的原则，充分调动市、区两级积极性，聚焦基层公共服务。

加大地方政府科技研发和教育支出，推进郑州市国家创新型城市建设

- 根据世界银行的统计资料，20世纪60~80年代，主要发达国家的人均GDP达到10000美元。西方发达国家的经验表明，当进入人均GDP10000美元发展阶段后，国际大都市经济发展驱动力将以科技引领为主。2012年郑州市被国家科技部正式确定为国家创新型试点城市。从R&D经费投入力度来看，郑州市R&D经费投入最多，占河南全省的27.3%。与国内经济创新指数较高的一线城市深圳、上海相比，郑州市地方政府科技财政支出和教育支出相对较少。
- 经济持续快速发展需要一个自然和谐的生态环境。纽约、伦敦等国际大都市在人均进入GDP10000美元发展阶段之后重视城市绿地的生态功能，注意以天然的自然景观为依托形成城市绿化的基础。进入21世纪以来，为应对全球变暖、资源耗竭和环境恶化等问题，低碳化、生态化已经成为世界各国城市发展的共同目标。欧盟和日本等大力推进低碳城市建设，加快城市发展，从高能耗模式向低碳模式转型。英国率先在城市郊区推进了生态城镇建设。

8.4.3　深化投融资体制改革，积极探索城市基础设施发展新的融资模式

基础设施是现代经济和社会发展的基础。一般而言，城市基础设施被定义为"城市正常运转所必需的基本公共工程和公共设施"（Wang et al. 2011）。在中国的情景下，城市基础设施包括公用事业（供水和排水，住宅燃气和供暖，公共交通），市政工程（道路，桥梁，隧道，码头和污水处理），公园，卫生和废物管理，以及城市化地区的防洪设施（Wu，1999）。城市基础设施是城市正常运行和健康发展的物质基础，对于改善人居环境、增强城市综合承载能力、提高城市运行效率、推进城镇化具有重要作用。

基础设施的特征和基础设施投资对经济增长的作用

- 基础设施具有资产专用性、大规模资产特性、自然垄断性、时空布局效应、范围经济性、社会间接资本特性等资产特征，这些性质决定了基础设施项目资金投入大、退出成本高、转移成本高。
- 基础设施投资在经济发展中的作用与地位受到世界各国政府和学者的关注。进入20世纪90年代后，经济学家对基础设施问题的研究日益增多，研究的重点集中在基础设施提升经济发展的效益方面。经济学理论认为基础设施投资对经济增长的作用表现为直接效应和间接效应。直接效应作用机理为：基础设施投资直接改善企业运输条件，降低企

业的运输成本和提高企业运输的能力，从而增加企业收益，并带动就业增加。间接效应作用机理为：基础设施的建设需求带动相关产业如建筑业的发展以及原材料如水泥、石灰等的需求大幅增加，同时，基础设施的改善为其他产业提供保障，降低其经济活动的成本（Aschauer 1989, 1990; Duffy-Deno and Eberts 1991; McQuaid et al. 2004 Chen, Kriz, and Wang 2016）。

- 就中国目前的发展要求来看，基础设施建设要适度超前，走在经济发展的需要前面。当然城市基础建设并不是越多越好，要注重质量和效益。

20 世纪 50 至 60 年代，国外学者建立了关于基础设施投资代表性的经典理论。1943 年，Rosenstein-Rodan（1961）提出基础设施超前发展论。其理论核心内容认为基础设施是其他生产部门建立和发展的基本条件，基础设施的发展水平能够影响其他生产部门的成本和效益。基础建设周期较长，在经济发展初期，必须一次性投入大量资金全面推动基础设施建设（Rosenstein-Rodan，1961）。与"基础设施超前发展论"相反，赫希曼提出了"基础设施滞后发展论"，发展中国家最大的困难在于资金不足，基础建设投资的资金需求非常大，回收非常慢，应该先对直接生产部门进行投资以促进经济发展，迅速积累资金，通过经济发展的压力刺激基础设施的发展（Hirschman，1991）。

郑州国家中心城市的发展需要大量的城市间和城市内的基础设施。新型基础设施也应该与新型城镇化要求相适应。目前，郑州市基础设施投融资方式较为单一，主要依靠政府资金、银行贷款，以及利用地方政府融资平台进行直接融资等方式，当然还有土地出让金等具体方式。2013 年《国务院关于加强城市基础设施建设的意见》明确提出建立完善多层次、多元化的城市基础设施投融资体系。

PPP 不是解决城市基础设施投资的万能药！

- PPP 在中国城市基础设施领域有较大的发展空间，但 PPP 本身有一定的适用范围。比如，城市街道网络，难以向使用者收费，因为交易成本太高，所以不适合采用 PPP 的做法来建设。
- 从本质上讲，PPP 是一种融资手段（Financing）而非筹资手段（Funding），仅靠 PPP 不能解决所有城市基础设施投融资和经营问题。
- 郑州市政府要建立一个可持续的多元化的基础设施投融资体系，同时提升现有基础设施经营管理水平，增加基础设施的使用效率，从而满足城市人口对基础设施不断增长的需求。

郑州市应该效仿上海、北京等城市先进的基础设施融资的经验，构建"三位一体"的多元融资模式，充分调动政府、社会和市场的力量，建立多元化、多渠道的基础设施融资体系，保障基础设施建设所需资金的有效供给（施航华，2014）。首先，郑州市基础设施融资以特许经营为核心、实现政府主导的投融资模式。郑州市政府可以作为特许人将基础设施项目进行业务分割，将可经营性项目与受许人建立合理的契约合同关系，在政府特许人的监控下，完成基础设施建设和运营。其次，在实现政府主导的同时，郑州市政府可以加大市场化运作力度、开拓基础设施融资渠道，设立城市发展基金、公益性资产证券化，实现市场化的股权和债券综合融资。"新基建"更加强调市场规律和产业发展规律，要更多地依赖市场化主体的参与。最后，实现投资主体多元化、按照财政部《关于推广政府和社会资本合作模式有关问题的通知》，加强政府与社会资本合作（Public Private Partnerships, PPP），引入社会资本参与基础设施投融资的创新可以盘活存量基础设施资产，促进基础设施运营效率的提高。2020 年，全球基础设施 PPP 投资项目共 252 个，总投资为 457 亿美元。在基础设施领域，PPP 改革较早和较为成熟的国家包括英国、美国、法国等国家。国际上 PPP 成熟的做法是将基础设施项目全过程交给私人部门来执行，充分发挥私人部门投资人的积极性，政府在各个环节上的质量、进度、服务等方面主要起监管作用。

总结全球基础设施 PPP 的成功经验，基础设施 PPP 项目的成功要素如下：明确的 PPP 政策、计划、程序，保证私人部门一个公开、公平、竞争的 PPP 市场，合理分担 PPP 项目风险和收益，可靠稳定的私人资本、政府和公众支持、公正透明的竞标、客观的可行性研究（Osei-Kyei and Chan, 2013; Li et al., 2005）。

新型基础设施的建设需要多样的市场化基础设施融资工具

- 为了应对国内外复杂的经济形势，2018 年 12 月中央经济工作会议首次正式提出"新型基础设施建设"（简称"新基建"）。与以钢筋水泥为主的"老基建"不同，"新基建"范围包括特高压、城际高铁及轨道、新能源汽车充电桩、大数据中心、5G、人工智能、工业互联网七大较为独立的领域。从短期来看是刺激国内经济迅速复苏和发展的重要举措。从长远看，新基建旨在全面打造现代化的经济基础设施体系，实现经济可持续的高效发展。

- 2021 年 5 月郑州市发展改革委编制《郑州市新基建建设示范区发展规划（2021—2025）》，并向社会公开征求意见。该《发展规划》称，郑州市"十四五"期间将全面实施新基建"381"专项工程：实施 3 个信息基础设施专项工程，8 个重点领域新型基础设施建设专项工程，和 1 个创新基础设施建设专项工程。新基建总项目投资将超过 3000 亿元。

- 与传统基建相比，新基建的公益性有所降低，经营属性增强，项目普遍强调投资收益和回报，因此新基建能够吸引市场化投融资主体的参与，适合运用市场化、多样化创新的投融资模式。

8.4.4　摆脱土地财政依赖症、促进地方财政收入的可持续发展

目前，国内学术界还没有对土地财政的概念和范围形成统一认识，但是大部分学者认同，土地财政是指在中央和地方财政分权等因素影响下，地方政府依靠土地出让获得的预算外收入。1994 年我国分税制改革后，地方政府事权增加和财政压力增大。为了缓解财政压力，地方政府凭借土地管理权取得的与土地相关的租税收入成为其重要的财政收入来源。过高依赖土地财政会导致地方政府财政收入不可持续和不稳定，加大潜在的巨大财政风险，导致地方政府发展规划缺乏延续性，导致实体经济空洞化并有可能诱发金融风险，造成房价居高不下、透支居民未来的消费能力，加大贫富分化等问题（邓子基，2012；贾

康和刘薇，2012；刘尚希，2013）。

土地资源有限而且土地价格受市场影响波动性很大。土地收入作为地方财政的主要支柱是不可持续的。由于土地使用权的期限是40～70年，因此土地是一种会枯竭的资源。国有土地使用权出让是地方政府最重要的收入来源。图8-19表明郑州市国有土地使用权出让收入从2015年的448亿元增加到2020年的947亿元。国有土地使用权出让收入占郑州市政府基金收入比重保持在80%左右。政府性基金收入中土地使用权出让收入易受存量土地、政府建设规划、国家政策及土地市场交易情况等因素影响，未来存在一定不确定性。近3年，郑州市房地产市场土地交易下降，政府性基金收入中土地使用权收入增长率下降。

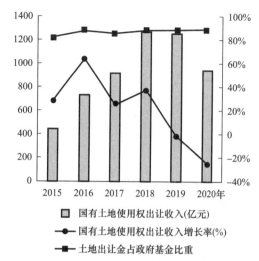

图8-19　郑州市土地财政分析（2010~2020）

房地产税改革的美国经验借鉴

- 美国房地产税（Property Tax）是美国地方政府的最主要收入来源，为地方政府的消防、政府执法、学区公共教育、道路建设和其他公共服务提供资金。房地产税主要对房地产和个人财产征收，包括土地、房屋、建筑物等不动产、商业用的其他财产，其中最主要的是个人房产（Mikesell，2014）。
- 美国财产税制度的成功经验如下：
    ○ 统一完备的州和地方政府财产税立法
    ○ 完备的房产价值评估体系
    ○ 按需计算、差别化的可调节的法定房产税率
    ○ 公开透明的财产评估体系
    ○ 体现税收公平的多样化的税收优惠制度（针对弱势和低收入群体的财政补贴、减免税收、返还税款）
- 财与职来，钱随责走。地方政府是提供基本公共服务的责任主体，客观上要求授予地方基层政府稳定可靠的财权。这是地方主体税存在缘由的一部分（张平，2016）。未来的中国房地产税的改革进程中，房地产税应该收入划归地方政府，由地方政府管理与支配，用于当地公共服务和基础设施建设，是真正意义上的地方税主体税种。

地方城市政府需要获得透明可靠和可持续的财政资金来源，包括税收、收费、补助金和上级转移支付。为了减少对土地的依赖程度，郑州市城市必须通过扩大税基，发展高新产业财源建设、寻找替代性财政收入（房产税）。从本质上讲，解决土地财政的问题需要通过调整财税体制来实现（刘尚希、朱长才，2013）。土地和房地产在可预见的将来仍然是城市政府税收的主要来源，原因是城镇化和收入的上升将继续推动住房需求的增

长。郑州市可以借鉴国内房地产税试点的经验，建立一个土地和房地产市场发展的新框架，使郑州市获得稳定、可持续的房产税收入来源（郑思齐、孙伟增、满燕云，2013；张平，2016）。国外经验看，无论发达国家，还是发展中国家，房产税都占到地方政府财政的相当比例，美国占州以下政府税收的75%，一些欧洲国家占比在20%以上，而我国只有7%，主要针对经营性房产和土地使用征收；随着地方投融资监管体制的不断完善，以土地为主要抵押物的城投债将最终让位于以地方税费为主要抵押物的市政债，地方债务与土地之间的关联度也将逐渐减弱（税收立法权完全集中在中央，省、市政府无权决定税种的废立）。

8.4.5　加强政府性债务管理、切实防范化解财政风险

郑州市地方政府债务不断增长，在经济新常态下，经济增长放缓，地方政府债务风险不容忽视。郑州市需要认真贯彻落实《国务院关于加强地方政府性债务管理的意见》规定，清理、甄别存量债务。一是严格控制债务规模。对政府债务实行规模控制，严格限定政府举债程序和资金用途。二是建立政府债务预警机制。探索建立政府性债务风险预警机制和债务风险应急处置机制，控制和化解地方政府性债务风险。三是积极争取发行地方政府债券（建议改为优化债务结构）。积极主动创造条件，发行地方政府债券，用于置换成本高、期限短的债务，减轻债务负担。四是完善偿债准备金制度。每年通过年初预算和超收财力，增加偿债准备金规模，认真做好到期债务还本付息工作。五是加快融资平台转型，建议增加融资平台的市场化转型。

美国是世界上第一个发起市政债（Municipal Bonds）的国家，早在1812年纽约市便发行了市政债，为开凿一条运河而筹备资金。美国市政债发行主体主要为州和地方政府。每当遇到大规模的城市建设，市政债就会成为美国各州和地方政府重要的融资工具。截至2018年底，共有44000个州及地方发行主体，累计本金超过3.8万亿美元。美国地方政府债券有一般责任债券（General Obligation Bonds）和收益债券（Revenue Bonds）两大类。一般责任债券是由州、市、县或镇政府发行，以发行者的征税能力作为偿债基础；收益债券也是由州、市、县或镇政府发行，但以发行者的具体某个项目的收费或指定的税收来偿债。

美国百年以来市政债的发展历程中有三点值得中国地方政府借鉴。第一是市场化程度高。美国市政债券的发行（Issue）、公示（Disclosure）、信用评级（credit rating）、推销（marketing）以及代理（underwriting）等诸多环节都是通过资本市场进行运作的。第二是美国证监会、财政部金融局、国税局、市政债券委员会、金融业监管局以及各州监管部门共同构建了多层次有效的地方债监管体系。第三是规范透明的地方债发债系统。美国城市财政局长协会和公共证券协会制定实施了信息披露准则，规定地方政府在发行市政债时应该披露的必要事项和信息发布标准格式（王秋石，2008；Fisher，2018）。

8.4.6　借助郑州"特区"发展，建立省内政府间新型的合作财政关系

作为河南的省会、对外开放的窗口、区域经济的中心，郑州的发展直接关系到河南全省的发展，郑州的建设直接影响到全省的建设。郑州国家中心城市建设和发展不仅需要河南省委、省政府的大力支持，同时也需要省内其他市县的通力协助合作。借助"郑州特

区"平台的发展，改革和塑造河南省省内政府间新型的合作财政关系，形成合力，支持郑州建设国家中心城市。

政府间财政关系是关于财政的各种权力的分配关系，它是由事权、财权、转移支付三部分组成。图 8-20 表明了政府事权和财权之间的相互关系。政府事权（Expenditure Responsibilities）的分配是关于哪些政府公共支出应由哪一级政府来承担。政府的财权涉及两个部分：一是自有收入；二是转移支付收入。如果政府分权只涉及事权的话，那就意味着政府支出的责任向下一级政府下放。如果政府分权是指财权的话，则有两种情形：一种是下级政府自有收入（即自有税收）比重增加，另外一种是转移支付的比重增加。学术界的普遍观点是每一级政府的支出责任最终要与其财力相匹配。政府间财政关系包括中央政府与地方政府间财政关系和地方政府之间财政关系两个方面。经典的财政分权理论指出了财政在中央与地方之间分权的必要性，并指出了在一定的条件下，某些公共产品由地方财政提供比中央财政更加有效（Tiebout, 1956; Musgrave 1959; Oates 1972）。比如，Tiebout的"以足投票"理论认为，在居民的选择压力下，地方政府必须尽力按居民的要求供给公共品，从而实现帕累托效率，而不同地区间的税收水平也会趋向合理。Musgrave 则在其 1959 年的经典著作《公共财政理论》（*The Theory of Public Finance*）中首次提出 Public Finance 的概念，并分析了中央财政和地方财政存在的合理性和必要性。基于公共品的供给效率和分配的公正性实现，证明了中央政府和地方政府间必要分权的可行性和赋予地方政府相对独立权力的必要性。奥茨（Oates）在《财政联邦主义》（*Fiscal Federalism*）中提出，公共产品让地方财政提供，要比由中央财政向全体选民提供有效得多。经典的财政均等化理论认为，中央通过转移支付对财力弱小的地方提供资金扶持，使地方拥有足够财力提供标准化的公共服务，确保无论居民位居何地都能享用均等化的公共服务，不断提高社会整体福利效应水平，实现社会的公平正义和可持续发展（Oates, 1972）。

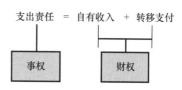

图 8-20　事权和财权之间的关系

河南省内政府间新型的合作财政关系包括两个方面。一方面，它包括垂直的河南省级政府和郑州市政府之间的财政支持和合作关系。河南省级政府加强对郑州的财政支持和合作，主要包括财税优惠、政策倾斜、重大基础设施项目合作、高端科技人才的引进和政策配套。在强力支持郑州发展的同时，对省内其他城市的发展也会产生外溢效应。另一方面，它涵盖郑州市和河南省其他地级市县之间的互帮互惠的财政协同合作发展关系。郑州在谋求自身发展的同时，需要把更多目光和精力放在与省内其他兄弟城市的合作联动上。河南省其他城市也要主动作为，积极拥抱和互动。前面"郑州发展定位"详细介绍了河南省实施"发展转移财政"政策的构想，简言之，"发展转移财政"政策就是河南省其他地级市县借助郑州"特区"的平台和资源优势（人才、产业基础、土地、基础设施、营商环境、投资等），将其自身引进的投资项目放到郑州"特区"平台里进行运作，并与郑州市共同分享项目投资的财政税收效益。"发展转移财政"可以充分调动河南省其他地级市县发展的积极性，在短时间内帮助本省汇聚更多资源、政策与人才，并将其配置到市场资源利用最大化的地方，从而提升全省资源的利用效率，避免省内地方政府间重复性建设和恶性竞争。

依赖于河南省政府和其他地级市县的大力支持，郑州市在城市快速发展的同时，也需要建立相应财政机制，反哺河南省和其他地级市县的发展。郑州市可以采取多种财政反哺机制，比如郑州市可以上缴更多的税收分成支持河南省对其他地区的区域发展均衡的转移支付。郑州市可以直接和河南省其他市县建立对口支援的财政援助机制，发挥郑州在省内科技、人才、信息、资金等方面的比较优势，引导各类主体积极参与其他市县的扶贫、基础设施建设、生态环境保护、教育扶持。

纵向转移支付和横向转移支付

- 财政转移支付分为纵向转移支付和横向转移支付。纵向转移支付就是上下级政府之间财政资金的转移，一般表现为中央政府对地方政府进行补助或者省级政府对市县级政府的进行补助，这种做法存在于大多数国家。
- 横向转移支付是同级政府之间的互相转移，一般是由财力富裕地区向财力不足地区的财政资金的转移，所以也称为兄弟互助型，或者劫富济贫型。德国的部分均等化转移支付就是采用这种做法。我国的地区间援助政策（如援藏、援疆）本质上也属于横向财政转移支付，只不过这是一种非正式的制度安排。

8.4.7 深化财政管理制度改革，推进预算绩效管理

全面实施预算绩效管理是推进国家治理体系和治理能力现代化的内在要求。2018 年，中共中央、国务院下发《关于全面实施预算绩效管理的意见》，这是我国预算绩效管理历程中的一个里程碑，对推动改革持续深入具有重大意义。

作为政府绩效管理应用最持久、最广泛和技术方法较为成熟的国家之一，英国自 20 世纪 90 年代后期开始推行精细化的绩效预算改革，形成了完善的绩效管理体制。在 2016 年经济合作和发展组织（OECD）进行的成员国绩效预算管理比较研究中，英国的绩效预算管理水平在 35 个 OECD 成员国排名前三，欧盟成员国第一。英国绩效预算的成功经验是强调以结果为导向的预算，将绩效管理活动贯穿于预算编制、部门业务计划、预算执行和结果报告等各个环节。绩效管理和绩效信息服务于预算（OECD, 2019）。

什么是绩效预算（Performance Budgeting）？

- 预算改革者们认为，政府公共部门应借鉴企业的运行模式，更加强调管理效率和结构导向。当前，绩效预算已经成为世界各国财政改革的重要方向。
- 经济合作和发展组织（OECD）对绩效预算的定义是：绩效预算是在预算过程中，系统运用公共政策的产出、结果或者影响等方面的绩效信息以影响或者决定向这些公共政策分配公共资金的数额（OECD, 2019）。

郑州市应该加强全面实施预算绩效管理，把预算监督、绩效管理深度融入"谋事""排钱""花钱"的全过程中，着力提高财政资源配置效率和使用效益、改变预算资金分配固化格局。同时，郑州市要强化支出部门的责任和效率意识，形成"花钱必问效，无效必问责"的责任契约机制，加强预算执行动态监控，使财政资金使用更规范、更安全、更阳光。

8.4.8 提升财政透明度和全面推进郑州"智慧财政"建设

财政信息的公开透明是建立现代财政制度的基础和标志，提高财政透明度有利于激励社会公众广泛参与，有助于社会公众的全面监督和增加公共财政支出的效率（Chen and Neshkova, 2020; Chen and Han, 2019; De Renzio and Wehner 2017）。国外财政公开在国际社会日益受到重视，从国际货币基金组织（IMF）发布《财政透明度手册2007》，到各欧盟区国家将财政透明设置为入盟标准，避免不良的财政政策对欧盟其他国家产生负面影响，再到透明国际旨在推动各国公共部门透明度、减少腐败，这些都对我国推动财政信息公开、提高财政透明度具有借鉴作用。

在清华大学发布的《2020年中国市级政府财政透明度研究报告》中，全国294个地级及以上城市，郑州以71.13的排名第96位，排名相对靠后。郑州市需要加大提升财政透明度的努力：提高政府财政信息公开工作能力，增加三公经费、国有资产、项目绩效、专项资金、地方政府债务、政府产业基金、政府与社会资本合作（PPP）等重要财政信息公开，提升政府采购透明度。

智慧城市的建设和发展既是城市新的经济增长点，也有利于城市管理、服务与运营中各参与主体的共赢。"智慧城市"建设在新加坡、马来西亚、韩国等起步较早，他们通过Information and Communications Technology（ICT）电子信息通信产业园开发和智能化社区、智能化基础设施建设，推进电子政务、电子商务、电子娱乐、自动化交通、自动化环境监测和公共安全管理等进程，实现G2G（政府之间）、B2G（企业与政府）、G2C（政府与市民）之间随时随地的交流与互动。郑州市政府出台《郑州市人民政府关于加快推进新型智慧城市建设的指导意见》，将大力推进新型智慧城市建设，推动数字经济与新型城镇化融合发展，提升城市治理现代化水平。依托郑州城市大脑，全面推进郑州"智慧财政"建设，智慧化提升"阳光财政"透明度，实现使用财政资金部门信息公开全覆盖，实现财政收支、资产管理、政府投资、政府采购、电子票据等核心业务数据实时在线，推动财政资金运行监控。

> **国际货币基金组织（IMF）《财政透明度手册》**
>
> - 国际货币基金组织（IMF）将《财政透明度守则》作为披露公共财政信息的国际标准，对成员国财政进行监督、决策和问责。它包括围绕四个支柱建立起来的一套原则：（1）财政报告；（2）财政预测和预算编制；（3）财政风险分析和管理；（4）资源收入管理。
> - 国际货币基金组织（IMF）提出的关于预算透明的良好做法包括：
>   - 明确预算透明的职责
>   - 公开预算程序
>   - 方便公众及时获得财政信息
>   - 确保数据真实性

本章执笔人：陈灿　袁航

参考文献

Henderson J V. The urbanization process and economic growth: the so-what question. Journal of economic growth, 2003, 8(1): 47-71.

曹立. 中国经济为什么行？新举措助力新常态［M］. 北京：新华出版社，2015.

邓子基，唐文倩. 我国财税改革与"顶层设计"：省以下分税制财政管理体制的深化改革［J］. 财政研究，2012（2）：2-6.

国际货币基金组织（IMF）. 财政透明度手册（2007年）. 2007. https://www.imf.org/external/np/fad/trans/chi/manualc.pdf.

贾康，刘微. "土地财政"：分析及出路：在深化财税改革中构建合理、规范、可持续的地方"土地生财"机制［J］. 财政研究，2012，1（2）：9-18.

刘尚希，朱长才. 资源税、房产税改革及对地方财政影响分析［J］. 经济研究参考，2013（21）：3-18.

清华大学. 2020年中国市级政府财政透明度研究报告［J］. http://www.sppm.tsinghua.edu.cn/eWebEditor/UploadFile//202011202108001.pdf.

施航华. 论城市基础设施建设中引入社会资本的模式及制度［J］. 城市，2014（6）：12-18.

张平. 现代房地产税：美国经验与中国探索［M］. 北京：中国社会科学出版社，2016.

郑思齐，孙伟增，满燕云. 房产税征税条件和税收收入的模拟测算与分析［J］. 广东社会科学，2013（4）：5-15.

王秋石. 用明天的钱办明天的事：美国市政债券制度评述［J］. 公共行政评论，2008（3）：150-171.

Aschauer, David Alan. Is public expenditure productive? Journal of Monetary Economics, 1989(23): 177-200.

Chen Can, Milena I Neshkova. The effect of fiscal transparency on corruption: a panel cross-country analysis. Public administration, 2020, 98(1): 226-243.

Chen Can, Yanbing Han. Following the money: the political determinants of e-fiscal transparency in US States. Public management review, 2019, 21(5): 732-754.

Chen C, Kriz K A, Wang Q. How does the health of transportation infrastructure affect state credit ratings? An empirical analysis. Public finance review, 2016, 44(5): 660-680.

De Renzio P, Wehner J. The impacts of fiscal openness. World Bank research observer, 2017(32): 185-210.

Duffy-Deno Kevin T, Eberts Randall W. Public infrastructure and regional economic development: a simultaneous equations approach. Journal of urban economics, 1991(30): 329-43.

Fisher Ronald C. State and Local Public Finance. New York: Routledge, 2018.

Hirschman Albert O. The strategy of economic development. New York: Economic science press, 1991.

Li Bing, et al. Critical success factors for PPP/PFI projects in the UK construction industry. Construction management and economics, 2005, 23 (5): 459-471.

Keynes John Maynard. The general theory of employment, interest, and money. New York: Springer, 1936.

McQuaid, Ronald W, Greig, Malcolm, Smyth, Austin, Cooper, James.The importance of Ttransport in business' location eecisions. Project report for the department for transport, UK., 2015. http://researchrepository.napier.ac.uk/4490/.

Mikesell John. Fiscal administration. Boston, MA: Cengage Learning, 2014.

Musgrave Richard A. The theory of public finance: a study in public economy. New York: McGraw-

Hill, 1959.

Oates W E. Fiscal Federalism. New York: Harcourt Brace Jovanovich, 1972.

Osei-Kyei, Robert, and Albert PC Chan. Review of studies on the critical success factors for public-private partnership (PPP) projects from 1990 to 2013. International journal of project management, 2015, 33(6): 1335-1346.

OECD. OECD good practices for performance budgeting. 2019. https://www.oecd.org/publications/oecd-good-practices-for-performance-budgeting-c90b0305-en.htm.

Rosenstein-Rodan, P. N. Notes on the theory of the 'Big Push'. In economic development for Latin America. London: Palgrave Macmillan, 1961: 57-81.

Tiebout, Charles M. A pure theory of local expenditures. Journal of political economy, 1956 64 (5): 416-424.

Wang D., Zhang L, Zhang Z. Urban infrastructure financing in reform-Era China. Urban studies, 48(14): 2975-2998.

Wu P. Reforming China's institutional environment for urban infrastructure provision. Urban studies, 36(13): 2263-2282.

第九章 城市与住房

9.1 郑州市住房与人口现状分析

城市有自发形成和人类规划而成两种模式（或者二者结合），而规划在当代城市中越来越重要，特别是城市发展到一定规模和阶段，无论是新城市还是老城市，都需要进行科学的、系统的和不断叠加的规划。一国或者一定区域为了竞争优势，需要保持城市的规模效应和创新扩散效应等，特别需要规划，因为一定的自然资源、经济规模和人口规模等，能够支撑的城市规模和相应数量是有限的，特别是一个国家的国情，其能够支撑的中心城市数量是有限的（也就是说一国超大城市，或者一线城市的数量是有限的）。

中国于 2005 年提出国家中心城市的概念，2010 年国家住房和城乡建设部明确了北京、上海、天津、广州、重庆为国家中心城市。为满足国家城市化进程需要、经济快速发展的需要、国际竞争的需要、区域平衡发展的需要和国家安全的需要，2016 年国家住房和城乡建设部明确提出支持武汉、成都、西安和郑州建设国家中心城市，而如何保持国家中心城市的竞争力，应该是政府最为关心的问题。对郑州市而言，要保持竞争力，尤其是与其他中心城市相比，低房价是其或者其他中西部省会城市的一个重要竞争优势，也是保持城市开放度和城市竞争力的重要基础，因而，郑州的发展战略应该以维持低房价为手段和措施，进而提升城市的开放性和竞争力。

国家中心城市

国家中心城市是在直辖市和省会城市层级之上出现的新的"塔尖"，集中了中国和中国城市在空间、人口、资源和政策上的主要优势。2010 年 2 月，中国住房和城乡建设部发布的《全国城镇体系规划（2010～2020 年）》，明确提出五大国家中心城市（北京、天津、上海、广州、重庆）的规划和定位；2016 年 5 月至 2018 年 2 月，国家发展和改革委员会及住房和城乡建设部先后发函支持成都、武汉、郑州、西安建设国家中心城市。

但在很多发展中国家，快速城市化进程中的特点是城市化和人口增长的速度远远超过可支付性住房的建造速度，这造成严重的城市可支付性住房的短缺，再加上经济发展和收入水平不高，高房价进一步显现，造成贫民窟、产业空心化、低生育率甚至"躺平"现象，这在大城市表现尤为明显。城市住房问题解决不好，将严重影响城市对年轻群体，包括高学历群体的吸引力，也影响城市的竞争力和创新潜力，对郑州这类城市表现尤为明显。作为国家中心城市，郑州与其他国家中心城市相比，在高等教育、区位、经济发展水平等方面并无显著优势，需要重点强调的是保持低房价可能是郑州相对于武汉、成都、重庆和西安等城市的可行竞争优势之一。而如何保持郑州市的低房价，或者保持大城市、区域核心城市和国家中心城市的低房价是一个巨大挑战！依据城市人口特点，特别是新增人口属性,对城市住房实施分类供应和管理,我们认为这是保持大城市低房价最可行的方案,或者是解决新增人口(包括非户籍人口)以及城市中低收入人口住户支付困难的最可行方案,也是一个大城市可持续和良性发展的重要方案。

住房是城市重要的建筑设施,其与城市的人口关系密切,需要将不同类型的住房与人口属性相匹配。如别墅、各类商品房、公共租赁房屋、小产权房和"都市村庄"与城市人口的存量户籍人口、存量增加人口、新增户籍人口、流动人口,尤其是中心城市与其周边核心城市之间的城际流动人口之间的匹配。这是满足城市不同类型人口的住房属性需要考虑的关键问题,也是国家中心城市布局(超大城市,或者一线城市)需要着重考虑的问题。

郑州低房价是提升城市竞争力的核心

与国家一线城市和其他中心城市相比,郑州城市的房价目前比较低,因而维持相对低房价是保持城市开放度、提升城市竞争力的有效途径,相应的政策、法规和战略应该围绕这点展开。

9.1.1　郑州市城市住房及预测分析

随着国家住房系统改革,为适应不同人口类型的住房需求,与其他国家中心城市一样,郑州市开发了多样的住房类型,如高档住宅(别墅)、普通商品住宅房、经济适用房、人才公寓和廉租房等。

根据郑州市统计局发布的数据,2010年之前,郑州商品住宅房总计销售面积20999万 m^2,截至2020年末,郑州商品住宅总量约43928万 m^2。按照95m^2/套计算,总计约467万套,可解决467个家庭住房问题,按照每户居住2.62人,可以解决1223.54万人住房问题(第七次人口普查,中国平均每户人口为2.62人,中心城市户均人口应该低于此数值)。郑州商品房也进行了分类,依据品质有高档住宅或者别墅、普通住宅(面积140m^2以下,容积率大于1);也可以分为低层、多层、小高层、高层和超高层;不同的收入、年龄和工作性质等属性的城市居住人口,对住宅的面积、配套和舒适度要求并不相同,特别是对商品房的价格接受程度或者容忍程度不一样。郑州市区目前大约800万人,将来每年至少增加常住人口50万人,到2030年,郑州都市区新增500万~600万人口,基本上很多需求要依靠商品房来实现,控制商品房价格,是此类人口是否留在郑州、融入郑州和服务郑州的关键因素。

其次是郑州市的安置房,依据补偿分两种。一种是实物补偿,也就是安置房。另一种是货币安置,不同阶段侧重点不同。早期以安置房为主,近期以货币补偿为主。郑州市大规模棚改从2010年左右开始启动,根据从各种官方网站查询数据统计,2013年之前大约有30万套,2014~2020年大概有62万套,总计约92万套,可解决235.8万人居住。截至2019年,郑州市已建公租房约13万套,可解决34.1万人居住。2021年全市新开工建设棚户区改造安置住房1.5万套,基本建成棚户区改造安置住房4万套,可解决10.48万人居住;全市公租房分配入住任务0.7万套,可解决1.8万人居住。需要重视的一个现象是面对商品房销售困局,2022年6月20日,郑州市人民政府办公厅发布《郑州市大棚户区改造项目房票安置实施办法(暂行)》(以下简称《办法》),《办法》指出房票是被征收人房屋安置补偿权益货币量化后,征收人出具给被征收人购置房屋的结算凭证,房票式样统一制定,并明确房票安置的适用范围、奖励和优惠政策等。

农民自有房屋，因为没有具体的统计数据可以查询，只能在既有数据的基础上进行合理的推导。根据《2019 年郑州市常住人口主要数据公报》，郑州市现有乡村人口 263.1 万人，按照每户 5 人计算，约 53 万户。假设每户都有 1 套自建房屋，总计约 53 万套，此类住房不同于都市村庄，郑州都市村庄已经拆迁改造完毕，乡村住房距离建成区比较远，不具备安置城市常住人口功能。

9.1.2 郑州市城市住房与人口匹配性分析

由以上两部分分析推断，郑州全市广义上（包含农民自有房屋）有房子 625 万套。郑州 2019 有常住人口 1035 万人（2020 年，常住人口 1217 万人，一年增加常住人口 182 万人，可见中心城市的人口流动性很高）309 万户，平均每个家庭拥有 3.3 套住房。狭义上（不含农民自有房屋）572 万套。郑州城镇人口 772 万人，约 227 万户（2019 年统计数据全市平均每户人口为 3.4 人），城镇人口平均每户 2.5 套。2020 年郑州市人才公寓面积约 3.8 万 m^2，按照人才公寓建设面积标准 60～120m^2，总计约 475 套。经济适用房的面积约 360 万 m^2，约 4.5 万套。但是随着郑州市人口每年 50 万人口的增量，郑州市住房将来会更加紧张。如何解决 2035 年郑州市区新增的 800 万人口的住房问题，是保证郑州市发展势头的大事情，特别是在很多人买不起商品房的情况下。

郑州市目前住房能解决郑州人口的数量如表 9-1：

郑州市住房类型及安置人口数量　　　　　　　　　　　　表 9-1

住房类型	数量 / 万套	可解决住房人口数量 / 万人
商品住宅房	467	1223.54
安置房	92	235.8
公租房	13	34.1
棚户区改造安置住房	4	10.48
公租房	0.7	1.8
经济适用房	4.5	11.8
都市村庄	基本拆迁完毕	0
乡村宅基地	53	263.1 万乡村人口，80% 在郑州市区

- 郑州市共有住房 581.2 万套，目前，按照一线大城市每户 2.2 人，可安置 1278.64 万人。
- 目前郑州市 1217 万人，除去 263.1 万村镇人口，市区有 759.81 万人。
- 实际上，581.2 万套住房，保守估计有 10% 的空房率，因为房屋没装修无法出租，或者业主不愿意出租，又或者出租意愿不高。

因此，郑州市住房已经十分紧张，严重影响了郑州市常住人口的住房需求，削弱了郑州的竞争力，不利于挖掘郑州市的发展潜力。

9.2 郑州房地产发展和房价

近 20 年来，郑州市住房供给的确紧张，只是因为限购、限贷和限价以及疫情等原因，最近两年郑州市住房供给相对充足，但是大部分年份，总体上供给不能满足城市常住人口增长带来的需求。与其他国家一线城市或者中心城市一样，这也是郑州市房价偏高的重要原因，如果郑州市房价得不到很好的控制，显然会影响到郑州市对流动人口的吸引力，进而阻碍郑州市的远期发展或者城市活力的提升。目前众多蓝领技术人员、外来流动人口以及新毕业大学生等，虽然收入不高，但是这是大城市制造业和大量服务业赖以发展的最重要基础，因此这些人员是大城市的最重要竞争力，是城市维系竞争力和提升竞争力的关键，但是高房价往往最先伤害这部分人口的核心利益。房价高还是低，争议一直不断，客观上房价的度量和测度的确比较困难和复杂，一般的测量方法有：住房价格与收入比率法；住房支出与收入比例法；居民住房度量法（居住场所贫穷、住房引发的贫穷、贫民窟人口等）等，不同方法显示的结果并不完全相同。但是这些方法多数显示郑州房价已经偏高，为进一步证实郑州房价状况，本书又选取了一些其他方法。

9.2.1　房地产市场的供给分析

郑州市 2007～2020 年房地产开发投资额增长率与 GDP 增长率之比的大小，能够一定程度上反映房地产投资是否偏离实体经济的增速，进而判断房地产价格是否偏高，或者存在泡沫。具体数据分析和判断如表 9-2 所示。

郑州市 2007～2020 年房地产开发投资额增长率与 GDP 增长率之比　　表 9-2

年份	房地产开发投资额/亿元	GDP/亿元	房地产开发投资额增长率/%	GDP 增长率/%	房地产开发投资额增长率/GDP 增长率	房价状态
2007	298.76	2486.75	—	—	—	—
2008	434.96	3003.99	45.59	20.8	2.19	轻微泡沫
2009	513.83	3308.51	18.13	10.14	1.79	无泡沫
2010	775.16	4040.89	50.86	22.14	2.3	轻微泡沫
2011	926.31	4912.7	19.5	21.57	0.9	无泡沫
2012	1095.14	5547	18.23	12.91	1.41	无泡沫
2013	1445.33	6201.85	31.98	11.81	2.71	轻微泡沫
2014	1743.51	6776.99	20.63	9.27	2.23	轻微泡沫
2015	2000.2	7315.19	14.72	7.94	1.85	无泡沫
2016	2778.95	7994.16	38.93	9.28	4.2	严重泡沫
2017	3358.84	9130.2	20.87	14.21	1.47	无泡沫
2018	3258.41	10143.3	-2.99	11.1	-0.27	无泡沫
2019	3349.86	11589.7	2.81	14.26	0.2	无泡沫
2020	3439.98	12669.43	2.69	9.32	0.29	无泡沫

注：数据均来源于《郑州市国民经济和社会发展统计公报》（郑州市统计局）。

图 9-1 显示房地产投资和 GDP 增长的关系，说明房地产发展对经济增长的贡献。这使得房价过高或者房地产泡沫问题的解决变得困难。随着郑州产业结构的调整以及房地产市场的繁荣发展，房地产开发投资额占城镇固定资产投资额的比重逐步上升，从 2007 年的 22% 增加至 2017 年的 43%，并且从 2011 年起房地产投资占比每年都保持在 30% 以上，达到房价偏高的程度，这说明房地产已经成为郑州市的经济支柱产业。从这一指标看，郑

州市房地产投资过热已经有相当的体现，这是一个市场预警信号，政府应予以重视（如表 9-3）。

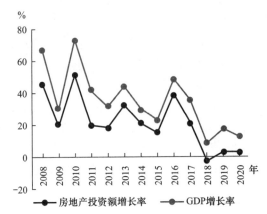

图 9-1　郑州市房地产开发投资额增长率与 GDP 增长率关系

郑州市房地产投资额与城镇固定资产投资额之比　　　　　表 9-3

年份	房地产投资额 / 亿元	城镇固定资产投资额 / 亿元	房地产开发投资额 / 城镇固定资产投资额	房价状态
2007	298.76	1367.31	0.22	轻微泡沫
2008	434.96	1772.74	0.25	轻微泡沫
2009	513.83	2289.08	0.22	轻微泡沫
2010	775.16	2756.97	0.28	严重泡沫
2011	926.31	3002.5	0.31	严重泡沫
2012	1095.14	3561.22	0.31	严重泡沫
2013	1445.33	4400.21	0.33	严重泡沫
2014	1743.51	5259.65	0.33	严重泡沫
2015	2000.2	6288	0.32	严重泡沫
2016	2778.95	6998.64	0.4	严重泡沫
2017	3358.84	7855.25	0.43	严重泡沫
2018	3258.41	8620.81	0.38	严重泡沫
2019	3349.86	9355.26	0.36	严重泡沫
2020	3439.98	—	—	—

2007 年以来，郑州市施工和竣工面积增长快速，说明郑州市近年来房地产市场发展较快，正逐步走向繁荣。2008～2020 年，郑州市房地产施工面积与房地产竣工面积的比值均大于 3.5，证明房地产价格偏高，具体情况如表 9-4。

郑州市房地产施工面积与房地产竣工面积之比　　　　　表 9-4

年份	房地产开发施工面积 / 万 m²	房地产开发竣工面积 / 万 m²	房地产开发施工面积 / 房地产开发竣工面积	房价状态
2007	3684.36	—	—	—
2008	4855.18	754.78	6.43	有泡沫

年份	房地产开发施工面积/万 m²	房地产开发竣工面积/万 m²	房地产开发施工面积/房地产开发竣工面积	房价状态
2009	5196.5	642.97	8.08	有泡沫
2010	6255.29	944.42	6.62	有泡沫
2011	7472.19	1579.48	4.73	有泡沫
2012	8253.94	1449.83	5.69	有泡沫
2013	9792.23	1137.47	8.61	有泡沫
2014	10574.15	1889.36	5.6	有泡沫
2015	10818.24	1076.66	10.05	有泡沫
2016	14229.97	1455.24	9.78	有泡沫
2017	16394.83	1537.06	10.67	有泡沫
2018	18643.11	1946.07	9.58	有泡沫
2019	19583.6	2107.4	9.29	有泡沫
2020	21294.03	2359.91	9.02	有泡沫

商品房空置率的国际公认警戒线是 10%。当空置率小于 10% 时，表明房地产市场发展正常，无泡沫；当该指标在 10%～20% 时，表明房地产市场存在轻微泡沫；当该指标超过 20% 时，表明房地产市场存在严重泡沫。

从表 9-5 可以看出，2007 年以来郑州市商品房空置率总体呈现上升趋势，2016 年、2017 年空置率比较高，其中 2008～2017 年间郑州市房屋空置率均低于 10%，表 9-5 表明不存在偏高。2019 年该指标位于 10%～20% 区间，表明郑州市房地产市场存在轻微偏高。

郑州市 2007～2020 年商品房空置率   表 9-5

年份	房地产开发竣工面积/万 m²	商品房住宅空置面积/万 m²	商品房空置率/%	房价状态
2007	—	32.18	—	
2008	754.78	80.88	3.45	无泡沫
2009	642.97	90.4	3.86	无泡沫
2010	944.42	117.32	3.7	无泡沫
2011	1579.48	170.15	4.28	无泡沫
2012	1449.83	210.3	5.05	无泡沫
2013	1137.47	216.4	4.83	无泡沫
2014	1889.36	306.34	7.47	无泡沫
2015	1076.66	342.99	7.76	无泡沫
2016	1455.24	398.43	9.79	无泡沫
2017	1537.06	450.52	9.12	无泡沫
2018	1946.07	570.7	10.21	轻微泡沫
2019	2107.4	616.7	9.62	无泡沫
2020	2359.91	—	—	—

9.2.2　房地产市场的需求分析

房地产价格增长率与 GDP 增长率（GDP 增长率代表郑州市的实体经济发展）之比，是测度房地产市场相对于实体经济增长速度的动态指标，可以反映房地产业相对于实体经济的偏离程度。该比值较小，表明房地产市场的发展与实体经济发展较为一致，偏离幅度较小，房价较为合理；该比值较大，表明房地产市场增速太快，相较于实体经济增长偏离太大，房地产市场有较大可能不合理。根据吴地宝和余小勇（2007）等学者的研究，一般选取 1.3 作为临界点，当该指标值大于 1.3 时，则表明房地产价格增长速度超过实体经济的增长速度，房价偏高的可能性很大。但是，如果将房地产作为传统产业，这一指标大于 1，我们认为就开始出现价格偏高。

从表 9-6 可以看出，2007～2020 年该比值均维持在 1.3 临界值以下，表明郑州市房地产市场不存在泡沫，只有 2013 年该比值为 1.23，接近临界值。

郑州市房地产价格增长率与 GDP 增长率之比　　　　　　表 9-6

年份	商品房评价价格 /（元 /m²）	GDP/ 亿元	房地产价格增长率 /%	GDP 增长率 /%	房地产价格增长率 /GDP 增长率	房价状态
2007	3573.6	2486.75	—	—	—	—
2008	3928	3003.99	9.92	20.8	0.48	无泡沫
2009	4298	3308.51	9.42	10.14	0.93	无泡沫
2010	4957	4040.89	15.33	22.14	0.69	无泡沫
2011	5696.16	4912.7	14.91	21.57	0.69	无泡沫
2012	6253.11	5547	9.78	12.91	0.76	无泡沫
2013	7162	6201.85	14.54	11.81	1.23	无泡沫
2014	7571	6776.99	5.71	9.27	0.62	无泡沫
2015	7537	7315.19	−0.45	7.94	−0.06	无泡沫
2016	8163	7994.16	8.31	9.28	0.9	无泡沫
2017	8631	9130.2	5.73	14.21	0.4	无泡沫
2018	8442.62	10143.3	−2.18	11.1	−0.2	无泡沫
2019	9472	11589.7	12.19	14.26	0.85	无泡沫
2020	10214.47	12669.43	2.68	9.32	0.29	无泡沫

2007～2020 年房地产价格增长率与 GDP 增长率变动图，更能直观反映两者之间的幅度差，但是这个指标却反映郑州房地产市场处于较为合理的状态，可见对房价是否偏高，作出客观的和科学的判断并不容易，具体情况如图 9-2 所示。

参照国内外学者的临界值选择标准，以房价收入比的值等于 6 为临界值。当比值小于 6 时，说明房地产市场发展正常，比较合理；当比值大于 6 时，说明房地产市场存在泡沫，比值越大，居民购房压力越大，泡沫越严重。这里的房价收入比通过商品房平均单套价格除以家庭平均年收入计算得出，家庭平均年收入通过城镇居民家庭人均年可支配收入乘以平均每户家庭人口计算得出，商品房平均单套价格通过商品房单套平均面积乘以商品房平均销售价格计算得出，商品房单套平均面积考虑到我国的住房政策，定为 $100m^2$。

从表 9-7 可以看出，2007～2020 年的房价收入比一直较高，维持在 7～9 之间，均大于临界值，表明居民购房压力很大，房价超过居民的支付能力，值得警惕。但是经济发展水平、居民收入水平、收入分配结构、购买新房和二手房的比例、自住房比例等都会影响到居民的实际购房能力。

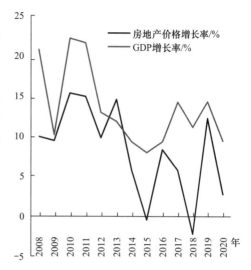

图 9-2 郑州市房地产价格增长率与 GDP 增长率走势图

郑州市 2007～2020 年房价收入比　　　　　　　表 9-7

年份	城镇居民家庭人均可支配收入 / 元	平均每户家庭人口 / 人	商品房评价价格 / (元/m²)	房价收入比
2007	13692	3.53	3573.6	9.22
2008	15732	3.47	3928	8.67
2009	17116	3.4	4298	8.54
2010	18896	—	4957	—
2011	21612	3.59	5696.16	9.41
2012	24246	3.57	6253.11	9.42
2013	26615	3.58	7162	9.22
2014	29095	3.58	7571	9.63
2015	31099	3.57	7537	9.28
2016	33214	3.53	8163	8.57
2017	36050	3.49	8631	8.58
2018	39042	3.44	8442.62	8.23
2019	42087	3.38	9472	7.31
2020	44767	3.34	10214.47	7.52

注：2010 年由于处于第六次人口普查数据处理阶段，暂无相关人口数据。

9.3 郑州市住房发展优势路径

9.3.1 郑州市 2020～2035 年新增人口类型和新增住房类型匹配分析

（1）2021～2035 年新增人口类型预测数据。随着互联网的发展与应用，网络上出现了各种各样的数据，并伴随着政府信息公开力度的加大以及相关数据网站的建立，相关信息的获取也越来越便利，本书所需要的信息主要为人口与房地产方面的信息，信息来自相关的政府官网与官方平台的发布，主要来自《河南省人口统计年鉴》《郑州市住房保障和房地产管理局政府信息公开工作年度报告》《郑州市教育局政府信息公开年报》等2010～2020年的各项数据，数据如表9-8所示。

表 9-8

郑州市 2010～2020 年郑州人口属性与住房属性总体表

日期	郑州常住人口/万人	郑州市户籍人口/万人	外地来郑务工人口/万人	高校毕业生来郑人口/万人	郑州市在校大学生/万人	新增商品住宅总面积/万 m²	人才公寓/万 m²	经济适用房/万 m²
2010	856	734	115	56	102	1200	0	120
2011	886	744	120	60	103	1306	0	150
2012	903	758	119	67	116	1226	0	136
2013	919	762	125	72	125	1313	0.4	132
2014	938	785	130	80	137	1293	0.6	140
2015	957	810	134	85	146	1695	1	167
2016	972	827	141	91	157	2571	1.3	230
2017	988	842	144	104	180	2735	2.5	284
2018	1014	863	149	106	184	3330	2.8	360
2019	1035	878	146	116	200	3242	3	340
2020	1260	1023	158	125	210	3593	3.8	360

根据 2010～2020 年各年份与各人口类型之间的关系建立回归方程，再通过将自变量年份的代入得出各年的人口类型预测数据。表 9-9 是 2021～2035 年郑州人口类型的预测数据。

表 9-9

2021～2035 年郑州人口类型的预测数据

年份	郑州常住人口/万人	郑州市户籍人口/万人	外地来郑务工人口/万人	高校毕业生来郑人口/万人	郑州市在校大学生/万人
2021	1296	1054	183	135	215
2022	1340	1093	191	141	223
2023	1389	1132	198	149	235
2024	1434	1161	205	156	243
2025	1469	1182	212	164	252
2026	1506	1210	219	169	259
2027	1548	1249	226	175	266
2028	1580	1288	233	181	271
2029	1610	1327	240	186	278
2030	1640	1366	247	192	288
2031	1675	1405	254	198	297
2032	1706	1444	261	203	307
2033	1752	1474	270	209	317
2034	1789	1503	278	216	326
2035	1826	1536	288	225	336

（2）2021～2035年新增房屋供给类型预测数据。利用SPSS分析软件分析郑州市常住人口、郑州市户籍人口、外地来郑务工人口、高校毕业生来郑人口和郑州市在校大学生人口对新增商品房住宅总面积、新增人才公寓面积和新增经济适用房面积的影响，分别对各自变量与新增各类型房屋总面积的关系进行回归分析，回归分析语法如下：其中ZPP代表郑州市常住人口，RPZC代表郑州市户籍人口，MWP代表外地来郑务工人口，PCGZ代表高校毕业生来郑人口，CSIZ代表郑州市在校大学生，TANS新增商品房住宅总面积，TA代表新增人才公寓面积，EAH代表新增经济适用房面积，最终得出新增房屋类型与各人口类型之间的回归方程，如表9-10所示。

2021～2035年郑州人口类型与各类住房供给回归关系　　　　表9-10

回归方程类型	回归方程
新增商品房住宅与各人口类型的回归方程	$Y1 = -7450 - 11 \times ZPP + 17 \times RPZC + 33 \times MWP + 15 \times PCGZ - 5 \times CSIZ$
新增人才公寓与各人口类型的回归方程	$Y2 = -180 - 0.014 \times ZPP - 0.009 \times RPZC + 0.825 \times MWP + 0.185 \times PCGZ + 0.193 \times CSIZ$
新增经济适用房与各人口类型的回归方程	$Y3 = -1281 - 7.6 \times ZPP + 1.9 \times RPZC + 5.7 \times MWP + 1.5 \times PCGZ - 2.6 \times CSIZ$

根据我们的回归预测模型，得到郑州市房屋类型的预测（表9-11）。

自然发展趋势下得出的各房屋类型预测数据　　　　表9-11

年份	新增商品房住宅总面积/万 m²	新增人才公寓面积/万 m²	新增经济适用房面积/万 m²
2020	3559.6	3.32	342.22
2021	3835.23	3.636	367.681
2022	4110.86	3.952	393.142
2023	4386.49	4.268	418.603
2024	4662.12	4.584	444.064
2025	4937.75	4.9	469.525
2026	5213.38	5.216	494.986
2027	5489.01	5.532	520.447
2028	5764.64	5.848	545.908
2029	6040.27	6.164	571.369
2030	6315.9	6.48	596.83
2031	6591.53	6.796	622.291
2032	6867.16	7.112	647.752
2033	7142.79	7.428	673.213
2034	7418.42	7.744	698.674
2035	7694.05	8.06	724.135

（3）新增人口类型与住房供给类型的匹配性。上部分以郑州市人口类型为自变量得出2021～2035年郑州市房屋类型的所需供给量，若市场不考虑人口因素，以房地产发展趋势为标准进行2021～2035年房屋类型的预测。分别以新增商品房住宅总面积、新增人才公寓面积、新增经济适用房面积为因变量，以年份为自变量，通过SPSS进行线性回

归分析三种住房类型与年份之间的回归方程，得出 2021～2035 年住房类型的预测数据如表 9-12 所示。

将表 9-11 自然发展趋势下得出的各房屋类型预测数据与表 9-12 参照人口类型发展趋势下得出的各房屋类型预测数据进行对照，可以看出在人口类型因素的影响下，房屋类型的预测数据出现了很大的差异，这也在一定程度上说明了研究人口类型与住房类型的匹配性的必要性，根据两表的数据差异可以得出以下信息并提出相应的针对性建议。

2021～2035 年郑州房屋类型的预测数据　　　　　　　　　　表 9-12

年份	新增商品住宅总面积 / 万 m²	人才公寓 / 万 m²	经济适用房 / 万 m²
2021	3442	13	439
2022	4159	25	436
2023	4574	33	498
2024	4990	40	560
2025	5405	48	622
2026	5821	56	685
2027	6236	64	747
2028	6652	71	809
2029	7067	79	871
2030	7483	87	933
2031	7898	94	995
2032	8314	102	1057
2033	8794	111	1131
2034	9957	100	1486
2035	10690	112	1584

（4）人口类型与新增商品住宅总面积的匹配性。在自然发展趋势下得出的新增商品住宅预测数据与参照人口类型发展趋势下得出的新增商品住宅预测数据可以看出，在不考虑 2021～2035 年郑州市人口大幅度增长这一重要因素的情况下，未来 15 年新增商品住宅面积每年均少于考虑人口大幅增长情况下的新增商品房面积，且在 2035 年考虑郑州市人口大幅度增长的商品住宅预测要比未考虑的预测数据多出近 3000 万 m²。

在郑州市抓紧建设郑州都市圈的背景下，保障人民群众的住房需求是中原城市群高质量一体化发展的基础和必然要求，其中商品住宅的有序提供是重中之重。但保持充足供应不意味着可以放任商品住宅无序发展，而是要着力增加有效供给，根据人口类型及消费者的需求进行相关商品住宅提供。保证商品住房的有效供给，一方面可以扭转或抑制因住宅市场的供给减少而导致的房价上涨问题，另一方面可以保障人民群众的住房需求，但在保障商品房供应的同时，也要考虑商品住宅市场的资本持续投资会带来进一步的通胀压力。因此政府要加大对房地产市场的宏观调控，通过行政、法律等手段在保证房地产市场供给的同时，通过对企业开发商品住宅类型的统计和管理，有效把控商品住宅的市场流入情况，特别是不同类型住房的供给要与人口类型匹配。

（5）各人口类型与新增人才公寓总面积的匹配性。在自然发展趋势下得出的新增人才公寓预测数据与参照人口类型发展趋势下得出的新增人才公寓预测数据可以看出，在未考虑人口变动趋势下的预测数据与考虑人口变动趋势下的预测数据有着很大的差别，甚至在2035年存在着数十倍的差异。

在各大城市"人才争夺战"的背景下，吸引高学历、高层次人才落户成为城市发展战略中的重要一环。郑州市于2017年发布《中共郑州市委、郑州市人民政府关于实施"智汇郑州"人才工程加快推进国家中心城市建设的意见》，为郑州市人才引进注入了强大动力，各层次人才成为郑州城市发展的重要力量。在当今各城市尤其是一二线城市房价上涨和租金上涨的背景下，住房问题成为青年人，尤其是高校毕业生在选择城市时的重要考虑因素之一，因此建设好、提供好面向高校毕业生等群体的人才公寓，对于郑州市人才引进计划具有巨大的助力作用。因为人才公寓自身的保障性和低价性，相关建设与供给主要由政府负责，政府应在充分考虑引才引智背景下高校毕业生等群体对于人才公寓的动态需求，加大人才公寓建设和供给的投入力度，进而有效满足各类人才群体住房需求，并与郑州市新增人口规模相匹配，比如新出现的中原城市群带来的城际流动人口（如何解决这部分流动人口的住房问题，如果这部分流动人口都是依靠商业酒店，是否合适，值得深入研究）。

（6）各人口类型与新增经济适用房总面积的匹配性分析。在比较自然发展趋势下得出的新增经济适用房预测数据与参照人口类型发展趋势下得出的新增经济适用房预测数据可以看出，未考虑人口变动趋势下的预测数据远不及考虑人口变动趋势下的预测数据，且差距呈现逐年递增的趋势。

经济适用房作为保障性质的商品住宅，在满足人民群众尤其是低收入者住房需求方面具有重要意义。发展租赁式住房是构建合理化住房体系的必由之路，在经济适用房的建设与提供方面，政府起着主导作用，在郑州市人口规模不断扩大的背景下，伴随着越来越多务工人员的迁入，价格相对低廉、具有保障性质的经济适用房成为城市扩张、人口增加过程中必不可少的民生配套工程。因此政府应在经济适用房的规划、建设、投入方面加大力度，确保经济适用房的有序充足供应，但是因为经济适用房的分配公平问题，使得经济适用房政策受到很大争议，导致目前很多城市停止开发经济适用房，取而代之的是一些城市为低收入者或者引进的人才提供与政府共有产权的住房。

9.3.2　保持和发挥郑州市低房价优势

（1）利用低房价服务郑州市人才引进。郑州市在人才引进方面出台了一系列政策，这些政策为全面构筑人才认定、人才服务、人才管理新体系等提供了有力的支持，也为人才的引进、培养和扎根夯实了基础。

这样的人才新政，即使放到全国来看，力度也名列前茅。虽然发布"抢人"政策的二线城市不只郑州，各城市政策也越来越有同质化趋势，但确实对人才引进起到了一定作用。近几年，郑州户籍人口有明显增长，"人才政策"拉动作用明显。在2019年最具人才吸引力城市榜单中，郑州排在第13位，人才吸引力为31.6。最具人才吸引力城市100强榜单是通过人才流入占比、人才净流入占比、应届生人才流入占比、海归人才流入占比的加权来计算的。其中，人才流入占比和人才净流入占比分别反映该城市引得来和留得住的能力；应届生人才流入占比和海归人才流入占比反映城市对年轻高学历人才和海归高学历人才的吸引力。但是，郑州人才净流入的最终值是 -0.6%。在大量应届毕业生涌入郑州的同时郑州很多人才也是在流失的。

中共郑州市委、郑州市人民政府出台了《关于实施"智汇郑州"人才工程加快推进国家中心城市建设的意见》文件，该文件拟定了人才工程的具体目标，同时建立了科学的、规范的人才分类体系，编制了各式各样的人才引育模式，提出了重金揽才等一系列吸引人才的具体措施，构建了人才管理和服务的新体系，多个配套"智汇郑州"项目的政策相继出台，其中就包括落户政策、购买政策等内容。这些政策的出台使人才聚集的效果较为显著，规模不断壮大，中高级人才强势增长，从人才的级别方面来看，中高级别的人才占比近几年来得到显著提高。抛开为了拉动住房销售因素，可以看出城市住房与城市人才引进关系的确比较大。

郑州人才引进政策

人才引进政策主要有以下几种：针对高层次人才，在项目推进、人才资助、生活保障方面，可最高给予 1 亿元综合资助。毕业 3 年内博士、硕士、本科毕业生和技工院校预备技师，按每人每月 1500 元、1000 元、500 元的标准发放生活补贴，最长发放 36 个月。A、B 类高层次人才，给予最高 300 万元、150 万元的首次购房补贴。针对 C、D 类高层次人才，给予最高 100 万元、50 万元首次购房补贴。不仅直接送钱，发放生活补贴，还给予购房补贴。并且，在郑州工作并拥有全日制本科以上学历或副高级职称（高级技师）以上的非郑户籍人才，在郑州购买首套自住商品住宅，限购审查时只审查学历、职称和教育、人社部门的认定情况，以及购房人就业状况，不再审核社保和个税证明的缴纳期限。

在管理方面的人才中，中、高级人才在 2018 年的时候所占比例在总人数中的比例为 54.4%，比 2016 年时的比例高出了 0.9 个百分点；在具有专业技术方面的人员中，中、高级人才在 2018 年时所占比例为 51.4%，相比于 2016 年时的比例高出了 3.4 个百分点；同时，高技能人员在 2018 年时所占技能人才的比重为 21.6%，相比 2016 年高出了 2.7 个百分点。现代社会的进步，经济的发展带来的是人们对精神生活方面的追求，服务型人才的引进为后续其他类型的人才引进奠定了基础，除此之外，创新型人才的引进在一个城市发展过程中起到了至关重要的作用，城市之间的竞争，在所难免地要依靠城市科学创新的发展，而郑州市人才引进政策所带来的效果在近几年来较为显著，这种景象为郑州市在城市间的竞争中取得了一个较为优势的地位。特别是郑州市相对的低房价，是其与其他国家中心城市的一个比较优势，这对吸引北上广深和其他新一线城市人才是一个优势，也是吸引省内人才的一个优势。

（2）利用低房价提升郑州的开放性和创新性。低房价利于提升城市的开放性，城市开放性增强，又会给低房价的保持带来极大压力，城市的创新性显然依赖于城市的开放性。本书将选取郑州市生产总值增长率指标，衡量郑州市创新性对经济持续发展的影响，另外选择了房地产投资额增长率、固定资产投资增长率指标来反映低房价、反映投资变化的趋势，选择进出口比率等反映郑州的开放性。表 9-13 为收集样本的描述性统计信息（部分研究指标和结论）。

各指标描述性统计 表 9-13

指标名	样本量 / 城市	最小值	最大值	平均值	标准差
房价增长率 /%	20	2.07	38.78	11.37	8.59
房价收入比	20	5.76	13.45	8.86	2.58
销售面积 / 竣工面积	20	0.79	3.02	1.79	0.718
GDP 增速 /%	20	6.5	15.8	11.66	2.82
投资额增长率	20	−2.99	63.99	27.09	15.73
CPI 增长率 /%	20	−1	6.1	2.45	1.95
固定资产投资增长率 /%	20	2.8	47.4	21.145	10.46
M2 增长率 /%	20	6.99	28.42	15.01	5.01
贷款余额 / 亿元	20	881.9	25364.3	7799.78	7226.66
存款余额 / 亿元	20	1215.4	23356.1	9363.19	7459.6
进出口比率	20	0.38	0.82	0.59	0.13

由于上述指标之间可能存在较强的相关性，故选择采用因子分析法，将原有解释变量浓缩成少数几个主因子，并通过这些因子代替原有变量，对各个指标或因素之间的联系进行描述，从而解决变量个数过多的问题，具体情况如表 9-14 所示。

针对不同指标的主成分分析 表 9-14

指标	因子 1	因子 2	因子 3
房价增长率 /%	0.38	0.71	−0.308
房价收入比	0.951	0.255	0.085
销售面积 / 竣工面积	0.714	0.266	0.298
GDP 增速 /%	−0.895	0.281	0.115
投资额增长率 /%	−0.628	0.444	−0.148
CPI 增长率 /%	−0.145	0.834	−0.071
固定资产投资增长率 /%	−0.735	0.304	0.503
M2 增长率 /%	−0.728	−0.048	0.512
金融机构贷款余额 / 亿元	0.955	0.15	0.036
存款余额 / 亿元	0.963	0.188	0.135
进出口比率	0.27	0.098	0.52

在第一个因子中，载荷系数最大的是房价收入比、金融机构贷款余额、存款余额。这3 个指标反映了一个城市的开放性，城市开放性越强，人口越多，人们购买房产的意愿越强烈，相应房价上涨，房价收入比较高；城市的开放性强，企业更愿意在当地进行贷款融资，开展创新创业活动，因此金融机构的存贷款额也越高。第二个因子中，载荷系数最大的是 CPI 增长率、房价增长率，主要是消费支出和住房支出的现状，因此该因子反映的是低房价因素。第三个因子中载荷系数最大的是 M2 增长率与进出口比率，特别是进出口能够反映城市的创新性。研究结果显示城市低房价的确有利于城市的创新力提升，但是低房价与城市的开放性负相关，而城市的开放性有利于城市的创新性（20 个城市的数据皆显示，三者很难兼得）。

9.4　郑州低房价促成机制分析

9.4.1　增加住宅用地供应面积

政府划拨住宅用地使用面积也对房地产市场有很深的影响。在房地产的成本构成中，除了建造成本外占最大比重的就是土地的取得成本，而土地的价格又与土地的供应量紧密相关。在我国，土地不得为个人所有，不能随意进行流通。随着城市化建设的不断加速，土地需求与日俱增，而供给缺乏弹性，使得土地价格不断飙涨，房地产商的土地取得成本不断提高。当房价处于快速上升期时，土地供应量就会迅速增加，而当房价趋稳时，土地供应量又会趋于减少。因此，政府通过控制土地的供应量来影响房地产的市场价格，或者说通过控制土地供应量来调整房地产的市场价格。郑州市住宅供地情况如表 9-15。

郑州市商品住宅用地计划供应　　　　　　　　　　　　表 9-15

年份	面积 /hm²
2010	726.95
2011	649
2012	335.86
2013	687.59
2014	705.38
2015	695.1
2016	2230.36
2017	843.08
2018	977.31
2019	1426.2
2020	1338.93

根据经济学的需求定律，供给少于需求，价格就会上涨。房子作为一种商品，自然不会违背经济学的规律，因此，想要降低房价，从供给入手应该是政府的最主要措施，只要保证供给大于需求，就一定可以降低房价。房价短期看金融，中期看土地及财政政策，长期看人口。我国政府过去对房地产市场的调控政策，主要是从供给与需求两侧出发，但手段都比较单一，如从供给侧出发的政策，主要是从土地供给下手，如果想要给房地产市场降温，则提高地价或者减少土地供给；如果想要刺激市场升温，则降低地价，提升土地供给。这种方法具有很强的局限性，一方面，目前地方政府的财政收入有很大一部分都来自土地财政，这就意味着该政策可供调整的余地很小，如果遇到突发或者极端情况，很难作出有效反应；另一方面，随着时间推移，土地政策对房地产市场的影响已经越来越小，政府必须找到新的，力度更大的调控措施来调控市场。

9.4.2　加强土地财政和土地市场治理

土地属于不可再生资源，存在稀缺性，是房地产市场发展的基础，土地价格的高低与商品房价格的高低高度相关。因此加强对土地市场的监管对防止商品房价格加速上升形成泡沫是非常有必要的。对土地市场监管时可以从以下几个方面进行改善和加强：

第一，提高闲置土地的利用率，规范郑州市土地供应方式。房地产市场的巨大利润空间加速了郑州市房地产市场的发展，由于土地投机炒作，大量土地长期被闲置。针对土地资源闲置问题，政府应当公开土地信息，建立完善的土地供给数据库，加强公众的监督作用，提高土地资源利用率，严厉打击开发商囤积土地和不按计划进度开发的行为。另外，政府部门需要完善土地供应制度，可以在土地的招标、拍卖和挂牌中增加一些规定土地用途的限制性条款，完善土地市场的供应制度，从而促进房地产市场健康发展。

第二，改革土地收益分配制度。在中国现阶段实行的土地收益政策中，土地收益主要归地方政府所有。土地收入是大部分地方政府收入的重要来源，同时地方政府又是土地一级市场的垄断者，无法避免地方政府为了提高绩效，抬高地价增加地方财政收入的可能。因此，应该改革土地收益分配政策，将土地收益从政府收益中分离出来，这样地方政府才可能站在大众利益的角度更加合理和有效地进行土地管理，进而降低土地价格。

9.4.3 严格实施限购、限价和限贷政策

2016 年 9 月 14 日，旨在限制地王、限制高价地的"郑九条"出炉。2016 年 10 月 1 日，郑州市政府发布住房限购通知，在市内五区、航空港区、郑东新区、经济开发区、高新区内，对以下两种类型家庭，限制向其销售 180m² 以下的住房：拥有 2 套及以上住房的本市户籍居民家庭，拥有 1 套及以上住房的非本市户籍居民家庭。2016 年 10 月 2 日起实施。2016 年 10 月 3 日，郑州楼市调控再加码，限购后再限贷，要求拥有一套住房且未结清的，购买二套房首付最低为 40%。2016 年 12 月 21 日、12 月 22 日起，郑州调控再次升级，增加了 180m² 以上房源的限购，外来人口的购买增加 2 年社保或纳税证明。2016 年 12 月 23 日限贷升级，在限购区域内，居民的首次购房贷款比例仍为 30% 保持不变，居民家庭有购房贷款记录但申请贷款购房时实际没有住房，或者已拥有 1 套住房，无论有无购房贷款记录，再次购买普通住房，均按照 60% 的首付比例执行，其中，房屋的套数以郑州市房管部门出具的相关材料为依据。2017 年 2 月 10 日，郑州住宅限购出台操作细则，对本市非限购区域的社保证明及补缴后符合购房前 3 年内连续缴纳 24 个月条件的予以认可，出现未缴存现象的，无论时间长短均从重新缴纳计起。2017 年 3 月 18 日，凡属补缴且补缴日期在 2017 年 3 月 17 日之后的社会保险证明、个人所得税完税凭证不再作为购房的有效凭证。

但是这些政策并没有得到严格执行，而且 2017 年 11 月 23 日，郑州放宽限购政策，外市户籍全日制本科及以上学历毕业生或者副高级职称及以上职称买房不需要审核 24 个月的社保。随之而来的是一年内，郑州市房价上涨 50%，郑州市又将限购区域覆盖到整个郑州市，杜绝炒作资本进入房地产市场。截至 2021 年郑州市市内五区和郑州航空港经济综合实验区、郑东新区、郑州经济开发区、郑州高新区、新郑市、荥阳市、中牟县实施数量限购，本市户口限购 2 套，但是单身的限购一套；外市户口限购 1 套。外市户口买房条件：在郑州连续缴纳社保满 24 个月；在郑州连续缴纳个税 24 个月；在郑州工作的全日制本科或者以上学历毕业生；在郑州工作的副高级（高级技师）职称或者以上职称的对象，满足任意一项即可。事实上限购政策可以更紧一些。

在郑州市行政区域内，2017 年 5 月 3 日（含）之后购买的住房，自取得《不动产权证书》之日起不满 3 年的不得上市转让。在郑州市行政区域内，2017 年 5 月 3 日（含）之后通过赠与方式转让住房，自签署《赠与合同》并办理转让确认手续之日起，赠与人满 3 年后方可再次购买住房。但是，随着 2022 年全球经济不景气，以及我国房地产市场销售困难，限购和限售等政策又再调整，虽然目的是去库存和避免房地产市场过度萧条，政府和专家都预计此次政策调整不会导致房价上涨局面出现，但是否会演变为房价的小幅上涨还不得而知，因此保持城市低房价并不容易。

9.4.4　完善房屋租赁市场

由于房价过高，部分居民的收入难以满足购房的需求，因此，存在一定的租赁需求，从 2017 年开始，住房和城乡建设部称将立法明确"租售同权"，即租房与买房居民享同等待遇。完善房屋租赁市场能够增加住房的供给量，同时减少商品房的需求量，因此完善房屋租赁市场能够抑制商品房价格上涨过快，预防房地产泡沫的产生。目前，中国房屋租赁市场仍是一个不完善、不成熟的市场，存在许多亟须解决的问题，主要表现为：在法律方面，目前尚未形成健全的法律体系来规范和保障市场上的房屋租赁行为；在监管方面，暂未形成一个较为有效的监管体系，且监管缺乏执行力，监管措施未能贯彻执行；在市场交易方面，中介服务机构诚信度不高，恶性竞争情况严重。

由于现阶段房屋租赁市场的不完善、不成熟，房屋租赁没能发挥其在整个社会中应有的作用，例如在房地产价格不断上涨或居高不下时，房屋租赁市场应该发挥吸纳市场需求的作用，降低商品房市场的需求压力。此外，房屋租赁市场的这些问题还会减弱政府出台的楼市调控政策的效果。因此，出台相关措施解决房屋租赁市场存在的问题至关重要。

具体的解决措施包括以下几个方面：首先，需要建立完善健全的房屋租赁专项法律体系，从法律层面为房屋租赁市场提供最基本的保障，形成规范的房屋租赁合同文本；其次，可以通过税收政策增加房屋租赁市场上的房源，同时可以降低房屋空置率，例如给出租空置房屋的业主税收优惠以鼓励他们将空置房屋出租，对达到出租标准但未将房屋出租的业主征收额外的房屋空置税；最后，可以建立具有权威的、规范的房屋租赁信息平台，制定严格的审核流程，用于检测房源的真实性，通过这一平台为房屋租赁需求者提供更加真实、可靠的房源信息，减少信息的不对称性。

9.4.5　完善都市村庄和老破旧小区改造在内的住房供应体系

目前房价过高，大多数家庭的收入无法承受，因此通过政府完善保障性住房建设，可以增加市场上住宅的供给，满足低收入人群和流动人口的住房需求。目前政府提供的保障性住房主要包括四大类，分别是经济适用房、廉租房、定向安置房和公租房。政府应该提供多元化、充足的保障性住房，减轻低收入人群的购房压力，满足低收入人群的住房需求。保障性住房也会对房地产市场中商品房的成交量和成交价格产生一定的冲击。因此适量的保障性住房的开发建设能够良性引导整个房地产市场。同时，为确保保障性住房的覆盖面和保障水平，在保障性住房分配管理上需要做到公正、公平、公开，切实解决城市各类人才和外来劳务人口的居住权。

对都市村庄和老破旧小区也不能简单进行大面积拆迁，因为这些房屋在市区繁华地带，将这些房屋拆除后，一般新建的是商品房或者高档小区，这对于新增的常住人口以及新毕业的大学生等中低收入者极其不利：一方面增加了他们的租房成本，另一方面也增加了他们的交通费用。更重要的是这类品质不是太高的住房被拆除，导致其他类型商品房价格升高，自然也会抬高新增常住人口的购房成本。大城市需要的是对都市村庄和老破旧小区进行改造和管理，提升其居住感受。

国家也应该出台相应政策，解决大型制造公司的住房拥挤问题。例如，可以对达到某一标准的大型制造业公司，给予适当补贴，给企业划一批集资房，就地解决一部分交通拥挤地区人员上班的实际困难。如果员工一直在这些制造类企业就业，退休后，房子产权就属于个人所有。深圳在这一方面做得很好，引进外来的大型企业，就给它划分一块地，让其自由支配，很好地解决公司员工住房和交通拥挤问题。郑州也应该向深圳看齐。员工离开企业的时候，企业可以按照原来购买时的房价适当上浮后回收。这一政策不仅对解决员工的住房和交通拥挤问题具有重要意义，而且对于郑州吸引外资，促进城市发展具有良好的作用。

9.4.6 降低公积金贷款利率

我国三大住房保障制度中，经济适用房制度在逐步取消，廉租房制度覆盖面有限，公积金制度在住房保障体系中的地位和作用愈发重要。但是目前，公积金的个人购房贷款利率是国家规定的基准利率，对待承受利息压力不够强的低收入层次群体与承压能力较强的高收入层次群体一样，这对公积金的住房保障功能有很大的弱化。当国家为稳定房价而提高贷款利率时，原有贷款的利率随之提高，但是原有贷款的利率涨跌对当前房价没有影响，却实际上增加了贷款职工的还款负担。还可能出现每月月供额增加的同时房价下跌的情况，双重打击贷款职工。最后，购房贷款所付出的本金不变，甚至因为利率倒挂而出现本金变多的情况下，房价下降反而使得贷款房价的上涨，最终导致违约概率的大幅提高。当国家预期通过促进住房消费而降低贷款利率时，已有贷款的职工的利率也会跟着下降，这一定程度上又减少了公积金管理机构的收益，提高了公积金的运作管理风险。国家对公积金利率的每次调整，都会对房地产市场带来巨大的影响，尽管房价上涨面临很多压力，但是公积金贷款利率一直下行，也反映我国政府对保障中低收入者的重视程度。

9.4.7 极大提升非首套房住房贷款利率

贷款利率是政府调控干预房地产市场的重要手段。提高贷款利率，购房者所需要支付的按揭款提高，条件有限的购房者就会暂且搁置购房计划，从而使买方市场得到控制；而降低贷款利率，购房者就会倾向于购买房产，从而刺激房地产市场发展，在一定程度上也会引致金融风险。

降低住房贷款利率，居民购买房产的成本下降，购房意向升高，供给侧需求提高，造成房价上升，大量的按揭买房也会造成市场的杠杆率上升，从而导致金融风险。我国目前经常使用贷款利率作为调控房地产市场的工具，该方法简单，易于实施。但是由于我国并未建立一个成熟的房地产金融市场，利率调整对于房市调控的作用相对有限。房地产泡沫愈加明显，居民的购房负担已经很重，如果再采用提高住房贷款利率的方式调控房地产市场，提高居民的购房负担，只会得不偿失。

9.5 郑州市低房价的长效机制构建

9.5.1 构建长租公寓的健康发展机制

"长租公寓"就是带有装修和品牌管理的公寓，是近几年房地产市场一个新兴业态，通常由资本方租下物业，装修配备之后以公寓品牌对外出租。长租公寓又分为集中式和分布式两种形态。集中式公寓是资本方拿下整栋楼，对房间进行统一装修配备、统一服务；分布式公寓就是分散拿下个人房东的房源，对房间进行装修配备后，以公寓品牌对外出租。在政策红利支持和租赁市场潜在的巨大空间下，长租公寓市场受到各方青睐，不仅许多专注长租公寓领域的创业公司获得资本的垂青，房地产企业、酒店集团、住房中介机构也纷纷入场。具体情况见表9-16。

长租公寓市场发展现状 表9-16

公寓业态	集中式公寓	分布式公寓
形式	包租整栋房产，统一装修，配备统一服务，租金水平和物业成本、位置、装修档次等有关	不同小区内分散地获取个人房东的房源，对房间进行装修和配备后，以公寓品牌对外出租
产品要求	类似于小开发商，要求对楼宇有充分的理解，开发的难度极高	开发要求相对低些，但同样对产品也有极致的要求
出租方式	一般多为整租整出	多为合租产品，未来也有整租产品
房源	拿合适的房源困难，又面临经济型酒店的竞争，拿到低价物业是核心中的核心	拿单个房源较简单，一般与房东签3~5年的托管合同，但形成规模，需要一个漫长的过程
现金流	前期的投入较大	月付租金方式能让企业保持良好的现金流产生滚雪球效应
标准化	更易标准化形成品牌，集中式管理也易形成强社交感	对管理体系要求高，且房源形态不一，不易标准化
管理体系	集中式管理易形成管理效率，后期的管理成本低，尤其表现在人力成本相比于分布式低	涉及中介公司、装修公司、物业管理公司和IT公司，需要强ERP系统来保证其高效整合
业态现状	一线城市的租金水平可以支撑集中式长租公寓业态	二线城市的物业成本高、租金水平低，可能毛利低，可能更适合分布式公寓
资本介入	以财务投资基金为主	美元基金为主的长周期高风险基金，或者战略资本介入，做战略布局
企业对比	国外的雅诗阁和辉盛阁。国内的公寓公司多为分布式业态	
典型企业	You+、青年汇、自如寓、魔方等	蘑菇公寓、青客等

与北上广深等一线城市相比，郑州长租公寓市场起步较晚，市场发展相对滞后且数量多，规模和经营方式不同。在初始阶段，长租公寓品牌虽然遍地开花，但没有哪一家能真正撑得起整个郑州市场。

到目前为止郑州长租公寓市场先后经历了三个阶段：首先是托管公司和"游击队"式二房东，这是最早的长租公寓运营模式；此后长租公寓企业从业主那里获得房源，进行统一装修配备、出租、服务维护，代表品牌有魔飞公寓、米家公寓等，这种模式是传统租房模式的升级版；发展到如今，已经有房地产开发商将自持物业或集中租一栋楼从事租赁，以万科泊寓、世联行红璞公寓为代表。自带企业品牌积累和雄厚的资金实力，房地产企业在长租公寓这条路上走得更快、更稳，但盈利仍然是场持久战。

据图 9-3 报告预测，2016 年、2020 年、2025 年，中国房地产租赁市场租金规模分别约 1.1 万亿元、1.6 万亿元、2.9 万亿元，2030 年预计会超过 4 万亿元。据链家研究院数据，我国的租赁人口只占 11.6%，远低于发达租赁市场约 30% 的标准。但随着我国一线城市房价的攀高，报告预测，我国租房人口占比在全国层面将超过 30%，一线城市会超过 40%，预计 2030 年会超过 4 亿租赁人口。

随着我国住房租赁的发展，以及 90 后居住需求的升级，长租公寓得到了长足发展。长租公寓的出现在一定程度上盘活了市场的存量房源，提升了租赁品质，为住房租赁行业的发展发挥了促进作用，并有着积极的推动意义。

但是，由于我国房地产市场"轻租重售"的市场格局，让我国的长租公寓行业依然处于微利、不盈利的时代，长租公寓企业也处于发展的初级阶段，发展过程中遇到的各种问题也有待解决。其中，长租公寓的物业问题一直困扰企业，各地标准不一，也为长租公寓的一体化发展增加了难度。

虽然长租公寓行业空间巨大，消费升级带来的需求也日趋旺盛，但是郑州市的长租公寓企业一直采取相对谨慎的发展策略，最主要的原因是行业还存在着很多问题。郑州市的长租公寓面临的主要问题如表 9-17。

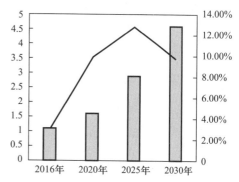

图 9-3 中国房地产租赁市场规模及年增长率预测

（数据来源：链家研究院，《租赁崛起》报告）

郑州市长租公寓面临的主要问题 表 9-17

问题	总结
房源问题	集中式业态，拿房较为困难。多数集中式由于地点不便捷，短期无法享受足够溢价
	分布式业态，一线城市市区少有毛坯房供给，且房东自装房可能不适合公寓企业对房源的标准化改造
	与二房东竞争问题严重（与品牌公寓商和新进入者竞争房源的压力），这三者的力量会短时间内共同推高拿房压力
规模化问题	重资产运营模式导致毛利率低，快速扩张难，规模化的投资效益目前较难产生
行业成熟度问题	低端市场部分租房者仍对价格较敏感
	现阶段的业主仍关心单月收入，而可能没有考虑整体的潜在收益
利润下行问题	租房红利的消失
	人工成本上升过快，变相削减了毛利
	营销成本过高，很多公司资金大量投放到如百度关键词类的广告中
	早期公寓行业一部分利润实际上来源于信息不对称，但现在互联网信息透明化导致利润空间被压缩
分销渠道	未来随着竞争日趋激烈，长租公寓平台出现，中小型公寓企业仍然要寻找合适的分销渠道
竞争者	如家、快捷等经济型酒店会进入长租行业，带来巨大冲击
人才问题	未来行业需要大量酒店管理、物业管理、物业资产管理的复合型人才，而人才专业性的构建需要时间
	目前行业从业者文化素质偏低，缺乏信息化管理
	目前几家大公寓人才月平均流失率为 15%，相对中介行业来说低一些，但人员流失仍是最大的问题

续表

问题	总结
回收周期	公寓行业目前多属于重资产运营，公寓的投资回报周期约为 3 年
政府管理问题	多无统一的标准
风投退出与估值 问题	前期投资成本较多，收益都不确定
	资本市场考虑项目成长性时不清晰，公司的估值就很低，行业存在较多不确定性问题，且企业规模较小，还没有经历大市场的考验

总体来看，长租公寓市场发展参差不齐，还有很多问题有待解决。为实现郑州市长租公寓在规范化、标准化的基础上向精细化发展，除了政府监管外，还需要行业自律、提高业务标准和填补相关法律空白等。实践界和相关研究者建议：首先，改变运营模式，多方合作盘活资产；其次，注重"公寓 plus"服务，活用信息化手段；再次，政府建设个人长租公寓平台；最后，加强产业效应，积极寻求政策支持。

9.5.2　坚持对老破旧小区改造而非拆除重建

20 世纪 50 年代以来，西方国家经历了多次的城市更新改造，城市更新改造的理念也随着实践的发展发生变化，从最初的城市重建到城市振兴，再到城市更新和城市再开发，最后提出了城市再生的更新理念。城市再生是一项具有综合性和整体性，为解决城市问题而进行的城市开发行动和计划，以寻求急需改变地区的经济和社会发展、物质和环境条件的可持续改善和提高。这可以减少住房投资，利于极大地降低高房价传导机制。拆除老破旧小区，就地新建商品房小区或者高档小区，相当于建立房价高位传导机制，因篇幅所限，本书不再展示论证环节。

西方国家在城市更新的初期阶段选择的更新方式也是对城市老旧建筑群进行大规模的拆除重建，在城市更新实践过程中，逐渐发现这种更新方式并不理想，反而给城市发展带来负面影响。许多学者从不同的立场和研究角度对传统的城市规划和城市更新方式进行了客观的思考和分析。芒福德提出西方国家在城市更新初期的大规模推倒重建是一种不利于城市可持续发展的更新方式；他提倡城市规划要重视"以人为本"的规划理念，注重考虑人的现实需求，不能仅追求城市的表面更新。雅各布斯从社会经济学角度进行批判，阐释了美国老旧城区的弊端，对于美国老旧城区的改造提出了一系列改造应该坚持的原则。他认为老旧城区改造不应该大范围进行，而应该在小范围内进行；同时，特别强调在老旧城区改造中要注重处理好邻里街区的关系。

20 世纪 70 年代以来，在研究西方国家的城市更新中引入了可持续性发展思想。在可持续发展思想的影响下，西方国家城市更新的实践发展和理论研究逐渐开始重视社区居民居住环境和条件的改善，强调城市治理是包括社会维度、经济维度以及物质环境维度等多维度的综合治理。加拿大麦吉尔大学的学者对贫民窟的研究更重视的是社区居民的价值观与文化的重新塑造，提出城市发展应该遵循"自主发展"和"持续发展"的原则。Fordham 分析经合组织成员国的城市更新政策与规划，提出并强调城市问题的改善关键在于协调公共项目以及推动社区参与其中。进入 20 世纪 90 年代，在各个国家的大力推动下，旧住宅区更新改造逐渐发展成为国际建筑业的"朝阳产业"。随着城市老旧住宅区改造工作的不断探索推进，不同国家根据各自的实际情况，制定了不同的改造政策，在改造的措施上也融合了自身的特点，形成了一套符合本国实际的改造模式。例如：德国在法律法规层面不断完善，为推进老旧住宅区改造提供政策保障。在法国，针对旧住宅小区服务系统缺乏、结构混乱、环境恶化等一系列现实问题，政府开展了大规模的老旧住宅小区提升改造行动。英国在进行旧区的利用改造时，实行的是政府统一的管理模式，从政府部门抽调专业技术人员成立开发公司，从而达到统一管理的目的。荷兰的旧住宅区改造政策主要集中在物质干预、经济手段、社会手段等三个方面，改造中注重住宅品质、居住环境和倡导社会融合。与欧洲国家主要以政府为主导开展老旧住宅区改造不同，美国是通过市场调节来实现老旧小区的改造，即市场是老旧住宅区改造建设的主要控制手段。日本提出的"团地再生"理论，就是对功能落后、设施破旧的老旧住宅进行翻新改造，其中除了对旧建筑本身进行修缮和加固，还注重提升功能和品质。

虽然与西方国家的国情和发展阶段都存在很大差异，但是西方的城市更新发展的历史可以给我们一些启示和经验：首先，认识到城市更新不是单一地对基础建设和建筑物的翻新和重建，而应该更多地注重人文因素和历史因素，要坚持"以人为本"，将城市更新与人的需求和发展相结合。其次，城市更新过程要考虑可持续性的发展，这就要求多方治理主体合作协同进行城市更新和发展的工作，不能仅仅依靠政府单方面的政策推动。

相较于国外，国内的老旧小区改造研究起步较晚，我国学者对老旧小区的研究主要集中在四个方面：老旧小区改造的背景及意义、老旧小区改造的内容、老旧小区改造面临的问题及相应的改造策略。

关于旧改的背景及意义，国内有学者认为老旧小区更新有四个层面意义：为推行居家和社区养老奠定基础；刺激实体经济的进一步发展，成为中国经济发展的新增长点；化解产能过剩难题，增加相关行业的就业岗位；增加社会财富的存量；提高国家治理能力和水平。也有学者认为城市老旧小区治理创新能够有效促进政府职能的转变，满足老旧社区居民日益增长的公共服务需求，支持并促进社区社会组织的发展建设。

2014年3月发布的《国家新型城镇化规划（2014—2020年）》明确提出2020年基本完成城市棚户区改造的任务。自2015年12月，中央城市工作会议首次提出加快老旧小区改造后，各地加大资金投入，老旧小区改造不断提速。2020年7月10日国务院办公厅发布了《关于全面推进城镇老旧小区改造工作的指导意见》，2020年12月15日住房和城乡建设部印发《城镇老旧小区改造可复制政策机制清单的通知》，这意味着今后一段时间内老旧小区改造将加速实施。旧改是国家改善群众居住条件、提升城市环境形象的重要民生工程。但是从近些年的实践中看，旧改过程中仍然存在着许多障碍，例如"电梯加装意见难统一""改造资金来源单一""居民诉求难以满足"等，影响了旧改的进度和效果，如何有效地解决现有障碍是促进老旧小区改造有效推进的重要问题。

本章执笔人：沈志锋　朱永明

参考文献

Costello G, Fraser P, Groenewold N. House prices, non-fundamental components and interstate spillovers: The Australian experience. Journal of Banking & Finance, 2011, 35(3): 653-669.

E L Glaeser, J Gyourko, R E Saks. Urban growth and housing supply. Journal of economic geography, volume 6, issue 1, p. 71-89E.

Fu Yuming, Zheng Siqi, Liu Hongyu. Population growth across Chinese cities: demand shocks, housing supply elasticity and supply shifts. 2008.

Geoff F. Sustaining local involvement. Community development journal, 1993(4): 351-366.

Paul Cheshire, Stephen Sheppard. The welfare economics of land use planning. Journal of urban economics, 2002, 52(2).

Wang Xiaodan, Li Keyang, Wu Jing. House price index based on online listing information: The case of China. Journal of housing economics, 2020: 50.

Wong K Y. Housing market bubbles and currency crisis: the case of Thailand. Working papers, 2010, 52(4): 382-404.

安冯玮. 房地产价格与居民收入关系: 以瓮安县为例［J］. 新经济, 2016（21）: 43-46.

边经卫. 英国的旧区改造与建设［J］. 城市发展研究, 1997（6）: 56-58.

蔡媛媛, 郑琰琳, 袁丰. 城市住宅价格国内外研究动态与未来展望［J］. 地域研究与开发, 2018, 37（1）: 46-53.

蔡云楠, 杨宵节, 李冬凌. 城市老旧小区"微改造"的内容与对策研究［J］. 城市发展研究, 2017, 24（4）: 29-34.

曹晓飞, 赵芬芬, 万月亮. 房地产价格波动与系统性金融风险［J］. 技术经济与管理研究, 2020（2）: 71-76.

仇保兴. 城市老旧小区绿色化改造: 增加我国有效投资的新途径［J］. 城市发展研究, 2016, 23（6）: 1-6, 150-152.

段进, 邱国潮. 国外城市形态学研究的兴起与发展［J］. 城市规划学刊, 2008（5）: 34-42.

段进. 城市空间发展论［M］. 南京: 江苏科学技术出版社, 1999.

高连奎. 生存经济学: 基于收入与生存成本两指标的"幸福指数"构建［J］. 上海商业, 2021（5）: 68-69.

郝婧, 周丹, 聂超, 田锦. 福州老旧小区的海绵化改造案例［J］. 中国给水排水, 2020, 36（12）: 20-24.

何健生. 房地产企业在三条红线影响下财务管理的应对［J］. 财会学习, 2021（11）: 72-73.

黄敬婷. 中国城镇住房供需匹配程度的测量及其影响因素研究［D］. 清华大学, 2016.

鞠方, 于静静, 周建军. 我国商品房空置率对房价波动影响的实证研究［J］. 湖南科技大学学报（社会科学版）, 2013（5）: 71-76.

李春玲. 中等收入群体的增长趋势与构成变化［J］. 北京工业大学学报（社会科学版）, 2018, 18（2）: 1-7.

李国强, 王燕, 李江丽. 石家庄与部分省会城市科技创新指数比较分析［J］. 科技中国, 2021（5）: 84-87.

李炜. 中间阶层与中等收入群体辨析［J］. 华中科技大学学报（社会科学版）, 2020, 34（6）: 1-8.

凌璐. 理性预期对住宅价格的影响研究［D］. 上海社会科学院, 2020.

刘军英. 浅谈我国房地产市场供求失衡状况［J］. 价值工程, 2006（11）: 124-126.

牛静敏. 郑州保障性住房可持续发展的调查和思考［J］. 中共郑州市委党校学报, 2014（1）: 91-94.

孙菁. 房价波动与房地产金融风险的关系研究: 基于格兰杰因果检验［J］. 中国物价, 2020

（3）：74-77.

宛素春. 城市空间形态解析［M］. 北京：科学出版社，2004.

王传言. 高房价让中产阶级变成"夹心层"［N］. 中国审计报，2010-09-20（006）.

王健. 经济新增长点：老旧小区更新［J］. 行政管理改革，2015（11）：32-37.

王健. 缘何要加快推进城镇老旧小区改造［J］. 人民论坛，2019（35）：129-131.

王倪，李亚. 老旧小区加装电梯的冲突分析及解决：基于协商式角色模拟的研究［J］. 天津行政学院学报，2020，22（2）：70-78，87.

吴开泽；黄嘉文. 居住模式、住房类型与大城市流动人口留城意愿：基于广州的实证研究［J］. 华东师范大学学报（哲学社会科学版），2020.

杨政明. 城市旧住宅区改善的市场化途径及管理探讨［J］. 现代商贸工业，2007（2）：15-16.

姚烨琳，张海东. 中等收入群体的扩大与橄榄型社会的形成：以北上广特大城市为例［J］. 河北学刊，2017，37（5）：164-169，173.

张勇. 房地产市场会压垮中国吗：房地产市场、货币市场波动和经济波动动态关系研究［J］. 财政研究，2015（9）：8-22.

赵奉军. 房地产"灰犀牛"与"三条红线"［J］. 中国房地产，2021（1）：14-15.

赵佳鹏，马文隆，任新平. 郑州市主城区住房租赁市场调查分析研究［J］. 当代经济，2018（20）：84-85.

赵立志，丁飞，李晟凯. 老龄化背景下北京市老旧小区适老化改造对策［J］. 城市发展研究，2017，24（7）：11-14.

郑旗. 科学认识郑州发展的潜力［N］. 郑州日报，2014-07-22（001）.

第十章　助力开放郑州转型发展的土地政策

改革开放 40 年来，中国的城镇化率从 1978 年的 17.9% 增长至 2020 年的 60.6%，城市经济蓬勃发展。中国的城市化进程无论是从速度、规模还是空间尺度的角度来看都在世界范围内产生了举足轻重的影响（LeGates, 2014; Savitch et al., 2014），之所以能在短时间内取得这样的成绩，与具有中国特色的土地制度安排密不可分（丁成日，2006；蒋省三等，2007；刘守英，2018）。中国土地制度在推动产业发展（特别是第二产业的发展）和城市基础设施建设方面发挥了重要的作用（吴宇哲和孙小峰，2018）。同时，中国特殊的土地制度与改革和发展进程中出现的问题关系密切，比如城市发展过于依赖土地财政、城市土地过度开发、城市重复建设、城市空间发展乱象、城市用地紧张和盲目扩展并存等问题。

中国土地制度和政策创新的压力和呼声日益增长。主要原因有二：一是国家发展模式的转变对土地制度和政策的影响；二是围绕土地制度和政策产生的发展问题。经过 40 多年的改革开放的发展，中国当下倡导的发展模式是国内需求导向和以创新为引擎的生产力提升导向。这意味着未来的发展将更加倚重市场机制，政府的职能从主导经济发展转变为服务市场和引导发展。相应地，土地制度和政策如何与市场发展的灵活性和未来发展的不确定性有机地结合，成为未来土地制度和政策最富有挑战的问题。结合中国现行的土地制度和政策，这个挑战主要表现在土地垂直管理模式与市场要素流动性和城市（空间）优化组合之间的矛盾。

本章首先分析中国城市化进程中土地制度和政策的问题，然后分析中国现行土地制度和政策对城市化进程的影响，最后结合郑州中心城市发展战略，探讨土地制度和政策的改革和创新模式，并提出具体的建议。

10.1　中国土地开发与城市化发展：模式及其问题

20 世纪 90 年代发生的若干重大变革深刻地影响并塑造了当今中国的土地政策框架以及城市发展模式。在严格的土地管理制度背景下，城市开发与建设主要由政府主导，并以大规模投资为典型特征，土地要素成为推动地方经济发展的杠杆和工具手段（Lichtenberg and Ding, 2009; Ding and Lichtenberg, 2011）。

我们将 21 世纪以来中国高速增长阶段的土地开发与城市化发展模式概括为工业用地低价供给与商住用地高价出让"双轮驱动"下的土地开发模式，以及基于土地财政的城市化发展模式。然而，这种高度依赖土地要素驱动的城市化发展模式存在诸多问题，缺乏可持续性，需要在 2030 年人口高峰来临前作出适当调整（Wu, et al., 2016）。

10.1.1　"双轮驱动"下的土地开发模式

"双轮驱动"下的土地开发模式有两个核心：一个是工业用地"低价供给"；二是（商品）住宅用地的"高价供给"。

工业用地低价供给对中国成为"世界工厂"作出了贡献。随着中国融入全球贸易市场，制造业 GDP 占比不断上升，地方政府在"竞争锦标赛"的驱动下，开始通过配置为数不多的可控制资源——土地来吸引投资并开发建设工

> **"双轮驱动"下的土地开发模式**
>
> ● 一是工业用地"低价供给"；
> ● 二是（商品）住宅用地"高价供给"。

业园区，以达到地方 GDP 增长、企业纳税、就业提供等目的，最终集中转化为地方官员的执政政绩。这种通过低价出让工业用地吸引企业进驻并借以发展地方经济的做法被视为以土地"招商引资"的发展模式（杨其静等，2014；王贤彬等，2014；范子英，2015）。在该模式的引导下，工业园区大规模建设，中国的制造业 GDP 增加值在 2008 年次贷危机发生后的两年内一举超越美国位居全球首位，并逐步确立了在全球制造业产值份额中的绝对优势，成为名副其实的"世界工厂"。总体来看，以优惠的工业用地价格及其捆绑的税收等其他优惠政策组合而成的"招商引资"模式对中国的工业制造业发展和城市化的快速推进作出了巨大贡献。

"双轮驱动"下的土地开发模式的另一个核心是（商品）住宅用地"高价供给"。房地产市场的持续繁荣推动了住宅用地价格的不断增长，促成很多城市出现天价土地的现象。比如，北京、上海、杭州、长沙、郑州、重庆、沈阳等城市 2007 年以来土地价格不断飙升。另外，天价土地也在其他城市出现，如南昌、许昌、常熟、延安等。

土地价格和住房价格近 20 年来总体上升并维持在高价位的水平上与金融市场的发展趋势有密切的关系。20 世纪 90 年代，中国的金融市场开始表现出流动性充裕乃至过剩的迹象。一个典型的事实是，1990 年中国的居民储蓄存款余额已经接近于全年社会消费品零售总额，1992 年末，居民储蓄存款余额超过了当年的全年社会消费品零售总额，且前者的增速远远高于后者。城乡居民储蓄总额超过社会消费品零售总额反映出中国居民潜在的消费能力，但市场却没有提供适当的商品消化居民的购买力。充裕的流动性宛如笼中的老虎，一旦管控不当，就会泛滥成灾。随着 1998 年中国房改正式终结实物福利分房，房地产市场开始走向货币化分配和商品化供给的时代。1998 年，中国人民银行在 1997 颁布的《个人住房担保贷款管理试行办法》的基础上进行了修改，正式形成了《个人住房贷款管理办法》，明确了金融政策支持促进住房消费，意在为个人按揭贷款提供相应的政策细则，并支持住房产业成为新的经济增长点[1]。以上金融政策的调整实质上剑指房地产市场，使其成为过剩流动资金的蓄水池。地方政府为了尽可能获得土地出让收入，采用"饥饿供地"的手段出让住宅用地，也因此推升了房价（刘诚和杨继东，2019）[2]。2003 年至 2013 年，中国的商品房销售额以每年 26.19% 的增速飞速增长[3]，中国房地产行业在"黄金十年"中迅猛发展。

10.1.2　"土地财政"驱动下的城市化发展模式

"分税制"改革以来，土地受到地方政府的青睐，高额土地出让收入支撑了土地财政发展，为城市开发建设提供了资金。同时，通过挖掘土地的资本属性，地方政府凭借土地

---

[1]　见中国人民银行 1998 年 5 月 9 日发布的《关于颁布〈个人住房贷款管理办法〉的通知》。

[2]　刘诚和杨继东（2019）的研究表明，财政压力越大的地方政府越倾向于通过"饥饿式"和分散化的手段出让土地，以获取最大化的土地出让金。地价的上涨也会相应地增加建房的成本，从而进一步推高房价。

[3]　数据来自国家统计局公布的全国商品房销售额年度数据。

抵押贷款和发行"城投债"为城市扩张和基础设施建设融资，并以土地出让金作为偿还保障，形成了一套建设和经营城市的"以地融资"发展模式。

"土地财政"驱动下的城市化发展模式

● 一是以土地出让为核心的"土地财政"；
● 二是通过土地抵押和发行"城投债"为城市发展融资，并以土地出让收入作为偿还的来源。

首先是土地经营城市与土地财政的形成。20世纪90年代初期，中国的财经秩序经历了一段混乱时期。1994年，分税制改革使得财政权力在中央和地方之间进行了一次结构调整。此次税制改革实则涉及两组关系的调整，即中央政府与地方政府的关系以及地方政府与企业的关系。改革的主要内容是将税收划分中央税收和地方税收。增值税收益由中央和地方共享，此外，企业所缴纳的所得税和消费税均需按照分税制的办法进行分配，2002年推行的所得税改革将个人所得税也从地方税种转变为了共享税种（周飞舟，2010）。由此，中央财政占财政总收入比重偏小的局面得以改观，而地方财政收不抵支的资金缺口压力逐渐增大（图10-1）。"分税制"改革调整了中央与地方的财政关系，中央收紧了财政权，而将大部分的事权留给了地方，此为一。"分税制"改革同样改变了两组关系中的第二组，即地方政府与企业之间的关系。其一，地方政府经营企业的收益变小、负担的风险变大。其二，私有化浪潮下的地方政府获取财政收入的税种从企业税转向了营业税，营业税已经成为地方政府最为重要的支柱性收入（周飞舟，2006；2007）。而营业税之中则以建筑业为纳税的主力军。在以上两点改动的共同影响下，地方政府便有了发展房地产业的强烈动机。这一点从2002年以来地方政府对土地开发、基础设施建设的空前热情中可以窥见。除营业税

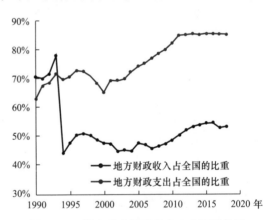

图10-1　地方政府财政收支占全国的比重

以外，土地出让收入在地方政府的财政收入中占据越来越重要的地位。而与繁荣的土地出让相伴的是，中国各地区基础设施投资增长十分显著（张军等，2007），且相比于中央政府的投资，地方政府的投资比重不断上涨，成为基础设施建设的主要推动力量（魏新亚，2002）。上述现象的出现，显示出中央与地方财政"分灶吃饭"后，地方政府运用自身在土地市场中的垄断供给地位，以土地作为工具手段经营城市发展的倾向。

其次是土地资本化与抵押贷款和"城投债"的形成。2008年美国次贷危机引发的全球金融危机席卷世界，对中国最直接的冲击就是出口大规模下滑，为了对冲风险，中央政府实施了"四万亿"一揽子刺激计划，这一数量庞大的刺激计划由中央和地方共同承担，其中中央政府负担1.18万亿元，地方政府负担2.82万亿元，在庞大的刺激计划中有超过一半的资金投向了城市基础设施建设工程和农村民生基础设施项目[①]。地方政府大量上马交通等基础设施建设项目，带动工业园区和新城区建设进入了一轮热潮。除利用控制的工业

---

① 详见"发展改革委就4万亿元投资计划执行情况答记者问"。

用地建设实体工厂和工业园区以外，地方政府还借助于储备的土地通过土地抵押的方式从银行获取贷款，在 2005 年以前主要目的是解决县、乡财政困难和弥补财政赤字，属于被动融资。随着城镇化进程加速，加之国务院自 2005 年起实施综合性的财政改革以缓解县、乡的财政困难，地方通过土地负债融资转向以城市基础设施投资和发展建设为主要目的（龚强等，2011），"四万亿"刺激计划使得地方政府更加冒进地挖掘和利用土地的资本属性，使之成为地方政府的一种融资工具，并形成主动负债（范剑勇和莫家伟，2014）。常晨和陆铭（2017）也指出，地方政府大规模推行新城建设是促使其发行城投债的重要原因之一。地方政府纷纷设立城投公司，以储备土地作为资产注入城投公司并作为抵押品向银行借贷融资，同时也形成了数额庞大的地方政府债务。地方债务的偿还来源主要是土地出让金。由此，土地财政导向的投融资发展模式与城市基础设施建设的联系更加紧密。正如（赵燕菁，2014）所指出的那样，改革开放后中国城市发展的路径就是一条不断最大限度地利用土地杠杆进行内部资本积累，借以为城市发展提供资金的路径。

10.1.3　当前土地开发与城市化发展存在的问题

基于"双轮驱动"的土地开发和基于土地财政的城市化发展模式虽然有力助推了中国的快速城市化进程，但同时也遗留下了诸多问题和弊病，主要体现在以下几个方面：

第一，工业用地粗放利用，重复建设与产能过剩。

城市的工业用地价格是城市集聚经济的成本（Duranton et al., 2015）。为达到吸引投资落地的目的，地方政府不惜以"低价"甚至"零价"向企业提供土地。这一做法直接导致工业园区大量建设，而部分地区的工业园区缺乏详细规划，出现了盲目上马和违规建设等现象。更为严重的是，一些地方擅自批准设立

> **当前土地开发与城市化发展存在的问题**
>
> ● 工业用地粗放利用；
> ● 土地财政依赖与债务加重；
> ● 房价高企且住房保障不足。

各种名目的开发区，借此随意圈占大量耕地、违法出让和转让土地，并越权出台优惠政策。这导致开发区建设泛滥，明显超出了地方发展的实际需要，严重损害了农民的合法权益和国家利益。对此，国务院于 2003 年下发通知，责成有关部门对全国范围内的各类开发区进行清理整顿。在整顿过程中发现，经国务院正式批准的国家级开发区仅有 222 个，总面积 2323.42km²；各省级人民政府批准的省级开发区 1346 个，核准面积 7625.85km²。但在整顿摸排的过程中却发现，全国各类开发区的数量多达 6866 个，规划面积高达 3.86万 km²，分别为国家和省级政府批准数量和面积的 4.38 倍和 3.88 倍。本轮整顿工作一直持续到 2006 年底，最后通过规划审核的开发区面积为 9949km²，开发区的总规模得以大幅压缩[①]。

"招商引资"模式的白热化竞争造成了土地利用效率低下、过度同质化竞争和重复建设等负面影响。2014 年，中国宏观经济结束了两位数的增长，开始步入经济"新常态"，中央政府实施供给侧结构性改革加以应对，希望从供给侧引导经济转型升级。然而，地方政府为了刺激经济，再次采用低价供给工业用地的手段，埋下了土地供应过量的祸根，这

---

① 全国开发区整顿治理中的相关统计数据均引用自：2003 年 7 月《国务院办公厅关于清理整顿各类开发区加强建设用地管理的通知》；2007 年 4 月《发展改革委有关负责人就开发区清理整顿答记者问》。

实则降低了高耗能、高污染等资源密集型企业进驻工业园区的门槛，不仅没有起到引导和带动产业结构升级转换的作用，反而带来了高额负债和严重的环境问题。这种粗放低效的增长模式也是不可持续的。

第二，土地财政依赖与地方政府债务加重。

不可否认，土地财政有力地支撑了大规模的城市开发与建设。然而，可供利用的土地资源是有限的、不可再生的，城市空间的扩张也是有边界的。随着城市发展从增量开发和外延式拓展向存量规划和城市更新的阶段转变，现行土地财政模式将难以持续。事实上，地方政府对土地财政驱动的城市化发展模式仍然存在严重的依赖[1]。由于缺乏新的财政收入来源和有效的税基，土地出让收入增长的总体趋势并未发生根本性的改变。虽然中央政府已经意识到土地财政模式的弊病以及由此带来的房价高企问题，并尝试从房地产税制改革上作出调整，但重庆和上海两地的试点并未取得实证性的进展。TOD 作为一种城市开发的模式在最近几年越来越多地得到认可，但在政府主导的模式下，其目的主要是提升土地的出让价值，便利土地财政的运行。摆脱土地财政模式需要土地要素驱动发展模式的彻底转变。

2008 年金融危机发生后，为了对冲外部环境恶化对中国经济的冲击，中央政府放松了对地方融资平台公司的管控，为各地利用储备的土地资产注资成立城投公司、城建公司并大规模投资拉动内需的活动创造了条件。这使得早在 20 世纪 90 年代就已经诞生的"城投债"焕发了新的活力，地方政府纷纷利用手中掌握的土地资源举债融资，形成了大量地方政府债务用以支撑道路、轨道交通等城市基础设施建设或新城开发。2013 年国家审计署对地方政府债务进行了一次摸底，公告显示，截至 2012 年年底，11 个省级、316 个市级、1396 个县级政府承诺以土地出让收入偿还的债务余额共计 34865.24 亿元，占省、市、县三级政府负有偿还责任债务余额的 37.23%[2]。2015 年，中央严格规范了地方政府利用土地抵押融资的行为，逐步将地方政府债务纳入预算管理中，但在推行严格约束管理的过程中仍出现了相当部分的不规范操作。时至今日，数额庞大的地方债务依然是需要警惕提防的一个风险隐患。

第三，房价高企、住房保障供给不足，城市开发未能以人为本。

土地指标是国家进行宏观调控的重要政策工具，城市建设用地的供给指标由国土资源部集中划拨、统一调配。地方政府每年的用地指标均受到严格管控，很多时候难以满足实际的用地需求。面对有限的用地指标，当大量低价供给的工业用地被用于"招商引资"后，住宅用地肩负最大化获取一次性土地出让收入的压力。这增加了房地产开发企业的用地成本，也通过成本转嫁推升了商品房的价格，加重了居民的购房负担，而房价的上涨又进一步强化了土地信用和土地财政模式。因此，住宅用地的价值得以凸显，在"地王"频出的年代，"天价"住宅用地出让金的拍出屡见不鲜。随着中国城市化进程的快速推进，人口流入城市和居民收入增加带来住房需求的持续增长，住宅用地出让所带来的土地出让收入成了地方政府最为可观的预算外收入来源，并被视为地方政府弥补财政收入缺口的主要手段（周飞舟，2007；曹广忠等，2007；陶然等，2007；2009）。但土地垄断供给下的

---

[1]　2019 年数据显示，在 30 个大中城市中，超高土地财政依赖度城市（≥100%）有 12 个，高土地财政依赖度城市（50%～100%）有 14 个。

[2]　地方政府债务数据统计来自：国家审计署 2013 年第 32 号公告《全国政府性债务审计结果》。

住房供需失衡也造成了城市房价居高不下，住房供给体系单一和过度市场化等饱受诟病的问题（吴宇哲和王薇，2018）。这也在客观上造成了地方政府缺乏足够的动力供给保障性住房，城市开发与建设中以人为本的导向未能体现。

在要素驱动发展阶段，稀缺的土地要素和中国特色的土地制度安排促成了以土地要素为核心驱动工业化和城市化发展的土地开发与城市化发展模式，也带来了上述发展积弊。面向创新驱动和内需引导的高质量发展阶段转变，土地开发与城市化发展需要摆脱以"物"为中心的桎梏，着重体现以"人"为核心的发展理念，紧密围绕人的各项需求开展城市开发与建设。

10.2 现行宏观土地管理框架及其对城市发展的影响

10.2.1 最严格的耕地保护制度及其效果

（1）严格耕地保护政策的必要性

改革开放极大地激发了经济活力，农村改革红利的释放让不少农民的钱包鼓了起来，拓展宅基地的面积并盖起楼房成为一股热潮，随之而来是对耕地的侵占。2000年后，城市化被各级政府当作一项重要的战略而推进，城市发展对于建设用地的需求不断增长，但实际上有限的建设用地供给数量难以满足实际的用地需求，尖锐的供需矛盾使得很多人对耕地打起了主意，根据国土资源管理部门的统计，20世纪90年代整个十年间，全国城乡建设用地共计增加2640万亩，其中就包括被侵占的耕地2138万亩，占新增建设用地总额的80.61%[①]，这一数字触目惊心。农村耕地被侵占的问题愈发严重，引起了国土资源管理部门和国务院的注意。

> **现行主要的宏观土地管理政策**
>
> - 严格的耕地保护制度；
> - 国土空间规划制度；
> - 垂直的土地管理制度。

耕地是极为重要的农业生产资料，也是粮食生产的根基。"藏粮于地"的理念得到学界和政府的共同认可（刘彦随，2013），并在2016年的中央一号文件中被正式提出，而保护耕地面积就是做到"藏粮于地"的关键举措之一。而耕地资源质量下降、可开发的后备耕地资源不足则是需要坚守耕地保护红线的重要原因（封志明和李香莲，2000）。美国的莱斯特·布朗（Brown，1995）曾撰文指出工业化进程将大量侵占耕地，导致中国的耕地资源将难以养活中国全部人口，而中国的粮食短缺问题将会引起世界范围内的粮食供应困难。布朗的指责虽然带有一定的意识形态偏见，但却从侧面反映了中国在20世纪90年代快速城市化时期耕地面积快速减少的趋势（如图10-2所示）[②]，尤其是1992年、1993年在"房地产热"和"开发区热"的浪潮下，我国耕地的减少数量达到了一个高峰（林坚等，2017）。我国的城镇化发展进入改革开发以来增长最快的阶段（城镇化率由1995年的31%增长至2008年的46.5%），快速城镇化发展也造成了大量的耕地损失，2008年较1995年耕地减少了832.3万 hm^2（漆信贤等，2018）。这导致我国不断强化耕地保护的力度，实施

---

① 数据来自：陶然，袁飞，曹广忠. 区域竞争、土地出让与地方财政效应：基于1999~2003年中国地级城市面板数据的分析. 世界经济，2007（10）：15-27.

② 图10-2中耕地数量年内减少数包括因各种原因占用的耕地和因灾废弃而实际减少了的耕地。

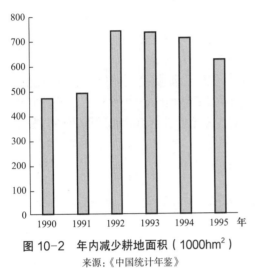

图 10-2　年内减少耕地面积（1000hm²）
来源：《中国统计年鉴》

最严格的耕地保护制度体系。

（2）严格的耕地保护制度框架

1998 年《中华人民共和国土地管理法》修订后，耕地占补平衡、基本农田保护、农地非农利用的严格审批制度共同构成了贯彻落实最严格耕地保护制度的基本制度框架。① 耕地总量动态平衡。耕地保护指标通过垂直土地管理体系层层向下分解落实，在编制土地利用总体规划时，下级政府划定的耕地保有量不能低于上一级政府编制土地利用总体规划中划定的控制总量，以达到本级行政区内耕地总量不减少的目的。由于经济社会发展的巨大区域差异性，国家允许耕地指标占用，但需要通过复垦等形式保持数量和质量的动态平衡。"严防死守 18 亿亩耕红线"成为总量控制的底线。② 基本农田保护区制度。国务院早在 1994 年就颁布了《基本农田保护条例》，由此正式确立了基本农田保护制度。1998 年又根据《中华人民共和国农业法》和修订的《中华人民共和国土地管理法》对基本农田的划定、保护、监管和相关法律责任作了更加详细的规定。基本农田作为不可占用的耕地，成为土地利用总体规划编制中必须明确划定的一项内容。规定基本农田保护应占本行政区域内耕地的百分之八十以上，并对基本农田的空间布局和质量作出了要求。同时建立基本农田保护监督检查制度，定期组织对基本农田实际保护情况进行检查。③ 对耕地非农化利用的严格限制。严格限制耕地转为非耕地，对耕地进行特殊保护，并作为土地用途管制制度的重要组成部分列入《中华人民共和国土地管理法》。对于征用基本农田和基本农田以外的耕地，数量超过 35hm² 的，需要上报国务院批准。同时，《中华人民共和国刑法》也对非法、大量占用耕地的情形进行了相应处罚。

过去二十多年来耕地保护政策得到不断的重申和加强。具体地，自 1998 年修订的《土地管理法》将"切实保护耕地作为基本国策"列入法律后，严守耕地保护红线不突破成为一条铁律，并不断在各类政策、法规和文件中进行重申。2020 年修订实施的《中华人民共和国土地管理法》坚持把最严格的耕地保护制度作为立法的基本宗旨。2021 年中央一号文件《中共中央　国务院关于全面推进乡村振兴加快农业农村现代化的意见》也同样强调坚决守住 18 亿亩耕地红线，落实最严格耕地保护制度。各类空间管控边界的确定和土地用途管制需要遵循耕地保护的首要策略。2021 年 3 月全国人民代表大会审议通过《中华人民共和国国民经济和社会发展第十四个五年规划和 2035 年远景目标纲要》，决定实施"藏粮于地、藏粮于技"的战略方针，仍然强调严守 18 亿亩耕地红线，建成 10.75 亿亩集中连片高标准农田。

（3）严格耕地保护对城市发展的负面影响

农业土地产出（粮食产量）是决定耕地保护最重要的衡量标准。农业土地生产力的一个决定因素是耕地质量（土地的自然属性），因而土地的自然属性是决定耕地是否被保护的最重要指标（而非土地的非自然属性），比如（农业土地）的（城市土地）开发潜力、耕地被开发后产生的经济价值（被开发后的城市土地价值）等。工业革命前人类的主要定居场所都是农业相对比较发达的地方，比如平原、河流附近等，这些地方同时也是土地自然属性比较好，农业土地生产力比较高的地方。工业革命后，城市化快速发展和城市规模比较大也大都是在农业土地生产力比较高的地方。

土地的自然属性决定耕地保护不能保证土地资源最优开发和利用。城市边缘地区的土地农业生产力很可能比远离城市的地区高。从纯粹粮食安全的角度，城市边缘地区的耕地应该被保护。但从广义的土地资源角度衡量，仅以农业生产力来决定耕地保护将可能让土地资源无法最大限度地发挥作用。这是因为，仅从农业土地生产力角度出发保护的耕地和允许开发的土地之间的农业生产力之间的差别可能远远小于它们之间的城市土地开发价值和潜力。因而，根据土地农业生产力决定的耕地保护很可能导致土地财富的损失。这里的土地财富指的是所有土地（不同土地利用类型）的价值总和。

此外，根据土地农业生产力决定的耕地保护的一个非常严重的后果是城市蔓延式空间扩张（见第五章）。城市空间蔓延式发展的最大的后果是极大地增加了政府基础设施的成本（特别是城市道路的投资和维护）和提高了城市生产与生活的交通成本。城市蔓延式发展额外地增加城市交通需求、城市交通拥堵，进而提高了能源消费和增加了环境污染问题。美国的实证研究说明，城市蔓延的代价是巨大的，这也是为什么过去二三十年以来美国一直在推动城市理性（智慧）发展模式的原因。

（4）基于粮食安全战略的土地制度评价

粮食安全战略不能只诉诸土地政策。虽然我国实施了世界上最严格的耕地保护政策，但是实际取得的效果并不尽如人意。中国作为一个大国，将保障粮食安全作为战略目标是一种理性的选择。但农业政策和土地政策均应作为保障粮食安全实现的手段。事实证明，我国粮食产量并未随着耕地面积减少而受到冲击，这与农业政策利好有一定的关联。终止农业税和农业补贴对农业粮食产量的刺激作用得到了相关研究的证实（周应恒等，2009）。同时，1986~1995年间耕地面积的减少主要与农业生产结构调整（如"退耕还林"政策）和农村自占耕地有关，城乡非农建设占用的耕地数量不足同期耕地减少总量的20%（周其仁，2017）。因此，短期内将粮食安全战略的压力诉诸土地政策的做法有待商榷（Lichtenberg and Ding，2008；丁成日和高卫星，2018）。

耕地保护政策已经实行多年，且从以上梳理的最近两年中央密集出台的政策文件和法律规定来看，耕地保护政策没有显露出丝毫松动的空间，说明国家通过耕地数量严格管控以维护粮食安全的决心是不容置疑的。这对于河南这个农业大省来说并不是一个利好。郑州市如果想要在新一轮超大城市之间的激烈竞争中争取发展的空间，必须要想办法在不突破河南省耕地红线指标的前提下，通过制度创新争取更多用于发展的建设用地。

10.2.2　国土空间规划体系与"一张蓝图绘到底"

（1）国土空间规划改革的背景和目的

自党的十七大以来，资源节约和环境友好的发展理念日益受到重视并被逐步付诸发展实践。党的十八大将生态文明建设提升到一个前所未有的高度，生态文明的理念以新的内涵定位成为引领经济、政治、文化和社会建设的总体要求。国土空间源头保护和用途管制被赋予生态文明制度建设重要组成部分的地位，此前探索多年的"多规合一"改革也被纳入了生态文明体制改革的范畴。国民经济发展规划与土地利用规划、城乡规划之间的冲突与交叉重叠问题亟待解决，从而急需形成一套全国统一、定位明确、功能互补、统一衔接的空间规划体系。国土空间作为生态文明建设理念实施的重要空间载体，其空间开发格局的优化被视为生态文明建设的首要任务。2015年9月中共中央、国务院印发了《生态文明体制改革总体方案》明确表示国土空间规划体系构建的目的是解决原有空间性规划的重叠冲突、部门职责交叉重复和地方规划朝令夕改的问题。从纵向角度看，空间规划体系可划分为国家级、省级和市县级三个层级，这三个层级的规划都属于总体规划。从横向角度看，国土空间规划体系又可以划分总体规划、专项规划和详细规划，其中总体规划是国土空间开发利用总的战略部署和整体性安排，是详细规划和专项规划编制的基础依据。专项规划是总体规划在某一特定领域或特定地区的具体延伸与补充；详细规划则如同毛细血管一般，是对总体规划和专项规划的进一步细化和深化，支撑总体规划和专项规划的具体实施。国土空间规划的显著特征就是全国统一、相互衔接、分级管理。"一张蓝图绘到底"是2013年12月中央城镇化工作会议提出的口号，其目的是强调各地在贯彻实施高度统一且富有权威的空间规划体系时必须保持思想和目标的一致性、各部门之间的相互协调性以及规划执行在时间上的连贯性。无论怎样改革，规划整合的方法和技术的核心是土地的供需分析和空间配置分析（丁成日，2009a）。空间规划的实施需要"落地"，其最终结果仍需通过土地利用规划来体现。

（2）国土空间规划改革面临的挑战

无疑，国土空间规划在应对中国规划体系的"破碎"问题、推动政府改革以适应日益增长的市场发展需求等方面是一个有意义的尝试。但是，现行的国土空间规划强化规划职能和垂直管理模式，突出规划的刚性，要求地方政府的土地利用规划和城乡发展规划需要"有机地"融合并置于宏观的国土空间规划整体框架下且与之有效衔接。

改革开放以来四十多年的发展，一方面推动各地发展呈现出巨大差别，促使各地未来发展的诉求千差万别，另一方面未来发展模式（国内需求导向和创新驱动）必将促使市场经济进一步发展。因而，规划制定权力再一次向上集中是否能够真正服务于地方发展的实际需求，似乎还待验证。

国土空间规划改革面临的挑战仍然是巨大的，两个最突出的表现是：① 规划管理的垂直性和刚性与市场发展需求的灵活性、未来发展的不确定性之间的矛盾；② 国土空间规划与国民经济和社会发展纲要（法律、体制和技术等层面）的衔接问题。

未来是不可预测的，因而有效的规划更应该侧重于规划过程，而不是规划（版本）。借用美国总统艾森豪威尔的名言："规划（方案）一文不值，规划过程是一切。"（"Plans are nothing, Planning is everything"）在未来不确定性和市场的灵活性要求下，为使规划发挥前瞻性、战略性和指导性功能，我们应该更加关注规划编制过程，特别是不断修改和调整的制度和程序，最大限度地减少规划修改和调整的成本和制度障碍，而不是规划方案或者版本的科学性和精确性。在不确定的未来和灵活的市场面前，没有科学、精确的规划版本。

国土空间规划仍然没有解决长期困扰中国规划体系中的经济规划（这里指各级政府每五年制定的国民经济和社会发展纲要）空间不落地的问题。经济规划空间不落地的问题既有体制的根源，也有技术的根源。体制的根源在于经济规划和国土空间规划的法律依据的差别。经济规划的法律依据是国家宪法，国土空间规划整合的城乡规划和土地利用规划各自遵循具体的法规来编制，前者是城市规划法，后者是土地管理法。宪法是国家的母法，是一切相应法律的基础和基石。尽管宪法同时要求各级政府编制城乡规划和土地利用规划，但是国土空间规划主要整合城市规划和土地利用规划，它们的编制需要遵循具体的法规，这使经济规划的法律依据高于国土空间规划。此外，经济规划的编制单位的行政等级也比国土空间规划（整合之前的土地局和规划局）高半个级别，行政权力也相应地高。这使得中长期发展的国土空间规划与短期发展的经济规划之间必然产生矛盾。

理论和国际发展说明，有效的城市发展规划首先需要解决经济规划空间落地问题。经济规划空间落地需要技术、方法、模型、数据等的支持（丁成日，2009a；丁成日，2018）。国内许多城市在技术、数据和专业技术人员等方面不足以支持国土空间规划应对经济规划空间落地的问题。缺失技术和数据支持的国土空间规划最后往往是以指标体系来指导城市和区域发展。中国规划体系的问题之一是指标指导的规划，突出的是人口指标和（各自）土地指标（比如建设用地指标、可开发土地指标等）。规划体系指标的特点是"刚性""模式化""标准化""一刀切""垂直分配""年度化"等（丁成日和程智韬，2018）。

"刚性、模式化、一刀切、指标式"规划空间管制使城市发展没有任何弹性、无法应对未来发展的不确定性，使规划的战略性、前瞻性和指导性功能难以发挥。遵循城市发展规律需要规划具有一定的弹性和灵活性。中国地域广阔、差别大，模式化和一刀切式的规划空间管制难以使规划符合城市的具体市情。城市规划中的指标应该有限度地使用，比如可以在人均绿地和城市开放空间方面应用，而不应该被广泛地应用。全方位的指标性的土地开发和利用从制度上排除了城市发展中的市场和价格机制，使城市发展从一开始就带有鲜明的行政色彩。集约化土地利用仅是城市发展的一个方面，一个集约化的城市土地开发并不一定是可持续发展的，且可能引发巨大的城市成本。比如，城市交通拥堵的一个重要因子是高密度的城市土地开发。

10.2.3　垂直土地管理制度及其极端结果

（1）"自上而下"的垂直土地管理体系

在中国实施土地垂直管理制度改革之前，土地管理的特点是，地方土地管理部门仅在业务上接受上级国土资源管理部门的领导，而用地审批权和人事权则主要受各地方党委管理。地方土地管理部门实质上是各地方政府行政体系中的一部分，属于下属部门，因此地方土地管理部门对地方政府在追求政绩过程中的土地违法行为难以实行有效的监督和约束（操小娟，2009）。进入 21 世纪以来，市场经济进一步深化，土地的资产和资本属性进一步得以凸显，土地交易金额大幅上升，土地出让收入在一些地方政府财政收入中的占比甚至超过 50%。改革释放的土地红利诱惑是巨大的，在"条块结合、以块为主"的土地管理体制下，地方政府对地方土地的供给和出让拥有相当大的自主裁量权，同时土地利用监管责任往往是缺失的。在权责不对等的情况下，土地违法情况日渐严重，导致耕地流失、供地权失控，引发了中央的重视。2004 年 4 月，国务院下发《关于做好省级以下国土资源管理体制改革有关问题的通知》，标志着土地垂直管理制度改革的实施，至 2006 年 7 月，国家土地督察制度正式出台，至此，以"省级直管"和"土地督察"为两大主要特征的由中央到地方的完整的垂直土地管理制度完全确立。

中央政府设置严格的垂直土地管理制度的初衷是通过行政手段收紧地方政府对土地审

批和供应的事权并加大监管处罚的力度，以达到遏制土地违法案件激增，保护耕地资源流失的目的。但是土地违法的动机主要来自市场经济利益的驱动，使用行政手段进行调控难以从根源上解决问题。事实证明，土地垂直管理体系确实遏制了土地违法案件激增的趋势，但同时也引发了新的问题。最重要的是，用地的供需矛盾问题未能得以根本解决。这与城市土地供应和土地管理服务于人口需求以及产业和城市发展的初衷仍然存在一定的差距。总结来看，在国家进行社会主义市场经济改革的大背景下，使用高度集中的计划手段配置土地资源必然会造成配置失灵的结局。出现这一结局的原因有三：第一，提前进行总量规划下的分区预测与各地现实需求之间无法完全匹配；第二，上下级政府之间的信息不对称和行政力量的过度干预；第三，中央政府与各地方政府在发展利益的目标上存在矛盾冲突。因此，地方政府发展中突破建设用地指标的做法实属不可避免。

（2）严格的垂直土地管理制度引发严重的发展后果

第一，违法占用耕地的情况并未彻底改变。严格的垂直土地管理制度在 2004 年正式实施，虽然在 2005 年取得了立竿见影的效果，但随后立即出现了反弹。2003 年、2004 年、2006 年和 2007 年均属土地违法案件激增的时期，违法涉及的土地面积分别为 5.17 万 hm²、7.01 万 hm²、6.95 万 hm² 和 8.08 万 hm²，其中 2003 年、2004 年和 2005 年涉及违法侵占耕地的情况最为严重，涉及耕地违法的比重均超过了 50%。直到 2013 年以后土地违法案件才有明显的下降趋势，但其中违法涉及的耕地面积每年仍在 7000hm² 以上（图 10-3）。现行的法律法规对土地违法的界定往往较为模糊，缺乏明确的定责，造成土地违法案件的刑事处罚率仅有 0.1%。国土管理部门对于土地违法占地的没收和拆除的实

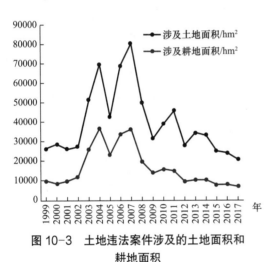

图 10-3　土地违法案件涉及的土地面积和
耕地面积

来源：历年《中国国土资源统计年鉴》

际执行也没有完全到位。利用土地出让为地方收入创造收益、招商引资和创造就业的官员仍然被视为政绩斐然，并且因此获得升迁。收益与成本的鲜明对比使得垂直土地管理的实质效果大打折扣。虽然中央强化了对土地违法案件的督察和查处力度，但是土地违法事件并未根绝。县、乡两级基层机关的土地违法案件激增，违法主体转向企事业单位和个人，且在巨大的经济利益驱动下，土地违法案件涉及的金额也越来越大。

第二，土地指标供给空间错配。2003 年前后，中央政府对土地政策的管理态度发生了巨大的转变。主要表现为三点：其一，实行更加严格的建设用地指标管理制度，并加大对土地违法行为的整治和查处力度，针对东部地区的查处尤甚。其二，全面推行城市经营性建设用地土地出让的"招拍挂"制度。其三，土地供给指标向中西部地区倾斜。对《中国国土资源年鉴》和《中国国土资源统计年鉴》中每年各省的土地供应数据进行统计发现，2001 年至 2003 年，东部省份的土地供应量占比均超过当年全国土地供应总量的 50%以上，但自 2004 年以后，这一比重基本保持下降的态势，最终稳定在占比 40% 的水平左

右（图10-4）①。中央政府凭借对用地指标的宏观调控推行空间均衡发展战略，实际上造成了用地指标的空间错配。

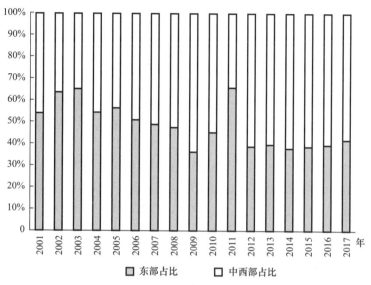

图10-4　东部省份和中西部省份年度土地供应占比
（来源：历年《中国国土资源年鉴》、《中国国土资源统计年鉴》）

　　第三，土地城市化远远快于人口城市化。丁成日和高卫星（2018）对土地城市化与人口城市化之间关系的理论分析论证了土地城市化快于人口城市化的理论机制：其一，土地城市化能够提升城市居民的幸福感。其二，在城市人口增长的前提下要维持城市居民的幸福感水平不下降，则土地城市化的程度一定要大于人口城市化。其三，城市居民收入增长引致的对住房和出行消费的需求必定会带动城市住宅用地和交通用地的增长。同时，国际经验也表明，即使在城市人口下降的情况下，也会出现土地增长的现象。但中国的问题在于部分地区土地城市化的进程远远快于人口城市化的进程。这与垂直土地管理制度下以地方政府为主导的投资驱动模式、政绩考核模式和城市需求不足密切相关。在垂直土地管理制度下，中西部省份的土地供应量越来越宽裕，但人口增长没有跟上，导致出现"鬼城"等城市收缩与地方债务增长并存的现象。

　　第四，重复建设、低效利用与土地资源浪费。一方面，地方政府凭借对城市土地供应的垄断地位和城乡土地制度"二元"结构，在经济和政治利益的驱动下以各种名义大量征用土地，导致各种名目的开发区和工业园区重复建设，既规避土地管理制度的约束，也为城市土地财政提供物质基础。这严重侵蚀了垂直土地管理体制的根基，致使其难以发挥监管和约束作用。另一方面，自上而下分配的用地指标往往难以满足地方发展的实际需求，变相导致地方想方设法多要指标，而争取来的指标，无论是否符合实际的需要，地方都倾

---

① 此处对东部和中西部省份的划分参考国家统计局对东西中部和东北地区划分方法，其中东部省份有：北京、天津、河北、上海、江苏、浙江、福建、山东、广东和海南；中部省份有：山西、安徽、江西、河南、湖北和湖南；西部省份有：内蒙古、广西、重庆、四川、贵州、云南、西藏、陕西、甘肃、青海、宁夏和新疆；东北省份有辽宁、吉林和黑龙江。我们把东北三省也划入中西部省份中。即使将东北三省划入东部省份中进行统计，也仍然无法改变东部省份占比下降的趋势，且2011年之后占比均低于50%。

向于将其用完，否则将影响到以后的指标分配，这一做法在很大程度上造成了土地资源的严重浪费。同时，标准化的土地开发模式导致小城市采用和大城市同样的高密度开发，而低地价、高密度的开发模式也容易导致土地低效利用。

第五，造成空间发展乱象。垂直土地管理制度以"刚性""标准化"和"指标化"管理为显著特征，这进一步引发了中国特色的城市空间蔓延式扩张（丁成日和程智韬，2018）。耕地保护刚性红线和划定指标迫使城市空间避开基本农田向外延伸，形成跳跃式发展和城乡空间割裂。对土地开发利用的严格限制也促使地方以建立开发区的模式拓展城市空间，造成城市蔓延式扩张，引发超大规模城市开发的普遍问题（Ding, 2013）。同时，城市土地利用规划随主政领导的变换而频繁修改更替也使得城市发展战略朝令夕改，引发城市空间发展的乱象。

第六，制度执行成本大。中国国土地域辽阔，区域发展差异较大。要实现全国性的垂直土地管理，就意味着要相应地付出全国性的信息和执行成本（周其仁，2017）。在中央政府统一制定的框架下层层编制土地利用规划，在规划编制中充斥着利益与诉求的冲突和争夺，而面对高速发展的经济社会，实际执行起来又要不断地修改和调整，效果是否达到预期也未可知，但无疑的是，这套管理制度的实际执行成本是巨大的。

10.3 服务于城市发展的国内外土地政策创新和模式

10.3.1 国际上的土地发展权转移

North（1971）指出，当一项制度能够提供的激励机制和它的约束机制之间不能很好地协调发展时，社会就会产生制度创新的萌芽，当创新带来的预期收益大于预期的成本时，新的制度安排就会被创造出来。North 的理论尤其适用于土地资源的开发利用。可供人类利用的土地资源是有限的，对一些自然地理条件并不优越或空间分布严重失衡的国家来说尤其如此。恰当处理开发与保护的利益平衡问题，就需要进行土地制度的创新，国内外也都有相关的经验可供借鉴。在垂直管理的国土空间规划体系下，郑州都市的土地利用政策必须与河南省的国土空间规划以及国家的宏观国土空间规划衔接。土地用途管制作为空间规划落实中的具体手段将继续发挥重要作用，土地利用机制的创新在土地利用的总量指标上没有可以突破的空间，可以突破的地方就是在区域之间或省份内部进行土地利用开发的布局优化，其中一个可采用的具体办法就是土地发展权转移（Transfer of Development Rights, TDRs）[①]。

（1）美国土地开发与土地保护的矛盾困境

处理好土地资源开发与保护之间的矛盾是处于快速城市化过程中的国家共同面临的挑战，是一种典型的空间矛盾冲突。由于城市化和城市发展的原因，往往会出现城市土地消费水平大于城市人口增长速度的现象。以美国为例，在 1982 年至 1997 年这 15 年间，美国的城市土地利用总量增长了 47%，而同时期的人口增长率为 17%。耕地数量的减少更为

---

① 土地发展权转移（Transfer of Development Rights，TDRs）的概念源自美国，国内研究有的将其译为"土地开发权转让"，如丁成日（2008），也有的译作"土地发展权转移"，如汪晖和陶然（2008）、李学文等（2020）。因此，本篇出于对原作者的著作权尊重，两种译法均采用，也即本篇中的"土地开发权转让"等同于"土地发展权转移"。

夸张，如康涅狄格州在 1983 年至 1993 年间每年损失的耕地为 8000 英亩，如果不加干涉，该州将在 2047 年无地耕种。快速城市化进程中土地开发与保护之间矛盾的背后都是城市空间扩张带来的土地转变为城市建设用地的巨大经济压力和诱惑力，即城市化和工业化的城市空间扩张所带来的巨大土地开发增值收益。这促使尚待开发土地的拥有者和开发商具有极大的经济动机将农业用地或生态环境敏感地区的土地转变为城市建设用地，并将进一步导致城市空间的无序蔓延、耕地流失和环境恶化。

（2）美国应对快速城市化中耕地减少问题的策略

为了应对耕地减少的问题，自 20 世纪 70 年代以来美国各级政府都尝试制定各种应对政策以求减缓耕地锐减的现象。这些保护耕地的政策包括：① 耕地捐赠或农业保持权（Donations of Land or Agricultural Conservation Easements）。即由私人耕地拥有者将耕地（产权）或农业保持权捐赠给政府或非营利组织，换取捐赠者的税收减免。② 征地（Land Acquisition）。即由联邦政府、州政府或其他耕地保护机构购买耕地。③ 农业区（Agricultural Districts）。即由农场主自愿开垦的农业区，在该区域内对农业用地的非农化用途转换实行限制，也即农业区内土地的城市功能分区的改变（从农业用途向非农业用途的功能转变）是困难的，同时得到土地改良财产税收奖励。④ 农业用地功能分区（Agricultural Zoning）。即简单地通过规划划定农业用地功能分区。虽然这种做法相对较为廉价，但实际执行的效果并不好，原因在于农业用地功能分区是一个政治决策，随着时间的推移，功能分区很有可能因为政治压力而发生改变，因而是短效的，难以持续保护耕地。⑤ 土地开发权购买（Purchasing Development Rights）。即由政府或非营利组织从土地拥有者手中购买土地开发权，土地拥有者仍然可以交易其他的土地权属并继续从事目前的使用，但将永远失去对该土地的开发权。⑥ 土地开发权转让（Transfer of Development Rights）或称可交易的土地开发权（Transferable Development Rights）。土地开发权转让与土地开发权购买相类似，不同之处在于土地开发权转让的购买者是开发商，而开发商购买土地开发权的目的是在其他地区利用购买的土地开发权建设更高或更密的建筑，也就是土地开发权的异地使用。⑦ 税收激励（Tax Incentives）。即为继续土地非市场利用用途的土地拥有者提供个人收入所得税减免，以削弱他们把土地卖给开发商的经济利益驱动。

在上述应对耕地减少的政策中，多数由于政策执行成本高、容易屈服于政治压力或面临产权的挑战的原因（表 10-1），而未能有效实现耕地保护的政策设计目标，尤其是土地开发权的购买，耗资巨大。正是在这样的背景下，土地开发权转让政策得到了重视和广泛的推广。

美国应对耕地减少的政策效果不佳的原因 表 10-1

	耕地捐赠或农业保持权	征地	农业区	农业用地功能分区	土地开发权购买	税收激励
成本过高	√	√	√		√	√
屈服于政治压力				√		
面临产权的挑战					√	

（3）土地开发权转让的内涵与运作机制

开发权转让（Transfer of Development Rights）源于 1968 年美国纽约市的地标保护法案（*New York City Landmarks Law*，Pruetz，2002；Higgins，2006），这是一种自愿的、基于

市场机制的土地利用管理机制，它通过将土地开发引向更适合土地开发的地区来推动保护具有高农业价值的土地，保护环境敏感区和保护具有战略地位的开放空间。

开发权转让的核心是将某一地区［称为"发送地（Sending Areas）"］的土地开发权转让到另一个地区［称为"接受地（Receiving Areas）"］。如此，一旦发送地的土地（地块）开发权被接受地买走，则该土地（地块）将永远不能被开发。如图10-5所示，未实施土地开发权转让政策之前，根据土地利用功能分区，"发送地"的土地开发密度是单位土地面积可以建造3个建筑单位，而"接受地"单位土地面积上可以建造6个建筑单位。实施土地开发权转让之后，"发送地"单位土地面积建造零个单位的建筑，开始实施土地保护，而"接受地"内单位土地面积将建造9个建筑单位。通常，发送地可能是生态环境脆弱的地区、农业土地、野生动物保护或历史地标等，而接受地则是公认的适合提供额外发展机会的地方，因为它具备提供工作机会、学校、医院和其他社会公共服务的能力（Pruetz, 1999）。

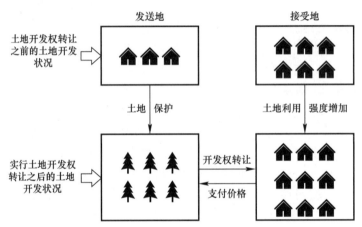

图 10-5　土地开发权转让实施前后的对比

（来源：丁成日，2008）

（4）土地开发权转让的理论依据

土地（耕地）保护的实施一般都是通过政府行政力量的干预，以法律或政策的形式推行的。土地利用中的政策法规是影响土地价值的一个主要的因素，如政府可以通过土地利用分区规划提高土地价值，当一块土地被划归为商业用地或高密度的住宅用地时，则该地块的价值将会有很大程度的提升。反之，如果政府规划决定在该地块修建污水处理设施或垃圾填埋厂，则该地块周围的土地价值就会大幅降低。或者政府通过规划工具降低土地利用的容积率，土地本身也会贬值。基于土地利用功能分区之上的土地开发权转让通过平衡土地法规对土地价格的影响（提高和降低土地价值），减少或避免由于土地法规带来的市场扭曲，更正土地法规带来的利益分配中的社会公平问题，这对中国的基本农田保护政策的实施和拓展具有十分重要的参考、借鉴意义。

土地开发权转让，同时也是一种有效管理城市增长的工具，它能够做到：保护脆弱和有意义的土地及其质量；引导城市发展转向能够最大限度利用基础设施和公共服务的地区；给开发商提供足够的经济激励动机；能够公平地补偿土地保护者可能丧失的土地开发沉没成本。

（5）土地开发权转让的优势与参与主体的利益分析

土地开发权转让的独特优势主要体现在以下四个方面：

第一，土地开发权转让是一种基于市场手段而非行政手段的政策机制，因此能够避免利益集团和政治压力的影响。第二，通过市场机制削弱了土地拥有者进行寻租的经济动力，有助于实现长期持续的土地保护目标（Thorsnes and Simons, 1999）。第三，开发商支付的土地开发权转让费用能够补偿发送地土地拥有者，让其可以继续从事原来的农业生产活动而不至于因经济压力诉诸土地开发。第四，实施土地开发权转让后，土地价值能够通过市场机制实现最大化。低成本或零成本就达成土地（耕地）保护的目标，更高的土地开发利润，土地开发权机会成本的补偿，这些能够让政府、开发商和发送地的土地拥有者从土地开发权转让中获益，因此土地开发权转让的主要参与者都有足够的动机推动土地开发权转让的顺利实现。

总之，以市场机制代替行政命令的土地开发权转让能够最大程度地减少社会福利和经济效率的损失，交易也更容易达成（丁成日，2008）。因此，土地开发权转移逐渐成了解决土地开发与保护矛盾困境的有力政策工具。

10.3.2 土地发展权转移的中国模式 I："折抵指标"

中国在过去几十年的快速城市化进程中出现了与美国和其他发达国家城市化进程中相似的问题，自然资源空间分布不均及人均占有量偏少的现实使得耕地保护与城市建设之间对土地资源的争夺更为激烈，矛盾也更加尖锐，而对这一问题的妥善处理关系到中国达成可持续和包容性的发展目标（吴宇哲和单丽萍，2018；Wu, Shan et al., 2020）。对此，中国也在城市化推进中探索了一条土地发展权转移的中国道路。

在传统的发展权转移案例中，主要是为了在不适宜开发的地区平衡保护与发展的问题，给它们的发展创造机会。此时，发送地的资产被重新划分为两个部分，而资产所有者拥有资源选择的机会。第一种选择，资产所有者放弃参与发展权转移项目，仍然在发送地使用自己的土地进行开发，但开发行为要受到基础保护红线的制约。第二种选择，资产所有者自愿选择参与发展转移项目。所有者签订契约，明确未来可开发的土地的数量和用地类型。如此，发送地所有者就能够向接受地出售在契约中明确记录的发展权利，依靠接受地优越的发展条件获得发展红利。因此，土地发展权利的转移或交易，本质上是将发送地土地非农开发的权利分离出来并通过市场机制有偿转移至接受地的一种制度（Johnston and Madison, 1997），能够有效实现优势资源和互补。

20世纪80年代我国对内改革时期的权力下放和宪法修订赋予了地方政府相对独立的事权，包括对于辖区内土地的实际控制权、财税收支的权力、行政审批权等。地方政府正是凭借这些权力掌控对地方经济发展模式和节奏的主动权，这使得地方政府能够拥有自主调整地方政策以应对外部冲击的动态变化、保障经济发展与既定目标保持高度吻合的空间（曹正汉和史晋川，2009）。中央政府统一管控下地方政府对土地管理制度的灵活性调整就是一个典型的例子。1994年分税制改革和1998年《土地管理法》的修订使得地方政府从经营企业转向经营土地或经营城市，地方政府从土地中获得的利益不但没有受损反而得到了强化，严格垂直的土地管理政策框架下的土地有限供给与经济高速增长和城市化进程的快速推进所引致的土地需求之间产生了尖锐的矛盾并不断激化，国内一些省份开始寻求破解之道，希望能在宏观土地政策框架内寻找腾挪的空间，并试图在严格管控与保障发展之间寻求一个平衡点。地方政府协商合作攫取最大化的土地收益成了一条可行的出路（李学文等，2020）。

浙江省是国内灵活运用土地发展权概念并进行诸多创新探索的先行省份。浙江省凭借"土地整理折抵建设用地指标"（简称"折抵指标"），即利用经过土地整理后新增的有效耕地"折抵"建设用地指标（汪晖和陶然，2009），这一灵活的政策工具在寻找利益平衡点方面取得了成功的经验。"折抵指标"的做法虽然最早出现在上海和江苏，但是只有浙江省在学习了这些地区的经验并进行试点后，最终通过立法或政府规范性文件的形式建立起了一整套完整的且极具"浙江模式"的土地发展权转移和交易体系（汪晖和陶然，2009）。同时，汪晖和陶然（2009）将浙江省折抵指标有偿调剂、耕地异地补充和基本农田异地代保这三个环节的共同实现看作土地发展权实现的必要条件。因为在现实情况中，要想使一块耕地真正转化为可以利用的建设用地，必须要同时满足三个条件：第一，取得欲占用的耕地指标；第二，实现基本农田保护；第三，进行占补平衡。从本质上看，折抵指标是基于土地发展权转移和交易形成的一套系统性的政策体系。

10.3.3　土地发展权转移的中国模式 II："飞地经济"

中国目前正在实践和探索的土地发展权转移模式是"飞地经济"。飞地经济就是两个经济发展现状和禀赋条件存在差距的地区通过协商合作，打破原有行政区划下对土地资源的区域归属划分，通过灵活的土地资源要素跨行政区域再配置，实现土地及其他要素的互补和协调发展。飞地经济的内涵比土地发展权转移要更为丰富，虽然土地要素的空间转移是飞地经济合作的基石，但飞地经济不仅涉及耕地保护和土地开发强度的提升，更体现了合作双方优势产业及要素资源的互补。本质上看，飞地经济更像是一种双方之间的产业协作，能够有效实现产业发展合作的"双赢"。飞地经济中的合作双方为"飞出地"和"飞入地"（对应土地发展权转移中的发送地和接受地）。

"飞地经济"围绕以土地指标为核心的要素资源跨区域流转开展合作，其中，土地指标的"飞出地"（对应土地开发权转移中的"发送地"）用地指标相对充裕，但技术、产业基础和创新能力有限，一般为经济欠发达地区或不宜开发地区；而土地指标的"飞入地"（对应土地开发权转移中的"接受地"）用地指标相对紧张，但在资金、技术、产业基础、开发水平和创新能力方面往往具有较大的优势，一般为经济发达地区。飞地经济的合作双方通过共建产业园区，共享产出和税收分成的方式共同获取优化的产业发展收益。

早期的飞地经济通常由飞入地负责资金和技术投入，并直接在飞出地利用当地的土地指标建设园区。后来，随着飞入地在技术和创新能力等方面比较优势的不断强化以及飞出地的土地和劳动力等要素价格竞争力的下降，更多地出现了飞出地将用地指标交由飞入地使用和管理，飞入地直接利用飞出地提供的土地指标在本地合作建设产业园区的模式。从先发优势和集聚经济的角度来看，飞入地的经济发展条件相对成熟、配套设施和产业基础都具有更为显著的优势，能够带来更大的经济效益。尤其是随着近些年来领先地区集聚经济效应的增强，率先发展起来的中心城市和都市圈核心城市的先发优势不断得以强化，在人才集聚、基础设施建设、营商环境和政府服务方面已经打下了坚实的基础，因此后者成了近年来飞地经济合作的主流模式。

10.3.4　土地开发权转让、"折抵指标"与"飞地经济"的比较

"折抵指标"与土地开发权转让和"飞地经济"的不同之处在于，"折抵指标"本质上

来源于整治后的新增耕地数，这意味着耕地依然被侵占了，只是被侵占的地点发生了转移。正如李学文等（2020）所指出的，折抵指标是一种在中央政府计划指标之外的建设占用耕地指标，是一种占用耕地权力的交易（交易的是占用耕地的权力而不是耕地本身）。"折抵指标"实际上是在耕地总量动态平衡下的一种符合政策要求的无奈之举，虽然有整治复垦的耕地作为补充，但是通过整治得到的耕地多来自滩涂围垦和荒地开发，质量难有保障，至少使耕地保护的目标打了折扣。而在美国土地开发权转让实施过程中，发送地的耕地仍然得以保留，发生交易的是土地开发的权力。相比较于国外传统的土地开发权转让和"折抵指标"，"飞地经济"模式在耕地保护、土地开发强度增加和土地利用效益提升这些方面具有比较优势（表10-2），且其操作形式比较灵活，因此"飞地经济"模式被更多的地方所采纳。

土地开发权转让、"折抵指标"和"飞地经济"的比较　　　　表 10-2

	交易实质	耕地保护实际效果	土地利用效率	收益形式
土地开发权转让	土地开发权力的交易	较好	接受地提升	一次性补偿费
"折抵指标"	占用耕地权力的交易	差	接受地提升	一次性补偿费
"飞地经济"	土地开发权力的交易	较好	接受地或发送地提升	发展收益分成或股份分成

10.3.5　浙江省山海协作飞地经济合作模式与实践

（1）浙江省山海协作飞地经济的内涵与政策

2018年浙江省委省政府印发了《关于深入实施山海协作工程促进区域协调发展的若干意见》以推动省内市、县和区之间的产业合作。2019年，浙江省发改委拟定了《关于促进山海协作"飞地"健康发展的实施意见（征求意见稿）》，积极鼓励沿海发达地区与省内西南山区结对建设"山海协作"的"飞地经济"。主要形式有"消薄飞地"（消薄是指消除集体经济薄弱村）、"科创飞地"和"工业飞地"等，在双向合作的共建、共管、招商和收益分配机制方面探索创新，并突出强调土地发展权转移合作中对欠发达地区的带动作用、产业的亩均增效和人才科技支撑的导向。在浙江省"飞地经济"的实施过程中，逐渐形成了"山海协作飞地经济"的典型特征，即省内落后的县（市）作为土地指标的飞出地（发送地），转移至省内发达、沿海城市落地使用，充分利用发达地区的产业集聚基础和技术优势等，实现省内帮扶机制。

2021年，中央选取浙江作为共同富裕示范区建设的窗口。为了发挥资源要素对共同富裕建设的保障作用，带动省内山区26县高质量发展[①]，浙江省自然资源厅于同年印发了《支持山区26县跨越式高质量发展意见》，重点支持"双向飞地"的建设。对于以先进制造业为主的"产业飞地"，省级统筹安排每县（市、区）"产业飞地"不超过1500亩建设用地规划指标。

（2）飞地指标的挖掘

浙江省存量建设用地资源十分紧张，但政策仍然给予飞出地用地指标支持。这些多出

[①]　综合考虑资源禀赋、产业基础、生态功能等因素，将山区26县分为跨越发展类和生态发展类两大类型，以明确帮扶机制的目标导向。其中，跨越发展类包括：永嘉县、平阳县、苍南县、武义县、柯城区、衢江区、龙游县、江山市、三门县、天台县、仙居县、莲都区、青田县、缙云县、松阳县等15个县（市、区）；生态发展类包括：淳安县、文成县、泰顺县、磐安县、常山县、开化县、龙泉市、庆元县、遂昌县、云和县、景宁畲族自治县等11个县（市）。

的用地指标主要通过飞出地开展全域土地综合整治与生态修复工程产生的城乡建设用地增减挂钩节余指标予以保障。对于落地在飞入地内符合条件的重大项目工程，允许提前预支新增建设用地指标计划。同时允许山海协作结对地区城乡建设用地增减挂钩节余指标和耕地占补平衡指标异地调剂使用，这对于盘活利用飞出地的闲置土地，提升土地利用效率，提高建设用地转移开发的效益具有极大的激励作用。

（3）浙江省山海协作飞地经济合作实践

浙江省山海协作飞地经济合作模式最早可见于 2010 年的"产业飞地"模式。该模式中合作双方为浙江省丽水市和丽水市景宁县，合作项目为在浙江省丽水市经济技术开发区内设立景宁民族工业园，由景宁县提供的建设用地指标落地在丽水经济技术开发区内使用，由此实现土地发展权转移。园区内发展的现代装备制造业、高新技术产业和生产性服务业有效带动了景宁县工业产值和税收收入的增长，弥补了景宁县自身发展空间受限的缺陷。2016 年，浙江省衢州市和浙江省杭州市余杭区探索了"科创飞地"合作模式。在该模式中，衢州市利用自身富余的建设用地指标在杭州市余杭区建立了"衢州海创园"，借助杭州市余杭区城西科大走廊的平台培育和孵化电子信息、智能制造等高成长性、高附加值产业，并在时机成熟时引回衢州。相关企业在此过程中既享受到了杭州市的科创和服务优势，也享受了衢州的生产制造优势。在长三角区域一体化发展的背景下，浙江省温州市和上海市嘉定区之间探索了"科创飞地＋产业飞地"的"双向飞地"合作模式。一方面，温州市通过土地发展权转移在嘉定区设立温州（嘉定）科技创新园，以充分利用上海市的人才和创新资源；另一方面，嘉定区则利用其土地指标在温州市设立嘉定工业区（温州园），主要为上海初创企业的产业化发展提供空间。"双向飞地"合作模式不仅实现了土地单要素的发展权转移，更实现了技术、资本和人才等多要素的优化配置，突破了行政区域边界对要素流动的限制，是一种基于区域一体化平台的更高层次的资源互补和协作发展形式。浙江省飞地经济的多种模式探索启示河南省内的地市可充分评估自身的优势资源，灵活选择适宜的土地发展权转移合作模式。

10.4　郑州中心城市发展战略与土地管理制度和政策改革创新

10.4.1　现行土地管理框架下郑州都市发展面临的挑战

挑战一：耕地保护压力大

河南省的经济总量虽然常年在全国排位第五，但它却是个传统的农业大省和新兴的工业大省。改革开放以来，河南省发展中的农业印记十分浓厚，在《河南省土地利用总体规划（2006～2020 年）》对上轮土地利用总体规划实施成效的评价中，开篇就提及了河南省通过坚决贯彻耕地保护政策给维护国家粮食安全作出的巨大贡献 ①，但从另一个角度来看，这种"贡献"也是河南

> **现行土地政策下郑州都市发展面临的挑战**
>
> - 其一，巨大的耕地保护压力；
> - 其二，建设用地供不应求；
> - 其三，对土地财政驱动发展的依赖度增强。

① 统计数据显示，1997～2005 年，河南省全省非农业建设年均占用耕地 1.54 万 hm²，比 1991～1996 年年均 1.93 万 hm² 降低了 20.21%。全省依规划核减各类开发区 45 个，占总数的 62.50%，压缩开发区面积 2.98 万 hm²，占总面积的 62.53%。

省对工业化和城市化发展机会的自我放弃。截至 2018 年底，河南省全省耕地面积保持在 815.829 万 hm^2，河南省生产的粮食及其制成品的外调总量常年在 400 亿斤以上，为国家粮食安全作出了巨大贡献。2017 年，河南省永久基本农田保有量为 10223.13 万亩，保有面积位居全国第二，仅次于黑龙江省。在整个河南作为产粮大省的背景下，作为全国最大的交通枢纽城市和国家中心城市，即使在 2020 年郑州市的粮食自给率依然维持在 45% 左右，高于同期其他所有的国家中心城市 [①]。

挑战二：潜在用地需求大

2016 年，国务院批复郑州升格为国家中心城市。国家中心城市是中国城镇体系规划设置中的最高层级，目前共有北京、天津、上海、广州、重庆、成都、武汉、西安和郑州 9 座城市。

我们从 2018 年《中国城市建设统计年鉴》统计的常住人口城镇化率、城市建成区面积、城市建设用地总面积、居住用地面积、工业用地面积和年度征地面积这些指标的对比中，发现了郑州与其他 8 座国家中心城市相比潜在的用地需求。从表 10-3 中可以清晰地看出，2018 年郑州市的常住人口城市化率仅仅略高于西部的成都和农村人口数量庞大的直辖市重庆。郑州市在建成区面积、城市建设用地总面积、工业、居住用地这些指标上均排在 9 座中心城市的最后一位。同时，我们也比较了中心城市之间的征地情况，发现其他中心城市基本都存在征用耕地的情况，但郑州市不仅每年的征地面积在中心城市中偏少，且自 2008 年至 2018 年以来征地中从未征用过耕地。

2018 年郑州市与其他国家中心城市城镇化率和建设用地指标对比　　表 10-3

国家中心城市	常住人口城镇化率/%	国家中心城市	建成区面积/km^2	国家中心城市	城市建设用地面积/km^2	国家中心城市	居住用地面积/km^2	国家中心城市	工业用地面积/km^2	国家中心城市	本年征用土地面积/km^2
上海	88.1	重庆	1496.72	上海	1899.04	上海	551.79	上海	547.52	重庆	93.94
北京	86.5	北京	1469.05	北京	1471.75	北京	427.92	北京	263.09	北京	29.9
广州	86.38	广州	1300.01	重庆	1272.07	重庆	396.99	重庆	252.64	天津	29.6
天津	83.15	上海	1237.74	天津	950.55	成都	288.14	天津	222.38	上海	24.15
武汉	80.29	天津	1077.83	武汉	864.53	武汉	270.46	武汉	217.95	广州	23.3
西安	74.01	成都	931.58	成都	847.6	天津	248.27	广州	192.1	西安	22.65
郑州	73.4	武汉	723.74	广州	715.82	广州	220.72	成都	139.17	武汉	18.43
成都	73.12	西安	701.67	西安	657.99	西安	154.04	西安	79.78	成都	15.72
重庆	65.5	郑州	543.92	郑州	528.76	郑州	132.29	郑州	45.63	郑州	9.57

来源：笔者整理自历年《中国城市建设统计年鉴》

郑州都市发展不仅要考虑到国家中心城市的定位，还要考虑郑州作为河南省省会的定位和作为中原城市群龙头城市的定位。无论是从垂直的土地管理框架、最严格的耕地保护制度，还是从大力倡导的生态文明建设等政策背景来看，郑州都市发展都将面临限制和挑战。但无论从何种空间尺度来看，郑州市均需充当发展的龙头。因此，郑州市的人口和产业必须进一步集聚，基础设施需要进一步完善，这都在客观上对建设用地的增量空间提出了要求。在既定的土地管理政策框架下，郑州市要想获得与其体量和发展定位相匹配的用

---

① 粮食自给率数据来自：《郑州市土地利用总体规划 2006～2020 年》

地指标，就需要土地指标跨区域流动政策的支撑。

挑战三：土地财政依赖度逐渐增强

表 10-4 显示 1999 年至 2018 年郑州市国有土地使用权出让收入（含市全域、市本级行政辖区①）以及郑州市国有建设用地出让的宗数、面积（含新增面积）以及成交价款②。

郑州市国有土地使用权出让收入和国有建设用地出让情况　　　　　表 10-4

年份	国有土地使用权出让收入 / 万元		国有建设用地出让			
			宗数 / 宗	土地面积 /hm²	新增土地面积 /hm²	成交价款 / 万元
	郑州市	市本级	郑州市			
1999	7935	6559	350	262.39	—	11100.86
2000	4757	3949	249	597.99	—	61068.14
2001	16933	15674	635	900.84	—	71321.06
2002	18828	10536	835	1331.62	—	100385.38
2003	42670	16354	352	756.66	202.3	129387.01
2004	72396	43620	476	1404.98	819.05	333188.38
2005	122923	86033	351	914.31	471.6	392935.62
2006	231469	46915	448	1412.64	1026	503315.88
2007	534606	173925	510	1317.75	729.98	559122.62
2008	1003642	604862	395	1138.69	388.78	1291657.7
2009	1297049	895918	385	1157.81	361.25	1210890.2
2010	1672523	683359	408	1441.26	633.98	1595074.8
2011	1742921	384736	628	2694.2	2111.21	2564739.7
2012	2933332	916631	775	2935.94	2332.86	3309930.4
2013	4120337	2584599	953	3138.5	2559.62	4945119.6
2014	4547075	3054285	779	2574.76	1919.66	5533651.8
2015	4479695	3081421	785	2789.26	2328.9	5531254.2
2016	7358178	5125410	683	2464.43	1905	9443227.7
2017	9219828	6087110	777	3103	2631.16	11903195
2018	12711591	6468119	—	—	—	—

注：标记为"—"的表格对应的数据统计相关统计年鉴尚未公布

从表 10-4 中可知，自 1999 以来，郑州市国有土地使用权出让收入整体上呈现出增长的态势。从 2005 年首次突破 10 亿元，到 2018 年首次突破 1000 亿元，期间郑州市国有土地使用权出让收入年平均增长率为 42.88%，高于同一时期内郑州市一般公共预算收入 16.92% 的年平均增长率。观察 2008 年全球金融危机发生以来的走势可以发现，2008 年末至 2013 年末 5 年间，共增长 310.54%，主要受到"四万亿"一揽子刺激计划的影

---

① 郑州市本级行政辖区包括：中原区、二七区、管城区、金水区、惠济区、郑州航空港经济综合实验区、郑东新区、郑州经济技术开发区、郑州高新技术产业开发区。

② 郑州市国有建设用地出让有关数据来自《中国国土资源统计年鉴（2005 年～2018 年）》和《中国国土资源年鉴（2000 年～2004 年）》。郑州市国有土地使用权出让收入数据来自《郑州统计年鉴（2000 年～2019 年）》。

响；2013 年末至 2018 年末 5 年间增长 208.51%，主要受到宏观经济增速下滑的影响[1]。从郑州市本级行政辖区的情况来看，2007 年和 2008 年是数据统计期间增长额度最多的两年，环比增幅分别高达 270.72% 和 247.77%；其次是 2012 年和 2013 年，环比增幅分别为 138.25% 和 181.97%。

采用"土地财政依赖度"指标观察郑州市土地财政的运行情况。图 10-6 显示郑州市（市全域及市本级辖区）地方财政收入对土地财政的依赖程度[2]。从图 10-6 可以得知，郑州市土地财政依赖度在 2013 年首次突破 50%，2018 年突破 100%，显示出郑州市地方财政收入中对土地财政的依赖度在逐渐增强，已经迈入高度依赖土地财政的城市行列。特别是郑州市本级行政辖区土地财政依赖度，2017 年还不足 100%，2018 年迅猛增长，达到了 147.25%，这也是一个值得警惕的信号（由于郑州市一般公共预算收入增长乏力）[3]。这既表明郑州市近年来土地增值趋势明显，也意味着对土地财政驱动城市发展模式的依赖程度逐渐加深，未来郑州市的财政收入将更多地依赖土地财政这一预算外收入的支撑，很有可能陷入土地财政模式的恶性循环中。如何突破土地财政依赖的困境，摆脱传统的土地财政导向的基础设施建设和城市发展模式，以及在存量空间有限的约束下，如何进一步提土地利用效率，是郑州市土地政策转变面临的挑战（Ding, 2003），也是土地政策篇重点关注的问题。

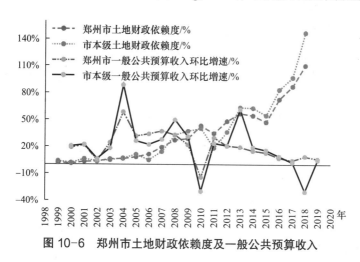

图 10-6　郑州市土地财政依赖度及一般公共预算收入

10.4.2　服务于郑州都市发展"新"模式的土地管理和政策创新定位

（1）服务于郑州"新"型产业的土地政策

目前郑州市产业结构中，传统资源型产业比重较高，现代先进制造业和现代高端服务业对郑州产业发展的支撑和引领作用仍然不足。因此，郑州市一方面需要对传统产业进行

---

[1]　郑州市同期 GDP 增速分别为 11.75%、9.27%、7.89%、10.98%、13.31%、10.33%，告别了此前 5 年内 3 次出现 20% 以上增长速度的高增长时期。

[2]　土地财政依赖度 =（国有土地使用权出让收入 / 一般公共预算收入）×100%。其中，国有土地使用权出让收入和一般公共预算收入的年度数据来自《郑州统计年鉴（1999 年～2019 年）》。

[3]　根据《郑州统计年鉴（2017～2019 年）》和郑州市统计局公布的数据，2016 年、2017 年、2018 年和 2019 年郑州市一般公共预算收入环比增速分别为 7.24%、4.50%、9.03% 和 6.11%，市本级一般公共预算收入环比增速分别为 9.10%、2.38%、-30.00% 和 5.06%。郑州市财政收入增长的形势并不乐观。

服务于郑州都市发展"新"模式
的土地政策定位

● 其一，工业用地供给强化对产业升
级提效的引导作用；
● 其二，居住用地供给实现低、中、
高收入群体全覆盖。

改造，另一方面需要引入新业态、新技术和新人
才为产业发展注入新动能。对此，服务于郑州
"新"型产业的土地政策首先应发挥政策规制的倒
逼作用，推动传统产业转型升级和提质增效。这
需要"亩均论英雄"的产业用地新理念，其核心
在于产业用地的节约集约利用，摆脱土地低价供
给、产业发展低端的传统模式，将宝贵的建设用
地资源投入经济密度和产出较高的产业。具体可
采取的措施有：① 设置产业用地利用准入门槛，筛选出符合要求的企业进驻园区；② 根
据产业用地亩产效益实施差别化的用地、用能和排污政策；③ 强化产业用地供给的灵活
性，并在符合规划的前提下加快土地要素向高效益企业和产业的集聚与转换。另外，服务
于郑州"新"型产业的土地政策应还需要摆脱"人跟产（就）业走"的传统理念，发挥其
吸引和服务人才集聚与安居的作用。

（2）服务于郑州改善型住房和保障性住房的土地政策

"以产带人"的发展模式是国内的主流，但本书认为未来的城市发展模式应该围绕
"人"来展开，因此"产（就）业跟人走"的模式将是未来发展的方向，该模式的核心是
城市中人才的集聚将会催生和吸引产业与就业。从这一层意义上讲，服务于郑州"新"型
产业的土地政策同时要求是服务于"宜居郑州"的土地政策，即土地供给政策适度向改善
型住房消费倾斜，并配套打造宜居的生活环境。这将有利于吸引技术人才和创新人才在郑
州集聚，并培育和带动高端消费。此外，根据人口预测，未来流入郑州市的人口构成中，
本省的中低收入群体占据相当大的比重。因此，郑州市未来必须为上述群体的基本居住保
障提供必要的用地指标。

10.4.3 郑州模式：基于"支持与回馈"机制的发展转移财政

（1）"全省支持郑州"与"郑州回馈全省"

河南省土地利用规划需要服从于中央政府的宏观国土空间规划，通过跨省域调配争取
用地空间的可能性微乎其微。因此，为了保障郑州市发挥好在河南省内的龙头引领作用，
可以在河南省内探索推行土地发展权转移机制，通过集中和统筹配置全省的用地指标，充
分实现省内土地利用效率的优化和发展机会的均衡。河南省内的土地发展权转移需要借助
于前文所提出的"支持与回馈"机制来实现。

其一，通过"全省支持郑州"的支撑机制实现省内土地指标转移至郑州市进行集中开
发利用。我们分析了现行宏观土地政策框架下郑州土地政策和土地市场的运行情况，得出
了现行土地政策框架将严重制约郑州都市发展的结论。宏观土地政策框架将极有可能继续
延续下去，郑州都市发展想要在土地政策上争取一定灵活的发展空间，单靠自身的力量难
以实现，必须要依靠全省的力量。这不仅是郑州和整个河南发展的客观需要，也是土地政
策框架约束下必须要做出的战略性选择。如此，不仅能够保障郑州都市发展有足够的土地
资源作为支撑，还能够依靠土地要素的纽带形成郑州市与省内其他地市各取所长、抱团取
暖的协同发展体系，既能实现集聚优势突出，又能兼顾发展成果的省内均衡，最终实现整
体大于部分之和的高效发展。我们在前面的分析中已经清晰地指出了河南省在全国耕地保

障中，尤其是基本农田保障中承担了较大份额和压力的客观事实，同时河南省的土地利用率高达87.25%。这两项指标都在全国名列前茅，意味着通过新开垦土地争取建设用地空间的机会不多，只有全省团结起来充分灵活地运用已有的存量指标。

其二，通过"郑州回馈全省"的反馈机制借助转移财政渠道实现土地发展权收益在河南省内的共享。类似于"飞地经济"模式，郑州可以也应该探索"发展转移财政"模式，为制度创新和引领区域发展作出贡献。"飞地经济"或是"发展转移财政"的实施都必须站在整个河南省的高度进行统筹。"先富带动后富"和"发展成果由全体人民共享"历来是我们党和政府在追求发展目标时坚守的初心。在全球化的时代里，领先地区往往率先通过集聚优势要素资源确立发展的优势并取得了发展成就，但这其中必定有落后地区的贡献作为支撑。在集聚中走向均衡，既是经济发展的客观规律（World Bank，2009；陆铭等，2019），也是建设共同富裕必须要推进的工作。因此，全省支持郑州只实现了郑州都市发展土地制度运作的第一步，同时郑州也要将协作支持下获得的发展红利反馈给作出贡献的市、县，完成"支持与回馈"机制下郑州都市土地发展权转移模式的第二部分，即"郑州回馈全省"。郑州回馈全省的具体途径包括：省级财政统筹下的发展转移支付、按入股比例分红和税费减免等经济回报，还包括降低落户门槛、教育资源适度倾斜等政策性的回馈。这也在一定程度上避免了省内发展差距的过度扩大，推动优势公共服务在省内的均衡化。

（2）郑州都市发展"飞地经济"政策可行性与实施的基本原则

郑州都市发展通过"飞地经济"模式实现省内土地利用指标的跨区域调配，首先需要评判这一做法是否符合国家的宏观土地管理政策，以及省内是否有相关的政策依据。首先是国家层面的政策支撑。2017年6月，国家发改委出台了《关于支持"飞地经济"发展的指导意见》（发改地区〔2017〕922号）对各省、市、区已经实行的打破行政区划边界、充分实现优势资源互补和利益共享的"飞地经济"合作模式予以了肯定[①]。其次是河南省省级层面的政策可行性分析。前文分析中浙江省有省级政府出台的文件对本省内部"飞地经济"的合作予以支持。我们在对河南省有关政策文件进行梳理后发现，郑州市与河南省其他地级市相互之间进行"飞地经济"方面的合作也同样有例可循。2019年8月，河南省发改委为响应《国务院办公厅关于促进开发区改革和创新发展的若干意见》（国办发〔2017〕7号）的文件精神[②]，会同省财政厅、省统计局和省税务局联合发布了《关于完善"飞地经济"利益分享机制促进开发区改革创新发展的通知》（豫发改外资〔2019〕485号），就开展"飞地经济"合作的基本原则以及合作双方在财政、税收和统计方面的利益分享措施方面做出了说明[③]。该文件中有三点值得注意：一是河南省开展"飞地经济"合作凭借的主要载体是国务院最新批准的各类开发区，包含经济技术开发区、高新技术开发区、产业集聚区、海关特殊监管区域。二是明确鼓励河南省内土地资源相对宽松的地区与资金实力强、产业基础好和园区开发经验丰富的地区开展合作。因此，在省内政策层面，土地指标的跨区域流动是得到政策支持的。三是合作产生效益的统计与分成问题。在效益

---

① 见2017年6月国家发改委《关于支持"飞地经济"发展的指导意见》（发改地区〔2017〕922号）文件中的说明。

② 见2017年2月《国务院办公厅关于促进开发区改革和创新发展的若干意见》（国办发〔2017〕7号）文件中的说明。

③ 见2019年8月河南省发改委牵头发布的《关于完善"飞地经济"利益分享机制促进开发区改革创新发展的通知》（豫发改外资〔2019〕485号）中关于河南省开展"飞地经济"跨行政区域合作的详细说明。

分成方面，若为新上项目，则达产后 10 年内缴纳的增值税和企业所得税市县分成部分，飞出地与飞入地原则上按 5 : 5 的比例分享。若属于既有项目，则项目投产后 10 年内缴纳的增值税、企业所得税市县分成部分，前 5 年飞出地与飞入地原则上按 6 : 4 的比例分享，后 5 年按 4 : 6 的比例分享。以"股份合作"模式开展合作的，收益按照双方股本比例分成。而在效益统计方面，园区内相关统计指标在 10 年利益分享期内全额记入飞入地，仅在考核时按照拟定的效益分享比例以标注形式记入飞出地。

"飞地经济"是土地资源跨区域调配的一种具体实现形式，"飞地经济"模式自身的有效运转以及土地的利用需要遵循几项基本原则：① 省政府加强引导，发挥省级自然资源管理部门和其他有关部门的统筹协调能力。② 实现市场化运作，在不触碰耕地红线的前提下充分尊重市场配置资源的地位。③ 优势互补和利益共享，合作应充分发挥双方比较优势，成本共担、利益共享。④ 高效集约利用土地，将借调来的土地指标尽可能多地用于高端制造业和现代服务业，提高产出效益。⑤ 注重帮扶机制构建，飞入地可通过人才培养等帮助飞出地加快发展。

（3）郑州都市发展"飞地经济"的实现设想

基于以上所述合作的运行机制和基本原则。我们选择以郑州市和南阳市为例，论述在两地间开展"飞地经济"合作的具体设想。南阳市位于河南省西南部，是河南省人口最多的地级市，截至 2019 年末南阳市常住人口城镇化率为 47.73%。这一数据不仅低于全省平均水平，且尚未达到其土地利用总体规划（2006~2020 年）中城镇化率 50% 的既定目标。2019 年南阳市 GDP 总量为 3814.98 亿元，在省内排名第 3 位，但人均 GDP 仅排名省内第 15 位。从产业结构看，南阳市三次产业结构为 14.9 : 33.2 : 51.9[①]。南阳市的发展困境在于总量较大但人均指标表现不佳，农业比重全省最高，工业化和城镇化对经济增长的带动能力明显不足。从土地利用状况看，南阳市主要存在三个突出的问题：① 农用地数量庞大，未利用土地面积高于河南省平均水平。② 农村居民点用地占比过高且人口外流加快，造成土地的闲置和浪费。③ 城镇工矿建设用地利用效率低下。基于以上分析，南阳市具备与郑州市进行"飞地经济"合作的必要和条件。其一，南阳市的未利用土地具备转化为耕地以维持耕地总量动态平衡的空间。其二，通过农村居民点的集中和土地整治，能够直接或间接节余出数量可观的建设用地指标用以调配。其三，高速铁路的开通将南阳市接入了郑州市 1 小时经济圈，这为两地开展分工协作提供了便利。其四，"支持与反馈"机制下的省级统筹平台将为南阳人民争取中心城市教育、医疗等公共服务资源的优势。因此，合作能够使双方发挥自身优势并优化整体效益。

与南阳市条件类似的地级市同样可以通过本文所述基于"支持与回馈"机制的"飞地经济"模式实现与中心城市的合作共赢。

本章执笔人：吴宇哲　任宇航　丁成日　卢文正　刘霈珈

---

① 南阳市相关统计数据来自：南阳市统计局《2019 年南阳市国民经济和社会发展统计公报》。

参考文献

Brown L R. Who will feed China? Wake-up call for a small planet. W W Norton & Company, 1995.

Ding C. Land policy reform in China: assessment and prospects. Land use policy, 2003, 20(2): 109-120.

Ding C. Building height restrictions, land development and economic costs. Land use policy, 2013, 30(1): 485-495.

Ding C, Lichtenberg E. Land and urban economic growth in China. Journal of regional science, 2011, 51(2): 299-317.

Duranton G, Ghani E, Goswami A G, Kerr W. The misallocation of land and other factors of production in India. Washington DC: World Bank Group, policy research working paper, 2015, No. 7221.

Hopkins L D. Urban development: the logic of making plans. Washington: Island Press, 2001.

Johnston R A, Madison M E. From land marks to landscapes: a review of current practices in the transfer of development rights. Journal of the American planning association, 1997, 63(3): 365-378.

LeGates R T. Visions, scale, tempo, and form in China's emerging city-regions. Cities, 2014(41): 171-178.

Lichtenberg E, Ding C. Assessing farmland protection policy in China. Land use policy, 2008, 25(1): 59-68.

Lichtenberg E, Ding C. Local officials as land developers: urban spatial expansion in China. Journal of urban economics, 2009, 66(1): 57-64.

Higgins N. Transfer development rights. University of Washington, 2006.

North D C. Institutional change and economic growth. The journal of economic history, 1971, 31(1): 118-125.

Pruetz R. APA national planning conference, chief assistant community development director. California: City planner city of Burbank, 1999.

Pruetz R. Recent trends in TDR. National planning conference proceedings, 2002.

Savitch H V, Gross J S, Ye L. Do Chinese cities break the global mold? Cities, 2014(41): 155-161.

Thorsnes P, Simons G P W. Letting the market preserve land: the case for a market-driven transfer of development rights program. Contemporary economic policy, 199, 17(2): 256-266.

World Bank. World Development Report 2009: reshaping economic geography. World Bank, 2009. https://openknowledge.worldbank.org/handle/10986/5991 License: CC BY 3.0 IGO.

Wu Y, Galdini R, Hui E C M, Long H. Urban regeneration and re-use: China and Europe. Cities, 2020, 106.

Wu Y, Luo J, Zhang X, Skitmore M. Urban growth dilemmas and solutions in China: Looking forward to 2030. Habitat international, 2016, 5(56):42-51.

Wu Y, Shan L, Zheng S, Lai S, Xia B. Regional planning reconfiguration in China based on inclusiveness: examining development and control orientation. Journal of urban planning and development, 2020, 146(3).

操小娟. 地方政府土地违法行为的治理与制度创新. 中国地质大学学报（社会科学版），2009，9（2）：53-57.

曹广忠，袁飞，陶然. 土地财政、产业结构演变与税收超常规增长：中国"税收增长之谜"的一个分析视角. 中国工业经济，2007（12）：13-21.

　　曹正汉，史晋川. 中国地方政府应对市场化改革的策略：抓住经济发展的主动权——理论假说与案例研究. 社会学研究，2009，24（4）：1-27.

　　常晨，陆铭. 新城之殇：密度、距离与债务. 经济学（季刊），2017，16（4）：1621-1642.

　　丁成日. 城市空间规划理论与方法. 北京：中国建筑工业出版社，2018.

　　丁成日，程智韬. 中国规划空间管制的评价. 城市发展研究，2018，25（6）：37-45.

　　丁成日，高卫星. 中国"土地"城市化和土地问题. 城市发展研究，2018，25（1）：29-36.

　　丁成日. 土地政策改革时期的城市空间发展：北京的实证分析. 城市发展研究，2006（2）：42-52.

　　丁成日. 美国土地开发权转让制度及其对中国耕地保护的启示. 中国土地科学，2008（3）：74-80.

　　丁成日. "经规""土规""城规"规划整合：理论与方法. 规划师，2009（2）：53-58.

　　丁成日. 城乡规划法与城市总体规划的挑战与其对策. 城市规划，2009（2）：50-55.

　　范剑勇，莫家伟. 地方债务、土地市场与地区工业增长. 经济研究，2014，49（1）：41-55.

　　范子英. 土地财政的根源：财政压力还是投资冲动. 中国工业经济，2015（6）：18-31.

　　封志明，李香莲. 耕地与粮食安全战略：藏粮于土，提高中国土地资源的综合生产能力. 地理学与国土研究，2000（3）：1-5.

　　龚强，王俊，贾珅. 财政分权视角下的地方政府债务研究：一个综述. 经济研究，2011，46（7）：144-156.

　　蒋省三，刘守英，李青. 土地制度改革与国民经济成长. 管理世界，2007（9）：1-9.

　　李学文，张蔚文，陈帅. 耕地非农化严格管控下的地方合作、共谋与制度创新：源自浙江省土地发展权折抵指标交易政策的证据. 经济学（季刊），2020，19（3）：797-824.

　　林坚，周琳，张叶笑，等. 土地利用规划学30年发展综述. 中国土地科学，2019，31（9）：24-33.

　　刘诚，杨继东. 土地策略性供给与房价分化. 财经研究，2019，45（4）：68-82.

　　刘守英. 土地制度变革与经济结构转型：对中国40年发展经验的一个经济解释. 中国土地科学，2018，32（1）：1-10.

　　刘彦随. 中国土地资源研究进展与发展趋势. 中国生态农业学报，2013，21（1）：127-133.

　　陆铭，李鹏飞，钟辉勇. 发展与平衡的新时代：新中国70年的空间政治经济学. 管理世界，2019，35（10）：11-23.

　　漆信贤，张志宏，黄贤金. 面向新时代的耕地保护矛盾与创新应对. 中国土地科学，2018，32（8）：9-15.

　　陶然，陆曦，苏福兵，等. 地区竞争格局演变下的中国转轨：财政激励和发展模式反思. 经济研究，2009，44（7）：21-33.

　　陶然，袁飞，曹广忠. 区域竞争、土地出让与地方财政效应：基于1999~2003年中国地级城市面板数据的分析. 世界经济，2007（10）：15-27.

　　汪晖，陶然. 论土地发展权转移与交易的"浙江模式"：制度起源、操作模式及其重要含义. 管理世界，2009（8）：39-52.

　　王贤彬，张莉，徐现祥. 地方政府土地出让、基础设施投资与地方经济增长. 中国工业经济，2014（7）：31-43.

　　魏新亚. 中国基础设施建设投资构成的地区差异. 上海经济研究，2002（12）：20-25.

　　吴宇哲，单丽萍. 国土空间优化：开发、保护与整治. 土地科学动态，2018（6）：8-11.

吴宇哲，孙小峰. 改革开放 40 周年中国土地政策回溯与展望：城市化的视角. 中国土地科学，2018，32（7）：7-14.

吴宇哲，王薇. 城市住房体系可持续发展的分类引导政策建议. 郑州大学学报（哲学社会科学版），2018，51（4）：42-47.

杨其静，卓品，杨继东. 工业用地出让与引资质量底线竞争：基于 2007～2011 年中国地级市面板数据的经验研究. 管理世界，2014（11）：24-34.

张军，高远，傅勇，张弘. 中国为什么拥有了良好的基础设施？经济研究，2007（3）：4-19.

赵燕菁. 土地财政：历史、逻辑与抉择. 城市发展研究，2014，21（1）：1-13.

周飞舟. 分税制十年：制度及其影响. 中国社会科学，2006（6）：100-115.

周飞舟. 生财有道：土地开发和转让中的政府和农民. 社会学研究，2007（1）：49-82.

周飞舟. 大兴土木：土地财政与地方政府行为. 经济社会体制比较，2010（3）：77-89.

周其仁. 城乡中国：修订版. 北京：中信出版集团，2017.

周应恒，赵文，张晓敏. 近期中国主要农业国内支持政策评估. 农业经济问题，2009，30（5）：4-11.

第十一章　城市交通——郑州

经济增长、城市发展以及汽车工业的繁荣推动中国城市的主要运输方式实现了从自行车到汽车的巨大转变，私人机动方式已经成为居民日常出行的重要部分。我国面临着如何平衡人们随着城市化、现代化和机动化发展而增长的机动化需求和与之带来的巨大经济、社会及环境成本之间关系的问题，以实现城市与交通的可持续发展。

11.1　城市交通的可持续发展

11.1.1　可持续发展

Peet（1999）认为发展是"一种进化过程，在此过程中，人类能力的提高在于建立新的结构，应对问题，应对不断的变化以及通过有目的和创造性的努力实现新的目标"。1969 年麦克哈格 McHarg，在其著作《自然设计》（*Design with Nature*）中认为虽然地区和社会的发展依然主要侧重于经济增长，但需要在设计和开发中考虑自然环境的需要。《公地悲剧》（*Tragedy of the Commons*）（Hardin，1968）、《增长极限》（*The Limits to Growth*）（Meadows 等，1972）、《绿色经济》（*Greening the Economy*）（Pearce 等，1989）等的发表和环境运动的兴起等都促使全球逐渐开始关注环境和发展的关系。1972 年在斯德哥尔摩召开的主题为"人类环境"的联合国会议是第一次专门讨论环境问题的国际会议，指出"尽管在个别情况下，环境优先和经济优先之间存在冲突，但它们本质上是同一事物的两个方面"；1987 年，世界环境与发展委员会（World Commission on Environment and Development，WCED）在《我们共同的未来》（*Our Common Future*）即《亚特兰大报告》（*Brundtland Report*）中提出"可持续发展是既满足当代人的需求，又不对后代人满足其需求的能力构成危害的发展"，强调了可持续发展的三大支柱即经济、公平和环境（WCED，1987）；2000 年 9 月联合国首脑会议上 189 个国家签署《联合国千年宣言》，一致通过了千禧年发展目标（Millennium Development Goals，MDGs）；2015 年联合国 193 个成员国通过了 17 个可持续发展目标（Sustainable Development Goals，SDGs），旨在 MDGs 到期后继续指导 2015～2030 年的全球发展工作。

11.1.2　城市的可持续发展

联合国将城市化定义为人口从农村向城市的流动。1800 年全球的城市化率仅为 2%，1900 年增加为 14%，2007 年城市人口首次超过全球人口的一半，2050 年预测将高达 68.4%（联合国，2021）。每年全球有超过 2000 万的人口从农村地区转移到城市地区，相当于罗马尼亚 2020 年全国的人口。2000 年，全球有 371 个百万人口以上的城市，2018 年增加到 548 个，预计到 2030 年为 706 个；超过 1000 万的特大城市在 2018 年为 33 个，2030 年预计为 43 个（联合国，2019）。城市不仅推动经济、价值的创造，在许多关键的社会问题中还发挥着至关重要的作用，也是人类与环境系统相互作用的主要纽带（Gao 和 O'Neill，2020）。因此虽然城市面积只占全球陆地面积的3%，但其创造的国内生产总值（GDP）却约占全球的80%。城市的作用，尤其在新经济时代，越来越重要，它不仅是生产、消费、金融和服务中心，还是创新的中心（Sassen，2001）。联合国前秘书长安南认为"人类的未来在于城市"（The future of humanity lies in cities），城市的可持续发展对于在地球环境容量内实现全球可持续发展至关重要。可持续发展最开始主要针对环境问题，是在城市之外展开的。但 Anders（1991）认为"城市是开展这个行动最合适的场所"。特别是全球城市化的提高，既给可持续发展带来挑战，也带来了机遇（Weinstein，2010）。

Tjallingii（1991）认为"城市是一个动态或复杂的生态系统"，可以通过生物学的系统方法来看待人类居住区的资源输入和废物输出的过程。城市可持续发展必须在环境保护、经济发展和社会福祉之间取得平衡，这意味着减少生态足迹（自然资源的投入和废弃物的产出），同时提高城市宜居性（社会设施、健康、个人和社区的福祉）（图 11-1）。

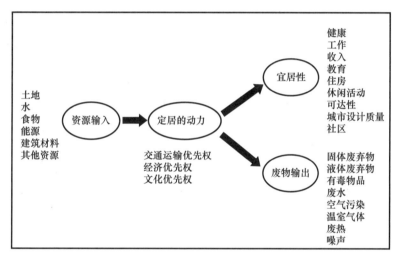

图 11-1　人类居住区新陈代谢延伸模型

11.1.3　城市交通的可持续发展

城市交通，作为"城市的创造者和破坏者"，它的可持续发展对实现全球可持续发展至关重要。1992 年（即《我们共同的未来》发布 5 年后），联合国地球问题首脑会议首次确认了交通在可持续发展中的作用；欧盟（1992）也在《EU Green Paper on the Impact of Transport on the Environment》中提出可持续流动性的概念，即"确保我们的交通系统满足社会的经济、社会和环境的需求，同时最大程度地减少对经济、社会和环境的不良影响"。这是对《我们共同的未来》提出挑战的直接回应，也是可持续交通概念首次出现在国际议程上。可持续交通的概念既有狭义定义（即着重于资源枯竭和环境问题），也有广义的定义（即涵盖社会、经济和环境等方面的福祉）（Litman 和 Burwell，2006）。它旨在为乘客和货物的流动提供安全的、可负担的和清洁的方式及服务的系统，并且其负面影响可以维持在不危及后代满足其基本需求的能力（Williams，2017）。

11.2　全球城市交通的发展趋势和特点

城市发展与城市交通二者相互作用、相互依存（Mumford，1961）。城市的发展离不开城市交通，作为实现人流、物流空间移动的载体，城市交通逐渐由城市发展的配套设施转变为调控城市发展模式的重要手段。随着交通技术的进步，居民出行逐渐从步行演化为公共交通和私家车，出行速度的提高影响了城市向外扩张的水平，城市也随之从步行城市演变为公共交通城市和汽车城市。而城市发展也促进了城市交通方式的更迭：随着城市化、工业化和现代化的深入发展，城市人口增加、城市向外扩张、城市居民可支配收入等促使更为准时、舒适、便捷、私密的私人机动交通方式的普及，这改变了居民的出行方式。

> **基于"Merchetti 常数"的三种城市类型**
>
> 全球居民出行时间预算每人每天约为 60～65 分钟，即"Marchetti 常数"（Cesare Marchetti，1994）。根据"一小时"原则，随着交通技术的进步，城市的平均日交通速度不断提高，城市从步行城市（史前到 19 世纪 50 年代）逐渐演变为公共交通城市（19 世纪 50 年代到 20 世纪 50 年代）和汽车城市（20 世纪 50 年代到现在）（Newman, Kosonen and Kenworthy，2016）。

11.2.1　全球城市私人交通的发展趋势和特点

自 20 世纪 40 年代以来，汽车依赖（Automobile Dependence）（即一个城市因为私人汽车的大量使用，导致城市基础设施和城市规划优先为汽车服务）被许多发达城市认为是有利于促进经济增长、提高政府收入等。对比欧洲城市和发达的亚洲样本城市发现，美国、加拿大和澳大利亚城市的人均私人汽车拥有量和使用量、支持私人交通出行的基础设施建设（如高速公路的长度和 CBD 的停车位等）远远高于世界平均水平；居民每日出行私家车所占的比例高达 70%～80%，是典型的"汽车城市"。Lave（1992）认为汽车的使用必然会随着财富的增加而增加，这是一种"不可抗拒的力量"。但 Brookings Institute 于 2009 年的研究发现：美国全国车辆行驶里程（Vehicle-kilometers travelled, VKT）在 2004 年达到峰值，并在 2007 年出现了自 1980 年以来的首次下降。人均 VKT 也具有类似模式：2000 年后增长趋于平缓，2005 年以来一直在下降（Puentes 和 Tomer，2009）。澳大利亚等城市也发现了类似规律。城市经济运行状况与由汽车带来的高机动性之间的联系被大大削弱，甚至存在反方向发展趋势的新现象，即"汽车峰值"（Peak Car）。Nemwan and Kenwothy（2015）通过对全球 41 个经济发达城市的研究发现：1960 年到 1970 年样本城市的人均 VKT 平均增长率为 42%；1970 至 1980 年为 26%，1980 至 1990 年为 23%；1995 年到 2005 年仅增长了 7.2%，不到 20 世纪 80 年代典型水平的三分之一，也不到 20 世纪 60 年代增长水平的六分之一。这种汽车使用与经济增长的脱钩发展，也符合联合国环境规划署国际资源小组在《将自然资源的使用和环境影响与经济增长脱钩》（*Decoupling Natural Resource Use and Environmental Impacts from Economic Growth*）中阐述的主题（联合国环境规划署，2011），即建议完全有可能将财富和化石燃料脱钩，"减少水或矿物燃料等资源的数量，以促进经济的增长，并使经济发展与环境恶化脱钩"。

11.2.2 全球城市公共交通的发展趋势和特点

最早的公共交通可以追溯到 1662 年布莱兹·帕斯卡发明公交车。1973 年和 1979 年全球两次石油危机，导致化石燃料价格过高和供应紧张，促进了公共交通系统的大发展。城市公共交通作为城市客运交通体系的主体，对缓解交通拥堵、减少对化石燃料的需求和环境污染、保证城市居民（尤其是城市弱势群体包括残疾人、老人等）的通达性等起到了积极作用，对城市和城市交通的可持续发展起到了重要的催化作用（Banister，2005）。

（1）常规公交汽车（Regular Bus）的发展趋势和特点

目前公交车是世界范围内公共交通的主要形式，全球的公共汽车大约包含双铰链公交（Bi-articulated bus）、铰链公交（Articulated Bus）、标准公交（Standard Bus）、空中公交（Midibus）和迷你公交（Minibus），其中标准公交车的数量占 68%（TMB，2019）（图 11-2）。

公交名称	示意图	最大载客量/人	舒适程度的载客量/人
双铰链公交		200	150
铰链公交		150	110
标准（12m）		100	75
空中公交（9m）		75	55
迷你公交（6m）		30	22

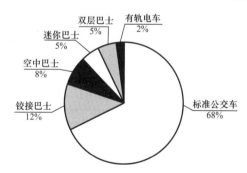

图 11-2　全球样本国家公共汽车类型和比值

（2）快速公共汽车（Bus Rail Transit，BRT）的发展趋势和特点

全球第一个 BRT 系统于 20 世纪 70 年代在巴西库里蒂巴开发。关于 BRT 的定义有很多，巴西库里蒂巴时任市长 Jaime Lerner 认为 BRT 是"地面地铁"（Surface Metro），即一种具备了地铁高服务性能，但与公交车成本类似的城市道路公共交通服务（Cervero，1998）。BRT 可以在专用道上、既有道路的中间或路肩上行驶，或与其他机动交通混合（有时在交叉路口具有信号优先权）（Wright，2011）（图 11-3）。

图 11-3　BRT 类型（左）和厄瓜多尔基多 BRT（右）

截至 2021 年 9 月，全球有 179 个城市开通了 BRT 运营线路，总长度为 5403km，日均客运量为 33751575 人次。其中，拉丁美洲有 59 个城市合计开通了运营里程为 1914km 的 BRT，占全球的 32.96% 和 35.41%；紧随其后的是亚洲，有 45 个城市合计开通了运营里程为 1691km 的 BRT，占全球的 25.13% 和 31.29%；欧洲有 44 个城市开通了 BRT，但运营线路长度只有 875km，仅约亚洲的一半左右，占全球的 16.19%；非洲和大洋洲分别有 5 个城市开通了 BRT，运营长度分别为 131km 和 109km，分别占全球的 2.44% 和 2.01%（表 11-1）。

2021 年全球 BRT 分地区对比分析　　　　　　　表 11-1

	日均客运量总量 / 人次	日均客运量全球占比 /%	开通城市数量 / 个	开通城市全球占比 /%	运营线路长度 / km	运营线路长度全球占比 /%
拉丁美洲	20983474	62.17	59	32.96	1914	35.41
亚洲	9238060	27.37	45	25.13	1691	31.29
欧洲	1613580	4.78	44	24.85	875	16.19
北美	988683	2.92	21	11.73	683	12.64
非洲	491578	1.45	5	2.82	131	2.44
大洋洲	436200	1.29	5	2.79	109	2.01
全球	33751575	100	179	100	5403	100
# 中国（不含……）	4375250	12.96	38	21.23	672	12.44
## 郑州	650000	1.93	1	0.56	31	0.58

就日均客运量而言，拉丁美洲以 20938474 人次位居全球第一，占 62.17%；其中巴西由于发达的 BRT 系统，日均客运量达到 10796415，超过整个拉丁美洲的一半，超过亚洲的总和，是非洲、欧洲、大洋洲和北美四者总和的三倍，占全球的 31.98%；亚洲的日均客运量为 9238060 人次，占全球的 27.37%。但就全球 BRT 系统而言，其提供的城市公共交通客运服务仅占所有公交出行的 2.2% 和全部机动化出行的 0.3%，还有很大的发展空间（Pourbaix，2011）。

（3）轨道交通（Rail Transport）的发展趋势和特点

城市轨道交通种类繁多，技术指标差异较大，世界各国评价标准不一，并无严格的分类。一般而言，广义的城市轨道交通是指以轨道运输方式为主要技术特征的城市公共客运交通体系中具有中等以上运量的轨道交通系统（有别于道路交通），主要为城市内（有别于城际铁路，但可涵盖郊区及城市圈范围）公共客运服务，是一种在城市公共客运交通中起骨干作用的现代化立体交通体系。英国在 1863 年开通了世界上第一条地铁——"London Underground"，自 20 世纪 70 年代亚洲开始大规模投资地铁以来，全球的轨道交通获得了巨大发展，尤其是中国和印度。

截至 2020 年底，全球共有 77 个国家和地区的 538 座城市开通运营长度合计为 33346.37km 的城市轨道交通系统，其中欧洲以 16302.33km 的长度约占全球的 48.89%，排名第一；亚洲以 13126.06km 的长度约占全球的 39.36%，排名第二；北美洲（2434.31km）、南美洲（779.8km）、非洲（416.37km）和大洋洲（287.5km）合计占全球的 11.75%。就载客量而言，亚太地区每年高达 26960 百万人次，将近全球的一半；紧随其后的是欧洲城市，约为全球的 1/5；拉美在 2000 年以来有 7 个城市开通了地铁，是 20 世纪以来增长最快的十年，截至 2017 年，共有 19 个国家开通了合计 943km 的地铁，仅占全球的 6.785%，却提供了全球 11% 的载客量，其中最繁忙的 5 条线路（墨西哥的墨西哥城、智利的圣地亚哥、巴西的圣保罗、委内瑞拉的加拉加斯和阿根廷的布宜诺斯艾利斯）承担了全拉美 76% 的乘客，这也证明了该地区的潜在增长能力；排名最后两位的是北美及中东和北非。

11.2.3　中国城市交通的发展趋势和特点

全球每年有超过 4500 万的城市居民增长发生在新兴经济体，这就意味着城市地区，特别是发展中国家的城市地区将迅速增长（联合国，2019）。中国作为全球最大的新兴经济体，同样经历了快速的城市发展：新中国 1949 年成立时经济总量不足全球的 5%，2010 年以来已超过日本成为仅次于美国的第二大经济体；1949 年全国只有 132 个城市，城市化率仅有 10.6%，2020 年全国的城市数目增加到 663 个，城市化率增长到 60.6%（国家统计局，2021）；全国城市人口每年增长 1081 万，相当于每年增加一个新的特大城市。中国城市建设用地面积也从 1981 年的 6720km² 扩增至 2019 年的 5.83 万 km²，增长了 7.68 倍，呈现明显扩张态势（住房和城乡建设部，2020）。与此同时，中国在 2009 年超越美国成为全球最大的汽车生产商和消费者，距 1956 年中国汽车工业成立仅 53 年（Gao 等，2015）。

（1）城市私人机动交通

就全国私人汽车拥有量而言：在所有车辆类别中，轻型乘用车增长最为显著（便捷性、私密性、准时性等特点，加上汽车所有权作为社会地位和个人身份重要象征的文化盛行）。虽然 2010 年以来由于国家和地方政府采取的一系列交通需求管理政策（如在 2008 年全球金融危机期间采取的包括车辆购置税减免、财政补贴、汽车下乡等汽车激励政策的终止、汽车使用量和拥有量限制等）导致我国私人小微型汽车拥有量的增速下降，但依然从 2002 的 4 辆 / 千人增加至 2019 年的 148 辆 / 千人（图 11-4）。就国内各地区而言，其千人私人小微型汽车拥有量差别较大，其中 2019 年河南为 141 辆，略低于全国平均水平（148 辆），仅为排名第一的浙江（234 辆）的 60%。车辆拥有密度的空间异质性意味着发达城市的车辆增长可能会逐渐放缓，尤其是在牌照管制政策的影响下；相比之下，中国内陆城市可能会继续保持强劲的机动化势头（CAAM，2013）。但国内各地区的千人私人汽车拥有量依然远不及较发达国家的城市中的汽车拥有量水平：例如 2005~2006 年，美国城市平均每千人拥有 640 辆汽车，澳大利亚平均城市为 647 辆，加拿大城市平均为 522 辆，欧洲城市平均每千人 463 辆（Newman 和 Kenworthy，2015）。甚至远低于斯威士兰、萨尔瓦多、洪都拉斯、圭亚那和阿塞拜疆等国家（Nation Master Online Database，2016）。

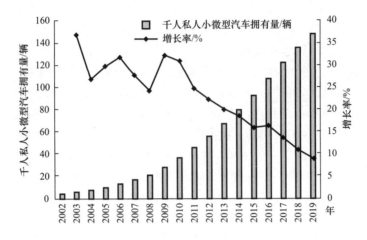

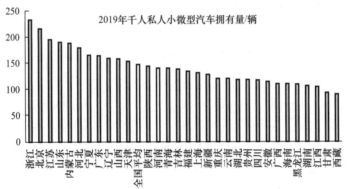

图 11-4　全国千人私人小微型汽车拥有量及增长率（上图）和
2019 年全国各地区千人私人小微型汽车拥有量（辆）（下图）

与盎格鲁－撒克逊反对高密度发展的文化（通常指 5 个核心的英语系国家：英国、美国、澳大利亚、加拿大和新西兰）相反，中国城市一直具有高密度发展的模式和文化。西周时期（公元前 1046～前 771 年）就形成了正方形或长方形的轴对称城市格局。这种基于多路径选择的小街区的棋盘状城市形态非常适合步行，因此步行在中国城市交通中已经占据主导地位数千年。这也为后来在许多中国城市建设和发展高效的公共交通走廊奠定了基础。在中国计划经济时期，国有部门为职工提供的社会主义福利住房一般位于工作单位以内或附近，居民可以通过步行或骑自行车完成日常通勤。自行车在 20 世纪六七十年代成为一种文化符号。随着 1978 年改革开放进程的推进，就业与住房之间的平衡（job-housing balance）被打破，居民通勤距离增加。但是中国城市并未形成依赖汽车的城市肌理，而是继续建造密集的高层住宅，城市密度一直属于步行或公共交通城市。因此中国城市虽然具有较低水平的人均私家车拥有量和使用量，但是由于人口数量多和城市密度高，因此在一定的道路面积上拥有更多的私家车，汽车使用与城市容量不匹配的问题造成了严重的城市拥堵等问题，属于"汽车饱和"城市。

（2）城市公共交通

公共交通优先从 20 世纪 90 年代提出，2004 年成为国家政策的一部分，第十二个五年计划（2011～2015 年）开始大力鼓励公共交通系统的发展。昆明于 1999 年建设了我国第一条中央式公交专用车道，但是因为没有专有的 BRT 车辆和车站，因此 2004 年 12 月开始商业运营和 2005 年 12 月全面运营的北京 BRT 才是中国第一个真正意义的 BRT 系统。2008 年我国迎来了 BRT 的第一轮爆发，共有常州、大连、厦门、济南和郑州等城市开通。截至 2021 年 9 月，中国共有 38 个城市开通了运营里程合计为 672km 的 BRT 系统，日均客运总量达到了 4375250 人次，约占全球和亚洲的 12.96% 和 47.36%。其中 2010 年开通的广州 BRT 系统由 30+1（摆渡线）条 BRT 公交线路组成，是中国乃至亚洲单线客流量最大的 BRT 系统。1969 年北京地铁开通了我国第一条轨道交通，我国城市轨道交通系统第一个 1000km 运营里程的实现长达 38 年，第二个 1000km 仅用了不到 5 年，此后每 1～2 年即增加 1000km；截至 2020 年底，我国内地共有 45 个城市开通了城市轨道交通，运营里程达 7978.19km，长度分别占亚洲的 60.78% 和全球的 23.93%，上海、北京、成都和广州拥有全球排名第一、第二、第三和第六长的轨道交通系统。

11.3　全球城市交通面临的问题

机动车尤其是私人机动车在中国的普及无疑促进了经济增长和城市发展，但是它也对中国的经济、社会和环境产生了非常明显的负面影响，如城市蔓延、长时间通勤增加、交通拥堵和事故、环境污染、公共空间的损失等，特别是在能源消耗、温室气体排放和雾霾排放方面。这是城市可持续性最紧迫的问题。

11.3.1　通勤距离（时间）增加

城市扩张、人口聚集和汽车普及推动了社会经济和空间结构的巨大变化，城市逐渐从单中心转变为多中心，这也导致了更高的汽车使用频率、更多的通勤次数和更远的通勤距离（或更长的通勤时间）（Maoh 和 Kanaroglou，2007 年）。长途通勤已经成为许多发达国家的大城市日常通勤主要类型（Marion 和 Horner，2007），在发展中国家，尤其是其特大城市中，这种趋势也在增长，将导致额外的交通流、能源消耗和空气污染，甚至导致弱势群体的交通不公平（图 11-5）。

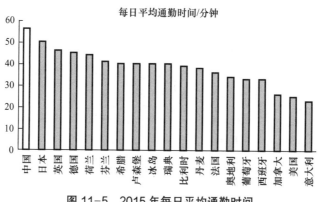

图 11-5　2015 年每日平均通勤时间

11.3.2　交通事故

全球每年有 135 万人因为道路交通事故丧生，是全球人口第八大死因；高收入国家拥有全球 40% 的车辆，占全球道路交通死亡人数的 7%；低收入国家虽然只拥有全球 1% 的车辆，却占 13%（WHO Global Status Report on Road Safety, 2018）。全球所有与交通有关的死亡人数中：汽车使用者（包括司机和乘客）占 29%，电动两轮和三轮车使用者占 28%，行人占 23%，身份不明的道路使用者占 17%，骑自行车占 3%。

11.3.3　交通拥堵

全球的特大城市，尤其是发展中国家新兴的特大城市，由于城市人口的增长与私人机动车拥有量的增长与为汽车服务的道路等基础设施不足导致了严重的交通拥堵问题，而城市环状与放射状交通网络结构导致了不必要的城市交通需求，从而进一步恶化了交通拥堵，尤其是在高峰时地段（丁成日等，2018）。根据 "Marchetti 常数"，当出行时间超过预算（约为 65～70 分钟）时，乘客就会认为往返目的地所花费的时间被浪费或价值较低（Mokhtarian 和 Chen，2004）。其导致的时间损失（延误时间和排队时间）可以用 GDP 的损失来评估：全球每年交通拥堵导致的经济损失约为 12 万亿美元，美国约为 720 亿美元。亚洲城市的汽车依赖程度远低于美国等汽车城市，但由于其城市密度较高，没有对应如此大规模车辆涌入的土地利用模式或交通基础设施，因此面临着严重的交通拥堵，导致亚洲经济体的损失约占 GDP 的 2%～5%（亚洲银行，2015）。而且常规公共汽车由于没有专用车道，需要与其他交通方式特别是私人机动交通混用道路，公交车停车频繁，因此公交车速度也远低于私家车速度，不具有竞争优势。

11.3.4　交通污染

世界卫生组织（2016）报告 92% 的世界人口生活在空气污染水平超标的城市，而交通运输部门是造成当地空气污染的主要原因，导致心血管疾病、死亡（每年与空气污染有关的死亡人数高达 200 万）、损害农业和建筑等。亚洲银行（2018）认为亚洲城市交通运输部门导致了 80% 的空气污染，而且随着亚洲新兴经济体经济增长和私人机动方式的普及，未来将会更加严重。

大气 $PM_{2.5}$ 污染的来源主要包括一次颗粒物排放的直接贡献，以及二氧化硫（SO_2）、氮氧化物（NOx）、挥发性有机物（VOCs）和氨（NH_3）等气态物二次转化的间接贡献。它是引起严重雾霾和危害人类健康的主要空气污染物之一（McKeen 等，2007）。中国自 2013 年 1 月 1 日开始正式将 $PM_{2.5}$ 列入空气监测指标中，并于 2014 年 1 月启动了全国各直辖市、省会城市和计划单列市共 35 个城市的 $PM_{2.5}$ 来源解析工作，结果表明，燃煤、机动车、扬尘、工业生产等是 $PM_{2.5}$ 的主要来源。中国的城市机动车等移动源排放已成为本地 $PM_{2.5}$ 的主要来源，贡献了本地 $PM_{2.5}$ 浓度的 20%～50%：其中北京（45%）、上海（29.2%）、广州（21.7%）是首要来源；武汉（27%）和长沙（24.8%）是第二来源（生态环境部，2018 中国机动车环境管理年报）。2015 年河南省首次发布 $PM_{2.5}$ 来源解析，发现燃煤（31%）、机动车（23%）、工业过程（21%）和扬尘（17%）是四大主要污染源（春季和秋季分别有 27% 和 26% 来自机动车；夏季 26% 来自工业工程；冬季有 37% 来自燃煤）。

11.3.5　气候变化

温室气体是指具有吸收地球表面发射的红外辐射（净热能）并将其重新辐射回地球表面，从而有助于产生温室效应的气体。自 1800 年代中期以来，引起气候变化的温室气体（GHG）排放量增加了 50 倍。IPCC 第五次评估报告（2014）指出，人类活动，尤其是工业革命以来人类对化石能源的过度使用是 CO_2 增加造成大气中温室气体浓度不断升高的主要原因。城市消费的能源和产生的 CO_2 也超过了全球的 67% 和 70%，是造成温室气体排放最大的因素；其中交通不仅是全球增长最快的温室气体排放行业，还是仅次于电力和工业部门的第三大 CO_2 排放源，产生的 CO_2 占全球的 20%（IPCC，2014）。2015 年签订的《巴黎协议》（*Paris Agreement*）明确了将 21 世纪末全球平均温升控制在不超过工业化前 2℃ 并努力控制在 1.5℃ 内的长期目标，未来 10 年每年全球碳排放需减少 7.6%，到 21 世纪中叶实现二氧化碳平均净零排放（联合国，2015）。2018 年，IPCC 发布《全球升温 1.5℃ 特别报告》，指出如果按照目前每十年平均约 0.2℃ 的温升趋势，全球温升最快可能在 2030 年间达到 1.5℃，一旦突破 1.5℃ 临界点，气候灾害发生的频率和强度将大幅上升，将引发水资源短缺、旱涝灾害、极端高温、生物多样性丧失和海平面上升等长期不可逆的巨大风险。

11.4　全球应对城市交通问题的措施

在"二战"结束后的几十年里，大规模增加道路等基础设施的建设被认为是解决交通拥堵和其他城市问题的措施。而当斯－托马斯悖论（Downs-Thomson paradox）发现私人汽车在道路网络上的平衡速度取决于人们使用公共交通方式从门到门的平均出行速度。虽然诱导出行的需求弹性等仍存在争议，但是证实了道路改善确实能导致诱导出行，因此交通拥堵等问题并没有得到缓解（Cervero，2002），反而因为需要拆除建筑物或占用公共空间，对城市造成了更大的破坏（Downs，2000）。燃料技术创新所促进的污染物排放减少等成效也会被汽车拥有量和使用量的增加所抵消（Zhao，2010）。全球城市化地区的交通客运量需求到 2050 年将会翻一番，随着大数据（Big Data）、人工智能（Artificial Intelligent/AI）、物联网（Internet of Things/IoT）等新科技的发展，电动化、智能化和网联化成为城市交通发展的新方向，促进了城市出行方式的大变革。

11.4.1　交通需求管理（Transportation Demand Management，TDM）

交通需求管理起源于 20 世纪 70 年代，被认为是缓解城市交通拥堵的有效解决方案（Liu 等，2018）。包括对私人汽车拥有量和使用量的控制、道路收费、有吸引力的公共交通系统等。Gallego 等（2013）认为车辆限制政策可以通过在短期内控制交通量来有效减少交通拥堵，甚至是刚性交通需求。因此对环境和安全等也起到了一定的改善作用（Huang 等，2016）。墨西哥城早在 1989 年就实施了每周一天车辆限制政策（Goddard，1997）；作为我国第一个实施限行的城市，北京于 2008 年奥运会期间采取车牌尾数奇偶政策（研究表示其交通量减少了 20%～40%，行驶速度增长了 10%～20%），此后转为每周一天的车辆限行政策，作为常规的 TDM 策略（Viard 和 Fu，2015）。但因为部分居民违规出行（如印度德里的比例高达 20%），或交通出行需求转移到不受限制的时间段（Guerra 和 Millard-Ball，2017），或收入较高的私人交通出行群体会购买交替车牌的汽车，因此限行政策对出行需求虽然产生直接影响，但影响有限。

上海在 1994 年采取新加坡的有偿拍号制度，成为我国第一个实行牌照管制政策的城市，并于 2000 年引入公开拍卖机制分配车牌。上海的千人私家车拥有量明显低于其他城市（如上海 2019 年千人小微型私家车拥有量为 132 辆，低于全国平均的 148 辆，远低于北京的 217 辆）；2011 年，北京作为全国汽车保有量最大的城市采取无偿摇号制度以减缓机动车保有量过快增长：2011 年小客车总量额度指标为 24 万辆，自 2014 年开始摇号指标逐渐下降，但是新能源车指标占比逐渐提高（如表 11-2 所示）。

北京和上海汽车拥有量限制政策　　　　　　　　　表 11-2

城市	实施年份	类型	政策实施时车辆拥有量 / 辆	配额数量 / 个	
上海	1994	有偿拍号	少于 40 万	每月少于 10000	
北京	2011	无偿摇号	480 万	普通小客车	新能源小客车
				240000/ 每年（2011）	无
				130000/ 每年（2014）	20000/ 每年（2014）
				120000/ 每年（2015）	30000/ 每年（2015）
				90000/ 每年（2016）	60000/ 每年（2016）
				90000/ 每年（2017）	60000/ 每年（2017）
				40000/ 每年（2018~2021）	60000/ 每年（2018~2021）

11.4.2　城市交通的电气化

汽车尾气是造成空气污染的主要原因：其中汽油车是 CO 和 HC 排放的主要来源；柴油车是 NOx 排放的主要来源；燃气车是 PM 排放的主要来源。目前国内外关于运输部门的任何新兴技术选项，都需要与低碳和 / 或可再生能源相结合才有可能解决交通运输部门日益增长的排放挑战（Energy Transitions Commission，2020）。继续依赖基于化石燃料的电力将无法实现运输部门所需的碳减排水平，如果由可持续能源提供电力，改用电动汽车有助于改善空气质量和促进绿色就业。国际能源署研究发现：至少 20% 的道路运输车辆（约 3 亿辆汽车）实现电动化，到 2030 年才有可能将全球气温升高限制在 2℃ 以内；而联合国（2015）发现，如果 60% 的道路运输车辆实现电气化，到 2050 年可以减少 600 多亿 t 二氧化碳排放量。常规公交车由于经常走走停停，具有更高的颗粒物（PM）和（NOx）排放量。城市公交车约占交通部门排放的黑碳的 25%。预计到 2030 年，城市公交活动将增加近 50%；这将额外导致大约 26000t 黑碳。

向零排放和低排放电池电动、混合动力和 CNG 巴士的深刻转变，截至 2050 年可以减少约 14 亿 t 二氧化碳和近 3000 万 t 颗粒物排放。《大气污染防治行动计划》明确要求，公交等行业和政府机关要率先使用新能源汽车。《中国城市客运发展报告》认为新能源公交车实际是"节能和新能源"公交车，包括混合动力（含插电式和非插电式）公交车、纯电动公交车和燃料电池公交车三类。北京、上海、广州等城市每年新增或更新的公交车中新能源和清洁燃料车的比例达到 60% 以上。其中太原市城区在 2006 年实现 8000 多辆出租车全部电动化，成为全球第一个出租车全部电动化城市；2017 年深圳市 16000 辆公交全部实现电动化，成为全球第一个公交电动化的城市。2019 年底，电动公交车在欧洲城市公交车销量中的份额超过 10%，在中国城市占了 50% 以上。

11.4.3　城市交通的智能化

Schumpeter（1939）在俄国经济学家 Kondratieff（1928）归纳经济浪潮的基础上解释了经济崩溃期间商业和技术系统的创新。Freeman 和 Soete（1997）则进一步将其扩展为经济发展的长周期理论：具体而言，第一波创新通过整合新技术并促使从手工生产向工业生产的转变，生产和运输成本大幅降低；第二波创新以蒸汽时代为标志，促进了铁路运输的发展，实现了人和货物的长距离运输；第三波浪潮是电力时代，促进了城市公共交通和汽车产业的发展，扩大了乘客和货物的流动性；第四次创新促进了机动性的全球化；第五次创新浪潮是以信息和通信技术及网络为基础的。Hargroves 和 Smith（2005）预测第六次创新浪潮与可持续和数字化有关。Batty（2007）则认为智慧城市技术是焦点。智慧城市作为术语最早起源于 19 世纪中期，用来描述美国西部新城；20 世纪 90 年代，随着智慧增长（Smart Growth）运动的开展，智慧城市被提出用以实现可持续的城市化（Eger，2009；Susanti 等，2016）。目前虽然有一些科研或政府机构提出了智慧城市的框架，但使用最为广泛的是欧盟提出的 Smart City Wheel，它涵盖了智慧城市的主要但并非所有领域：① 智慧经济（Smart Economy）；② 智慧环境（Smart Environment）；③ 智慧政务（Smart Governance）；④ 智慧生活（Smart Living）；⑤ 智慧居民（Smart People）；⑥ 智慧出行（Smart Mobility）。智慧交通模式是指信息通信技术（Information and Communications，ICTs）和其他尖端高科技（IoT 等）融入交通的过程和实践（Noy 和 Givoni，2018），它可以影响人们的出行方式。

（1）共享出行（Shared Mobility）

共享出行是共享经济中发展最快的一个分支，亚洲和欧洲分别是全球最大的汽车共享地区（分别约占全球共享汽车数量的 43% 和 37%）（Dhar 等，2020）。共享出行为边缘群体（如老年人、残疾人等）提供了可获得性，而且当其与本地快速交通走廊等整合发展时可大大减少对私家车的整体需求（Hancock 等，2019）。但如果共享出行促使运输方式整体发生转变，如导致私人机动出行增加（如 Schaller 在 2018 年的研究中发现 Uber 等共享汽车导致车辆行驶里程增加）和公共交通或步行等减少可能会产生更高的私人出行需求和导致更多的负面环境影响（ITF，2018 年）。

（2）定制公交（Customised Buses）

定制公交就是针对特定客户（尤其是通勤者），通过使用互联网、电话等在线信息平台交互式服务汇总类似的出行需求从而提供高品质、个性化和灵活的需求响应公共交通。这是一种介于普通公交和私人小汽车之间的交通方式。定制公交相比传统的公共交通更加可靠舒适，相比私家车有利于减少交通拥堵和其他环境问题。2013 年 8 月 15 日青岛率先开通定制公交，我国最大的公交公司之一——北京公共交通控股有限公司在 2013 年的 9 月、10 月和 12 月分别在北京、济南和天津推出了定制公交系统。主要包括：定制的通勤公交；定制的校车；定制的商业公交；定制的社区公交；其他定制的接驳公交等（Liu 和 Ceder，2015）。

（3）出行即服务（Mobility as a Service，MaaS）

MaaS 商业模式的灵感来自于智能手机市场（Hietanen，2014）。随着智能手机功能性的强大（如交通运营商可以通过智能手机向出行者提供实时出行方案；出行者可以通过智能手机位置感知功能为服务平台提供信息等）和普及，越来越多的年轻人倾向于乘坐公共交通，从而利用出行时间开展工作或社交等，实现出行时间的最大价值化。MaaS 是基于具有潜力的应用程序移动平台，集成不同的交通模式（如共享的交通方式、出租车、网约车和自行车等）到单一的用户界面。这样用户将获得出行的不同选择的信息，可以根据时间和成本等选择合适的组合，然后一次性付款。因此，MaaS 并不是一项新发明，而是一种进化。MaaS 以实现交通的可持续发展为基本理念，通过移动网络和设备（即智能手机）为用户提供需求响应的、"门到门"（Kamargianni 等，2016）的、出行方式有效整合的（Li 和 Voege，2107）和支付便利（Jittrapirom 等，2017）的一站式服务。MaaS 虽然是一个"新生现象"，还处于起步阶段，但具有很大的市场潜力（Smithetal，2018）。MaaS 将为更多的公民提供无需购买汽车即可满足其出行需求的机会，而且出行模式多样化、一体化、个性化，可最大程度地减少私人机动出行方式，鼓励绿色出行，实现低碳化。2019 年 11 月 4 日，北京市交通委员会共同启动了北京交通绿色出行一体化服务平台，为市民提供多种交通方式一体化、智慧化的出行服务。

（4）智能轨道快运系统（Autonomous Rail Rapid Transit，ART）

为了实现快速共享机动性，自主公共交通技术正在从高铁转移到公共汽车。它利用铁路、公交车和汽车的最佳方面来创造突破性的城市交通车辆。由于可无缝接驳各类交通制式，并且采用胶轮承载，不需铺设专有物理轨道，智轨系统每公里造价仅 2000 万～3000 万元人民币，是有轨电车系统的 1/5，目前法国、比利时和西班牙等国家已经推出了智能轨道快运系统（图 11-6）。

图 11-6　法国 Translohr 2006（左）、比利时 Van Hool 2016（中）和西班牙 Irizar

中国湖南株洲的中车集团也于 2018 年推出了智能轨道快运系统（Autonomous Rail Rapid Transit），简称智轨。2019 年 6 月 10 日，宜宾智轨 T1 线示范段正式开放体验试乘，全长 9.238km，共设 9 个站台。2019 年 12 月 5 日，T1 线正式开通运营，T1 全线 17.7km，共 17 个站台。

11.4.4　公交导向型发展（Transit-Oriented Development，TOD）

20 世纪 20 年代，随着财富的增加、城市的发展和汽车的普及，美国城市居民开始倾向于在功能单一的郊区购买更大的住宅用地和更大的房子，这种大型住宅被贬称为

"McMansions"，郊区的发展逐渐超过了中心城区的发展；20 世纪 50 年代，"逆城市化"现象出现，城市蔓延发展，功能分区严重，私人机动出行激增。在可持续发展的新城市主义理念之下，Calthorpe（1993）在其著作《未来美国大都市：生态·社区·美国梦》（*The Next American Metropolis: Ecology, Community, and the American Dream*）一书中基于步行口袋的概念，正式提出了 TOD 的概念，即通过围绕公交站（火车站、轻轨站或公交车站）进行集中开发，将公交和土地利用结合起来。TOD 是将土地利用集中在公交站周围或公交走廊内，靠近车站的城市密度较高，在半径 800m 以外逐渐减少到较低密度，但仍然比美国等典型的汽车城市密度要高；通过移除非可持续的汽车基础设施（如 2002 年拆除首尔清溪川高速公路等）并禁止进一步发展，实现以人为本的城市交通系统；通过增加城市密度和混合土地使用减少交通需求；使用新的轨道交通线路（轻轨和地铁）作为发展的锚点来扩展城市（例如沿着巴西库里蒂巴 BRT 的 TOD 走廊）；通过步行、骑自行车、公交车接驳车、出租车、汽车共享、自行车共享等一切可得的交通模式来支持轨道交通用户的第一英里和最后一英里需求，从而提供可持续的城市交通系统，满足居民日常出行需求，并鼓励可持续的城市增长，而不是无序的城市发展。

11.4.5 基于 BRT 的 TOD——巴西库里蒂巴

库里蒂巴（Curitiba）在 1854 年成为巴西南部巴拉那州的首府，其人口在 1872 年不到 13000，进入 20 世纪 40 年代快速增长，2020 年人口达到 1948626（图 11-7），成为该州最大的城市和巴西第八大城市。1943 年的阿加奇计划（Agache Plan）（或 Avenue Plan）针对"二战"后库里蒂巴面临的移民涌入和建筑繁荣制定，希望通过从城市核心区向外放射的道路和环状道路（即"摊大饼"扩展模式）等基础设施的大规模投资，实现城市完全机动化，以此吸引汽车制造业进入库里蒂巴。

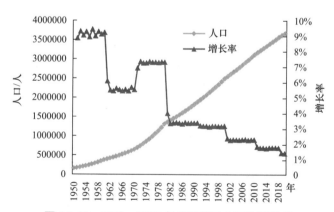

图 11-7　1950～2020 年库里蒂巴人口和增长率

但 20 世纪 60 年代，库里蒂巴市中心已经面临汽车指数级增长和潮汐式通勤交通流的问题，因此 1965 年的《库里蒂巴总体规划》，认为：① 城市应该沿着指定的走廊（最初是两条放射型轴线，最后发展为 5 条结构轴线）以线性形式增长，促进走廊沿线的高密度工业和住宅发展；② 市中心不再是出行的主要目的地，而是交通枢纽和终点，从而促进更加平衡的双向交通流；公共交通取代私人汽车成为城市出行的主要方式；③ 创建无车中心城市，鼓励步行和自行车等绿色出行方式（1972 年 11 月创建了该国第一条步行街），鼓励低碳和人性城市建设；④ 创造性地提出了旨在促进"更加平衡、双向交通方式"的三重道路系统（Trinary Road System），最终形成了土地利用、公共交通和城市道路一体化的 TOD 模式（表 11-3）。

库里蒂巴土地利用、公共交通和城市道路一体化发展　　　　　表 11-3

因素	特点	作用结果
城市道路网络(三重道路系统)	• 三重道路分别是 BRT 专用道（在交叉口有优先通行权）、辅助车道（允许各种车辆通过，且易于靠近右侧的高层建筑）、大容量单行车道（用于直达快线，是结构轴线的边界）； • 结构轴线的长度约为 10～15km	• 库里蒂巴汽车拥有率（2010 年千人汽车拥有量为 400 辆）为全巴西最高、人均碳足迹是圣保罗的两倍（Moran 等，2018），但机动车交通流量自 1974 年却下降了 30%，是道路拥堵率最低的城市
一体化公交网络(Integrated Transit Network/ITN)	• BRT 作为主干线，与大站快线、区际线、去内线等组成了多元化的公共交通网络与服务体系 • 车站 　○ 圆筒式公共汽车站（类似于地铁的封闭式管理和预付款系统）能够减少气候影响和促使上下车更加高效，有利于减少等待时间和整体出行时间；水平登车设计和电动无障碍升降装置有利于交通弱势群体； 　○ 公交枢纽站： 　　• 中转式： 　　• 终端式：位于结构轴线道路末端，配建大型基础设施 　○ 传统车站： • 公交专用道：减少了市中心拥挤，从而减少了公交车等待时间、出行时间和燃料消耗等，提高了公共交通出行的吸引力； • 多门三节式铰接大客车：每小时每车道运输接近 10000 名乘客，与固定导轨地铁系统的载客量匹配； • 票价系统： 　○ 种类多样，且可在公交售票点、超市等购买； 　○ 一票制：只需支付单程车费，可以自公交系统连接的地方无限制免费换乘； 　○ 对有工资收入的市民，如果花费在公共交通上的费用超过可支配收入的 6%，其超过部分由政府补贴；对于住在穷人区的穷人，可以通过清扫垃圾来换取公共汽车车票	• 公共交通服务覆盖了整个城市的 90%； • 近 1/3 的库里蒂巴日常生活发生在公交专用道内； • 2016 年库里蒂巴居民日常出行中公共交通占 45%，私人机动（包括小汽车和摩托车）占 27%，步行占 20%，自行车占 5%； • 大约 70% 的通勤者使用 BRT 上下班； • 有效平衡了公交客流在方向上的不均衡（20 世纪 70 年代约有 90% 的市区公交客流集中在高峰方向上，目前调整为 60%）
城市土地开发	• 特点：城市轴线连接，城市建筑高度逐渐下降的空间结构： 　○ BRT 走廊沿线呈现高密度、高强度开发，为混合用地，集中建设商业办公（容积率为 5）和居住（容积率可达到 4）混合的高层建筑，产生双向客流，避免潮汐通勤交通流； 　○ 轴线与轴线之间是严格控制的低容积的居住区，禁止高层建筑的开发。 　　• ZR4：高强度商业、商务和居住混合用地； 　　• ZR3：低密度居住用地，建造 3～5 层的居民楼； 　　• ZR2：低密度居住用地，建造 2 层联排住宅； 　　• ZR1：低密度居住用地，建造独立住宅。 　○ 城市中心区域外围区、远郊区城镇间通过绿色系统进行隔离，绿地系统对城市中心区的环境改善起了重要作用	• 市区面积由 1990 年的 28118hm²，增长到 2000 年的 49222hm²；其中填充式开发占 36%，分散式开发占 44%；从 2000 年到 2014 年市区面积增加了 13376hm²，其中填充式开发增至 51%，分散式开发降至 28%； • 人均 58m² 公共绿地面积，是巴西最绿色的城市之一

　　库里蒂巴城市公交系统采取"政企分离、公私结合、政资分开"的管理体制：市政府、市公交公司（即 URBS，政府占股 99%，是唯一的特许经营单位）和私营公交企业分别作为责任承担者（创建公交票款专门账户）、经营管理者（获得票款的 4% 作为管理费）及运营者（10% 左右年利润，按运营公司完成的里程分摊 + URBS 每月向运营公司提

供 1% 的更新公共汽车费用）；公共交通票制系统由公共交通系统基金会负责，采取单一票价且换乘免费，而且：① 若居民公交支出超过工资 6%，政府将补贴超出部分；② "垃圾不再是垃圾"（"Garbage That It Is Not Garbage"）的垃圾购买公益项目鼓励居民把垃圾送到最靠近垃圾车的地方而获得政府发放的公交车抵价券（后升级为用可回收垃圾换取事务的 "绿色交换项目"，"Green Exchange Program"）。通过交叉补贴政策（即在 ZR4、ZR3 和 ZR2 的居住地块，房地产可仅向政府支付市场价格 75% 的费用增加楼层面积，政府则通过城市住房基金将其作为低收入家庭的住房补贴和住房建设）鼓励沿城市结构线实现人口聚集、经济增长和社会发展。

1972 年库里蒂巴规划建设全球第一个 BRT 系统（Rede Integrada de Transporte），并逐渐在 20 世纪 70 年代构建快速线、80 年代构建区域线和区内线，90 年代构建直达线（停车次数少，速度快）。基于 TOD 理念，通过分区法规进行引导管理，以 BRT 系统为支撑对城市交通与土地利用开展整体规划，形成了沿 BRT 走廊单中心放射状轴向带形城市结构，创建了充满活力的高密度混合用途社区，有效减少了交通拥堵、城市蔓延等，也改善了居民的公共空间和出行质量。1994 年被联合国环境与发展大会（United Nations Conference on Environment and Development，UNCED）推荐为 "公共交通示范城市"，成为发展中国家的典范，也被称为巴西的 "Ecological Capital"（"生态之都"）、"The City of All of Us"（"我们的城市"）、"Smiling City"（"微笑之城"）等。目前库里蒂巴采取了一系列智能化和低碳化城市交通措施，包括：① 率先采用混合动力公交车（由电力和生物柴油驱动，有助于将污染物排放降至最低）（Brustolin，2012）；② 2014 年开发与 C40 中减碳承诺一致的 EcoElétrico 项目（提议采用零碳排放的电动汽车与共享自行车和公共交通服务整合）；③ 新 BRT 计划——"City Vehicle Interconnected/CIVI"（"城市车辆互联"）：6 个站点将位于深度较小的地下，所有站点都连接到光纤网络，以便乘客获取公交服务等实时信息；④ 打车应用（Uber 和 Cabify）的应用等。

11.4.6　基于轨道交通的 TOD——中国香港

（1）人口特征

香港位于中国东南沿海，毗邻广东省，包括三个主要地区和 18 个行政区以及 260 多个外围岛屿，地理位置优越，是中国东南部的重要港口，从最初的捕捞村到军事哨所，再到第二次世界大战后迅速发展的制造中心，目前成为全球航运中心和国际主要转口点金融服务中心。尽管香港人口增速放缓，但 2041 年也将预计达到 822 万，其中 65 岁及 65 岁以上人口的比例将从 2019 年的 17.5% 显著增加到 2041 年的 30%（图 11-8）。人口增长的放缓和结构老龄化的加剧，将影响出行的频率和出行方式对运输的需求，如非高峰时段对社交活动的出行需求增长、老年人友好型交通基础设施需求增长等。

（2）土地利用特征

香港土地面积为 1109km²，但多为陡峭和多山的沼泽，约 25% 的地区发展为城市地区，其余 75% 由受保护的郊野公园和自然保护区（占 40%）及农村地区（占 35%）组成。虽然城市密度自 20 世纪 80 年代有所下降，但依然是世界上城市密度最高的城市之一（表 11-4）：2005/2006 年香港的城市密度为 336 人 /hm²，是美国城市（如纽约和洛杉矶）和加拿大（如多伦多）等典型汽车城市的 12～17 倍，是欧洲（伦敦和马德里）等典型公共交通城市的 4.4～5.7 倍，也比亚洲城市（如新加坡和北京等）要高。为私人机动出行服务的公共道路的长度上升缓慢：由 1999 年的 1885km 上升至 2019 年的 2127km，年增长率仅为 0.64%；其每千人公共道路长度由 1999 年的 0.284km 上升至 2010 年的 0.294km，随之大幅下降至 2019 年的 0.2835km，与 20 年前基本持平。

2005/2006 年香港与其他城市比较　　　　　　　　　　　表 11-4

城市	人口	城市密度 /（人 /hm²）	城市密度 /（人 /hm²）	人均道路长度 /m	千人汽车拥有量 / 辆	人均汽车里程 /km	人均公共交通服务里程 /km
纽约（美国）	20580795	19.2	4.7	446	8809	65.8	61.8
洛杉矶（美国）	9758886	27.6	3.5	600	12143	37.5	10.1
多伦多（加拿大）	5555912	26.9	4.7	485	5020	54.9	35.3
伦敦（英国）	7512000	58.4	2	371	4063	207.2	70.8
马德里（西班牙）	5964143	76.2	2.3	520	4114	85.8	51.2
新加坡（新加坡）	4341800	98.5	0.7	100	2054	92.2	25
北京（中国）	15380000	222.1	1	97	2726	—	5.7
香港（中国）	6857100	336.1	0.3	57	613	176.8	22.7

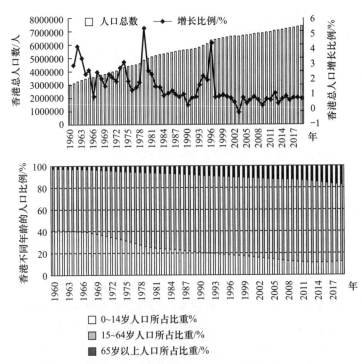

图 11-8　1960～2019 年香港总人口数及增长比重（上图）和
1960～2019 年香港不同年龄人口所占比例（下图）

以伦敦为例，虽然与香港一样具有较高的就业高峰密度，但是其居住高峰密度远远低于香港，因此具有较高的通勤需求，而香港居住与就业高峰密度的匹配促使短距离出行和公共交通及步行出行（图 11-9）较多。

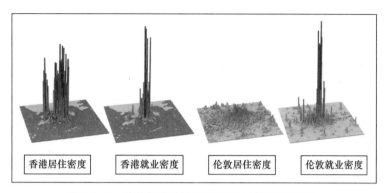

| 香港居住密度 | 香港就业密度 | 伦敦居住密度 | 伦敦就业密度 |

图 11-9　香港和伦敦的居住及就业高峰密度对比

（3）私人机动交通特征

香港是世界上汽车保有量最低的城市之一，尽管持牌的私家车数目及可供使用私家车辆相对显著增加，但使用量却在普遍减少（图 11-10）：每千人汽车拥有量自 1999 年的 76 辆增长至 2019 年的 106 辆，年增长率为 1.97%，无论是绝对值还是增长率远远小于我国内地城市，更不用说如美国、加拿大和澳大利亚等典型的汽车城市。

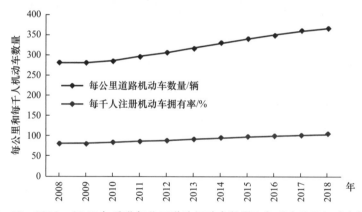

图 11-10　2008～2018 年香港每公里道路机动车数量和每千人注册机动车拥有率

（4）公共交通特征

香港公共交通体系包括港铁（MTR）、轻轨、巴士、电车和轮渡。香港铁路有限公司（港铁）于 1975 年成立，在获得政府批准的铁路沿线土地发展权后，通过铁路 + 财产（Railway + Property）的模式对地铁站附近的土地进行开发。2017 年，港铁在香港的周日平均载客量为 576 万人次；车站及列车内的广告点达 46735 个，车站商店达 1416 间，总面积达 58716m²。其居民日常出行中，公共交通（包括公交和有轨电车、轨道交通、私人公交车、出租车和轻轨）比重最高，为 48.1%；步行其次，为 44.7%，私人机动为 6%，其他为 1.2%。

香港早在 20 世纪 70 年代就引入了东南亚首个电脑化区域交通控制系统，此后，又通过安装红外摄影灯、无接触式电子智能卡系统"八达通"等促进了其城市交通系统的智能化发展。2001 年运输署发布了首份智能运输系统策略及发展计划，并在其《2015 施政报告》（ *2015 Policy Address* ）中宣布将东九龙作为试点；2017 年 12 月香港推出了《香港智慧城市蓝图》，列出了到 2022 年为期五年的六大主要领域的发展计划："智慧政府""智慧经济""智慧出行""智慧生活""智慧环境"和"智慧市民"。城市轨道交通系统是智慧和可持续城市的重要组成部分（Soni 和 Chandel，2018）。

11.5　郑州城市交通的发展趋势和特点

河南省承东启西、连南贯北，古称"天地之中"。它是全国人口大省、农业大省和粮食生产核心区，共包括 17 个地级市、1 个省直辖县级市、54 个市辖区、20 个县级市和 83 个县。其中，省会郑州包括中原区、二七区、管城回族区、金水区、上街区、惠济区、郑州经济技术开发、郑州高新技术产业开发区、郑州郑东新区、郑州航空港经济综合试验区等 10 个市辖区、巩义市、荥阳市、新密市、新郑市、登封市和中牟县等 6 个县（市）。郑州是河南省政治、经济、教育、科研、文化中心（郑州市政府，2008）、国家中心城市、中原城市群和中原经济区核心城市等。《郑州市国土空间总体规划（2020—2035 年）》确定了郑州"建设国家中心城市"的发展愿景，以及构筑"一带一路"国际开放门户、引领黄河流域发展的国家中心城市、带动区域整体崛起的中原核心引擎三个城市定位。

表 11-5 对 9 个国家中心城市和 6 个中部六省省会城市的社会经济、私人交通和公共交通等方面进行了对比。

郑州和国家主要城市对比　　　　　　　　　　　　表 11-5

	人口/万人	GDP（亿元）/全国排名	人均 GDP（元）/全国排名	汽车保有量（万辆）/全国排名	千人汽车保有量/辆	轨道交通运营线路长度（公里）/全国排名	轨道交通客运总量（万人次）/全国排名	轨道占公共交通比/%	城市群
北京	2153.6	35371.3/（2）	164220/（8）	593.4/（1）	276	799.4/（2）	229265.4/（3）	53	京津翼城市群
天津	1561.83	14104.28/（10）	90058/（56）	309/（11）	198	238.8/（13）	33875/（13）	33	
上海	2428.14	38155.32/（1）	157279/（9）	415.8/（5）	171	834.2/（1）	283469/（1）	62	长三角城市群
广州	1530.59	23628.6/（4）	156427/（11）	280.3	183	531.9/（4）	24156.1/（2）	58	珠三角城市群
重庆	3124.32	23605.77/（5）	75828/（94）	463.3/（3）	148	343.49/（8）	83975.1/（6）	27	成渝城市群
成都	1658.1	17012.65/（7）	103400/（41）	519.5/（2）	313	652/（3）	121962/（5）	50	
武汉	1108.1	16223.21/（8）	145545/（13）	336.8/（9）	304	387.5/（7）	62802.6	44	长江中游城市群
西安	1000.37	9321.19/（24）	92256/（53）	343/（8）	343	240.54/（12）	73103.8/（8）	40	关中平原城市群
郑州	1059.6	11589.7/（15）	113139/（35）	381.8/（6）	360	249.4（11）	34100.6/（12）	34	中原城市群
太原	446.19	4028.51/（57）	90421/（57）	168.37	377	23.38/（39）	88.5/（39）	0	太原城市群

	人口/万人	GDP（亿元）/全国排名	人均GDP（元）/全国排名	汽车保有量（万辆）/全国排名	千人汽车保有量/辆	轨道交通运营线路长度（公里）/全国排名	轨道交通客运总量（万人次）/全国排名	轨道占公共交通比/%	城市群
合肥	818.9	9409.4/（21）	123127/（28）	217.8/（27）	266	112.37/（21）	19507.4/（17）	30	长江中游城市群
长沙	839.45	12574.22/（12）	139877/（16）	263.8/（20）	314	159.4/（17）	38576.4/（11）	39	长江中游城市群
南昌	560.06	5596.18/（40）	100415/（44）	117	211	88.9/（23）	13593.1/（22）	30	长江中游城市群
国家中心城市合计/占全国比重	15624.65/11.08%	189012/18.60%	120.970/167.15%	3642.90	233	4277.23/53.61%	946709.6/54.01%		
中部六省省会城市合计/占全国比重	4832.3/3.43%	59421.22/5.85%	122967/169.91%	1485.57	307	1020.95/12.80%	168668.6/9.62%		

11.5.1 人口特征

河南省常住人口 2020 年为 9937 万（增长速率已经连续三年下降至 0.02%），约占全国人口比重的 7.04%，是第三大人口省份；郑州 2018 年常住人口为 1136 万，首次突破千万，成为特大城市，也超过南阳市成为河南省常住人口最多的城市。其城镇化率在 2019 年达到 74.6%，与其他中心城市和中部六省省会城市相比，仅高于成都（74.41%）和重庆（66.8%），而低于上海（88.1%）、北京（86.6%）、广州（86.46%）、合肥（85.25%）、太原（85.25%）、天津（83.48%）、武汉（80.49%）、长沙（79.56%）、南昌（75.16%）和西安（74.61%），这表明郑州具有强大的发展动力。特大城市的增长是市场化过程中集聚经济的结果，其中对土地利用规划的干预通常通过限制经济集中过程来阻碍城市增长。

河南省 65 岁及以上的人口占比由 2000 年的 6.96% 增长到 2018 年的 13.49%；郑州 65 岁及以上人口占全市常住人口的比重由 2000 年的 6.81% 波动上升至 2019 年的 11.4%，虽然在河南省各市中最低，但也已经进入老龄化社会（图 11-11）。[①] 交通是所有年龄段人口的基本需求，并且与独立性、自主性及生活质量密不可分（Carp，1988）。人口增长的放缓和人口结构老龄化的加剧，将影响出行的频率和出行方式，如非高峰期非通勤出行需求增加、无障碍乘车环境需求增加等。这也对郑州的城市交通发展提出了新要求。

11.5.2 经济特征

2020 年河南省的 GDP 为 54997.1 亿元，自 2004 年起连续 17 年排名全国第五（仅次于广东、江苏、山东和浙江）；其增速为 1.3%，全国排名第 24 位，高于北京（1.2%）等城市；全国占比自 1952 年起略有波动，2020 年达到 5.4%；其人均 GDP 水平先上升后下

[①] 按照联合国的标准：一个地区或一个国家 60 岁以上老年人口达到人口总数的 10% 或者 65 岁以上的老年人口占人口总数的 7%，这个国家就已经进入了老龄化国家；达到 14%，则为深度老龄化。

降，2020 年（55435 元）约为全国平均水平的 76.99%。

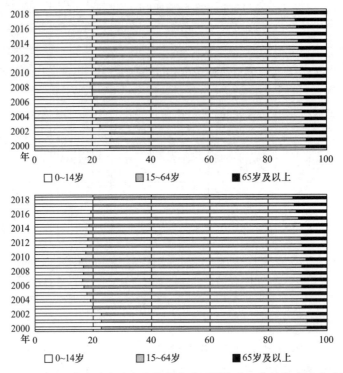

图 11-11 河南省（上图）和郑州市（下图）人口年龄构成演变 /%

郑州 GDP 于 2018 年达到 10670.1 亿元，首次突破万亿大关，是全国第十个满足人口千万和 GDP 万亿标准的地区；人均 GDP（106612 元）首次突破十万大关，但是其人口和 GDP 仅占全省的 10.56% 和 22.20%（图 11-12），远低于成都、武汉、西安等国家中心城市和 / 或中部六省省会城市，首位度较低。

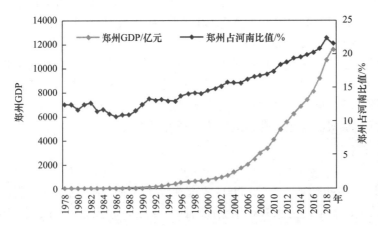

图 11-12 1978~2019 郑州 GDP 及占河南比值（左图）和
2019 年河南省各市人均（右图）

11.5.3 私人机动交通特征

2019 年底，郑州汽车的保有量增加至 381.8 万辆，与 2017 年相比增加了 40.34%，全国排名第六，是北京（593.4 万辆）的 64.34%；其汽车普及率为 2.56（即每 256 个居民拥有 100 辆汽车），全国排名第四（图 11-13）。郑州私人小汽车的保有量在 2017 年底达到了 272 万辆，是 2010 年的 4 倍；居民出行中机动化方式所占比重为 43.7%，也远高于北京出行比例的最高值（2010 年为 34.2%）；而且居民使用小汽车开展短距离出行（5km 以下）的比例过高，且一直处于增长的趋势（从 2010 年的 26% 增长到 2017 年的 36%）。

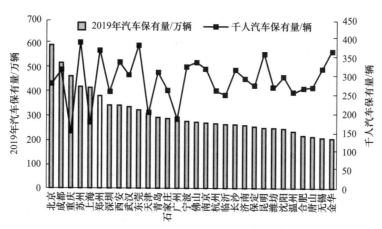

图 11-13　全国汽车保有量超 200 万辆的城市及其千人汽车保有量

11.5.4 城市公共交通特征

（1）常规公交

从 1954 年至 2019 年，郑州公共汽电车运营车辆从 13 辆增长至 26316 辆，在 65 年间增长了约 405 倍；运营线路从 5 条增长至 347 条，增长了 5.26 倍；运营线网长度从 30.5km 增长至 2022km，增长了 30.64 倍；全年客运总量从 1784 人增长至 92807 人，增长了 1425 倍，在中心地区实现了公共交通站点 500m 全覆盖（图 11-14）。

其他的国家中心城市和中部六省省会城市也具有类似的发展趋势，公共汽电车运营数量一直保持着上升趋势，特别是进入 20 世纪 90 年代，随着国家对公共交通发展的重视和城市的不断发展，其数量有着大幅增长，虽然增长速度随着私人机动化加大和轨道交通的繁荣有所下降，但截至 2019 年仅有北京出现下降；运营线网长度波动增长，其中上海进入 21 世纪以来就保持稳定；全年客运总量随着轨道交通比重的增加都出现了先上升后下降的趋势：上海（2012 年）、北京（2013 年）、广州和郑州（2014 年）、西安、合肥（2015 年）、天津、成都、南昌和太原（2016 年）、重庆（2017 年）、武汉、长沙（2018 年）分别达到了峰值（其中天津、西安、合肥出现了小幅度反弹；郑州在 2018 年小幅反弹后继续下降）。

（2）BRT

2005 年，郑州市 BRT 系统开始列入城市交通规划，2009 年 5 月 28 日郑州市首条 BRT 线路 B1 路正式运营，线路全长 31.8km，是国内城市中在市中心环线上设置的、单一

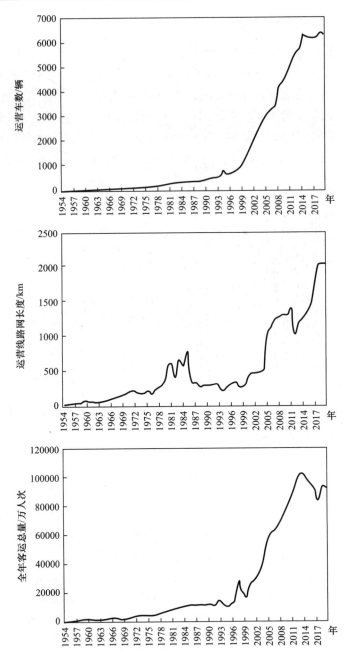

图 11-14　1954~2019 年郑州市公共汽电车运营车数（上图）、运营线路网长度（中图）和全年客运总量（下图）

线路最长的、一次性线路成网规模最大、建设周期最短的 BRT 线路。2019 年，郑州 BRT 走廊 139km、线路长度 1045km、主支线路 65 条、车辆 1800 余台，日均运送乘客 95 万余人次。

（3）轨道交通

郑州第一条轨道交通线路于 2013 年 12 月 28 日开通试运营。如图 11-15 所示，2013~2015 年郑州轨道交通系统仅有一号线开通运营，总长度为 41.2km；2016 年 2 号线开通，为 30.95km；2017 年城郊线开通，为 31.7km；2019 年建设进入爆发期，5 号线和（40.7km）和 14 号线（8.3km）开通；2020 年，3 号线（20.9km）和 4 号线（29.2km）开通。截至 2020 年底，郑州共开通地铁一号线、二号线、三号线、四号线、五号线、城郊线和 14 号线 7 条线路。

其轨道交通运营线路达 249.4km，全国占比 3.13%，排名第十一，约占亚洲的 1.86% 和全球的 0.73%；2020 年全国新增运营线路共 1233.5km，创历史新高，其中郑州为 54.7km，全国占比 4.4%，排名第八；运营线路长度和新增长度显示了郑州轨道交通较好的发展现状和强劲的发展潜力，但其客运总量却不容乐观，如与上海相比，郑州的轨道交通运营长度为其 30%，但客运总量仅为其 12%，全国占比 1.94%，排名全国第十二。

（4）无轨电车

郑州第一条电车线路 101 路在 1979 年正式运营，在 1988 年随着 104 路和 105 路的开通，一共有 5 条无轨电车线路，承担了城区将近一

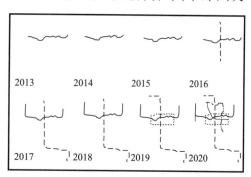

图 11-15 郑州城市轨道交通路线图

半的客流量。2010 年 1 月 3 日，郑州 5 条无轨电车全线停运（表 11-6）。2021 年 1 月 1 日，采用"双源无轨"的交通运行模式（即"动力电池 + 线网"的双源动力系统）的郑州无轨电车 B2 区间（总长 12.5km）正式开通试运营。该电车的线网可以实现边行边充从而减少充电桩的建设和维修，具有零污染和零排放等优点。

郑州无轨电车发展历史概况   表 11-6

电车线路	开通时间	现状	线网里程 /km
101 路	1979.05.01	2009 停运	12.7
102 路	1980.10.01	2009 停运	7
103 路	1984.09.01	2001 停运	10.1
104 路	1988.04.01	2010 停运	8
105 路	1988.04.01	2001 停运	

（5）出租车

郑州的出租车运营数量自 1998 年的 10737 辆波动增长至 2019 年的 10908 辆（年增长率约为 0.08%），约为北京（71517 辆）的 1/7，上海（39962 辆）（31940 辆）的 1/3，重庆（24110 辆）和广州（20222 辆）的 1/2，武汉（17797 辆）和西安（16832 辆）的 3/5，约与成都（12650 辆）和合肥（11553 辆）持平，高于太原（8292 辆）、长沙（7840 辆）和南昌（545 辆）。随着各种私人机动、轨道交通特别是以滴滴等为代表的网约车的发展，出租车所占比重一直处于下降趋势。

11.5.5 城市交通问题

在全国 113 个环保重点城市中，郑州空气质量达到及好于二级的天数只有 168 天，排名倒数第八（太原为 170 天、西安为 187 天、天津为 207 天、北京为 227 天、武汉为 249

天、成都为 251 天、广州为 294 天、重庆和上海为 295 天、南昌为 327 天），仅为排名第一（曲靖和玉溪皆为 364 天）的 46%。[①]

郑州的 $PM_{2.5}$ 年平均浓度为 $63\mu g/m^3$，排名第十（西安为 63、太原为 59、天津为 52、北京和成都为 51、武汉为 49、合肥和长沙为 48、重庆为 40、上海为 36、广州为 35、南昌为 30），是海口的 3.5 倍。其中郑州 2013 年年平均 $PM_{2.5}$ 超过 $150\mu g/m^3$，2017 年降低为 $70\mu g/m^3$，但仍然是比国家环境空气质量高出两倍。扬尘对郑州市主城区的 $PM_{2.5}$ 影响较大，其次为工业过程、燃煤、机动车等。

2020 年，我国城市公共交通（包括地面公交和地铁）与小汽车的速度比均小于 1，其中最高的北京（0.86），其次为上海（0.82）、广州（0.81）、西安（0.80）、成都（0.76）、重庆（0.75）、长沙（0.72）、天津（0.69）、武汉（0.67）、郑州（0.67）和合肥（0.67）。

11.6　全球城市交通发展对郑州的启示

城市是政府、商业和运输的枢纽，作为物质空间的城市容纳了人类的各种生产及创造性活动。2030 年全球城市人口将达到 50 亿，而城市平均扩张速度是其人口的两倍，2030 年全球城市土地覆盖面积将增加 120 万 km^2，几乎是 2000 年的三倍，全球汽车数量在 2050 年也将增至目前的三倍（Seto 等，2012）。尤其在所有发展中国家中，其增长速度是最快的。这为居民获得商品、服务和活动提供了便捷、快速和私密的方式，而且在一些国家也成为身份和社会地位的象征（Song，2012）。同时汽车行业自 19 世纪末已经成为全球经济的主要工业部门之一，它与其他行业有很强的经济联系，这也放大了其经济重要性（Mattioli 等，2020）。但基于私人车辆为城市提供交通出行的方法存在许多无法克服的缺点，因为它会对经济、环境和社会产生一系列不利后果。例如：城市蔓延式发展、通勤距离过长、交通拥堵和加剧、道路交通事故导致财产损失和伤亡、身体和心理健康的损害、能源过度消耗、环境污染和气候变化等。简而言之，它对宜居性、安全性、复原力和可持续性（这是 SDG11 的核心目标，也是《曼谷宣言》所阐明的环境可持续交通的核心）产生了负面影响。

郑州作为一个人口千万的特大城市，GDP 突破万亿、人均 GDP（106612 元，人民币）突破十万大关：人口和经济基数大且增长，私人机动车辆拥有量和使用量都处于上升阶段；但由于郑州具有中国典型的紧凑城市发展结构，因此面临着市中心过度密集、城市外围蔓延发展，从而引发严重的交通拥堵、环境污染等问题。政府应采取 TDM 措施限制私家车的使用、基于轨道交通的 TOD 发展模式：鼓励在交通节点周围和交通走廊沿线的土地混合紧凑利用，从而产生双向交通流，避免通勤潮汐交通；创建以人为本的城市中心发展，实现居民包括交通弱势群体的可达性，同时也提升当地经济发展；实现城市交通系统的电气化，减少对化石能源的需求和环境污染物的排放；实现城市交通系统共享化和智能化，为居民采取绿色出行方式和公交出行提供便利。

本章执笔人：高园

[①] 按照环境保护部发布的《环境空气质量指数（AQI）技术规定（试行）》的规定，空气质量指数分为六级：一级优、二级良、三级轻度污染、四级中度污染、五级重度污染、六级严重污染。

参考文献

Anders R. The sustainable cities movement. Cambridge: Institute for resources and security studies, 1991.

Bamwesigye, Hlavackova. Sustainability, 2019, 11(7): 2140.

Banister D. Unsustainable transport: city transport in the new century. Routledge, 2005.

Berger G, Feindt P, Rubik F, Holden E. Sustainable mobility: challenges for a complex transition. Journal environ policy plan, 2014(16): 303−320.

Bibri S E, Krogstie J. Smart sustainable cities of the future: An extensive interdisciplinary literature review. Sustain. Cities Soc, 2017(31): 183−212.

Birch E L, Wachter S M. Growing greener cities: Urban sustainability in the twenty−first century. University of Pennsylvania Press, 2008.

Carp F M. Significance of mobility for the well−being of the elderly. Transportation in an aging society: Improving mobility and safety of older persons (Vol 2). Washington, DC: National Academy Press, 1988: 1−20.

Cervero R. The transit metropolis: a global inquiry. Island press, 1998.

European Commission. A community strategy for "Sustainable Mobility", green paper on the impact of transport. on the environment; COM (1992) 46 Final. Commission of the European Communities. Brussels, Belgium, 1992.

Erling Holden, Geoffrey Gilpin, David Baniste. Sustainable mobility at thirty.Sustainability, 2019, 11(7): 1965.

Fay M, Opal C. Urbanization without growth: a not so uncommon phenomenon. World Bank working paper 2412, 2000.

Gao J, O'Neill B C. Mapping global urban land for the 21st century with data−driven simulations and shared socioeconomic pathways. Nature communications, 2020, 11(1): 1−12.

Gao Y, Kenworthy J, Newman P. Growth of a giant: a historical and current perspective on the Chinese automobile industry. World transport policy and practice, 2015, 21(2): 40−56.

Geng Hwaiyu. Internet of things and data analytics handbook. Wiley Telecom eBook, 2017.

Global BRT Data, 2021. https://brtdata.org/.

Gomez−Ibanez J A. A global view of automobile dependence. American planning association. Journal of the American planning association, 1991(57): 376−378.

Grübler A. Technology and global change. Cambridge university press, 2003.

Hall R P. Introducing the Concept of Sustainable Transportation to the US DOT through the Reauthorization of TEA−21 (Doctoral dissertation, Massachusetts Institute of Technology, Engineering Systems Division, Technology and Policy Program; and,(SM)—Massachusetts Institute of Technology, Department of Civil and Environmental Engineering).2002.

Hardin G. The tragedy of the commons: the population problem has no technical solution; it requires a fundamental extension in morality. Science, 1968, 162(3859): 1243−1248.

Institute for Transportation & Development Policy, 2019. https://www.itdp.org/library/standards−and−guides/the−bus−rapid−transit−standard/.

International Energy Agency. Share of total final consumption (TFC) by Sector—World 2016. 2018. https://www.iea.org/statistics/?country=WORLD&year=2016&category=Energy consumption&indicator=T

FCShareBySector&mode=chart&dataTable=BALANCES.

Jepson E J, Jr. Sustainability and planning: Diverse concepts and close associations. J Plan Lit, 2001(15): 499−510.

Köhler J. Globalization and sustainable development: case study on international transport and sustainable development. J. Environ. Develop, 2013(23): 66−100.

Lave C. Cars and demographics. Access magazine, 1992, 1(1): 4−10.

Litman T, Burwell D. Issues in sustainable transportation. International journal of global environmental issues, 2006, 6(4): 331−347.

Littig B, Griessler E. Social sustainability: a catchword between political pragmatism and social theory. International journal of sustainable development, 2005, 8(1−2): 65−79.

Marsal−Llacuna, M.−L. City indicators on social sustainability as standardization technologies for smarter (citizen−centered) governance of cities. Soc Indic Res, 2016(128): 1193−1216.

Mattioli G, Roberts C, Steinberger J K, Brown A. The political economy of car dependence: A systems of provision approach. Energy research & social science, 2020(66): 101486.

Meadows D H, Meadows D L, Randers J, Behrens W W. The limits to growth, 1972.

McHarg I L. Design with nature. New York: American museum of natural history, 1969.

Newman P, Kenworthy J. Sustainability and cities: overcoming automobile dependence. Island press, 1999.

Newman P, Kenworthy J. The end of automobile dependence. Island Press, Washington, DC, 2015.

Organisation for Economic Co−Operation and Development. Global material resources outlook to 2060. 2019. http://www.oecd.org/environment/global−material−resources−outlook−to−2060−9789264307452−en.htm.

Pourbaix J. Towards a smart future for cities: Urban transport scenarios for 2025. Public transport international, 2011, 60(3).

Puentes R, Tomer A. The road⋯ less traveled: An analysis of vehicle miles traveled trends in the US.2008.

Rees W, Wackernagel M. Urban ecological footprints: why cities cannot be sustainable and why they are a key to sustainability. Urban Ecology. Springer, Boston, MA, 2008: 537−555.

Root A, Schintler L, Button K. Women and travel: the sustainability implications of changing roles. Social change and sustainable transport; Black, W.R., Nijkamp, P., Eds.; Indiana University Press: Bloomington, IN, USA, 2002: 149−156.

Sassen S. Cities in the global economy. Handbook of urban studies, 2001: 256−272.

Townsend A M. Smart cities: big data, civic hackers, and the quest for a new Utopia. New York: WW Norton & Company, 2013.

Uckelmann Dieter, Harrison Mark, Michahelles Florian. Architecting the Internet of Things. New York: Springer, 2011.

United Nations. The Future We Want. New York, 2013.

United States Census Bureau. Populations estimates. Retrieved December 12, 2006. http://www.census.gov/popest/estimates.php.

UITP, 2019. https://www.uitp.org/news/public−transport−trends−report−2019−a−global−view−on−a−redefined−sector/.

Weinstein M P. Sustainability science: the emerging paradigm and the ecology of cities.2010.

Williams A. System innovation in the automotive industry: achieving sustainability through micro-factory retailing. Routledge: the business of sustainable mobility, 2017: 80-91.

World Commission on Environment and Development. Our Common Future. Oxford University Press: Oxford, UK, 1987.

World Health Organization. Road Traffic Injuries. 2018. https://www.who.int/news-room/fact-sheets/detail/road-traffic-injuries.

Wright L. Bus rapid transit: a review of recent advances. Urban transport in the developing world, 2011.

2006 年 12 月 14 日《大河报》披露 32 年前郑州曾兴建 "7401 工程"，引起市民关注，有人提出——"7401 工程"能否效力新地铁？［N］.［2014-01-03］.

大河网，2020.https://news.dahe.cn/2020/12-21/777004.html .

丁成日，郭建国. 公共交通与城市发展［M］. 郑州：郑州大学出版社，2018.

河南省人民政府，2018. http://www.henan.gov.cn/2006/09-08/231049.html.

双源无轨和纯电动公交车. 北京市人民代表大会常务委员会网，2019-12-19.https://baike.baidu.com/reference/19836763/d9b9SmDNbVlJg8ByJD-FbZNzdWQwQzRoPTCPuDYYGPHwSaQ3eafQV6Mb6D_C7CdIa7mpvq_uivVpNTxLbK6N9lFZO7gBqaqacV0RrS2VzJEVy2gIYJvPqUJ1OT18ggw.

国家统计局，2020. https://data.stats.gov.cn/search.htm?s=%E7%A7%81%E4%BA%BA%E6%B1%BD%E8%BD%A6%E6%8B%A5%E6%9C%89%E9%87%8F.

国家统计局，2021. https://data.stats.gov.cn/search.htm?s=%E5%9F%8E%E5%B8%82%E5%8C%96.

联合国，2016. Mobilizing Sustainable Transport for Development.

联合国，2015. *Transforming Our World: The 2030 Agenda for Sustainable Development. Resolution Adopted by the General Assembly on 25 September 2015, A/RES/70/1*; United Nations General Assembly: New York, NY, USA, 2015.

联合国，2019. The World Cities in 2018.

联合国，2021. https://ourworldindata.org/urbanization.

联合国环境署，2011. Decoupling natural resource use and environmental impacts from economic growth.

中国住房和城乡建设部. 2019 年中国城市建设统计年鉴. http://www.mohurd.gov.cn/xytj/tjzljsxytjgb/jstjnj/.

中华人民共和国民政部，2021. http://www.mca.gov.cn/article/sj/xzqh/1980/.

郑州市人民政府组织编制. 郑州市城市总体规划（2009—2020 年）［Z］.

郑州市公共交通总公司. 郑州快速公交系统发展实践. 中国快速公交系统发展实践汇编（2005-2015）［D］.

郑州市生态环境局. 郑州市环境质量状况公报 2011-2020［R］.

第十二章 郑州市城市空间发展

优化城市空间结构，提升城市功能，促进资源集约高效利用，以及满足人民群众对美好生活的向往，是高质量发展的重要内容。同时，城市空间结构影响城市劳动力市场和城市交易成本，进而影响城市效率和城市竞争力。城市空间结构还与交通拥堵、环境污染、能源消耗、碳排放等重要城市议题相关。为此，本章对郑州市城市空间发展进行讨论，以促进形成高质量发展的城市空间模式。

城市如何增长才能以最小的代价（土地、资本、环境等），获取最大的效益，是城市空间政策的核心议题，本章主要从理论阐释、现状分析、模式建议和措施保障四个方面进行讨论。理论阐释讨论了城市空间结构、城市空间结构与城市交通、精明增长（Smart Growth）以及公交导向型发展（TOD）。在世界各地寻求城市可持续发展的努力中，精明增长和TOD在理论和实践中皆受到了广泛的推崇。精明增长倡导保护农田、紧凑发展、促进公交与步行等。TOD为城市建设提供了一种交通与土地利用有机结合的发展模式，它能够改善交通拥堵、高效配置资源以及促进形成有活力的城市中心，已经成为解决高密度城市发展规划问题的首选模式。然而，精明增长与TOD皆来源于西方城市的实践和理论探索，中国城市与西方城市在城市密度、土地混合利用、城市功能构成等方面存在较大的差异，它们需要与中国城市发展的实际情况相结合，并有完善的保障措施，才能够引导中国城市更好地发展。本章针对这些问题分别讨论。

12.1 城市空间结构与城市高质量发展

12.1.1 城市空间结构

城市空间结构主要反映在三个方面：土地利用类型、土地利用强度和就业密度分布。

（1）城市土地利用类型

城市土地利用类型一般分为以下几大类：居住用地、公共管理与公共服务设施用地、商业服务业设施用地、工业用地、公用设施用地、道路与交通设施用地、绿地和开放空间等。这里主要分析居住用地、商业服务业设施用地、工业用地等深受市场力量驱动和影响的土地利用类型。城市土地利用类型的分析主要包括不同城市土地利用类型的空间分布和组合方式（土地混合利用）。

（2）土地利用强度

城市土地利用强度反映的是土地资源利用的强度，通常用以下几个指标进行衡量：人口密度、就业密度、资本密度、容积率、建筑密度、建筑高度等。人口密度和就业密度从城市经济活动强度反映土地利用强度，容积率、建筑密度和建筑高度从物质形态反映土地利用强度。资本密度是单位土地面积上的资本投资总额，它是衡量城市土地资源和资本资源配置效率的重要指标。资本密度与容积率、建筑密度、建筑高度成正相关关系，建筑密集的地方人口密度或就业密度高（这取决于建筑功能）。由于无法得到土地开发投入的资金资料，也就无法计算资本密度，因而常用其他几个指标来度量土地利用强度。

（3）就业密度分布

根据就业空间分布，城市空间结构大致可以分为三种类型：单中心模式、多中心模式和单中心—多中心模式。单中心模式是城市在空间上有一个就业高度集中的区域。多中心模式是城市有多个规模相差不大的就业中心。单中心—多中心模式的特征是有一个相对强大的主要城市中心，这个中心之外有多个相对小的次中心。

12.1.2　城市空间结构与城市竞争力

城市竞争力包括经济、自然与基础设施、人力资源和制度四大要素（Word Bank，1993），其中经济发展会促进政府对基础设施、教育等公共服务的投资，并有助于改善社会、政治、法律以及行政管理等方面的公平性和效率，为此，经济因素是最重要的要素之一。城市经济竞争力可以用经济生产率来度量，也可以从要素资源的效率来反映，一个经济生产率很有竞争力的城市应该同时是劳动力资源、土地资源和资本资源都得到最大限度利用的城市（丁成日，2004）。此外，城市基础设施建设直接或间接地影响城市生产和生活。因此，城市空间结构通过城市资源（土地、资本和劳动力）、城市基础设施、公共财政等方面的效率影响城市竞争力（图 12-1）。有效率的城市空间结构应该具有以下特征：

> **城市空间结构与城市竞争力**
>
> 城市空间结构通过城市资源、城市基础设施、公共财政等方面的效率与公平影响城市竞争力，具体地：
> - 城市土地利用效率的准则是，土地资源和资本资源皆根据土地价格得到最优配置；
> - 有效率的城市空间结构应该保持城市劳动力市场的统一和整合，并能够促进人与人面对面的交往，从而提高劳动生产率；
> - 有效率的城市空间结构应促进基础设施投资与利用的高效率，以及减少交通成本；
> - 城市空间利用会产生外部效应，合理的功能分区会减小负外部效应，并充分利用其正外部效应。

（1）土地利用充分反映土地价格

有效率的城市空间结构的特点：城市土地价格是形成、影响和主导城市土地利用的驱动力量，城市土地利用（类型和强度）与土地价格表现为正相关关系，从而使土地资源和资本资源皆根据土地价格得到最优配置，实现最大化的利用。其具体表现形式为：高附加值的经济活动类型（如商业、办公、研发等）占据土地价格高的区位，低附加值的经济活动类型占据土地价格低的区位，高强度的土地利用类型占据土地价格高的区位，而低强度的土地利用类型占据土地价格低的区位。需要指出的是，高土地利用强度并不一定意味着高土地利用效率，当然低土地利用强度也并不意味着低土地利用效率，当土地利用强度与土地价格匹配时，才会产生高土地利用效率。

（2）促进形成大且整合的劳动力市场和高密度的就业分布

城市空间集聚效应的具体体现之一是劳动力市场的规模和整合（Gabe，2004；丁成日和 Kellie，2005）。有规模和统一的劳动力市场，一方面有利于企业，另一方面有利于就业者。这是因为大且统一的劳动力市场有利于企业雇用所需的劳动力，同时又可以相对

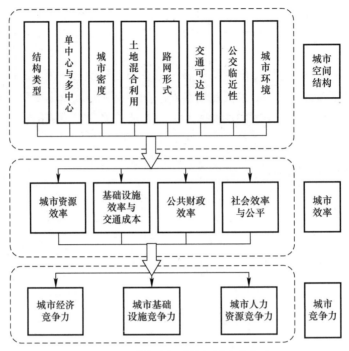

图 12-1 城市空间结构与城市竞争力

廉价地解雇雇员——之所以廉价是因为雇员在大的劳动力市场中更容易重新找到与其相匹配的工作。因此，有效率的城市空间结构应该保持城市劳动力市场的统一和整合，使就业机会与人口分布相匹配，使城市所有的就业机会向所有的劳动人口开放，使劳动力具有自由流动性，以充分发挥劳动力资源。

集聚的劳动力能够促进人与人面对面的交往，从而提高劳动生产率，尤其是对于高科技产业（Elmslie 和 Sedgley，2004）。奇科内和霍尔（Ciccone 和 Hall，1996）发现就业密度增加一倍会提高 6% 的劳动生产率和 4% 的全要素生产率，比森（Beeson，1987）发现人口密度与技术变化呈正相关。这是因为面对面交往不仅是各种合作交流的必要条件，而且是思想、文化和科技等方面创新与推广的必要条件。因此，城市需要发展高就业密度和高开发强度的城市中心，以及避免分散化、破碎化的城市空间增长。

（3）高效的基础设施投资与利用

有效率的城市空间结构将减少不必要的交通和基础设施成本，提高基础设施的利用效率，以及促进采用最有效的基础设施投资。低效率的城市空间结构则正好相反，比如分散式发展，一方面需要政府投入更多的资金来建设基础设施——这会降低政府的财政效率并影响城市公共服务水平（Richardson，2002），另一方面也增加了居民的交通成本（时间和资金）。这种空间模式还不利于公共交通的使用和发展，将使居民更加依赖小汽车。

（4）减小城市空间利用的负外部效应，充分利用其正外部效应

城市空间利用的外部效应，既可能表现为负外部效应，也可能表现为正外部效应。比如，工业用地对居住用地具有负外部效应，餐饮和娱乐同样会对居住产生负外部效应，而交通设施和公益性公共服务设施则会对居住产生正外部效应。因此，有效率的城市空间结构应该减小城市空间利用的负外部效应，并充分利用其正外部效应，而低效率的空间结构

则会放大不相容的土地用途类型之间的负外部效应。

12.1.3 城市空间结构的影响因素

城市空间结构由七大因子共同决定：市场力量、城市规划、土地法规、城市基础设施投资、城市土地开发的融资机制、房地产税和私有经济。市场力量主导城市土地开发和使用。城市规划和土地法规约束城市土地开发和使用的类型与强度。城市基础设施投资可以改变区位的交通条件，从而提高周边的土地价格，进而促进土地开发和利用。私有经济成分和土地开发的融资机制直接或间接地影响城市土地开发的资本投入量，因而影响土地的开发强度。上述七大因子可以分为市场因素和政府管理两类，其对城市空间结构的影响具体表现为：

（1）市场因素对城市空间结构的影响

市场因素对城市空间结构的影响主要体现在以下四个方面：第一，对土地利用类型的影响。土地地租是在土地上从事经济活动的残差。劳动生产率决定土地地租曲线的截距，对交通的依赖程度决定土地地租曲线的斜率。由于不同的土地利用类型有不同的劳动生产率，以及对交通不同程度的依赖，因此不同的土地利用类型有不同的土地地租曲线（杜能，2011）。市场原则是土地出租给最高的竞标者，结果是不同土地利用类型具有不同的区位选择。这导致城市土地利用呈现圈层结构，即内圈层为商业用地，向外依次为居住、工业和农业用地。这种环状分布是极端的情形，现实中基本不存在，因为该模式是基于城市空间效用和交通成本无差别等严格的前提假设，尽管如此，该圈层模式所揭示的一般规律在很多城市都有所体现。

第二，对土地利用强度的影响。土地开发需要两个要素投入：资本和土地。在市场经济条件下这两个要素投入具有相互可替代性，土地开发商根据土地与资本的相对价格，来选择最优的土地投入量和资本投入量，以追求利润最大化。假设其他因子不变，当地价上升时，资本变得相对便宜，开发商就会增加资本使用量，减少土地使用量，这样就提高了建筑密度和资本密度。反之，当地价相对便宜时，资本变得相对昂贵，开发商就会增加土地使用量，减少资本使用量，这样就降低了建筑密度和资本密度。因此，市场条件下土地利用类型、强度与土地价格表现为正相关关系（丁成日，2009）。

由于城市中心地价较高，因此建筑密度高，而城市边缘地价较低，建筑密度和资本密度都小。这就使得人口密度、就业密度和资本密度都具有显著的空间递减规律，即随距城市中心距离的增加而下降。需要指出的是，有些城市可能不止有一个人口密度峰值。此外，城市中心可能不是人口密度最高的地方，人口密度自中心向外首先增长而后衰减，这主要是由于城市中心为商业活动中心，或区域内的历史建筑保护、现有房屋保留等原因造成的。

第三，对就业分布的影响。市场因素通过影响土地利用类型和强度，进而影响城市就业分布。对纽约、洛杉矶、东京等城市就业密度空间分布的分析表明（丁成日，2007）：第一，就业密度是空间递减的；第二，就业分布比人口分布紧凑得多，即就业分布更加集聚；第三，就业密度的最高值远大于人口密度的最高值，这意味着就业密度空间递减的速率远大于人口密度空间递减的速率；第四，就业密度最高值与人口密度最高值在空间上不一定重合，就业密度与人口密度的空间分布可能呈现相当大的差别。

城市土地价格与土地利用

城市土地价格和建筑面积价格是形成、影响和主导城市空间结构动态变化的驱动力量，市场条件下判断城市土地利用效率高低的准则是，城市土地利用是否采用"最高和最好"原则来决定土地利用类型和强度。

第四，对城市空间发展的影响。劳动生产率和交通是影响土地地租曲线的两个重要指标。因此，随着劳动生产率的提高和交通技术的发展，土地地租曲线会发生变化，而技术进步和经济发展往往对不同土地利用类型的影响是不同的，为此不同土地利用类型的地租曲线将发生不成比例的变化，这意味着土地利用圈层结构的重组。

需要指出的是，土地开发和再开发都是有条件的。当开发后的土地收益不小于开发前的土地收益与土地开发成本之和时，土地开发才会发生。相应地，当再开发后的土地收益不小于再开发前的土地收益与土地再开发成本（包括拆迁安置等）之和时，土地才会被再开发。

（2）政府管理对城市空间结构的影响

城市规划、土地法规、城市基础设施投资等皆是通过政府管理的方式对城市空间结构产生影响。基础设施对城市空间结构的影响详见本节随后"城市空间结构与城市交通"部分的讨论。土地法规通过制定耕地保护、生态绿地保护、城镇开发边界等方面的法律和规定，约束城市空间供给，并通过制定投资强度、容积率、绿地率等方面的具体指标要求，控制土地开发模式，从而在宏观和微观不同层面影响城市空间结构。城市规划是政府对资源和设施进行宏观调控的重要手段，其对城市空间结构的影响主要体现在以下四个方面：第一，制定城市空间发展模式；第二，选择合适的城市空间形态，包括单中心与多中心、指状结构、环形＋放射形结构、多组团结构、卫星城等不同类型；第三，制定功能分区；第四，制定土地开发控制指标，如建筑密度、建筑高度、容积率、绿地率、建筑退界距离等，控制土地开发。

市场与政府干预

由于市场失灵，需要政府干预。然而，必须让市场在资源配置中起到基础作用，政府干预只能是补充市场机制。

- 政府干预主要包括：纠正外部性、提供公共品、对财富和收入进行再分配等；
- 政府干预的有效方式是，让市场决定城市空间发展，通过制定城市政策和城市管理手段，来影响城市空间发展；
- 政府干预不仅要充分把握市场发展趋势，也要预测其对市场的影响；
- 政府干预应该强调对市场和城市发展的监控，根据城市发展调整政府干预措施。

（3）市场调节与政府干预

促使城市资源利用效率最高和城市交易成本最小是城市空间发展的核心内容，实现这些目标需要充分发挥市场力量对城市资源配置的强大作用。然而，市场也存在失灵的情况，市场失灵主要有三个原因：垄断、外部效应和公共产品（丁成日等，2009）。垄断导致垄断价格，使市场呈现高价格、低供给。土地利用的外部性导致个人边际成本与社会边际成本不相等，负外部性导致个人边际成本小于社会边际成本，正外部性导致生产者得不到应有的效益补偿。以利润最大化为目标的企业无法提供充足的公共产品。这些因素导致市场不能取得最优的资源配置，这就需要适当的政府干预。

考虑到政府干预有自身的缺陷，必须让市场在资源配置中起到基础作用，政府干预只能是补充市场机制，而不是取代市场。为此，首先，市场体制下城市空间发展政府干预的核心应该是专注于那些市场本身不足以运作、个人努力不足以产生效果的领域，主要包括：纠正外部性、提供公共品、对财富和收入进行再分配等。其次，城市空间发展政府干预的有效方式是，让市场决定城市空间发展，通过制定城市政策和城市管理手段，来影响或改变城市空间发展的影响因素，进而影响城市空间发展。再则，政府干预应基于市场运作的基础，不应凌驾于市场之上。政府干预不仅要充分了解和把握市场发展趋势，也要分析和预测其对市场的影响，以及这种影响可能对城市空间发展造成的更进一步的影响等。此外，基于市场和城市未来的不确定性，政府干预应该强调对市场和城市发展的监控，根据城市发展调整政府干预措施。

12.1.4　城市空间结构与城市交通

城市空间结构与城市交通有着复杂且紧密的关系。一方面，城市交通通过影响土地价格，进而深刻地影响着城市土地利用和城市发展。另一方面，土地利用是城市交通产生之源，因而城市空间结构决定了城市交通出行需求及其时空分布，进一步对交通设施提出要求。

（1）城市交通对城市空间结构的影响

城市交通对城市空间结构的影响主要通过交通可达性实现。根据城市经济学，交通成本高的地方，土地价格低；反之，交通成本低的地方，土地价格高。交通可达性通过影响城市交通成本而影响城市土地价格，从而影响城市空间结构。此外，不同的土地利用类型要求城市交通系统提供不同的交通可达性。例如，制造业和物流业对货运交通的运输容量和能力要求较高，因而往往靠近高速公路和对外交通枢纽；而以人为本的活动，如商业、公共服务、居住等，则往往集聚在公共交通汇集的地方。因而，城市交通设施的可达性决定城市土地是如何开发的，并对未来的城市土地利用决策产生影响。需要指出的是，城市交通投资、交通技术和生产技术的发展会降低土地利用对交通的依赖性，也会改善区域的交通可达性，以及改变不同区域间的相对交通可达性（Bento等，2003），通过土地价格对城市土地利用的作用，带来城市空间结构的重整。

（2）城市空间结构对城市交通的影响

城市空间结构对城市交通行为的影响主要体现在城市密度、土地混合使用、路网密度和路网连通性、就业可达性、公交临近性以及单中心与多中心等6个方面的影响上。此外，微观层面的城市空间因子，如停车场、步行系统、绿化景观、开敞空间等也会对城市交通行为产生影响（Cervero和Kockelman，1997；曹坤梓等，2019）。值得注意的是：

第一，城市密度不仅直接影响交通，还会影响区域公共服务设施的供应，从而对土地混合使用产生影响，同时，高密度

> **城市空间结构与城市交通**
>
> 城市空间结构与城市交通相互影响：
> - 城市交通通过改变区域交通可达性而对土地价格产生影响，进而深刻地影响着城市土地利用和城市发展；
> - 城市空间结构通过密度、土地混合使用、路网设计、就业可达性、公交临近性等因素影响城市交通行为。提高城市密度、土地混合使用、路网密度和路网连通性、就业可达性、公交临近性以及城市步行环境质量，能够减少开车及促进公交、步行与非机动出行。

为城市公交发展提供保障，只有高密度的城市空间才能为城市公交发展提供大且稳定的客源。

第二，人口密度与交通拥堵具有显著的正相关性，即城市密度越高，城市交通拥堵也越严重。但是，高密度所产生的是有序和便于管理的交通流，可以通过交通政策进行调控。

第三，微观上的土地混合使用会将一部分城市交通需求内部化，如减少出行需求、改变出行方式等，但是宏观上，混合用地的零散分布很可能产生大量混乱而随机的交通流，从而增加交通需求及交通管理成本（Naess，1996；丁成日，2010）。需要指出的是，社区生活层面的土地混合使用，即居住用地与商业、服务设施用地的混合使用，能够在较短的距离内满足居民的生活需求，从而减少交通需求。

土地混合使用与城市交通

微观上的土地混合使用会将一部分城市交通需求内部化，而宏观上混合用地的零散均匀分布很可能产生大量混乱而随机的交通流，从而增加交通需求及交通管理成本。

第四，由于出行模式具有相互替代性，科克尔曼（Kockelman，1997）指出公交出行与开车就业可达性呈负相关，只有公交就业可达性高于开车就业可达性时，人们才会选择公交出行，否则，居民就会开车。因此，提高公交站附近城市节点的就业与公共活动密度，更有助于公交出行。

第五，汉迪（Handy，2005）指出城市空间结构对交通行为的影响是双向的，改变城市空间结构会提高可达性，这会带来两种效应：降低各种出行模式的相对成本和提高出行购买力，前者会促进公交与步行出行，而后者会增加交通出行，城市空间结构对交通行为的净影响取决于各地的具体情况。弗兰克（Frank，2008）、查特曼（Chatman，2008）等学者发现实施交通需求管理的区域，城市空间结构对城市交通行为的影响更大。

单中心城市的交通流呈放射状，虽然越靠近城市中心交通越拥堵，但是这种交通流最显著的特征是空间有序，形成明显的"潮汐式"交通。这有利于组织城市公共交通，特别是城市与郊区之间的轨道交通。与之相对的，有学者认为多中心城市空间结构可以通过分散就业和在次中心区域内实现职住平衡使就业与居住更近，从而减轻中心区的交通压力，并降低总的交通需求。但理论和实证研究表明，多中心城市空间结构并不一定能够减少城市交通需要，反而有可能增加交通需要。麦克米兰（McMillen，2003）、瑟夫洛和吴（Cervero 和 Wu，1998）等学者的研究表明，随着就业次中心数量、规模的增加，就业人员的平均通勤量增加、公交出行比例降低，且独自驾车上班的比例上升。这主要是由于城市是一个统一的劳动力市场，多中心城市中居民可以在任何一个中心就业，而且居民往往愿意为了获得更好的工作而通勤得更远，结果是城市交通流变得无序，这不利于城市公交的发展。对于特大城市而言，由于城市规模过大，单中心模式将使市中心的交通拥堵问题凸显。伯托（Bertaud，2003）通过国际城市的比较研究，认为 500 万人口以内的都市以单中心为最佳，超过 500 万人口的城市以多中心为最佳。

12.1.5 公交导向型发展（TOD）

城市公交被普遍认为是应对交通拥堵并实现城市高质量发展的治本之策。发展城市公交不仅需要提供便捷的公共交通以减少出行对小汽车的依赖，还需要充分发挥土地利用对公交出行的正向影响，通过整合土地利用和公共交通，促进居民公交出行。在世界各地寻求可持续公交和城市发展的努力中，公交导向型发展（TOD）受到了广泛的推崇。

TOD 着重于站点周围用地与公交的一体化发展，它的基本思路是，围绕公交车站尤其是城市轨道交通车站，在站点周边 5～10min 步行距离内建设人口密集、多功能混合、适宜步行和自行车的城市节点。在区域范围内多个这样的城市节点沿公交线路构成网络，形成以公共交通系统为骨架的"节点＋走廊"式的城市结构（图 12-2）。这种发展模式一方面可以最充分地利用公交提供的可达性优势；另一方面，站点步行距离内的高密度开发又可以为公交提供稳定的客源，从而实现土地利用与公交发展之间的相互促进。

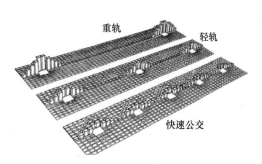

图 12-2　TOD"节点＋走廊"式的城市空间结构
（来源：丁成日、郭建国，2018）

TOD 为公交站点周围 600m 内的各种城市土地利用制订了一套详尽而具体的准则（卡尔索普，2009）：站点 200m 以内为核心区，以商业和公共服务为主；站点 200～400m 范围内为复合开发区，主要布置办公、开敞空间和居住等；站点 400～600m 范围内以各种形式的居住为主（图 12-3）。由此可见，TOD 城市节点是一个包含商业、办公、公共服务、开敞空间、多种类型的住宅及生活配套设施等内容的功能复合、适宜步行的紧凑社区。根据站点及区位的差异，TOD 模式分为两种类型：城市型 TOD 和邻里型 TOD，两者在用地类型及其混合比例、密度、与公交的关系等方面均有所区别，但每一种类型都是功能混合和步行友好的空间单元。

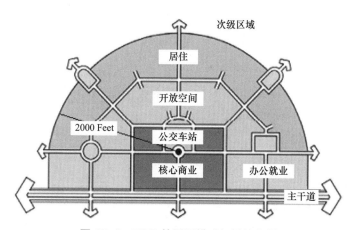

图 12-3　TOD 的圈层模式与用地布局
（来源：卡尔索普，2009）

国际实践总结出 TOD 发展模式成功的 10 个前提（丁成日、郭建国，2018）：① 紧凑和高密度发展；② 推动混合的土地利用模式，实现居住、就业、购物与服务的最优平衡；③ 道路高连通性和高可达性；④ 友好和便利的步行和自行车环境；⑤ 丰富多样的公共空间；⑥ 高就业可达性和就业的多样性；⑦ 高质量的公交服务；⑧ 有特色的城市设计；⑨ 城市财政和政策支持，包括对城市公交和 TOD 街区开发的财政支持，以及对公交导向土地开发的激励性的城市土地管理政策；⑩ 公众的支持和市场需求的存在。

12.2　郑州市城市空间发展概况及存在问题

2000 年以来，随着城市人口和经济的快速增长，郑州市的城市空间也在迅速扩张。2000 年，郑州市建成区面积为 133.2km²，2018 年增长到 543.9km²。近二十年间，城市建成区面积增长了两倍多，"一主一城三区四组团"的城市空间格局正在逐步形成。

12.2.1　城市空间发展现状

（1）城市空间发展理念的转变

《郑州市城市总体规划（2010—2020）》确定的城镇空间结构为"一心四城、两轴一带"，其中，"一心"包括中心城区及三个外围组团（郑汴—中牟组团、航空港组团和上街—荥阳组团），是郑州市城市空间发展的主体；"四城"指巩义、新郑、新密和登封四个中等城市。

受航空港经济综合实验区建设上升为国家战略的影响，市域空间结构逐步向《郑州都市区总体规划（2012—2030）》确定的"一主一城三区四组团"转变，其中，"一主"指郑州主城区；"一城"指以郑州航空港经济综合实验区为主体的航空城；"三区"分别指由白沙组团、九龙组团、绿博组团、中牟组成的东部新城区，由荥阳、上街组成的西部新城区，由龙湖镇、曲梁组团组成的南部新城区；"四组团"指巩义、登封、新密、新郑四个外围组团（图 12-4）。

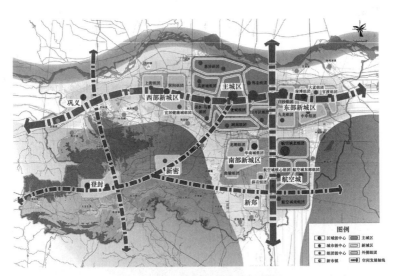

图 12-4　郑州都市区空间结构图

［来源：郑州都市区总体规划（2012-2030）］

根据《郑州建设国家中心城市行动纲要（2017—2035）》，郑州市将按照"东强、南动、西美、北静、中优、外联"的城市发展理念来优化城市功能布局。城市发展将坚持组团式发展，以快速便捷的立体交通为纽带，以大型绿地和生态为阻隔，建设"双城引领、三绿融合、三轴交汇、多极联动"的空间形态，加快形成组团式、多中心、网络化的空间结构，构建紧凑集约、资源要素配置合理的城市格局，推动生产、生活、生态的融合。

（2）城市空间沿主要交通干线蔓延式发展，组团间的生态空间受到蚕食

2010 年以前，郑州市城市空间形态是比较紧凑的，空间扩展主要集中在三环以内。2010 年以后，中心城区周边的小城镇与城市新区受城区功能外溢的影响，建设用地快速增长，城市建设空间开始向主城区外围快速蔓延，空间发展表现出多样和分散的特点。在此过程中，一方面，新增城镇建设空间跨越三环路沿郑开大道、商都路、陇海路、中原路、建设路等城市主要交通干线在主城区外围呈轴带式发展。另一方面，各城市组团以及主城区各片区的城市建设空间不断向周围蔓延，以及组团、片区间的填充式发展，导致城市总体规划中预留的组团间的生态绿地受到不同程度的蚕食，其中，高新区片区、惠济片区、须水片区与老城区已呈连片发展，南部的港区和新郑组团也已连接成片，外围城市空间发展呈现与中心城区连片蔓延的趋势（图 12-5）。

2011 2015 2019

图 12-5　郑州市中心城区布局结构图

（3）城市人口快速增长，并保持着较高的人口密度

2008 年底，市区常住人口 326.5 万人，2018 年底为 522.5 万人，增加 196 万人，年均增速约为 4.8%，该增速在直辖市及省会城市中位居第 8 位。城市人口增长较快，但存在较大的空间差异。老城区人口增长缓慢，金水区甚至出现负增长；惠济区由于受到城市发展政策的控制，人口增长较慢；其他外围新区人口快速增长，其中，郑东新区和港区已经与中原区和二七区人口规模相当，城市人口空间分布呈现新老城区协同发展的多片区趋势。

在城市空间和人口增长的过程中，2008 年以来，郑州市建成区人口密度呈现先上升而后下降的态势，2008 年的人口密度为 10920 人 /km²；2015 年最高，为 15055 人 /km²；2018 年为 10937 人 /km²，与 2008 年的人口密度基本相同（图 12-6）。此外，三环以内的老城区一直保持着较高的人口密度，超过 2 万人 /km²，对城市安全、环境品质和公共服务均带来挑战。

（4）都市区城市空间增长主要集中在东、南两个方向，主城区则是东部增长最快

2008 年以来，郑州都市区的新增城市建设用地主要集中在建设条件较好、政策影响明显的东、南两个方向，其次为西部，北部城市空间增长较少。东部郑汴—中牟组团是河南省"郑汴一体化"发展的核心区域，城镇建设活动最为活跃，至 2018 年城镇建设用地

图 12-6　2008～2018 年郑州市建成区面积与人口密度图

为 126.7km², 年平均增速为 9.8km²。南部航空港组团受航空港经济综合实验区国家战略的实施影响, 年平均增速达到 8.8km²。西部发展主要依靠自身动力, 且受山地丘陵地形条件的约束, 年平均增速仅为 1.8km²。北部受黄河及生态保护的约束, 建设用地扩张较为缓慢。

主城区内各片区的城市空间发展同样存在较大差异。2008 年至 2018 年, 主城区东部的城市空间增长最活跃, 约 75% 的主城区新增建设用地集中在这一区域, 西部也有较快的空间增长, 南部、北部和老城区的城市空间增长较少, 新增建设用地占主城区新增建设用地的比重均在 5% 以下 (表 12-1)。

中心城区各片区发展规模 (单位: km²)　　　　　　　　　表 12-1

方向	片区名称	2008 年	2018 年	增量	增量占比 / %
老城	老城区	126.4	130.41	4.01	4.6
北部	惠济片区	13.37	15.12	1.75	2.01
	北部片区	18.45	19.75	1.3	1.49
西部	高新片区	31.56	41.47	9.91	11.38
	须水片区	10.6	11.53	0.93	1.07
东部	郑东新区	42.92	94.61	51.69	59.33
	经开片区	17.92	31.67	13.75	15.78
南部	南部片区	14.88	18.66	3.78	4.34
小计		276.1	363.22	87.12	100

来源: 郑州市城市总体规划 (2010-2020 年) 实施评估报告。

（5）多级、多中心格局初步形成

郑州市主城区城市中心结构为"区域-城市-片区"三级结构体系。2008 年以来, 各城市中心快速发展, 就业与服务功能明显提升, 初步形成了多级、多中心的网络状城市中心结构体系 (图 12-7)。具体地:

区域中心 (主中心) 包括 3 个: ①郑东新区 CBD, 发展定位为以金融博览、会展咨询为核心, 服务于河南省和中部地区的生产性服务中心。目前, 郑东新区 CBD 已建设完成, 但以商务办公为主, 功能单一, 中心能级和发育成熟度有待进一步提高。②二七商业

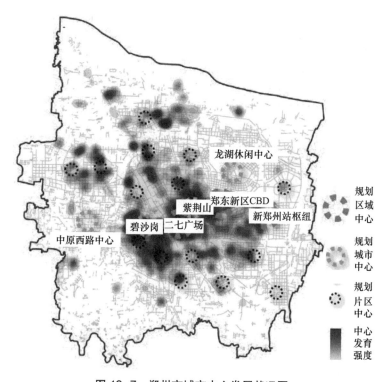

图 12-7　郑州市城市中心发展状况图

[来源：郑州市城市总体规划（2010—2020 年）实施评估报告]

中心，发展定位为区域传统商业服务业中心。二七商业中心是传统的城市中心，中心功能最为复合，仍是全市的综合性服务中心。③高铁东站枢纽中心，发展定位为城市新兴商业中心、企业总部基地、区域通信与信息中心。目前西广场初步建成，东广场尚未建设，功能仍需进一步集聚完善。

城市级中心（副中心）包括4个：①碧沙岗综合服务中心，发展定位为辐射西部城区的生活服务中心，但近年来各类设施集中度明显下降，商业办公空间严重老化，中心功能衰退严重，实际中心已经沿建设路西移至秦岭路二七万达附近。②紫荆山综合服务中心，发展定位为辐射东部城区的生活服务中心，但中心功能同样严重衰退，实际中心已经北移至农业路国贸360附近。③北龙湖金融商务中心，正处于建设阶段。④中原西路新市民中心，发展定位为以公共服务和市民服务为主，是未来市级公共服务的集中区，正处于建设阶段。

12.2.2　居民出行与交通发展现状

（1）居民出行特征显著改变，机动化进程快速推进

伴随着经济、人口和城市空间的发展，居民出行特征也发生了显著的变化。主要表现为：首先，出行需求持续增长，出行目的与空间分布发生了明显转变。2017 年，中心城区工作日常住人口出行总量达到 1350 万人次 / 日，较 2010 年增长 13%。在出行类型方面，通勤出行和购物、外出就餐等生活类出行强度均有所下降，从而导致人均出行次数下降。在出行需求的空间分布方面，外围区域的郑东新区和航空港区出行增长迅速，分别超过 200 万人次 / 日和 90 万人次 / 日。其次，机动化水平快速推进，出行距离不断增加。

2018 年底，全市私人小汽车保有量达 298.93 万辆，较 2010 年的 60 多万辆，增长了近 5 倍，其中一半以上位于中心城区。城市空间的拓展和小汽车保有量的增加，一方面导致机动化出行比例升高，据统计，2017 年机动化出行比例达 43.7%，较 2010 年提高了 18.7 个百分点，其中小汽车出行比例达 21.7%，比 2010 年提高了 14.2 个百分点；另一方面推动居民出行距离不断增长，2017 年平均出行距离达 5.9km，较 2010 年增长 7.3%。

（2）交通拥堵有所改善，但仍面临较大的压力

虽然出行需求和机动化水平持续增长，但是城市路网的完善以及公交优先和一系列交通管理措施的实施，有效遏制了交通拥堵恶化的趋势。2016 年底，"井 + 环"的城市快速路系统基本建成，全市道路规模较 2010 年增长约 45%，相应地，中心城区早高峰的路网平均运行速度达 22.6km/h，较 2012 年提升了 15.3%。然而，小汽车的增长速度远大于道路交通设施的建设速度，供需矛盾不断加剧，交通拥堵呈常态化和区域蔓延的趋势。交通拥堵从主要集中在火车站、二七广场等局部范围不断向外蔓延，并在更大的时间维度上出现拥堵。

（3）形成了轨道交通和快速公交为骨干、常规公交为主体的多元化城市公交系统

近年来，郑州市公共交通系统日益完善，公交线网密度及公交场站建设均有显著提升，已经形成了以轨道交通和快速公交为骨干、常规公交为主体的多元化城市公交系统。2013 年 12 月开通首条地铁线路以来，截至 2020 年底，已开通 7 条轨道交通线路，同时在建轨道交通线路 7 条（含二期工程），运营轨道交通线路长 207.36km，运营站点 129 个，在建站点 80 个（图 12-8）。郑州市首条 BRT 于 2009 年 5 月开始正式运营，截至 2020 年底，BRT 线网实现了从"1 主 8 支"到"4 主 32 支"的跨越式发展，已建成"两环两横"的 BRT 专用走廊。2018 年底，郑州市 BRT 专用走廊长 139km，BRT 线路总长度为 1045km，平均运营时速从开通时的 17.2km/h 逐步提升到 20km/h。

2019 年，地铁日均客运量达 122.24 万人次，地面公交日均客运量 256.85 万人次，其中，BRT 日均客运量达 95 万人次，公交机动化出行分担率达 60.43%，公交出行分担率达 15.4%，较 2008 年提高了 3 个百分点。值得注意的是，近五年来，虽然地铁客运量快速增长，但是公交客运总量呈现下降的趋势，汽车公交出行面临客运量下降的挑战。2019 年郑州市公交客运量为 92807.4 万人次，较 2015 年减少了 2580 万人次，而 2019 年地铁客运量为 41125.9 万人次，较 2015 年增加了 32316 万人次，年均增长 50.5%。

图 12-8　郑州市开通与在建地铁线路图

12.2.3　城市空间发展存在的问题

（1）城市外围区域跳跃式发展，城市空间分散、破碎

郑州市城市空间结构呈现以下两个特征：一是主城区的各片区间经过填充式发展，呈

现连片紧凑的空间结构；二是外围城市空间快速蔓延，跳跃式发展，城市空间分散、破碎，尤其是在东、南两个城市空间增长最活跃的区域。外围区域分散的城市空间结构会带来四个方面的问题：

第一，割裂城市劳动力市场。一方面，这不利于劳动力的自由流动，会使就业机会的提供者与就业机会寻求者空间分离，导致就业机会与人口分布不匹配，从而影响城市劳动力效率；另一方面，这不利于城市形成大且统一的劳动力市场，从而对城市集聚效益和规模效益的发挥产生负面的影响。

第二，增加城市交通出行距离和出行时间。外围城市空间与中心城区之间具有紧密的经济联系，分散式发展增加了两者的空间距离，从而导致交通出行距离和出行时间的增加。需要指出的是，现有研究表明随着外围城市空间的发展，其与中心城市的联系只会加强，不会削弱，更不会被割断（Brown H J，丁成日，2005）。

第三，这是一种小汽车导向的城市空间增长。分散式发展增加了出行距离，这会加剧人们对小汽车的依赖，同时，分散式发展不能为城市公交提供大且集聚的客运流，致使城市公交无法提供令人满意的高水平服务，这会进一步促进小汽车的使用。此外，一旦居民习惯了小汽车出行，将很难转变为公交出行，因此分散式发展将会极大地增加公共交通发展的难度。

> ## 郑州市城市空间发展存在的问题
>
> - 城市空间发展分散、破碎；
> - 就业分散和就业、居住过度混合，既降低了城市劳动力市场效率，也增加了城市交通成本；
> - 城市空间与公交整合程度较低，城市土地开发未充分体现 TOD 模式；
> - 单一、统一的土地开发模式，导致土地利用与土地价格不匹配，土地利用类型与强度的空间分布不合理；
> - 城市中心就业密度不高、就业规模小、土地利用效率不高。

第四，不必要地增加城市交通和基础设施投资，增加政府财政负担。一方面，分散式发展增加了空间距离，这要求政府投入大量的资金来建设基础设施；另一方面，分散式发展不利于最大限度地促进城市基础设施的规模经济效益，从而减小土地开发成本，提高资源使用效率。

（2）城市多中心战略和微观上的职住平衡导致城市就业分散和就业、居住过度混合

郑州市城市中心分为区域中心、城市级中心和片区级中心三个等级，其中主城区区域中心 3 个、城市级中心 4 个、片区级中心 13 个，如果考虑东部新城和港区，则城市中心更多。此外，计划经济时期单位的空间分布相当零散，使城市就业相对均匀地散落在城市的每个区域，导致就业和居住在微观上高度混合。虽然在市场经济下这种空间形式有所改变，但在当前的城市空间中仍有明显的体现，并很难在短期内得到根本的改变。同时，由于在城市规划管理中强调较小空间范围内（居住区或街道办）的职住平衡，也导致城市空间呈现相似的就业分散和就业与居住的高度混合。这种空间模式可以使一部分人的居住地与工作地距离得更近，从而减少通勤交通，但这是以牺牲城市经济和宏观交通为代价的。

城市就业分散和就业、居住过度混合会降低城市劳动力市场效率，并增加城市交通成本，进而影响城市效率。城市就业空间分布分散使就业密度空间递减曲线变得更加平缓，缺少经济规模集中的城市中心，进而降低整个城市的空间集聚效益。就业在空间上的零散

分布还分割了劳动力市场，降低了就业密度和集聚程度，不利于劳动生产率、技术外溢、集聚经济和商业网络的发展。

居住与生活配套设施的高度混合会减少城市交通，然而，就业分散和就业、居住过度混合则可能增加城市交通需求及交通管理的难度。多中心战略和微观上的就业与居住混合的目的是在较小的空间范围内实现职住平衡，从而减少城市交通。市场经济下城市是一个大且整合的劳动力市场，劳动力具有自由流动性。理论上城市居民可以在任何一个就业地工作，而且居民往往愿意为了获得更好的工作而出行得更远。这就使在城市空间小范围内实现职住平衡变得非常困难，因为只有在家庭所有就业人员在这一空间范围内都找到最满意的工作时才能实现，否则，城市就业分散就会使城市交通在宏观空间上呈现无序和弥散状态，这会增加城市交通需求和交通流之间的干扰，不利于公共交通的发展，以及增加城市交通管理的难度。

（3）城市空间发展与城市公交发展的整合程度较低

虽然郑州市的公共交通得到了显著提升，形成了多元化的城市公交系统，但城市空间发展与城市公交发展的整合程度较低，主要表现在以下三个方面：第一，目前郑州市主要是沿城市主要交通通廊优先建设轨道交通，以缓解主城区的交通拥挤，并提高轨道交通客流量，而在郑州都市区城市空间增长最活跃的东、南两个方向上轨道交通建设滞后，城市轨道交通建设对城市空间发展的引导作用不强。

第二，TOD项目开发与城市管理推行缓慢。郑州市于2013年底开通首条地铁，与地铁快速发展形成对比的是，郑州市于2018年6月印发了《郑州市轨道交通段（场）及沿线站点毗邻区域土地综合开发建设导则（试行）》，并于2021年4月和5月分别印发了《郑州市轨道交通段（场）及站点上盖物业综合开发控制性详细规划编制细则（试行）》和《郑州市城市轨道交通场站及周边土地综合开发实施管理办法（暂行）》，从而形成了较为完备的地铁TOD开发管理体系，这明显落后于地铁建设。

第三，城市土地开发未充分体现TOD发展模式。在郑州市已获批的两个地铁TOD综合开发项目的控制性详细规划中（此两个项目为关陈车辆段和五龙口停车场上盖物业综合开发项目），土地开发强度和模式与同区域的非TOD项目基本上没有差别，没有体现TOD分层次分强度的开发理念。

（4）土地利用与土地价格不匹配，土地利用类型与强度的空间分布不合理

由于实行了严格的土地利用类型、土地开发强度和建筑高度控制，切断了土地利用和土地价格之间的联系，从而使土地不能得到最有效的利用。郑州市土地利用与土地价格不匹配最突出的体现是，郑东新区CBD和北龙湖次中心之间的广大区域皆为低强度开发区，建筑高度以多层为主，使城市土地利用强度与区域的高地价不相符。同时，CBD核心区外围1km内建设了7所学校，与CBD的功能、区域的高地价及区域的就学需求皆不匹配。类似的情况还出现在高铁东站次中心：东广场北边紧邻污水处理厂，其用地规模甚至超过东广场的商业与办公用地。没有理论和实证研究表明这些土地利用类型一定需要紧邻CBD，它们远离CBD并不会影响其自身的发展和所提供服务的质量。

（5）城市中心区就业密度不高，土地利用效率不高

从百度热力图可知，工作日白天无论是郑东新区CBD还是高铁东站次中心，其人口密度与周围城区并没有大的差别（图12-9），这与世界性大城市形成了鲜明的对比。世界

性大城市至少都有一个高密度的城市中心，集聚了相当规模的基本行业或有劳动力空间集聚效应的行业。有学者对世界上 35 个城市的分析表明，CBD 就业密度的均值为 4.75 万人 /km²，其中，纽约中城和下城商业中心区的就业密度分别高达 23.4 万人 /km² 和 16.4 万人 /km²，香港、东京、伦敦、首尔中央商务区的就业密度分别为 17.1 万人 /km²、5.8 万人 /km²、4.2 万人 /km² 和 5.7 万人 /km²（丁成日、谢欣梅，2010）。国内城市中，北京和上海城市中心的就业密度分别为 9.4 万人 /km² 和 12.5 万人 /km²。同时，这些城市中城市中心的就业密度远高于城市平均人口密度，甚至在 10 倍以上。郑州市城市中心的就业密度与上述大城市存在较大的

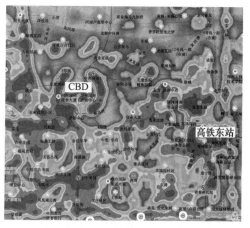

图 12-9　工作日白天郑州 CBD 与高铁东站区域热力图
（来源：百度地图）

差距，就业集聚度低、规模小。这会负面影响城市中心的集聚效益和规模效益，进而降低整个城市的空间集聚效益。

12.3　郑州市城市空间发展的时代背景

（1）践行新发展理念，贯彻高质量发展要求

践行新发展理念，贯彻高质量发展要求，是新常态下中国经济、社会等各项事业发展的总要求。这要求城市空间发展应该实现以下转变：第一，全面落实生态文明思想，坚持生态优先，绿色发展。这需要更加系统深入地认识城市的生态格局，认清资源环境的短板、风险和底线约束，促进城市与自然协调发展。第二，集约高效利用资源，减少资源消耗。具体地，就是要通过紧凑式发展和精明增长，促进土地和资本的节约集约利用，以及通过构建科学的城市空间结构和整合城市空间与交通，提高城市效率，并减少交通、生产、生活等领域的能源消耗。第三，落实"人民城市人民建，人民城市为人民"的理念，坚持以人民为中心。城市发展应该更关心人民群众身边的具体问题，通过空间结构优化和功能布局完善，来塑造更高品质的城乡人居环境，满足人民群众对美好生活的向往。

（2）落实国家新型城镇化战略，融入国家新发展格局

2015 年 12 月的中央城市工作会议明确提出了新型城镇化发展的新要求：第一，尊重城市发展规律；第二，统筹空间、规模、产业三大结构，提高城市工作全局性；第三，统筹规划、建设、管理三大环节，提高城市工作的系统性；第四，统筹改革、科技、文化三大动力，提高城市发展持续性；第五，统筹生产、生活、生态三大布局，提高城市发展宜居性；第六，统筹政府、社会、市民三大主体，提高各方推动城市发展积极性。同时，会议还对城市规划、城市建设、城市管理等方面的内容提出了一系列具体的目标与要求。新型城镇化战略要求提高新型城镇化水平，提高城镇化发展质量，转变城市发展方式，完善城市治理体系，提高城市治理能力，着力解决城市病等突出问题，不断提升城市环境质量、人民生活质量、城市竞争力，建设和谐宜居、富有活力、各具特色的现代化城市。

（3）对接国家战略，提高城市发展定位

近年来，国家在河南省和郑州市布局了多项国家战略，包括建设国家中心城市、中原经济区、郑州航空港经济综合试验区、郑洛新国家自主创新示范区、河南省自贸区、黄河流域生态保护和高质量发展等。这些战略机遇为郑州市的发展提出了更高的要求和标准，也提高了郑州市在国家城镇体系中的定位，为郑州市的发展提供了难得的机遇。基于落实这些国家战略和河南省新常态下的发展诉求，河南省提出，郑州市担负着落实一系列国家战略、引领和服务全省高质量发展的重任，是河南省融入国家新发展格局的重要支撑。河南要崛起，郑州必须成高峰。郑州市要当好国家队、提升国际化，在国家中心城市建设中提质进位。

此外，"一带一路"、中部崛起战略、城市更新、老旧小区改造等也对郑州市的发展提出了新的要求。新时代、新理念背景下，郑州市发展要树立国际视野和战略眼光，对接国家战略，服务河南省大局。这需要郑州市加快发展速度，提高城市首位度，提高集聚力和辐射力，优化空间结构与城市功能，以实现绿色、高质量发展和城市提质进位。

12.4　郑州市城市空间高质量发展的模式与建议

12.4.1　郑州市城市空间高质量发展的模式

城市精明增长追求有效率的土地利用、城市集聚效应最大化、最大限度地减少城市交通需求和交通成本，以及使经济、环境、社会等方面平衡发展。借鉴国际上城市精明增长的理论和实践经验，结合高质量发展要求、郑州市城市空间发展状况及未来的发展需求，郑州市城市空间高质量发展的模式主要体现在以下六个方面：

（1）紧凑式发展

紧凑的发展模式更能促进经济联系的产生和加强，能提高城市设施的使用效率，减少政府投资，节约用地。紧凑式发展在宏观上表现为集中、连续的城市空间增长，较高开发强度的土地利用，以及通过合理的功能分区使各类城市活动有机结合；在微观上强调建筑布局的高密度，以及通过城市功能、建筑与街道空间的合理组织和人性化设计，提高土地利用率，营造紧凑高效的城市空间，从而提高城市居民生活、就业的便捷度，并促进城市空间的集约化利用。紧凑式发展反对城市空间无序蔓延，提倡优先通过闲置土地的填充式发展和现有空间的再开发来满足城市增长，只有当一个区域的发展需求过大，不能完全引向填充区和邻近的新开发区时，才应该考虑建设新城。

需要指出的是，紧凑式发展所提倡的较高开发强度的土地利用，在我国城市的居住用地开发中已经实现。我国城市中土地开发强度存在的主要问题是：第一，城市中心区土地开发强度不高（相对于国外城市）；第二，部分地段居住用地开发强度过高，尤其是城中村改造项目；第三，城市土地开发强度没有充分反映级差地租，即没有根据区位特征形成差异化的土地开发强度。

郑州市城市空间发展的模式建议

● 紧凑式发展，提倡高强度开发，提高土地利用率，并构建紧凑的建筑组织，紧凑式发展鼓励城市边缘地带的优先发展，以及谨慎采用卫星城发展模式；

- 就业中心高密度发展，应该体现出就业和建筑的高密度，并形成集聚的绿色空间；
- 多中心网络式发展，应该按照城市就业规模来设计城市（次）中心，并依托交通节点发展城市节点；
- 土地和交通（公交）一体化发展，城市应该沿着主要的公交通道向外扩展形成具有活力的城市走廊，在走廊内寻求职住平衡，以及围绕站点空间进行高强度开发；
- 土地混合利用，应该在步行距离范围内促进居住与生活服务设施的混合，在就业中心促进商业、金融、办公等不同类型经济活动的混合，以及在宏观上追求职住平衡；
- 兼具生态与休闲功能的城市绿地，并对绿带政策保持谨慎的态度。

紧凑式发展应该鼓励城市边缘地带的优先发展，这是因为城市边缘地带的区位特征使其在城市空间增长过程中具有以下优势：第一，与城市就业中心和公共服务设施的距离优势，使发展城市边缘区有助于最大程度地减少城市空间增长带来的交通增长。第二，上述距离优势有助于边缘区吸引劳动力集聚（尤其是高素质劳动力），以及与现有城市劳动力市场共享，这无疑降低了企业发展的社会成本。第三，现有的城市基础设施使边缘区的开发比较远区域的开发所要求的城市基础设施的投资更少，可以减小政府的财政压力。需要指出的是，城市边缘地带的优先发展并不意味着城市空间在各个方向均衡的连续扩张，而是应该综合考虑生态、耕地保护、交通等因素而有所侧重。

（2）就业中心高密度发展

就业中心高密度发展应该具有以下特征：第一，相对集中且高密度的就业。城市中心高就业密度不仅是现代城市发展的结果，也是促进城市发展的动力。第二，高强度的土地开发和高建筑密度。这是形成高就业密度的基础，同时，高强度和高密度开发要求街道和建筑之间具有人性化的空间关系，提供紧凑的街道和高质量的公共交往空间，这有助于公共交往，而人与人之间的交流是产生城市集聚效益最重要的因素之一。第三，功能多样，土地混合利用。就业中心的土地混合利用并不是指将居住、学校、市政设施等非就业中心的土地利用类型安排在就业中心，这是造成国内城市就业中心就业密度不高、土地使用效率低的主要原因之一。就业中心土地混合利用强调的是将商业、金融、办公等高度集中，形成经济活动中心。第四，集聚的绿色空间。城市绿色空间对城市质量是非常重要的，城市中心区的绿色空间应该集中建设，形成建筑空间、绿色空间相对集中的城市空间格局。

就业中心高密度发展具有以下优势：第一，提高劳动力市场效率。就业高度集中和土地混合利用方便了公共交往，降低了交易成本，从而提高规模效益和聚集效益。第二，最大限度地利用交通设施与公共设施，提高设施的规模效益。第三，促进城市公交发展。高就业密度提高了公交的就业可达性，有助于公交出行。

高就业密度会加重城市中心的交通压力，但是这种高且集中（空间上）的就业带来的是有序的城市交通流，这有助于通过公共交通、交通需求管理等综合手段来管理和解决城市交通问题，而不是单纯地通过增加道路供给来缓解城市交通拥堵。纽约、东京等世界性城市的城市中心皆具有高密度就业，它们也是世界上最具活力和吸引力的城市中心，在过去的二三十年间一直是增长的，而且由于这些城市皆建设了高效便捷的公交系统，其城市中心的交通拥堵要明显低于国内主要城市，虽然它们的就业密度明显高于国内城市。这表明高密度就业带来的交通成本的增加要低于其带来的集聚效益的增长，使其总体上表现为正效应；也表明正确的城市公交政策能够有效缓解与城市中心高密度就业相关的交通拥堵。

（3）多中心网络式发展

现有研究表明，500万人口以上的城市采用多中心可以减少交通出行和提高城市效率。对于郑州市这样的特大城市应该实施多中心空间发展战略。借鉴国际上城市的发展经验，郑州市多中心城市的空间结构应该具有以下特征：第一，应该按照城市就业规模来设计城市中心，使每个城市中心皆具有较大的就业规模，从而提高其集聚力和辐射力，形成多个具有自立性的城市发展的活力点。第二，应该依托交通节点（尤其是轨道交通）发展高密度的城市节点，充分利用公交可达性对城市空间发展的促进作用。高速便捷的城市交通网络将城市（次）中心相互连接，不仅为它们之间产生活跃的经济联系提供支持，也有助于促进公交发展和减缓中心区的交通拥堵。第三，各城市中心既应具有独立性，又应是相互联系、合作和功能分担的，城市中心与城市次中心之间、各城市次中心之间应该寻求建立密切的经济活动，避免重复建设，以最大限度地保持城市劳动力市场的统一和共享，推进郑州市城市空间发展的整体性最优。

需要指出的是，发展多中心结构并不是要弱化原有城市中心，而是通过构建多核模式，推动都市区广域范围内的均衡发展，以及分担原有城市中心的发展压力和促进其功能优化与产业升级，从而提高城市竞争力，促进城市可持续发展。因此，在实施多中心发展的过程中，原有城市中心和新的副中心往往是共同发展的。比如，东京都政府于20世纪60年代提出通过建设副中心引导城市由单中心结构向多中心结构转变，经过五十多年的发展，逐步形成了多中心网络式城市空间结构。在此过程中，都心区从全国性中心逐步发展成为国际金融和高层次中枢管理中心。1991年至2011年，都心区仍是东京发展最快的城市中心，其商务办公、商业、住宅和公共服务设施的建筑面积分别增加了265.5万 m^2、58.6万 m^2、13.6万 m^2 和97.3万 m^2。

（4）土地和交通（公交）一体化发展

在城市空间发展过程中，城市土地利用是目的，城市交通是实现城市土地利用的手段，当城市空间发展是土地利用驱动城市交通，城市交通发展反过来又影响城市土地利用时，城市空间发展是理性的。土地和交通一体化发展就是要利用土地开发与城市交通之间的互馈机制，制定两者相互协调、相互促进的城市空间增长模式。由于城市普遍面临着日益严峻的交通拥堵，而公交被认为是破解这一问题的有效途径，为此土地和交通一体化发展中土地和公交一体化发展尤为重要，尤其是对于高密度城市。需要指出的是，当前郑州市的高公交出行率、高公交客运量、高密度城市形态以及较为完善的城市公交系统，为实施土地和公交一体化发展提供了良好的基础。

国际经验表明，城市尤其是特大城市，土地和交通一体化比较成功的空间发展模式有以下几个特点：第一，城市在向外扩展时各个方向的发展速度是不等同的；第二，城市沿着主要的交通通道（公交通道）向外扩展形成具有活力的城市走廊，走廊之间为楔形绿地；第三，在一段交通走廊内（15~20km）寻求各种土地使用的平衡和职住平衡，而每个交通节点则可以是单一的土地利用模式；第四，交通走廊内进行紧凑、混合和适度的高强度土地开发；第五，围绕交通节点建设城市就业中心或公共服务中心，形成串珠式的空间结构。东京、新加坡、哥本哈根、斯德哥尔摩等城市采用了类似的城市空间发展模式。

这种混合和平衡的交通走廊发展模式具有以下优点：第一，因为实现了交通通道上的职住平衡，城市的交通需求和小汽车出行减少，公交出行增加；第二，城市交通设施使用效率高，从而降低了政府在城市基础设施上的投资；第三，由于交通走廊内的各部分是相互依赖的，就业结构、经济和其他各方面都是相互依赖的，城市仍保持着大且统一的劳动力市场；第四，充分利用了交通对城市空间发展的促进作用，土地开发与交通发展相协调；第五，交通走廊之间的楔形绿地为城市未来的填充式发展提供了可能，增加了城市空间的弹性。

（5）土地混合利用

提倡土地混合利用是城市精明增长和TOD的核心内容之一。土地混合利用能够促进紧凑发展，减少交通需求，鼓励公交与步行出行，以及增加区域活力。现有研究表明：第一，居住与零售、生活服务、学校、文化、社区管理与服务等居住配套设施在步行距离范围内的高度混合，可以减少居民出行。第二，商业、金融、办公等不同类型的经济活动在城市就业中心区的集聚，会提高城市集聚效益，并鼓励公交出行。第三，对于居住和就业的高度混合则存在着两种截然相反的观点。一种观点认为居住和就业的混合有利于减少交通，尤其是在网络技术高度发达的今天。但是，现有研究普遍发现在较小空间范围内强调居住与就业的高度混合，会降低城市劳动力市场效率，增加两种土地利用类型间的负外部效应（如嘈杂的办公交通对居住区安静、安全的负面影响），并在宏观上增加交通出行，以及不利于公交发展（丁成日，2010）。

城市精明增长和TOD强调的土地混合利用具有以下特征：第一，通过宏观上的就业和住宅平衡最大限度地减少城市交通需求，平衡并非局限在一个地点，而是在公交出行距离内实现最优。第二，所有TOD中至少应具备零售、住宅和公共用地，每个TOD都必须有一个混合型核心商业区毗邻公交站。这样的核心区至少应该有便利店和为当地服务的办公场所，更大一些的核心区还可以包括超市、服务性商业区、中等规模的零售业、集中的大型办公区等（卡尔索普，2009）。第三，住宅区应该包括一系列不同的住房类型，混合了各种住宅密度、价格和建筑类型，从而能够让不同层次的家庭负担得起。

（6）兼具生态与休闲功能的城市绿地

城市绿色空间建设应体现下列原则：第一，应具有一定的规模且空间连续；第二，最大可能地利用现有自然和生态条件来选择公园等绿色空间的建设，保护好自然生态环境，如河流、湖泊、湿地、沼泽、坡地等；第三，自然的特点决定了绿色空间大多呈现线性形状（河流、湖滨带等）；第四，最大限度地将绿色空间建在居民区或靠近居民区，并尽可能地将绿色空间通过绿色通道连接起来，便于居民健身、娱乐、户外活动等。

城市空间增长管理应该对绿带政策保持谨慎的态度，这是因为伦敦、东京、首尔等城市的绿带政策被普遍认为是失败的（宋彦、丁成日，2005），因为：第一，绿带并未能控制城市的蔓延扩张，并导致新的扩张跳过绿带，造成城市周围一个个交通分散的卫星城，从而导致汽车使用增加和资源浪费，又使新城因远离经济活动中心而缺乏可持续发展的动力。第二，绿带同时造成土地价格昂贵和可负担房屋短缺。绿带减少了可开发的土地来源，例如绿带占了首尔周围50%的可开发土地，造成城市土地的短缺，从而推高土地价格，进而推高房价和造成过高密度的开发与城市拥挤。第三，绿带政策造成社会不公。绿带内的土地开发被禁止，使绿带内土地业主的利益严重受损，同时因为绿带政策减少了可开发的土地，增加了可利用土地的价值。第四，绿带的效益并不明显。作为城市开发的限制工具，绿带未能改进城市边缘的景观，反而造成城市周围土地形态的支离破碎。

12.4.2　郑州市城市空间高质量发展建议

（1）科学划定城市增长边界，兼顾城市增长、生态与耕地保护和社会公平

按照集约适度、绿色发展的要求，科学划定生态保护红线、永久基本农田和城镇开发边界"三条控制线"，优化生产、生活和生态空间布局。应该保证"三线"至少30年不变，否则，不断变更的"三线"边界和空间范围意味着巨大的政府成本和社会经济成本。这要求"三线"划定与管理需要充分考虑以下因素：

第一，科学分析和预测郑州市城市发展和土地需求，在土地集约利用的前提下，充分保证城镇可开发土地的供给。这是因为，一方面，郑州市担负着落实一系列国家战略、引领和服务全省高质量发展的重任，是河南省融入国家新发展格局的重要支撑。为此，郑州市要提升国际化，在国家中心城市建设中提质进位，这需要郑州市快速发展，以及为郑州市发展充分供地。另一方面，从城市发展规律来看，当城市发展目标相互冲突的时候，往往是绿化和耕地保护政策让步。有学者对中国51个大城市的研究发现（杨东峰、熊国平，2008），尽管土地资源监管日益严格，城市土地资源条件所形成的空间供给约束并未对城市空间增长产生显著性影响。大城市地区在空间快速增长的过程中，往往频繁地调整城市用地规模，但又屡屡突破既有的建设用地指标。在城市经济快速发展和城乡人口大规模转移所共同形成的强大空间需求面前，城市土地资源保护对大城市空间增长的现实约束力是比较微弱的。

郑州市城市空间高质量发展建议

- 科学划定城市增长边界，兼顾城市增长、生态与耕地保护和社会公平；
- 主城区重点发展城市边缘区，外围新城发展集中布局；
- 积极推动城市更新，尤其是轨道交通站点周围的城市更新；
- 提高城市中心的就业密度和就业规模，并用便捷的快速公交系统使之连接；
- 全面细致地落实 TOD 模式，提高城市空间与公共交通的整合程度；
- 建设高质量服务的城市公交系统，提高公交对城市空间发展的正效应。

第二，刚性的规划和灵活性的市场机制相结合，通过多种途径与措施来保护生态绿地和农田。保护生态绿地和农田不仅需要耕地保护、国土空间规划等刚性的法律和政策对保护区内的土地开发进行控制，还需要通过灵活的措施满足保护区内居民的发展诉求。这些措施包括：①通过市场机制逐步消化和转化保护区内的居民、建筑和设施；②制定相应的政策使其能够发展与生态保护和农业生产相协调的经济活动，如休闲娱乐、观光体验等，使保护区内居民的生活质量也能够随着发展有所提高；③通过土地开发权转让、生态补偿等机制对保护区内的居民进行补偿。

第三，坚守生态安全、粮食安全、水安全和国家安全的底线，通过开展资源环境承载

能力和国土空间开发适宜性评价，以及开展灾害和风险评估，优先确定生态和农田保护区，确保空间安全，并提高城市抵御风险的韧性。

（2）主城区重点发展城市边缘区，外围新城发展集中布局

贯彻高质量发展要求，落实建设国家中心城市、郑州航空港经济综合试验区、黄河流域生态保护和高质量发展等国家战略，践行"东强、南动、西美、北静、中优、外联"的城市发展理念，郑州市应坚持将东、南两个方向作为城市战略发展地区。同时，在城市空间增长过程中，应引导城市空间紧凑增长、集中布局，从而提高城市集聚效益，并为大容量快速公交发展提供支撑。具体的发展建议为：

第一，优先发展城市边缘区。主城区应该将南四环、西四环与绕城高速之间的区域、北龙湖及其北部的杨金片区作为城市发展的重点，充分发挥主城区现有设施的规模效益，并使主城区与外围组团更紧凑。

第二，东部新城区应集中建设白沙组团，并调整中牟组团绿心大都市式的分散规划结构，使组团内4个片区的城市空间更集中紧凑。4个片区围绕大型绿地布局的空间模式，是微观城市设计手法在宏观上的简单放大，其形成的是分散的城市空间（图12-10），不利于形成城市集聚效益，也不利于城市空间与交通一体化发展。同时，各片区相对独立、职住平衡的规划理念体现的是卫星城理念，忽略了各片区与中心城区以及各片区之间的联系。

第三，南部新城区的城市空间规划结构同样呈现龙湖组团、曲梁组团、新郑组团和薛店组团围绕生态绿地分散布局的特征（图12-10），应将薛店组团规划的城市功能调整至

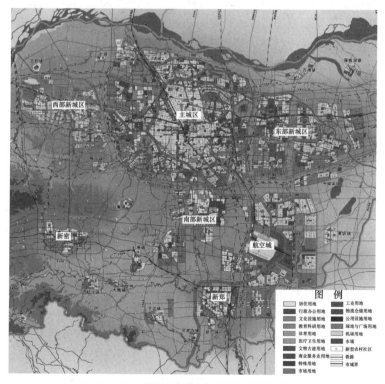

图 12-10 郑州都市区建设用地布局规划图

[来源：郑州都市区总体规划（2012～2030）]

龙湖组团与新郑组团之间，在城市外围形成带型城市交通走廊。

第四，需要谨慎地发展城市边缘区的乡镇，一是避免重复建设，二是使城市发展遵循市场规律，依据经济发展和市场力量来推动，减少行政影响。

（3）积极推动城市更新，尤其是轨道交通站点周围的城市更新

2008年以来，郑州市进行了大规模的城市更新，主要体现在两个方面：一是推进工业企业"退二进三"，并逐步外迁仓储和批发市场。在工业用地外迁的同时，郑州市也加强了工业遗产的保护，如启动二砂等老工业基地的改造，推动城市功能转型与发展。二是推动城中村和危旧房改造。至2018年，郑州市中心城区实施城中村改造项目用地共约57.6km^2，外迁的工业仓储用地共19.13km^2，其中老城区外迁10.38km^2[①]。城市更新过程中，郑州市优化了城市结构，完善了公共交通、学校、绿地等公共设施，提高了人居环境品质。2020年以来，郑州市城市更新以老旧小区改造为主。在新发展理念的指引下，老旧小区改造改变了以往大拆大建的更新模式，而是以更好地满足居民生活需求为出发点，大力开展社区建设补短板行动，着力进行功能再完善、环境提升以及节能和智能化改造等，并将社区更新与提升社区治理能力相结合，提升社区建设质量、服务水平和管理能力。郑州市城市更新虽然取得了巨大的成效，但是仍存在着存量空间挖潜程度不高的不足，存量土地的用地效益未有效发挥等问题。在践行高质量发展和对城市建设用地管理日益严格的背景下，未来推进城市更新尤为必要。

国内外城市的发展经验表明，大规模的快速公交站（包括轨道交通和BRT）周围的城市更新往往伴随着快速公交的发展，如美国波士顿和克利夫兰、韩国首尔等城市将BRT建设与城市更新综合考虑，在建设BRT的同时即开展城市更新，而东京近十年来在中心区的9个轨道交通站点附近进行了大规模的城市更新。这些城市更新项目一方面大幅度提高了城市公交的客流量，如东京的六本木地铁站客流量是更新前的3倍多，大崎站是更新前的2倍左右；另一方面也恢复或提高了区域的城市活力，优化了城市空间结构，并促进城市产业升级。当前，轨道交通站点周围的城市更新往往将文化、生活、产业、业态、生态、交通、城市特色等综合起来考虑，除了体现高强度开发、土地混合利用、良好的步行条件等TOD设计原则之外，尤其将以下内容作为更新项目的重点：①推动城市产业升级和城市结构优化；②重建区域活力，形成城市就业或居民生活中心；③植入文化设施和文化活动，提高文化内涵，塑造地域文化特色；④构建丰富多元的新业态，使各类人群都能在这里找到属于自己的乐趣；⑤建设开放的社区居民中心，提供与居民生活密切相关的服务；⑥营造高品质的公共空间，尤其是绿化空间，不仅满足居民休憩与交往的需求，还能够为居民多种室外活动提供必要的空间。轨道交通站点不仅是城市交通节点，还是居民公共活动、城市文化和城市特色的重要节点。

近年来郑州市轨道交通快速发展，但城市空间与轨道交通的整合程度较低。因此，未来郑州市应积极推动轨道交通站点周围的城市更新，使其在空间上再拓展、在功能上再完善，从而提高存量空间的利用效率，并为轨道交通的可持续发展提供有力的支撑。轨道交通站点周围城市更新具体的方式类型包括：①对闲置土地的开发；②对功能不协调用地和低密度用地的再开发；③对存量建筑进行改造和功能置换，引入新功能、新业态和新产业等。

---

① 来源：郑州市城市总体规划（2010～2020年）实施评估报告。

（4）提高城市中心的就业密度和就业规模，并用便捷的快速公交系统使之连接

分析世界性城市的城市中心发展有助于我们理清郑州市城市中心未来的发展方向。以东京为例，东京都城市中心结构为"一主七副"，城市轨道交通呈"环形＋放射形"的线网格局，东京都心（东京CBD）位于放射性线网的中心，七个副中心基本上皆位于环线山手线与主要放射线的交会处。2011年，东京都心的总建筑面积为2148.1万 m^2，其中商务办公和商业的建筑面积分别为1487.5万 m^2 和174.0万 m^2，两者合计占比为77.35%，仅商务办公的占比就高达69.25%。虽然七个副中心的建筑规模与东京都心存在着较大的差距，但它们的绝对值仍然是比较大的，在210万 m^2 至710万 m^2 之间，而且商务和商业的占比同样普遍较高，其中池袋、新宿、涩谷和大崎的占比在70%左右，临海和锦系町的占比较低，也在50%左右（图12-11）。而六本木、品川等城市就业集聚区同样具有较高的建筑规模和高比重的商务与商业。由于城市（次）中心的高密度发展，围绕山手环发展的就业中心集中了424.5万个就业岗位。

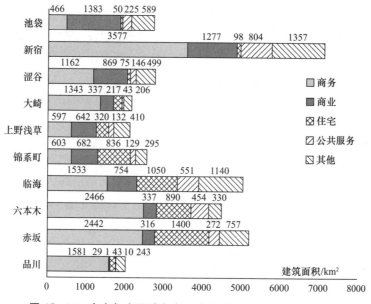

图12-11　东京都主要城市中心城市功能结构图（2011年）

因此，这种多中心的城市发展模式并没有改变公共交通发展所依存的有序的城市交通空间分布模式这一基本定律，即城市交通流越有序，越有利于公共交通（特别是城市轨道交通）的发展。同时，轨道交通环线将城市主次中心串联，有效地降低了区域间公交出行的交通换乘与出行时间，从而促进公交出行。此外，这种城市空间模式使城市（次）中心与外围城区之间以及城市（次）中心之间皆具有便捷的联系，最大限度地保持了城市劳动力市场的统一与共享。

借鉴世界性城市中心的发展经验，从建设国家中心城市出发，未来郑州市无论是主中心还是副中心，皆需要提高就业规模与就业密度。这需要对城市中心、城市整体空间结构及城市交通进行优化，具体地：

第一，拓展城市中心的空间规模。郑州市的城市中心结构为"区域-城市-片区"三

级结构体系，在三个等级的城市中心中仅二七商业中心占地规模较大，其他城市中心较小的用地规模限制了就业的高度聚集。因此，郑州市应通过新区建设和旧城更新，拓展城市中心的用地规模，为发展高就业规模的城市中心提供用地支撑。在此过程中，扩大北龙湖城市中心的商务用地规模尤其重要。这是因为，建设国家中心城市需要郑州市建设能够对接国际、服务全省的城市中心，而郑东CBD现有的就业规模不足，且难以大幅度提高就业规模，这就需要北龙湖中心扩大就业规模，与郑东CBD共同形成具有强大集聚力和辐射力的城市经济活动中心，从而引领城市升级。

第二，提高城市中心的土地使用效率，包括优化土地利用类型，提高开发强度与建筑密度，推动建筑与绿化空间的紧凑发展。现有研究认为不属于CBD的土地利用类型包括住宅、政府和公共设施（公园、政府办公、医院、学校和大学等）、公益性组织机构、工业企业（不包括现代服务业）、批发、仓库等[①]，应控制这些用地类型在高等级城市中心中的用地占比，这也是城市中心形成非常高的就业集聚强度和密度的重要前提条件之一。

第三，应合理布局城市就业与人口，引导就业适度集中，避免就业与人口高度混合，避免重复建设。城市就业规模是一定的（一段时期），因而提高城市中心的就业规模就需要避免就业的分散布局。目前，郑州市存在着产业园重复建设、布局分散的不足，如较小规模的软件园、科技园、孵化园等散布于城市各处。虽然总体上规模较大，但布局分散导致各园区的集聚效益和规模效益较低，应引导这些园区集中布局，以最大限度地发挥城市经济集聚效益。就业集中布局还有一个好处是能够形成有序的交通流，这有利于发展城市公交。

第四，优化轨道交通与城市中心的结合程度。城市中心位于放射性轨道交通线网的中心，副中心位于环线与主要放射线交会处的东京模式，是轨道交通与城市中心一体化发展的理想模式。郑州市的三个区域中心（主中心）与轨道交通结合较好，而四个城市级中心（副中心）则与轨道交通的整合程度较低，其中三个位于轨道交通的一般站点附近。然而，在郑州市轨道交通基本网络已经形成的背景下，整合城市中心与轨道交通的途径只能是优化城市中心布局。可行的方式有两种：一是现有副中心向附近的轨道交通换乘站拓展，从而达到用地扩大和交通可达性优化的双重目标，如农业路副中心；二是在轨道交通可达性较好的地段培育新的副中心，将现有的副中心降级为更低等级的城市中心，如二七万达附近的副中心，其现有的较小的就业规模本身就不满足城市副中心的规模要求，可以降级为片区级中心。

（5）全面细致地落实TOD模式，提高城市空间与公共交通的整合程度

前面的措施主要是在宏观层面推进TOD，除此之外，还需要在微观层面制定详细的TOD措施，将TOD贯彻到城市建设的方方面面，提高城市建设管理的精细化程度，从而推进公交与城市空间的深度整合，构建可持续发展的城市模式。需要指出的是，TOD设计原则是基于美国城市制定的，而中美两国的城市形态存在着巨大的差异，因此，需要结合中国城市的实际，制定适合中国城市特征的TOD模式。具体地：

第一，合理划定TOD边界。TOD建议的范围为600~800m，这是因为欧美城市中轨道交通站点的影响范围通常为500~800m。而中国城市研究所发现的轨道交通站点的影响

---

① Murphy R. The Central Business District[M]. Longman Publisher, 1972.

范围通常为 1000～2500m，且存在着换乘站大于一般站、城市外围站点大于老城区站点的特征。基于此，综合考虑郑州市轨道交通的线路网密度，郑州市的 TOD 范围宜为：一般站 800～1200m，中转站 1500m 左右，而首末站则可以扩大到 2000～2500m。

第二，推行差异化的土地开发管理。现有研究表明，越接近公交站点，公交对土地价格的溢价效应越大，土地价格越高，有效率的土地开发强度分布应表现为，随距公交站点距离的增加土地开发强度逐渐下降（图 12-12）。在城市核心区，土地开发强度已经很高，但 TOD 街区应该更高；在城市边缘区，土地开发强度通常较低，TOD 街区的开发强度也要高于其周边地区，尽管其实际开发强度有可能低于核心区的平均值。台北的政策是站点周边 400m 内的土地可获得最高 50% 的容积率奖励。这种遵循地租规律的 TOD 开发模式，一方面最大程度地挖掘了土地的潜在价值，另一方面会使更多的居民位于公交站点步行距离内，从而促进公交出行，进而形成公交与土地开发的正反馈机制。为此，郑州市应推动 TOD 街区的级差强度控制，这需要进一步开展详细的分析。

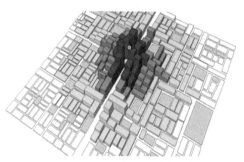

图 12-12　TOD 街区开发强度分布图
（来源：丁成日、郭建国，2018）

第三，分级分类组织 TOD 街区及其土地利用类型。TOD 设计原则确定了两种 TOD 基本模式：城市级 TOD 和邻里级 TOD，并将其核心商业区分为社区中心、邻里中心和便利中心三种类型，进而分别制定了土地利用类型导引。具体实践中，各城市往往将城市特征与交通特征结合起来，整体评价站点地区的类型特点，制定更详细的类型划分。比如，美国马里兰州分为城市商业核心、一般中心、郊区中心、特殊功能地区、城市社区、市郊社区以及通勤地区等七类；萨克拉门托县分为城市核心、城市中心、就业区中心、社区中心、通勤区中心以及机场地区等六类（刘泉、钱征寒，2016）；成都规划了四级分级体系：城市级 16 个、区域级 59 个、组团级 140 个、社区级 481 个。因此，郑州市应根据城市中心的等级划分，以及居住区生活圈的建设理念，综合考虑城市功能、站点类型与区位等因素，细化 TOD 街区类型，并分别制定城市土地利用政策。

第四，提高道路网密度和连通性，建设高质量的慢行交通网络。公交站点周围的路网密度与公交出行具有显著的正相关性，因此应着重在轨道交通站点附近建设"小街区、密路网、窄马路"的开放式街区，并推动道路畅通工程，以提高公交站点的可达性。同时，应将 TOD 街区作为发展城市慢行交通的重点区域，控制城市道路的宽度，建设尺度宜人和富于特色的沿街建筑界面，从而形成人性化的街道空间，以促进步行和公交出行。这需要精心规划慢行网络，在慢行线路上提供更多的绿化、多元的城市功能，以及提高慢行舒适度，并减小机动交通的干扰，从而形成步行和非机动车友好型环境。

第五，提高轨道交通站点与周围建筑的整合程度。除了前述的建设良好的步行条件以提高站点与周围建筑的可达性之外，整合轨道交通站点与周围建筑还应包括以下两方面的内容：一是综合开发站点周围的地下空间，使站点与周围建筑的地下空间互联互通、功能一体，乘客不出地面即可以进入周围的办公、商业空间；二是适当增加站点的出入口，使乘客不必穿越城市道路即可进入站点，也使站点与周围的大型公共建筑有更好的连接。

（6）建设高质量服务的城市公交系统，提高公交对城市空间发展的正效应

高质量的公交服务是城市空间与公交一体化发展的基础，郑州市建设高质量城市公交服务的建议主要有：

第一，发展有等级体系的、换乘便捷的城市综合公交体系。郑州市这样的特大城市的公交系统应由重轨、轻轨、BRT、普通公交等不同类型的公交组成，且应发展接驳公交、定制公交等多种形式的城市公交。公交换乘是建设综合公交体系的重要内容，对居民公交出行具有显著性影响，这要求普通公交、BRT 与轨道交通之间以及不同轨道交通线路之间的换乘应该是非常便捷高效的。

第二，推进公交建设与新区建设和旧城更新相结合，充分发挥公交对城市空间发展的引导作用。目前，郑州市的轨道交通主要位于建成区，东、南两个城市战略发展区的轨道交通建设较为滞后。现有研究发现，布局于交通设施、公共服务设施落后的城市发展战略区的轨道交通，产生溢价效应的空间范围和强度均较高，能够更加有效地引导市场力量向周边地区集聚，促进新城发展和旧城更新。为此，郑州市应该加快东部新城、南部新城和港区的轨道交通建设，促进新城发展和城市结构优化。

第三，建设更加人性化的公交站点，提高服务质量、公交使用效率以及方便弱势群体。这需要设计的高标准和注重细节，针对郑州市的实际情况，一方面应完善无障碍系统。比如，东京为了应对老龄化，在轨道交通站内设置了无台阶路线（Non-step Route），乘客可以不使用台阶即能够从车站入口到达站台，此外，几乎所有站点皆建设了触觉铺路。这对郑州市轨道交通站点的人性化建设具有很好的借鉴意义。另一方面应增强车辆行驶信息的传递和站内标识系统建设。应充分利用地面、墙体、空中等不同媒介，建设站台、出站口、站内设施等各类导引系统，在站外和入口大厅增加车辆运行、载客率等信息的传递，以形成清晰全面的标识系统。这有助于形成有秩序的站内人流，从而提高效率，尤其是在高峰时段或较拥挤的站点。

第四，适度提高轨道交通站点的建设标准，提高应对突发公共事件的能力。新冠疫情对公共交通的发展提出了更高的要求，为了提高轨道交通应对大流行性传染病等突发公共事件的韧性，轨道交通站点应适度提高建设标准。这包括：首先，增加新建站点的人均建筑面积标准，以控制拥挤程度，而对于已建站点则应该增加站外广场的面积，使突发公共事件下站内控制人流时，乘客可以在站外排队入站，而增加的广场空间平时可以作为非机动车停车场；其次，增加站内的通风设施与通风通道，提高通风能力，这需要增加通风设施的建筑空间以及提高通风设计标准；最后，为测温、消毒等应急措施提供空间。

12.5 郑州市城市空间高质量发展的保障措施

（1）科学、全面地认知城市发展规律，提高决策水平

科学、全面地认知城市发展规律是科学决策的基本前提之一。我们需要对城市规模、城市密度、土地混合利用等有全面的认识，这些因素同时具有正效应和负效应，不能简单地因为它们的负效应或正效应而否定或采用某种发展模式。对这些问题的全面认识主要包括：第一，在城市化进程中城市体系的发展具有明显的大城市倾向，即大城市比小城市的

吸引力更大，发展得更快。第二，城市规模与城市效率、经济增长呈正相关，大城市的劳动生产率和资源使用效率更高。第三，城市规模越大，城市问题（如交通、住房、污染等）越严重，但从世界城市发展经验来看，大城市城市规模增长带来的效率提高仍大于其带来的城市成本增加，因此，世界上的（特）大城市仍具有巨大的吸引力。第四，城市规模越大，其对居民消费的促进作用也越大。这对中国的意义非常大。利用城市规模与消费的关系，结合社会保障制度的完善，可以提升国内消费需求，有助于实现国内大循环，促进形成国内国际双循环。第五，紧凑发展和城市空间与公交（尤其是轨道交通）的整合发展，是城市可持续发展的有效模式。城市中心高密度发展同时带来交通拥挤加剧和集聚效应增加，现有研究表明集聚效应的增加大于交通成本的增长，大城市需要具有与其相匹配的高就业规模和高就业密度的城市中心。第六，土地混合利用在微观上会减少城市交通，但宏观上就业与居住的均匀布置会造成城市中心不突出，以及增加城市交通。职住平衡应该建立在适当的空间范围内，一般是在30~45min的通勤距离内尽量做到就业方式与居住方式在大小和价格等方面相匹配（张明、刘菁，2007）。这些城市发展规律皆得到了理论和实证研究的证明。

（2）创新城市管理体制与机制，提高管理效率

我国城市空间管理体制纵向上存在的问题主要为，规划审批与土地指标分配的垂直管理严重限制了地方政府对城市空间发展的自主权，并且现行的国土空间规划、耕地保护等政策又进一步加强了城市空间发展的条块化管理。城市政府需要根据市场情况，调配城市发展所需的土地、资本、人口等要素在空间上的自由组合，这不可避免地与自上向下通过规划对要素流动和配置的干预发生冲突。此外，虽然这种条块化的管理便于国土规划部门内部形成统一的专业管理，但会使中下层行政组织形成条块状态，不便于地方政府统一领导。因此，如何破解垂直的规划空间管理体制与城市依据市场规律发展之间的矛盾，并推动城市空间有序和有效率地发展，是中国城市普遍面临的挑战。这需要在坚持底线思维的前提下，进一步简政放权，下放规划审批的权力，使地方政府与上层政府分享政策制定的权力，放松对地方政府的规制等，以增加地方的自主性。

郑州市城市空间高质量发展的政策建议

- 科学、全面地认知城市发展规律，提高决策水平，需要科学地认识城市规模，以及综合权衡城市空间形态的正负效应；
- 创新城市管理体制与机制，提高管理效率，需要优化条块化管理，创新部门间以及政府间的合作；
- 优化城市空间发展的政策体系，探索政策改革与创新，应该增加上层政策的战略性、长期性和弹性，突出下层政策的针对性和实施性，以及进一步统筹各领域的规划；
- 创新调控政策工具，提高政策效果，应该建立以市场为主体，政府干预为辅的城市空间调控格局，同时应该在土地供给和开发中创新政策工具；
- 加强政策分析，提高政策质量，尤其是应该加强相关领域的分析与相互结合，采用计量方法、GIS方法等新分析方法，以及改进多方案比较的方式；
- 引入新思路，提高对城市发展不确定性的应对能力；
- 合理界定战略引领与刚性控制，兼顾谋发展与守底线，从引领河南发展和城镇体系发展

规律出发，应该为郑州市充分供地，同时也需要强化底线约束和管控，以及保证用地开发紧凑；

● 加强城市设计的引导作用，推动建筑布局更紧凑，以及建设人性化的城市空间。

由于城市空间政策涉及国土、规划、发展改革、交通等众多职能部门，这就使条块化管理的弊端在城市管理中表现得尤为突出，主要有部门间沟通协调困难，分工单位无力进行全局协调，责任不明等。这不仅造成了巨大的行政资源浪费，也是中国城市规划"难落地、落地难"的主要原因之一。对国土和城市规划管理职能的整合，无疑将推动两者的统筹，未来应该进一步研究国土空间管理与经济管理、交通管理等职能的整合，以减小部门间的冲突。

经济联系更加紧密以及交通、通信技术的发展，使地方政府间在经济、交通、空间等领域开展广泛合作成为地方政府间关系发展的一种主要趋势。政府间关系变化的主要特征是政府间关系的网络化调整，实现政府之间的平等、相互依赖与合作（陈振民，2016）。这对于大都市区的城市空间发展尤为重要。大都市区的发展趋势是改变区域内各城市以往独立、封闭的发展模式，转向城市间紧密联系、合作分担、统筹协调的开放式发展模式。大都市区内各个城市主要从自身角度出发编制规划，难免会造成重复建设、无序竞争以及放大城市空间发展的负外部效应，因此跨城市的宏观协调就显得非常必要，因为很多层面的问题都超出了单个城市政府所能够解决的范围。为了解决共同的问题或协调多方在某一领域的关系，地方政府之间往往通过订立协议、设立委员会、建立地方政府协会或有关部门的协会等多种方式形成合作关系。

（3）优化城市空间发展的政策体系，探索政策改革与创新

城市空间政策涉及不同领域、不同内容的众多政策，这就需要将这些政策组合起来，形成一个次序合理、位置正确、功能互补的有机整体。城市空间政策体系的建构要遵循公共政策体系的整体性、相关性、层次性、有序开放性等特点（郑国，2009），从纵向、横向两个维度进行构建。

公共政策的纵向结构一般分为总政策、基本政策和具体政策三个层次。总政策是全局性、根本性、决定社会发展基本方向的政策，具有概括性、综合性、长期性和全局性的特点。基本政策是在各个领域、部门起主导作用的实质性政策，是根据各领域、部门的实际情况对总政策的细化，也是本领域各项具体政策的依据。具体政策是为落实基本政策而制定的具体实施细则，其条文具体而明确。目前，中国的城市空间发展政策具有刚性、模式化、一刀切、指标式等特征（丁成日、程智韬，2018），上层政策过于强调刚性和指标式，下层政策则过于突出模式化和一刀切。这不利于总政策发挥战略性、长期性和指导性功能，也不利于具体政策体现城市特征，从而使城市空间发展政策既难以应对未来发展的不确定性，也无法根据区位特征引导城市空间进行差异化的土地开发。未来城市空间政策应该按照政策层次的划分以及层层分解、层层细化的政策体系的纵向结构特征，优化各层次的政策制定，加强总政策的战略性、全局性和弹性控制，加强基本政策的协调性，以及加强具体政策的针对性，使不同层次的政策有机结合起来，让政策资源的配置变得更为有效。

中国目前的城市空间政策主要有国土空间规划、国民经济与社会发展规划、各领域的

专项规划以及相关的法律、法规、技术规定、措施、办法等，其中，国土空间规划是最基本的城市空间政策。目前存在的问题是，虽然正在推行的国土空间规划将实现城市规划与土地规划的整合，但与其他领域的城市空间政策仍有很多不一致的地方，尤其是国民经济与社会发展规划落地的问题比较突出。为此，应进一步统筹国土空间规划与经济规划，并以整合后的规划为主体引领其他领域的城市空间政策，减少相互间的冲突，便于政策有序实施。

（4）创新调控城市空间发展的政策工具，提高政策效果

推动城市空间高质量发展，需要综合运用市场和政府干预两种手段调控城市空间发展。关于政府与市场，新公共管理认为政府要尽可能地少干预，以便允许通过市场力量和激励来实现公共目标。目前，中国城市空间管理的主要问题是政府管制过多，比如，耕地保护的刚性规定、土地管理中自上向下的指标分配、缺少区域化的土地政策等都是行政干预的产物。这些行政手段一方面压缩了市场和社会力量的空间，使政府对市场的管理和引导职能变成了对市场的控制；另一方面也没有有效地实现政策目标，并带来了巨大的负面效果。政府必须根据经济发展的现实情况，扮演好自己的角色，确立好干预的范围和力度，推动政府管理的核心和首要任务向如何服务、指导和管理市场转变，而不是试图控制市场，从而使经济手段和激励政策在城市空间管理中起到基础作用，将行政手段与经济激励有机结合起来。

调控城市空间发展的政策工具有三类：一是法律法规、规定与规划，属于强制性政策工具，包括城乡规划法、土地管理法、城市规划管理技术规定、国土空间规划、城市增长边界等；二是激励机制，包括税收激励、补贴、容积率奖励、影响费等；三是政府投资，包括修建道路、公交、公共服务设施、基础设施等。政策工具种类繁多，影响政策工具选择的因素有政策目标、政策工具自身的特征、政策工具应用的背景、政策过程的非制度因素、政策过程中的资源配置等。各领域应该综合考虑上述因素，选择更有效的政策工具，国内外此方面的一些成功经验值得我们学习，比如推动土地开发权转让（交易），破解用地难题；运用补贴，引导城市空间发展，等等。

（5）加强城市空间发展的政策分析，提高政策质量

加强政策分析有助于充分地理解城市发展、深刻地把握实施与政策之间的互动，进而为政策调整提供科学依据。基于政策分析理论和中国的实际情况，中国城市空间发展的政策分析应在以下三个方面有所改进：

第一，加强相关领域的政策分析。目前，虽然中国城市空间政策分析往往包括经济、人口和交通三个方面的专项分析，但仍主要聚焦于物质空间形态分析，对城市经济学原则以及市场机制下城市土地利用的空间分布规律的分析还不够，对就业和人口分布以及在此基础上的交通分析也不够，其他领域的分析基本缺失，这不利于政策制订的科学性。无论是土地利用，还是提供基础设施和公共服务，城市空间政策都涉及众多的领域。为此，做好这项工作需要将经济、环境、社会、住房、城市基础设施、公共管理、工程技术等方面充分反映到城市空间政策中。

第二，改进分析方法，推动各领域的分析相结合。中国城市空间政策分析往往以描述性分析为主，同时各领域的分析相对孤立，没有相互传导形成合力，这导致中国的城市规划往往无法应对城市未来发展中的不确定因素。针对这些问题，未来应增加定量方法和

GIS方法，并使不同领域的分析相融合。这种分析需要经济学、政策分析、交通分析、环境分析、社会分析等方面的知识和技能，也需要大量的城市数据作为基础，尤其是城市GIS数据。

第三，加强行动建议阶段的多方案比较。要对特定的政策行动提出建议，首先需要分析各种方案选择将要产生的结果，其次还要确定哪个政策方案最有价值，其理由是什么，从而为政策利益相关者，特别是决策者采取行动时提供有价值的决策依据。这需要政策行动建议应当对多个可能的行动方案进行系统比较和严格评价，而不是不惜代价地捍卫某一立场。为此，多方案比较应该满足以下三个方面的要求：一是备选方案应尽可能多样化；二是备选方案要满足整体上的完备性和个体间的互斥性两个条件；三是必须对方案的后果进行科学预测，这包括两个方面的内容：对客观条件变化的预测和对政策方案预期结果的预测。

（6）国土空间规划制定中引入新思路，提高对城市发展不确定性的应对能力

国土空间规划是建立在对城市未来发展预测的基础上的，然而针对市场和未来的不可预见性，同时考虑到国家宏观政策对地区发展的影响，准确预测城市发展是非常困难的，特别是快速发展的地区。改进分析方法、运用大数据和新技术皆有助于提高规划预测的准确性，除此之外，在国土空间规划编制中还需要从多角度和不同城市发展路径来预测、模拟城市空间增长模式，这不仅有助于选定最好的方案，而且可以通过取长补短，提高规划方案应对城市发展不确定性的能力。

借鉴国际经验和公共政策分析方法，国土空间规划编制中可以考虑引入以下编制思路：第一，按照可能的未来、合理的未来和规范的未来三种状态进行方案设计。可能的未来是将来可能发生的社会状态，它不同于未来必然要发生的社会状态。合理的未来是以对自然和社会的因果假设为基础，在政策制定者不干预事件发展方向的条件下，被认为有可能发生的社会状态。规范的未来是与分析人员对未来的需要、价值观和机会的构想相一致的潜在的和合理的未来（邓恩，2017）。这种规划编制方式能够使我们更加现实和理性地应对挑战和面对问题，排除乌托邦式城市发展理想主义。第二，按照最高、中间和最低三个标准进行方案设计。最高标准是根据城市经济、社会发展需求，在紧凑发展的前提下，为基于市场机制的城市发展充分供地，保证划定的城市发展区能够容纳未来20～50年的发展规模。最低标准是现行模式下上级政府分配的用地规模。中间标准是最高标准和最低标准的折中方案。第三，按照不同城市空间结构形式进行方案设计，比如，指状结构、环形+放射形结构、多组团结构、带型结构、卫星城、"摊大饼"、多中心与单中心结构等。

（7）合理界定国土空间规划的战略引领与刚性控制，兼顾谋发展与守底线

国土空间规划的战略引领与刚性控制是学术界和规划界讨论的热点，但学者们的观点还存在明显的差异。从城市发展角度出发的学者认为，应该突出规划的战略引领，发展仍是中国的主旋律，国土空间规划应落实国家、省、市县战略要求，为区域及城市高质量发展提供空间保障（段进等，2021）。从耕地保护出发的学者则强调刚性控制。这里认为可以从以下三个角度审视国土空间规划的战略引领与刚性控制：

首先，应该站在城镇化和城镇体系发展的角度来讨论这一问题。一方面，中国仍处于城镇化的发展期，未来仍将有大量的农村人口转移到城市中，总体上城市仍处于快速发展

期。另一方面，国内外的城镇体系发展经验表明，大城市，尤其是特大城市的发展速度最快，中小城市的人口增长远小于大城市，甚至在城镇化发展阶段一些中小城市仍出现了人口减少。为此，应该结合城市等级与城市发展潜力的差异来界定国土空间规划的战略引领与刚性控制。对于（特）大城市应该根据城市发展需求，为城市发展充分供地，以体现国土空间规划的战略引领。对于中小城市和乡村则应强化用地管控，避免蔓延式发展，减少土地低效利用和土地资源浪费。

其次，在强化底线约束和管控的同时，应该增加规划管理的弹性。国土空间总体规划作为上层规划应该聚焦于战略性和系统性问题，因而其作用重在政策意图传导和结构性控制。但也要认识到总体规划本身也有其特定的刚性管控要求，如各类约束性指标、"三区三线"等。此外，城市未来的不确定性以及要充分发挥市场对资源配置的主导作用，都需要城市规划与管理保持一定的弹性。为此，国土空间规划没有必要过分强调"底线"之外的规划管理刚性，应该在强化底线刚性控制的前提下，增加规划管理制度的弹性，以获得刚性与弹性的平衡。

再次，对城市充分供地需要有相应的原则和配套政策来支持。促进土地集约利用是刚性控制的主要目标之一，这就要求对城市充分供地需要以城市空间紧凑发展作为前提条件。为此，城市空间规划应严格避免空间的破碎化和分散化，同时应制定相应的原则和配套政策以保证城市空间利用的集约化，具体有：①城市用地扩张应建立在城市产业、人口和社会发展的基础上，并应利用正确的理论和科学的方法、技术和模型对城市发展和土地需求进行预测，为用地供给提供决策支持；②每项土地开发都是理性和有效率的，不能变相地鼓励土地过度开发和土地资源的浪费；③需要建立严格的规划和建设许可证制度及其监督机制；④建立完善的规划监测与评估机制。

（8）加强城市设计的引导作用，提升城市空间精细化管理水平

开展城市设计，有助于提高土地利用效率和城市景观，并且将城市设计成果运用到城市管理中，有助于实现城市空间的精细化管理。城市设计对城市空间开发与管理的促进作用主要体现在以下五个方面：第一，土地利用规划是对城市空间进行的平面上的二维组织，而城市设计是对城市空间进行的三维立体研究，城市设计是在土地利用规划的基础上，对城市空间开展的更深入细致的研究。它有利于塑造有秩序的城市空间，以及推动建筑、公共空间、绿化景观、交通等城市空间子系统的融合。第二，通过城市设计对建筑群体组织的详细分析，可以促进形成有特色的建筑景观，推动建筑布局更紧凑，优化城市功能构成，以及提高土地混合利用，从而提高城市土地的集约化利用。第三，城市设计对建筑群体组织、建筑高度、建筑体量等方面的研究，将为城市开发强度差异化管理，以及实施灵活多样的土地开发标准提供支持。这一点对于高强度开发区尤为重要，高强度开发意味着高建筑密度和高建筑高度，这容易产生拥挤和非人性化的城市空间。然而，高强度开发并不都是密集的高层建筑，需要妥善管理密度和开发模式，减少空间拥挤感和压迫感，形成错落有致的建筑组织，以及人性化的街道空间和广场空间，这需要通过城市设计对城市空间进行精心组织。第四，TOD 项目具有高强度开发、土地混合利用和城市功能多样的特点，TOD 项目还需要处理复杂的区域交通，实现不同形式交通的有序组织和高效衔接，以及合理组织地下、地面两套空间系统。TOD 项目的复杂性需要开展城市设计，对TOD 街区的城市空间进行详细研究，以指导项目建设。第五，城市设计还有助于形成区

域文化特色，构建丰富多样的公共空间，营造人性化的步行环境，提高绿化景观品质和舒适度，以及提高街区活力，这些因素都有利于促进城市空间紧凑开发。

本章执笔人：曹坤梓

参考文献

Brown H J，丁成日. 城市土地管理的国际经验和教训 [J]. 国外城市规划，2005（1）：21-23，20.

曹坤梓，闫磊，丁成日. 美国城市形态与交通行为实证研究综述 [J]. 城市发展研究，2019，26（9）：88-97.

陈振民. 公共管理学 [M]. 北京：中国人民大学出版社，2016：161-163.

丁成日. 土地政策和城市住房发展 [J]. 城市发展研究，2002（2）：61-66，35.

丁成日. 空间结构与城市竞争力 [J]. 地理学报，2004（S1）：85-92.

丁成日，Kellie Bethka. 就业中心与城市发展 [J]. 国外城市规划，2005（4）：11-18.

丁成日. 芝加哥大都市区规划：方案规划的成功案例 [J]. 国外城市规划，2005（4）：26-33.

丁成日. 国际卫星城发展战略的评价 [J]. 城市发展研究，2007（2）：121-126.

丁成日. 城市空间规划：理论、方法与实践 [M]. 北京：高等教育出版社，2007：18-19.

丁成日. 城市增长与对策：国际视角与中国发展 [M]. 北京：高等教育出版社，2009：59-65.

丁成日. 城市空间结构和用地模式对城市交通的影响 [J]. 城市交通，2010（9）：28-35.

丁成日，谢欣梅. 城市中央商务区（CBD）发展的国际比较 [J]. 城市发展研究，2010，17（10）：72-82.

丁成日，程智韬. 中国规划空间管制的评价 [J]. 城市发展研究，2018，25（6）：37-45.

丁成日，郭建国. 公共交通与城市发展 [M]. 郑州：郑州大学出版社，2018：152-154.

东京都 https://www.metro.tokyo.lg.jp/chinese/about/city_view/index.html.

段进，赵民，赵燕菁，等. "国土空间规划体系战略引领与刚性管控的关系"学术笔谈 [J]. 城市规划学刊，2021（2）：6-14.

刘泉，钱征寒. 北美城市 TOD 轨道站点地区的分类规划指引 [J]. 城市规划，2016，40（3）：63-70.

齐丽斯. 智慧城市发展对我国政府管理创新的影响 [J]. 人民论坛，2015（8）：26-28.

宋彦，丁成日. 韩国之绿化带政策及其评估 [J]. 城市发展研究，2005（5）：41-46.

严强. 公共政策学 [M]. 北京：社会科学文献出版社，2015：61-62.

杨东峰，熊国平. 我国大城市空间增长机制的实证研究及政策建议：经济发展·人口增长·道路交通·土地资源 [J]. 城市规划学刊，2008（1）：51-56.

张明，刘菁. 适合中国城市特征的 TOD 规划设计原则 [J]. 城市规划学刊，2007（1）：91-96.

郑国. 公共政策的空间性与城市空间政策体系 [J]. 城市规划，2009，4（1）：18-21，73.

保罗·A. 萨巴蒂尔编. 政策过程理论 [M]. 彭宗超，钟开斌，等译. 北京：生活·读书·新知三联书店，2004：3-4.

彼得·卡尔索普. 未来美国大都市：生态·社区·美国梦［M］. 郭亮，译. 北京：中国建筑工业出版社，2009：57-63.

托马斯·R. 戴伊. 理解公共政策［M］. 谢明，译. 北京：中国人民大学出版社，2017：285-286.

威廉·N. 邓恩. 公共政策分析导论. 4版［M］. 谢明，伏燕，朱雪宁，译. 北京：中国人民大学出版社，2017：2-5.

约翰·克莱顿·托马斯. 公共决策中的公民参与［M］. 孙柏瑛，译. 北京：中国人民大学出版社，2015：3-4.

珍妮特·V. 登哈特，罗伯特·B. 登哈特. 新公共服务：服务，而不是掌舵［M］. 丁煌，译. 北京：中国人民大学出版社，2014：104-106.

Beeson P. Total factor productivity growth and agglomeration economies in manufacturing, 1959-73[J]. Journal of regional science, 1987, 27(2): 183-199.

Bento A M, Cropper M L, Mobarak A M, et al. The impact of urban spatial structure on travel demand in the United States[M]. World Bank Policy Research Working Paper, 2003, 3007.

Bertaud A. The Spatial organization of cities: deliberate outcome or unforeseen consequence[R]. Washington DC: World development report, World Bank, 2003.

Cervero R, Kockelman K. Travel demand and the 3ds: density, diversity, and design[J]. Transportation research D, 1997, 2(3): 199-219.

Cervero R, Wu K L. Sub-centring and commuting: evidence from the San Francisco Bay Area, 1980-1990[J]. Urban studies, 1998, 35 (7): 1059-1076.

Chatman D G. Deconstructing development density: quality, quantity and price effects on household non-work travel[J]. Transportation research Part A, 2008, 42(7): 1009-1031.

Ciccone A, Hall R E. Productivity and density of economic activity[J]. American economic review, 1993, 86(3): 54-70.

Elmslie B, Sedgley N. The geographic concentration of knowledge: scale, agglomeration and congestion in innovation across U. S. States[J]. International regional science review, 2004, 27(2): 111-137.

Frank L D, Bradley M, Kavage S, et al. Urban form, travel time, and cost relationships with tour complexity and mode choice[J]. Transportation, 2008, 35(1): 37-54.

Gabe T M. Establishment growth in small cities and towns[J]. International regional science review, 2004, 27(2): 164-186.

Handy S L. Smart growth and the transportation-land use connection: what does the research tell us? [J]. International regional science review, 2005, 28(2): 146-167.

Kockelman K M. Travel behavior as a function of accessibility, land use mixing, and land use balance: evidence from the San Francisco Bay Area[J]. Transportation Research Record, 1997(1607): 116-125.

McMillen D P. Employment subcenters in Chicago: past, present, and future [J]. Chicago: Economic Perspectives Federal Reserve Bank of Chicago, 2003(27): 2-14.

Naess P, Sandberg S L. Workplace location, modal split and energy use for commuting trips[J]. Urban Studies, 1996, 33(3): 557-580.

Richardson H W, Bae C C, Jun M. Migration and the urban system of South Korea[M]//H. S. Geyer,

Cheltenham. International handbook of urban systems: studies of urbanization and migration in advanced and developing countries. UK: Edward Elgar, 2002: 503-524.

Word Bank. Social indicators of development[M]. Baltimore Maryland: Johns Hopkins University Press, 2003.

致　谢

本书是郑州市协同创新重大专项（郑州大学）智库研究专项支持的"开放郑州：转型时期的发展机遇与战略选择"重大课题的一个子课题"郑州中心城市发展：发展模式和战略研究"课题研究成果。

郑州大学推出和设立郑州市协同创新重大项目，旨在通过该项目推动郑州大学积极参与国家和地方的发展和建设，为经济转型和新城模式探索提供具有前瞻性、战略性的决策支持，并推动双一流大学的建设和发展。

衷心感谢郑州大学校长刘炯天院士对项目的支持。衷心感谢河南省创新驱动发展研究院副院长、中国工程科技发展战略河南研究院办公室、中国科学院河南院士联络办公室主任韩一帆教授的支持，衷心感谢中国工程科技发展战略河南研究院办公室、中国科学院河南院士联络办公室副主任高岩。衷心感谢郑州大学政治和公共管理学院院长高卫星教授的支持。最后衷心感谢项目组所有成员的参与和支持。

彩　　图

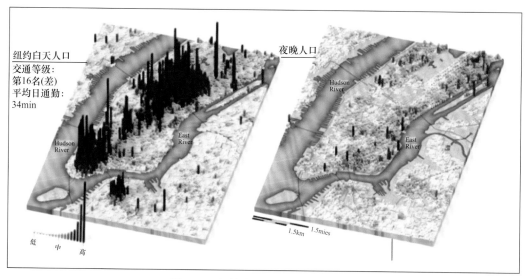

纽约白天人口
交通等级:
第16名(差)
平均日通勤:
34min

夜晚人口

Hudson
River

Hudson
River

East
River

East
River

East
River

低　中　高

1.5km　1.5mies

图 1-6　纽约人口密度日夜分布变化

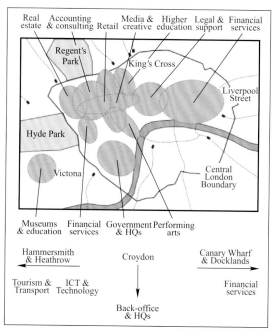

Real
estate
Accounting
& consulting
Retail
Media &
creative
Higher
education
Legal &
support
Financial
services

Regent's
Park

King's Cross

Liverpool
Street

Hyde Park

Central
London
Boundary

Victona

Museums
& education
Financial
services
Government
& HQs
Performing
arts

Hammersmith
& Heathrow

Croydon

Canary Wharf
& Docklands

Tourism &
Transport
ICT &
Technology

Financial
services

Back-office
& HQs

Source: Cabinet Offie, Prime Minister's Strategy Unit, London Profect
Report (July 2004)

图 1-8　伦敦产业集聚

（来源：GLA Economics，2008）

图 1-9　首尔数字媒体城设计蓝图

时尚工业印刷和出版　金融

（最高就业数5001~22044）　（最高就业数5001~8822）　（最高就业数20000~40000）

商业服务信息数字产业

（最高就业数10001~30000）　（最高就业数6001~15000）　（最高就业数10001~22000）

图 1-10　首尔市主导产业发展布局（多边形代表就业数）

（来源：OECD，2005）

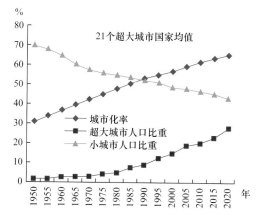

图 2-1　城市化发展与超大城市、小城市地位变化

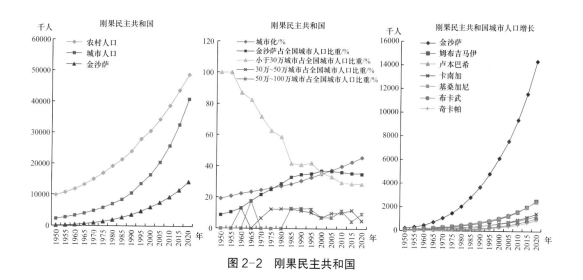

图 2-2　刚果民主共和国

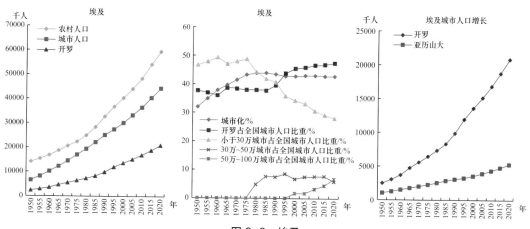

图 2-3　埃及

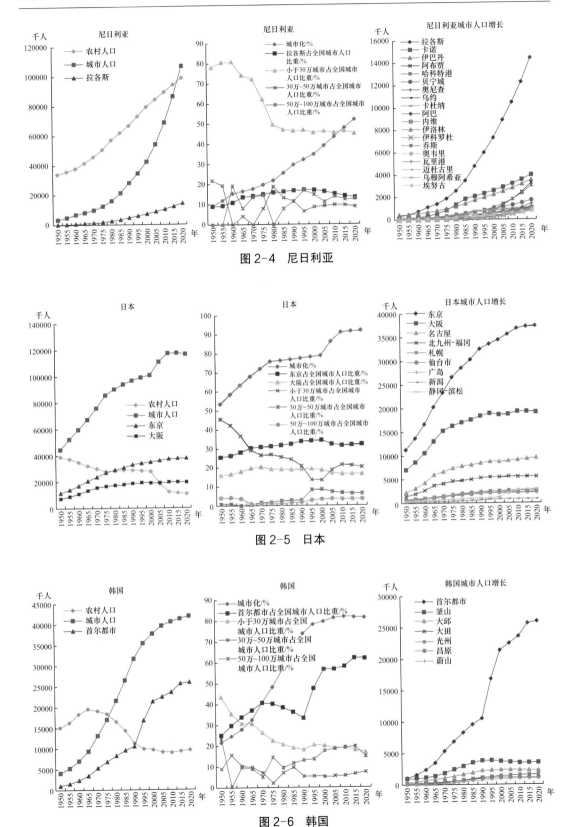

图 2-4　尼日利亚

图 2-5　日本

图 2-6　韩国

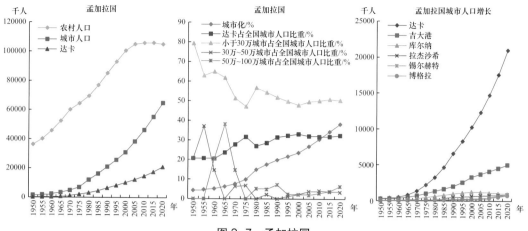

图 2-7　孟加拉国

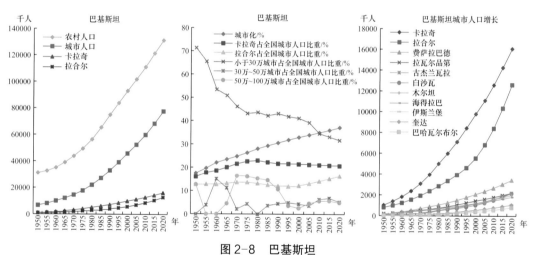

图 2-8　巴基斯坦

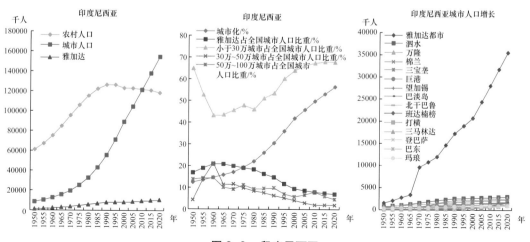

图 2-9　印度尼西亚

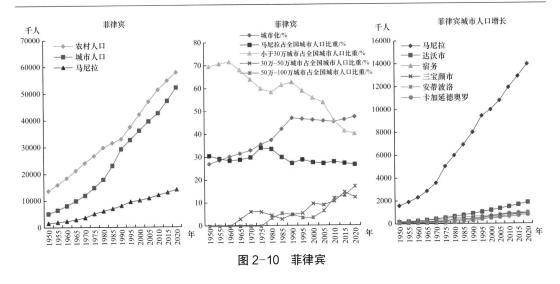

图 2-10　菲律宾

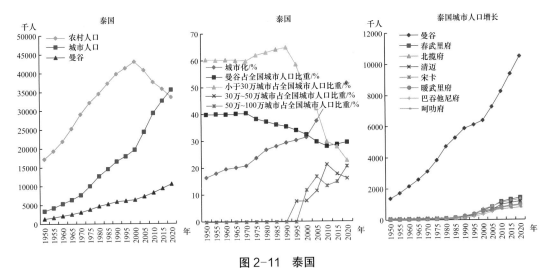

图 2-11　泰国

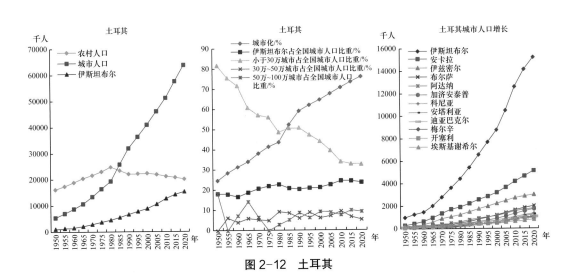

图 2-12　土耳其

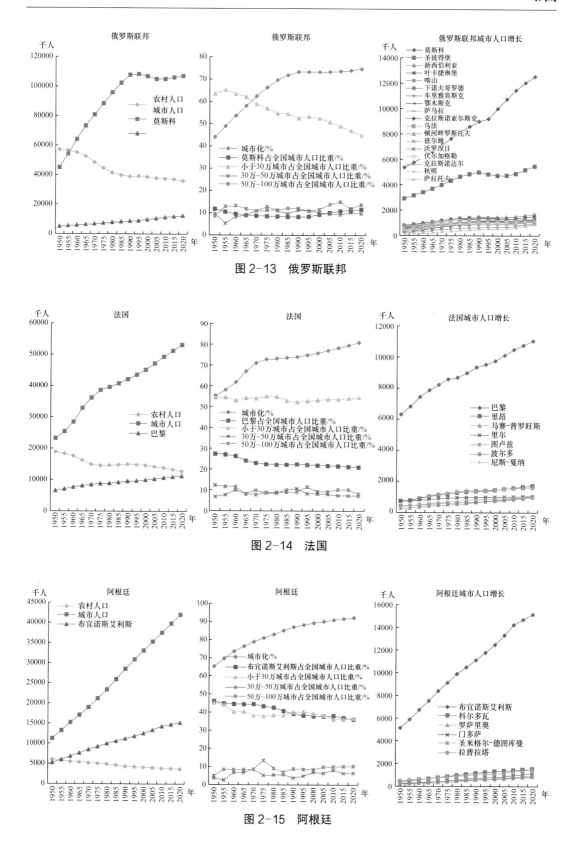

图 2-13　俄罗斯联邦

图 2-14　法国

图 2-15　阿根廷

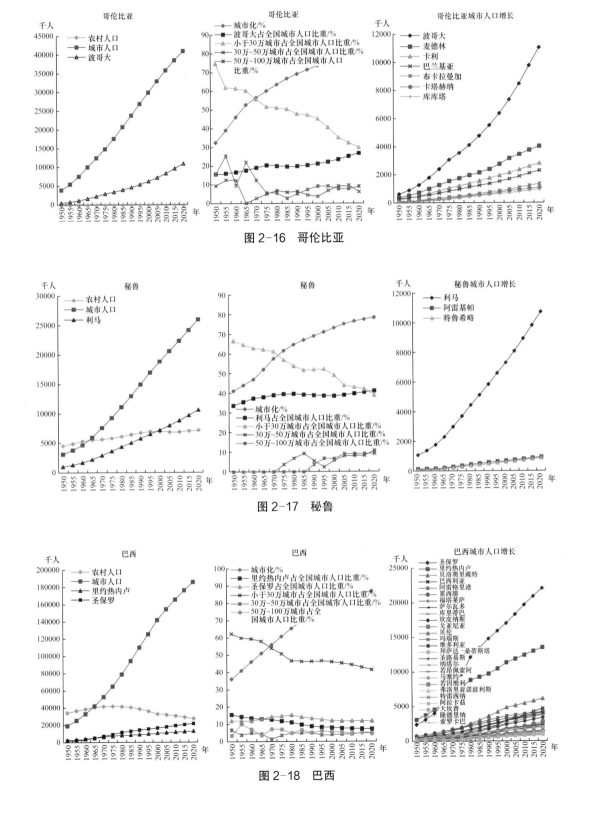

图 2-16 哥伦比亚

图 2-17 秘鲁

图 2-18 巴西

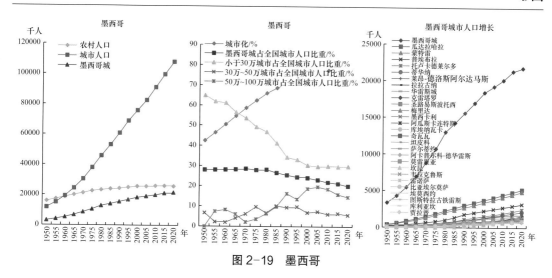

图 2-19　墨西哥

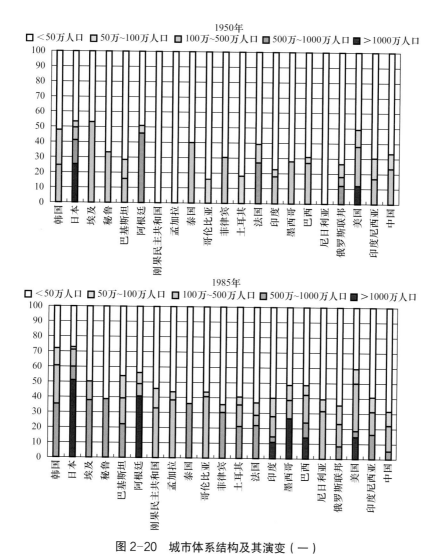

图 2-20　城市体系结构及其演变（一）

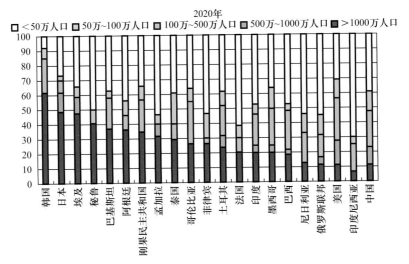

图 2-20　城市体系结构及其演变（二）

图 2-27　郊区住宅发展

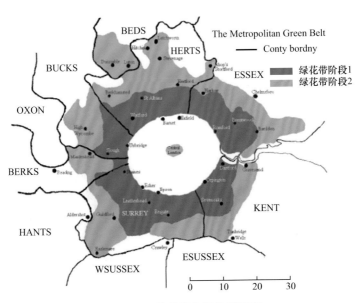

图 2-28　伦敦都市绿化带演变

图 3-1 城镇人口、建成区面积和人均可支配收入增长速度

(a) 纽约中城和上城商务区

(b) 纽约城市建筑

图 4-5 中央商务区的高密度

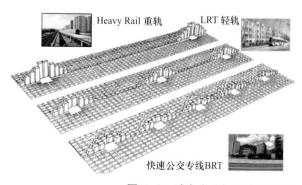

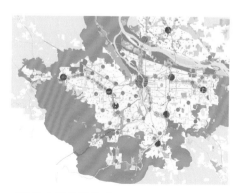

图 4-6 城市交通与土地利用整合: TOD 空间发展模式

（右图为美国波特兰 2040 增长概念）

巴西热基耶

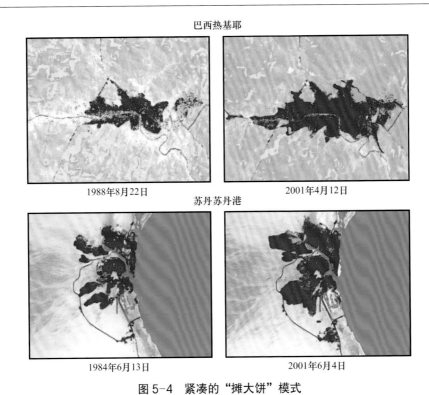

1988年8月22日　　　　　　　　2001年4月12日

苏丹苏丹港

1984年6月13日　　　　　　　　2001年6月4日

图 5-4　紧凑的"摊大饼"模式

（来源：Shlomo Angel, Stephen C Sheppard, Daniel L Civco, 2005）（图 5-5～图 5-7 及图 5-9 均与此同一来源）

印度斋普尔

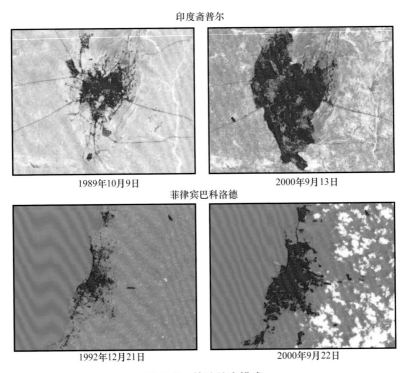

1989年10月9日　　　　　　　　2000年9月13日

菲律宾巴科洛德

1992年12月21日　　　　　　　　2000年9月22日

图 5-5　快速扩张模式

美国辛辛那提

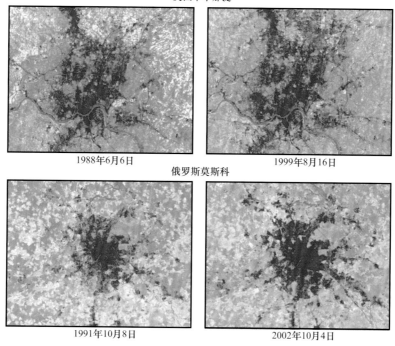

1988年6月6日　　　　　　　1999年8月16日

俄罗斯莫斯科

1991年10月8日　　　　　　　2002年10月4日

图 5-6　城市蔓延扩张模式

津巴布韦哈拉雷

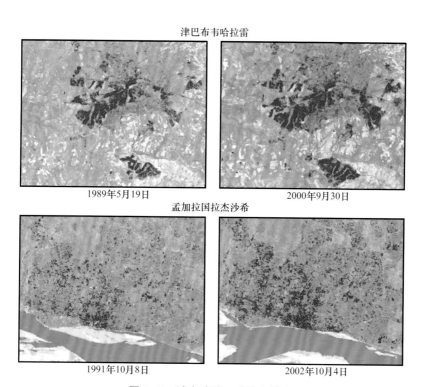

1989年5月19日　　　　　　　2000年9月30日

孟加拉国拉杰沙希

1991年10月8日　　　　　　　2002年10月4日

图 5-7　城市遍地开花扩张模式

益阳

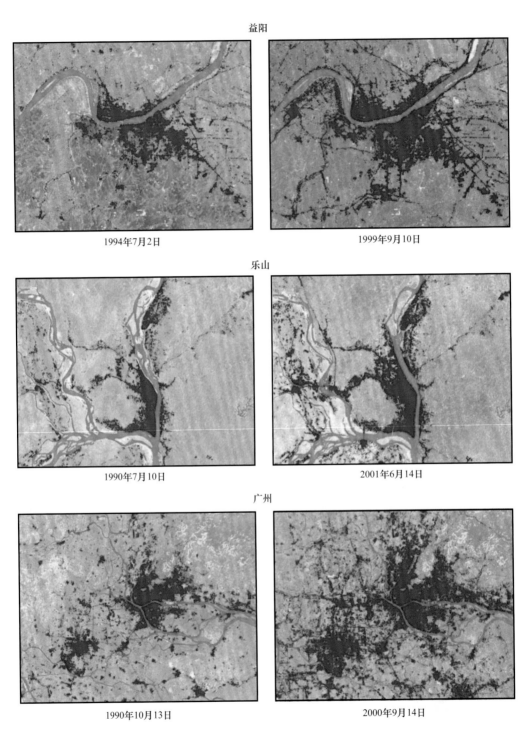

1994年7月2日　　　　　　　　1999年9月10日

乐山

1990年7月10日　　　　　　　　2001年6月14日

广州

1990年10月13日　　　　　　　　2000年9月14日

图 5-9　中国城市蔓延发展